RAPHAEL-GEORGES LÉVY

BANQUES D'ÉMISSION

ET

TRÉSORS PUBLICS

DEUXIÈME ÉDITION

PARIS

LIBRAIRIE HACHETTE ET Cie

79, BOULEVARD SAINT-GERMAIN, 79

—

1912

BANQUES D'ÉMISSION

ET

TRÉSORS PUBLICS

RAPHAEL-GEORGES LÉVY

BANQUES D'ÉMISSION

ET

TRÉSORS PUBLICS

DEUXIÈME ÉDITION

PARIS

LIBRAIRIE HACHETTE ET Cie

79, BOULEVARD SAINT-GERMAIN, 79

1912

PRÉFACE

Le volume « Banques d'émission et trésors publics » a trouvé bon accueil auprès des financiers et des économistes. Ceux-ci ont bien voulu reconnaître qu'il était une sorte de démonstration de la vérité des lois économiques, en ce qui concerne la circulation monétaire et fiduciaire. Ceux-là y ont trouvé un ensemble de renseignements utiles sur les systèmes d'émission qui sont en vigueur dans les différentes parties du monde. Rien de ce qui s'est passé depuis l'apparition de notre ouvrage n'est venu démentir l'exactitude des principes posés par nous. Les hommes politiques, le public, qui s'intéressent de plus en plus aux questions budgétaires, ont recueilli dans notre exposé des renseignements sur un côté important des finances publiques, celui de leurs rapports avec la monnaie de papier, qui tient une si grande place dans la circulation moderne.

Notre tâche a été facilitée par la bonne grâce qu'ont mise les divers établissements à nous fournir les documents dont nous pourions avoir besoin. Nous avons rencontré, auprès des hommes considérables qui, à divers titres, président aux destinées des banques d'émission, non seulement le concours le plus empressé, mais des encouragements qui nous ont été particulièrement précieux. Nous les prions de vouloir bien trouver ici l'expression de notre reconnaissance.

R.-G. L.

Paris, novembre 1912.

AVANT-PROPOS

La partie de la science financière qui traite des banques d'émission, embrasse jusqu'à un certain point toute la question des banques, puisqu'aucune d'elles n'est entièrement indépendante ni ne reste toujours isolée de l'organe créateur de billets. Dans ce domaine, il est un point particulièrement intéressant à étudier, c'est celui des rapports des institutions d'émission avec les Trésors publics et de l'influence directe et indirecte de ces rapports sur le crédit des États. Cette étude est liée à celle des finances nationales. C'est, en effet, du pouvoir suprême que les banques d'émission reçoivent leur investiture ; la fabrication de billets qui circulent comme monnaie a été considérée comme un droit régalien ; dès lors, l'État, qui s'en dessaisissait au profit d'une société particulière, exigeait des compensations sous des formes diverses, avances, partages de bénéfices, impôts et redevances. Mais, le plus souvent, il ne s'est pas contenté des avantages que lui réservait l'acte de concession originaire. A chaque crise nouvelle, notamment en cas de guerre, nombre de nations modernes se sont tournées vers les banques investies

d'un monopole ou d'un privilège et leur ont demandé
aide et assistance, au delà des limites prévues à l'origine. Ces exigences ont, dans bien des cas, été pour les
banques la source de graves difficultés et les ont parfois acculées à des situations critiques. Réciproque-
ment, le cours forcé que l'autorité législative était presque toujours amenée à donner aux billets réagissait
d'une manière fâcheuse sur le système monétaire et
sur la situation financière du pays. Il se produisait là un
choc en retour des plus intéressants à observer et dont
l'histoire n'a peut-être pas encore analysé avec assez
de soin le mécanisme ni mesuré la portée. L'un des
objets du présent ouvrage est de remplir cette lacune.

Nous examinerons successivement les principaux
pays et montrerons chez chacun d'eux, au cours des
temps modernes, ce que furent les rapports du Trésor
et des banques d'émission ; comment ils varièrent selon
la constitution des établissements et la politique suivie
par les gouvernements ; quelles conséquences enfin ils
ont eues pour la vie économique des nations. Cette
étude comporte trois ordres d'idées distincts : l'autorité exercée par le gouvernement dans la gestion du
concessionnaire ; les avantages que l'État se fait consentir sous forme de services rendus, de redevances ou
de partage de bénéfices ; enfin le crédit qu'il exige en
forçant la banque à émettre, pour lui faire des avances,
une quantité de billets supérieure à celle qui est nécessaire aux besoins commerciaux. On peut comprendre
dans cette dernière division les systèmes d'émission qui
assignent comme garantie aux billets les fonds publics.

Nous avons vu, au cours du dernier siècle, les gouvernements réclamer une part de plus en plus considérable dans les gains réalisés par les banques, et s'efforcer en même temps d'avoir de moins en moins recours à leur crédit pour étayer celui de l'État. Ce double courant s'accentue et caractérise notre époque. Il semble que, tout au moins en temps normal, une appréciation plus juste des lois économiques amène les ministres des finances à comprendre les dangers auxquels ils courent quand ils abusent de leur autorité et mettent à contribution, d'une façon excessive, le crédit des banques d'émission : sous ce rapport, un véritable progrès a été réalisé chez un certain nombre de nations.

La question des billets est d'ailleurs si intimement liée à celle de la monnaie que dans aucun pays civilisé les pouvoirs publics n'ont cru devoir s'en désintéresser. Partout des lois interviennent pour en réglementer l'émission ; quelque diverses que soient les solutions adoptées, et le nombre en est considérable, elles consistent toutes à faire participer la communauté, dans une mesure plus ou moins large, aux produits de l'opération. Tantôt l'État émet directement les billets qui portent sa signature ; tantôt ils émanent d'une banque d'État dont le capital est fourni par le Trésor : dans ces deux cas, la totalité des bénéfices va directement au budget. Dans un troisième système, la concession d'un monopole ou d'un privilège est octroyée à un ou plusieurs établissements en nombre limité, qui paient au Trésor une redevance annuelle plus

ou moins forte, calculée d'après des échelles différentes, consistant en une part des bénéfices ou bien un
prélèvement sur l'escompte ; l'État se fait aussi attribuer d'autres avantages sous forme d'avances à long ou
à court terme, sans intérêt ou à un taux très faible.
Enfin, dans un dernier système, il se contente d'édicter
une législation générale sur les banques d'émission,
qu'il autorise à se fonder en nombre illimité, à la condition qu'elles se soumettent aux prescriptions légales ;
mais, même dans ce cas, qui semble exclure la possibilité pour lui de se faire consentir des avantages particuliers, le Trésor impose aux banques certaines conditions, telles que l'obligation de gager leur circulation
par un dépôt de fonds publics et d'acquitter des taxes,
qui équivalent aux redevances directes payées par les
établissements investis d'un monopole.

L'importance de la matière n'a pas besoin d'être
démontrée. Les questions traitées au cours du présent
ouvrage sont au premier rang de celles qui préoccu-
pent les hommes d'État. Le Congrès de Washington a
nommé une commission qui est venue demander à
l'Europe le concours de son expérience. En un opus-
cule digne d'être médité, M. le gouverneur Pallain a
fixé le souvenir de l'entretien mémorable qu'il eut à ce
sujet avec les commissaires américains et dans lequel,
avec une clarté parfaite, il a rappelé les grands principes sur lesquels la Banque de France est assise et
qui doivent servir de guide. L'Empire d'Allemagne a
institué une enquête sur les banques, dont les résultats ont été publiés en 1910 ; en Autriche-Hongrie, où

l'on est à la veille de l'expiration des pouvoirs conférés à la Banque commune, les deux parties de la monarchie, Cisleithanie et Transleithanie, discutent avec âpreté les conventions à intervenir ; la Hongrie exige la reprise immédiate des paiements en espèces qu'elle réclamait depuis plusieurs années ; l'Autriche s'y oppose, et une crise ministérielle menace d'éclater à ce sujet. La Banque d'Italie vient de modifier les rapports qui l'unissent au gouvernement. Il n'est pas jusqu'à notre pays où la question ne soit peut-être à la veille d'être posée. Le monopole de la Banque de France a été, par la loi de novembre 1897, renouvelé jusqu'en 1920. Mais, au cours de l'année 1911, le Parlement pourrait le dénoncer et lui faire prendre fin le 31 décembre 1912. Bien que le régime actuel semble donner toute satisfaction aux esprits raisonnables, nous ne devrions pas nous étonner si les Chambres étaient saisies, l'an prochain, de quelque proposition qui remette sur le tapis le problème des rapports du Trésor et de la Banque. En tout cas, il est possible que, sans retirer le privilège à cette dernière, un remaniement du contrat qui la lie à l'État intervienne à cette prochaine date.

De quelque côté que nous tournions nos regards sur les deux hémisphères, dans le présent et dans l'avenir, nous voyons combien cette partie du mécanisme de la vie moderne est essentielle à la marche de l'ensemble ; c'est en quelque sorte le point de rencontre entre le crédit public et le crédit privé, le nœud d'un réseau de voies qui pénètrent toutes les parties de l'organisme. Un mauvais système d'émission affaiblit un pays; une confusion du crédit public avec celui du billet de banque nuit à l'un et à l'autre. C'est donc faire œuvre utile que d'exposer la façon dont les divers points ont été réglés chez les nations différentes. On verra les résultats se dessiner, selon que la solution adoptée a été plus ou moins conforme aux lois de l'économie politique et aux leçons de l'expérience.

Afin de donner au lecteur une première idée de l'importance du rôle que la circulation fiduciaire joue dans l'économie mondiale, nous insérons ci-après le tableau de cette circulation dans les principaux pays en 1909, ou à une date rapprochée de celle-là. A côté du chiffre des billets émis, nous avons indiqué celui de l'encaisse métallique correspondante : la réduction que nous avons opérée des monnaies étrangères en francs facilitera les comparaisons.

CIRCULATION FIDUCIAIRE ET ENCAISSE MÉTALLIQUE
DES PRINCIPALES INSTITUTIONS D'ÉMISSION EN 1909
(BANQUES ET TRÉSORS PUBLICS)

	CIRCULATION FIDUCIAIRE	ENCAISSE MÉTALLIQUE
	Millions de francs.	
Banque de France	5 166	4 392
Banque de l'Algérie.	146	59
Banque de l'Indo-Chine	60	92
Banque de l'Afrique Occidentale. . .	7	5
Autres banques coloniales françaises (au 30 juin 1908).	24	9
Banque nationale de Belgique	845	174
Banque néerlandaise	589	291
Banque de Surinam.	3	2
A reporter.	6 840	5 024

	CIRCULATION FIDUCIAIRE	ENCAISSE MÉTALLIQUE
	Millions de francs.	
Report	6 840	5 024
Banque de Java.	147	86
Banque d'Autriche-Hongrie	2 297	1 798
Banque d'Espagne.	1 554	1 215
Banque de Portugal.	371	65
Banco Ultramarino de Lisbonne . . .	18	5
Suisse { Banque nationale	261	138
Anciennes banques d'émission	24	14
Banque impériale Ottomane.	21	82
Banque nationale de Grèce	134	4
Banque nationale de Serbie.	50	20
Banque nationale de Roumanie . . .	283	96
Banque de Norvège	108	42
Banque nationale de Danemark . . .	178	105
Banque de Luxembourg.	2	2
Banque d'Égypte	66	34
Banque du Maroc.	0 ¹	3
Banque du Japon	902	565
Banque de Corée	33	15
Banque de Formose.	33	14
Banque d'Haïti	0	2
Grande-Bretagne { Banque d'Angleterre	721	1 005
et Irlande { Banques d'Écosse.	184	153
Banques d'Irlande.	183	98
Banques d'Australie.	880	663
Banques de Nouvelle-Zélande	40	125
Banques du Canada	396	144
Banques de l'Afrique du Sud.	47	237
Allemagne { Banque de l'Empire . .	2 589	1 134
Autres banques d'émission	190	77
Italie { Banque d'Italie	1 441	1 059
Banque de Naples.	395	213
Banque de Sicile	95	61
Banques du Mexique (au 31 mai 1910).	495	222
Banques de l'Equateur	17	90
A reporter.	20 905	14 610

	CIRCULATION FIDUCIAIRE	ENCAISSE MÉTALLIQUE
	Millions de francs.	
Report	20 905	14 610
États-Unis : Banques nationales . . .	3 475	914
République Argentine.	1 590	863
Russie (Banque de l'État.	3 167	3 338
(Banque de Finlande.	111	27
Banque nationale de Bulgarie	73	48
Banque royale de Suède	282	119
Banque de l'Uruguay	84	98
États-Unis : billets du Trésor fédéral.	8 392	8 036
Département d'émission de l'Inde anglaise.	850	727
Canada : Trésor fédéral	400	250
Brésil (853 millions de milreis à 1 fr. 70)	1 450	382
Chili (150 millions de piastres de billets fiscaux à 1 fr. 20)	180	148
Colombie	43	
TOTAL.	41 802	29 560

En face de 41 milliards de francs de billets, l'encaisse atteint 29 milliards, soit les sept dixièmes de la circulation. La progression des réserves métalliques, depuis un quart de siècle, est beaucoup plus rapide que celle des billets, dont la couverture s'améliore ainsi d'une façon continue ; et ce n'est pas seulement la quantité absolue et la proportion relative des espèces par rapport au papier qui ont augmenté ; la qualité des encaisses ne cesse de se relever : le métal jaune y entre pour une part de plus en plus forte. Les anciennes pièces d'argent libératoires disparaissent, ou se transforment en monnaies divisionnaires, et font place au seul métal dont la frappe reste libre, l'or.

La façon dont la production annuelle de ce dernier

se répartit dans le monde est aussi un sujet d'observation intéressant : la distribution du métal jaune, ou du moins de la partie extraite des mines qui est destinée à des usages monétaires, dépend des cours du change entre les divers pays : il est attiré vers ceux dont le commerce extérieur se solde par un excédent d'exportations, et inversement il tend à sortir de ceux qui importent plus qu'ils n'exportent. Il faut comprendre ces mouvements dans le sens le plus large, et ne pas se borner à enregistrer aux frontières les marchandises qui se pèsent, se comptent et se mesurent à la douane : les achats et ventes de valeurs mobilières, les encaissements de coupons et de titres remboursés, les dépenses faites par les voyageurs à l'étranger, les salaires gagnés par les travailleurs qui s'expatrient et renvoyés en partie dans leur pays d'origine, sont des facteurs aussi importants que les ventes ou achats de matières premières et d'objets fabriqués. Comme le métal précieux forme presque toujours l'élément principal de l'actif des banques d'émission et le gage essentiel de leur circulation, on comprend combien les statistiques monétaires touchent de près au sujet qui nous occupe.

L'ouvrage est divisé en deux parties : la première embrasse les principaux pays sur le territoire desquels circulent des billets émis par des banques particulières, et la seconde ceux qui sont au régime des billets d'État. Nous avons consacré notre premier livre aux communautés qui ont accordé un monopole à une société privée, le second à celles qui ont donné un privilège à plusieurs banques : dans ce dernier cas, il arrive souvent que l'un de ces établissements, installé dans la capitale, devient prédominant et tend à constituer à son profit un monopole, sinon de droit, au moins de fait, ce qui amène une analogie de plus en plus accentuée entre les banques du premier et celles du second groupe. Le troisième livre est consacré aux nations qui, comme les États-Unis, permettent aux banques de se créer en nombre illimité, pourvu qu'elles se conforment aux prescriptions d'une loi spéciale. La deuxième partie du volume traite des billets d'État, c'est-à-dire de ceux qui émanent d'une banque d'État ou du Trésor public. Le livre quatrième comprend des banques fondées par certains gouvernements, qui n'ont pas d'actionnaires, et dont le seul capital est la dotation qu'elles ont reçue de l'État. Les billets émis directement par le Trésor forment l'objet du livre cinquième. C'est ce dernier mode qui fournit les exemples les plus saisissants des innombrables maux qu'engendre l'émission du papier-monnaie, forme la plus complète et la plus dangereuse de l'intervention du Trésor dans les affaires de banque.

Nous avons suivi l'ordre logique de préférence à l'ordre géographique. Lorsque, chez une même nation, nous avons rencontré deux systèmes d'émission encore coexistants, par exemple des billets d'État circulant parallèlement à des billets de banque, nous avons scindé notre étude, en réservant à chaque livre de l'ouvrage ce qui lui est propre. Mais nous avons classé les nombreux pays où la législation fiduciaire a passé par des étapes successives, et où le régime en vigueur a été précédé par des organisations différentes, dans le livre qui

correspond à leur condition actuelle ; nous avons alors
fait connaître, dans un exposé historique, les phases
antérieures de la question. C'est ainsi qu'en France
le récit des combinaisons de Law et du règne éphé-
mère des assignats pendant la première Révolution
forme comme la préface de la création du billet de la
Banque de France ; c'est ainsi que le Japon, dans un
court espace de temps, a connu les billets du Trésor et
ceux des banques nationales, avant d'être au régime de
la Banque particulière unique. Nous ne nous sommes
écartés de cette règle que pour les pays qui, aujourd'hui
encore, ont une circulation double de papier d'État et de
billets créés par des établissements particuliers, comme
le Canada et les États-Unis de l'Amérique du Nord. Ceux-
là apparaissent deux fois dans notre ouvrage, et chacune
de leurs circulations est examinée séparément. A cette
exception près, on trouvera tout ce qui concerne chaque
nation dans le chapitre qui lui est consacré.

Ce n'est pas une étude complète des banques et des
systèmes d'émission que nous présentons à nos lecteurs. Ce travail a déjà été tenté, et exigerait, pour être
complet, beaucoup plus qu'un volume. Ce que nous
avons voulu, c'est dégager les éléments caractéristiques de l'organisation fiduciaire, et montrer les relations des établissements à qui elle est confiée avec
les Trésors publics. Là où ceux-ci se sont chargés
d'alimenter la circulation, en totalité ou en partie, par
leurs émissions, le problème prend un autre aspect,
mais n'en doit pas moins être considéré attentivement.
Cette conception de notre œuvre explique le dévelop-

pement inégal de ses diverses parties, et le fait que certains chapitres, consacrés à des établissements de première importance, sont courts, tandis que d'autres, où il est question de pays moindres, ont plus d'ampleur. C'est que nous avons eu pour but, non pas de décrire dans leurs détails les banques d'émission, mais de mettre en lumière leurs rapports avec les finances publiques. Or, dans un pays bien ordonné, ces rapports peuvent être simples, parfois réduits, en temps normal tout au moins, à un service de caisse effectué par l'établissement émetteur pour compte de l'Etat. Ailleurs, au contraire, le crédit de la banque est mis en partie à la disposition du Trésor, qui lui emprunte des sommes plus ou moins considérables : et cette seconde éventualité se réalise le plus souvent chez des nations faibles au point de vue économique. Les ressources de la Banque d'Espagne ont été, à une certaine époque, presque monopolisées par le ministère d'*Ultramar*, tandis que la *Reichsbank* allemande, pendant la première période de son histoire, se consacrait exclusivement à l'escompte du papier des commerçants, des industriels et des établissements de crédit.

D'une façon générale, les banques ont dû leur origine à des causes très diverses : un certain nombre d'entre elles ont été créées spécialement pour venir en aide à l'État. Ainsi, la Banque d'Angleterre a versé à l'Échiquier la totalité de son premier capital et le montant des augmentations successives qui l'ont plus que décuplé, si bien que sa créance sur l'État n'est guère

inférieure que de 3 millions de livres au montant de
son capital actuel. Depuis que cette dette a été consolidée par l'acte de 1844 et rendue perpétuelle jusqu'à
la cessation du privilège, elle n'a plus varié. Le Trésor
emprunte bien à la Banque, au cours de l'exercice, les
sommes dont il a besoin pour ses dépenses en attendant la rentrée de l'impôt ; mais ce découvert est
remboursé en général avant la clôture du compte
annuel. Du reste, les règles rigides qui président à
l'émission des billets de la Banque d'Angleterre ne lui
permettent pas d'aller loin dans la voie des avances, et, si ces règles ont été trois fois suspendues au
cours de son histoire depuis 1844, ce n'a jamais été
pour lui permettre de subvenir à des besoins gouvernementaux, mais pour calmer des crises financières violentes, que le Trésor public n'avait provoquées en
aucune manière.

Après avoir groupé, dans chaque livre de l'ouvrage,
les pays qui ont le même système de banque, nous
avons reproduit, à la suite de l'étude de presque tous
les établissements, l'un de leurs bilans les plus récents.
L'analyse de ce document est toujours instructive et
permet, en général, de se rendre compte de l'état des
affaires. Là où les écritures ne sont pas assez détaillées
pour que tous les éléments apparaissent à première
vue, nous avons ajouté les commentaires nécessaires à
l'intelligence des engagements réciproques de la banque
et du Trésor.

L'étude des bilans ne saurait être trop recommandée
en cette matière. Ils sont la clef du problème et don-

nent à celui qui les a étudiés et compris le meilleur
moyen de juger sainement une situation. Mais ils ne
livrent pas toujours du premier coup leurs mystères :
comme les manuscrits des siècles passés, ils veulent
être déchiffrés avec soin; nous comparerions même
volontiers quelques-uns d'entre eux à des palimpsestes,
dont la surface doit être enlevée, afin de laisser apparaître ce qu'elle recouvre, et qui est infiniment plus
précieux et instructif que l'écriture qui surchargeait
l'ancien texte. De même que, seuls, des chartistes, pré-
parés par d'assidus travaux, peuvent lire aisément les
parchemins où l'histoire est inscrite, de même ces
résumés financiers ne peuvent être interprétés que
par ceux qui ont au préalable appris, non seulement à
connaître la signification des termes, mais à analyser
chacun des chapitres et à remonter à la source des opérations qui sont exprimées par les nombres. A côté
d'éléments fixes, il en est de variables, qui figurent
dans certains bilans et ailleurs ne se rencontrent pas. La
rédaction de tel article, l'absence de tel autre éveille-
ront la curiosité de l'homme qui cherche à arracher
leurs secrets à ces documents. Ces tableaux abstraits
forment un élément essentiel de la vie économique;
ils font partie des témoignages historiques où se consi-
gnent les annales des peuples. Pour l'intelligence des
comptes, auxquels nous avons conservé leur physionomie originale en reproduisant les écritures dans la monnaie du pays duquel ils émanent, avec les divisions et
les sous-divisions adoptées par chacun des établissements, nous rappelons au lecteur, non initié aux matières

financières, que le propre d'un bilan est de se diviser
en deux parties, qui sont nécessairement égales l'une à
l'autre : d'après l'étymologie même, dresser un bilan
c'est établir une balance, laquelle, pour être en équilibre, suppose l'identité de poids dans les deux pla-
teaux. D'un côté se trouve l'actif, c'est-à-dire ce qui
appartient à la personne morale dont on fait l'inven-
taire, propriétés de toute nature, mobilières, immobilières, espèces monnayées, lingots de métaux précieux, titres, créances de diverses sortes, constituées par
des effets de commerce escomptés. ou des avances:
parmi ces avances. celles qui sont faites à l'État entrent
plus spécialement dans le cadre de notre étude et
demandent une analyse approfondie. notamment au
point de vue de leur échéance et des garanties par lesquelles elles sont couvertes. Ainsi qu'on le verra, il
arrive que ces prêts au Gouvernement se dissimulent
dans un chapitre général, tel que le portefeuille d'escompte, dans lequel les bons du Trésor sont quelquefois confondus avec les lettres de change des particuliers : c'est là une disposition vicieuse, de nature
à empêcher une juste appréciation de la situation respective de la banque et de l'État.

Le passif du bilan, qui s'oppose à l'actif, comprend
tous les engagements de l'établissement, qui se divisent en deux catégories, ceux qu'il a contractés envers
ses propres actionnaires et ses dettes vis-à-vis des tiers ;
une différence fondamentale les sépare. Ce qui est dû
aux associés n'est pas exigible par ceux-ci, et constitue
ce qu'on appelle les ressources propres de la banque,

son capital, ses réserves distribuables seulement le
jour de la liquidation définitive ou partielle ; au contraire, ce qui est dû aux tiers peut être réclamé par
eux, à tout moment si la banque débitrice a pris l'engagement de payer à vue, ou bien à l'échéance fixée
d'un commun accord entre débiteur et créancier.
L'article le plus important du passif d'une banque
d'émission est la circulation, c'est-à-dire les billets
qu'elle a créés et qui, par définition, sont remboursables à vue et au porteur; le reste de son passif exigible consiste en dépôts qu'elle a reçus, en sommes
qu'elle s'est obligée à payer.

Tels sont les éléments au moyen desquels se dresse
le bilan. On comprend quel soin il faut apporter à
l'analyse, nous dirions volontiers à la dissection
de certains d'entre eux, particulièrement en ce qui
concerne l'actif. C'est, en effet, de l'appréciation de sa
valeur véritable, rapprochée du chiffre du passif, que
va dépendre le solde du compte, c'est-à-dire la différence entre le doit et l'avoir, entre la fortune et les
dettes. Une fois que le travail d'inscription dans
chaque colonne du bilan est achevé, il convient de les
additionner séparément, et, selon que ce sera l'une ou
l'autre qui sera la plus forte, on dira qu'il y a bénéfice ou perte : bénéfice si l'actif est supérieur, perte
dans le cas contraire. Or, parmi les centaines de millions, les milliards de créances qui constituent la plus
grande part du patrimoine, comment distinguer celles
qui sont d'un recouvrement certain de celles qui présentent au contraire des chances de perte plus ou

moins fortes ? Comment évaluer cette part d'aléa, mesurer la réserve qu'il faut constituer en face de ce risque, ou l'amortissement qu'il convient de faire immédiatement subir au montant nominal d'une créance devenue douteuse ?

Un autre point de grande importance dans un bilan est ce qu'on appelle, d'un néologisme barbare, mais expressif, sa « liquidité », c'est-à-dire la facilité plus ou moins grande pour la banque d'avoir la disposition immédiate, en espèces, de toutes les sommes nécessaires à l'acquit de ses engagements. Pour obtenir ce résultat, il faut que son actif soit le moins immobilisé possible, que la partie de cet actif, qui n'est pas représentée par des monnaies ou des lingots, consiste en créances à courte échéance, d'une rentrée certaine. C'est la pierre de touche d'un système de banque : c'est faute d'avoir eu cette nécessité toujours présente à l'esprit que tant de sociétés ont périclité. C'est aussi pour avoir été acculé à une situation de ce genre par les exigences d'un gouvernement qui détournait à son profit le plus clair des ressources, que plus d'un institut d'émission a été mis dans l'impossibilité de rembourser ses billets et réduit à l'expédient du cours forcé.

L'examen des divers bilans commentés au cours de l'ouvrage montrera que, parmi les opérations actives des banques que nous passerons en revue, celle qui tient le premier rang est l'escompte. Le taux auquel s'achètent quotidiennement les lettres de change qui circulent par milliards dans le monde et qui représentent en général des échanges de marchandises, plus rarement des ouvertures de crédit, est un des indices économiques les plus importants à connaître. Aussi insérons-nous plus loin un tableau des taux moyens de l'escompte sur un certain nombre de places, de 1876 à 1909, calculés d'après ceux des banques d'émission là où il en existe, et ailleurs, d'après la statistique des autres banques : nous nous réservons de nous y référer, lorsqu'il y aura lieu d'en tirer des déductions et de montrer les rapports qui peuvent exister entre ces taux et la masse de la circulation, influencée par les besoins de l'État.

Il nous reste une dernière observation à présenter. Rien n'est plus mouvant, de nos jours surtout, que le domaine économique et financier, sur lequel les transformations sont incessantes, où l'évolution, qui est la caractéristique des choses humaines, se poursuit avec une rapidité croissante. Si instructives que soient les recherches historiques en ce qui concerne les banques, nous les avons bornées à ce qui était indispensable pour l'intelligence du présent. Notre but a été surtout de donner un tableau fidèle de l'ordre de choses existant dans chacun des pays que nous examinerons à tour de rôle. Nous n'avons accordé quelque développement aux études du passé que lorsqu'elles avaient une importance particulière au point de vue doctrinal et donnaient la clef de situations contemporaines, par exemple à celle des assignats. Même ainsi limitée, notre tâche n'était pas toujours aisée : à l'heure où nous écrivons, différents problèmes sont soulevés, et des réformes se préparent de divers côtés, qui tendent à modifier soit la législation fiduciaire, soit les conditions d'existence des établissements d'émission.

D'autre part, de nouveaux instruments de crédit et d'échange apparaissent, qui semblent devoir prendre une place de plus en plus grande : les virements de banque, c'est-à-dire les transferts opérés du crédit d'un compte à celui d'un autre, au moyen de chèques ou de mandats, permettent de supprimer l'usage, non seulement des espèces métalliques, mais du billet. Celui-ci tient néanmoins encore un rang considérable dans les transactions journalières, où il s'était jadis substitué aux espèces métalliques, de la même façon que les écritures de banque l'écartent aujourd'hui des règlements qui s'opèrent entre financiers, industriels et négociants. L'enquête monétaire et fiduciaire, effectuée en France et en Algérie, le 16 octobre 1909, témoigne d'un premier progrès : elle a porté sur les encaisses des comptables publics, de la Banque de France et d'un certain nombre de sociétés de crédit, pour un total de 303 millions de francs, et elle a révélé les proportions suivantes.

En billets.	87,44 pour 100
En monnaies d'or.	8,25 pour 100
En écus de 5 francs.	2,87 pour 100
En monnaies divisionnaires . .	1,34 pour 100
En billon.	0,10 pour 100
TOTAL	100,00 pour 100

Les paiements en billets ont augmenté de 20 pour 100 depuis 1885, date à laquelle ils ne représentaient que

TAUX MOYEN DE L'ESCOMPTE DE 1876 A 1909
DANS LES PRINCIPAUX PAYS D'EUROPE ET AUX ÉTATS-UNIS D'AMÉRIQUE
(D'après les taux officiels des Banques d'émission ou ceux des autres établissements.)

ANNÉES	FRANCE	ALLE-MAGNE	ANGLE-TERRE	AUTRICHE-HONGRIE	BELGIQUE	ESPAGNE	HOLLANDE	ITALIE	RUSSIE	SUISSE	NEW-YORK
1876	3,40	4,16	2,60	4,58	2,75	6	3	5	6,39	3,50	5,16
1877	2,28	4,42	3,17	4,50	2,69	6	3	5	6	3,52	4,84
1878	2,18	4,34	3,67	4,50	3,21	5,26	3,62	4,73	6	3,71	5,05
1879	2,58	3,70	2,51	4,17	3,04	4,11	3,07	4	6	3,31	5,22
1880	2,81	4,24	2,76	4	3,35	4	3	4	6	3,02	6,12
1881	3,84	4,42	3,48	4	4,08	4	3,72	4,13	6	4,11	5,64
1882	3,80	4,54	4,14	4,20	4,12	4,58	4,63	5	6	4,45	5
1883	3,08	4,05	3,58	4,11	3,60	4,97	3,64	5	6	4,11	5
1884	3	4	2,96	4	3,32	4,68	3,06	4,43	6	2,99	5
1885	3	4,12	2,92	4	3,28	4,16	2,58	4,16	5,96	2,85	5
1886	3	3,28	3,05	4	2,80	4	2,50	4,71	5	3,09	5
1887	2	3,41	3,34	4,12	3,10	4	2,50	5,30	5	2,91	5
1888	3,10	3,32	3,30	4,17	3,32	4	2,50	5,50	5,58	3,13	5
1889	3,16	3,67	3,55	4,19	3,58	4	2,50	5,66	5,62	3,70	5
1890	3	4,52	4,69	4,48	3,22	4	3,02	6	5,40	3,90	5
1891	3	3,80	3,35	4,40	3	4	3	5,78	4,87	3,92	5,36
1892	2,70	3,20	2,52	4,02	2,70	4,95	2,70	5,20	4,88	3,09	3,81
1893	2,50	4,07	3,06	4,24	2,83	5	3,48	5,18	4,70	3,37	7,80
1894	2,50	4,12	2,11	4,08	3	5	2,58	5,74	4,07	3,17	3,07
1895	2,10	3,14	2	4,30	2,60	4,61	2,54	5	5	3,27	3,70
1896	2	3,66	2,48	4,09	2,84	4,78	3,03	5	4,50	3,94	5,74
1897	2	3,81	2,64	4	3	5	3,13	5	4,66	3,92	3,55
1898	2,20	4,27	3,19	4,16	3,04	5	2,83	5	6,50	4,31	3,94
1899	3,06	5,04	3,75	5,04	3,91	4,60	3,59	5	5,32	4,95	4,12
1900	3,28	5,33	3,96	4,58	4,09	3,69	3,64	5	5,57	4,88	4,48
1901	3	4,10	3,72	4,08	3,28	3,68	3,22	5	5,15	3,98	4,17
1902	3	3,32	3,33	3,55	3	4	3	5	4,55	3,77	4,92
1903	3	3,84	3,75	3,50	3,17	4,16	3,40	5	4,50	4,06	5,49
1904	3	4,22	3,24	3,50	3	4,50	3,23	5	5,38	4,05	4,24
1905	3	3,82	3	3,70	3,17	4,50	2,68	5	5,64	4,05	4,41
1906	3	5	4,27	4,33	3,84	4,50	4,12	5	7,27	4,76	5,52
1907	3,47	6,03	4,93	4,89	4,95	4,50	5,10	5,07	7,12	4,94	6,28
1908	3,04	4,76	3	4,25	3,50	4,50	3,38	5,04	5,99	3,74	4,36
1909	3	3,92	3,10	4	3	4,50	2,88	5	4,99	3,22	3,94

67,63 pour 100 du total. Mais aux États-Unis, le pays du monde où la proportion des paiements par chèques et compensations est la plus forte, les billets n'entrent déjà plus que pour une somme très faible dans le total des règlements, dont la très grande majorité s'opère au moyen de virements. Si l'on considère que le chiffre des dépôts dans les divers établissements et maisons de banque américaines dépasse aujourd'hui 75 milliards de francs, alors que le montant des billets qui circulent aux États-Unis n'est pas du sixième de cette somme ; que la circulation effective de la Banque d'Angleterre n'atteint pas 700 millions, tandis que l'ensemble des dépôts confiés aux banques anglaises est supérieur à 20 milliards de francs, on comprend que le billet n'est plus le véhicule unique, servant, à côté des espèces métalliques, à régler les dettes et les créances, et fournissant aux débiteurs le moyen d'éteindre leurs obligations. D'ailleurs les banques d'émission elles-mêmes reçoivent, pour la plupart, des fonds en compte courant ou en dépôt, et font office, pour leurs clients, de chambres de compensation : ce service est très développé à la Banque de France, à la Banque de l'Empire allemand ; rares sont les instituts d'émission qui, comme la Banque nationale de Roumanie, refusent d'accepter en garde les fonds de leur clientèle. La plupart d'entre eux cumulent le service des dépôts avec celui de l'émission. Beaucoup de législations, en présence de cette situation nouvelle, ont fixé la proportion de l'encaisse, non seulement par rapport au chiffre de la circulation, mais en tenant compte aussi des sommes dues aux déposants.

Cette évolution est cependant loin d'avoir encore atteint tout son développement. Avant d'arriver à la période évidemment lointaine où la plupart des hommes, ayant un compte ouvert dans une banque, régleront leurs transactions par un simple jeu d'écritures, il s'écoulera encore de longues années ; il faudra tout d'abord que les pays, dont le système monétaire est encore informe et la circulation fiduciaire mal réglée cu inexistante, organisent leur monnaie et leur banque d'après les principes éprouvés par l'expérience des nations plus civilisées. Lorsque l'étalon d'or régnera définitivement, que la grande majorité des habitants du globe ne connaîtra qu'un seul métal libératoire, que les billets circulant parmi ces centaines de millions d'hommes, auront une matière de valeur identique à la base, et s'échangeront sans difficulté les uns contre les autres, on songera à la création d'une banque centrale, établie dans quelque pays neutre et qui servirait de pivot aux règlements internationaux. Mais la variété des étalons monétaires n'est pas le seul obstacle à l'accomplissement d'un tel projet. Aussi longtemps que des différences profondes sépareront les nations, leurs régimes fiduciaires subsisteront dans leur diversité. L'une des raisons qui retarderont longtemps encore l'unification des systèmes, est le désir qu'ont les gouvernements de conserver en tout temps la haute main sur les banques d'émission : avec la pensée, plus ou moins avouée, qu'aux heures critiques le billet sera une monnaie de guerre, l'État ne veut point consentir à ce que le papier ne puisse être créé que d'après les règles économiques et pour servir exclusivement à des besoins commerciaux. Comment cette idée se traduit-elle aujourd'hui dans l'organisation des instituts d'émission? Dans quelle mesure et jusqu'à quelles limites l'action publique règle-t-elle la conduite de leurs affaires? C'est ce que nous allons nous efforcer de démêler, en examinant, à la lumière des principes posés plus haut, les rapports des Trésors publics avec les banques d'émission.

R.-G. L.

Novembre 1910.

BANQUES D'ÉMISSION
ET
TRÉSORS PUBLICS

PREMIÈRE PARTIE
BILLETS DE BANQUE

LIVRE I
PAYS QUI ONT ACCORDÉ LE MONOPOLE D'ÉMISSION
A UNE BANQUE PARTICULIÈRE

CHAPITRE PREMIER
FRANCE

I. — LA BANQUE DE LAW

La première banque d'émission que la France ait connue, celle qui est restée fameuse sous le nom de Banque de Law, est née des besoins d'argent du Trésor : son premier capital de 6 millions fut constitué jusqu'à concurrence des trois quarts, au moyen de la remise de billets d'État dépréciés qui circulaient en quantités excessives. D'après les lettres patentes du 2 mai 1716, le fonds social était composé de 1 200 actions de 5 000 livres chacune. Le préambule de l'édit indiquait nettement la pensée qui avait présidé à cette création : « Les avantages que les banques publiques ont procurés à plusieurs États de l'Europe, dont elles ont soutenu le crédit..., nous ont persuadé de l'utilité que nos peuples retireraient d'un pareil établissement... : il conviendrait mieux qu'il fût fait sur le compte d'une compagnie... La grâce que nous demande le sieur Law, c'est de lui permettre de stipuler en écus de banque, qui, étant toujours du même poids et du même titre, ne pourront être sujets à aucune variation ; nous suppliant en même temps de vouloir nommer des personnes d'une probité et d'une intelligence connues, pour avoir inspection sur la banque, viser ses billets, coter et parapher ses livres. » Cette déclaration méritait d'être reproduite, au moins dans ceux de ses passages qui reconnaissent nettement un certain nombre des principes encore admis aujourd'hui en matière de banques d'émission : octroi du privilège à une société particulière ; obligation de rembourser en espèces de poids et de titres invariables ; surveillance de l'État, qui désigne certains des fonctionnaires de l'établissement.

Les débuts de la Banque furent heureux ; la promesse d'acquitter ses billets en écus de même valeur améliora le change avec l'étranger. Elle ne tarda pas à jouer un rôle prépondérant dans les opérations du Trésor. Dès le 7 octobre 1717, le duc de Noailles, président du Conseil des finances, écrivait aux intendants des provinces, d'avoir à donner pour instructions à tous les receveurs de « tailles et autres impositions, à ceux de tous les droits qui se lèvent pour le roy, de ne faire à l'avenir les remises du produit de leurs recettes à Paris autrement qu'en billets de la banque générale ». Déjà nous voyons percer l'erreur économique qui va vicier le système : au lieu de laisser le public juge de la question de savoir s'il acceptera ou non le papier de la banque, le Gouvernement prétend le lui imposer et va jusqu'à exclure de certains règlements les espèces métalliques. « Tous les bureaux des finances de l'État, dit M. Levasseur[1], devinrent pour ainsi dire des succursales de la Banque, » qui, sans être encore déclarée royale, prit un immense accroissement grâce aux avantages que lui faisait le roi. L'argent restait dans les provinces, et les billets étaient partout

---

[1] *Recherches historiques sur le système de Law*, ouvrage précieux qui fait autorité en la matière.

acceptés : en deux ans, il en fut émis pour 50 millions.
Mais déjà les promesses du début n'étaient plus tenues.
La circulation de la *Banque royale* — tel était le titre de
la Banque depuis décembre 1718 — avait changé de caractère : au lieu d'être libellés en écus de banque, les billets
l'étaient désormais en livres tournois et participaient ainsi
à tous les accidents des refontes monétaires ; chacun était
tenu de les recevoir. En avril 1719, il fut décidé qu'ils ne
seraient pas sujets aux diminutions, c'est-à-dire que, lorsqu'on
abaisserait la teneur métallique des monnaies, le papier
conserverait sa valeur. La Compagnie d'Occident et la Compagnie des Indes avaient été créées pour élargir le champ
d'action de Law : l'infatigable contrôleur général séduisait le
gouvernement en lui promettant de retirer ses obligations,
au moyen d'actions nouvelles qu'il émettait et de billets
qu'il jetait dans la circulation. En remboursant les rentes
qui s'élevaient à 36 millions, il obtenait le bail des fermes :
l'union entre le Trésor et la Banque devenait de plus en
plus intime ; toute distinction entre le crédit de l'un et
de l'autre tendait à s'effacer. Dans la seule année 1719, il
fut créé, par arrêt du Conseil, 949 millions de livres de billets. En présence de cette montagne de papier qui s'élevait,
la méfiance commençait à se répandre dans le public : les
commerçants, les agriculteurs refusaient de livrer leurs marchandises et leurs denrées contre les billets que Law,
devenu contrôleur général des Finances, voulait au contraire
imposer à tout prix. En février 1720, il réunit sous la même
autorité les deux institutions du Système en remettant à la
Compagnie des Indes la régie de la Banque.

Désormais la quantité de billets ne pourrait plus être
augmentée que du consentement de la Compagnie et du roi,
qui rendrait à cet effet un arrêt en Conseil. Le roi cédait à
la Compagnie 100 000 actions qui lui appartenaient et qui
lui étaient payées à raison de 9 000 livres l'une, soit 900 millions. De cette somme les deux tiers, soit 600 millions, étaient
payables en dix ans, à raison de 5 millions par mois. Les

300 autres seraient, au cours de l'année, déposés dans les caisses de la Banque pour les besoins du Trésor, auquel il ne serait plus, sous aucun prétexte, fait d'autres avances. « Il sera fait défense aux gardes du trésor royal de tirer sur la Compagnie ou sur la Banque au delà des sommes que Sa Majesté aura en caisse, et aux trésoriers et caissiers de la Banque ou de la Compagnie de payer au delà de ladite somme, à peine de demeurer les uns et les autres responsables en leur propre et privé nom. » En outre, les billets devenaient la seule monnaie légale pour tous les paiements au delà de 100 livres. Le 5 mars 1720, le total de la circulation s'élevait à environ 1100 millions ; il est vrai que le public en devait à la Banque près de 900, pour versements encore non effectués sur les émissions successives d'actions, mères, filles et petites-filles.

Néanmoins le côté factice et fragile de la situation apparaissait chaque jour avec plus d'évidence. Law, acculé à des mesures de plus en plus arbitraires, essaya de supprimer la circulation des monnaies. L'arrêté du 5 mars 1720 diminuait le prix des espèces et abolissait l'usage des pièces d'or. Les louis ne devaient être reçus que pour 42 livres en mars, 36 en avril et cesseraient d'avoir cours à partir du 1er mai ; les écus subissaient aussi des diminutions successives et devaient tous être rentrés à la fin de l'année. Mais le public, inquiet, ne se plia pas à ces mesures aussi draconiennes que déraisonnables : dès le mois de mai de la même année, un arrêt du Conseil remit les louis et les écus en circulation. Law était tombé dans l'erreur enfantine de ceux qui croient que la valeur de la monnaie ne dépend que du bon plaisir du gouvernement. Oublieux des sages principes qu'il avait lui-même proclamés lors de la fondation de sa banque, il voulut construire artificiellement un système d'échanges dans lequel disparaîtrait ce qui en fait le fondement accepté depuis des siècles par l'humanité, les métaux précieux.

La baisse des actions de la Compagnie des Indes, dont les cours ne s'étaient soutenus que parce que la Banque n'avait cessé d'imprimer les billets destinés à les payer, marqua la chute du système. Le 10 septembre 1720, un arrêt du roi ordonna que « les billets de banque ne pourront, à compter du 1er novembre prochain, être donnés ou reçus en paiement pour quelque cause et prétexte que ce soit ». On voit avec quelle rapidité la vérité reprenait ses droits. La liquidation fut brutale ; la Banque disparut, la Compagnie des Indes survécut. Les comptes entre elle et le Trésor furent longs à apurer ; mais finalement l'État se trouva moins obéré qu'en 1715 ; le capital de la dette était tombé d'environ 2 milliards et demi à 1700 millions. Ce n'est d'ailleurs pas au système de Law qu'il convient d'attribuer le mérite de cette réduction, due exclusivement à la violence et à l'injustice. La confusion des finances publiques et des affaires de banque ne fut jamais poussée plus loin que pendant ces quelques années de délire, où l'agiotage régnait en maître et où les fortunes s'échafaudaient en une nuit et s'écroulaient en un jour. L'État et les particuliers en souffrirent, mais ceux-ci bien davantage, parce qu'ils étaient sans défense contre les mesures arbitraires et souvent spoliatrices qui se succédaient.

Il serait difficile de trouver dans l'histoire une confirmation plus éclatante des principes de l'économie politique et financière. Il est impossible de mieux démontrer que par le simple récit de la naissance, du développement et de la chute de la Banque royale, les dangers de l'intervention de l'État en ces matières. Lorsque le gouvernement se mêle d'autre chose que d'assurer le libre exercice de l'activité des sociétés particulières et qu'il prétend confondre son crédit avec celui d'une institution commerciale, les conséquences de cette intervention ne tardent pas à se faire sentir. Law avait proclamé au début des vérités incontestables et formulé un programme irréprochable. S'il s'était maintenu dans la voie qu'il s'était tracée, la Banque de France se fût trouvée fondée un siècle plus tôt qu'elle ne l'a été et aurait pu rendre à notre pays les services que la Banque d'Angleterre, créée à la fin du xvııᵉ siècle, n'a cessé de prodiguer au Trésor britannique ; il est vrai que le régime constitutionnel, inauguré à Londres par la Révolution de 1688, offrait en matière financière des garanties qui manquaient à notre pays sous la monarchie absolue des derniers Bourbons, et faute desquelles précisément l'autorité royale imposa silence aux timides résistances d'un Parlement, dont les droits étaient mal définis et la puissance illusoire. Ce despotisme appliqué aux matières financières produit des effets beaucoup plus rapides que sur le terrain politique ; s'il est possible à la tyrannie de s'exercer pendant des périodes parfois très longues sur des populations mal préparées à lui résister, elle n'a aucune action sur les lois économiques. Celles-ci sont inflexibles : toute tentative de les violer se brise contre elles. Le jour où le Régent, fasciné par l'éloquence de son contrôleur général, crut que la Banque, par la seule magie de sa signature prodiguée follement, imposée au pays par des édits de plus en plus rigoureux, pourrait rembourser les dettes du Trésor royal et instaurer une ère de prospérité universelle, l'arrêt de mort de l'institution était signé. Ses promesses de payer ne correspondaient plus, en effet, à des ressources adéquates; elle n'avait ni les espèces nécessaires ni des effets commerciaux à échéance brève et revêtus de signatures solvables qui eussent représenté des rentrées certaines, couvrant la partie de la circulation qui dépassait son encaisse métallique.

II. — LES ASSIGNATS

Les souvenirs des désastres du « système » empêchèrent, pendant la plus grande partie du xvıııᵉ siècle, toute fondation de banque nouvelle. Ce ne fut que sous le ministère Turgot qu'un arrêt du Conseil du roi, en date du 24 mars 1776, créa la Caisse d'escompte de commerce, au capital de 15 millions de francs, dont 10 seraient prêtés au Trésor, qui s'engageait à en payer l'intérêt au taux de 4 pour 100 et à rembourser le prêt en 13 ans. Quelques années plus tard, la circulation de billets de la Caisse d'escompte atteignait 45 millions ; en présence de la mauvaise récolte de 1783, le numéraire se raréfia ; la Caisse demanda au Gouvernement de lui restituer les 6 millions qu'il lui devait. Mais il s'y refusa, et autorisa simplement la Caisse à rembourser ses billets en effets de commerce de son portefeuille, au lieu d'espèces ; en d'autres termes, il établit un cours forcé d'un genre spécial, qui fut d'ailleurs de courte durée. Quatre ans plus tard, éclata une crise d'une tout autre gravité et dont la cause unique doit être cherchée dans les rapports du Trésor avec la Caisse. Le capital de celle-ci avait, dans l'intervalle, été porté à 100 millions. dont 70 avaient été prêtés au Trésor, qui s'était engagé à les rembourser en annuités au taux de 5 pour 100 et avait accordé en même temps à sa créancière un privilège de 30 ans. En août 1787, la circulation s'élevait à 80 millions ; elle grossit pendant les années suivantes, à mesure que grandissaient les exigences du ministre des finances : de septembre 1788 à novembre 1789, celui-ci se fit remettre 120 millions. L'Assemblée constituante réclama de nouveaux prêts : la Caisse, pour les fournir, éleva son capital à 150 millions ; mais cela n'empêcha pas le cours forcé d'être décrété en 1790, et la Caisse elle-même de disparaître dans la tourmente ; un décret de la Convention du 24 avril 1793 mit fin à sa brève existence, au cours de laquelle elle n'avait cessé d'être considérée par le Gouvernement comme un instrument destiné à lui fournir des ressources. Son crédit commercial avait été excellent, mais elle avait succombé sous le poids des exigences du Trésor.

Sur ces entrefaites, celui-ci avait eu recours à des moyens bien autrement violents et dangereux pour se procurer des ressources. L'histoire des assignats est liée à celle d'une époque où les événements ont eu un caractère de gravité et par moments d'horreur qui prête une grandeur tragique aux annales de la première Révolution. En matière économique comme dans le domaine politique, la tourmente fut terrible. Les législateurs qui gouvernaient la France créèrent une

monnaie en partant d'un principe faux, furent peu à peu
amenés à la multiplier de la façon la plus extravagante, si
bien qu'elle tomba à rien et disparut, non sans avoir semé
des ruines et ajouté une cause d'angoisse à toutes celles qui
rendirent précaire la vie de tant de citoyens pendant les dernières années du xviii⁰ siècle.

Dès le 1ᵉʳ octobre 1789, Mirabeau, répondant à un député
du nom d'Anson, déclarait que, « dans des occasions extrêmement critiques, une nation peut être forcée de recourir à
des billets d'État et qu'elle le fera sans de grands inconvénients si ces billets ont une hypothèque, une représentation
libre et disponible, si leur remboursement est aperçu et certain dans un avenir déterminé ». L'idée de la monnaie de
papier à créer par l'État était dans l'air; on crut avoir trouvé
pour elle un gage assuré dans les biens du clergé, qui
devaient faire retour à la nation, et que les députés considé-
raient comme une source de richesse inépuisable. Une loi
du 21 décembre 1789 ordonna la vente de biens provenant
du domaine ecclésiastique ou royal jusqu'à concurrence de
400 millions et la formation d'une Caisse de l'extraordinaire, destinée à recevoir les fonds provenant de la vente et
de la contribution patriotique. « Il sera créé, disait l'article 5, des assignats de 1 000 livres chacun, portant intérêt
à 5 pour 100, jusqu'à concurrence de la valeur desdits
biens à vendre, lesquels assignats seront admis de préférence dans l'achat desdits biens... Il sera éteint desdits assignats 100 millions en 1791, 100 en 1792, 80 en 1793 et le
surplus en 1795. »

Telle fut l'origine de ce qui n'était pas encore une monnaie, mais des assignations sur les domaines nationaux : il y
en avait au porteur et à ordre; chacun était libre de les
accepter ou de les refuser. L'intérêt était payable chaque
année au moyen d'un coupon, qui se détachait de l'assignat. La
Caisse d'escompte émettait des promesses d'assignats, sorte de
lettres de change tirées sur la Caisse de l'extraordinaire, et
qui, comme ses autres billets, avaient cours forcé à Paris;

on en émit pour 112 millions, qui perdirent bientôt de 5 à 6 pour 100 de leur valeur nominale.

En avril 1790, un décret ordonne que les biens du clergé seront vendus et qu'ils seront libérés de l'hypothèque qui les grevait du chef de la dette légale contractée vis-à-vis des anciens propriétaires. Les assignats, créés en décembre 1789, auront cours de monnaie entre toutes personnes dans toute l'étendue du royaume et seront reçus comme espèces sonnantes dans toutes les caisses publiques et particulières. Au lieu de 5 pour 100 d'intérêt, il ne leur sera plus attribué que 3 pour 100. Les remboursements auront lieu successivement par la voie du sort. Les assignats seront de 1 000 à 200 livres, l'intérêt se comptera par jour. L'assignat vaudra chaque jour son principal, plus l'intérêt acquis, et on le prendra pour cette somme. Les assignats emporteront avec eux hypothèque, privilège et délégation spéciale, tant sur le revenu que sur le prix desdits biens.

Les 400 millions déjà décrétés depuis quatre mois commencèrent alors à circuler. Deux conditions les distinguaient encore du papier-monnaie : ils portaient intérêt, ils étaient créés dans la forme des billets à ordre. Le 29 septembre, on fixa à 1 200 millions la limite maximum de la circulation; on supprima l'intérêt et la clause à ordre; désormais les assignats seraient au porteur, c'est-à-dire qu'ils devaient faire intégralement fonction de monnaie. A la fin d'août, ils perdaient 10 pour 100. Un peu plus tard, on organisa des *Caisses de confiance* qui échangeaient les assignats, dont la plus petite coupure était alors de 50 livres, contre des billets de confiance de 20, 15 et 10 sous. Des sociétés d'échange se créèrent dans toute la France, les unes pour accomplir une œuvre patriotique, les autres en vue d'un bénéfice : celles-ci prélevaient tant pour cent. Des fabricants, pour payer leurs ouvriers, de simples particuliers, pour solder leurs dépenses journalières, imitèrent cet exemple. A Paris, il circula 63 espèces de *billets de confiance* en métal, en carton, en papier. On s'imagine aisément quel agiotage effréné résultait de cette incroyable multiplicité des signes fiduciaires. Aussi l'Assemblée décida-t-elle, par décret du 6 mai 1791 et loi du 13 mai 1791, la fabrication de 100 millions d'assignats de 5 livres en remplacement de gros assignats et celle de 15 millions de monnaie de cuivre. Un arrêt du Conseil d'État, du 20 septembre 1789, proclame que la rareté de la monnaie métallique était due au resserrement qu'entraîne la défiance, à la réduction des placements faits par les capitalistes étrangers en France, à l'affaiblissement du commerce d'exportation, aux achats considérables de blés opérés au dehors, à l'émigration de nombreux Français, à la diminution du nombre de voyageurs étrangers. Il est intéressant de constater que, déjà au xviii° siècle, des causes de ce genre étaient reconnues comme exerçant une influence sur la circulation interne.

Le 19 juin 1791, l'Assemblée constituante vota la création de 600 millions d'assignats nouveaux ; au 1ᵉʳ août 1791, il circulait 1 100 millions de papier, assignats et billets de la Caisse d'escompte. Tel était l'héritage légué à l'Assemblée législative, qui non seulement n'en fut pas effrayée, mais considéra la planche à graver comme l'instrument essentiel de sa gestion financière. Elle était sur une pente où l'on va vite. En un an, elle double la somme des assignats, et en lègue à son tour 2 600 millions à la Convention. En octobre 1790, l'assignat perd 16 pour 100 ; un an plus tard, à la fin de 1791, le louis d'or vaut 44 livres pour 24 qu'il représente en espèces, c'est-à-dire que le papier est déjà amputé de presque la moitié de sa valeur.

Il était réservé à la Convention d'aller plus loin dans la voie néfaste et de multiplier les billets sans se demander ce qui pouvait et devait résulter de ce torrent déchaîné. Chaque mois, cette assemblée décrète une nouvelle fabrication : 600 millions d'assignats de 100 livres le 21 novembre, 300 millions d'assignats de 50 livres le 14 décembre 1792. En 1793, il faut embaucher pour ce travail 400 ouvriers supplémentaires, que l'on tient à l'ouvrage de six heures du matin à huit heures du soir. A la fin de janvier 1793, la somme

des assignats créés depuis 1790 s'élève à 3100 millions :
2387 millions circulent. Toutes ces ressources avaient été
votées en séance publique : par la suite, comme on se rendait
compte de la panique qu'elles devaient semer, on les arrêta
en séance secrète des comités de finances et de salut public
En un an, la Convention créa 3300 millions de papier-monnaie. Et cependant, le 1er février 1793, Cambon, dans son
exposé financier, affirme que « les assignats sont d'une solidité que rien ne peut altérer » ! La valeur des gages sur
lesquels ils sont hypothéqués dépasse, d'après lui, 8 milliards :
il n'arrive d'ailleurs à ce chiffre invraisemblable qu'en ajoutant aux biens du clergé ceux de la liste civile, des émigrés,
des pays réunis et beaucoup de rentrées douteuses ou éloignées, comme des indemnités à réclamer aux peuples affranchis par les armes françaises. En dépit de ces assurances, la
création à jet continu de papier augmentait le malaise général.
La Convention voulut mettre un terme au désordre qu'occa-
sionnait la diversité des billets de confiance ; elle promit
aux administrateurs des départements de fournir des quantités suffisantes de petites coupures pour leur permettre de
retirer les billets émis par les autorités ou corporations locales :
dans la seule ville de Lyon, la Caisse patriotique et l'Association de la chapellerie avaient émis en mandats plus de
7 millions et demi ; à Rouen, il circulait plus de 600 000 livres
de bons de la Caisse patriotique d'Yvetot.

La Convention s'efforçait cependant de répandre dans le
pays un peu de monnaie métallique, se rendant compte,
malgré tout, que c'était chose nécessaire pour rendre quelque
confiance au public. Elle chercha aussi d'autres ressources.
Le 10 mai 1793, Cambon demande un emprunt civique d'un
milliard « qui serait rempli par les égoïstes et les indif-
férents ». D'autre part, on démonétisa les assignats du début,
qui étaient encore revêtus de l'effigie royale. Cette spoliation
véritable contribua à hâter la chute de l'assignat, qui perdit
bientôt les trois quarts de sa valeur. C'est à ce moment
qu'on essaya de le soutenir par des moyens draconiens :

interdiction, sous peine de six ans de fers, de la vente du numéraire; 3 000 livres d'amende, et, en cas de récidive, 6 000 livres et 20 ans de fers pour qui refusait un paiement en assignats ou les négociait à perte; puis, peine de mort et confiscation de biens, avec prime au dénonciateur. Enfin le décret du 10-20 mai 1794 appliqua la terrible loi des suspects à toute personne prévenue d'avoir demandé, avant de conclure un marché, en quelle monnaie le paiement serait effectué.

En même temps, Cambon organisait le grand livre de la Dette publique, où il voulait inscrire toutes les créances sur l'État, les corporations et les communes, provenant des quatre chefs suivants :

1° Dette constituée, dont la rente payée en 1793 était de 90 millions ;

2° Dette exigible à terme fixe, 428 millions ;

3° Dette exigible provenant de la liquidation, 625 millions ;

4° Assignats ayant cours, pour un total de 3 200 millions.

Le décret du 25 avril 1793 créa le Grand Livre, où les créances furent inscrites, ce qui ne veut pas dire que les arrérages en furent régulièrement payés. Ce fut l'époque des plus grandes misères, du maximum, de la disette, des assignats se multipliant, non seulement par les créations incessantes qu'ordonnait la Convention, mais par les envois d'assignats faux qui se fabriquaient en Belgique, en Angleterre, en Hollande, en Allemagne et qui s'infiltraient par les frontières. En octobre 1795, au moment où la Convention se sépara, le louis d'or valait 2 500 livres en assignats, c'est-à-dire que ceux-ci perdaient les 124/125° de leur valeur. Les prix des denrées de première nécessité montèrent à des hauteurs invraisemblables, et, comme les salaires ne suivaient pas la même marche ascendante, les souffrances des ouvriers étaient grandes. C'est du reste le phénomène qui se reproduit invariablement dans les pays soumis au régime du papier-monnaie et qui rend celui-ci particulièrement douloureux pour le peuple. M. Atkinson l'a démontré en ce qui concerne les États-Unis pendant la guerre de Sécession.

Depuis la fin de septembre 1794, date de la chute de Robespierre, jusqu'en novembre 1795, il avait été fabriqué près de 20 milliards d'assignats. Le Directoire eut à liquider ce pesant héritage. Son ministre des finances Favpault essaya d'abord de dresser un budget, document inconnu de la Convention, puis de faire face aux dépenses par un emprunt forcé que votèrent les Conseils des Anciens et des Cinq-Cents. Mais les sommes ainsi obtenues furent dérisoires, et le Directoire reprit les émissions d'assignats, avant même de consulter les assemblées. Celles-ci décidèrent, le 22 décembre 1795, que le total en serait porté à 40 milliards, après quoi on briserait les planches et poinçons : cette destruction eut lieu le 18 février 1796 sur la place Vendôme. Depuis avril 1790, il avait été créé 45 milliards d'assignats, il en avait été brûlé 6 : il en restait donc encore 39 en circulation.

On se flattait qu'en arrêtant définitivement la fabrication du papier, on en relèverait la valeur : en mars 1796, le louis d'or tomba en effet à 5 800 livres ; mais en juin il remonta à 19 000, c'est-à-dire que le billet perdait à peu près les 999/1000ᵉ du nominal. L'État ne l'admettait même plus en paiement de la contribution foncière. Le Directoire essaya alors des *mandats territoriaux*, destinés à payer les biens nationaux, évalués à 1800 millions, qui furent mis en vente : on porta à 2400 millions le total de ces mandats, au moyen desquels on prétendit racheter les assignats à raison de 30 pour 1. Voici comment une proclamation annonçait à la France la nouvelle monnaie dont on voulait la gratifier : « Les mandats territoriaux ont un avantage que n'avaient point les assignats et dont le défaut a causé la chute de ceux-ci. Cet avantage est la faculté attribuée au mandat de pouvoir être réalisé à tout instant, sans concurrence, sans entraves, sans enchères, par l'appréhension immédiate et incontestable du domaine naturel sur lequel le porteur aura fixé son choix, dans toute l'étendue de la République. C'est une banque territoriale dont le fond est notoire, dont les billets sont échangeables à bureau ouvert, et dont la garantie est fortifiée par l'autorité de la loi, qui leur donne cours forcé de monnaie. »

Ce cours forcé était précisément ce qu'il y avait de pire dans les mandats territoriaux. Trois mois après l'émission, ils étaient cotés à 3 pour 100 de leur valeur. En même temps, le Gouvernement essaya de retirer de la circulation les assignats, qu'il ne recevait plus pour l'acquit des contributions et prétendit exiger celles-ci en nature, à raison de 10 livres pesant en blé pour chaque franc porté au rôle. Le 3 décembre 1796, le Directoire décida que les caisses de l'État ne recevraient les mandats qu'au cours de la Bourse ; le 4 février 1797, que les mandats et assignats au-dessous de 100 livres (les assignats au-dessus de ce chiffre avaient cessé de circuler en juin 1796) n'auraient plus cours forcé entre particuliers et que l'État ne les accepterait désormais qu'en paiement des contributions arriérées, au cours de l'époque. Le mandat de 100 livres valait alors 20 sous. Le 21 mai 1797, un décret annula purement et simplement les 21 milliards d'assignats qui restaient encore en circulation. Telle fut la triste fin d'un système monétaire qui provoqua en France le plus grand désordre financier que nous ayons connu, et dont l'une des conséquences fut la faillite du Trésor jusqu'à concurrence des deux tiers des rentes inscrites au Grand Livre : le tiers consolidé continua seul à être servi aux possesseurs d'inscriptions. Le Directoire sombra au milieu des ruines qu'il avait accumulées. Au 18 brumaire, il n'existait plus de vestige de finances en France.

Cette courte, mais dramatique période, rassemble les enseignements les plus saisissants que l'on puisse offrir sur ce point aux méditations des économistes et des hommes d'État. On voit où aboutissent les rêves d'un gouvernement qui s'imagine pouvoir transformer en monnaie un domaine immobilier d'une valeur incertaine et d'une réalisation en tout cas lente et difficile. Dans d'autres pays et à d'autres époques, en Italie et en Espagne par exemple, les domaines du clergé faisant retour à l'État ont bien pu lui fournir des ressources et lui permettre de gager des emprunts à terme plus ou moins éloigné, et dont le remboursement s'effectuait au fur et à mesure de la vente des immeubles qui les gageaient. Mais de là à faire de ces biens la base d'une monnaie, il y a un abîme ; la première Révolution a voulu le franchir ; elle s'y est perdue. Instruits par cet exemple, les gouvernements qui se sont succédé depuis lors n'ont plus cherché à renouveler une tentative qui avait eu des conséquences aussi désastreuses. Lorsque des besoins imprévus, nés de circonstances particulières, obligeront le Trésor à chercher des ressources exceptionnelles, nous le verrons s'adresser à la Banque de France, qui lui consentira, à diverses reprises, notamment en 1848 et en 1870, des avances : l'établissement a augmenté sa circulation et a été libéré, pour une période déterminée, de l'obligation de rembourser son papier en espèces, mais les billets émis pour cet objet n'étaient pas distincts du reste de la circulation et constituaient une dette de la Banque au même titre que les autres. Dès lors, le public, ayant confiance dans sa solvabilité, acceptait sans difficulté cet accroissement de monnaie fiduciaire.

Au contraire, à la fin du xviiie siècle, la dépréciation des assignats a bouleversé la vie économique de la France pendant plusieurs années. On est frappé [1], lorsqu'on étudie l'histoire de la Révolution, du nombre de lois relatives aux transactions entre particuliers qui furent alors votées. La question monétaire, qui rendait chaque jour les échanges plus difficiles, a été l'objet de débats passionnés au sein des diverses assemblées : elle ne pouvait pas ne pas s'imposer à leur attention. Lorsque le papier perdait les neuf dixièmes de sa valeur normale, comme l'État continuait à le recevoir au

---

1. Caron. Introduction à la réédition des Tableaux de dépréciation du papier-monnaie,

pair, il n'encaissait qu'un dixième de ce qui lui était dû pour impôts et ventes de biens nationaux. Si, d'autre part, il faisait subir à ses rentiers la même perte, il était obligé de majorer, dans une proportion égale, les paiements qu'il faisait aux fournisseurs des armées, qui ne consentaient à livrer leurs marchandises qu'à des prix correspondant à leur valeur réelle et non pas à la valeur nominale des assignats.

Dans les transactions entre particuliers, les débiteurs se hâtaient de profiter de cet état de choses pour se libérer à des conditions invraisemblables ; craignant de laisser passer un moment favorable, ils forçaient leurs créanciers à accepter des remboursements anticipés. On demandait de tous côtés que la loi intervînt pour réglementer cet état de choses ; mais la Convention répugnait à reconnaître officiellement la dépréciation de l'assignat, qui était une création de la Révolution et au moyen duquel elle avait espéré venir à bout de toutes les difficultés financières. Cependant les bouleversements étaient tels et les injustices qui se commettaient à la faveur de la dépréciation du signe monétaire si monstrueuses, que le législateur ne put y rester indéfiniment insensible. En messidor an III, un décret établit une échelle de proportions pour les paiements et recettes, calculée sur le progrès de l'émission ou de la rentrée des assignats. « Le premier terme de proportion sera fixé à l'époque où il y aura eu 2 milliards d'assignats en circulation ; et les paiements seront élevés d'un quart au-dessus de la valeur nominale des assignats à partir de l'époque de chaque augmentation de 500 millions d'assignats dans la circulation. Les paiements décroîtront dans la même proportion du quart à chaque époque où la masse des assignats en circulation aura diminué de 500 millions. » Par conséquent, toute augmentation de la circulation entraînait une élévation des prix nominaux. Un article de la loi chargeait les Comités de législation et d'agriculture de la Convention réunis de présenter leurs vues sur la question de savoir « s'il convient d'accorder pour les années suivantes aux propriétaires et fermiers de biens ruraux la faculté réciproque de résilier les baux dont le prix était payable autrement qu'en denrées ».

Le désordre en était donc arrivé au point que le législateur était obligé de se demander s'il ne serait pas amené à autoriser la rupture légale de contrats parfaitement valables au moment où ils avaient été signés, mais qui devenaient ruineux pour le bailleur, obligé d'accepter une monnaie de plus en plus avilie. Le 25 messidor an III, un autre décret ordonna qu'aucun créancier ne pourrait être contraint de recevoir le remboursement de ce qui lui était dû avant le terme stipulé, et suspendit provisoirement les remboursements de toutes les rentes créées avant le 1er janvier 1792, quelle qu'en fût la nature et la cause. Etaient compris dans cette suspension les remboursements de capitaux qui, en cas de dissolution de mariage, doivent être restitués par le mari ou ses héritiers à la femme ou aux héritiers de la femme ; on avait vu des époux divorcer, afin de permettre à l'un d'eux d'acquitter à bon marché les obligations que lui imposait un contrat.

Le 9 vendémiaire an IV, le Comité de législation proposa à la Convention d'étendre l'interdiction de remboursement à plusieurs catégories d'obligations postérieures au 1er janvier 1792 ; mais l'assemblée se sépara sans avoir pris de décision à cet égard, et ce fut le Conseil des Cinq-Cents, qui, dès ses premières séances, reprit la question. C'était l'époque où les mandats territoriaux remplaçaient les assignats et où les inventeurs de ce nouveau papier s'imaginaient qu'il conserverait une valeur stable. La loi du 15 germinal an IV abrogea tout d'abord celles des 25 messidor et 12 frimaire précédents qui suspendaient les remboursements et ordonna que toutes les obligations antérieures au 1er janvier 1792 ou contractées depuis en numéraire ou en lingots d'or et d'argent, ainsi que les arrérages de rentes viagères entre particuliers, seraient payés en mandats. Quant aux autres obligations contractées postérieurement au 1er janvier 1792, et non spécifiées en valeur numéraire, elles devaient être payées selon une échelle dressée par le législateur, qui stipulait un chiffre d'autant plus faible que la date en était plus récente. Toute cette réglementation reposait sur l'illusion que les mandats territoriaux conserveraient leur pleine valeur, égale à celle de la monnaie métallique : il était prescrit de payer, pour chaque centaine de francs d'obligations contractées aux époques ci-après désignées, les sommes indiquées en regard :

En 1792	95 francs.
Durant les cinq premiers mois de 1793. . . .	85 —
En juin, juillet, août, septembre et pendant les six premiers mois de l'an II	75 —
Pendant les six derniers mois de l'an II et les jours complémentaires	65 —
Pendant vendémiaire, brumaire, frimaire an III	60 —
— nivôse, pluviôse an III	50 —
— ventôse, germinal an III	40 —
— floréal an III	30 —
— prairial an III	20 —
— messidor, thermidor an III	15 —
— fructidor et jours complémentaires .	10 —
— vendémiaire an IV	8 —
— brumaire an IV.	6 —
— frimaire an IV	4 —
— nivôse an IV et postérieurement. . .	2 —

Les paiements devaient être faits en mandats territoriaux. Mais trois mois ne s'étaient pas écoulés que ceux-ci perdaient à leur tour les neuf dixièmes de leur valeur. Les remboursements, désastreux pour les créanciers, recommencèrent. Le Conseil des Cinq-Cents, assailli de plaintes, fut obligé de reprendre la discussion du problème, qui ne l'occupa pas pendant moins de six mois. Au bout de cette période, il envoya au Conseil des Anciens un projet comportant cinq résolutions, dont une seule fut adoptée : elle aboutit à la loi du 5 messidor an V, qui admettait encore une fois le principe de la réduction des obligations contractées pendant la dépréciation, et que, dans un rapport présenté le 13 fructidor an VI au Conseil des Cinq-Cents, Migne caractérisait comme suit :

« Après la chute du papier-monnaie et quand le numéraire fut
rappelé dans la circulation, il devint indispensable de fixer
un mode d'après lequel les transactions stipulées en papier-
monnaie seraient acquittées en numéraire ; ce signe ne pouvait pas être assez abondant pour permettre de payer sans
réduction les sommes exprimées dans les engagements consentis en assignats ou en mandats ; 40 ou 50 milliards de
papier-monnaie ayant servi de base aux transactions entre
citoyens, ne pouvaient se balancer en valeur nominale avec
1 milliard ou 1 500 millions d'espèces métalliques. » Il fallut
donc rapprocher les assignats du numéraire, comparer leur
valeur respective aux différentes époques considérées et convertir, pour cette opération, le papier en or et en argent. Tel
avait été le but de la loi du 5 messidor an V, qui posa les
bases d'évaluation du papier-monnaie, non d'après sa valeur
légale, mais d'après sa valeur d'opinion, et cela dans chaque
département, à des époques successives, depuis le 1er janvier 1791 jusqu'en l'an IV. Ces tableaux indiquent les quantités d'assignats équivalentes au numéraire jusqu'en ventôse
an IV (septembre 1795) ; à partir de mars 1796 (germinal
an IV) c'est le cours des mandats qui est inscrit. Dans chaque
département, les commissions se sont réunies. Voici par
exemple comment l'arrêté était rendu dans le département
du Puy-de-Dôme :

« Aujourd'hui 8 thermidor an V de la République française une et indivisible, les administrateurs du département,
réunis dans le lieu de leurs séances pour procéder, conformément à la loi du 5 messidor dernier, au tableau de la
dépréciation du papier-monnaie ; à eux réunis les quinze
citoyens choisis conformément à la loi ; chacun d'eux a fait
part des renseignements qu'il s'était procurés par suite de ses
observations locales ; et, après les avoir comparés soit entre
eux, soit avec la valeur des denrées, marchandises et biens
fonds, l'examen le plus scrupuleux en a été fait et combiné
avec les notes tenues à la trésorerie nationale : cet examen a
produit le résultat annoncé au tableau qui suit. »

Ces tableaux donnent des chiffres différents pour chaque département, mais avec des écarts moindres qu'on ne pourrait le supposer au premier abord, vu la difficulté des communications. Les prix sont établis par mois, de janvier 1791 à mars 1795. A partir de cette dernière date (germinal, an III), le calendrier révolutionnaire est employé, et les fluctuations, qui deviennent beaucoup plus rapides et violentes, sont notées par décades, quelquefois par journées. C'est ainsi que nous relevons, sur le tableau de Seine-et-Marne, les cours suivants, pour la contre-valeur en numéraire de 100 livres assignats :

Janvier 1791	97 livres 15
— 1793	72 — 15
— 1795	32 — 13
1er-4 prairial an III.	16 —
30 ventôse an IV	10 — 6

ensuite, pour 100 livres en mandats territoriaux :

Le 1er germinal an IV.	25 livres 10
Le 30 messidor an IV.	6 — 8
Le 7 thermidor an IV.	5 —

Dans la Somme, les adjoints déclarent que la dépréciation en papier-monnaie n'a jamais été aussi sensible dans les échanges commerciaux des choses en nature que dans l'opération du change du papier-monnaie en numéraire. Le prix des immeubles n'· pas augmenté en raison de la dépréciation du signe monétaire en papier. Pour les paiements de denrées, les assignats avaient aussi un cours moins désavantageux ; en sorte que celui qui vendait son numéraire obtenait, avec le produit en assignats, une plus grande quantité de denrées qu'il n'en aurait eu avec la même somme en 1790, avant la dépréciation du papier. La proclamation de l'Administration centrale du département du Calvados débutait ainsi : « Des motifs d'une nécessité impérieuse ont donné l'existence au papier-monnaie en France ; des motifs non moins urgents en ont déterminé la suppression. Il a été un temps où le papier a eu une valeur égale, dans l'opinion, à l'or et à l'argent ; il en a été un autre où il a cessé absolument d'avoir aucune valeur dans cette même opinion. Entre ces deux extrêmes se trouve une période qu'on appelle celle de sa dépréciation, pendant laquelle il a perdu successivement de sa valeur comparative avec l'or et l'argent... : elle est fixée par la loi à 5 ans, 6 mois, 25 jours. L'intérêt public, l'intérêt particulier, la justice comme la raison exigeaient également qu'on constatât cette dépréciation dans chaque département..., c'était le seul moyen de substituer une valeur réelle en numéraire à une valeur nominale en papier, mais fictive, qu'offraient les transactions, obligations et autres engagements pris pendant le cours de la dépréciation... Le tableau que nous publions, fruit d'un travail suivi et continu de plusieurs décades, sera, nous l'espérons, le terme de vos souffrances, de vos anxiétés et de vos doutes. Il présentera aux tribunaux un point d'appui qui leur manquait pour leurs décisions, à la justice une marche sûre et certaine, et aux citoyens honnêtes des moyens d'arrangement, dans lesquels la probité prévaudra toujours sur la rigueur de la loi. » L'Administration de l'Hérault, en formant le tableau, déclare ne s'être pas dissimulé les difficultés d'un travail de ce genre qui, par sa nature et par ses conséquences, va introduire dans les fortunes particulières des rapports nouveaux, inattendus, singuliers et qui, en conservant le souvenir d'un signe qui n'existe plus, restera exposé à toutes les critiques.

Ces tableaux sont instructifs. Quand on voit, par exemple, dans celui de la Seine, le cours des 100 livres de mandats territoriaux tomber, dans le mois de germinal an IV, de 34 à 17 livres, et trois mois plus tard, en messidor, à 5 livres, on comprend quel trouble de pareilles chutes apportaient dans la vie publique et privée. Tristement instruits par l'exemple des assignats, les Français firent médiocre accueil aux mandats territoriaux, dont on leur vanta vainement les mérites et la solidité, et dont l'existence fut infiniment plus courte et la dépréciation beaucoup plus rapide encore que celle de leurs prédécesseurs.

Bien que vieille de plus d'un siècle, l'histoire du papier-monnaie pendant la première Révolution est peut-être plus féconde encore en enseignements que celle de la banque de Law ; aussi n'avons-nous pas hésité à entrer dans certains détails qui éclairent cette période troublée. Ce fut pendant la Terreur que le mal prit les proportions les plus grandes, mais nul n'osait alors se plaindre de la monnaie républicaine, de peur d'être traité d'ennemi de la patrie. Cependant la Convention elle-même fut obligée d'admettre que le papier-monnaie était déprécié par rapport au numéraire et de prendre des mesures qui tenaient compte de cette dépréciation. Mais, sous le gouvernement suivant, les plaintes se donnèrent libre carrière et les Conseils des Cinq-Cents et des Anciens durent, pendant de longs mois, consacrer une part de leurs séances au règlement de la question fiduciaire : le pays ne pouvait reprendre sa vie normale sans avoir un instrument fixe pour les échanges. Une fois de plus, la démonstration d'une vérité économique résultait des faits, mais jamais la leçon n'avait été aussi sévère et n'avait entraîné autant de maux pour le pays. La création par le Gouvernement d'un papier-monnaie dont la quantité a dépassé tout ce que l'histoire avait jamais enregistré a provoqué une véritable désorganisation de la vie économique de la France. Les événements politiques qui, tant à l'intérieur qu'à l'extérieur, ont coïncidé avec l'ère des assignats, furent d'une telle importance qu'ils ont détourné l'attention d'un autre côté : mais le tableau des variations de la valeur de l'instrument des échanges nous fait comprendre à lui seul les maux dont nos ancêtres souffrirent alors.

III. — LA BANQUE DE FRANCE

Après la disparition des assignats et des mandats, la Caisse des comptes courants, fondée en 1796, la Caisse d'escompte du commerce créée en 1797, la Factorerie et le Comptoir commercial organisés en 1800, émirent des billets à vue, en quantités modérées, pour les besoins commerciaux de la capitale. Lorsque le Premier Consul remit l'ordre dans les finances comme ailleurs, il conçut le projet de donner à un établissement unique la faculté d'émission : de là naquit la Banque de France, constituée le 28 nivôse an VIII (18 janvier 1800) au capital de 30 millions de francs ; une partie de ce capital fut formée par l'échange d'actions de la Caisse des comptes courants, qui entra en liquidation. Le droit d'émettre des billets était accordé à la Banque, mais ce n'est que par la loi du 24 germinal an XI (14 avril 1803) que ce droit fut transformé en un monopole, limité d'ailleurs à la capitale. Sauf 5 millions souscrits par le Trésor, les fonds furent apportés par des particuliers ; Bonaparte consul figure sur la liste des premiers actionnaires, mais en son nom personnel et non comme chef du pouvoir exécutif. Les augmentations successives de ce capital, qui l'ont porté en quatre fois à son chiffre actuel de 182 500 000 francs, ont toujours été effectuées au moyen d'espèces versées par les souscripteurs.

Dès l'origine, des rapports se sont établis entre l'établissement et le Trésor. L'arrêté constitutif stipulait que tous les fonds reçus par la Caisse d'amortissement seraient versés à la Banque de France. A la date du 4 ventôse (23 février 1800), celle-ci décide de « se concerter avec les administrateurs de la Caisse d'amortissement pour régler les rapports qui auront lieu entre eux et la Banque, surtout en vue du versement à faire en conséquence de l'arrêté des consuls ». La Banque est chargée aussi d'encaisser les obligations des receveurs généraux des départements : elle refuse d'accepter dans les versements plus du vingtième en sols. Le 27 mai 1800, elle décide de n'escompter ces obligations que pour un total de 3 millions, et cela au Trésor public seulement, à l'exclusion des particuliers.

La loi du 14 germinal an XI (14 avril 1803), rendue après des délibérations approfondies du Conseil d'État, attribua à

la Banque de France le monopole de l'émission à Paris et
décida qu'aucune banque ne pourrait s'établir dans les
départements sans l'autorisation du gouvernement. Elle élevait en même temps le capital de 30 à 45 millions, fixait à
quinze ans à partir du 1er vendémiaire an XII (22 septembre 1803) la durée de la concession, et lui imposait certaines
règles pour son organisation intérieure.

Le 7 juillet 1803, la Banque consent au Trésor une avance
de 10 millions, « pourvu, dit-elle au ministre, que la destination
de ces fonds soit pour le paiement des arrérages de la dette
publique, pourvu que vous assigniez un terme prochain pour
la réalisation des valeurs qu'elle aura escomptées ». Les
demandes du Gouvernement continuent. Dans la séance extraordinaire du 25 août 1803, le Conseil accepte à l'escompte
un nouveau montant d'obligations du Trésor, en dépit de la
protestation de M. Delessert, qui déclare « s'opposer formel-
lement à toutes les propositions de convertir une forte partie
du capital de la Banque en obligations ou autres effets de
cette nature. La Banque doit être à l'abri de tout ce qui pourrait porter atteinte à son crédit ; il est autant de l'intérêt du
Gouvernement que de celui des actionnaires et du public de
respecter son indépendance ; l'expérience de tous les temps
et de tous les pays a prouvé que la moindre brèche faite à
ces principes peut entraîner la chute de ces établissements ».
On ne saurait mieux dire : on voit qu'un financier avisé proclamait déjà il y a plus d'un siècle les vérités que de multiples expériences ont confirmées depuis et que la lumière du
passé éclairait déjà suffisamment aux yeux d'une élite.

Le 20 octobre 1803, la Banque avait prêté au Trésor les
treize quinzièmes de son capital. Au cours de l'automne 1805,
au moment où la campagne d'Austerlitz exigeait des sommes
considérables, la situation devint de plus en plus tendue : la
circulation des billets atteignait 60 millions et l'encaisse
était tombée à 1 300 000 francs ; aussi les premiers perdaient-
ils un dixième de leur valeur. De nombreuses obligations de
receveurs généraux revenaient impayées de la province. A

la date du 24 décembre 1805, la Banque avait avancé au Trésor 80 millions et ne détenait que 17 millions d'effets de commerce ; elle était devenue presque exclusivement prêteur de l'État, dont les obligations, sous diverses formes, encombraient son portefeuille : au lieu d'être tout entière au service du public, elle ne peut que s'efforcer, dit un document de l'époque, « de tenir une balance égale entre le commerce et le gouvernement, et de ne pas escompter à l'un si elle n'escompte pas à l'autre ». Le remboursement de ses billets en numéraire était sa préoccupation constante : elle concluait arrangements sur arrangements, notamment avec M. Desprez, pour se procurer des piastres espagnoles : Barbé-Marbois, par une lettre du 16 novembre 1805, certifie « que les demandes faites pour le service de M. Desprez se rapportant toutes aux opérations du Trésor, il est de la plus grande importance que ce service ne soit pas arrêté ». Desprez, régent de la Banque, membre de la Compagnie des négociants réunis, s'occupe de faire venir d'Espagne des millions de numéraire, mais demande naturellement à se faire escompter par la Banque des sommes correspondantes d'obligations ou de papier commercial.

La Banque faisait le service des rentes pour le compte de l'Etat, et était obligée d'escompter un grand nombre de valeurs du Trésor, notamment celles au moyen desquelles il payait les fournitures de la célèbre *Compagnie des négociants réunis*, formée par Ouvrard, Desprez et Vandenberghe. L'excès de circulation engendra la méfiance, provoqua des demandes de remboursement de la part des porteurs de billets, amena une dépréciation telle de ces derniers qu'ils perdaient, dans certaines villes de province, jusqu'à 12 pour 100, si bien que la Banque en vint à limiter à une somme fixe le montant des billets qu'elle rembourserait chaque jour en espèces. Ce fut le point culminant de la crise, qui se dénoua par la diminution des escomptes, la rentrée du numéraire et la reprise des remboursements à guichet ouvert. Mais la nécessité de fortifier la Banque était apparue

clairement. L'empereur avait été le premier à le comprendre.
Dès son retour d'Autriche, il s'en occupa. Rentré à Paris dans
la nuit du 26 janvier 1806, il convoquait le lendemain matin
un Conseil des finances, auquel assistaient Gaudin, ministre
des finances, Barbé-Marbois, ministre du Trésor, Fermon et
Cretet, conseillers d'État, Mollien, directeur de la Caisse
d'amortissement. Ce dernier fut désigné pour remplacer
Barbé-Marbois, et c'est en qualité de ministre du Trésor que
cet éminent financier prépara le projet de réorganisation de la
Banque, qui fut ensuite soumis au Conseil d'État. L'empereur présida les discussions et insista sur le caractère public
de l'institution « qui, disait-il, n'appartient pas seulement
aux actionnaires, mais aussi à l'État, puisqu'il lui donne le
privilège de battre monnaie. Rien ne serait plus funeste que
de considérer les actionnaires comme propriétaires exclusifs
de la Banque. » L'autorité était désormais partagée entre un
gouverneur et deux sous-gouverneurs, nommés par le chef de
l'État, et un conseil de quinze régents et de trois censeurs
élus par l'assemblée des actionnaires.

L'empereur distinguait trois pouvoirs : celui des deux
cents actionnaires qui composent le Comité (que nous appe-
lons aujourd'hui l'assemblée) ; celui du conseil de régence ;
celui du gouverneur et de ses deux suppléants, qui représentent l'État. « La part du Gouvernement, ajoutait l'empereur,
est ce qu'elle doit être : il n'a point l'initiative de l'escompte ;
mais il a un droit de censure et d'opposition. » La loi
du 22 avril 1806, qui doubla le capital en le portant à
90 millions, modifiait les statuts, transformait l'administration et prorogeait de 25 ans, au delà des 15 années concédées
en 1803, c'est-à-dire jusqu'en 1843, le privilège de la Banque.
Le décret du 18 mai 1808 étendit ce privilège à toutes les
villes de province où elle établirait des comptoirs. Avec la
chute de l'Empire, le rôle de la Banque parut perdre de son
ampleur : elle restreignit ses opérations, notamment dans
les départements, où elle considérait que ses succursales lui
faisaient courir des dangers. Une ordonnance de Louis XVIII,

en date du 5 février 1817, supprima les comptoirs de Rouen et de Lyon, qui furent remplacés par des banques départementales autonomes, investies du droit d'émission. Le capital de l'établissement fut réduit de 90 à 67 millions par le rachat d'un nombre correspondant d'actions.

L'histoire de ces premières années de la Banque de France nous la montre étroitement liée au Gouvernement, de la volonté puissante duquel elle est née et qui prétend exercer sur ce domaine, comme sur tous les autres, une autorité consulaire, bientôt impériale. Mais Napoléon n'est pas le Régent ; il ne se laisse pas éblouir par les chimères du papier-monnaie, et il se garde de vouloir étayer le crédit de la France sur celui d'un établissement dont la signature ne reposerait sur rien. D'autre part, les administrateurs ne sont pas de simples instruments, dociles aux sommations du pouvoir : ils ont conscience de la grandeur des intérêts qui leur sont confiés, et qui, au fond, sont identiques à ceux de la nation. Ils savent qu'en défendant le crédit de leur billet, ils luttent pour celui du pays et ils puisent dans ce sentiment une force singulière pour résister, lorsque cela devient nécessaire, au ministre du Trésor.

Vers la fin de la Restauration d'abord, sous le Gouvernement de Juillet ensuite, la Banque fut de nouveau chargée d'un certain nombre de services publics, notamment celui des rentes et des pensions. Aussi le renouvellement de son privilège ne souffrit-il point de difficultés. Après enquête auprès des Chambres de commerce et de longues discussions devant la Chambre des députés et celle des pairs, la loi de 1840 prorogea la concession jusqu'au 31 décembre 1867, décida qu'aucune banque départementale ne pourrait être établie désormais qu'en vertu d'une loi, et réglementa l'organisation des comptoirs ou succursales de la Banque de France.

Ce n'est en général qu'aux époques de crise et particulièrement de difficultés extérieures que les gouvernements s'adressent aux banques d'émission et leur demandent une aide que celles-ci leur refusent rarement. Aussi ne s'étonnera-t-on pas que les rapports de la Banque et du Trésor n'aient présenté rien d'anormal pendant la longue période de paix que la France goûta de 1816 à 1848. La Restauration, à ses débuts, éprouvait même quelque méfiance à l'égard de l'établissement qui portait la marque de son impérial créateur : le capital fut réduit, comme nous venons de le voir, et l'extension des services au pays tout entier retardée. Un événement important dans l'histoire de la Banque, et aussi dans l'histoire financière du xixᵉ siècle, en ce qu'il montre le rôle international déjà considérable d'un établissement d'émission, est la transaction qui intervint en 1847 entre elle et l'empire de Russie. Celui-ci acheta, au prix de 50 millions de francs, 2 millions de rentes françaises 5 pour 100 et 142 000 francs de rentes 3 pour 100 : ces titres étaient dans le portefeuille de la Banque, qui les aliéna pour fortifier son encaisse, affaiblie par les paiements que nos négociants avaient à faire au dehors par suite de leurs achats de blé de la mer Noire.

Il faut arriver à la Révolution de 1848 pour voir les rapports entre la Banque et le Trésor prendre une grande extension et amener des conséquences qui ne s'étaient point encore produites; l'établissement du cours forcé en fut la principale. La Banque avait grandi : au cours d'une existence demiséculaire, son crédit s'était affermi ; son billet circulait de plus en plus, et était accepté sans difficulté. Aussi, lorsque les orages politiques vinrent bouleverser la communauté financière, la situation n'apparut-elle plus comme en 1805 : ce ne fut pas la Banque qui eut besoin de l'appui du Trésor, mais celui-ci, au contraire, qui se fit consentir des avances par elle. Un traité du 31 mars 1848 en accorda une première de 50 millions, qui ne devait porter intérêt que si elle n'était pas remboursée au bout d'une année. Un décret du 5 juillet 1848 autorisa un emprunt à la Banque de France d'une somme de 150 millions, payable moitié au cours de l'année 1848, moitié au cours de l'année 1849. Préalablement au versement de la première moitié, et pour en assurer le remboursement, le Trésor devait transférer à la Banque des rentes sur l'État provenant de la Caisse d'amortissement. Quant aux 75 millions à verser en 1849, le Gouvernement en assurait le remboursement au moyen d'une vente passée par lui à la Banque de 84 729 hectares de forêts, évaluées de gré à gré entre le ministre des finances et la Banque au montant de la créance à gager. La Banque avait le droit de vendre lesdites forêts « sous la condition de la publicité et de la concurrence ». Le prêt était fait à 4 pour 100 l'an : le remboursement devait en être terminé en 1851. Le Gouvernement ne l'utilisa que jusqu'à concurrence de moitié : un traité de 1852 limita l'avance à 75 millions et en prorogea le remboursement jusqu'en 1867.

Ce fut l'époque où la Banque étendit son monopole à la France entière. La loi de germinal an XI avait admis la création de banques locales autorisées par le Gouvernement. Au contraire, la seconde loi organique, celle du 22 avril 1806, et le décret impérial du 16 janvier 1808, ramenant tout à l'unité, n'avaient admis qu'une banque centrale et des comptoirs subordonnés, établis dans les villes où les besoins du commerce en feraient sentir la nécessité. Dans les dernières années de l'Empire, on essaya l'institution de ces comptoirs, mais sans succès : le souvenir des assignats était trop présent et empêchait les populations d'accepter les billets. Sous la Restauration et la Monarchie de Juillet, plusieurs villes de province demandèrent et obtinrent des banques locales, tandis qu'ailleurs la Banque de France instituait des comptoirs. Les deux systèmes opposés, centralisation et développement des organes locaux, cheminaient donc parallèlement, lorsqu'éclatèrent les événements de 1848. Les banques locales, aussitôt le décret du 15 mars qui donnait cours forcé aux billets de la Banque de France promulgué, demandèrent que le bénéfice leur en fût étendu : leurs billets reçurent cours forcé dans les départements où chacune d'elles était établie, et leur circulation totale fut limitée à 102 mil-

lions. Mais un papier, dont la force libératoire était bornée
à une faible partie du territoire, ne pouvait rendre que des
services restreints . la nécessité s'imposa de transformer les
banques qui l'émettaient en succursales de la Banque de
France, de façon à assurer à .leurs billets la circulation sur
toute l'étendue de la République. Les banques départementales disparurent et leurs actionnaires eurent la faculté
d'échanger leurs titres contre ceux de la Banque de France,
dont le capital fut élevé à 91 250 000 francs.

Le Trésor, de son côté, s'adressait largement à l'établissement central, en qui il voyait un prêteur commode, qui ne
lui marchandait pas le crédit et qu'il dispensait d'exécuter
ses engagements, c'est-à-dire de rembourser ses billets en
numéraire, précisément afin de pouvoir obtenir de lui les
sommes dont il avait besoin. Le cours forcé accompagnait
l'avance à l'État ; nulle part ni à aucune époque de l'histoire
on ne l'a vu établi dans l'intérêt de la banque ou de la
communauté commerciale : toujours il a servi à fournir des
ressources au budget. En dehors de ces prêts directs au
Trésor, la Banque de France avait, le 6 mai 1848, avancé
30 millions à la Caisse des dépôts et consignations, qui les
avait entièrement remboursés le 7 novembre 1850. La ville
de Paris, le département de la Seine, la ville de Marseille,
qui avaient également eu recours à la Banque, s'étaient libérés
avant la même date. De son côté, la Banque, afin d'éviter
une dispersion de ses ressources, avait suspendu en 1848
ses opérations d'avances sur fonds publics, qui furent reprises
le 13 septembre 1849.

Le traité de 1852, intervenu entre la Banque et l'État,
consacre le principe que le Trésor ne paie d'intérêt pour les
avances à lui consenties que sur la partie qui dépasserait le
solde créditeur de son compte courant à la Banque. Celle-ci,
vers cette époque, avait presque entièrement cessé d'escompter des bons du Trésor; mais en 1854 elle en escompta
pour 60 millions, en 1855 pour 40 millions. Lors du renouvellement de son privilège en 1857, elle consolida une avance

de 60 millions, c'est-à-dire s'engagea à la maintenir jusqu'à l'expiration de sa concession, en escomptant des bons de trois mois en trois mois, au taux de l'escompte du papier de commerce, mais sans jamais dépasser 3 pour 100. La clause de compensation des intérêts était maintenue, c'est-à-dire qu'ils ne devaient être perçus que si le solde du compte courant du Trésor tombait au-dessous de 60 millions.

La loi de 1857 prorogea le privilège jusqu'au 31 décembre 1897 et doubla le capital, en le portant à 182 500 000 francs. Le montant de la souscription aux 91 250 actions nouvelles, émises à 1 100 francs, fut employé par la Banque à acquérir des rentes 3 pour 100 sur l'État, c'est-à-dire, en d'autres termes, à faire une avance de 100 millions au Trésor, qui lui délivra en échange des inscriptions. Une fois de plus, la concession octroyée était payée par un versement dans les caisses publiques. Les rentes 3 pour 100 acquises à cette époque sont encore aujourd'hui dans le portefeuille de la Banque et figurent à l'actif de son bilan pour 100 millions de francs, sous le titre de rentes immobilisées.

L'histoire des relations de la Banque de France avec le Trésor devient particulièrement intéressante en 1870, au moment de la guerre contre l'Allemagne. Elle est une démonstration éclatante de la puissance de cet établissement, de la solidité des principes sur lesquels il est fondé et de l'intérêt supérieur qu'ont les gouvernements à respecter l'autonomie des instituts d'émission, afin précisément d'obtenir d'eux, en cas de crise, l'aide la plus efficace et la plus étendue. Dès l'ouverture des hostilités, la Banque fut largement mise à contribution : la mesure prémonitoire des avances à l'État fut prise dès le 12 août 1870 ; la loi de cette date établit le cours forcé, et fixa en même temps à 1 800 millions le chiffre maximum de la circulation. Il fut, dès le surlendemain, porté à 2 400 millions, puis à 2 800 millions le 29 décembre 1871 et à 3 200 millions par la loi de finances du 15 juillet 1872. Les avances au Trésor suivirent une marche à peu près parallèle : comme, à la suite de l'investissement de Paris, les services publics furent dédoublés, nous examinerons successivement ce qui se passa dans la capitale et en province.

Le 18 juillet 1870, la Banque s'engagea à escompter pour 50 millions de francs de bons du Trésor[1]; le 18 août, ce chiffre fut doublé; le 19 août, elle prêta 40 millions, sur dépôt de titres, à la Caisse des dépôts et consignations pour lui permettre de fournir aux caisses d'épargne les fonds réclamés par les déposants. Le 23 septembre, Ernest Picard, ministre des finances du Gouvernement de la Défense nationale, demanda l'ouverture à Paris d'un crédit de 75 millions, dont les intérêts se compenseraient ultérieurement avec le solde créditeur du compte transporté en province. Le 5 décembre, un nouveau crédit de 200 millions fut ouvert contre nantissement de bons du Trésor et moyennant intérêt. Le 11 janvier 1871, la Banque ouvrit un autre crédit de 400 millions, garanti par les forêts dépendant de l'ancienne liste civile; on revenait au précédent de 1848. Un traité en due forme fut passé le 22 janvier et ratifié par un décret du 23. Les intérêts étaient ramenés à 3 pour 100, tout ce qui avait dépassé ce taux dans l'escompte des bons devant être affecté à l'amortissement du capital de la dette de l'Etat. Ce traité du 22 janvier 1871, après avoir rappelé que, depuis le début de la guerre franco-allemande, la Banque avait avancé à l'Etat un total de 415 millions de francs, stipulait que le nouveau prêt de 400 millions serait effectué sous forme d'escompte de bons du Trésor à trois mois. Pour sûreté des 400 millions, le Gouvernement de la Défense nationale affectait et engageait, à titre de nantissement, à la Banque de France, les bois et forêts dépendant de l'ancienne liste civile impériale, d'une contenance d'environ 65 000 hectares. L'Etat conservait l'administration des immeubles engagés, et en percevait les fruits : mais il devait verser à la Banque le produit net annuel, accepté *bona fide*

1. Voir Louis Pommier. *La Banque de France et l'État au XIX⁰ siècle.*

en amortissement du capital de la dette. La Banque n'a d'ailleurs eu à procéder à aucune réalisation, le règlement de ses diverses avances ayant été opéré à l'amiable. Le 15 avril 1871, elle avança encore 75 millions, puis 150 le 17 mai et 50 le 10 juin. Un traité, passé le 3 juillet 1871 à Versailles entre Pouyer-Quertier, ministre des finances, et Rouland, gouverneur de la Banque, arrêta le montant des avances et crédits consentis à 1 230 millions, auxquels devaient s'ajouter 210 millions que la Banque fournissait encore sous forme d'escompte de bons du Trésor.

Voyons maintenant ce qui s'était passé dans les départements. Les rapports de la délégation du Gouvernement de la Défense nationale, établie d'abord à Tours, puis à Bordeaux, avec la Banque avaient été les suivants. Le sous-gouverneur Cuvier avait quitté Paris avant l'investissement, emportant l'autorisation d'ouvrir un crédit de 150 millions au Trésor ; il y ajouta 100 millions dès le mois d'octobre ; lorsqu'ensuite la délégation de Bordeaux exigea davantage, il ne crut pas devoir aller plus loin et donna sa démission : un décret de la délégation imposa un nouveau prêt de 100 millions. Par traité passé le 4 janvier 1871 entre le sous-gouverneur O'quin, assisté de trois régents, et M. de Roussy, délégué aux finances, la Banque s'engagea à faire à la délégation de la Défense nationale, et ce jusqu'au jour de la réunion des membres composant ladite délégation avec leurs collègues de Paris, les avances nécessaires pour les besoins de la guerre. Ces avances devaient être réalisées par sommes de 100 millions, en vertu de décrets rendus au fur et à mesure des besoins, contre bons du Trésor spéciaux non négociables, portant intérêt à partir du jour de leur émission. Cet intérêt, fixé à 6 pour 100 maximum, devait suivre les fluctuations du taux de l'escompte, sans pouvoir descendre au-dessous de 3 pour 100. La Banque s'interdisait de réclamer le remboursement avant le 31 décembre 1876 et recevait en garantie les forêts domaniales,
En résumé, le total des avances consenties par la Banque

3

tant à Paris qu'en province et en y comprenant l'ancienne avance de 60 millions, s'élevait au mois de juillet 1871 à 1 530 millions. Le gouvernement de M. Thiers, pénétré des sains principes financiers, comprit qu'il fallait rembourser au plus vite cette dette énorme, dont l'existence était un obstacle infranchissable à la reprise des paiements en espèces et nuisait au crédit de l'État autant qu'à celui de la Banque. Par traité du 2 janvier 1872, le Trésor promit de remettre 200 millions par an, de façon à être libéré en 1879. Cet engagement fut exécuté. Toutefois, à la veille du versement de la dernière annuité, M. Léon Say, ministre des finances, obtint, par une clause du traité du 29 mars 1878, une avance de 80 millions, de sorte qu'en réalité le Trésor resta débiteur envers la Banque de cette somme, outre les 60 millions de l'avance de 1857. Ce ne fut pas d'ailleurs aux seules avances que la Banque, en ces années d'épreuve, borna le concours qu'elle prodigua au Trésor. Elle négocia des sommes énormes d'obligations. Ainsi, en novembre 1871, elle avait en portefeuille 1 193 millions de bons du Trésor ; au 1er août 1872, 1 363 millions ; au 31 octobre 1873, 1 276 millions. En la seule année 1873, elle escompta près de 5 milliards de bons du Trésor et 63 millions de bons de la Ville de Paris.

En 1896 (traité du 31 octobre), le Trésor se fit consentir une nouvelle avance de 40 millions ; la loi de renouvellement du privilège de la Banque, de novembre 1897, décida que désormais les trois avances d'ensemble 180 millions ne porteraient plus intérêt et ne seraient remboursables qu'à l'expiration du privilège. C'est donc un concours en quelque sorte permanent que la Banque apporte au budget sous cette forme. D'autre part, il faut reconnaître que, depuis assez longtemps, la Banque de France a cessé d'escompter des bons du Trésor à courte échéance, comme elle le faisait autrefois à de fréquentes reprises. En 1875 par exemple, elle en avait escompté 2 828 millions ; en 1882, 100 millions ; en 1890, 75 millions ; en 1893, 85 millions. Mais aujourd'hui, ces

bons trouvent preneurs dans le public à des conditions de
plus en plus favorables : leur taux souvent ne dépasse pas
1 pour 100 l'an, ce qui a le double avantage de procurer
à l'État des ressources à des conditions avantageuses et de
permettre à la Banque de porter tout son effort sur les opérations commerciales, qui forment son véritable domaine en
temps normal.

Le Trésor est obligé, par la loi de juin 1857, à lui verser
ses encaisses disponibles. Les trésoriers généraux remettent aux succursales de la Banque de France les fonds
encaissés par eux, dans la mesure où ils dépassent les
paiements qu'ils ont à effectuer ; inversement, ils prélèvent
aux mêmes succursales les sommes dont ils peuvent avoir
besoin et pour lesquelles des crédits leur sont ouverts par la
direction du mouvement général des fonds. Ces versements
et retraits peuvent, depuis la loi de 1897, être effectués par
les comptables du Trésor dans les bureaux auxiliaires de la
Banque, qui opèrent aux mêmes conditions dans les villes
rattachées : elle encaisse gratuitement les traites tirées sur
les comptables du Trésor ou souscrites par les redevables de
certains revenus publics, tels que sucres et douanes. Grâce à
cette organisation, les agents de recouvrement n'ont plus à
faire d'envois de fonds coûteux et impliquant des risques.
La Banque se charge aussi du transport des monnaies divisionnaires vers les points du territoire où elles sont réclamées
par les agents payeurs du Trésor : en 1902, ces transports
ont porté sur une somme de 12 millions. Pour l'année 1903,
le mouvement des comptes des trésoriers généraux s'était
élevé à 8 milliards et demi. En 1909, le total des opérations
effectuées par la Banque pour compte du Trésor public a
été de 11 408 millions.

La Banque a prêté également son concours au service de
la Dette publique. A ses débuts, elle assurait le paiement des
arrérages en numéraire, ce qui constituait un grand avantage
pour les rentiers, auxquels jusque-là on ne payait leurs
rentes que déduction faite de leurs contributions ; et encore,

ce paiement ne se faisait-il qu'en bons d'arrérages ou délégations sur les contributions directes. Ce service cessa en 1804,
et fut repris en 1817. La Banque recevait du Trésor des
délégations sur les receveurs généraux jusqu'à concurrence
de la somme nécessaire au paiement des rentes et de l'amortissement. Dès 1819, elle se borna à assurer ces paiements
à Paris, le Trésor s'en chargeant en province; il cessa aussi
de lui remettre des obligations, promettant, en cas d'insuffisance, de transférer à la Banque son portefeuille d'effets de
commerce ou de lui donner des bons royaux. En 1828, le
Trésor reprit le paiement de toutes les rentes, même à
Paris. La loi de renouvellement de 1897 ordonne, dans son
article 8, que la Banque paiera gratuitement, concurremment avec les caisses publiques, les coupons au porteur des
rentes françaises et des valeurs du Trésor français, tant à
Paris que dans ses succursales et bureaux auxiliaires; elle a
ouvert partout des guichets spéciaux pour ces paiements.

La Banque rend à l'État des services au point de vue
monétaire. Lorsque l'Italie retira du territoire de ses associés
de l'Union latine ses monnaies divisionnaires d'argent, celles-
ci furent réunies par les soins de la Banque de France et
expédiées à la Direction de la Monnaie à Milan. L'arrangement conclu à cet effet entre la France, la Belgique, la
Grèce, l'Italie et la Suisse, le 15 novembre 1893, a été
approuvé par une loi du 22 mars 1894. Les Gouvernements
français, belge, grec, suisse, se sont alors engagés à retirer
de la circulation les pièces italiennes de 2 francs, 1 franc, 50 et
20 centimes. Le Gouvernement italien de son côté dut prendre
livraison et opérer le remboursement d'un miminum de
45 millions de francs de ses monnaies divisionnaires pendant
les quatre premiers mois qui suivraient l'échange des ratifica-
tions, et d'un minimum de 35 millions au cours de chaque trimestre suivant, jusqu'à épuisement des quantités retirées. Un
arrangement analogue est intervenu avec la Grèce en 1908.

La loi de renouvellement de 1897 a imposé à la Banque
un service nouveau, destiné à assurer la réfection progressive

des monnaies d'or, en faisant opérer, dans les succursales et bureaux auxiliaires comme à Paris, le trébuchage des pièces. Les employés de la Banque, après en avoir vérifié le poids, expédient à Paris celles qui sont trop légères : l'administration centrale les présente à la Monnaie, qui lui rend en échange des pièces à poids droit. Enfin, la Banque a conclu avec l'État des arrangements corrélatifs à ceux de l'Union latine, en vertu desquels elle s'engage à recevoir dans ses caisses les écus de 5 francs belges, italiens, grecs et suisses. L'article 3 de la convention monétaire du 3 novembre 1885 portait que « les pièces d'argent de 5 francs seront reçues dans les caisses de la Banque de France pour le compte du Trésor ». Par une convention ultérieure, du 31 octobre 1896, la Banque s'engagea, en cas de dénonciation de l'Union, à n'exiger du Trésor le remboursement des pièces étrangères qu'elle aurait en caisse, qu'au fur et à mesure que le montant en serait remboursé à la France par les puissances étrangères, conformément à la clause dite de liquidation ; l'opération toutefois devrait être terminée dans un délai maximum de 5 ans. L'Union latine se prorogeant d'année en année par tacite reconduction, un article de la loi de finances autorise le ministre à renouveler chaque année ces conventions avec la Banque.

La Banque paie à l'État un droit de timbre sur ses billets, analogue à celui qui frappe les effets de commerce, et fixé au même taux, qui est actuellement de 0 fr. 50 pour 1 000 francs. Toutefois, depuis 1878, une distinction est faite entre la circulation productive et la circulation improductive. La première se compose des billets émis pour les opérations d'escompte et d'avance : elle supporte le droit plein. La seconde comprend les billets émis en représentation de numéraire et ne paie que 20 centimes par 1 000 francs. Le taux de cet impôt a été établi par analogie avec celui qui frappe les chèques tirés d'une place sur une autre. On comprend, en effet, que, de ces deux parties de la circulation, la première seule constitue un avantage pour l'établissement, tandis

que la seconde lui impose une charge qui n'est compensée par
aucun bénéfice. La distinction a été établie en 1878, par la
convention du 29 mars, en vertu de laquelle la Banque a consenti au Trésor une avance de 80 millions. Pour l'assiette de
l'impôt, elle relève chaque jour le montant des billets en circulation, le solde des comptes portefeuille, avances, billets à
ordre. Les totaux annuels sont divisés par le nombre de jours
ouvrables : le premier quotient donne la moyenne de la circulation ; le second, celui de la circulation productive. Comme
celle-ci représente une fraction de plus en plus faible du
total, à cause de l'augmentation incessante de l'encaisse métallique, il en résulte que le taux de l'impôt, calculé sur la
circulation globale, se rapproche de plus en plus de celui de
la circulation improductive. En 1900, il était de 0 fr. 0326 ;
en 1909, il n'a plus été que de 0 fr. 0320 pour 100 ; en effet,
la circulation moyenne de 5079 millions était couverte,
jusqu'à concurrence de 4 524 millions, par l'encaisse métallique. Le surplus, 555 millions, formait la partie productive
de la circulation, soit 10,94 pour 100 du total au lieu de
18,48 en 1908.

Depuis 1897, la Banque ajoute aux divers impôts qu'elle
paie à l'État le versement semestriel d'une redevance, égale
au produit de la moyenne de la circulation productive, multi-
pliée par le huitième du taux de l'escompte. Si, par exemple,
la circulation du semestre a été de 1 milliard, et le taux
moyen de l'escompte 3 pour 100, il est dû :

$$1\ 000\ 000\ 000 \times \frac{3}{8} = 3\ 750\ 000 \text{ francs.}$$

Si la somme annuelle obtenue de la sorte n'atteignait pas
2 millions, la Banque devrait verser ce minimum. Cette formule
est heureuse : elle assure au Trésor un bénéfice proportionnel
à celui de la Banque et elle évite toute ingérence de sa part,
toute discussion entre les deux contractants, puisque le calcul
se fait automatiquement, au moyen de chiffres qui ne peuvent donner lieu à aucune contestation. Pour l'année 1909,

la redevance s'est élevée à 4 790 508 francs, et porte à plus
de 60 millions le total des sommes versées de ce chef au
Trésor en vertu de la loi de 1897. Celle-ci assure encore
un autre bénéfice à l'État. Lorsque l'escompte est porté plus
haut que 5 pour 100, les produits résultant de tout ce qui
dépasse ce taux sont retranchés des sommes annuellement
distribuables aux actionnaires : un quart est ajouté au fonds
social et le surplus versé au Trésor. Il convient d'observer
que cette clause n'a pas encore fonctionné, l'escompte n'ayant
pas atteint 5 pour 100 depuis 1897. Le maximum a été de
4 1/2, et encore ce taux n'a-t-il été en vigueur que pendant une
très courte période.

D'après la loi de 1897, les 40 millions d'avance supplémentaire et les produits successifs de la redevance annuelle
ne doivent pas entrer dans les ressources budgétaires générales, mais servir au développement du crédit agricole. Aux
termes de la loi du 31 mars 1899, ces sommes sont mises
à la disposition du Gouvernement, pour être attribuées, à titre
d'avances sans intérêt, aux caisses régionales de crédit
agricole mutuel, constituées conformément à la loi du 5 novembre 1894. Cette loi accorde un régime de faveur aux
sociétés de crédit agricole mutuelles, qui peuvent recevoir
des dépôts de fonds, se charger des recouvrements et des
paiements à faire pour les syndicats ou membres des syndicats agricoles, être en un mot leurs banquiers. Les caisses
régionales escomptent les effets souscrits par les membres
des caisses locales et endossés par elles et consentent à ces
dernières des avances pour fonds de roulement. Elles peuvent faire escompter leur portefeuille à la Banque de France,
puisque leur papier porte trois signatures, celles de l'em-
prunteur, de la société locale et de la caisse régionale.
De plus, la loi du 29 décembre 1906 a organisé le crédit à
long terme en autorisant les coopératives agricoles à emprunter, par l'intermédiaire des caisses régionales, des sommes
égales au double de leur capital versé, pour une période
maximum de 25 ans.

Sur un total de 96 millions qui, au début de 1909, formait la somme applicable à ces divers objets, il avait été avancé aux caisses régionales, sans intérêt, 35 millions. Bien que ces opérations n'aient point de rapport direct avec l'objet du présent livre, nous avons cru devoir les mentionner, puisqu'elles se font à l'aide de fonds fournis par la Banque de France, en vertu d'une obligation qui lui a été imposée par l'Etat. En effet, les 40 millions avancés en 1897 et toutes les redevances annuelles versées depuis lors au Trésor doivent exclusivement servir au crédit agricole. C'est par l'intermédiaire de caisses régionales que le crédit devait être distribué. Ultérieurement, on a autorisé les avances aux sociétés coopératives. En dernier lieu, la loi du 19 mars 1910 a permis les avances aux particuliers : elle institue, dit le texte officiel, « le crédit individuel à long terme, en vue de faciliter l'acquisition, l'aménagement, la transformation et la reconstitution des petites exploitations rurales ». A cet effet, les sociétés de crédit agricole sont autorisées à consentir des prêts individuels à long terme, pour un chiffre maximum de 8 000 francs et une durée de 15 ans au plus : ils auront lieu par ouverture de crédit hypothécaire, ou seront garantis par un contrat d'assurance en cas de décès. Les sociétés de crédit immobilier qui voudront faire ces opérations pourront être assimilées aux caisses régionales de crédit agricole et recevoir des avances spéciales. Un décret, rendu après avis de la commission de répartition des avances, fixera les clauses spéciales que devront contenir les statuts des sociétés désireuses de bénéficier des avantages de la loi, ainsi que les garanties d'ordre général à prendre pour assurer le remboursement de ces avances spéciales, et la surveillance à exercer afin qu'elles ne soient pas détournées de leur affectation particulière.

D'après le compte général de l'administration des finances pour l'exercice 1908, les 40 millions n'avaient pas encore été employés et figuraient toujours au crédit des services spéciaux du Trésor, à titre de fonds de concours. Sur les 54 millions versés par la Banque pour les onze années 1898-1908, il avait été avancé 37 millions ; il restait donc, au 1ᵉʳ janvier 1909, 17 millions disponibles. Les recouvrements effectués en remboursement de ces avances sont appliqués par l'agent comptable, en première ligne, s'il y a lieu, au compte « avance de 40 millions faite au Trésor par la Banque », afin de maintenir dans la mesure du possible l'intégralité de son solde créditeur, et, pour le surplus, au compte des redevances annuelles.

En résumé, les rapports de la Banque de France et de l'État sont ce que doivent être ceux d'une banque d'émission et d'un Trésor public, à l'exception de l'avance permanente de 180 millions, que nous regrettons de voir figurer parmi les éléments d'actif de l'établissement. Si l'État juge insuffisant le prix qui lui est payé et que, à l'exemple d'autres gouvernements, il veuille obtenir une somme plus forte, nous considérons qu'il eût mieux valu la chercher dans l'élévation de la redevance annuelle, mais à condition de rembourser en même temps les 180 millions. Le crédit de la Banque doit être soigneusement réservé pour les époques critiques, notamment celles de complications extérieures. C'est à ce moment que le Gouvernement pourrait avoir recours à l'institut d'émission, comme il le fit en 1870. Mais il obtiendra de lui une aide d'autant plus efficace qu'il aura su s'abstenir de recourir, en temps normal, à un moyen trop facile de se procurer des ressources et de grossir le chiffre de la circulation d'une quantité de billets gagés uniquement par une créance sur le Trésor.

Il convient, en dernier lieu, de mentionner les accords intervenus entre l'État et la Banque de France en février 1910, à la suite des inondations qui ont désolé Paris et sa banlieue. La Banque a consenti une avance sans intérêt de 100 millions de francs, remboursable en cinq ans, destinée à fournir des prêts à ceux qui, victimes du fléau, ont besoin de fonds pour reconstruire leur demeure, remettre leur négoce ou leur industrie en mouvement. L'État, de son côté, s'est assuré le concours des grands établissements de crédit, des banques, des banquiers, qui ont pris une part importante dans la garantie qu'il a donnée à la Banque de France. Quelqu'intéressantes que fussent les infortunes à soulager, nous nous demandons si la voie suivie a été sage, et s'il était judicieux de mettre une fois de plus à contribution le crédit de l'institut d'émission. Il est vrai que les sommes prêtées doivent lui être remboursées dans le délai de cinq ans; mais ces 100 millions ne sont pas autre chose qu'une nouvelle avance faite à l'État, qui pourra se trouver ainsi débiteur de 280 au lieu de 180 millions de francs. On nous dira que le but est louable, que la quantité dont on menace d'augmenter encore la circulation ne représente que 4 pour 100 du total des billets déjà émis. Mais il n'en est pas moins constant que c'est mettre au service du Trésor la Banque pour un objet qui n'a aucun rapport avec ses fonctions. L'avance a été consentie sans intérêt à l'État qui, lors de chaque prélèvement, remettra des bons du Trésor échéant, un dixième à la fin de la deuxième année, deux dixièmes à la fin de la troisième, trois à la fin de la quatrième et quatre à la fin de la cinquième. La loi a omis de dire jusqu'à quelle époque le Trésor pourrait faire usage de ce crédit : il sera pratiquement limité à la date où la commission chargée d'examiner les demandes de prêts formées par les sinistrés aura terminé ses travaux. La Banque intervient ainsi avec sa circulation pour faire un prêt à l'État, lequel à son tour l'avance à des particuliers, des commerçants et des industriels, mais s'est fait couvrir, jusqu'à concurrence d'une quarantaine de millions, contre les risques de perte par un syndicat des établissements de crédit. L'avance a figuré pour la première fois dans la situation de la Banque du 11 août 1910 : une somme d'un million y a été inscrite ce jour-là sous la rubrique « avances temporaires au Trésor public, inondations 1910 (loi du 18 mars 1910). » De son côté, le Crédit foncier de France consent aux sinistrés des prêts hypothécaires à taux réduit, et reçoit de l'Etat la différence entre le taux normal de ses prêts, déterminé par le cours auquel il place ses lettres de gage, et ce taux de faveur. Ici, comme pour la Banque, l'Etat intervient dans la gestion d'établissements, dont il fausse le mécanisme par cette immixtion.

Nous reproduisons ci-après le bilan de la Banque de France arrêté au 24 décembre 1909. On y verra apparaître sa situation vis-à-vis du Trésor. Celui-ci n'était alors créditeur en compte courant que de 188 millions, montant à peine supérieur à celui de sa dette fixe de 180 millions. La presque totalité du capital et des réserves, soit 224 millions, était placée en fonds publics, dont le chiffre figure à l'actif pour 212 millions : il est vrai que ceux-ci pourraient, au moins en partie, être aliénés, ce qui diminuerait d'autant les engagements indirects de l'Etat vis-à-vis de l'établissement. La circulation ne cesse de croître : elle dépasse 5 milliards. Au 31 décembre 1900, le total des billets émis ne s'élevait qu'à 4 034 millions. Mais, comme l'encaisse suit une marche à peu près parallèle, la garantie métallique du billet ne diminue pas ; la proportion du métal jaune étant de plus en plus forte, il y a même progrès sous le rapport de la qualité de la couverture. Au 24 décembre 1909, 5165 millions de billets étaient garantis par une encaisse de 4392 millions, représentant 85 pour 100 de la circulation, tandis que les 3 060 millions du 31 décembre 1890 avaient en face d'eux une encaisse de 2 472 millions, représentant 77 pour 100 des billets ; les 2 305 millions de 1880 correspondaient à 1 795 millions d'encaisse, soit également 77 pour 100, les 1 544 millions de 1870 à 505 millions d'encaisse, soit 32 pour 100. Si nous remontions beaucoup plus haut, au 26 décembre 1850, nous verrions 471 millions d'encaisse garantir 496 millions de billets ; mais, au lendemain de la commotion de 1848, les opérations, qui allaient prendre un essor considérable sous le second Empire, étaient encore très restreintes.

Examinons successivement les divers articles de ce bilan.

Le numéraire comprend environ 3 500 millions d'or. Le portefeuille n'atteint pas 900 millions et ne marque pas de tendance à augmenter, malgré la modicité du taux d'escompte de la Banque qui, sauf de courts intervalles, n'a pas dépassé 3 pour 100 depuis de longues années. Au contraire, les avances sur titres, aussi bien à Paris que dans les succursales, sont en progression presque régulière : elles dépassent un demi-milliard. D'autre part, les avances sur lingots et monnaies sont nulles; il est aisé de comprendre que les circonstances sont rares qui amènent des particuliers ou des sociétés à emprunter et à payer un intérêt en donnant en garantie du métal ou des pièces qui ne rapportent pas intérêt et peuvent au contraire servir à un paiement immédiat. La triple origine des avances à l'État, aujourd'hui confondues en une seule de 180 millions, a été exposée ci-dessus. Une situation postérieure à la date du bilan imprimé ci-contre, celle du 18 septembre 1910, porte l'article intitulé « Avances temporaires au Trésor public : inondations 1910 (loi du 18 mars 1910) » dont nous venons d'expliquer l'origine, à 3 millions de francs. Une partie du capital et des réserves a été employée en rentes nationales, qui figurent au prix d'achat, notablement inférieur au cours du jour. Enfin les immeubles sont inscrits pour 37 millions, mais ont une valeur supérieure.

Au passif, le capital est resté sans changement depuis 1857. Les bénéfices en addition au capital sont ceux qui proviennent des élévations anormales d'escompte. De 1857 à 1897, chaque fois que le taux dépassait 6 pour 100, le surplus des produits au delà de ce chiffre était inscrit à ce chapitre; depuis 1897, ce n'est que le quart de ce qui dépasse 5 pour 100. Quant aux réserves, une partie en a donné lieu à l'inscription à l'actif d'emplois spéciaux qui en ont été faits en rentes françaises; les autres sont comprises dans l'actif général, sans affectation particulière. Les arrérages de valeurs déposées ou transférées sont des intérêts ou dividendes que la Banque a encaissés pour compte de sa clientèle, à qui

BILAN DE LA BANQUE DE FRANCE

AU 24 DÉCEMBRE 1909

ACTIF

Numéraire et lingots à Paris et dans les succursales.	4 392 459 910.82
Effets échus hier à recevoir ce jour.	22 392,36
Portefeuille de Paris 335 363 403,54	
— des succursales . . . . 553 663 044 »	889 026 447,54
Avances sur lingots et monnaies à Paris . . . . » »	
Avances sur lingots et monnaies dans les succursales. . . . . 80 000 »	80 000 »
Avances sur titres à Paris 163 735 797,57	
— — dans les succursales. . . . . 369 117 794 »	532 853 591,57
Avances à l'État (lois des 9 juin 1857, 13 juin 1878, 17 novembre 1897)	180 000 000 »
Rentes de la Réserve.	12 980 756,14
Rentes disponibles.	93 629 516,59
Rentes immobilisées (loi du 9 juin 1857)	100 000 000 »
Hôtel et mobilier de la Banque et immeubles des succursales	36 983 568,19
Emploi de la réserve spéciale	8 407 444,16
TOTAL.	6 252 443 621.37

PASSIF

Capital de la Banque.	182 500 000 »
Bénéfices en addition au capital (art. 8, loi du 9 juin 1857 et art. 12, loi du 17 novembre 1897)	8 006 145,84
Réserves mobilières	22 105 750,14
Réserve immobilière de la Banque	4 000 000 »
Réserve spéciale.	8 407 444,16
Billets au porteur en circulation (Banque et succursales)	5 165 971 370 »
Arrérages de valeurs déposées ou transférées . . .	17 965 307,30
Billets à ordre et récépissés payables à Paris et dans les succursales.	4 742 984,21
Compte courant du Trésor	188 913 555,27
Comptes courants et comptes de dépôts de fonds à Paris 533 284 893,66	
Comptes courants et comptes de dépôts de fonds dans les succursales. 69 350 091 »	602 634 984,66
Dividendes à payer	1 402 665,31
Réescompte des effets escomptés non échus. . . .	2 470 772 »
Soldes de divers comptes	27 336 479,42
Profits et pertes { Dividende brut : 72 fr. 916 (net 70 fr.) . . . . . 13 307 291,66 Dotation aux réserves. . 2 313 844,93 Report à nouveau. . . . 359 056,47 }	15 980 163.06
TOTAL.	6 252 443 621,37

elle doit les rembourser ; les billets à ordre et récépissés sont des obligations qu'elle a délivrées en échange de numéraire et qu'elle doit acquitter à présentation. Le compte courant du Trésor est alimenté par les versements du Trésor et de ses agents et sert de réservoir au ministère des finances pour ses dépenses quotidiennes. Les comptes courants et comptes de dépôts de fonds rendent les mêmes services aux sociétés privées et aux particuliers : les mandats que l'on appelle communément mandats rouges, d'après la couleur du papier sur lequel ils sont inscrits, servent à transférer, du compte d'un client à celui d'un autre, toutes sommes figurant au crédit du premier, et font ainsi de la Banque une véritable chambre de compensation pour tous ceux qui lui ont confié des fonds. Les dividendes à payer sont le reliquat de ce qui avait été attribué aux actionnaires dans les semestres précédents et qu'ils n'ont pas encore réclamé. Le réescompte des effets escomptés non échus est la portion d'intérêt correspondant aux jours compris entre le 24 décembre 1909, date à laquelle le bilan est arrêté, et les échéances successives des effets composant le portefeuille : en bonne comptabilité, cette portion appartient à l'exercice suivant. Le compte de profits et pertes donne lieu à l'attribution à chaque actionnaire d'un dividende de 72 fr. 916, que l'application de l'impôt de 4 pour 100 sur le revenu ramène à 70 francs, à la dotation des réserves d'une somme de 2 313 814 francs et au report sur l'exercice suivant de 359 056 francs. Le total de chaque côté du bilan, 6 milliards et quart, égale à peu près deux fois et demie le budget de la France ; il est huit fois plus fort qu'il y a soixante ans : au 26 décembre 1850, le bilan de la Banque se totalisait par 808 millions à l'actif et 808 au passif. La première situation publiée au matin du 1er ventôse an VIII (20 février 1800) présentait une modeste addition, dans chaque colonne, de 24 millions de francs.

La réserve spéciale a été employée, comme le capital et les autres réserves, en rentes et obligations. L'avant-dernier chapitre du passif, intitulé « solde de divers comptes » et qui s'élève à **27 millions**, représente la balance entre les soldes débiteurs ou créditeurs de divers comptes qui figurent dans les situations hebdomadaires, à l'actif et au passif, sous cette rubrique.

Telle est la situation d'un établissement qui a joué un rôle considérable dans l'histoire financière de la France et dont les progrès et la puissance sont dus en grande partie à l'indépendance qu'il a conservée vis-à-vis des pouvoirs publics. A un siècle d'intervalle, il a développé ses services dans une proportion qui peut se mesurer par la comparaison des chiffres du bilan ci-dessus et de celui de 1815, où l'encaisse était tombée à 5 millions, la circulation à 10 millions et les dépôts à 1 300 000 francs. L'essor des autres banques, et en particulier des établissements dits de crédit, c'est-à-dire des sociétés anonymes par actions qui s'occupent de recevoir des dépôts et de faire des opérations d'escompte et d'avances, a précisé en quelque sorte le rôle de la Banque de France, et, tout en le restreignant sous certains rapports, n'en a que mieux fait ressortir l'importance capitale au point de vue des intérêts généraux du pays. Les 6 milliards de francs qui sont aujourd'hui confiés par le public au Crédit lyonnais, à la Société générale, au Comptoir d'escompte, au Crédit industriel et commercial, et à d'autres banques parisiennes et provinciales, constituent non seulement un trésor d'épargne, mais encore un fonds de roulement, dont les financiers, les industriels, les commerçants et les simples particuliers se servent pour le règlement journalier de leurs affaires. Au-dessus de ces sociétés, la Banque de France, la « Banque des Banques », comme on l'a appelée, est comme la forteresse qui domine et protège, au point de vue monétaire, le pays tout entier. Elle détient la majeure partie du numéraire qui n'est pas, comme on le prétend parfois, une accumulation stérile de capital, mais qui sert au contraire de base aux billets : sans les milliards d'or immobilisés dans les caves de la rue de la Vrillière, les feuilles de papier bleu qui servent à régler chaque jour d'innombrables transactions ne reposeraient pas sur un fondement à l'abri des secousses; c'est eux qui ont contribué à donner à la signature de la Banque de France le crédit pour ainsi dire illimité dont elle jouit et qui lui permettraient d'étendre rapidement sa circulation, le jour où le besoin s'en ferait sentir. Le fait que désormais, en temps ordinaire, les escomptes représentent une fraction moindre du volume total des opérations de la Banque qu'il y a un demi-siècle, ne prouve rien contre l'importance de l'établissement. Si d'autres maisons offrent aujourd'hui leurs services au public, il n'en est pas moins certain que la solidité de l'édifice dépend de celle du billet de la Banque de France; plus l'activité des autres se développe, et plus son rôle est considérable : c'est à elle de leur fournir les billets ou l'or que leur clientèle réclame, et exige avec d'autant plus d'insistance que l'horizon est plus troublé : on l'a bien vu à New-York en octobre 1907, alors que la prime sur le numéraire et les billets s'est élevée à 4 pour 100.

L'intervention de l'Etat n'est pas ce qui fait la force de l'établissement; elle n'ajoute rien à son crédit, puisque, au contraire, chaque fois qu'une crise politique éclate, c'est le Gouvernement qui emprunte à la Banque et non l'inverse qui se produit. Il fausse, à un double titre, les conditions normales d'existence de l'institut d'émission, d'abord en édictant le cours forcé, ensuite en assignant un maximum au chiffre des billets. Cette limitation n'était pas inscrite dans les statuts primitifs et n'est pas dans l'esprit de sa constitution. Il était simplement recommandé aux régents de conserver toujours en caisse la quantité de numéraire qu'ils jugeraient nécessaire pour faire aisément face aux demandes de remboursement. Depuis une vingtaine d'années cette borne n'a d'ailleurs cessé d'être reculée par des lois hâtivement votées, sous la pression des événements. Lorsque, après le remboursement presque intégral des sommes qu'il avait empruntées entre 1870 et 1871, l'Etat abolit le cours forcé, il aurait dû logiquement supprimer la limite qu'il avait fixée à la circulation, bien qu'il laissât aux billets le cours légal : mais celui-ci n'a d'autre effet que d'obliger les particuliers et les caisses publiques à recevoir en paiement des billets, qu'ils peuvent aussitôt, si bon leur semble, présenter au remboursement à la Banque, tenue de les acquitter en espèces. Dès lors à quoi bon décréter, comme on le fit en 1879, le maximum de 3 200 millions, élevé ensuite à 4 milliards, puis à 4 1/2 et à 5 milliards par la loi de 1897 ? On croyait alors avoir inscrit un chiffre qui de longtemps ne serait pas dépassé. Dès 1906, il a fallu le porter à 5 800 millions, et pour peu que l'or continue à affluer dans les caisses, une autre loi devra augmenter de nouveau le nombre des milliards autorisés. L'intervention du Gouvernement s'exerce donc ici d'une façon malencontreuse : elle n'a ni portée ni signification : qu'est-ce qu'une législation qui ne repose sur aucune donnée scientifique, sur aucun raisonnement *a priori*, et qui se contente de se plier aux contingences d'événements qu'elle ne peut ni prévoir ni diriger ? Lorsque, en 1850, le cours forcé, qui avait été établi par le Gouvernement de la deuxième République, fut supprimé, le législateur eut soin de tirer de ce rappel la conséquence logique et effaça la limite provisoirement fixée à l'émission. On eût mieux fait de suivre cet exemple dès 1879 : mais les hommes politiques d'aujourd'hui croient que les sociétés humaines sont d'autant plus heureuses que l'État intervient plus fréquemment et qu'il met plus de lisières à l'activité des individus et des collectivités. L'expérience de chaque jour nous démontre le contraire.

Dans un discours mémorable que prononçait au Sénat M. Denormandie, lors des discussions qui précédèrent le dernier renouvellement du privilège, il insistait sur le caractère de l'émission de la Banque de France, dont le gouvernement autoritaire du premier Empire n'avait lui-même pas cherché à fixer les bornes. Les écrivains étrangers sont unanimes à reconnaître cette vérité. M. Conant, dans son *Histoire moderne des Banques d'émission*, s'exprime ainsi au sujet de la Banque de France : « Elle a l'avantage d'être une propriété particulière et d'avoir un crédit indépendant de celui du Gouvernement, en dépit de la surveillance officielle dont elle est l'objet. Cette indépendance financière a rendu autant de services au pays, au milieu de ses désastres et de ses changements de Gouvernement en 1870-1871, que la dépendance dans laquelle la Banque était de l'État, dans des circonstances semblables en 1814-1815, lui a fait courir de dangers. La Banque a pu venir en aide au Gouvernement et lui faire des avances, alors qu'il était paralysé, et ne pouvait emprunter directement. Le mot historique de M. Thiers a résumé la situation : La Banque nous a sauvés, parce qu'elle n'était pas une Banque d'État. »

CHAPITRE II

ALGÉRIE, COLONIES ET PROTECTORATS FRANÇAIS

Les Banques coloniales françaises se divisent en trois
groupes :

1° La Banque de l'Algérie, dont la création remonte à 1851,
et dont l'organisation, bien qu'appropriée à l'état économique
d'un pays neuf, présente des analogies avec celle de la
Banque de France ;

2° Les Banques coloniales proprement dites, fondées en
1849 au moment de l'affranchissement des nègres et dont
l'objet principal fut de venir en aide aux planteurs, que la
brusque suppression de l'esclavage mettait dans une position
critique. Ce sont les Banques de la Martinique, de la Guadeloupe, de la Réunion, de la Guyane ;

3° Deux Banques d'origine plus récente, celles de l'Indo-
Chine et de l'Afrique occidentale, créées sur une base et
organisées d'après des principes différents des précédentes :
beaucoup plus importantes d'ailleurs que leurs sœurs du
second groupe, elles rayonnent sur un grand nombre de pays
divers et jouent, la première surtout, un rôle considérable
dans la vie économique des vastes régions auxquelles s'étendent leurs concessions.

I. — BANQUE DE L'ALGÉRIE

Le capital originaire de la Banque de l'Algérie était de
3 millions de francs, divisés en 6 000 actions de 500 francs ;
elle devait avancer à l'État 1 million à titre de « prêt sub-
ventionnel » dont le remboursement pouvait être effectué,

trois ans après l'ouverture des opérations de la Banque, au moyen de l'émission de 2 000 actions réservées sur les 6 000 (art. 3 de la loi de 1851). Le capital a été porté à 10 millions de francs en 1861 (décret du 30 mars), à 20 millions en 1881, et à 25 millions en 1907. Le privilège lui a été conféré une première fois pour 20 ans en 1851, renouvelé par le décret du 15 janvier 1868 jusqu'au 1er novembre 1881, par la loi du 3 avril 1880 jusqu'au 1er novembre 1897, et enfin par la loi du 5 juillet 1900 jusqu'au 31 décembre 1920.

Ses opérations consistent : 1° à escompter les lettres de change et autres effets à ordre souscrits par des commerçants, par des syndicats agricoles et autres et par toutes personnes solvables, ainsi que les traites du Trésor et des caisses publiques : sont admis les effets portant deux signatures, à une échéance maximum de cent jours de vue et payables en Algérie, en France et même à l'étranger, pourvu dans ce dernier cas qu'ils soient stipulés payables en or ; 2° à escompter les obligations négociables, garanties par des récépissés de marchandises déposées dans des magasins publics, agréés par l'État ; par des transferts de rentes françaises ou de dépôts de lingots, de monnaies, de matières d'or et d'argent ; 3° à prêter sur effets publics et à faire des avances sur les mêmes valeurs que la Banque de France, et en outre sur obligations de chemins de fer algériens ayant une garantie départementale, ainsi que sur les obligations des départements, des communes et des établissements d'utilité publique d'Algérie négociées à la Bourse de Paris, sans que jamais l'avance puisse excéder les trois cinquièmes de la valeur cotée des titres. La sévérité de cette disposition fait que personne pour ainsi dire n'a recours, pour ce service, à la Banque de l'Algérie ; 4° à recevoir en compte courant sans intérêt les sommes qui lui sont déposées ; 5° à recevoir exceptionnellement en comptes courants à intérêt les fonds des établissements financiers ou autres pour la facilité des crédits ouverts sur ses caisses, en vue de travaux d'intérêt public et de dispositions par mandats sur la France ; 6° à recevoir le dépôt volontaire de tous titres,

lingots, monnaies et matières d'or et d'argent ; 7° à émettre
des billets payables au porteur et à vue, des billets à ordre,
des traites ou mandats ; 8° à ouvrir, avec l'approbation du
ministre des finances, toutes souscriptions concernant soit
des emprunts publics ou autres, soit la constitution de toute
société anonyme, mais sous réserve que ces souscriptions
n'auront lieu que pour compte de tiers.

L'émission était d'abord réglée par l'article 6 de la loi
du 4 août 1851 ainsi conçu : « Le montant des billets en circulation, cumulé avec celui des sommes dues par la Banque
en compte courant, ne pourra excéder le triple du numéraire
existant en caisse. L'excédent du passif sur le numéraire
en caisse ne pourra dépasser le triple du capital réalisé. »
Cette dernière disposition a été abrogée par la loi du 3 avril
1880. Une limite fixe de l'émission a été ensuite substituée
aux limites proportionnelles du début. La loi du 12 août 1870,
qui dispensait la Banque de France de rembourser ses billets,
fit de même pour la Banque de l'Algérie, et fixa son émission
à 18 millions de francs. Ce chiffre fut porté à 24 millions par
la loi du 3 septembre 1870, qui abaissait en même temps le
minimum de la coupure des billets à 25 francs. Deux décrets
du Gouvernement de la Défense nationale, datés de Tours,
26 octobre 1870, élevèrent à 34 millions le maximum de la
circulation de la Banque de l'Algérie, l'autorisèrent à émettre
des billets de 10 francs et à faire à l'État des avances jusqu'à
concurrence de 10 millions, contre bons du Trésor à trois mois
portant intérêt à 6 pour 100. Enfin une loi du 26 mars 1872
porta à 48 millions le chiffre de l'émission et permit à la
Banque d'émettre les mêmes coupures que la Banque de
France. Une loi du 3 avril 1880 supprima le cours légal et
forcé que la loi du 12 août 1870 avait conféré aux billets algériens et, par une juste conséquence, les limitations imposées
à leur émission. Il n'en existait donc plus d'autre que celle
qui dérivait de la loi organique que nous avons exposée.
La loi de 1900 a complètement transformé ce système et
édicté une limite fixe de 150 millions. La Banque de l'Al-

géric est maintenant, sous ce rapport, soumise au même
régime que la Banque de France, c'est-à-dire celui de la limitation à une somme déterminée, sans relation avec les autres
éléments de son bilan. Une loi du 11 avril 1907 a élevé de
150 à 200 millions le maximum de la circulation, dont le rapide développement avait rendu cette mesure indispensable.
Elle stipule, en outre, que par décret rendu sur la proposition
du ministre des finances, ce maximum pourra être porté à
300 millions, par augmentations successives de 50 millions
intervenant à des intervalles de deux ans au moins. En même
temps, le capital de la Banque était élevé de 20 à 25 millions.

La Banque de l'Algérie a vu son privilège renouvelé en
dernier lieu par la loi du 5 juillet 1900, pour une période
égale à celle qui a été accordée à la Banque de France,
c'est-à-dire jusqu'au 31 décembre 1920 ; comme pour celle-
ci, une loi votée au cours de l'année 1911 pourrait le
faire cesser le 31 décembre 1912. Pour prix de ce renouvellement, l'État a obtenu une avance sans intérêts de 3 millions de francs, et le versement d'une redevance annuelle,
qui a été au début de 200 000 francs, sera de 250 000 francs
de 1906 à 1912, et de 300 000 francs de 1913 à 1920.
L'avance fixe et la redevance annuelle sont portées à un
compte spécial du Trésor, jusqu'à ce qu'une loi ait établi les
conditions de création et de fonctionnement du crédit agricole en Algérie. Comme à la Banque de France, le Trésor
a son compte à la Banque de l'Algérie ; mais ici la situation se complique d'une question de change ; celui-ci n'est
pas toujours au pair entre la métropole et sa grande possession nord-africaine, en sorte que constamment le Trésor
laisse des sommes importantes à Alger, pour éviter de les
rapatrier en subissant une perte ; l'intérêt que la Banque
lui paie sur son solde créancier, est pour elle un assez lourd
sacrifice. L'une des fonctions de la Banque est en effet de
faciliter les échanges entre l'Algérie et la métropole. A cet
effet, non seulement elle escompte les traites de France qui
lui sont présentées, mais elle fournit indirectement, par le

mécanisme que nous allons expliquer, les sommes nécessaires aux maisons algériennes qui ont des remises à faire en
France. C'est le Trésor qui délivre aux particuliers ces
mandats lorsqu'ils lui en font la demande; il verse aussitôt
les montants qu'il reçoit des acheteurs de mandats au
crédit de son compte à la Banque de l'Algérie. Il arrive
ainsi qu'elle devient débitrice du Trésor pour des sommes
considérables, sur lesquelles elle lui paie un intérêt relativement élevé, ramené en février 1894, de 3 à 2 1/2 pour 100 :
au 31 octobre 1894, ce compte figurait à son passif pour
54 millions; au 31 octobre 1896 il était ramené à 42 millions, au 31 octobre 1909 il était de 70 millions. Ces fluctuations dépendent des mouvements du commerce avec la
métropole, dont elles peuvent être considérées jusqu'à un
certain point comme le baromètre. Le ralentissement des
exportations algériennes a été la cause principale de l'accroissement du débit de la Banque vis-à-vis de l'État :
elle ne pouvait obtenir de traites sur la France en quantité suffisante. Comme, d'autre part, elle a constamment
besoin d'importer du numéraire pour satisfaire aux demandes
de la circulation africaine, elle ne pouvait songer à s'acquitter en expédiant à Paris des espèces, d'autant moins que
son encaisse était alors à peine suffisante pour maintenir la
proportion prescrite par sa charte. De 1886 à 1892, elle a
payé une moyenne annuelle de plus de 600 000 francs au
Trésor et à la Banque de France, tant pour intérêts que pour
frais d'expédition des écus qu'elle a importés, à raison d'environ 6 millions par an. En 1892-1893, ce chiffre s'est élevé
à 1 493 000 francs; en 1893-1894, à 1 934 000 francs; en
1906-1907 il était encore de 1 855 000 francs.

C'est une fonction très délicate que celle qui incombe à la
Banque de l'Algérie du chef de ces mouvements de fonds
avec la métropole. Il est nécessaire d'entrer dans quelques
détails pour faire comprendre la situation. Les Algériens
qui ont des remises à faire en France, soit pour payer les
achats de marchandises importées en Afrique, soit pour ex-

pédier en France des fonds qu'ils ne veulent pas conserver
en Algérie, s'adressent aux agents du Trésor public qui, en
échange de leurs versements en billets ou en numéraire, leur
délivrent, ainsi que nous l'avons expliqué, des mandats sur
France moyennant une simple commission de 50 centimes
pour 1000 francs. Grâce à cela, le change entre la colonie
et la métropole ne dépasse plus ce taux. Les fonctionnaires
des finances versent les sommes reçues par eux au crédit du
compte du Trésor public à la Banque de l'Algérie, ce qui
explique le maintien de ce compte à un niveau élevé. La
prospérité même du pays qui, depuis quelques années, n'a
cessé de grandir, est une cause d'accélération de ce mouvement. Ses habitants opèrent beaucoup de placements en
France, par suite de l'abondance des capitaux en Afrique. En
résumé, le Trésor français remplit, dans l'espèce, l'office de
banquier plus que la Banque de l'Algérie; il le fait sans difficulté, parce qu'il a à sa disposition toute son encaisse en France,
dans laquelle il puise la contre-partie des sommes qu'il reçoit
de l'autre côté de la Méditerranée. La Banque de l'Algérie,
au contraire, n'ayant pas régulièrement les mêmes ressources
à Paris, ne serait pas en mesure de délivrer à guichet ouvert
des mandats sur France à tous ceux qui lui en feraient la
demande. C'est là un cas spécial où l'intervention de l'État
dans les opérations d'une banque d'émission a été com-
mandée par la force des choses. Il convient d'ailleurs de
remarquer que ce service ne se rattache pas directement aux
fonctions de l'établissement en tant qu'institut d'émission,
et que c'est plutôt une question monétaire que fiduciaire.

En dehors des charges que le compte du Trésor a fait peser
sur elle, la Banque de l'Algérie en a supporté de beaucoup
plus lourdes par suite des crédits qu'elle a ouverts aux colons et des mécomptes que ceux-ci ont subis, notamment en
ce qui concerne la viticulture. La hausse des vins qui suivit
la diminution de la production française, provoquée par les
ravages du phylloxéra, avait poussé les Algériens à multiplier leurs plants dans une proportion excessive. Lorsque le

vignoble français se reconstitua, les prix tombèrent à un niveau qui ne laissait plus de marge de bénéfice aux viticulteurs africains. Certains d'entre eux ne furent pas en état de payer leurs dettes, et leurs propriétés restèrent entre les mains de leurs créanciers, dont le principal était la Banque de l'Algérie.

A l'assemblée générale des actionnaires de 1897, le directeur-président Rihouet résumait l'histoire de l'établissement sous son prédécesseur, Nelson-Chicrico, nommé en 1886 avec la tâche de liquider progressivement la partie du portefeuille africain qui était composée d'effets dits agricoles, devenus en réalité irrécouvrables. La banque avait, dans la période 1880-1886, ouvert de larges crédits aux colons, qui avaient emprunté, non pas même sur des récoltes à venir, mais pour la création de leur domaine. Il fallut, de 1887 à 1892, amortir pour 32 millions d'effets. M. Rihouet constatait que la situation de la Banque avait été s'améliorant au cours des dernières années, que les revenus du domaine qu'elle avait accepté en paiement de la part des débiteurs malheureux avaient été en accroissement constant. L'année suivante, à l'assemblée du 24 novembre 1898, le directeur-président Marc Lafon rappelait les efforts faits par la Banque pour consolider sa situation, la formation de réserves presque égales au capital, la reconstitution de l'encaisse. Les censeurs constataient que celle-ci avait été rigoureusement maintenue dans la proportion statutaire, un tiers de la circulation, des comptes courants du Trésor et des particuliers, déploraient les lourds sacrifices que cette prescription impose à l'établissement, expliquaient une fois de plus que les fluctuations du compte du Trésor obéissent au mouvement économique, que le solde de ce compte monte ou baisse selon que l'exportation de l'Algérie est inférieure ou supérieure à l'importation : une année favorable à l'exportation suffit pour l'équilibrer, puisqu'il est la contre-partie de la balance commerciale entre la métropole et l'Algérie. Comme les mouvements de fonds du Trésor représentent une fraction considérable de ceux qui ont périodiquement lieu entre la métropole et l'Algérie, la Banque, qui les effectue et en subit aussi le contre-coup, se trouve, à ce point de vue, dans la dépendance étroite du Gouvernement.

La Banque paie gratuitement, concurremment avec les caisses publiques, pour le compte du Trésor, les coupons au porteur des rentes françaises et des valeurs du Trésor français ; elle ouvre gratuitement ses guichets à l'émission de ces mêmes rentes et valeurs. Les comptables directs du Trésor et ceux des administrations financières peuvent opérer des versements et des prélèvements dans les succursales et bureaux auxiliaires. Là où il n'existe pas d'agent de l'État chargé du service des dépenses publiques, la Banque paie sans frais les mandats revêtus d'un « vu bon à payer » du trésorier-payeur. Comme la Banque de France, la Banque de l'Algérie acquitte un droit de timbre annuel à raison de 0 fr. 50 pour 1 000 de sa circulation productive et 0 fr. 20 sur l'excédent.

L'intervention du Gouvernement se manifeste par la nomination du directeur, qui est choisi par le Président de la République, et dont les pouvoirs sont considérables : il préside le Conseil d'administration et tous les comités ; nulle délibération ne peut être exécutée si elle n'est revêtue de sa signature ; il fait exécuter les lois relatives à la Banque, les statuts et les délibérations du Conseil. Aucune opération d'escompte ou d'avance ne peut être conclue sans son approbation. Il nomme et révoque les employés du siège social et des succursales. Il signe la correspondance, les marchés et conventions, les acquits ou endossements d'effets, les chèques, les traites, mandats, transferts ; il pratique toutes saisies immobilières, prend toutes inscriptions hypothécaires, procède à tous actes conservatoires. Le sous-directeur est également nommé par le Président de la République. Indépendamment de l'action attribuée aux trésoriers-payeurs et aux payeurs particuliers comme commissaires du Gouvernement, le ministre des finances peut déléguer la surveillance de la Banque au corps de l'Inspection des finances. Son délégué a toutes les attributions des censeurs et correspond directement avec lui.

Si l'on jette un coup d'œil rétrospectif sur l'histoire de la
Banque, qui embrasse maintenant plus d'un demi-siècle, on
voit qu'elle a connu des jours difficiles, parce qu'elle n'a pas
appliqué avec une sévérité suffisante les principes essentiels
d'un institut d'émission. Mais on ne peut lui en faire grief, au
moins au point de vue général ; ses actionnaires ont souffert
alors d'une véritable diminution de revenus, tandis que la
communauté profitait de son concours. D'ailleurs ces erreurs
ont été réparées. L'Algérie, grâce en partie aux ressources
que la Banque a mises à sa disposition, s'est relevée ; des jours
de prospérité sont revenus pour son agriculture et sa viticulture. Tout ce qui était immobilisation a disparu du bilan de
l'établissement, dont la situation est aujourd'hui plus forte que
jamais. Il a étendu son champ d'action dans d'autres parties
de l'Afrique septentrionale, où l'influence française pénètre
peu à peu. Le directeur-président, s'adressant à l'Assemblée
générale du 25 novembre 1909, avait donc le droit de dire que
la Banque avait bien mérité du pays et qu'elle a rendu de
grands services à l'Algérie. « L'opinion publique, ajoutait-il,
est portée à exagérer les bénéfices qu'une banque d'émission retire de son privilège, sans se rendre suffisamment
compte de la gêne qui résulte pour elle de l'obéissance à des
statuts restrictifs ni de l'importance des charges que lui
imposent ses contrats... Votre Conseil s'est fait une règle
absolue de ne jamais incliner l'intérêt de la Banque devant
un intérêt privé, quel qu'il soit ; mais, en revanche, il a toujours donné et il donnera toujours aux pouvoirs publics, tant
en Algérie qu'en Tunisie, son concours le plus absolu pour
la réussite des œuvres d'intérêt général. »

Outre les succursales alors existantes d'Alger, Oran,
Constantine, Bône, Philippeville et Tlemcen, la loi de 1900
a prévu la fondation d'établissements nouveaux, créés soit
en vertu d'une délibération du Conseil, soit sur l'initiative
du Gouverneur général de l'Algérie, par un décret du Prési-

dent de la République, rendu sur la proposition du ministre
des finances, et le Conseil d'État entendu. La Banque pourra
être autorisée, par décrets rendus dans la même forme, à créer
des établissements et à émettre des billets dans les colonies
et protectorats français en Afrique. Ce fut en vertu de cette
disposition qu'elle prit pied en Tunisie. Un décret be 'cal du
8 janvier 1904 (20 chaoual 1321) signé par Mohamed .l Hadi
Pacha Bey, « possesseur du royaume de Tunis, » l'autorisa
à s'installer dans la Régence, avec le privilège d'émission de
billets payables au porteur et à vue, pour une durée égale à
celle que lui avait concédée la loi française du 5 juillet 1900.
Les billets de la Banque de l'Algérie sont reçus comme
monnaie légale par les particuliers et les caisses publiques ; ils
sont exempts de tout droit de timbre. Ils sont revêtus d'une
estampille spéciale indiquant leur origine tunisienne, et remboursables en monnaies métalliques ayant cours légal dans la
Régence, c'est-à-dire en or. De ce chef, la Banque de l'Algérie
a donc une circulation distincte du reste de ses billets qui
sont remboursables en monnaies libératoires françaises, pièces
d'or ou écus de cinq francs, tandis que ses billets tunisiens
sont uniquement payables en or. Il semble qu'une mention
distincte des deux catégories devrait être faite dans son bilan.
Un article de la concession stipule que la Banque est tenue
de remettre à Tunis, comme elle le fait à Alger, Oran, Bône
et Philippeville, sans exiger de prime, à toute personne partant pour la France, qui lui en versera le montant en billets de
la Banque de l'Algérie ou en or tunisien, une somme de
1 000 francs en billets de la Banque de France ou en or français. La Banque sert gratuitement d'intermédiaire pour effectuer les prélèvements sur le compte courant du gouvernement
beylical au Trésor français ou les versements au même compte.
Elle doit son concours aux mesures que le gouvernement tunisien jugera utile de prendre en vue de prévenir l'exportation
de l'or tunisien et pour le rapatriement des monnaies d'or
exportées en France et en Algérie : elle reçoit le remboursement des dépenses qu'elle encourt de ce chef.

La Banque met à la disposition du Trésor tunisien, sans intérêt et pour toute la durée de son privilège, une avance de 1 million, affectée au crédit agricole tunisien et au développement de la colonisation française en Tunisie ; elle lui verse, pour les mêmes destinations, de 1904 à 1905, une annuité de 66 666 francs, de 1906 à 1912, 83 335 francs, et, si le privilège n'est pas dénoncé, de 1913 à 1920, 100 000 francs. Les droits de nomination, de contrôle et de surveillance, attribués au ministre des finances à l'égard de la Banque, seront exercés, en ce qui concerne ses établissements de Tunisie, conjointement par les ministres des finances et des affaires étrangères : la surveillance pourra être confiée à l'Inspection des finances. Dans le cas où le ministre des affaires étrangères déléguerait à la surveillance de ces établissements, au point de vue des intérêts économiques et financiers du Protectorat, des agents de la Direction générale des finances tunisiennes détachés des administrations financières métropolitaines, le ministre des finances aurait la faculté d'adjoindre, en nombre égal, des inspecteurs des finances aux délégués beylicaux.

Nous reproduisons ci-après le bilan au 31 octobre 1909, date de l'année à laquelle la Banque de l'Algérie arrête son bilan. Celui-ci indique que, loin d'être débiteur de la Banque, le Trésor public français est au contraire son créancier pour 70 millions. Il ne lui doit que son avance statutaire de 3 millions, plus le million avancé à la Tunisie. Le Trésor tunisien est créancier de plus de 37 millions. Une trentaine de millions de l'actif sont placés en rentes sur l'État, sur lesquelles la Banque a subi une perte due à la baisse de ces fonds depuis quelques années. Le portefeuille d'effets et de warrants s'élève à 189 millions. Les avances sur titres, pour la raison que nous avons indiquée, n'atteignent qu'un chiffre insignifiant, à peine 1 million. Les réserves dépassent les quatre cinquièmes du capital : elles sont de trois espèces, statutaire, immobilière, extraordinaire, et ne tarderont pas sans doute à égaler le capital. Le total de chaque partie du bilan est de 745 millions.

BILAN DE LA BANQUE DE L'ALGÉRIE

AU 31 OCTOBRE 1909

ACTIF		Francs.
Numéraire en caisse		59 324 157,61
Rentes sur l'État.		29 909 800 »
Portefeuille. — Warrants.	6 503 822,75	
— Effets escomptés . . .	170 255 395,70	
— Effets à l'encaissement.	4 008 842,84	189 231 997,23
— Effets du portefeuille en recette	8 463 935,94	
Effets remis par la Banque.		9 974 749,24
Avances sur titres		923 175,40
Succursales (leurs comptes avec la Banque)		377 207 735,71
Bureaux auxiliaires		50 615 585,26
Correspondants d'Algérie.		6 677 770,86
Correspondants de France		4 754 348,62
Avance à l'État français (loi du 5 juillet 1900)		3 000 000 »
Avance à l'État tunisien (décret du 7 mai 1904)		1 000 000 »
Hôtels de la Banque.		6 404 491,52
Acquéreurs d'immeubles (soldes des prix de vente). .		453 220,91
Titres appartenant à la Caisse des Retraites.		3 602 933,03
Comptes divers		3 483 989,87
Créances en souffrance.		130 »
TOTAL.		745 754 084,96

PASSIF		Francs.
Capital		25 000 000 »
Billets au porteur en circulation		445 781 510 »
Trésor public.		70 294 966,13
Bordereaux à payer		222 672,70
Comptes courants sur place		14 701 856,52
Réescompte du portefeuille au 31 octobre		867 543,87
Banque de l'Algérie (son compte avec les succursales).		361 073 283,42
Effets envoyés en recouvrement		55 016 406,04
Chèques à payer.		137 713,69
Recouvrements à effectuer		477 648,28
Banque de France.		8 048 660,33
Dividendes à payer (report des semestres antérieurs). .		76 723,71
Profits et pertes		2 649 021,51
Caisse des retraites.		3 104 255,80
Trésor tunisien.		37 604 024,22
Réserves. — Statutaire.	8 333 333,33	
— Immobilière.	6 404 491,52	20 730 798,74
— Extraordinaire	6 292 973,89	
TOTAL.		745 754 084,96

II. — BANQUES COLONIALES PROPREMENT DITES
(MARTINIQUE, GUADELOUPE, RÉUNION, GUYANE).

Ces banques, ainsi que celle du Sénégal, qui a été absorbée en 1901 par la Banque de l'Afrique occidentale, sont toutes nées à la même époque, et ont dû leur origine à un acte gouvernemental, la libération des esclaves dans les colonies françaises. Comme cet affranchissement privait tout d'un coup les propriétaires d'un élément important de leur fortune, il fallut leur venir en aide : la mère patrie le fit, en leur attribuant un certain nombre des actions des établissements qu'elle créait et organisait de façon à ce qu'ils pussent prêter une aide efficace aux planteurs. Les banques du second groupe ont leur siège dans les colonies où elles opèrent, tandis que celles du premier et du troisième groupe l'ont à Paris. Les banques de la Martinique, de la Guadeloupe, de la Réunion, sont au capital de 3 millions chacune, et celle de la Guyane au capital de 600 000 francs. Elles ont des statuts plus larges que la plupart des banques d'émission. Elles se livrent notamment à des opérations d'avances garanties par des cessions de récoltes pendantes, qui ne sont pas du ressort de leurs sœurs européennes ; mais, comme elles avaient été spécialement constituées pour venir en aide aux propriétaires créoles, il fallait leur donner ces facilités. Leur faculté d'émission a été réglée en dernier lieu par la loi du 3 décembre 1901, qui a prorogé le privilège des 4 banques coloniales jusqu'au 31 décembre 1911. Chacune d'elles est autorisée, à l'exclusion de tous établissements, à émettre, dans la colonie où elle est instituée, des billets au porteur de 500, 100, 25 et 5 francs, remboursables à vue au siège de la banque qui les a émis, reçus comme monnaie légale, dans l'étendue de chaque colonie, par les caisses publiques ainsi que par les particuliers. Le montant des billets en circulation ne peut en aucun cas excéder le triple de l'encaisse

métallique. Le montant cumulé des billets en circulation,
des comptes courants et des autres dettes de la banque ne
peut excéder le triple du capital social et des fonds de
réserve, à moins que la contre-valeur des comptes courants
et des autres dettes ne soit représentée par du numéraire
venant en augmentation de l'encaisse métallique. On trouvera
ci-après de récents bilans des quatre banques.

La Banque de la Martinique n'a, au 31 mai 1910, comme
créance sur des établissements publics qu'une somme de
843 000 francs prêtée aux communes. Le Trésor ne lui doit
rien et n'a jamais été débiteur envers elle ni envers aucun
des établissements du second groupe. D'une façon générale,
ces établissements servent de réservoir aux sommes que le
Trésor leur verse quand il vend des traites sur la métropole.
L'opération est analogue à celle que nous avons décrite en
exposant le fonctionnement de la Banque de l'Algérie. Elle
est d'autant plus onéreuse pour ces banques que le Trésor
n'est pas autorisé à détenir plus de 1 500 000 francs de billets
de chacune d'elles, et que, dès qu'il en a davantage, il peut
les leur remettre en exigeant des espèces en contre-valeur.

La situation de la Banque de la Martinique n'a cessé de
s'améliorer depuis la catastrophe du 8 mai 1902, à la suite
de laquelle l'établissement a été réorganisé à Fort-de-France.
Au 31 mai 1910, la réserve statutaire atteignait la moitié
du capital social. La Banque vend les chèques sur Paris à
1 pour 100 de prime, les mandats à 90 jours de vue à 1/4
pour 100 de prime. Elle achète au pair les mandats à vue, les
billets de la Banque de France, l'or et l'argent français, à
3/4 pour 100 de perte les mandats à 90 jours. L'article 12 de
la loi de finances du 31 décembre 1907 ordonnait à la Banque
de la Martinique de remettre au Trésor la somme représentant
le montant des billets de toutes les émissions antérieures à
celle de 1903 qui n'auraient pas été échangés contre des billets
de nouveau type. La Banque s'est conformée à cette prescription le 31 mars 1908, en versant un montant de 1 420 290 francs,
qui a été simultanément déduit du chiffre de sa circulation.

BANQUE DE LA MARTINIQUE

SITUATION AU 31 MAI 1910

ACTIF	Francs.
Portefeuille. Effets de place.	1 429 282,44
— garantis par titres.	290 056,48
— garantis par marchandises	824 643,90
— garantis par cessions de récoltes.	410 597,72
Prêts sur matières d'or et d'argent	246 493 »
Emprunts des communes	843 012,15
TOTAL DU PORTEFEUILLE	4 044 085,69
Numéraire en caisse.	1 609 722,71
en cours de transport	200 000 »
Portefeuille titres [1]	6 729 726,63
Valeurs à recouvrer non disponibles (a)	44 785,35
Effets en souffrance (b).	818 003,14
Frais généraux	36 331,90
Divers.	79 624,35
TOTAL	13 562 281,77

PASSIF	
Billets au porteur en circulation	5 091 795 »
Comptes-courants	1 466 955,25
Récépissés à vue.	36 419,14
Dividendes à payer	49 275 »
Comptoir national d'escompte de Paris [2]	489 561,63
Divers.	101 904,98
TOTAL DU PASSIF EXIGIBLE	7 205 911 »
Capital	3 000 000 »
Réserve statutaire	1 500 000 »
Réserve extraordinaire.	30 000 »
Titres du portefeuille (compte d'évaluation) complément.	422 001,39
Moins-value du portefeuille titres.	21 309,73
Divers comptes à régulariser [3]	70 387,99
Expertises.	6 767 »
Valeurs à recouvrer (a).	48 036,15
Effets en souffrance à recouvrer (b).	739 450,94
Profits et pertes : Report des semestres antérieurs.	263 793,70
Bénéfices bruts au 31 mai.	254 923,87
TOTAL	13 562 281,77

[1] 198,015 francs Rente française 3 pour 100 amortissable; 100 obligations Ouest 3 pour 100 anciennes; 323 obligations Nord 2 1/2; 1 obligation Ville de Paris 1899.

[2] Change 1 pour 100 à vue, 0 fr. 25 pour 100 à 90 jours de { 1909 5 371 000,00 } vue. Disponible à fin mai . . . . { 1910 6 160 000,00 }

[3] Compte ouvert pour suivre la liquidation des opérations antérieures au 8 mai 1902.

La Banque de la Guadeloupe, va se trouver en bonne situation à la suite de la récolte favorable de 1910 et grâce aux prix élevés du sucre. On calcule que les exportations de l'île s'élèveront en 1910 à une vingtaine de millions de francs, déduction faite des dépenses de fret, de douane et de réalisation en France. La valeur probable des importations, calculée sur la moyenne des quatre dernières années et augmentée de 10 pour 100 pour commissions et transport, n'atteint pas 15 millions. Par suite de cette situation, le change s'est amélioré. Celui-ci avait constitué, depuis 1896, une véritable prime accordée aux planteurs, aux exportateurs et en particulier aux fabricants de sucre. Désormais, à la Pointe-à-Pitre, il est ramené aux taux suivants, qui ne correspondent qu'à une déduction d'intérêt modérée. La Banque de la Guadeloupe achète en ce moment les billets de banque, le numéraire, le papier sur Paris à vue à 3 jours de vue aux prix suivants :

Le papier de	3 à 15 jours à	. . . . .	99 fr. 75	p. 100.
—	15 à 30 —	. . . . .	99 — 50	p. 100.
—	30 à 45 —	. . . . .	99 — 35	p. 100.
—	45 à 60 —	. . . . .	99 — 25	p. 100.
—	60 à 75 —	. . . . .	99 — 10	p. 100.
—	75 à 90 —	. . . . .	99	p. 100.

Précédemment les cours du change étaient beaucoup plus élevés : pendant les exercices 1906-1907 et 1907-1908, la prime que la Banque faisait payer pour délivrer des mandats à vue était de 4 pour 100 et pour les mandats à 90 jours de 3 pour 100. En janvier 1910, elle a jugé que le moment était opportun pour ramener le change au pair : ses livres établissaient que, du 1er janvier 1905 au 31 décembre 1909, les remises faites par les producteurs, avaient dépassé de 4 millions les couvertures demandées par les importateurs. La Banque a été autorisée, par décret du 9 avril 1903, à émettre des bons de caisse, garantis par des rentes françaises déposées dans la caisse du trésorier payeur de la colonie.

SITUATION DE LA BANQUE DE LA GUADELOUPE

AU 30 JUIN 1908

ACTIF		Francs.
Encaisse métallique		2 586 504,28
Valeurs diverses.		70 032 »
Rentes et valeurs		8 342 325 »
Immeuble et mobilier		231 451,10
Portefeuille.	Effets de place 542 595,50	
	Obligations sur récoltes. . 262 603,06	
	Obligations sur titres . . . 218 979,30	
	Obligations sur marchandises . . . . 92 730 »	1 328 416,47
	Prêts aux communes . . . 18 373,61	
	Prêts sur matières d'or et d'argent 193 165,50	
Valeurs en souffrance		1 »
Comptoir national d'escompte de Paris		4 103 686,76
Divers (comptes d'ordre).		118 768,13
TOTAL DE L'ACTIF		16 791 214,74

PASSIF	
Billets en circulation.	7 365 190 »
Bons de nickel garantis	1 000 000 »
Dépôts à vue.	4 003 601,80
	12 368 791,80
Dividendes à payer	17 479,20
Comptoir national d'escompte de Paris	»
TOTAL DU PASSIF EXIGIBLE	12 386 271 »
Capital.	3 000 000 »
Réserve statutaire	730 159,16
Réserve pour fluctuations des rentes et valeurs. . . .	224 180 »
Moins-value des rentes et valeurs de la Banque . . .	86 035 »
Réserve pour amortissement de l'immeuble.	25 197 »
Profits et pertes	252 021 »
Divers (comptes d'ordre).	93 351,58
TOTAL DU PASSIF	16 797 214,74

SITUATION DE LA BANQUE DE LA RÉUNION
AU 30 JUIN 1903

ACTIF		Francs.
Portefeuille. Effets sur place à deux signatures.	1 035 463,55	
Obligations garanties par :		
actions de la Banque	112 267,40	
cessions de récoltes	620 004,00	
marchandises en dépôts	2 677 146 05	
matières or et argent	13 0 5,65	
titres divers	24 0' 0,00	
TOTAL DU PORTEFEUILLE		4 733 224,65
Numéraire en caisse		3 622 626,92
Inscriptions de rente 3 pour 100.		3 999 062,60
Actions et obligations diverses		808 114,00
Hôtel de la Banque		160 000,00
Magasins de la Banque		131 642,04
Mobilier de la Banque		22 529,94
Créance sur la colonie		500 000,00
Créances garanties par des sûretés spéciales.		1 014 506,51
Effets à recouvrer pour compte de divers		400 133,52
Dépôts volontaires.		8 800,00
Valeurs en souffrance		8 602,33
Comptoir national d'escompte de Paris		1 590 301,83
Agence centrale.		3 313,32
Agence de Saint-Pierre.		1 683,08
Immeubles du Tampon.		10 000,00
Divers		192 930,16
TOTAL DE L'ACTIF		17 207 706,40

PASSIF		
Billets au porteur en circulation	10 130 440,00	
Comptes courants	1 443 191,25	
Chèques sur la Colonie.	40 393,43	
Dividendes à payer	20 556,82	
Recettes diverses en règlement.	431 600,41	
Déposants volontaires	8 800,00	
TOTAL DU PASSIF EXIGIBLE		12 103 046,91
Capital		3 000 000,00
Fonds de réserve statutaire		1 183 234,22
Réserve spéciale pour fluctuations des rentes et autres valeurs appartenant à la Banque		124 292,60
Plus-value des rentes		69 344,90
Réserve pour fluctuations du change.		1 774,35
Réserve pour amortissement des immeubles et du mobilier		25 000,00
Compte spécial de prévoyance pour opérations en cours		107 040,65
Valeurs à l'encaissement		400 133,52
Frais d'expertises		1 734,25
Profits et pertes. Reports de bénéfices du 1er semestre.		1 000,00
Reports de bénéfices du 2e semestre		12 100,00
Bénéfice du 2e semestre, frais généraux déduits.		»
Dividendes à payer.		180 000,00
TOTAL DU PASSIF		17 208 706,40

SITUATION DE LA BANQUE DE LA GUYANE
AU 30 JUIN 1908

ACTIF		Francs.
Numéraire en caisse à Cayenne.	614 333,34	
Numéraire à Saint-Laurent (Maroni).	112 791,70	752 123,04
Numéraire en cours de transport	25 000,00	
Livres sterling, or		30 126,55
Monnaies étrangères		1 011,90
Billets de la Banque de France		5 200,00
Portefeuille. { Effets à 2 signatures	908 244,99	
Effets à 1 signature avec garantie de titres de rentes.	38 667,00	
Effets à 1 signature avec garantie d'actions et obligations.	150 832,25	
Effets sur garanties de marchandises. .	2 000,00	
Avances sur matières d'or et d'argent .	78 348,77	
Emprunt de la commune de Cayenne. .	8 000,00	
Effets à l'encaissement	195 012,64	
TOTAL DU PORTEFEUILLE		1 469 405,45
Titres de rentes et obligations diverses		1 168 451,67
Titres divers (placements)		6 937,58
Titre déposé en garantie spéciale.		600,00
Valeurs en souffrance L/c du 1/5 comptant à l'actif . . .		295,00
Or natif.		12 429,72
Or natif pour compte		23 157,73
Immeubles.		174 428,87
Matériel et mobilier		19 714,01
Comptoir national d'escompte s/c courant		533 360,34
Titres de rente en cours de réalisation.		200,00
TOTAL DE L'ACTIF		4 197 271 56

PASSIF

PASSIF		Francs.
Billets de la banque en circulation.	1 869 425,00	
Comptes courants	713 894,08	
Dividendes arriérés	15 815,40	
Récépissés payables à vue	3 035,00	
Fonds de prévoyance. Versements volontaires.	4 425,00	
TOTAL DU PASSIF EXIGIBLE		2 605 594,48
Capital		600 000,00
Réserve statutaire.		300 000,00
Réserve extraordinaire (décret du 12 avril 1902).		180 000,00
Réserve pour fluctuation des rentes et valeurs appartenant à la Banque.		88 285,52
Amortissement des immeubles.		47 740,00
Amortissement du matériel et du mobilier.		1 000,00
Banque de la Guadeloupe.		24 754,22
Banque de la Martinique.		7 516,30
Banque de l'Indo-Chine. . . . . . . :		18 768,38
Banque de Surinam		5 203,60
Ordres de bourse.		1 470,32
Créditeurs par effets à recouvrer		195 012,44
Divers		6 575,33
Agence centrale.		8 759,24
Arrérages de valeurs en dépôt au Comptoir national d'escompte. . .		43.25
Divers L/c de titres de rentes en cours de réalisation.		5 056,72
Dividende 1er semestre 1908		87 600,00
Profits et pertes.		17 890,86
TOTAL DU PASSIF		4 198 273,06

Le capital de la Banque de la Réunion, qui était antérieurement de 4 millions, a été, à la suite de pertes éprouvées par l'établissement, fixé, par décret du 5 juillet 1899, à 3 millions de francs, la valeur nominale des actions étant réduite de 500 à 375 francs. Sa circulation de billets au 30 juin 1908 dépassait 10 millions. Le mouvement de ses affaires au cours de l'exercice 1907-1908 a été de 14 millions pour les avances, prêts, escompte ; et de 12 millions pour les opérations de change. Le taux de ce service, abaissé à 3 pour 100 depuis le 1er décembre 1907, est ramené à 4 pour 100 depuis le 1er janvier 1910.

Le capital de la Banque de la Guyane n'est que de 600 000 francs, divisé en 1 200 actions de 500 francs. A côté de sa réserve statutaire de 300 000 francs, complète depuis le 30 juin 1891, elle possède une réserve extraordinaire de 180 000 francs, constituée par la plus-value donnée aux rentes de son portefeuille en vertu du décret du 12 avril 1902, qui a porté de 75 à 90 francs le taux de capitalisation de ces titres. Le dividende pour l'exercice 1907-1908 a été de 145 francs par action ; il est tombé à 125 francs l'année suivante, et à 76 francs en 1909-1910.

III. — BANQUES DE L'INDO-CHINE ET DE L'AFRIQUE OCCIDENTALE

Le troisième groupe des banques coloniales n'est pas le moins intéressant. Il comprend deux établissements, dont l'un est en pleine prospérité et dont l'autre, de fondation relativement récente, paraît en voie de développement marqué.

La Banque de l'Indo-Chine date de 1875 ; sous l'impulsion d'un conseil d'administration de premier ordre, dans lequel les principaux établissements de Paris sont représentés, et grâce à une direction remarquable, elle a pris un essor aussi brillant que rapide. Son capital, par des augmentations

successives, a été porté à 48 millions[1] : il est divisé en
96000 actions de 500 francs chacune, dont un quart seulement a été versé; son activité s'étend à toutes nos possessions d'Extrême-Orient, Indo-Chine, Tonkin, Annam, Cambodge, Inde, Nouvelle-Calédonie; elle déborde même en
pays étranger, au Siam, en Chine. La Banque émet des
billets libellés en monnaies des diverses contrées où ils circulent : piastres en Indo-Chine, rupees aux Indes, francs
en Nouvelle-Calédonie et à Djibouti. Le Gouvernement
s'est fait accorder de nombreux avantages, notamment lors
du dernier renouvellement du privilège, qui s'étend maintenant jusqu'en 1920.

Le décret du 21 janvier 1875 instituait une banque
d'émission, de prêt et d'escompte pour les colonies de la
Cochinchine et de l'Inde française, en lui accordant une
concession de 20 ans, et en lui conférant tous droits et privilèges édictés par la loi du 24 juin 1874 au profit des banques
coloniales. Un décret du 20 février 1888 prorogea la concession de 10 ans, c'est-à-dire jusqu'au 21 février 1903, et
l'étendit à la Nouvelle-Calédonie, aux protectorats du Cambodge, de l'Annam et du Tonkin. Il imposait à la Banque
la création de succursales ou agences à Nouméa, au Cambodge, en Annam, au Tonkin, à Nossi-Bé, Mayotte et
dépendances, et dans les établissements français de l'Océanie, enfin dans les ports de la Chine, du Japon, de la mer
des Indes et de l'océan Pacifique désignés par le ministre
des colonies, après avis conforme du ministre des affaires
étrangères en ce qui concerne les pays étrangers. Les succursales sont établies par décrets rendus sur la proposition
des ministres de la marine, des colonies et des finances.
Les agences sont créées en vertu d'arrêtés du ministre
des colonies. Enfin, le décret du 16 mai 1900 a pro-

---

1. La dernière émission a été de 24 000 actions, offertes en souscription
aux anciens actionnaires, au mois de février 1910, au cours de 1 200 francs
(moins 375 francs non versés).

longé la concession de la Banque jusqu'au 21 janvier 1920, en l'investissant, dans les colonies de l'Inde, de l'Indo-Chine et de la Nouvelle-Calédonie, des droits et privilèges édictés par la loi du 24 juin 1874 au profit des banques coloniales, et du droit d'émettre, à l'exclusion de tous autres établissements, des billets remboursables au porteur et à vue. Ce même décret dit qu'elle pourra être tenue de créer des succursales ou agences nouvelles, soit dans les colonies où elle est déjà établie, soit dans toutes autres colonies ou protectorats français de l'océan Indien ou de l'océan Pacifique, soit au Siam, en Chine, au Japon et dans les ports de l'océan Indien et de l'océan Pacifique situés dans les pays non soumis à la souveraineté française.

Le montant des billets émis par chaque succursale ne peut excéder le triple de son encaisse métallique, dans laquelle est comprise celle des agences rattachées. La même règle s'appliquait aux billets des agences en pays étrangers : mais elles ont cessé d'en émettre; à Shanghaï et à Canton, la circulation était peu importante; quant au Siam, il a maintenant une circulation officielle. Le montant cumulé des billets, des comptes courants et autres dettes ne peut excéder le triple du capital social et des réserves. Les billets sont reçus comme monnaie légale dans la circonscription des succursales où ils sont payables. Les instruments de fabrication sont confiés à la garde de la Banque de France.

La Banque de l'Indo-Chine peut être chargée du service de la Trésorerie dans ses divers établissements; elle est autorisée à faire des prêts sur récoltes et sur marchandises. Un arrêté du 12 décembre 1893, pris par M. de Lanessan, alors gouverneur, a étendu aux Français le bénéfice des dispositions de l'arrêté du 21 avril 1876 qui réglemente les prêts sur récoltes : ceux-ci doivent être exclusivement consentis sur la valeur des récoltes futures, estimée d'après l'étendue des cultures, la nature de ces dernières, la catégorie des terres, l'état des plantations, et non sur la valeur intrinsèque du terrain[1]. C'est par voie administrative que s'exerce cette partie de l'activité de la Banque, qui reçoit à ce sujet les

1. ARRÊTÉ *étendant aux Français le bénéfice des dispositions de l'arrêté du 21 avril 1876 portant réglementation des prêts sur récoltes dans la colonie.*

LE GOUVERNEUR GÉNÉRAL DE L'INDO-CHINE,

Vu le décret du 21 avril 1891 ;

Vu l'arrêté du 21 avril 1876 portant réglementation des prêts sur récoltes dans la colonie ;

Considérant qu'au moment où l'arrêté précité a été pris, aucun intérêt ne s'attachait à faire bénéficier les Français des dispositions qui y sont contenues, les indigènes seuls, à cette époque, se livrant à la culture ; mais qu'aujourd'hui le nombre des Français se livrant à la culture tendant à s'accroître, il y a lieu de les faire bénéficier des avantages d'abord réservés aux indigènes seuls :

Que ces prêts doivent être exclusivement consentis sur la valeur des récoltes futures évaluée d'après l'étendue des cultures, la nature de ces dernières, la catégorie des terres, l'état des plantations, et non sur la valeur intrinsèque du terrain ;

Sur la proposition du lieutenant-gouverneur en conseil privé (séance du 31 octobre 1893) ;

ARRÊTE :

Art. 1er. — Des prêts sur récoltes pourront être consentis aux Français dans les mêmes conditions que ceux faits jusqu'ici aux Indigènes, sous les modifications suivantes :

Art. 2. — Les demandes de prêt, libellées comme il est dit à l'article 2 du décret du 23 janvier 1888, mais individuelles, seront adressées, sous le couvert de l'administrateur du lieu de la situation des biens et par l'intermédiaire de M. le lieutenant-gouverneur, à M. le directeur de la Banque de l'Indo-Chine.

Art. 3. — Elles seront instruites, avant transmission, par une commission, composée de l'administrateur de l'arrondissement ou son délégué, d'un géomètre ou, à défaut, de l'agent des travaux publics de l'arrondissement et d'un fonctionnaire à la désignation du lieutenant-gouverneur.

Art. 4. — Ce rapport et la demande d'emprunt seront transmis en double expédition à M. le lieutenant-gouverneur, et le prêt sera réalisé, s'il y a lieu, dans les conditions stipulées à l'arrêté du 21 avril 1876.

Art. 5. — Conformément aux dispositions de l'article 6 du décret du 21 avril 1876, le montant des prêts consentis aux colons français ne pourra en aucun cas, dépasser le tiers de la valeur de la récolte, estimée d'après les prévisions résultant des travaux faits et des cultures entreprises ou d'après la moyenne de la valeur des récoltes obtenues pendant les trois années précédentes.

Art. 6. — Le lieutenant-gouverneur est chargé de l'exécution du présent arrêté, qui sera communiqué et publié partout où besoin sera.

Saïgon, le 12 décembre 1893.

DE LANESSAN.

instructions du gouverneur. Les prêts consentis sous la garantie des administrations des affaires indigènes l'étaient généralement au taux de 12 pour 100 l'an, qui constituait un soulagement pour l'Asiatique, habitué à payer 30 et 40 pour 100 aux Chinois. Ils ne présentent d'autres risques pour le garant que ceux de certains retards : car il a les moyens de faire payer les cultivateurs. Le taux a été, en 1899, ramené à 8 pour 100; la Banque de l'Indo-Chine rétrocède 2 pour 100 à l'administration.

Parmi les problèmes qui se sont imposés à l'attention de la Banque de l'Indo-Chine, celui de la baisse du métal-argent n'a pas été un des moindres. Tout en ayant constitué son capital en or au moyen des versements fournis en France par les actionnaires souscripteurs, la Banque avait dû transférer à chacune de ses succursales asiatiques une certaine dotation qui ne représentait plus, une fois le transfert effectué, qu'une somme de métal blanc, soumise dès lors aux aléas du cours de l'argent. Voici comment, à divers moments de son existence, elle exposait les effets de cette situation : « La baisse de l'argent, disait le rapport sur l'exercice 1892, a certainement eu sa répercussion sur le résultat de nos opérations. Elle a considérablement diminué la valeur en or du capital argent forcément immobilisé dans nos succursales d'Extrême-Orient pour les besoins de nos encaisses métalliques. Mais, grâce à la prudence que nous avons toujours apportée dans l'arrêté de nos bilans, et par suite de laquelle nous nous sommes fait une loi d'évaluer les sommes en piastres et en rupees aux taux les plus bas pratiqués dans le cours de chaque semestre, nous avons pu éviter que cette dépréciation si considérable du métal blanc affectât d'une manière anormale les résultats d'un exercice. L'amortissement, graduel en quelque sorte, que nos évaluations calculées ont apporté dans le capital employé par chaque succursale nous laisse dans une situation qui ne peut nous causer aucune préoccupation. »

En 1897, les fluctuations de cours du métal argent, quoique moins violentes qu'à d'autres époques, étaient encore importantes. Le Conseil rappelait que, lors de l'installation de la Banque en Indo-Chine, le cours de la piastre était d'environ 5 fr. 50, et qu'en août 1897, il était tombé à 2 fr. 23. Pendant l'année, l'écart entre le taux le plus élevé et le plus faible avait été de 17 pour 100. Pour remédier au trouble que de pareilles fluctuations apportent dans les transactions commerciales, on songea à une réforme qui eût consisté à démonétiser la piastre mexicaine et à établir un taux fixe de 2 fr. 50 pour la piastre française de commerce : le corollaire obligé de cette mesure eût été l'introduction de l'or en Indo-Chine. Mais notre colonie ne se trouve pas dans des conditions économiques semblables à celles qui ont permis, dans l'Inde anglaise, d'assurer depuis 1893 la stabilité de son change, en fermant les hôtels des Monnaies à la libre frappe de l'argent pour compte des particuliers. Le commerce de nos possessions gravite encore, en majeure partie, autour de Hong-Kong et de Singapore, qui sont des places de transit et dépendent de la Chine et du régime monétaire de celle-ci.

En 1903, la question devient de plus en plus aiguë. Une commission est chargée d'étudier les mesures à prendre. La Société d'économie politique, l'Union coloniale, se sont également préoccupées de trouver un remède aux difficultés qu'engendre la baisse constante de l'argent. En février, le kilogramme d'argent ne vaut plus que 80 francs. On envisage la suspension de la libre frappe des piastres, l'établissement d'un droit d'importation sur la piastre mexicaine. Le Gouvernement se décide à interdire l'entrée de cette dernière sur le territoire de nos colonies et apporte ainsi une simplification notable dans le régime des échanges. Cette piastre, qui pendant des siècles avait été le principal instrument d'échange dans tout l'Orient, tend aujourd'hui à disparaître; en Chine même, elle devient rare et joue un rôle de moins en moins important.

On ne saurait bien comprendre le rôle de la Banque de l'Indo-Chine, sans connaître l'ensemble des instruments de circulation dans l'Extrême-Orient. En Cochinchine, au Tonkin et dans les ports de l'Annam, on se sert de billets de la Banque de l'Indo-Chine, de piastres de commerce frappées par la France (pièces d'argent portant simplement l'indication : « vingt-sept grammes d'argent à neuf dixièmes de fin »), de subdivisions de ces dernières, c'est-à-dire pièces de cinquante, vingt et dix centièmes de piastres, en argent, pièces d'un centième de piastre en bronze pesant dix grammes ; enfin de sapèques de cuivre frappées aussi par la France, et qui ne servent qu'aux échanges des indigènes entre eux. Elles représentent une valeur infime, le soixantième d'un tien, ou le six-centième d'une ligature : il faut 8 ligatures pour faire une piastre, dont la sapèque représente ainsi la 4 800ᵉ partie. La piastre valant 2 fr. 30, cela donne à la sapèque une valeur de moins d'un vingtième de centime en monnaie française. Comme elle n'a pas force libératoire au Tonkin, le cours en est variable et oscille en général entre 8 ligatures 6 tiens et 7 ligatures 6 tiens par piastre. Au moment du paiement des impôts, les piastres sont recherchées. En Cochinchine au contraire, l'indigène préfère les sapèques, qui y font prime. A Cholon, on vend couramment les sapèques à raison de 6 ligatures 6 tiens par piastre.

A Hong-Kong, on se sert de dollars poinçonnés (*chopped dollars*) par les diverses maisons entre les mains de qui ils passent : c'est ainsi qu'en Angleterre on exige parfois la signature de celui qui transmet un billet de banque. Il y a aussi quelques dollars de Canton, monnaie chinoise, mais qui n'existent qu'en très petite quantité, ainsi que des dollars de Singapore. A l'intérieur de l'Annam, au Yunnan, au Cambodge, circulent des lingots d'argent, sous forme de sabots en Annam et de barres au Cambodge. Dans ce dernier royaume on trouve aussi des piastres à l'effigie du roi Norodom. Le yen d'argent japonais n'est accepté qu'à Singapore. Le Gouvernement anglais avait décidé la frappe, par les soins de la Monnaie de Bombay, de dollars (*British dollars*) aux poids et titre de la piastre mexicaine (27 gr. 076 à 9 027 dix-millièmes de fin). Chaque particulier a d'ailleurs le droit de faire frapper ces pièces moyennant un seigneuriage de 1 à 1 1/4 pour 100. La Hongkong bank et la Chartered bank ont dû garantir au Gouvernement qu'il lui serait présenté à la frappe au moins 5 millions de piastres par an.

Dans son rapport à l'assemblée générale de 1896, le Conseil de la Banque de l'Indo-Chine explique qu'en présence de l'impossibilité où il était de se procurer les piastres mexicaines nécessaires au commerce, il avait obtenu du Gouvernement l'autorisation de faire frapper à la Monnaie de Paris des piastres françaises de commerce. Celles-ci étaient destinées à approvisionner l'Indo-Chine de numéraire, une tentative faite par les banques anglaises d'introduire en Cochinchine le yen japonais n'ayant pas rencontré auprès des indigènes un accueil favorable. Du reste, les pièces japonaises sont retournées au Japon sous l'influence de la législation monétaire y établissant l'étalon d'or. Mais, dès que les piastres françaises furent introduites en Indo-Chine, elles furent réexportées en Chine en raison de leur poids d'argent plus élevé que les monnaies similaires ayant cours en Extrême-Orient, piastres mexicaines, dollars anglais, yen japonais. Ces deux derniers pèsent 26 gr. 956, la piastre mexicaine 27 gr. 073, alors que la piastre de commerce française pesait 27 gr. 215, et était au même titre de 902 millièmes de fin que le yen et le dollar anglais. Notre monnaie pesait donc de 3/4 à 1 pour 100 de plus. En la créant en 1885, le Gouvernement français avait cherché à l'assimiler au « trade dollar » d'argent que les États-Unis avaient fait frapper de 1873 à 1878 pour développer leurs transactions avec la Chine, le Japon. Mais ce dollar de commerce n'avait pas tardé à disparaître et, à partir de 1878, les États-Unis, qui lui avaient du reste retiré force libératoire sur leur propre territoire, en avaient arrêté la frappe.

En présence de cette situation, le Gouvernement français, par un décret présidentiel du 8 juillet 1895, a abaissé à 27 grammes le poids de la piastre française. Ce poids est encore quelque peu supérieur à celui du yen et du dollar anglais. Mais un écart de 44 milligrammes est insuffisant pour permettre l'exportation de ces pièces.

En 1895, la Banque de l'Indo-Chine, considérant que sa situation de banque privilégiée l'oblige à assurer la circulation monétaire des pays où elle est établie, a acheté pour environ 20 millions de francs d'argent, avec lesquels elle a fait frapper 7 300 000 piastres. Ces piastres ont été immédiatement très recherchées par les indigènes, qui les reçoivent de préférence aux piastres mexicaines. Alors que les Chinois *sonneurs* de pièces refusent souvent cinq pour cent des piastres mexicaines, ils ne sonnent même pas les piastres françaises et les acceptent les yeux fermés. La difficulté pour la Banque de l'Indo-Chine est de se procurer des retours, le change d'Hong-Kong sur l'Europe étant constamment inférieur au cours de l'argent. Lorsque se présentent des récoltes considérables, les besoins de l'exportation sont hors de proportion avec ceux de l'importation, et les cours du change de la piastre en Indo-Chine ne sont plus dominés par la parité de la valeur de l'argent fin. C'est ainsi que ce cours, au début de 1908, a présenté avec celui de la Chine un écart qui s'est élevé sans interruption et a atteint 11 pour 100 au mois d'octobre. Cette situation gêne les exportations, qui deviennent difficiles dès que le change dépasse 6 pour 100. En raison de l'arrêt, presque complet à un moment, des importations, l'excédent des offres de remises documentaires sur les demandes de tirages a amené une élévation des changes indo-chinois, qui s'est traduite, au cours de 1909, par un écart variant de 7 à 14 pour 100 au-dessus des cours de Hong-Kong.

Une autre source de difficultés naît de la situation financière de la colonie vis-à-vis de la métropole. L'Indo-Chine doit à la France des sommes importantes, reposant en majeure partie

dans le compte courant du Trésor, à la succursale de la Banque
de l'Indo-Chine à Saïgon ; en août 1908, cet avoir représentait 30 millions de piastres. Cette situation impose à la
Banque une charge notable, du chef des intérêts qu'elle bonifie à la colonie pour le dépôt qui lui est confié ; elle fausse
également les conditions économiques du pays. Aussi la
Banque a-t-elle insisté pour la liquidation graduelle de la
dette de la colonie vis-à-vis de la France et lui a-t-elle prêté
son concours à cet effet. Ce rapatriement des sommes dues
à la métropole exerce une action sur les changes. La colonie
a, chaque année, à faire parvenir à Paris environ 17 millions de francs pour le service de ses emprunts, 12 millions pour paiements effectués par le Trésor pour son
compte, 13 1/2 millions pour sa contribution aux dépenses
militaires, soit au total plus de 42 millions. Néanmoins
les derniers budgets, à l'exception de ceux de 1905 et 1906,
se sont soldés par de notables excédents ; ceux de 1907 et
1908 ont permis, non seulement de couvrir les déficits antérieurs, mais d'apurer, au 30 juin 1909, le compte de change
resté en suspens. Le budget de 1909 laisse également un
surplus et le total des différentes caisses de réserve dépasse
20 millions de francs.

La Banque de l'Indo-Chine fait des efforts constants pour
seconder le Gouvernement dans l'accomplissement de la
réforme monétaire : en 1907, elle a de nouveau procédé à des
achats d'argent fin, qu'elle a fait monnayer en piastres, de façon
à fortifier les encaisses des sièges de Saïgon et de Haïphong.
Le Conseil répétait, à l'assemblée générale de 1908, qu'il
lui appartient de pourvoir aux besoins du commerce et d'assurer le ravitaillement normal du pays en espèces métalliques.
Le régime monétaire spécial qui s'est établi en Indo-Chine,
où la piastre, sans être stabilisée, est devenue moins sensible qu'autrefois aux fluctuations du métal argent, ne lui
permet plus de profiter dans la même mesure des avantages
dont elle jouissait, pour ses exportations vers les pays à étalon d'argent, vis-à-vis de la Birmanie et du Siam, dont la

monnaie a maintenant une valeur fixée sur la base de l'étalon d'or.

La circulation de la Banque de l'Indo-Chine, limitée désormais exclusivement aux colonies françaises où elle a des établissements, a oscillé en 1909 aux environs de 60 millions de francs, en diminution sur l'année précédente d'à peu près 2 millions. Le motif de cette diminution est l'abondance extraordinaire de numéraire qui règne en Indo-Chine, où les encaisses métalliques des succursales de la Banque n'ont pas cessé en 1909 d'être notablement supérieures au montant de la circulation fiduciaire. Cette situation empêche la Banque de tirer de son privilège d'émission les profits qui en découlent lorsque le chiffre des billets dépasse au contraire celui des espèces. Voici quels ont été, en 1909, les mouvements du numéraire et des billets dans les divers sièges :

Millions de francs.

Succursale de Saïgon et agences de Pnom-Penh et de Battambang.	258
— d'Haïphong et agences d'Hanoï et Tourane	90
— de Pondichéry	52
— de Nouméa	10
Agences de Hong-Kong, Hankeou, Shanghaï, Canton.	336
Agence de Bangkok	35
— de Singapore.	254
Succursale de Papeete	9
Agences de Pékin et Tien-Tsin	175
Succursale de Djibouti.	2

Un décret du 26 février 1910 a autorisé l'ouverture d'une agence à Yunnan-Fou, où le rail est arrivé à la fin du mois de janvier précédent.

La frappe de la piastre indo-chinoise est théoriquement libre. Toutefois elle ne se fait qu'à la Monnaie de Paris et est soumise à l'agrément du ministre des finances qui donne son autorisation après avoir pris l'avis du Gouverneur général. Ces diverses formalités entraînent de longs délais, qui impliquent une notable perte d'intérêts. L'opération ne procure de bénéfice que lorsque le taux officiel du change de la piastre en francs est fixé au-dessus de sa valeur métallique intrinsèque, à 2 fr. 50, par exemple, alors que les 27 grammes d'argent qui constituent la pièce ne coûtent que 2 fr. 30; mais cet écart n'existe pour ainsi dire plus jamais. A diverses reprises, des quantités considérables de cette piastre ont été frappées et se sont répandues, non seulement dans les possessions françaises, mais en Chine, où les habitants, selon leur coutume, les acceptaient pour leur teneur en argent. Dans les premiers temps, les Chinois les jetaient au creuset aussitôt après les avoir reçues, de façon à les utiliser dans les parties de l'empire où les échanges ne se règlent qu'en lingots. Mais lorsque, pour payer les exportations de l'Indo-Chine qui leur expédie des quantités considérables de riz, ils s'aperçurent que seules ces piastres indo-chinoises étaient acceptées au pair, ils cessèrent de les fondre, et les renvoyèrent en fortes quantités. C'est là une des causes de l'abondance de numéraire qui se remarque en ce moment dans notre domaine d'Extrême-Orient.

La Banque de l'Afrique occidentale a pris tout d'abord la suite des affaires de la Banque du Sénégal, qui avait été créée sur le modèle des Banques des Antilles, de la Réunion, de la Guyane et en même temps qu'elles. Son organisation a été en partie calquée sur celle de la Banque de l'Indo-Chine : comme elle, elle a son siège à Paris. Elle étend son activité à un nombre croissant de nos possessions africaines en dehors de l'Algérie et de la Tunisie. Elle est au capital de 6 millions, dont 1 500 000 francs sont versés. Sa circulation en 1910 a dépassé 12 millions ; le chiffre de ses billets augmente à mesure qu'ils sont connus dans les pays où elle s'installe.

Créée par décret du 29 juin 1901, elle a reçu son privilège pour la même durée que la Banque de France et la

Banque de l'Algérie, c'est-à-dire jusqu'au 31 décembre 1920, avec faculté pour le Président de la République de le faire cesser le 31 décembre 1912 par un décret rendu sur la proposition des ministres des colonies, des finances et des affaires étrangères. La Banque a pour objet d'entreprendre toutes opérations autorisées par ses statuts au Sénégal, à la Guinée française, à la Côte d'Ivoire, au Dahomey et au Congo, ainsi que dans les pays de protectorat dépendant de ces colonies et dans les pays étrangers de la Côte occidentale d'Afrique.

Elle a des succursales à Saint-Louis, à Conakry, à Grand-Bassam, à Porto-Novo; des agences au Sénégal; une représentation à Libreville (Gabon). Nous donnons ci-après le bilan au 30 juin 1909, tel qu'il a été établi par les résolutions de l'assemblée générale appelée à statuer sur les comptes de l'exercice 1908-1909 (1er juillet au 30 juin). Dans les colonies ou pays de protectorat français où elle a des succursales ou des agences, la Banque est investie des droits et privilèges édictés par la loi au profit des banques coloniales, ainsi que du droit d'émettre, à l'exclusion de tous autres établissements, des billets remboursables au porteur et à vue. Il est entendu qu'en pays étranger elle ne saurait se prévaloir des dispositions du décret constitutif ou des statuts y annexés en ce qu'ils auraient de contraire à la législation locale. Elle pourra être tenue de créer des succursales ou agences nouvelles, en vertu de décrets rendus sur la proposition du ministre des colonies et du ministre des finances, la commission de surveillance des banques coloniales entendue. La création de succursales ou d'agences en pays étranger est subordonnée à l'avis conforme du ministre des affaires étrangères.

Le montant des billets en circulation de chaque succursale ne peut excéder le triple de son encaisse métallique, dans laquelle est comprise celle des agences rattachées. Le montant cumulé des billets en circulation, des comptes courants et des autres dettes de la Banque ne peut excéder le triple

BANQUE DE L'AFRIQUE OCCIDENTALE

BILAN AU 30 JUIN 1909

Après écritures passees conformément aux décisions de l'Assemblée générale du 11 novembre 1909.

ACTIF	Francs.
Caisse	5 444 685,71
Espèces en route.	2 697 300 »
Portefeuille	4 205 394,50
Effets en souffrance	4 »
Divers comptes à régler	731 621,55
Immeubles.	454 037,29
Matériel et mobilier	132 459,94
Frais de premier établissement et de fabrication des billets au porteur.	138 768,66
Banque de France.	2 507,55
Comptoir national d'escompte	5 990 223,80
Versements non appelés	4 486 500 »
TOTAL	24 284 097 »

PASSIF		
Capital		5 986 500 »
Réserve statutaire	120 000 »	
Fonds de prévoyance statutaire	102 489 51	896 489,51
Réserve spéciale.	470 000 »	
Réserve immobilière	204 000 »	
Amortissement. des matériel et mobilier. . .	95 000 »	
Amortissement. des frais de premier établissement et de fabrication des billets au porteur. . .	138 768,66	233 768,66
Billets au porteur en circulation		7 433 465 »
Effets à payer		4 893 154,16
Comptes courants		6 915 674,90
Dividendes à payer. Solde des dividendes antérieurs	3 743,40	
Dividendes à payer. Provision pour coupon au 1er décembre.	52 500 »	56 243,40
Divers comptes à régler		225 143,40
Correspondants divers		503 843,93
Réescompte du portefeuille.		49 196,80
Profits et pertes. Report à l'exercice 1909-1910		55 917,25
TOTAL		24 284 097 »

du capital social et des réserves. Dans les colonies et protectorats français où la Banque possède des établissements, ses billets sont reçus comme monnaie légale dans la circonscription des succursales où ils sont payables. Les instruments de fabrication demeurent confiés à la garde de la Banque de France. A la demande du ministre des colonies, la Banque de l'Afrique occidentale doit se charger du service de trésorerie dans les colonies et protectorats où sont établies ses succursales.

Le 7 juillet 1910, l'assemblée générale des actionnaires a autorisé le Conseil d'administration à faire, auprès du ministre des colonies, les démarches nécessaires en vue d'obtenir le droit d'établir des succursales à Madagascar et dans les autres colonies françaises de l'Afrique orientale. Le privilège d'émission serait étendu à ces territoires, et le capital doublé, c'est-à-dire porté à 12 millions de francs. La Banque a demandé au Comptoir national d'escompte la cession de ses agences à Madagascar, dans le cas où elle obtiendrait du Gouvernement français le privilège d'émission dans cette île, et le Comptoir a donné son adhésion de principe à cette ouverture. D'autre part, elle est en instance pour la prorogation de son privilège pour 25 années à compter de 1912, soit jusqu'au 31 décembre 1937. Le nom de la Banque doit être transformé en celui de Banque de l'Afrique occidentale et orientale.

Cette nouvelle étape est à signaler dans l'histoire d'un établissement, qui est appelé à jouer dans nos colonies du reste de l'Afrique le rôle rempli par la Banque de l'Algérie dans nos possessions septentrionales du continent noir. Son dernier rapport atteste ses progrès. Les escomptes des effets sur place se sont élevés en 1908-1909 (1er juillet au 30 juin) à 3 millions, les escomptes et tirages sur l'Europe à 43 millions, le mouvement des comptes courants à 63, celui des caisses à 224 millions. Tous ces chiffres ont été largement dépassés en 1909-1910. La circulation comprend, pour plus d'un million, des billets de 5 francs, très recherchés par les

indigènes. Les affaires de la succursale de Saint-Louis sont en
grand progrès, depuis l'ouverture d'une section de ligne de
chemin de fer de Thiès à Kayes : il en est de même aux
agences de Dakar et de Rufisque, ainsi qu'aux succursales de
Conakry, de Grand-Bassam et aux agences de la Côte d'Ivoire.
Les affaires à Porto-Novo ont doublé par rapport à l'exercice
précédent. Dans cette colonie, la Banque se plaint d'être
toujours gênée par la rareté de la monnaie divisionnaire ; toutefois elle espère que la nouvelle convention monétaire va permettre au Trésor d'en frapper des quantités additionnelles,
grâce auxquelles les besoins de la clientèle pourront être
satisfaits. Déjà un approvisionnement important de pièces de
bronze a été envoyé à Porto-Novo. A Libreville, l'activité n'est
pas encore grande ; mais les travaux annoncés sont de nature
à la ranimer. D'une façon générale, l'élargissement de l'aire
des cultures et l'ouverture du chemin de fer de Conakry
au Niger doivent accélérer le mouvement d'expansion de la
Banque de l'Afrique occidentale : elle appartient à une catégorie d'établissements qui rendent de grands services à
l'État, non pas directement en lui faisant des avances ou en
se mêlant de sa gestion financière, mais en stimulant, partout
où leur action s'étend, les activités de tout genre, les entreprises nouvelles, en favorisant en un mot l'expansion coloniale sous ses formes multiples.

IV. — COUP D'ŒIL D'ENSEMBLE SUR LES BANQUES COLONIALES FRANÇAISES

Ces diverses banques, à l'exception de celle de l'Algérie,
envoient chaque année le compte rendu de leurs opérations
à un fonctionnaire qui siège à Paris et porte le titre d'agent
central des banques coloniales. Il est nommé par le ministre
de la marine sur une liste triple de candidats, dressée
par la commission de surveillance dont il sera question
plus loin. L'agent central a seul qualité, aux termes du
décret du 17 novembre 1852, pour représenter les banques

dans la métropole et agir comme leur délégué, tant auprès des pouvoirs publics que de la commission de surveillance et de l'établissement métropolitain qui leur sert de correspondant : les banques coloniales peuvent, par application de l'article 23 des statuts, déposer en nantissement, auprès de ce dernier, les titres qui représentent en totalité ou en partie leur capital social et leurs réserves. Une commission de surveillance des banques coloniales est instituée auprès du ministre des colonies. Elle est composée de neuf membres, un conseiller d'État, quatre membres désignés par le ministre des colonies, deux par le ministre des finances, deux élus par le conseil général de la Banque de France. Cette commission reçoit communication de tous les documents parvenus aux ministres sur la gestion des banques ; elle est consultée par eux sur les décrets qu'ils préparent à ce sujet ; elle provoque telles mesures de vérification et de contrôle qui lui paraissent convenables, et rend chaque année au Président de la République un compte de la situation des établissements. Il y a là, on le voit, une intervention notable de l'État : elle se manifeste encore dans la composition du conseil de cinq membres qui administre chacune des banques coloniales du second groupe, et dont font partie de droit le trésorier de la colonie et le directeur, choisi par le ministre. Des deux censeurs, l'un est également nommé par décret ministériel.

Le rapport de la commission de surveillance du 30 mai 1908 contient des observations intéressantes. Il constate que le chiffre des billets de la Banque de la Réunion immobilisés dans les caisses du Trésor était alors trop élevé ; il attribue cet excédent, d'ailleurs diminué depuis lors, au fait que certaines dépenses effectuées dans la métropole se trouvaient réglées par de simples virements dans les comptes du Trésor, alors que les recettes corrélatives s'opéraient en billets. Les errements suivis jusqu'ici laissaient à la charge de la Banque les frais de change pour le montant des virements. Désormais les divers services de la colonie et des communes, ainsi que du chemin de fer et du port, doivent assurer directement ces opérations en se procurant les remises nécessaires et en supportant les frais d'acquisition de valeurs sur l'extérieur. De cette façon, l'accumulation des billets dans les coffres du Trésor cessera : mais il faudra en même temps, ajoute le rapport, que la Banque rembourse une partie des billets détenus par le trésorier-payeur, jusqu'à ce que l'encaisse en monnaie fiduciaire ait été ramenée au chiffre normal de 1 500 000 francs.

Le rapport critique les avances consenties par une banque coloniale sur des marchandises gardées dans des entrepôts en pays étranger. De tels prêts, bien gagés cependant en l'espèce, ne figurent pas dans l'énumération des opérations permises aux banques coloniales par l'article 10 des statuts annexés à la loi du 13 décembre 1901. A plusieurs reprises, la commission a formulé des observations analogues. Les magasins dans lesquels les dépôts peuvent être effectués sont, soit les entrepôts de douane ou les autres magasins désignés à cet effet par le gouverneur en conseil privé, soit les magasins particuliers dont les clefs ont été régulièrement remises à la Banque, cette remise étant constatée au moment de la négociation par une délibération du Conseil d'administration. Ces prescriptions excluent les prêts sur marchandises entreposées à l'étranger. D'autre part, les différentes lois qui ont accordé ou prorogé le privilège des banques coloniales proprement dites, n'ont prévu la création de succursales ou d'agences que dans la colonie où se trouve le siège principal. Ce n'est qu'aux Banques de l'Indo-Chine et de l'Afrique occidentale que le Gouvernement a, par des autorisations expresses, concédé la faculté d'avoir des établissements en pays étrangers.

Le Gouvernement intervient dans nombre de cas. Ainsi le ministre des colonies a rappelé aux banques, par une circulaire de 1908, qu'il ne peut y avoir deux comptes dans une même section de bilan pour l'inscription des réserves. Il a été établi que les titres leur appartenant devaient être compris à l'actif dans le portefeuille pour une valeur immuable. Dans le cas où une plus-value se produit, le montant en sera inscrit à l'actif et balancé au passif par le crédit d'un compte intitulé « plus-value du portefeuille ». Si au contraire on se trouve en face d'une moins-value, celle-ci doit être enregistrée au passif et balancée par un prélèvement sur le compte de « profits et pertes »[1].

L'ensemble de ces sept établissements forme le réseau des banques de l'empire colonial français : les trois groupes dont il se compose portent la marque des époques auxquelles ils furent fondés et des préoccupations auxquelles obéissaient les hommes d'État du moment. Les banques coloniales proprement dites, les plus anciennes en date, furent destinées à venir en aide aux propriétaires et souffrirent des crises que la culture des denrées tropicales traverse régulièrement : ayant le caractère de crédits fonciers autant que celui d'instituts d'émission, elles ne constituèrent pas ces organismes puissants que sont, chez les nations modernes, les grandes banques centrales, auxquelles est confiée la création de la monnaie de papier. Elles ne réussirent pas toujours à maintenir la circulation des colonies sur une base saine, au pair de la métropole ; bien qu'aux Antilles, à la Réunion, en Guyane, la monnaie soit nominalement la même qu'en France, il y a eu longtemps une perte notable au change entre ces divers pays d'une part, la métropole de l'autre. Mais, comme nous l'avons vu, cet inconvénient tend à disparaître.

La Banque de l'Algérie a traversé, elle aussi, des jours d'épreuve. En escomptant trop libéralement du papier dont les souscripteurs n'avaient guère d'autres ressources que leurs propriétés foncières, elle avait entrepris de véritables opérations de crédit hypothécaire, qui sont l'un des dangers des instituts d'émission. Mais, grâce à des mesures énergiques, elle est sortie de ces difficultés. Le Gouvernement

---

1. Rapport au Président de la République sur l'exercice 1907-1908, p. 62.

dès lors a pu lui demander un concours dont les conditions sont analogues à celles qui régissent les rapports de la Banque de France et du Trésor.

Quant aux établissements du troisième groupe, nés à une époque beaucoup plus récente, où les vrais principes des banques d'émission étaient mieux appréciés, ils n'ont connu jusqu'ici que des jours prospères. La Banque de l'Indo-Chine surtout nous offre le spectacle réconfortant d'une société qui n'a cessé de donner des revenus croissants à ses actionnaires, tout en rendant des services signalés à l'État. Celui-ci, lors de chaque renouvellement du privilège, s'est assuré des avantages de plus en plus considérables ; il a le droit d'imposer à la Banque la création de succursales et d'agences dans toute une partie du monde, sur territoire français ou étranger ; il peut la charger de sa trésorerie en Asie et en Océanie ; par son intermédiaire, il régularise la circulation monétaire dans ses possessions indo-chinoises. La prospé-· rité et la puissance de la Banque de l'Indo-Chine affirment une fois de plus la supériorité de l'industrie privée sur les exploitations directes de l'État et sur celles où il intervient d'une façon excessive. Si cette Banque n'avait pas à sa tête des hommes versés dans la science financière, ayant l'expérience et la pratique quotidienne des grandes affaires, elle n'aurait pas acquis la situation qui lui permet de fournir à l'État un concours qui représente bien plus que l'équivalent du privilège d'émission qu'elle a reçu de lui. Elle démontre l'excellence de la formule qui consiste à octroyer à des compagnies particulières des concessions, en échange desquelles le Trésor obtient des avantages de toute nature. D'une façon générale, on peut dire que cette formule a été heureusement réalisée dans nos diverses banques coloniales, dont le crédit n'a guère été mis à contribution par l'État et dont plusieurs exercent une influence considérable sur les affaires des pays où elles sont établies, tout en coopérant dans une large mesure à l'action publique, et en prêtant leur concours à la métropole et aux gouvernements locaux.

La tendance qui se manifeste de ramener à Paris le siège principal de celles de ces banques qui n'y avaient pas encore d'établissement doit être attribuée en partie au désir de soustraire leurs administrateurs à des influences locales, dont il ne leur est pas toujours facile de se dégager, en partie à l'exemple des brillantes carrières fournies par celles d'entre elles qui dès l'origine ont été fondées dans la capitale. Il ne semble pas impossible cependant d'organiser assez fortement les directions coloniales pour qu'elles évitent l'écueil des crédits trop facilement ouverts. D'un autre côté, la présence sur place de ceux qui ont la responsabilité de la gestion a des avantages indéniables et est réclamée par les colons. Des banques comme celle de l'Indo-Chine ont résolu le problème en formant peu à peu, dans les bureaux de la métropole, un personnel d'élite : une fois installés dans leurs postes coloniaux, ces agents, sans cesser d'être en rapports suivis avec la direction centrale où aboutissent tous les fils, connaissent les besoins des pays divers où s'exerce leur activité, et possèdent une initiative suffisante pour donner un large concours aux affaires locales.

A la fin de son rapport annuel, la commission de surveillance des banques coloniales publie deux tableaux. Le premier indique le montant de l'encaisse métallique et des billets en circulation, qui ne doivent pas en excéder le triple. Une troisième colonne indique la quantité dont l'encaisse dépasse le maximum légal et une quatrième est réservée aux cas, assez rares d'ailleurs, où il y aurait au contraire insuffisance de numéraire : la seule qui soit relevée au 31 décembre 1907 provenait d'un règlement de compte retardé à la succursale d'Haïphong, où la proportion prescrite a été promptement rétablie.

L'autre tableau rapproche le montant du passif exigible, des dettes pour employer l'expression officielle, de leurs limites légales, et montre par conséquent si la loi est bien observée : on remarquera qu'au 30 juin 1908 la Banque de

MONTANT DE L'ENCAISSE MÉTALLIQUE ET DES BILLETS EN CIRCULATION
DES BANQUES COLONIALES

DÉSIGNATION DES ÉTABLISSEMENTS	ENCAISSE métallique.	BILLETS en circulation.	EXCÉDENT d'encaisse mé-tallique.	INSUFFISANCE de l'encaisse métallique.	OBSERVATIONS
Situation au 30 juin 1908.					
Banque de la Martinique	1 555 800,08	4 592 280	25 040,08	»	Art. 4, para-
Banque de la Guadeloupe	2 586 504,28	7 365 490	131 440,95	»	graphe VI, de
Banque de la Réunion	3 022 626,92	10 130 110	215 813,59	»	la loi du 13 dé-
Banque de la Guyane	752 125,04	1 860 425	128 983,38	»	cembre 1901.
Banque de l'Afrique occidentale :					
Succursale de Saint-Louis (agences de					
Dakar et de Rufisque)	3 565 683,47	3 609 900 »	2 302 383,47	»	Art. 8 du dé-
Succursale de Conakry	628 436,13	912 290 »	321 019,47	»	cret du 29 juin
Succursale de Porto-Novo	622 476,81	1 273 215 »	198 061,81	»	1901.
Succursale de Grand-Bassam	1 553 447,45	962 100 »	1 252 747,45	»	
Situation au 31 décembre 1907.					
Banque de l'Indo-Chine :					
Succursale de Saïgon (agences de Pnom-					
Penh et de Battambang)	20 157 433,75	33 810 326,60	8 887 324,89	»	Art. 7 du dé-
Succursale d'Haïphong (agences d'Hanoï					cret du 16 mai
et de Tourane)	4 842 567,60	15 492 111,80	»	351 469,66	1900.
Succursale de Pondichéry	722 697,70	689 546 »	492 845,70	»	
Succursale de Nouméa.	1 209 148,69	2 146 460 »	493 628,69	»	
Succursale de Papeete.	623 751,34	578 315 »	430 979,65	»	
Agence d'Hong-Kong	370 652,30	»	»	»	
Agence de Canton	479 430,85	6 228,40	477 054,72	»	
Agence de Shanghaï	2 936 924,05	4 408,27	2 925 534,63	»	
Agence de Hankéou	1 575 873,50	»	»	»	
Agence de Bangkok	874 087,50	22 230	866 677,50	»	
Agence de Singapore	412 239,50	»	»	»	
Agence de Pékin	95 256,05	»	»	»	
Agence de Tien-Tsin	161 383,50	»	»	»	

la Guadeloupe avait un excédent de passif d'un million environ.

MONTANTS CUMULÉS DES DETTES
DES BANQUES COLONIALES ET LEURS LIMITES LÉGALES

BANQUES	MONTANT des dettes.	LIMITES LÉGALES	OBSERVATIONS
Situation au 30 juin 1908.			
Martinique.	6 697 671,28	13 615 040,08	Art. 4, § VIII,
Guadeloupe	12 386 271 »	14 397 509,43	de la loi du 13 décembre 1901.
Réunion	12 403 046,91	12 870 516,25	
Guyane.	2 605 591,48	3 615 203,38	
Afrique occidentale. .	13 175 626,67	24 340 507,93 [1]	Art. 9 du décret du 29 juin 1901.
Situation au 31 décembre 1907.			
Indo-Chine	144 922 006,99	188 804 811,15 [1]	Art. 8 du décret du 16 mai 1900.

[1] Ces chiffres comprennent l'excédent de l'encaisse métallique par rapport au chiffre de la circulation des billets.

La question de savoir si les sièges sociaux de toutes les banques coloniales devraient être à Paris, où se trouvent ceux de la Banque de l'Algérie, de la Banque de l'Indo-Chine et de la Banque de l'Afrique occidentale, a été soulevée. Le ministre des colonies a été saisi d'une proposition de rachat, qui semble du reste abandonnée. Les banques qu'il s'agissait d'unifier de la sorte, c'est-à-dire celles de la Martinique, de la Guadeloupe, de la Réunion et de la Guyane, sont hostiles à ce projet : dès 1894, le Conseil d'administration de la dernière, dans une note qui a été reproduite à la suite du compte rendu des opérations de l'exercice 1908-1909 (1er juillet au 30 juin) exposait les raisons qui lui semblaient s'opposer à cette fusion, « contraire, disait-elle, à l'intérêt des populations, qui n'ont jamais fait appel en vain au concours de la Banque ». Les frais seraient augmentés par une installation à Paris, et les difficultés de gestion considérablement accrues par la nécessité de ne rien faire sans prendre l'avis du conseil résidant au siège central.

Le directeur de la Banque de la Martinique, M. Alizard, à l'assemblée générale du 25 juillet 1910, renouvelait de son côté toutes les objections qu'il a déjà présentées contre le projet d'absorption de l'établissement qu'il préside. Rien ne prouve, disait-il, que le système de centralisation puisse être appliqué avec succès dans les anciennes colonies. Il y a lieu de se montrer circonspect dans les changements à apporter à des règlements qui ont assuré, pendant plus d'un demi-siècle, l'existence des banques coloniales, au moment même où leur situation s'améliore et où leur activité se développe. Le conseil a pris l'initiative de demander certaines modifications à sa charte, qui lui paraissent de nature à servir l'intérêt général et à faire de la Banque un instrument aussi parfait que possible. L'assemblée, adoptant cette manière de voir, a émis à l'unanimité le vœu, déjà formulé en 1909, qui tend à l'obtention du renouvellement du privilège pour une durée de trente années; elle a repoussé tout projet de fusion ou d'absorption et adhéré à la pétition adressée au ministre des colonies par un groupe d'actionnaires résidant en France et conçue dans le même sens. Les censeurs ajoutaient que la substitution aux établissements locaux d'une banque unique ayant son siège à Paris, exposerait ' colonies à une crise financière. Sans parler des difficultés de toute période de transition, la liquidation d'une société installée, depuis plus de soixante ans, dans le pays jetterait un trouble profond dans les affaires. M. Vivien, directeur de la Banque de la Guyane, avait déjà tenu un langage semblable le 26 juillet 1909 et remis sous les yeux de ses actionnaires la teneur de la note de 1894, établie à l'occasion d'une demande précédente de renouvellement de privilège. Il affirmait, en réponse à la circulaire ministérielle du 31 octobre 1908 qui rappelait aux

quatre banques coloniales la prochaine échéance de l'expiration de leurs concessions, la nécessité de les maintenir,
dans l'intérêt des colonies. Le 8 juin 1910, une délibération
a été prise à la Réunion, en faveur du maintien de la
Banque.

La question est délicate. Si nous cherchons des exemples
chez nos voisins qui, sous bien des rapports, sont nos maîtres
en cette matière, nous voyons que les banques d'émission
des colonies anglaises ont leur siège dans les pays où elles
exercent leur activité. Il est vrai que la plupart de ces
colonies ont un degré d'autonomie de beaucoup supérieur à
celui dont jouis ent les nôtres et qu'il est peut-être plus
facile d'y trouver, sur place, un personnel d'administrateurs
rompus aux affaires que dans certaines de nos possessions
d'outre-mer. Notre empire colonial, sauf en ce qui concerne les épaves indiennes de notre antique domination
dans cette péninsule et aux Antilles, est de fraîche date
et peu peuplé de blancs. Il faut que des générations se suc-
cèdent encore et que nous ayons le courage d'envoyer un
certain nombre de nos enfants mettre en valeur nos domaines
conquis à la fin du XIXᵉ siècle, pour que nous trouvions à
recruter en Asie et en Afrique, parmi les Français définitivement établis sur nos territoires, les chefs expérimentés,
nécessaires aux grandes entreprises : il n'en est pas qui
soient plus difficiles à diriger qu'une banque. Cette pénurie
d'hommes est une des raisons qui ont fait que la métropole
a été sans cesse amenée à intervenir sur ce domaine et qui
ont amené l'organisation presque administrative de plusieurs
de nos banques d'émission coloniales ; mais la prospérité de
ces établissements est en raison inverse du degré de l'intervention officielle ; celui d'entre eux qui a pris l'essor le plus
remarquable, grâce auquel il peut soutenir la comparaison
avec les grandes banques anglaises, toutes-puissantes en
Extrême-Orient, est précisément celui qui jouit de la plus
grande liberté d'action et dont les opérations s'effectuent en
dehors de la tutelle gouvernementale.

CHAPITRE III

BELGIQUE. — HOLLANDE. — LUXEMBOURG

La Belgique nous offre, dans le demi-siècle qui a marqué pour ce jeune royaume les étapes d'un rapide et remarquable développement économique, l'exemple instructif de modifications successives apportées aux rapports de l'État et de la banque d'émission, qui tendent constamment à agrandir et à améliorer la part du premier sans porter atteinte à l'indépendance de la seconde. Elle a un système qui se rapproche de celui de la France. Le monopole de l'émission y est conféré par la loi à un établissement unique, qui porte le titre de Banque nationale : ce monopole ne consiste d'ailleurs que dans la défense faite par le législateur à toute autre société par actions d'émettre des billets, à moins d'en avoir reçu au préalable l'autorisation. Les particuliers et les sociétés en nom collectif ont le droit d'en créer, mais personne jusqu'ici n'a songé à se prévaloir de cette faculté, et aucune société n'a sollicité du Gouvernement la permission de faire concurrence à une banque qui travaille à la satisfaction générale. Comme, d'autre part, elle rétrocède au Trésor, en vertu d'arrangements successifs qui lui ont imposé des sacrifices de plus en plus lourds, une part croissante de ses bénéfices, l'État n'a aucun intérêt à lui susciter une concurrence, dont il serait la première victime.

La Banque nationale a été fondée en 1850. Auparavant, l'émission des billets était confiée à quatre établissements, la Société générale, la Banque de Belgique, la Banque de Flandre et la Banque liégeoise. Les deux premiers étaient en même temps caissiers de l'État. La Banque de Belgique dut cesser ces fonctions en 1842; la Société générale suspendit ses paiements en 1848. Le Gouvernement se décida alors à provoquer la fondation d'une Banque nouvelle, à la fois investie du monopole de l'émission et chargée du service de caissier public. La Banque nationale dut sa naissance à l'énergique volonté du ministre Frère Orban, qui voulait avant tout « séparer des affaires industrielles l'escompte et l'émission, établir l'unité dans la circulation des billets, et arriver le plus tôt possible à la convertibilité des billets » : ce sont les expressions de l'exposé des motifs. En décembre 1849, l'État avait signé avec la Société générale et la Banque de Belgique deux conventions, aux termes desquelles elles s'engageaient à constituer le capital d'une banque nouvelle unique, et à cesser d'opérer comme banques d'émission. L'établissement à créer retirerait de la circulation les billets à cours forcé : la Banque de Belgique lui rembourserait les siens; l'État, ceux émis pour les besoins du Trésor; la Société générale, ceux qui excéderaient 20 millions [1].

En instituant en faveur de la Banque nationale un quasi-monopole, le Gouvernement jugeait qu'il ne s'écartait pas de ses principes de liberté commerciale : « Certes », disait l'exposé des motifs, « nous sommes ennemis de tout privilège, de tout monopole ; mais si la concurrence en matière de commerce et d'industrie est utile ; si c'est là un droit inhérent en quelque sorte à la nature de l'homme, auquel on ne peut contrevenir sans toucher à l'esprit de nos institutions, et sans soulever par conséquent contre soi l'esprit public ; si, en ces matières comme en bien d'autres, il faut s'en rapporter aux libres efforts de l'activité individuelle, et que le meilleur moyen de prévenir les abus ou les écarts réside dans les mœurs publiques et dans l'instruction ; si enfin la libre concurrence en commerce et en industrie est un stimulant énergique, dont l'intervention est nécessaire pour susciter l'aisance, doit-on en dire autant du commerce des banques ? La faculté

1. Paul Hymans, *Frère Orban*, t. I, p. 304.

d'émettre des billets qui viennent en partie remplacer le numéraire métallique et augmenter la circulation, peut-elle être assimilée à une industrie ordinaire? N'importe-t-il pas à la société, à l'intérêt général, que ce droit, dont la concession est considérée par les meilleurs esprits comme un attribut du pouvoir souverain, soit non seulement réglementé, surveillé, mais régi comme la circulation monétaire, d'après le principe d'unité ? » Se ralliant à ces vues, le Parlement vota la loi du 5 mai 1850, qui instituait la Banque nationale au capital de 25 millions, divisés en 25 000 actions de 1 000 francs chacune, et lui conféra un privilège de 25 ans. Elle a à sa tête un gouverneur, que le Roi nomme pour cinq ans; il est assisté de 6 directeurs élus par les actionnaires et forme avec eux le Conseil d'administration. Sept censeurs surveillent la marche de l'établissement. Un commissaire du gouvernement contrôle les opérations, notamment les escomptes et les émissions de billets. La Banque s'engageait à assurer le service de la Caisse d'épargne, à escompter des bons du Trésor jusqu'à concurrence d'un maximum de 10 millions de francs et à verser à l'État le sixième de ses bénéfices excédant 6 pour 100 du capital.

Dans la pensée de ses créateurs, elle devait être le centre d'une organisation financière, à laquelle se rattacherait notamment un crédit foncier, « sans toutefois jamais se confondre avec les opérations de banque proprement dites ». Le projet relatif à cette création fut soumis à la Chambre le 8 mai 1850, trois jours après la promulgation de la loi organique de la Banque. L'exposé des motifs expliquait que le Gouvernement avait considéré que « le moment était venu de prendre des mesures pour que le crédit territorial, au lieu d'aggraver la condition des propriétaires qui y ont recours, puisse devenir pour eux et pour le pays, à l'égal du crédit mobilier et personnel, une source de prospérité. » La caisse projetée devait être à la fois un établissement public et une sorte d'association entre les propriétaires qui emprunteront au moyen de lettres de gage.

7

Le conseil d'administration serait choisi par le Gouvernement et une commission de surveillance élue par les trois branches du pouvoir législatif. La caisse, banque sans capital, se serait bornée à émettre des obligations. Le projet, adopté par la Chambre, échoua au Sénat. Une Caisse générale de retraites fut organisée par la loi du 8 mai 1850. Mais la loi sur la Caisse générale d'épargne et de retraite, dont Frère Orban présenta à la Chambre le texte le 23 mai 1859, ne fut votée qu'en 1864 et promulguée le 16 mars 1865. Au contraire, celle des sociétés de secours mutuels le fut dès le 3 avril 1851. Elle a été depuis élargie par la loi du 23 juin 1894, à la suite de laquelle le nombre des sociétés reconnues s'est développé rapidement.

Trois ans avant l'expiration du privilège, en 1872, le chef du parti catholique, Malou, ministre des finances, proposa le renouvellement de la concession en faveur de l'établissement fondé par le parti libéral et qui avait rendu au pays, de l'aveu unanime, de signalés services. Frère Orban monta à la tribune pour combattre avec énergie l'idée d'une Banque d'État, préconisée par quelques députés. « A toute crise, au milieu de toute pénurie d'argent, une telle pression serait exercée sur le gouvernement pour qu'il mît des fonds à la disposition de l'intérêt privé qu'il serait incessamment exposé à soulever contre lui les plus violentes hostilités et à compromettre le pays... Pour éviter cet inconvénient, on a cherché à concilier les deux intérêts, l'intérêt privé et le contrôle, dans l'intérêt de l'État, dans l'intérêt public, sur ceux qui sont appelés à gérer tout à la fois dans l'intérêt public et dans l'intérêt privé. » Le rapporteur du projet de loi, M. Eudore Pirmez, insista sur les dangers que font courir aux banques d'émission des liens trop étroits avec le Gouvernement et posa avec netteté les principes qui doivent guider le législateur en cette matière : « Quelques-uns de ces établissements doivent leur origine, écrivait-il, à la nécessité où les gouvernements se sont trouvés d'obtenir des capitaux ; d'autres ont été forcés pour ainsi dire de confondre leurs

finances avec celles de l'État ; c'est en les séparant qu'on est
arrivé à établir des situations régulières. Il faut soustraire le
crédit privé, autant que possible, aux secousses que subissent
les gouvernements ; on ne peut assez compter sur la sagesse
des hommes d'État pour croire que, dans les moments de détresse, ils ne disposeront pas de ressources qui seraient à leur
entière discrétion... On arrive ainsi à reconnaître, comme conditions d'une solution complète du problème, et la nécessité
de l'intervention de l'État et la nécessité de l'intervention
de l'intérêt privé. L'État intervient pour créer l'institution, lui
imposer des conditions qui en mettent la solidité au-dessus
de toutes les épreuves ; il lui confie son service financier,
lui remet par là-même ses fonds disponibles et détermine
les règles de l'émission de la monnaie fiduciaire, de manière
à donner une sécurité complète à ceux qui l'acceptent, sécurité dont il donne l'exemple en recevant cette monnaie dans
ses caisses. L'autorité privée intervient sous forme d'une
société dont un capital suffisant garantit les opérations ;
cette société prend le service financier de l'État et se charge,
dans les limites qui lui sont tracées et concurremment avec
le placement de son capital et des autres fonds qu'on lui
confie, du placement tant des fonds disponibles de l'État
que de ceux qui résultent de l'émission fiduciaire. Entre la
société et l'État intervient un règlement qui détermine les
services que la société doit rendre à l'État et la quotité des
bénéfices qu'elle a à lui remettre pour les avantages qu'il lui
confère. »

Ce passage méritait d'être cité. Il pose d'une façon magistrale les principes qui doivent présider à l'organisation des
instituts d'émission. Il s'applique plus spécialement à la
Belgique, où le service des fonds publics est presque
entièrement confié à la Banque, qui est, sous ce rapport, une
sorte d'agent exécutif du ministère des finances. Mais c'est
précisément dans le pays où cette fonction de caissier de
l'État est si largement remplie par la Banque que le crédit
de celle-ci est le mieux ménagé par le Trésor. Le Gouver-

nement installe un représentant dans toutes les localités où
la Banque a une agence afin d'y contrôler les opérations faites
pour son compte. La Banque assure le service des Caisses
d'amortissement et des dépôts et consignations ; de la réception des titres de la dette destinés à être mis au nominatif, et
de la restitution de ceux qui proviennent de transferts au
porteur. Elle est chargée de faire fructifier les fonds du Trésor qu'elle a en dépôt ; à cet effet, elle les emploie à l'achat de
lettres de change sur l'étranger, remboursables à l'échéance
en numéraire. Ces traites sont endossées par la Banque, qui
en garantit donc le paiement au Trésor. Le ministre se
réserve, après avoir entendu le conseil de la Banque, de faire
opérer exceptionnellement des placements en valeurs belges
et spécialement en promesses ou simples traites escomptées
par l'intermédiaire des comptoirs de la Banque, et ce à des
conditions identiques à celles que la Banque admet pour ses
propres escomptes.

On a remarqué la stipulation assez inattendue en vertu de
laquelle les fonds du Trésor sont, d'une façon régulière,
placés en valeurs étrangères. Dans deux lettres adressées
en date du 27 juin et du 1ᵉʳ juillet 1872 aux délégués de la
Banque, le ministre des finances l'explique par le désir du
Gouvernement de ne pas faire concurrence aux opérations
de la Banque pour son compte propre, à moins de nécessité reconnue par les deux parties. Il ajoute que la nature
même des choses exige qu'il ait le droit d'indiquer les placements à faire, qui, en général, seront variés et répartis
entre plusieurs pays. La Banque signalera, le cas échéant,
les causes qui rendraient difficile ou onéreuse l'exécution
de certaines instructions données. Lorsqu'elle-même, pour
un motif quelconque, croira des mutations utiles, elle en fera
connaître les motifs. D'autre part, le Gouvernement, qui peut
mieux pressentir, dans certains cas, les perturbations politiques, donnera ses instructions de placements ou déplace-
ments, de manière à en amortir autant que possible le contre-
coup, dans l'intérêt commun du Trésor et de la Banque

garante. Celle-ci devra agir, pour compte de l'État, comme
elle agirait pour elle-même, en cherchant à obtenir le produit
net le meilleur, par le choix des valeurs, par la réduction
des frais qui sont à la charge de l'État, par des indications
sur l'opportunité de certaines réalisations ou de certains
achats.

Cette gestion des fonds disponibles de l'État par la
Banque, organisée en 1872, a donné les meilleurs résultats.
Grâce à des correspondants de premier ordre, dont elle s'est
assuré le concours sur les principales places européennes,
notamment à Paris, Londres, Berlin, Hambourg, la Banque
n'a pas cessé d'avoir en portefeuille des sommes importantes
d'effets payables en francs, en livres sterling, en mark,
qui constituent une véritable réserve de métal jaune, les dits
effets étant tirés sur des pays où l'étalon d'or règne en droit
ou en fait. Il en est résulté un bénéfice notable pour le
budget belge. C'est là une disposition qu'on ne retrouve guère
ailleurs. D'autres banques d'émission ont le droit d'escompter
du papier étranger; mais, ou bien elles n'en font usage que
dans des circonstances exceptionnelles, comme la Banque de
France, ou bien, comme la Reichsbank, la Banca d'Italia,
elles ne s'en servent que dans une proportion bien moindre
que la Banque de Belgique. La Banque nationale détient aussi
pour son propre compte, d'une façon régulière, un portefeuille
étranger considérable : au 31 décembre 1908, le total s'en
élevait à 185 millions, contre 493 millions d'effets belges ;
au 31 décembre 1909, à 149 millions contre 566 millions
d'effets belges. Le Trésor trouve dans cet emploi de fonds un
bénéfice appréciable, qui en 1908 s'est élevé à 730 000, et en
1909 à 1 010 000 francs.

On a souvent discuté le mérite de cette politique de la
Banque, qui fait une place plus large qu'aucun autre institut
d'émission aux effets étrangers, non seulement par rapport
au reste de ses escomptes, mais d'une façon absolue. Elle
en a certainement retiré de sérieux avantages ; comme elle

ne prend que des traites de premier ordre, surtout sur la
France, l'Angleterre, l'Allemagne, payables en or à Paris,
Londres et Berlin, elle possède de ce chef une réserve
métallique qui a sur les lingots la supériorité de rapporter
un intérêt. Comme ses correspondants sont engagés, vis-à-vis
d'elle, à réescompter à tout moment les effets qu'ils lui ont
endossés, ce portefeuille, en cas de nécessité, peut, dans un
délai extrêmement court, être converti en numéraire. Il l'a
été, en 1870, lorsque l'ouverture des hostilités entre la France
et l'Allemagne créa en Belgique une panique, et que les
demandes de remboursement en numéraire affluèrent à ses
guichets, et partiellement en 1906, quand la Banque voulut
en quelques jours augmenter son stock d'or.

Les agents de la Banque, chargés des opérations de la Trésorerie, sont nommés par le Roi sur la présentation du Conseil
d'administration. Ils reçoivent les versements des comptables
des régies financières. La Banque effectue le paiement des
mandats visés par l'agent du Trésor, dûment autorisé par le
ministre des finances. Celui-ci donne avis à la Banque des
ouvertures de crédit et indique les localités dans lesquelles
les paiements doivent s'effectuer. La Banque paie les coupons
et les titres amortis des emprunts de l'État. Dès le mois de
janvier, la Banque soumet à la Cour des comptes sa gestion
de l'année précédente, en séparant les opérations en espèces
de celles en titres et valeurs. Ses agents tiennent un journal de
recettes et un journal de dépenses, cotés et paraphés par la
Cour des comptes, des livres de détail, et un livre des fonds
à la disposition des agents du Trésor ordonnateurs ; tous les
mouvements sont opérés par la Banque, qui est responsable
de la garde des deniers, mais n'est pas juge de la correction
des dépenses. Le total des recettes et des paiements était de
538 millions en 1868 ; il s'est élevé à 5 635 millions en 1908.

La loi du 20 mai 1872, qui renouvelait le privilège jusqu'au
31 décembre 1902, doubla le capital, porté ainsi à 50 millions.
Voici quelles furent les principales modifications apportées à
l'état de choses antérieur : désormais, après distribution d'un

dividende de 6 pour 100 aux actionnaires, il était prélevé 15 pour 100 destinés à la réserve; le surplus se partageait à raison de trois quarts pour les actionnaires et un quart pour l'État. De plus, ce dernier percevait 1/4 pour 100 par semestre sur la circulation dépassant 275 millions, une redevance annuelle de 175 000 francs acquittée par la Banque à titre de contribution aux frais de la Trésorerie provinciale, et les produits de l'escompte supérieurs à 5 pour 100. La circulation des billets et les autres engagements de la Banque ne doivent pas excéder le triple de l'encaisse métallique : toutefois cette proportion pourrait être temporairement réduite par le ministre des finances : un simple acte administratif, en cas d'urgence, parerait ainsi à des difficultés qui ailleurs ne peuvent être résolues que par une loi. Les billets ont cours légal et peuvent servir à faire des offres réelles aussi longtemps qu'ils sont payables à vue en monnaie légale. Cette faculté cesserait si les billets n'étaient plus admis en paiement aux caisses de l'État, où leur acceptation est toujours révocable par le ministre des finances. La Banque paie un impôt de 50 centimes pour 1 000 francs de sa circulation moyenne, distinct de la taxe de 25 centimes dont nous venons de parler. Le produit de cette dernière n'a cessé d'augmenter : de 250 000 francs en 1873, il a passé à 2 403 180 francs en 1909.

Voici le résumé de ce qu'ont procuré à l'État le partage des bénéfices et les autres avantages stipulés en sa faveur par la loi de 1872. De 1873 à 1897, l'attribution au Trésor du quart des bénéfices excédant 6 pour 100 avait rapporté 28 1/2 millions, celle de 1/4 pour 100 par semestre sur l'excédent de la circulation au delà de 275 millions, 10 1/2 millions ; l'attribution du produit de l'escompte au delà de 5 pour 100, 2 millions ; le placement des fonds du Trésor en valeurs commerciales, 18 millions ; enfin, l'intervention de la Banque dans les frais de la Trésorerie, 4 millions : au total, en 25 ans, 63 millions de francs.

Le privilège de la Banque nationale venait à expiration, pour la seconde fois, le 1er janvier 1903. Plusieurs années

avant cette date, les Chambres s'en préoccupaient. De longues
discussions et des rapports copieux, présentés notamment par
M. Denis, aboutirent à un renouvellement, qui a maintenu les
bases essentielles de l'organisation de l'établissement. Sans
apporter de modifications à son fonctionnement propre ni à ses
rapports avec l'État, le contrat majore encore une fois, dans
une proportion notable, la part du Trésor. A la veille de la
dernière prorogation, le vénérable fondateur de la Banque,
Frère Orban, alors octogénaire, reprit la plume pour répondre
aux arguments qui avaient été produits, au Congrès progressiste
de 1894, en faveur d'une banque d'État. « Abstraction faite,
disait-il, des sentiments d'envie et de jalousie, et des préten-
tions individuelles qui pourront toujours se produire sous couleur de l'intérêt général, la question qui se posera aux hommes
exclusivement préoccupés du bien public sera de savoir si,
depuis un demi-siècle, la Banque a failli un seul jour à ses
devoirs, si le but qui l'avait fait instituer n'a pas été complètement atteint, si nous ne jouissons pas, pour le plus grand
bien de la nation, d'une circulation fiduciaire irréprochable,
et, en cette matière délicate entre toutes, quels sont les griefs
auxquels il faudrait faire droit ? » Sa voix a été entendue.

La loi du 26 mars 1900 a modifié le titre de la Banque, qui
s'appelle désormais Banque nationale de Belgique ; elle a en
même temps prorogé sa durée jusqu'au 1ᵉʳ janvier 1929. Elle
décide que l'État recevra le quart des bénéfices excédant
4 pour 100, ainsi que les intérêts dépassant le taux de 3 1/2
lorsque l'escompte est à un chiffre supérieur, et que la contribution annuelle aux frais de Trésorerie en province sera
portée de 175 000 à 230 000 francs. De plus, la Banque a
versé au Trésor public la valeur des billets des émissions
antérieures à 1869 qui n'avaient pas été présentés au remboursement. Dorénavant, chaque fois qu'un type de billet
sera remplacé ou supprimé, la Banque bonifiera au Trésor,
à l'expiration du délai fixé dans chaque cas par une convention spéciale, la valeur des billets de ce type qui n'auront
pas été présentés au remboursement. Ces billets seront

retranchés du montant de la circulation ; le remboursement de ceux qui seraient ultérieurement présentés aux guichets de la Banque s'effectuera pour le compte du Trésor.

La loi de 1900, en prorogeant le privilège de la Banque, a confirmé ses obligations comme caissier de l'Etat. Elle est donc, en qualité de comptable public, soumise à toutes les obligations, prescrites par la loi sur la comptabilité et par la loi organique de la Cour des comptes, qui ne sont pas incompatibles avec les principes régissant les sociétés anonymes. Elle établit une agence dans chaque chef-lieu d'arrondissement judiciaire et dans les localités où le Gouvernement le juge nécessaire dans l'intérêt du Trésor ou du public. Elle est responsable de sa gestion et de celle de ses agents, qui ne peuvent prétendre à une pension à la charge du Trésor. La Banque supporte tous les frais d'administration, de matériel, de transport et de virement des fonds.

Le Trésor a perçu les sommes suivantes en 1909 :

	Milliers de francs.
1/4 du bénéfice excédant 4 pour 100 sur le capital.	2 635
Abonnement au timbre des billets	385
Intervention de la Banque dans les frais de Trésorerie en province	230
Patente de la Banque.	227
1/4 pour 100 par semestre sur la circulation excédant 275 millions.	2 403
Produit de l'escompte excédant 3 1/2	181
Produit de son portefeuille	1 010
TOTAL.	7 071

Les actionnaires ont touché 8 millions et il a été mis à la réserve 1 million de francs.

Le tableau ci-après indique la conquête progressive par l'État, à chaque renouvellement, d'avantages nouveaux.

AVANTAGES ACCORDÉS A L'ÉTAT
PAR LA BANQUE NATIONALE DE BELGIQUE

1850.
(fondation).

1/6 des bénéfices au delà de 6 pour 100 de dividende.
1/2 pour 1000 de timbre sur la circulation.
Faculté de se faire escompter 10 millions de bons du Trésor.

1865.

1/6 des bénéfices au delà de 6 pour 100 de dividende.
1/2 pour 1000 de timbre sur la circulation.
Le produit de l'escompte au delà de 6 pour 100.
Faculté de se faire escompter 10 millions de bons du Trésor.

1870.

Gratuité du service de caissier de l'État.

1872.
(1er renouvellement du privilège).

1/4 des bénéfices au delà de 6 pour 100 de dividende.
1/2 pour 1000 de timbre sur la circulation.
Le produit de l'escompte au delà de 5 pour 100.
1/4 pour 100 par semestre sur la circulation qui dépasse 275 millions.
175 000 francs de redevance annuelle pour le service de la Trésorerie provinciale.
Emploi du solde disponible du compte du Trésor (au delà de 5 millions) à l'achat de valeurs commerciales.
Faculté de se faire escompter 10 millions de bons du Trésor.

1900.
(2º renouvellement du privilège).

1/4 des bénéfices au delà de 4 pour 100 de dividende.
1/2 pour 1000 de timbre sur la circulation.
Le produit de l'escompte au delà de 3 1/2 pour 100 (escompte et avances).
1/4 pour 100 par semestre sur la circulation qui dépasse 275 millions.
230 000 francs de redevance annuelle pour le service de la Trésorerie provinciale.
Emploi du solde disponible du compte du Trésor à l'achat de valeurs commerciales.
Faculté pour l'État de se faire escompter 20 millions de bons du Trésor
Versement au Trésor de la valeur des billets des émissions antérieures à 1869 et aussi des billets de 20 francs antérieurs à 1897. Obligation d'agir de même chaque fois qu'un type de billet sera remplacé ou supprimé.

N.-B. — Ce tableau ne fait pas entrer en ligne de compte l'impôt des patentes payé par la Banque.

BANQUE NATIONALE DE BELGIQUE

BILAN ARRÊTÉ AU 31 DÉCEMBRE 1909

ACTIF		Milliers de Francs.
Portefeuille : Valeurs en portefeuille ou à l'encaissement sur la Belgique.		566,524
Valeurs sur ｛ Effets en portefeuille ou à l'encaissement. .	136 331	149,129
l'étranger. ｛ Valeurs encaissées	12 798	
Caisse. ｛ Espèces et lingots.	158 912	⁕173,846
｛ Effets à l'encaissement en compte courant.	9 554	
｛ Coupons payés par anticipation	5 380	
Prêts sur fonds publics.		63,304
Fonds publics		49,913
Valeurs de la réserve.		36,699
｛ a) du compte d'amortissement des immeubles		
Fonds publics. ｛ de service matériel et mobilier	6 560	13,191
｛ b) des Institutions de Prévoyance	6 631	
Immeubles de service.		20,327
Matériel et mobilier		1,264
Approvisionnements pour la fabrication des billets et des labeurs . . .		196
Fonds publics : intérêts acquis à recevoir		943
Valeurs garanties ou à réaliser (art. 39 des statuts)		3 017
Total.		1 078,393

PASSIF		Milliers de Francs.
Capital : 50 000 actions à 1 000 francs		50,000
Billets de banque. ｛ Émission à ce jour	980 257	
｛ Billets dans les caisses	135 242	
Billets en circulation.		845,015
Comptes courants : divers pour soldes.		112,570
Déposants d'effets à l'encaissement en compte courant.		9,554
Intérêts et réescomptes sur premier semestre 1910		2,170
Compte d'amortissement des immeubles de service, matériel et mobilier.		6,713
Institutions de Prévoyance		7,155
Trésor public. ｛ Dépôts en numéraires	874	8,790
｛ Produit de l'escompte excédant à 1/2 pour 100.	151	
｛ Part de l'État dans les bénéfices du semestre (art. 43 des statuts)	1 319	
｛ Droit de timbre sur la circulation moyenne du semestre.	195	
｛ 1/4 pour 100 sur la circulation moyenne du semestre excédant 275 millions	1 221	
Fonds de réserve		37,276
Dividende à répartir pour le deuxième semestre 1909		4,150
Total.		1 078,393

COMPTES D'ORDRE (ACTIF ET PASSIF)		Milliers de Francs.
Trésor public. ｛ Portefeuille.	37 621	2 036,630
｛ Dépôts en fonds publics	1 999 009	
Dépôts volontaires.		966,231
Nantissements de prêts (reçus pour compte de la Banque et de la Caisse d'Épargne).		55,675
Cautionnements divers.		13,490
Caisse générale d'épargne et de retraite, sous la garantie de l'État, valeurs diverses.		234,654
Total.		3,306,681

Le bilan semestriel de la Banque, arrêté au 31 décembre 1909, se totalise par tout près de 4 milliards et demi de francs, sur lesquels 1 078 seulement représentent l'activité propre de l'établissement. Le solde, soit 3 307 millions, correspond à des comptes d'ordre qui enregistrent le mouvement des dépôts : titres confiés à la garde de la Banque, détenus par elle pour son compte et pour compte de tiers comme dépôt, cautionnement, ou nantissement. Le solde du compte du Trésor, au 31 décembre 1909, était de 27 millions ; le solde moyen au cours de l'année avait été de 17 millions, le chiffre moyen des dispositions de 11 millions. Les fonds publics déposés à la Banque pour compte du Trésor s'élevaient à 2 milliards. Les coupons des divers emprunts de l'État, des dettes congolaises, de la Caisse d'annuités, de la Société nationale des chemins de fer vicinaux, des titres des Sociétés de chemins de fer repris par l'État, du Crédit communal, payés en 1909 aux guichets de la Banque, tant à Bruxelles qu'en province, ont été au nombre de 3 134 432. En outre, 2 421 656 coupons ont été détachés des obligations déposées à la caisse de l'État. D'autre part, le solde créditeur de la Caisse d'épargne au 31 décembre 1909 dépassait 5 millions ; les valeurs qui constituent le portefeuille de cette Caisse et les prêts effectués pour son compte par la Banque dépassent 234 millions.

La Banque assure en effet le service de la Caisse générale d'épargne et de retraite instituée par la loi du 16 mars 1865. Cette Caisse reçoit les versements, paie les rentes et rembourse les dépôts dans toutes les agences de la Banque nationale. L'actif de la Caisse est divisé en trois catégories : fonds de roulement, part destinée à des placements provisoires, part destinée à des placements définitifs. Le fonds de roulement reste aux mains de la Banque nationale. La part de l'actif destinée à être placée provisoirement est employée par elle à l'escompte de lettres de change, à des avances sur effets de commerce, bons de monnaie ou d'affinage du pays ou de l'étranger, warrants, fonds publics belges ou des États étrangers, fonds des communes ou des provinces, actions ou obligations de sociétés belges. Ces placements et les réalisations, ordonnés par le conseil d'administration de la Caisse d'épargne, se font par les soins de la Banque nationale, qui en tient des comptes et des portefeuilles distincts et indépendants des siens. Les placements définitifs peuvent être faits en fonds publics belges ou autres valeurs garanties par l'État; obligations des provinces, villes ou communes belges; cédules ou prêts hypothécaires; obligations de sociétés belges, qui depuis 5 ans consécutifs au moins, ont fait face à tous leurs engagements au moyen de leurs ressources ordinaires. La Banque effectue gratuitement pour la Caisse les opérations d'escompte à Bruxelles. En province, ses comptoirs reçoivent une commission variant d'après le taux de l'escompte. Pour les avances sur titres, toujours effectuées sous la forme de nantissement, elle reçoit une commission égale à 5 pour 100 du montant des intérêts. La Banque fait donc fructifier les disponibilités de la Caisse d'épargne comme celles du Trésor.

Examinons, d'après son bilan, la nature de ses rapports avec les finances publiques. Elle a placé son capital de 50 millions en fonds belges, mais elle n'a point fait d'avances à l'Etat. Celui-ci touche en ce moment une somme équivalente à peu près à la moitié de ses bénéfices. La circulation étant aujourd'hui de 845 millions, l'ensemble des sommes versées au budget représente environ 1 pour 100 de ce total. En 1872, la part des actionnaires était de 4 fois et demie, en 1897, 2 fois et un tiers celle de l'État, en 1908 et 1909, à peu près égale. Il est difficile d'imaginer une situation plus favorable que celle du Gouvernement belge, qui semble avoir réalisé la combinaison la plus avantageuse à l'intérêt public, tout en accordant une rémunération suffisante au capital privé engagé dans l'entreprise. Et encore dans notre calcul ne faisons-nous pas entrer en ligne de compte l'économie considérable que la Banque procure au Trésor en lui servant de caissier : le mouvement général des entrées et des sorties s'est élevé en 1909 à 6 milliards et un quart, sextuple de ce qu'il était en 1872. Comme le disait le Gouverneur dans son rapport présenté au Conseil général le 29 mai 1897, lorsqu'on veut se rendre compte de l'importance de ce service, il faut pénétrer dans la grande salle des caisses, dont la moitié est exclusivement consacrée aux affaires du Trésor et ne comprend pas moins de douze guichets où l'affluence est énorme, notamment aux périodes d'échéances des coupons de la Dette publique, de la Caisse d'annuités, du Crédit communal, des Chemins de fer vicinaux, la veille et l'avant-veille des adjudications par le Gouvernement, au moment du paiement des pensions. A Bruxelles se trouve une caisse de l'État ayant sous ses ordres un groupe de fonctionnaires et d'employés, tous payés par la Banque; et ce personnel serait insuffisant, si à chaque instant on ne détachait des caisses de la Banque un certain nombre d'employés et des brigades d'encaisseurs. Ces frais sont impossibles à évaluer, de même que ceux qui sont causés par l'intervention des employés de l'escompte et du portefeuille pour l'entrée, la vérification, la garde, la sortie, le maniement du portefeuille étranger de l'État, qui en 1896 avait donné lieu à un mouvement d'un demi-milliard. Comment apprécier la somme de travail imposée aux inspecteurs, au caissier de l'État, à la comptabilité générale, au secrétariat? Chaque jour ce dernier transmet au département des finances de nombreux documents, une volumineuse correspondance, des bordereaux détaillés, reflétant toutes les opérations effectuées pour le compte du Trésor. Chaque jour, la comptabilité du caissier de l'État relève le montant des recettes et des dépenses effectuées dans toutes les agences, tant en numéraire qu'en fonds publics; la comptabilité générale fait de son côté un relevé-contrôle, et ce n'est que lorsque ces deux divisions ont confronté leur travail et que l'accord est établi que la comptabilité générale passe écriture des opérations. A ce service s'ajoute celui de la Caisse générale d'épargne et de retraite sous la garantie de l'État, dont le portefeuille atteint un quart de milliard de francs :

les versements et remboursements en province des livrets d'épargne et carnets de rente représentent plus de 300 000 opérations. Le mouvement du compte de la Caisse générale d'épargne a été de 1 566 millions. Le mouvement général du compte du Trésor à Bruxelles et dans les agences a été en 1909 de 6 250 millions ; celui de son portefeuille a dépassé 577 millions et celui de la Caisse d'épargne, 1 248 millions. La Banque fait aussi des prêts sur fonds publics pour le compte de la Caisse d'épargne. Celle-ci elle-même a des services onéreux à remplir : elle a plus d'un demi-milliard de dépôts, répartis entre 1 300 000 livrets ; elle sert 14 millions d'intérêt et ne réalise sur tout ce mouvement que quelques centaines de milliers de francs de bénéfices ; et encore ne les obtient-elle qu'à cause du concours gratuit que lui prête, dans une si large mesure, la Banque nationale.

La Banque donne son concours à l'organisation de nouveaux moyens de circulation ; elle s'efforce de diminuer l'usage des espèces en favorisant la création de chambres de compensation dans les principales villes du royaume et en étudiant, avec l'administration des Postes, la création d'un service spécial de virements en compte courant et de chèques, qu'elle a inauguré le 20 avril 1909. En même temps elle travaille au développement de la chambre de compensation bruxelloise, à laquelle les principales banques et sociétés de crédit sont affiliées et dans laquelle a été admise l'administration des postes, comme sous-participante de la Banque nationale. Désireuse de faire entrer dans les mœurs financières du pays l'usage du barrement des mandats, elle a pris l'engagement, vis-à-vis des banques, d'en respecter la signification sur les accréditifs : chaque fois qu'un accréditif est revêtu de cette indication, qui consiste dans le traçage de deux barres en travers du corps de l'effet, celui-ci ne peut être payé qu'à un banquier.

Le rôle monétaire de la Banque nationale de Belgique l'associe directement à l'action gouvernementale en cette matière. Les conventions internationales qui lient à cet égard la Belgique imposent à la Banque des soins particuliers: c'est ainsi qu'elle a contribué à assurer l'exécution des conventions en vertu desquelles l'Italie et la Grèce se sont retirées de l'Union latine en ce qui concerne leurs monnaies divisionnaires. D'autre part, le fait qu'elle est autorisée à compter dans son encaisse les valeurs sur l'étranger qu'elle a escomptées, lui permet d'accroître sa circulation fiduciaire, dont le chiffre augmente de ce chef, sans qu'une quantité correspondante de numéraire entre dans ses caisses. Aussi les espèces sont-elles plutôt rares en Belgique et les changes en général défavorables. Aujourd'hui par exemple (novembre 1910), les francs belges perdent presque 1/3 pour 100 par rapport aux francs français, c'est-à-dire qu'il suffit de 99 fr., 65 de monnaie française pour obtenir à Paris un chèque de 100 francs sur Bruxelles.

Il y a peu de pays où les rapports entre la Banque et le Trésor soient aussi intimes. Cependant le caractère d'institution privée de la première a été soigneusement maintenu, et c'est grâce à cela que l'Etat a pu retirer de ses rapports avec elle un maximum d'avantages. Il a eu soin de ne pas mettre à contribution le crédit de la Banque, puisqu'il ne lui demande pas d'avance permanente : toutefois il use assez régulièrement de la faculté qui lui est accordée de faire escompter des bons. S'il est intervenu, au cours d'une existence plus que demi-séculaire, dans la gestion de la Banque, ce n'a été que sous l'empire de circonstances exceptionnelles. Le 13 juillet 1870, lorsque éclata la guerre franco-allemande, il donna l'ordre de transporter à Anvers le numéraire qui reposait dans les caves de la Banque à Bruxelles. Il défendit ensuite à ses agents de se dessaisir des espèces qu'ils pouvaient avoir en main, et ordonna aux trésoriers payeurs militaires d'échanger, au contraire, contre du métal les billets qu'ils détenaient. C'était un moyen infaillible de discréditer ceux-ci : il le comprit et ne tarda pas à révoquer ces ordonnances. La Banque, par ses propres ressources, et en réalisant la majeure partie de son portefeuille étranger, put, au contraire, se procurer des espèces, augmenter ses escomptes, qui de 177 millions le 10 juillet montèrent à 223 le 31 juillet, et rembourser une moyenne de 2 millions de billets par jour. Une fois de plus, l'administration privée avait démontré sa supériorité sur la gestion des fonctionnaires.

On a parfois critiqué la faiblesse de l'encaisse métallique de la Banque nationale de Belgique. Au mois d'août 1910, un banquier de Bruxelles publiait une lettre dans laquelle il faisait ressortir la différence de couverture des billets belges et de ceux de plusieurs autres grands instituts d'émission. Alors qu'en Angleterre le métal représente 145 pour 100 de la circulation, en France 82 pour 100, en Autriche 79, en Italie, Espagne, Allemagne 69, en Suisse 66, en Roumanie et en Hollande 50 pour 100, en Belgique il ne s'élève qu'au cinquième environ des billets. Mais, dans ce calcul, l'auteur oublie tout d'abord le portefeuille étranger que, pour notre part, nous n'hésitons pas à assimiler à l'encaisse et qui porte la proportion de celle-ci à 38 pour 100. Comme les divers autres éléments de l'actif de la Banque sont de très bonne qualité, nous ne trouvons pas qu'il y ait de ce chef à critiquer sa conduite. On est trop habitué de nos jours à voir les billets de banque transformés en une sorte de certificat de dépôt d'espèces, et on s'étonne d'en voir créer qui ont, pour gage partiel, un portefeuille commercial. L'escompte de bonnes lettres de change est cependant l'un des objets essentiels de l'activité d'une banque d'émission, et il ne faut pas s'effrayer de la voir suivre cette voie. Il est vrai qu'une crise éclatant en Belgique, et rendant difficile le recouvrement à échéance d'une partie du portefeuille indigène, pourrait jeter quelque inquiétude parmi les porteurs de billets : mais les 100 millions de fonds publics que l'établissement possède constituent à eux seuls une couverture qui, jointe au numéraire en caisse et à celui qui serait expédié de l'étranger, équilibrerait les risques du portefeuille belge.

8

Le même banquier qui blâme ce qu'il appelle un excès de circulation trouve que les taux d'escompte sont trop élevés à Bruxelles et se plaint en même temps de la perte au change que subissent ses compatriotes. Ces deux critiques sont contradictoires. Si la Banque nationale contractait sa circulation, elle ne pourrait le faire qu'en élevant encore le taux de son escompte qui, en effet, est depuis assez longtemps supérieur à celui de la Banque de France [1]. Et, d'autre part, ce n'est qu'en maintenant ce taux à un niveau plus élevé qu'elle attirerait des capitaux du dehors et améliorerait, au moins temporairement, le cours du change. Le bilan de la Banque nationale de Belgique reflète la situation d'un pays industriel, actif, entreprenant, qui a besoin de capitaux, qui les utilise et qui trouve dans l'institut d'émission l'aide qu'il est en droit d'attendre de lui.

Les billets de la Banque nationale circulent au Congo, mais une banque dite du Congo belge a été fondée à Bruxelles. Elle est organisée d'une façon analogue à la Banque de l'Afrique occidentale française : elle a des agences à Matadi, à Kinchassu, à Elisabethville. Elle va en créer à Boume et à Stanleyville. Il est probable qu'elle obtiendra prochainement un privilège d'émission.

1. Voir le tableau de l'avant-propos, p. xx-xxi).

HOLLANDE

BANQUE NÉERLANDAISE

La Banque des Pays-Bas ou Banque néerlandaise a été fondée en 1814 par Guillaume d'Orange, prince souverain des Pays-Bas (roi depuis mars 1815), d'après les principes d'un projet présenté par I.-J.-A. Gogel, ancien agent des finances au Corps législatif de la République batave en 1802. Le privilège, donné pour vingt-cinq ans, expirait par conséquent en 1839; il a été renouvelé par arrêté royal du 21 août 1838 pour une nouvelle période de même durée, et, le 22 décembre 1863, par les États généraux, jusqu'au 31 mars 1889. Cette loi déclare, dans son article 1er, « qu'aucune banque de circulation ne peut être instituée et aucune banque de circulation étrangère ne peut faire circuler ses billets dans le royaume, si ce n'est en vertu d'une loi spéciale, et d'après les clauses et conditions à établir par ladite loi. Est considérée comme banque de circulation toute institution ayant pour objet l'émission des billets de banque et leur mise en circulation. » La loi de 1863 élevait en même temps le capital de 15 à 16 millions de florins : les 1 000 actions nouvelles étaient souscrites par l'État, qui versait le capital et la quote-part du fonds de réserve déjà acquis, soit 115 pour 100 au total. Le 1er juin 1864, l'État mit en vente, au prix de 190 pour 100, ces 1 000 actions et réalisa de ce chef un bénéfice de 750 000 florins. Le privilège a été étendu en dernier lieu, par la loi du 31 décembre 1903, jusqu'au 31 mars 1919. À partir de cette date, il se prorogera par tacite reconduction, le Gouvernement et la Banque conservant chacun le droit de le dénoncer : cette dénonciation aurait pour effet de mettre un terme à l'autorisation de fonctionner comme banque de circulation après une période de 2 ans, dont le point de départ serait le 1ᵉʳ avril succédant au jour de la notification. La durée de la société a été fixée à soixante ans à dater du 31 mars 1904, soit jusqu'au 31 mars 1964, sauf dissolution en cas de dénonciation du privilège.

Le capital est de 20 millions de florins, soit environ 42 millions de francs (le florin vaut 2 francs 09) entièrement versés. L'encaisse doit toujours être égale au moins aux deux cinquièmes du montant des billets, des assignations et des soldes en compte courant. La Banque ne peut consacrer à l'achat d'effets payables à l'étranger que l'encaisse disponible, c'est-à-dire ce qui excède les 40 pour 100 ci-dessus fixés, et, si cette limite vient à être dépassée, le portefeuille doit être réduit dans la quinzaine de façon à être ramené au chiffre légal. Le siège principal de la Banque demeure fixé à Amsterdam ; elle a une succursale à Rotterdam et au moins une agence par province : l'organisation et la sphère d'opérations de la succursale et des agences sont soumises à l'approbation royale. Elle émet des billets, dont la plus petite coupure est de 10 florins, qui sont exempts de droit de timbre, peuvent être admis en paiement aux caisses publiques et sont remboursables à la Banque, à la succursale et aux agences : dans ces dernières, l'échange contre espèces peut être ajourné jusqu'à ce qu'elles aient eu le temps de recevoir les fonds du siège central.

Au cas où l'État accéderait à une Union monétaire fondée sur le système du double étalon et où, dans les pays qui en feraient partie, l'obligation serait imposée aux principales banques de circulation d'acheter, au tarif de la Monnaie, tout le métal blanc qui leur serait offert, et qu'elles auraient naturellement le droit de faire frapper, l'État se réserve le droit d'imposer la même obligation à la Banque néerlandaise. Cette stipulation semble sans portée, aujourd'hui que le monométallisme or est à peu près universel ou à la veille de le devenir. La Banque est autorisée à placer son fonds de réserve, lequel peut atteindre le quart de son capital, et le cinquième de son capital social, en titres de la Dette nationale néerlandaise, ainsi qu'en d'autres obligations négociables à la bourse d'Amsterdam ou sur des places importantes en Europe.

L'article 10 de la loi du 22 décembre 1863 prescrivait qu'une loi spéciale déterminerait les conditions auxquelles la Banque serait chargée du service général du Trésor dans tout le royaume. Les négociations ouvertes en 1870 entre la Banque et le Gouvernement aboutirent à une convention, en vertu de laquelle la Banque verse une somme annuelle de 100 000 florins, représentant à forfait les traitements et frais de bureau des agents du Trésor, dont la charge serait supprimée si le Gouvernement confiait leurs fonctions à la Banque : cette convention fut sanctionnée par la loi du 24 juillet 1871. C'est une disposition semblable, dans une certaine mesure, à celle que nous avons rencontrée en Belgique : l'État déclare que son service de Trésorerie doit en principe être effectué par l'institut d'émission ; il ne le lui remet pas effectivement, continue à l'assurer au moyen de ses fonctionnaires, mais se fait verser une contribution annuelle égale au coût de ce service, estimé à forfait.

Le Gouvernement avait émis autrefois un papier-monnaie qui était remboursable à vue en espèces à Amsterdam par la Banque néerlandaise, en sa qualité d'agent du Trésor. La loi du 26 avril 1852 en avait fixé le montant à 10 millions de florins. La loi du 22 décembre 1863 avait imposé à la Banque l'obligation de prêter gratuitement son concours à la fabrication, à l'émission et au retrait de ce papier-monnaie, à condition toutefois que le montant total ne dépasserait pas 15 millions. Ce papier-monnaie était garanti par une inscription sur le Grand Livre de la Dette de 18 788 000 florins en rente 2 1/2 pour 100, et de 1 010 300 en 3 pour 100, dont les titres sont sous la garde de la Banque. Cette circulation, qui était composée de billets de 10 et 50 florins, a été constamment en diminuant, surtout depuis la création de la pièce d'or de 10 florins. Elle a été retirée par les soins de la Banque néerlandaise, qui a donné sans frais son concours à ce effet.

La Banque se charge gratuitement de la garde du Trésor de l'État à Amsterdam, des fonctions de caissier de l'État en cette ville ainsi qu'à Rotterdam et dans toutes les agences. A ces divers titres, elle est responsable envers le ministre des finances et justiciable de la Cour des comptes. Si le ministre le demande, elle fera aussi gratuitement le service de caissier de la Caisse d'épargne postale de l'État et celui d'autres institutions créées, soit par la loi, soit par décret royal : elle garde les valeurs de toutes lesdites caisses et institutions, prises en gage ou leur appartenant. Par dérogation à l'article des statuts qui lui interdit d'accorder à qui que ce soit crédit ou avance à découvert, elle est tenue, chaque fois que le ministre des finances jugera nécessaire de renforcer temporairement la situation du Trésor, de faire à l'État des avances en compte courant sur bons, dont l'émission et la mise en gage auront été autorisées par la loi. Ces avances seront faites sans intérêt et ne pourront excéder 15 millions de florins. Elles cesseraient d'être obligatoires : 1° au cas où, après le 1er octobre 1904, l'État émettrait du papier-monnaie ; 2° dès et aussi longtemps que l'encaisse métallique disponible de la Banque descendrait au-dessous de 10 millions de florins; 3° pour telle partie de la somme demandée qui ferait descendre l'encaisse disponible au-dessous de ce montant de 10 millions. La valeur maximum à attribuer aux lingots d'or et d'argent dans l'encaisse a été fixée par décret royal du 10 juin 1880 à 1 647 florins et demi par kilogramme d'or et à 80 florins par kilogramme d'argent. C'était un rapport d'environ 1 à 20, 60.

La direction de la Banque se compose d'un président, de cinq régents et d'un secrétaire. Le contrôle de la direction est exercé par des commissaires. Le président et le secrétaire sont nommés par le Roi (ou la Reine) pour une période de sept ans, qui peut être indéfiniment renouvelée. Le Gouvernement fait surveiller les opérations de la Banque par un commissaire royal, nommé et révoqué par le souverain. Il a le droit d'assister à toutes les assemblées des actionnaires et des commissaires ; il y a voix consultative. La direction de la banque est tenue de lui fournir tous les renseignements dont il jugera avoir besoin pour l'exercice de son contrôle. Un décret royal arrête les instructions à lui donner. Son traitement est payé par l'État.

Lorsque les bénéfices de la Banque dépassent 3 1/2 pour 100 de son capital social, il est prélevé du surplus 10 pour 100, qui sont portés au fonds de réserve jusqu'à ce que celui-ci atteigne le quart du capital ; 3 pour 100 de l'excédent sont attribués à la direction et aux commissaires. Le reste est versé un tiers aux actionnaires, deux tiers à l'État. Cette participation de l'État aux bénéfices cesserait s'il accordait à un autre établissement le droit d'émettre des billets, ou si, après le 1ᵉʳ octobre 1904, il émettait du papier-monnaie. En cas de non-renouvellement du privilège en 1919, l'excédent du fonds de réserve, au delà de ce qu'il était à la fin de l'année 1888-1889, serait partagé par moitié entre l'État et la Banque.

En même temps que l'État renouvelait le privilège de la Banque néerlandaise, il décidait, par une loi du même jour, le 31 décembre 1903, le retrait du papier-monnaie émis par lui en vertu des lois de 1852 et 1884. Tous ces billets ont dû être présentés au remboursement avant le 1ᵉʳ avril 1909, aux caisses des maîtres-payeurs ou de la Banque. Après le 1ᵉʳ octobre 1905, ils ont cessé d'être reçus en paiement aux caisses publiques, et depuis le 1ᵉʳ avril 1909 ils sont périmés. Désormais la Hollande est au régime du monopole de l'émission concédé à une banque particulière.

La Banque néerlandaise nous donne, comme sa voisine la Banque nationale de Belgique, l'exemple d'un institut

BILAN DE LA BANQUE DE JAVA
AU 31 MARS 1909

ACTIF	Milliers de florins.
Avances contre { marchandises	3 511
Avances contre { titres	9 111
Avances contre { or et argent	23
Avance au Gouvernement	»
Escompte	3 735
Placements (titres, hypothèques)	5 657
Emploi du fonds de réserve (titres et hypothèques)	1 936
Effets payables dans les Indes néerlandaises	11 881
Reports en Hollande	12 103
Espèces en caisse. { Or	3 155
Espèces en caisse. { Argent	28 360
Espèces en caisse. { Monnaie divisionnaire	228
Lingots. { Or	8 621
Lingots. { Argent	371
Placement du fonds de pensions	305
Immeubles de la Banque	387
Mobilier	28
Divers	2 916
TOTAL	92 364

PASSIF	
Capital	6 000
Fonds de réserve	2 032
Fonds des pensions	306
Billets en circulation	70 398
Assignations de la Banque	559
Compte courant du Gouvernement	1 768
Comptes courants particuliers	9 709
Dividendes à payer	25
Cautionnements des employés	175
Divers	86
Bénéfice net à répartir comme suit :	
Actionnaires 684	
Caisse coloniale . . . 420	
Tantièmes 144	1 316
Fonds des pensions . . 30	
Impôt sur le revenu . . 38	
TOTAL	92 364

d'émission qui accorde, à chaque renouvellement, des avantages plus considérables au Trésor. Avant 1903, les actionnaires touchaient un premier dividende de 5 pour 100 ; au delà, les bénéfices se partageaient par moitié entre l'État et les actionnaires, jusqu'à ce que ceux-ci eussent touché 7 pour 100. Ce n'est que sur l'excédent que l'État touchait les deux tiers des bénéfices. On a vu plus haut que désormais il reçoit ces deux tiers, dès que les actionnaires ont obtenu 3 1/2 pour 100. Antérieurement, la Banque n'était tenue d'avancer à l'État que 5 millions de florins au taux courant de l'escompte ; aujourd'hui elle peut être tenue de lui en fournir 15 sans intérêts. Sur d'autres points, elle a encore consenti de nouveaux avantages au Trésor. Aussi ses actions qui, en 1879 donnaient 25 pour 100 de dividende et valaient 415, n'étaient-elles plus cotées en 1903 que 182 avec un dividende de 9 pour 100. Pour l'exercice 1909-1910 (1er avril au 31 mars) le dividende a été de 8,30 pour 100, au lieu de 8,80 pour 100, l'année précédente. Le cours des actions, en août 1910, est de 200 pour 100. Les propriétaires du fonds social ont subi du chef de cette baisse de cours et de diminution de revenus, un dommage considérable.

Nous reproduisons ci-contre le bilan de la Banque néerlandaise au 31 mars 1910 qui s'élève, au passif et à l'actif, à 317 millions de florins, soit environ 662 millions de francs.

Aux colonies, nous trouvons deux banques d'émission, celles de Java et de Surinam.

La banque de Java, fondée le 24 janvier 1828, a le droit d'émettre des billets, dont la plus petite coupure est de 5 et la plus forte de 1 000 florins. Sa circulation et ses dépôts doivent être couverts jusqu'à concurrence des deux cinquièmes par une encaisse métallique. Le président est nommé par le Gouverneur général, tandis que deux directeurs et cinq commissaires sont élus par les actionnaires. Le contrôle du Gouvernement s'exerce par un commissaire.

BILAN DE LA BANQUE NÉERLANDAISE
AU 31 MARS 1910

ACTIF		Milliers de florins.
Effets sur la Hollande		61 692
Effets sur l'étranger		11 011
Prêts		65 263
Avances en comptes courants		25 951
Espèces en caisse		63 217
Lingots		70 458
Titres représentant :		
Une partie du capital.	3 992	9 227
La réserve.	5 235	
Immeuble et mobilier.		1 380
Intérêts acquis sur titres, prêts et avances		352
Correspondants à l'étranger		3 943
Compte provision		5
TOTAL.		317 499

PASSIF		
Capital.		20 000
Fonds de réserve.		5 239
Billets en circulation.		280 553
Assignations de banque		2 518
Comptes courants		7 184
Réescompte		292
Dividende 3 1/2 pour 100 aux actionnaires		700
Dividendes non réclamés.		10
Bénéfice revenant aux actionnaires après prélèvement des deux tiers au profit de l'État.		973
TOTAL.		317 499

Le bilan, arrêté au 31 mars 1909, de la Banque de Java nous montre qu'à cette date le Gouvernement n'avait pas réclamé l'avance que la Banque est tenue de lui faire : la circulation étant de 70 millions de florins, l'encaisse de 40 millions consistait pour la majeure partie en monnaies d'argent dont le chiffre dépassait 28 millions. Mais la réserve de lingots se composait presque exclusivement de 8 621 000 florins en or.

Voici enfin le bilan, au 31 décembre 1909, de la Banque
de Surinam, à Paramaribo, établi en milliers de florins :

BILAN DE LA BANQUE DE SURINAM
AU 31 DÉCEMBRE 1909

ACTIF	Milliers de florins.
Titres à Amsterdam et Paramaribo	577
Immeubles et mobilier à Amsterdam et Paramaribo. . .	40
Divers débiteurs	95
Reports	20
Hypothèques.	287
Avances	21
Encaisse à Paramaribo et Amsterdam.	1 141
Effets en portefeuille	1 181
Divers	278
TOTAL.	3 640
PASSIF	
Capital.	700
Réserve	175
Réserve pour escompte.	125
Créditeurs divers.	106
Billets en circulation	1 580
Comptes courants à Paramaribo.	626
Comptes de traites	166
Divers	64
Fonds de pensions	6
Réserve pour détenteurs d'actions.	37
Bénéfices.	55
TOTAL.	3 640

L'établissement est de peu d'importance, avec un capital
de 700 000 florins et une circulation d'un peu plus du double,
soit 1 580 000 florins, couverte par une encaisse de 1 141 000
florins, c'est-à-dire des deux tiers environ. L'intervention
de l'État ne se fait pas sentir.

LUXEMBOURG

Le droit d'émission appartient à la Banque internationale, dont la concession remonte au 8 mars 1856. L'arrêté royal grand-ducal d'alors a été modifié par une série d'autres arrêtés de 1858, 1860, 1864, 1868, 1871, 1892, 1900 et 1905, qui ont donné aux statuts leur rédaction actuelle. La Banque est autorisée à émettre des banknotes (c'est l'expression dont le législateur s'est servi) au porteur, en coupures de 25 à 1 000 francs, de 5 à 500 florins des Pays-Bas, de 10 à 500 thalers (ancienne monnaie de Prusse). Pour le cas où par la suite une convention avec les États de la Confédération germanique ou une partie de ces États adopterait une monnaie commune, la Banque était également autorisée à émettre des banknotes en coupures équivalentes de cette nouvelle monnaie : elle s'est prévalue de cette disposition pour créer des billets libellés en reichsmark, unité monétaire de l'empire allemand depuis la guerre de 1870. Tant que la première série d'actions de 40 millions de francs aura seule été émise, le chiffre total des banknotes mises en circulation ne pourra, sans l'autorisation du Gouvernement grand-ducal luxembourgeois, dépasser le double du capital social réalisé. Lors de l'émission des séries ultérieures d'actions, celle des banknotes continuera en progression simple. Les banknotes doivent en tout temps être échangeables contre du numéraire. La Banque compte et fait ses paiements en francs, sauf pour les billets libellés en autre monnaie, qu'elle ne se serait pas réservé la faculté de rembourser en francs à un change fixe. Les billets sont signés par un commissaire du Gouvernement : leur total ne peut jamais dépasser celui du portefeuille et de l'encaisse, et celle-ci doit toujours être égale au tiers au moins de la circulation.

La Banque est tenue de faire gratuitement, pour le compte du Gouvernement grand-ducal et des institutions de prévoyance du Grand-Duché, les affaires qui ressortissent au service des banques, de leur ouvrir un compte courant, comme aussi de leur prêter, sans garantie, des fonds jusqu'à concurrence de 500 000 francs, au taux de 4 pour 100 l'an. Cette disposition a été modifiée par la convention intervenue le 22 juin 1888 entre la Banque et l'Etat, aux fins de régler leurs rapports financiers, qui prévoit le cas où l'Etat voudrait emprunter plus d'un demi-million : un arrangement spécial déterminerait alors les conditions de l'avance supplémentaire. L'émission des billets, qui se tient aux environs de 2 millions de francs, ne joue qu'un rôle modeste dans l'activité de la Banque. Son monopole n'est d'ailleurs qu'un monopole de fait. En 1873, sous l'influence d'un parti qui cherchait à se procurer des fonds pour soutenir un groupe d'entreprises industrielles, une loi, votée le 16 mai, créait un autre institut d'émission, dénommé Banque nationale, qui mit en circulation plusieurs millions de billets. Mal géré, l'établissement ne tarda pas à péricliter, et le Gouvernement, pour calmer la panique qui menaçait de prendre des proportions inquiétantes, décida de rembourser ses billets. Bien que le Trésor lui-même n'ait jamais émis de papier, il a donc cru devoir, dans l'intérêt de la sécurité publique, s'imposer un sacrifice énorme : il a jugé que, si la confiance des porteurs dans le billet de banque était ébranlée, des maux de tout ordre en résulteraient. C'est là une démonstration éclatante du soin qu'il faut apporter à la solution du problème de la circulation fiduciaire et des dangers qu'entraînent des mesures imprudentes et des concessions légèrement accordées.

L'histoire de ce qui s'est passé dans ce petit pays de Luxembourg est instructive et montre avec quelle prudence l'Etat doit mesurer son intervention sur ce domaine, sous peine de faire courir au public et de courir lui-même les plus

grands risques. Plus d'un esprit éclairé avait prévu le péril.
M. Brasseur, député d'Esch, dans le discours qu'il prononça
devant la Chambre en décembre 1872, avait montré l'inutilité
de la création d'une seconde banque d'émission et le danger
de l'estampille officielle que l'Etat lui donnait en autorisant
ses caisses à admettre les billets créés par elle. Les aver-
tissements n'avaient pas plus manqué au dehors qu'au dedans.
Le 12 décembre 1871, une note émanée de M. Delbruck,
ministre à Berlin, prévenait le Gouvernement grand-ducal
que les billets de la banque projetée n'auraient pas cours en
Allemagne ; une loi allemande, du 7 janvier 1872, qui interdit la circulation de tous billets étrangers à l'exception de
ceux de la Banque de France, visait spécialement le Luxembourg. La Banque internationale protesta de son côté : elle
rappela que, lors de sa fondation en 1856, l'idée de lui susciter une concurrence avait été certainement exclue ; elle
ajouta qu'il semblait d'autant moins opportun de créer un
second établissement d'émission qu'elle ne pouvait utiliser
tout son capital à l'intérieur du pays et était obligée de
chercher à l'étranger des emplois : la preuve en était que la
majeure partie de ses billets circulait hors des frontières. Une
fois que la Banque nationale, en dépit de ces protestations,
eut été organisée, la Banque internationale, à qui ses correspondants étrangers envoyaient en grande quantité des billets
de l'établissement concurrent, dut se décider à les refuser,
pour n'être pas à son tour amenée à les présenter au remboursement et s'exposer au reproche de vouloir ébranler le
crédit de sa rivale. Dans un mémoire soumis par elle au Gouvernement, en septembre 1873, elle expliquait les motifs qui
l'avaient amenée à cette détermination : si les billets de
l'autre banque, disait-elle, sont reçus sans limitation dans les
Caisses publiques, ils y afflueront, et à un moment donné, il
faudra en décréter le cours forcé. Des offres venues de tous
côtés, et notamment de villes allemandes et autrichiennes,
tendaient à remettre à la Banque internationale des billets
de la Banque nationale pour les échanger contre les siens,

moyennant même une forte commission. Le Gouvernement,
en raison de l'attitude prise par la Banque internationale
vis-à-vis de la Banque nationale, décida, le 4 octobre 1873,
de ne plus recevoir dans ses caisses les billets de la première, qui y étaient admis depuis qu'une dépêche de la Direction générale des finances, en date du 29 décembre 1859,
avait, sous la responsabilité personnelle du Receveur général,
autorisé les comptables publics à les accepter en paiement
des impôts. Quand en 1870 tous les billets étrangers subi-
rent une forte dépréciation, la recette générale avait été
autorisée à accepter ceux de la Banque internationale sans
limitation de quantité, pour tous objets. Revenant sur ses
décisions, à trois ans d'intervalle, le Gouvernement écartait
les billets d'un établissement solvable et faisait crédit à la
signature de celui qui était destiné à sombrer.

Lorsque, en 1883, la méfiance commença à se répandre
dans le Grand-Duché au sujet de la situation de la Banque
nationale, l'effet fut si rapide que ses billets affluèrent aussitôt aux caisses de l'Etat : toutes les contributions échues et à
échoir dans l'année furent acquittées en moins d'une semaine ;
les porteurs du papier discrédité étaient tellement inquiets
qu'ils offraient aux percepteurs de verser des à-comptes sur
leurs impôts des années à venir. En même temps tous les
fonctionnaires, créanciers et fournisseurs de l'Etat refusaient
énergiquement d'accepter ces mêmes billets en paiement. Le
Gouvernement dut avoir recours à l'aide de la Banque internationale, dont les protestations du début se trouvèrent
ainsi tardivement justifiées. Les caisses publiques étaient
remplies de billets de la Banque nationale, qui avaient reçu
cours légal. Quant à ceux dont les porteurs non renseignés, pour la plupart gens de condition modeste, n'avaient
pas eu le temps ou l'occasion de se défaire, il fallut bien que
le Trésor se décidât à les rembourser : à cet effet, il dut contracter un emprunt. La perte subie par lui fut à peu près
des deux tiers, la faillite de la Banque nationale n'ayant
donné que 36 pour 100 environ aux créanciers, parmi lesquels

l'État figurait comme porteur de billets. L'un des enseignements à tirer de cette aventure, qui coûta cher au Luxembourg, c'est que l'État ne doit pas à la légère conférer aux
billets d'une banque particulière le cours légal ; et que, s'il
le fait, il doit édicter des règles sévères pour l'émission
et en contrôler avec vigilance la stricte application.

Le bilan de la Banque internationale au 31 décembre 1909
n'indique qu'une circulation de 2 1/4 millions de francs sur
un bilan total de 88 millions, avec un capital de 25 et des
dépôts de 38 millions. L'émission des billets joue donc un
rôle très effacé dans l'activité de cet établissement, sur
lequel dès lors nous ne donnons pas d'autres détails. Mais
il nous a paru bon, pour les motifs exposés ci-dessus, de
rappeler l'épisode de la création et de la chute de la Banque
nationale.

La situation monétaire du Grand-Duché de Luxembourg
est singulière : il n'a pas de monnaie libératoire indigène ;
les seules espèces frappées dans le pays sont du billon ;
toutes les opérations s'y font dans une monnaie de compte
qui s'appelle le franc et qui est l'égal de 80 pfennigs allemands, mais non pas du franc français, qui vaut plus de 81
de ces pfennigs. La Banque internationale, dont les comptes
sont tenus et dont le bilan s'établit en francs, n'émet cependant que des billets libellés en reichsmark allemands. Le
principal réseau des chemins de fer du Grand-Duché,
exploité avant la guerre de 1870 par la Compagnie de l'Est
français, l'étant aujourd'hui par la Direction générale des
voies ferrées d'Alsace-Lorraine et celle-ci refusant de
recevoir à ses guichets d'autres billets que ceux qui sont
exprimés en monnaie allemande, il a fallu se soumettre à
cette exigence pour la commodité des habitants.

CHAPITRE IV

L'Autriche-Hongrie a eu, pendant presque tout le xix° siè·
cle, une double circulation de billets d'Etat et de billets émis
par un établissement privé, doté d'un monopole, la Banque
privilégiée d'Autriche, devenue en 1876 la Banque austro-
hongroise. Les billets émis directement par le Gouvernement, qui n'ont cessé de circuler que tout récemment, furent
les premiers en date. Ils se multiplièrent sous diverses
formes à la fin du xviii° siècle et surtout au commencement
du xix°, lors des guerres contre la France. La dépréciation
inévitable qui accompagna ces émissions fut telle qu'aussitôt
après 1815 le Gouvernement, à peine sorti des embarras des
guerres napoléoniennes, dut renoncer à continuer le système
et institua une banque chargée de créer les billets et d'alimenter la circulation fiduciaire de l'Empire. Mais, au bout
de peu de temps, il lança de nouveau ses propres billets dans
le public, concurremment avec ceux de la banque, et ce
n'est que tout récemment, qu'au prix d'efforts persévérants,
il a réussi à en opérer le retrait et à permettre ainsi l'accomplissement de la réforme monétaire. Un rapide coup
d'œil jeté sur l'histoire de la circulation d'Etat en Autriche
depuis le milieu du xviii° siècle va nous montrer les difficultés au milieu desquelles se débat un pays lorsqu'il s'abandonne au triste expédient du papier-monnaie.

Ce fut en 1761 que le comte Sinzendorff eut l'idée de
créer des billets à intérêt ; l'émission de petites coupures
de 25 et de 100 florins les mit à la portée de toutes les

9

bourses ; un tableau était inscrit au dos de chacun d'eux, indiquant la valeur quotidienne du billet, qui rapportait intérêt au taux de 6 pour 100 l'an. Ce papier, qui avait cours légal et pouvait servir à payer les impôts, fut accueilli avec assez de faveur pour que, au bout de quelque temps, le Gouvernement émît des billets sans intérêt, en coupures de 5, 10, 25, 50 et 100 florins : il les multiplia de plus en plus jusqu'à la fin du xviii⁰ siècle, et créa à cette époque des coupures de 1 et 2 florins. En 1806, ce papier perdait la moitié de sa valeur par rapport aux espèces métalliques; les habitants des provinces enlevées à l'Empire à la suite des victoires françaises demandaient le remboursement des billets dont ils étaient porteurs, le commerce étranger les refusait, les embarras du Trésor devenaient chaque jour plus pressants ; le Gouvernement fit monnayer la vaisselle d'argent, les ornements d'église, les vases sacrés et paya les propriétaires en obligations d'un emprunt-loterie émis en 1810, ou en billets d'État, pour une somme triple du prix consenti. Cette dépréciation des billets s'explique aisément si l'on considère la rapidité avec laquelle on avait grossi la circulation, dont le tableau suivant indique les progrès au cours des quinze années 1797-1811 :

Années.	Millions de florins.	Années.	Millions de florins.
1797.	74	1805	377
1798.	91	1806	449
1799.	141	1807	487
1800.	200	1808	524
1801.	262	1809	650
1802.	337	1810	995
1803.	339	1811	1064
1804.	337		

A cette dernière date, le florin-papier ne valait plus que le douzième du florin-argent, et rien n'indiquait que la chute ne dût pas être encore plus profonde. Le 20 février 1811, le Gouvernement crut devoir l'arrêter par une mesure radicale et décréta que les billets en circulation seraient échangés à raison de cinq florins contre un d'un nouveau papier dit *Einloesungsscheine* (bons de remboursement), gagé par les biens ecclésiastiques et appelé, d'après les déclarations officielles, à être remboursé en métal au moyen du produit de la vente de ces propriétés : cela rappelait singulièrement les assignats français. Cette nouvelle monnaie servirait d'étalon sous le nom de *Wiener Wæhrung* (usance viennoise); le montant en fut d'abord fixé à 212 millions de florins; mais la reprise des hostilités en 1812 obligea bien vite le Gouvernement à recourir à de nouvelles émissions, qui se succédèrent au point qu'en 1816 la circulation atteignait 639 millions. C'est alors que fut fondée la Banque nationale, dont la première mission fut de retirer le papier d'Etat. En 1820, elle avait déjà fait rentrer 132 millions d'*Einloesungsscheine* et de bons du Trésor : la circulation était ramenée à 546 millions. Le 3 mars 1820, un contrat, intervenu entre la Banque et le Gouvernement, fixa à 250 pour 100 le cours du retrait du papier-monnaie, qui en 1847 avait été à peu près entièrement remboursé. La Banque avait reçu des obligations du Trésor amortissables, ne rapportant pas intérêt, et dont le remboursement en capital ne fut achevé qu'en 1865.

Mais à peine l'opération de retrait était-elle virtuellement terminée que les événements de 1848 vinrent encore une fois bouleverser la monarchie. Un décret du 2 juin donna cours forcé aux billets de la Banque, et le Gouvernement procéda à de nouvelles émissions de papier-monnaie : le 24 avril, il créa 98 millions de bons gagés par les salines de Gmunden, rapportant intérêt à 5, 5 1/2 et 6 suivant les échéances, fixées à 4, 8 et 12 mois. Une troisième émission de bons de caisse (*Kassenanweisungen*) à 5 pour 100 eut lieu quelques semaines plus tard; au début de 1849, une quatrième porta sur 25 millions de bons 3 pour 100, et une cinquième ne tarda pas à suivre.

Les promesses de remboursement ne furent pas exécutées : le cours forcé était établi, le numéraire disparaissait, au point que des particuliers créaient des billets pour leurs besoins et les règlements de compte de leur personnel. Le 20 juin et le 5 août 1849, le Trésor émit pour 5 millions de florins de coupures de 6 et de 10 Kreutzer (centième partie du florin). Tous ces événements avaient également déprécié les billets de la Banque, qui perdaient moitié de leur valeur : le 28 juin, le Gouvernement, dans l'espoir d'enrayer la baisse, publia une déclaration par laquelle il promettait de ne plus faire d'emprunt à cet établissement. Il signa avec lui un traité par lequel il s'engageait à lui rembourser sa dette au moyen de 24 millions à prélever sur l'indemnité à payer par le Piémont, et de 60 millions à provenir d'un emprunt émis en septembre. La création de papier d'État n'en continua que de plus belle : 120 millions de bons du Trésor furent émis dans le royaume lombard-vénitien en lire italiennes. En 1850, des *Reichsschatzscheine* (Bons du Trésor impériaux), portant intérêt à 3 pour 100, furent encore jetés dans la circulation. Ces émissions répétées ne faisaient qu'aggraver le discrédit du papier d'État, tandis que le billet de la Banque était préféré par le public, confiant dans la gestion de l'établissement et dans la déclaration du Gouvernement qui s'était engagé à ne plus lui emprunter.

Le ministre des finances eut recours alors au système qui avait été adopté au lendemain des guerres napoléoniennes, et s'entendit avec la Banque, le 22 février 1852, pour retirer, par son intermédiaire, le papier d'État. Un emprunt fut émis, dont le produit était destiné, en majeure partie, à ce retrait. Un pacte, en date du 23 février 1854, fixa à 161 millions la dette de l'État ; elle devait être amortie par un prélèvement annuel de 10 millions sur le produit des douanes. Les porteurs de billets d'État étaient invités à les échanger contre des rentes 3 pour 100, payables en métal. En 1857, par une convention monétaire, intervenue avec la Confédération germanique pour la création d'une monnaie commune, l'Autriche s'interdit l'émission de papier-monnaie et s'engagea à reprendre les paiements en espèces. A cet effet, elle conclut avec la Banque nationale une série d'arrangements tendant à faire retirer par la Banque les billets d'Etat et lui donnant en gage supplémentaire des domaines nationaux. La guerre d'Italie, qui éclata au début de 1859, vint arrêter l'exécution de ce programme : le 29 avril, une ordonnance établit le cours forcé, en même temps qu'un nouveau prêt de 200 millions de florins, s'ajoutant à une dette antérieure d'un montant à peu près égal, était consenti par la Banque : elle recevait pour gage et sûreté de sa créance des titres de rente 5 pour 100, contre la garantie desquels elle était autorisée à émettre des billets de 5 florins.

Lorsque la loi du 27 décembre 1862, promulguée par l'Empereur le 6 janvier 1863, eut prolongé la concession de la Banque jusqu'en 1876, la dette de l'État s'élevait encore à 221 millions. Elle donna lieu à de nouveaux arrangements, comportant un remboursement partiel au moyen de la vente de biens domaniaux : le Trésor resterait débiteur de 80 millions de florins jusqu'à l'expiration du privilège. L'Autriche fit à ce moment de nouveaux efforts pour revenir à une situation normale et pour rembourser sa dette à la Banque ; vers 1864, il semblait qu'elle approchât de ce résultat. Mais la campagne du Schleswig-Holstein d'abord, et deux ans plus tard la guerre contre la Prusse, qui se termina par la défaite de Sadowa, la rejetèrent encore une fois dans les maux dont il lui était si difficile de guérir. La loi du 5 mai 1866 déclara que les billets de 1 et de 5 florins cesseraient d'être à la charge de la Banque et seraient dorénavant une dette de l'État, à qui la Banque remettrait en échange une somme égale de ses billets en coupures d'un montant plus élevé. Une loi du 7 juillet ouvrit au Trésor un crédit de 200 millions de florins, garanti par les salines de Wieliczka. Le 25 août, de nouvelles émissions de billets d'État furent autorisées. On était revenu à une situation aussi fâcheuse qu'aux époques de la révolution de 1848 et de la guerre de 1859. De 1864 à 1877, la circulation des billets d'État augmenta sans interruption, passant de 158 à 348 millions de florins, en coupures de 1, 5 et 50 florins. Celle de la Banque en billets de 10, 100 et 1 000 florins restait, au contraire, stationnaire aux environs de 283 millions.

Parallèlement au papier d'État, voici comment s'était développée la circulation de la Banque d'émission particulière. Le 1ᵉʳ juillet 1814, deux ordonnances impériales ayant annoncé que désormais il ne serait plus créé de billets d'État, que ceux qui existaient seraient graduellement retirés par les soins d'un établissement national privilégié, un groupe de capitalistes réunit les fonds nécessaires à la constitution de cet établissement : les statuts furent approuvés le 15 juillet 1817 par l'Empereur, qui lui accorda le monopole de l'émission pour 25 ans en se réservant le droit de nommer le gouverneur et le sous-gouverneur. Le capital était de 110 millions de florins, soit au change d'alors, 286 millions de francs, divisés en 100 000 actions de 1 100 florins chacune, payables 1 000 florins en papier et 100 florins en argent. Les 100 millions de florins-papier versés par les souscripteurs seraient annulés. A partir du 3 mars 1820, la Banque commença, en vertu d'un contrat signé à cette date avec le Gouvernement, à procéder au retrait du papier émis antérieurement par ce dernier, sur la base de 250 pour 100, c'est-à-dire qu'elle donnait 100 florins de ses propres billets contre 250 florins de l'ancien papier-monnaie. Cette opération fut terminée vers 1847. En échange de ce service rendu au pays, la Banque avait reçu le monopole des affaires d'escompte, fait à peu près unique dans les annales de l'histoire financière et qui serait irréalisable aujourd'hui. Le 1ᵉʳ juillet 1841, des lettres patentes renouvelèrent le privilège jusqu'au 31 décembre 1866 : les statuts furent rédigés à nouveau. Deux commissaires impériaux étaient chargés de surveiller les opérations d'escompte.

Lors du renouvellement en 1841, le monopole de l'escompte fut retiré à la Banque, et les opérations hypothécaires lui furent interdites. En 1848, ses billets reçurent cours forcé et perdirent plus de moitié de leur valeur nominale. D'autres émissions suivirent. La monnaie devenait de plus en plus rare ; la Banque créa des billets de 1 florin et les subdivisa en quarts. Le Trésor, par traité du 6 décembre 1849, se reconnut débiteur vis-à-vis d'elle de 97 millions de florins ; en 1852, sa dette s'élevait encore à 71 millions, dont une moitié fut remboursée au cours de l'année ; en 1854 elle était remontée à 161 millions de florins. L'année suivante, la Banque reçut de nouveau l'autorisation de consentir des prêts fonciers, d'émettre à cet effet des lettres de gage et de procéder à la réalisation des immeubles hypothéqués sans remplir les formalités de droit commun, privilège analogue à celui dont le Crédit foncier de France fut investi vers la même époque. Après que, le 24 janvier 1857, une convention monétaire fut intervenue entre l'Autriche et la Confédération germanique pour la frappe d'une monnaie commune, le *Vereinsthaler* équivalent à un florin et demi, la Banque privilégiée d'Autriche dut ne plus créer de billets qu'en monnaie nouvelle (*oesterreichische Waehrung*) et faire rentrer ses promesses antérieures stipulées en monnaie de convention (*Conventions Muenze*) : les nouveaux billets devaient être gagés pour un tiers par des espèces et pour deux tiers par le portefeuille. A titre de garantie subsidiaire, ils recevaient les domaines transférés par l'Etat à la Banque en sûreté de sa créance, jusqu'à concurrence de 100 millions de florins. L'État s'acquittait des 55 millions restants par un prélèvement de 30 millions sur le produit de la vente des chemins de fer lombards, et par la remise de 25 millions d'obligations 3 pour 100, créées en 1849 pour le rachat des droits féodaux.

La guerre de 1859 contre la France et le Piémont arrêta les tentatives de restauration monétaire et obligea la Banque à faire de nouvelles et considérables avances au Trésor. Elle les consentit, comme les précédentes, à des conditions très modérées : on a calculé que la moyenne de l'intérêt perçu en 43 ans (1817-1860) n'a pas dépassé 2 1/2 pour 100. Aussi son privilège lui fut-il renouvelé en 1862, par la loi du 27 décembre, jusqu'à la fin de 1876, sans que l'Etat réclamât

aucune part dans les bénéfices. Une convention datée du
10 janvier 1863 fixait à 222 millions de florins la dette de
l'État qui se décomposait comme suit :

Millions
de florins.

1º Retrait du papier-monnaie de Vienne (*Wiener-*
Waehrung)   38
2º Billets gagés par les biens domaniaux. . . .   87
3º Avance sur l'emprunt du 20 avril 1859. . . .   77
4º   —   —   émis à Londres en 1859.   20

TOTAL.   222

Des mesures étaient prises pour le remboursement de
cette dette, moins 80 millions que le Trésor ne devait
rendre à la Banque qu'à l'expiration de son privilège et sur
lesquels il lui servirait l'intérêt à 1 1/4 pour 100 l'an, mais
seulement dans le cas où le dividende des actionnaires
n'atteindrait pas 7 pour 100. La guerre des Duchés en 1864
et celle contre la Prusse et l'Italie en 1866, empêchèrent
encore une fois la reprise des paiements en espèces. Le
28 janvier 1868, une convention intervenue avec l'État autorisa la Banque à réduire son capital-actions de 110 250 000 à
90 000 000 de florins, à diminuer l'importance du prélèvement annuel pour la réserve, lui accorda un intérêt plus
élevé sur son avance au Trésor et étendit le cercle de ses
opérations ; mais celles-ci ne se développèrent que lentement,
à cause de l'intervention constante du gouvernement et de
l'existence du papier-monnaie.

En 1878, la Banque subit une transformation radicale :
elle cessa d'être un établissement purement autrichien pour
devenir austro-hongrois. Le dualisme qui, depuis 1866,
n'avait cessé de faire des progrès sur le terrain politique,
s'affirmait maintenant sur le terrain économique. Le gouvernement hongrois obtenait sa part d'influence dans l'administration et la direction de l'établissement, la division du
capital entre la Cisleithanie et la Transleithanie, la création
de billets libellés en hongrois et en allemand. Ce n'était pas

la première fois que la Hongrie réclamait sa place sur ce domaine. Déjà, en 1790, la Diète avait voté un projet de constitution d'une banque nationale, auquel il ne fut d'ailleurs pas donné suite. Plus d'un demi-siècle s'écoula ensuite sans que le pays eût aucune banque : ce n'est qu'en 1841 que le chef de l'État accorda une concession à une société de crédit commercial. La même année, la Diète protestait contre le renouvellement du privilège de la Banque d'Autriche. En 1848, le Gouvernement de Budapest accorda le privilège exclusif d'émission pour le royaume à la Banque commerciale hongroise ; mais la guerre d'indépendance, qui éclata peu après et se termina par la défaite des Hongrois, obligea ceux-ci à reconnaître de nouveau le monopole de la Banque d'Autriche.

La Banque austro-hongroise commença à fonctionner le 1er juillet 1878, avec une concession qui s'étendait jusqu'au 31 décembre 1887. Le capital était de 90 millions de florins, divisé en 150 000 actions de 600 florins chacune : le centre demeurait à Vienne, mais deux sièges principaux étaient organisés à Vienne et Budapest. Le point essentiel à régler était celui de la dette de 80 millions de florins, dont la Banque renonçait à exiger le remboursement avant la fin de son privilège. L'Autriche en accepta la charge, mais la Hongrie s'engagea à lui en rembourser les trois dixièmes à l'expiration de la concession. La part de bénéfices revenant à chacune des deux monarchies devait être employée au remboursement de la dette. La Hongrie s'engageait à amortir la fraction de sa part, qui n'aurait pas été remboursée à l'expiration du privilège, en 50 annuités égales, ne comportant pas d'intérêt.

A la tête de la Banque se trouve un gouverneur nommé par l'Empereur, sur la proposition des ministres des finances autrichien et hongrois, qui doivent s'entendre à cet effet. Les deux vice-gouverneurs sont nommés de même, sur la présentation faite par chacun des ministres. Le Conseil général se compose de douze membres élus par l'assemblée générale des actionnaires. Chacun des cabinets, autrichien et hongrois, nomme un commissaire et un commissaire-suppléant, chargés de veiller à l'exécution des statuts : ils ont un droit de veto suspensif des décisions de l'assemblée générale, du conseil général et des directeurs. La Banque a seule la faculté, dans toute l'étendue de la monarchie austro-hongroise, d'émettre des billets au porteur payables à vue. Ils figurent au passif tant qu'ils n'ont pas été présentés au remboursement. Toutefois, lorsqu'un type de billets est retiré, ceux qui ne sont pas rentrés au bout de six ans sont rayés du bilan. Ils ont cours légal pour tous paiements qui n'ont pas été expressément stipulés en métal. Les bénéfices annuels se distribuaient comme suit : 5 pour 100 aux actionnaires, un dixième du surplus à la réserve, jusqu'à ce qu'elle atteignit un cinquième du capital, après quoi on complétait à 7 pour 100 le dividende. L'excédent se partage entre les actionnaires et l'État, sa part allant pour trois dixièmes à la Hongrie, pour sept dixièmes à l'Autriche.

Le privilège a été renouvelé de 1887 au 31 décembre 1897, puis par deux fois jusqu'au 31 décembre 1899. Vers la fin de cette dernière année, après discussions entre l'Autriche et la Hongrie, l'accord finit par s'établir. La loi du 21 septembre 1899 rappelle que chacune des deux parties de la monarchie a le droit absolu d'établir une banque d'émission indépendante ; mais, comme elles renoncent à se prévaloir de ce droit jusqu'au 31 décembre 1910, le privilège de la Banque austro-hongroise est prorogé jusqu'à cette date. Le ministre des finances est autorisé à renouveler avec elle, pour la même période, l'arrangement relatif à la Bosnie et l'Herzégovine, auxquelles son activité est étendue. Depuis que les provinces ont été incorporées à l'Autriche-Hongrie par la proclamation de l'Empereur François-Joseph en date du 5 octobre 1908 et que cette annexion a été reconnue par l'arrangement austro-turc du 26 février 1909, ces stipulations spéciales n'ont plus de raison d'être. Toutefois, la question de savoir à laquelle des deux moitiés de la monarchie les nouveaux territoires appartiendront n'est pas encore tranchée : les Hongrois les réclament comme ayant jadis été sous la dépendance de la couronne de saint Étienne : il est cependant peu probable qu'ils aient gain de cause.

Depuis 1900, les comptes de la Banque sont tenus en couronnes, nouvelle monnaie de l'Empire. Si les arrangements douaniers et commerciaux intervenus en 1899 entre l'Autriche et la Hongrie avaient cessé d'être en vigueur le 31 décembre 1907, le privilège aurait expiré à cette date : le cas ne s'est pas produit. L'ancienne dette de l'État, de 80 millions de florins, est ramenée à 30 millions de la façon suivante : 30 millions ont été remboursés par le Gouvernement le 31 décembre 1899 ; ce qui restait dû sur les autres 20 millions, déduction faite des remboursements opérés, a été prélevé sur le fonds de réserve de la Banque. Il subsiste donc une dette de 30 millions de florins, soit 60 millions de couronnes, qui ne donnera lieu à aucun amortissement pendant la durée du privilège : la Banque a cessé d'y appliquer la part de bénéfices revenant à l'État, ainsi que l'impôt sur la circulation, comme il était prescrit antérieurement.

Voilà ce qui survit de la longue série des engagements du gouvernement autrichien vis-à-vis de sa banque d'émission dont le bilan au 31 décembre 1909, reproduit ci-après, ne porte pas d'autres traces. D'innombrables complications, au cours d'une existence bientôt séculaire, ont, à maintes reprises, retardé les progrès de l'établissement : malgré tout, il a survécu aux révolutions survenues dans un empire, dont la constitution actuelle ne ressemble plus guère à ce qu'elle était lors de la fondation de la Banque nationale privilégiée d'Autriche en 1816. De laborieux et persévérants efforts ont atteint, à la fin du xixe siècle, un double but : le retrait des billets d'État et la réforme monétaire, fondée sur l'étalon d'or. Une avance à l'État de 60 millions de couronnes ne paraît pas constituer un trop grave péril pour la stabilité du système, bien que nous maintenions à son sujet la critique que nous adressons à toutes les opérations de ce genre. Souhaitons que de nou-

velles crises ne viennent pas compromettre la solidité de
l'édifice péniblement construit. En face d'une circulation
qui, au 31 décembre 1909, atteignait 2 188 millions de couronnes, d'une encaisse métallique de près d'un milliard
trois quarts et d'un portefeuille commercial de 687 millions,
la dette du Trésor semble modérée. La disparition totale
des billets d'Etat est un fait de la plus haute importance, qui
marque le point de départ d'une ère nouvelle. C'est ce que
proclamait le gouverneur de la Banque, M. de Bilinski, à
l'assemblée extraordinaire du 30 décembre 1907, convoquée
pour autoriser le Conseil à demander, conformément à la
loi, trois ans d'avance, le renouvellement de la concession.
« Au cours des huit années qui nous séparent du dernier
renouvellement, disait-il, une transformation profonde s'est
accomplie dans la situation monétaire du pays. Grâce au
fait que la Banque a retiré les billets d'Etat et assure aujour-
d'hui le service des remboursements en espèces, elle est
devenue le centre de tout le mouvement monétaire de la
monarchie... Le Conseil croit pouvoir affirmer que les événements qui viennent de se produire sur les marchés financiers internationaux ont fourni la démonstration la plus complète que, seul, un grand institut d'émission, puissant à
l'intérieur et considéré au dehors, est capable de fournir à
la nation l'appui économique dont elle a besoin. »

L'expérience autrichienne est des plus instructives. Aussi
longtemps que l'Etat s'est mêlé, d'émettre des billets, le
désordre a régné. La coexistence de deux circulations, émanant l'une des caisses publiques, l'autre d'un établissement
particulier, a été une source de difficultés. Elle a été une
cause permanente d'instabilité des changes étrangers et a
rendu par conséquent plus précaires et plus incertains les rapports commerciaux et financiers avec les autres pays. L'enquête prolongée à laquelle l'Autriche a procédé vers la fin du
XIXᵉ siècle, avant de décréter la réforme de son système fiduciaire, a démontré, une fois de plus, la justesse de la théorie
qui demande la séparation absolue des fonctions de gardien

BILAN DE LA BANQUE AUSTRO-HONGROISE

AU 31 DÉCEMBRE 1909

ACTIF — COURONNES

Encaisse métallique :

Monnaies d'or en couronnes, or en barres, en monnaies étrangères et de commerce, le kilog de fin étant compté à 3278 couronnes . . . . 1 354 027 273,20 }
Effets en or sur places étrangères. . . . . . 60 000 000 » } 1 713 018 595,62
Monnaies d'argent libératoires et divisionnaires. 293 991 322,42 }

Lettres de change, warrants et titres escomptés :

A Vienne . . . . 70 137 141,65 }
Aux succursales autrichiennes. . . . . 183 476 890,30 }
A Buda-Pesth. . . . . 154 495 767,19 } 687 784 394,95
Aux succursales hongroises . . . . 279 674 595,31 }

Prêts sur gages mobiliers. { A Vienne . . . . 47 441 800 » }
Aux succursales autrichiennes. 19 675 500 » }
A Buda-Pesth . . . . . . 6 565 700 » } 89 863 200 »
Aux succursales hongroises . . 16 180 200 » }

Titres et coupons échus remboursés. 74 539,53
Dettes des royaumes et pays représentés au Reichsrath. . . . . . . 60 000 000 »
Prêts hypothécaires. 299 983 795,13
Lettres de gage de la Banque achetées en bourse. 4 422 726,50
Placements du fonds de réserve. 1 997 112,33
Titres du fonds des pensions . . . . . . 12 136 803 »
Immeubles et ensemble du « Fundus instructus ». 31 780 189,61
Autres éléments de l'actif. 121 576 890,71

     TOTAL 3 022 638 247,43

PASSIF

Capital actions. . . . . 210 000 000 »
Fonds de réserve. 20 196 733,93

Billets en circulation. { En couronnes . . . . . 2 183 870 320, » }
En florins (ancienne monnaie autrichienne) . . . 2 170 200 » } 2 188 040 520 »

Sommes appartenant à des tiers exigibles à vue :

Comptes de virements créditeurs . . . . . . 184 848 746,22 }
Autres créditeurs et mandats à payer. . . . . 29 563 340,96 }
Lettres de gage amorties et non encore remboursées. . . . . 911 200 » } 215 434 657,38
Intérêts des lettres de gage non réclamés. . . . 39 524 » }
Dividendes d'actions non réclamés . . . . . . 71 846,40 }

Lettres de gage en circulation. . . . . . 293 593 800 »
Intérêts des lettres de gage se rapportant à l'année mais non encore échus. . . . . . 2 939 338 »
Fonds des pensions 12 309 897,77
Autres éléments du passif. 69 363 533,59
Report à 1910 de revenus encaissés et de rentrées pour intérêts à payer sur lettres de gage. 2 721 410 80
Report de 1908 et bénéfice net pour 1909. . . . . 17 004 204,05

Sur lesquels il a été prélevé :

Pour dividende au 1er juillet 1909. 4 200 000 » }
Part du fonds de réserve . . . . 865 369,15 }
Part du fonds des pensions. . . . 173,073,83 } 9 046 067,22   8 018 133,86
Part des deux gouvernements. . 3 807 624,24 }

     TOTAL 3 022 638 247,43

de l'étalon monétaire, qui incombent à l'État, et de celles
de régulateur de la circulation, qui est le propre des banques.

À l'assemblée générale du 3 février 1910, le gouverneur
Popovics a affirmé avec raison que la Banque austro-hongroise,
dans la dernière décade, s'est élevée au rang d'un institut
d'émission de premier ordre. En dépit d'une mauvaise
récolte qui a nécessité des importations de céréales et par
conséquent des paiements à l'étranger, elle a pu, au cours de
l'année 1909, augmenter son encaisse de 171 millions de
couronnes[1]. La circulation moyenne a été en progrès de
108 millions par rapport à 1908. D'autres déclarations intéressantes ont été faites le même jour par un actionnaire
bohème, qui a réclamé la représentation des Tchèques au sein
de l'administration. Jusque dans ces réunions financières écla-
tent les oppositions politiques, si vives entre les divers peuples
de l'empire austro-hongrois. La liste des actionnaires est elle-
même divisée en deux parties, sujets autrichiens, sujets hongrois, en attendant que d'autres nationalités exigent une séparation semblable.

Le système d'émission est le même que celui de la Reichsbank allemande : le contingent, c'est-à-dire la somme dont la
circulation peut dépasser l'encaisse sans être soumise à
l'impôt de 5 pour 100, est fixé à 400 millions de couronnes,
et l'encaisse doit représenter les deux cinquièmes au moins
de la circulation, au lieu d'un tiers comme en Allemagne.
L'excédent de la circulation sur l'encaisse, ainsi que les
autres exigibilités à vue, doivent être couverts par un actif
bancable, dont le calcul se fait comme il est indiqué ci-contre.
On voit qu'au 31 décembre 1909, la couverture était supérieure de 120 millions à ce qu'exige la loi. D'autre part la
limite des billets libres d'impôt était dépassée de 75 millions, puisque la circulation de 2 188 millions dépassait
l'encaisse, qui s'élevait à 1 713 millions, de 475 millions.

---

[1] Voir notre article de l'*Economiste français* du 4 septembre 1909, sur
les effets de la réforme monétaire austro-hongroise et ses avantages pour
la monarchie.

CALCUL AU 31 DÉCEMBRE 1909 DE LA COUVERTURE DES BILLETS ÉMIS PAR LA BANQUE AUSTRO-HONGROISE

COUVERTURE DE LA CIRCULATION (Art. 84, 110 et 111 des statuts.)		COURONNES —
Circulation des billets au 31 décembre 1909		2 188 040 520 »
A. Couverture en espèces, minimum 40 pour 100 :		
L'encaisse totale s'élève à.		1 713 018 595,62
Soit 78,2 pour 100 de la circulation.		
B. Reste à couvrir par l'actif bancable :		
1° Excédent de la circulation sur l'encaisse.		475 021 924,38
2° Exigibilités à vue, savoir :		
Comptes de virements	184 848 746,22	
Autres comptes créditeurs et mandats à vue .	29 563 340,96	215 434 657,58
Lettres de gage amorties, intérêts de lettres		
de gage et dividendes échus non réclamés .	1 022 570,40	
TOTAL A COUVRIR PAR UN ACTIF BANCABLE		690 456 581,96
Couverture en actif bancable :		
Lettres de change, warrants et titres escomptés		687 784 394,95
Prêts sur gages mobiliers		89 863 200 »
Titres et coupons échus remboursés.		74 339,53
Traites sur places étrangères et billets étrangers.		33 317 920,82
TOTAL.		811 040 055,30
En conséquence, le total de la circulation au 31 décembre 1909 était couvert par l'actif bancable et il restait un excédent de couverture de		120 583 473,34
L'impôt de 5 pour 100 était dû sur		75 021 924,38

Sur les bénéfices il est prélevé d'abord un intérêt de 4 pour 100 en faveur des actionnaires, un dixième du solde pour le fonds de réserve, et un cinquantième pour le fonds des pensions. L'excédent va pour moitié aux Gouvernements autrichien et hongrois, aussi longtemps que les actionnaires ne touchent pas un dividende supérieur à 6 pour 100 ; ce qui dépasse ce taux est partagé à raison d'un tiers aux actionnaires, de deux tiers aux Gouvernements. Voici comment s'est réparti le bénéfice net de 1909 :

Aux actionnaires.	12 210 000	couronnes.
Au fonds de réserve	865 369 [1]	—
Au fonds des pensions	173 073 [8]	—
Aux Gouvernements autrichiens et hongrois.	3 807 624 [2]	—
Report à nouveau.	8 133 [9]	—
TOTAL	17 064 201	couronnes.

La circulation de la Banque n'a cessé de croître parallèlement à la diminution de celle de l'État. Le tableau qui suit indique la marche ascendante des billets de la première et le retrait graduel des autres, qui a été achevé le 31 août 1907. Jusqu'en 1899, les chiffres sont en florins; à partir de 1900, en couronnes, égales à un demi-florin chacune, soit 1 franc 5 centimes.

AUTRICHE-HONGRIE

Circulation.

Années.	Billets de la Banque (au 31 décembre).	Billets d'État. (Circulation moyenne.)
1886	371 687 410 florins.	327 559 534 florins.
1887	391 138 520 —	332 661 856 —
1888	425 673 720 —	322 903 550 —
1889	434 678 600 —	333 357 827 —
1890	445 934 210 —	343 910 084 —
1891	455 222 220 —	362 704 605 —
1892	477 987 590 —	350 409 387 —
1893	486 623 620 —	332 906 151 —
1894	507 808 160 —	326 443 782 —
1895	619 854 140 —	225 703 069 —
1896	659 726 360 —	153 648 780 —
1897	699 907 100 —	126 389 256 —
1898	737 475 730 —	121 919 891 —
1899	728 981 770 —	124 929 525 —
1900	1 494 023 320 couronnes.	239 681 016 couronnes.
1901	1 584 934 140 —	179 976 682 —
1902	1 635 185 990 —	11 459 186 —
1903	1 770 847 310 —	3 845 610 —
1904	1 751 301 080 —	2 849 013 —
1905	1 846 991 600 —	2 696 754 —
1906	1 982 037 740 —	2 596 911 —
1907	2 028 024 110 —	2 546 443 (8 mois).
1908	2 000 000 000 —	
1909	2 188 040 520 —	

A la fin de 1908, conformément aux dispositions de la loi, la Banque austro-hongroise a adressé au Gouvernement une demande de renouvellement de son privilège. Mais la chose n'ira point sans difficultés. La Hongrie, jalouse d'affirmer

son indépendance sur tous les points, rêve d'une banque
d'émission autonome. Néanmoins ses hommes d'État ne sont
pas unanimes à désirer cette séparation absolue; ils se rendent compte que tout ne serait pas bénéfice pour la Transleithanie dans cette solution. Le capital est plus abondant et à
meilleur marché à Vienne qu'à Budapest. Il serait à craindre
qu'une fois réduite à ses propres ressources, la Hongrie vît
les taux d'escompte s'élever chez elle, au détriment du commerce et de l'industrie, que les Magyars ont un si fort désir
de développer à tout prix : nous n'en voulons d'autre preuve
que les subventions et faveurs de tout genre qu'ils prodiguent
aux manufactures qui s'installent dans le royaume de
Saint Étienne. Nous ne serions pas surpris qu'après de longues et ardentes discussions, après les violentes polémiques
de presse auxquelles les deux peuples sont accoutumés, un
compromis intervînt qui maintienne la Banque austro-hongroise, et lui renouvelle son privilège, en accordant, comme
de coutume, quelques nouveaux avantages aux Hongrois.
Toutefois, là où la politique et le sentiment national entrent
en jeu, il serait téméraire de préjuger la solution du problème d'après des raisons purement économiques. Si la
monarchie des Habsbourg s'orientait vers une organisation
fédérative, qui serait peut-être le remède aux maux dont elle
souffre, elle pourrait être amenée au régime des banques
d'émission régionales, bien que l'exemple de sa voisine du
Nord nous montre l'évolution contraire s'accomplir : l'Allemagne, qui compte 26 États particuliers, n'a déjà plus en
effet que 5 banques d'émission ; celle de l'Empire gagne
chaque jour du terrain et paraît devoir, à plus ou moins
brève échéance, occuper seule la place que les autres lui
auront cédée. Que l'Autriche suive cet exemple — il est
toujours plus aisé de garder ce qui existe que de créer des
organismes nouveaux, — et ce serait sur le terrain d'une
banque commune à toute la monarchie, que ses divers États
pourraient s'entendre. Les élections du printemps 1910
ayant donné en Hongrie une majorité considérable au parti

qui est opposé aux solutions extrêmes, la prorogation du privilège de la Banque commune paraît de plus en plus probable : mais les Hongrois insistent pour la reprise légale des paiements en espèces, à laquelle s'oppose la Cisleithanie.

La réforme monétaire (*valuta regulirung*), qui a institué la nouvelle unité dite couronne, a en effet mis l'Autriche-Hongrie dans la situation quelque peu singulière d'un pays dont la circulation a une base métallique assurée, mais n'est cependant pas, en droit, échangeable contre des espèces. Toutes les mesures qui permettraient la reprise officielle des paiements en métal ont été prises, et la Banque d'Autriche-Hongrie veille à ce que les écarts des changes soient maintenus dans des limites aussi étroites que si l'or circulait librement. Elle emploie à cet effet son encaisse et surtout son portefeuille étranger, qui figure au bilan du 31 décembre 1909 pour une somme de 60 millions de couronnes. Elle détient toujours un chiffre important de lettres de change sur les pays avec lesquels le commerce de la monarchie est actif, de façon à pouvoir en fournir aux acheteurs, lorsque le cours s'élève. Grâce à cette intervention constante de la Banque sur le marché des devises, la valeur de la couronne austro-hongroise, comparée aux monnaies d'or, telles que le franc, la livre sterling, le reichsmark, a été, depuis dix ans, d'une fixité remarquable. Les adversaires de la consolidation légale de l'état de fait qui existe en ont pris texte pour s'opposer à la reprise des paiements en espèces. Le congrès des industriels autrichiens s'est prononcé en ce sens. Les arguments qu'ils ont fait valoir sont les suivants : la concentration du numéraire aux mains de la Banque d'émission la fortifie ; si un jour la Banque devait se séparer en deux moitiés autonomes, les paiements en espèces pourraient être une charge pour l'Autriche ; en cas de complications politiques, cette obligation de payer en métal, que réclament les Hongrois, serait une gêne pour le commerce extérieur.

Les auteurs modernes qui, comme Knapp, font de la monnaie une création arbitraire du pouvoir souverain, admirent

le système autrichien comme un modèle : ils prétendent que
le numéraire n'est nécessaire que pour les transactions avec
l'étranger et que le papier suffit aux échanges intérieurs ; ils
en donnent comme preuve le fait que la population, habituée
de longue date aux billets, ne veut pas du métal et le rend
sans cesse à la Banque. A cette théorie il est facile de
répondre qu'aussi longtemps qu'un signe fiduciaire n'est
pas échangeable contre de l'or à bureau ouvert, il a une
valeur incertaine. Les dangers du remboursement sont beaucoup moins grands que ceux du système contraire : l'exemple
de la Russie et du Japon en 1905 l'a bien prouvé. Si le public
préfère les billets, il les gardera pour ses transactions quotidiennes et ne les présentera pas à l'établissement duquel
ils émanent.

L'Autriche, en rétablissant son unité monétaire et en donnant à ce moment-là au florin une valeur en or de 2 fr. 10, a
pris en considération celle que la cote des changes étrangers
à Vienne lui assignait depuis longtemps. Elle n'a pas
argué du fait que l'ancien florin était une monnaie d'argent,
pour offrir aux porteurs de ses billets un poids de métal blanc,
qui eût représenté une valeur inférieure à peu près de moitié à celle de 2 fr. 10 en or. Certaines compagnies de chemins de fer austro-hongroises, moins scrupuleuses, auraient,
dit-on, songé un moment à remplir l'obligation d'amortir
leurs titres en offrant aux porteurs un paiement sur la base
de l'ancien étalon. Ceci est un exemple, à ajouter à tous les
autres, des maux qu'entraînent le cours forcé et la circulation
d'État. Un papier cesse à un moment donné d'être échangeable contre du métal. Pendant toute la durée de cette
situation anormale, des modifications profondes peuvent se
produire dans la valeur respective des métaux précieux. Si
les billets avaient continué d'être remboursables, le public
n'aurait pas eu un instant d'incertitude sur leur valeur,
puisqu'elle eût été identique à celle du métal que la Banque
aurait délivré. Dans le cas contraire, un doute s'élève ; des
influences de diverse nature s'exercent, qui agissent tantôt

dans un sens, tantôt dans l'autre, et les difficultés de la reprise des espèces s'en accroissent d'autant.

Il est certain que l'Autriche-Hongrie a été bien inspirée en faisant de la Banque le pivot de sa réforme. Cet établissement a rempli pleinement le programme que traçait en 1894 son éminent secrétaire général d'alors, M. Edlem de Mecenseffy. Dans une étude intitulée « Valeur et prix du privilège de la Banque austro-hongroise », il écrivait qu'un institut investi du monopole d'émission occupe un poste de confiance, que par cela même il est tenu de limiter sévèrement son champ d'action, de se préoccuper dans la plus large mesure de l'intérêt public, et de veiller par-dessus tout à ce que ses billets soient toujours échangeables contre des espèces, dont il doit garder constamment une ample provision dans ses caisses. M. Mecenseffy, analysant la situation réciproque de la Banque et de l'État, disait avec raison que les avances consenties par la première l'amènent à émettre des billets qui, dans le fond, sont du papier-monnaie, et concluait très justement à la nécessité de faire rembourser la dette du Trésor. Ce programme a été rempli, nous venons de le voir, dans son intégralité, sauf pour un chiffre de 60 millions de couronnes, qui sont encore dus par l'État et que celui-ci aurait tout avantage à rembourser.

Aux rapports du Trésor et des Banques d'émission se rattachent certaines organisations, comme celle des chèques postaux, qui tendent à faciliter les paiements entre habitants d'un même pays et même de pays différents, lorsque des arrangements internationaux leur permettent de circuler au delà des frontières. La Caisse d'épargne postale autrichienne a établi un service de chèques, utilisé en 1909 par 94 621 titulaires de comptes, par l'intermédiaire desquels des transactions pour près de 25 milliards de couronnes ont été réglées. L'ensemble des soldes créditeurs était au 31 décembre 1909 de 359 millions de couronnes, en augmentation de 53 millions depuis cinq ans. Le bénéfice net réalisé dépassait 5 millions.

Les versements pour compte des titulaires peuvent être faits
dans tous les bureaux de poste des royaumes et Etats, représentés au Reichsrath de Vienne, et dans près d'un millier de
domiciles officiellement désignés à l'étranger, en Allemagne,
Italie, Grande-Bretagne et Suisse. Les ressources de la Caisse
sont placées de façon à lui laisser des disponibilités considérables, qui lui ont permis de venir en aide au Gouvernement et de souscrire à elle seule, avant même de s'être
assuré la coopération des banques, plusieurs emprunts.
Voilà encore un phénomène intéressant du monde moderne :
le Gouvernement organise un système de paiements par
chèques postaux, dont une grande partie se règle par compensation et qui permettent à nombre d'individus et de
sociétés de supprimer des transports de numéraire et de
solder de la façon la plus simple et la plus économique
des dettes et des créances qui s'élèvent à des milliards.
Ces virements postaux sont une manière de billet de banque
perfectionné : pour en avoir l'usage, les clients de la Caisse
lui font des dépôts qui s'élèvent à des centaines de millions ;
et les ressources ainsi fournies à une administration publique,
facilitent le service de la Trésorerie. Le développement vraisemblable de ce service provoquera une accumulation nouvelle
de capitaux entre les mains de l'État. Il est évident que le
chèque postal supplée en partie et remplace même avec
avantage, dans certains cas, le billet de banque : il peut être
créé pour n'importe quelle somme et circule sans risque ni
frais appréciables. A tous ces titres il fait partie de la circulation fiduciaire : il ne pouvait être passé sous silence à
propos du pays où il est le plus répandu. Mais en dépit de
l'utilité qu'il présente, nous ne saurions oublier le grave
danger qu'il entraîne, en élargissant encore le domaine de
l'intervention gouvernementale, et en mettant à la portée du
ministre des finances des capitaux exigibles à tout moment.

CHAPITRE V

I. — ESPAGNE

Avec l'Espagne nous abordons un pays où l'unité d'émission a prévalu : non seulement c'est un établissement unique qui a été chargé de ce service, mais l'État s'est abstenu de créer des billets. Il est vrai qu'en revanche, à certaines heures, il a usé, plus largement peut-être qu'aucun autre gouvernement européen, du crédit de sa banque d'émission. Celle-ci est née, le 28 janvier 1856, d'une transformation de l'ancienne Banque de San Fernando, fondée elle-même en 1847 et réorganisée en 1849 et en 1851 ; à côté d'elle, les Banques de Cadix et de Barcelone avaient aussi le droit d'émettre des billets pour le triple de leur encaisse et de leur capital. Le décret-loi fondamental du 19 mars 1874 réalisa l'unité au profit de la Banque d'Espagne, réorganisée au capital de 100 millions de pesetas [1] pouvant être porté à 150 millions. Le monopole lui était accordé pour un délai de 30 ans. Toutes les autres banques d'émission existant dans la péninsule ou dans les îles voisines furent tenues de liquider, avec le droit pour elles de s'agréger à la Banque d'Espagne en recevant des actions au pair. La Banque était

---

1. La peseta, unité monétaire espagnole, est identique, en sa teneur métallique, au franc. Mais comme depuis longtemps la Banque d'Espagne ne rembourse plus ses billets en or, la peseta subit une perte par rapport aux monnaies des pays où l'or circule librement. La prime sur l'or a considérablement varié depuis une dizaine d'années. En 1898, au moment de la guerre hispano-américaine, elle s'était élevée un moment à 115 pour 100 ; aujourd'hui (novembre 1910) elle oscille aux environs de 7 à 8 pour 100.

autorisée à émettre des billets pour le quintuple de son capital effectif et devait avoir une encaisse égale à au moins un quart de sa circulation. Il lui était interdit de faire des avances au Trésor « sans garanties solides et d'une réalisation facile ». Les billets devaient être reçus en paiement des contributions, des biens nationaux, des droits de douane et autres revenus publics. La Banque s'engageait à avancer 125 millions à l'État.

La loi du 14 juillet 1891 autorisa l'émission de 1 500 millions de billets, gagés par une encaisse d'un tiers, dont la moitié au moins devait consister en or, et prorogea le monopole jusqu'à la fin de 1921, moyennant une avance de 150 millions, que la Banque consentait au Trésor sans intérêt, pendant toute la durée de sa concession. Mais l'État ne se bornait pas à exiger ce prêt ; il établissait les conditions d'émission, de façon à s'en faire consentir d'autres, contre dépôt de titres ou d'engagements à court terme. En effet, « le chiffre des billets en circulation, » disait l'article 5 de la loi, « ajouté à la somme représentée par les dépôts en numéraire et les comptes courants, ne pourra en aucun cas excéder le montant des espèces, des polices de prêts et crédits garantis conformément aux statuts, des effets escomptés à une échéance maximum de 90 jours. *Continueront à être assimilés aux valeurs précédentes, les titres de la dette 4 pour 100 amortissable, les actions de la Compagnie fermière des tabacs et les obligations du Trésor endossées par elle, émises en vertu de la loi du 22 avril 1887, et enfin les bons et obligations du Trésor, représentatifs de la Dette flottante, émis en vertu de la loi du 12 juin 1888.* »

En d'autres termes, les divers titres du Trésor étaient considérés comme portefeuille commercial et servaient à gager les billets de la Banque d'Espagne. C'était la main mise par le Gouvernement sur l'institut d'émission, qui, de son côté, acceptait avec plaisir la situation nouvelle, source de bénéfices considérables pour ses actionnaires : les rentes publiques et les bons du Trésor rapportent, en effet, des intérêts qui grossissent singulièrement les profits annuels.

Le décret du 9 avril 1898, rendu par la Reine régente au moment de la guerre contre les États-Unis, autorisa la Banque d'Espagne à porter son émission à 2 500 millions. Les anciennes prescriptions continuaient à s'appliquer à la couverture métallique de la circulation jusqu'à concurrence de 1 500 millions. Pour la partie comprise entre 1 500 et 2 000 millions, la couverture devait être de moitié ; pour la partie comprise entre 2 000 et 2 500 millions, des deux tiers, avec obligation d'avoir en or au moins la moitié de cette encaisse. Par un arrangement (*convenio*) intervenu le 2 août 1899, au lendemain de la guerre, entre le ministre des finances Villaverde et la Banque, celle-ci accepta de ramener à 2 milliards le maximum de sa circulation et de réduire à 2 1/2 pour 100 l'intérêt sur les pagarès d'Ultramar (bons du ministre des colonies) qu'elle avait en portefeuille. Le traité du 31 décembre 1901, signé par elle avec le ministre Urzaiz, règle les conditions dans lesquelles la Banque assure pour 5 ans le service de Trésorerie de l'État, encaisse les recettes et effectue les dépenses imputables au budget général, ouvre au Trésor un compte courant, lui consent un crédit annuel de 75 millions pour parer à l'insuffisance des rentrées par rapport aux décaissements. L'arrangement a été, depuis 1906, renouvelé d'année en année.

Il convient d'examiner les effets qu'a eus la législation de 1891 sur les affaires de la Banque et sur la valeur de la monnaie espagnole qui en a subi le contrecoup. Dès que la loi est votée, la circulation monte, sans que ni l'encaisse ni le portefeuille commercial montrent à l'actif du bilan un accroissement comparable à celui des billets. Le chapitre qui enfle sans cesse est celui des bons du Trésor, des pagarès (promesses de payer) des divers ministères, que le tableau suivant, extrait des rapports annuels de la Banque, englobe dans le portefeuille :

BANQUE D'ESPAGNE

(MOUVEMENT DES PRINCIPAUX COMPTES DE 1890 A 1909)

DATES Bilan au 31 décembre.	COURS moyen du change.	CIRCULATION des billets.	PORTEFEUILLE	ENCAISSE métallique.	TITRES de rente et actions de la Cie des tabacs possédés par la Banque.
	Pesetas pour 100 fr.	Millions de pesetas.	Millions de pesetas.	Millions de pesetas.	Millions de pesetas.
1890. . .	104	734	514	260	455
1891. . .	106	812	296	332	448
1892. . .	115	884	448	383	446
1893. . .	118	928	207	434	438
1894. . .	119	909	200	543	417
1895. . .	114	994	217	507	406
1896. . .	120	1 031	309	501	409
1897. . .	129	1 206	600	545	399
1898. . .	140	1 444	1 241	542	388
1899. . .	124	1 518	1 090	773	385
1900. . .	129	1 592	1 213	812	381
1901. . .	138	1 639	1 234	807	381
1902. . .	135	1 623	1 120	895	381
1903. . .	135	1 609	906	895	381
1904. . .	137	1 599	815	919	363
1905. . .	130	1 550	672	1 024	355
1906. . .	112	1 524	579	1 075	355
1907. . .	111	1 557	505	1 095	344
1908. . .	112	1 641	304	1 205	344
1909. . .	110	1 670	393	1 304	344

La deuxième colonne ci-dessus indique, année par année, le cours moyen du change sur Paris à Madrid, c'est-à-dire la prime sur l'or, dont la marche, presque régulièrement concordante avec celle du portefeuille d'obligations du Trésor, est intéressante à observer. Si, depuis 1906, on constate une détente brusque du change, retombé alors au niveau d'environ 112, au-dessous duquel il s'est encore abaissé au cours des années suivantes, sans que la circulation ait diminué d'une façon notable, c'est que l'encaisse avait beaucoup augmenté, que la proportion de l'or par rapport à l'argent n'avait cessé de grandir et que les bons du Trésor avaient été en grande partie remboursés. La circulation se trouvait donc gagée tout autrement qu'aux époques antérieures, par plus d'un milliard de numéraire et un portefeuille commercial. Ce tableau appelle d'autres commentaires : on y remarque tout d'abord une augmentation rapide de la circulation qui a doublé de 1890 à 1898, qui a atteint son maximum en 1901, pour redescendre depuis lors d'une centaine de millions et remonter en 1909 à 1 670 millions. L'encaisse métallique a quintuplé en dix-huit ans.

Le portefeuille commercial n'étant pas séparé, dans le bilan, des obligations du Trésor, il faut avoir recours au rapport annuel du Gouverneur pour se rendre compte de l'importance respective de ces deux éléments, confondus sous une même rubrique. Le total en passe brusquement de 309 millions au 31 décembre 1896, à 600 en 1897, à 1134 en 1898 ; et à la même date figurent au bilan 167 millions de bons du Trésor : en réalité, le 31 décembre 1898, au lendemain de la guerre avec les États-Unis, la Banque d'Espagne avait à son actif plus de 800 millions de garanties qui consistaient uniquement en la signature de l'État, sans compter 400 millions environ de titres de rente. Sa circulation et ses dépôts réunis, s'élevant à 2 233 millions, reposaient donc pour plus de moitié sur le crédit public. Le point culminant est atteint en 1901, année où la circulation s'élève à 1 639 millions ; à ce moment, le portefeuille, inscrit pour 1 234 millions, comprend pour une faible part des effets de commerce et pour le reste des obligations du Trésor ; sur 189 millions de crédits ouverts sur garanties, la majeure partie était consentie au Gouvernement. En 1908, la circulation était revenue au niveau de 1901, mais l'encaisse métallique avait augmenté de 50 pour 100, passant de 807 à 1 205 millions. La circulation était donc couverte par le numéraire jusqu'à concurrence des trois quarts et non plus seulement de moitié : l'amélioration était notable.

Les opérations conclues avec le Trésor, qui tiennent chaque

année une place importante dans le compte rendu présenté par le Gouverneur à l'assemblée générale des actionnaires, étaient ainsi caractérisées à celle du 7-12 mars 1899 : « Il serait long d'énumérer en détail toutes les transactions intervenues avec le Trésor, tant à cause de leur nombre que de leur infinie variété ». Les avances faites à la fin de 1897 s'élevaient à 417 millions. Au cours de 1898, elles sont montées à 693 millions, garanties par les obligations de Douanes, les délégations sur la rente des tabacs, le timbre, les octrois, les titres de rente intérieure émis par l'État, conformément à la loi du 17 mai. Le portefeuille de la Banque, du chef de l'escompte des pagarès du ministère d'outremer, endossés par le Trésor public de la péninsule et garantis par des fonds d'État, représente 1 090 millions, plus un crédit de 20 millions garanti par des billets hypothécaires du Trésor de Cuba. Par conséquent, sur un total de 1241 millions, presque les neuf dixièmes étaient formés d'obligations du Trésor de diverses sortes; le portefeuille commercial de Madrid et des succursales ne dépassait guère 150 millions. L'année suivante, le chiffre des engagements du Trésor est ramené à 1 058 millions; la Banque prête son concours au ministre des finances pour l'émission d'un emprunt de consolidation 5 pour 100, destiné au remboursement de la Dette flottante. Un an plus tard, le 31 décembre 1901, ces engagements sont encore de 1064 millions, se divisant en 914 millions de pagarès escomptés et 150 millions de crédits ouverts sur garanties. Au cours de l'exercice 1902, la Banque établit des agences ou délégations à Paris, Londres et Berlin, pour le service des rentes et de la Trésorerie de l'État, moyennant une rémunération fixe de 275 000 francs. La dette représentée par les pagarès d'Ultramar a baissé de 214 millions et se trouve ramenée à 700 millions, et les deux crédits d'ensemble 150 millions ouverts sur garanties au Trésor ont été remboursés : aussi ce chapitre a-t-il varié au bilan de la Banque dans la même proportion, de 189 à 49 millions. L'assainissement fait de rapides progrès. L'année suivante a vu se former sous la présidence de la Banque, le syndicat des grandes compagnies de chemin de fer, qui a cherché, d'accord avec le Gouvernement, à régulariser les changes sur l'étranger.

Les hommes d'État espagnols ont fini par comprendre que la circulation ne serait normale que lorsque le Trésor aurait remboursé la Banque et que, grâce à ce remboursement, l'encaisse métallique se serait fortifiée. C'est ainsi que, de 1901 à 1906, nous voyons le portefeuille décroître de 1234 à 505 millions, uniquement grâce aux paiements de l'État, et l'encaisse augmenter de près de 300 millions : en 1906, elle représente 70 pour 100 du montant des billets émis, tandis qu'en 1890 elle ne s'élevait qu'à 35 pour 100 de la circulation. En même temps la quantité de titres de rente possédés par l'établissement diminue lentement, mais régulièrement : en dix-huit ans, elle est descendue de 455 à 355 millions.

Ce n'est d'ailleurs pas sans résistance que la Banque d'Espagne s'incline devant la loi du 13 mai 1902, qui lui a imposé l'obligation de faire disparaître de son actif, à raison d'un dixième par an, les obligations du Trésor en tant que gage de sa circulation. D'après cette loi, le Trésor doit lui rembourser, au plus tard le 31 décembre 1911, les pagarés représentant la dette du ministère d'Ultramar, et s'interdit d'exiger d'elle d'autres avances que celles qui sont prévues par les lois antérieures, notamment par celle du 31 décembre 1901, autorisant l'ouverture d'un crédit annuel de 75 millions de pesetas. Dans le compte rendu présenté aux actionnaires le 8 mars 1908, le Gouverneur annonce que la Banque a encore 210 millions de pagarés en portefeuille : mais il lui semble difficile de ne pas porter atteinte à ce qu'il appelle la « rigide inflexibilité de la loi »; il est malaisé, ajoute-t-il, de remplacer dans le portefeuille les créances sur l'État par des engagements purement commerciaux, qui n'abondent pas en Espagne, et de trouver pour les billets une meilleure garantie que les fonds publics, dont la cote s'élève sans cesse. C'est donc la Banque elle-même, chose curieuse, qui demande à ne pas être remboursée. Tandis que les instituts d'émission visent en général à se dégager des liens qui les enchaînent au Trésor plutôt que de les resserrer, la Banque se préoccupe de continuer à percevoir les bénéfices qu'elle réalise en touchant l'intérêt des titres qu'elle conserve en portefeuille.

Dans les derniers temps, en dépit de ces vœux, le portefeuille de bons du Trésor a rapidement diminué : le tableau ci-dessous nous montre qu'en trois ans le chiffre a baissé de deux tiers : d'un maximum de 300 millions en 1907, il a été ramené à 100 millions au 31 décembre 1909.

PORTEFEUILLE DE PAGARÉS D'OUTRE-MER A LA BANQUE D'ESPAGNE

	MAXIMUM	MINIMUM	MOYENNE	AU 31 DÉCEMBRE
	En millions et centaines de mille pesetas.			
1907	300,0	210,3	294,4	210,3
1908	210,3	113,3	161,4	113,3
1909	113,3	100,0	180,3	100,0

L'histoire de la Banque d'Espagne est un des meilleurs arguments à invoquer en faveur de la théorie qui réclame la séparation de la banque et de l'État. La détérioration du change, qui a été un côté si fâcheux de la vie économique espagnole depuis un quart de siècle, a été la conséquence directe de l'excès des emprunts publics. Quand il circulait un milliard de billets gagés par des bons portant la signature des ministres des finances et des colonies, la peseta perdait un tiers de sa valeur nominale par rapport au franc et à la livre sterling ; à mesure que, dans l'actif de la Banque, des lingots d'or et des effets commerciaux remplaçaient ces pagarés, le change se relevait, au point qu'en 1910 la perte n'est plus que d'environ 7 pour 100. Il ne reste plus à l'Espagne qu'à établir chez elle l'étalon d'or pour achever la réforme dont ses hommes d'État ont reconnu la nécessité.

BILAN DE LA BANQUE [

ACTIF		Pesetas.
Or		534 694 328,41
Argent		769 865 438,15
Effets à encaisser ce jour.		4 161 700,03
Bronze pour le compte de l'Administration des finances		2 532 958,20
Escompte		393 423 797,21
Prêts avec garantie de valeurs mobilières et de marchandises . . .		8 110 376 »
Polices de comptes de crédit personnel[1]		456 120 951,85
Polices de crédits avec garantie de valeurs mobilières et d'effets de commerce.		232 794 311,69
Correspondants dans le royaume.		16 241 899,08
Effets à encaisser pour divers objets.		13 242 974,79
Autres effets en portefeuille.		6 493 569,61
Actions de la Compagnie fermière des tabacs.		10 500 000 »
Actions de la Banque d'État du Maroc, or		1 154 625 »
Titres de dette perpétuelle intérieure 4 pour 100		344 468 953,26
Comptes courants. { Avec garantie et crédits de valeurs mobilières et effets de commerce. .	144 954 459,75	
De crédit personnel.	336 961 498,90	481 915 958,65
Trésor public. { Pour opérations à l'étranger.	1 526 625,22	
Pour intérêts et amortissement de la dette amortissable 4 pour 100 . . .	550 616,82	
Avance, loi du 14 juillet 1891	150 000 000 »	153 836 048,21
Pour solde de contributions reconnues.	1 758 806,17	
Meubles et immeubles. { Immeubles	11 806 099,24	
Meubles, outils et machines. . . .	1 234 454,50	13 040 553,74
Comptes divers : Dette amortissable 4 pour 100 pour exécuter la convention du 10 décembre 1881.		5 742 600 »
TOTAL.		3 448 341 043,90

1. Ouverts par la simple signature des intéressés, cautionnés par deux répondants.

PASSIF		Pesetas.
Capital de la Banque.		150 000 000 »
Fonds de réserve		20 000 000 »
Profits et pertes.		20 843 113 19
Billets en circulation.		1 670 998 175 »
Comptes courants		491 583 891,42
Comptes courants, or.		710 690,90
Comptes courants, or, pour paiement des droits de douanes		11 685 »
Dépôts effectifs.		17 041 344 65

Dividendes, intérêts et autres obligations à payer.	Dividende de la Banque.	564 813,62	
	Amortissement et intérêts de la dette publique et du Trésor	25 390 027,35	64 208 065,08
	Obligations diverses	20 612 222,83	
	Dans les succursales	17 641 001,28	

| Crédits avec garanties de valeurs appartenant à la Banque [1] . . . . | | 93 000 000 » |

Trésor public.	Soldes de comptes de trésorerie antérieurs à 1910	8 823 252,62	
	Son compte courant de valeurs. . . .	10 526 217,37	
	Son compte courant de valeurs en or. .	4 340 »	
	Réserves sur la rente des tabacs. . . .	6 000 000 »	
	Rentrées de la douane en or.	69 912 622,98	
	Intérêts de la dette perpétuelle 4 pour 100 à l'étranger, or.	11 257 387,55	139 688 039,30
	Intérêts de la dette perpétuelle 4 pour 100.	32 317 138,55	
	Intérêts et amortissement de la dette amortissable 5 pour 100	26 419,39	
	Intérêts et amortissement des obligations des douanes.	220 630,34	

| Crédits accordés sur valeurs mobilières et effets de commerce. . . | | 57 839 831,94 |
| Crédits personnels . . . . | | 119 159 452,95 |

Comptes divers.	Junte de 1876, pour le règlement de la dette publique	5 117,50	
	Valeurs convertibles en dette amortissable 4 pour 100.	5 737 360 »	569 653 734,47
	Comptes divers	563 911 256,97	

| TOTAL. . . . . | | 3 118 741 043,90 |

1. Sommes versées par des clients en remboursement de crédits à eux ouverts par la Banque.

C'est alors que, dégagée de l'étreinte gouvernementale, la Banque pourra consacrer toutes ses forces à ce qui est son véritable rôle, l'aide à donner, sous forme d'escompte, au commerce et à l'industrie, les facilités plus grandes à mettre à la disposition du public pour les transferts de fonds sur tous les points du territoire, qui sont aujourd'hui, dans la péninsule, difficiles et coûteux, et le maintien au pair du change sur l'étranger, qui s'y fixera de lui-même le jour où le billet de banque sera remboursable en or. L'Espagne est assez riche, son crédit assez assis, son épargne assez active pour qu'elle puisse se proposer d'atteindre ce but ; la plus grande difficulté qu'elle rencontrera vient du fait qu'une partie importante du capital actions et obligations de ses chemins de fer est possédée par des étrangers ; elle n'est pas insurmontable ; déjà les Espagnols ont commencé à racheter les actions de certaines lignes ; d'autres réseaux ont procédé à des émissions d'obligations en pesetas qui ont trouvé preneurs dans le pays même. L'ensemble des circonstances est favorable à l'achèvement de la tâche qui reste à accomplir. Le bilan du 31 décembre 1909 que l'on trouvera ci-contre témoigne d'une amélioration sensible sur les précédents.

A l'assemblée du 6 mars 1910, le Gouverneur Fernando Merino, informe, dans les termes suivants, les actionnaires que le contrat du 31 décembre 1901, relatif aux services de Trésorerie, a été de nouveau prorogé pour une année. « Ces services, qui étaient confiés à la Banque en vertu de la prorogation au 31 décembre 1909 de la convention du 31 décembre 1901, ont été accomplis avec la régularité ordinaire par le siège central, les succursales, les agences de Paris et de Londres, la délégation de Berlin ; le solde du compte courant du Trésor n'a pas cessé d'être créditeur. La Banque ayant été invitée, par ordre royal du 4 novembre, à continuer de rendre les mêmes services à l'État, le Conseil a consenti à une nouvelle prorogation de la convention jusqu'au 31 décembre 1910. » Au courant de l'exercice, la Banque a pu faire reconnaître par l'État la créance qu'elle avait sur lui du chef de l'apurement des comptes qu'elle avait tenus de 1867 jusqu'à la fin de juin 1888 pour le recouvrement des contributions dont elle était alors chargée. Elle a opéré l'échange des titres provisoires de la rente 4 pour 100 intérieure, émise en 1908, contre des titres définitifs. Elle a reçu du Trésor un nouveau remboursement de 13 millions à valoir sur les pagarès d'*Ultramar*, ce qui ramène à 100 millions le total de ces bons qu'elle conserve en portefeuille. A la demande du Gouvernement, elle a ouvert une agence à Tanger. Conformément à l'article 5 de la loi du 13 mai 1902, elle a remis au Trésor 1 768 500 pesetas, montant des billets de 500 pesetas émis le 1er janvier 1884 qui ont été mis hors cours et qui n'ont pas été présentés au remboursement. Le taux d'intérêt, d'escompte, des prêts et des crédits a été maintenu à 4 1/2 pour 100. A la date où le rapport était présenté, le Trésor possédait 78 millions en or, la Banque 460 en or et 770 en argent.

Il n'est guère d'établissement privé d'émission qui ait été plus étroitement mêlé aux affaires gouvernementales. Il n'en est pas, qui, pendant les dernières années du XIXe siècle, soit intervenu plus activement dans les opérations du Trésor et ait signé un plus grand nombre de conventions avec lui. Aujourd'hui la situation a changé; les finances de l'État sont plus solides qu'elles ne l'ont été au cours des règnes d'Isabelle, d'Amédée, de la courte période républicaine qui précéda l'avènement d'Alphonse XII, du règne de ce monarque, troublé par les révoltes des provinces basques et de Cuba, de la régence de sa veuve, qui dut soutenir la guerre contre les États-Unis et leur abandonner Cuba, Porto-Rico, les Philippines. Avec l'avènement d'Alphonse XIII, successeur de son père sous la tutelle de sa mère, Marie-Christine depuis 1886, proclamé roi le 17 mai 1902, l'Espagne, débarrassée de ses colonies, semble avoir repris son essor et affirme sa vitalité dans le domaine économique comme sur d'autres terrains. M. Canalejas, chef du parti libéral qui, au début de 1910, a succédé à M. Moret comme président du cabinet, paraît vouloir suivre une politique plus indépendante vis-à-vis de la Banque que ses prédécesseurs. En recevant, au mois de février, le gouverneur Rodriganez, qui, entouré de son conseil, venait le féliciter, M. Canalejas a prononcé l'allocution suivante, qu'il est intéressant de reproduire, car elle fait pressentir une ère nouvelle : « Comme chef du Gouvernement, je dois connaître les affaires de chaque département, et je suis décidé à examiner celles de la Banque, d'accord avec M. Cobian, ministre des finances. La loi Besada est absolument inadmissible. Nous sommes prêts à discuter avec la Banque, à nous laisser convaincre sur les points où elle aura raison, désireux de la convaincre là où le bon droit sera de notre côté. L'État ne saurait abdiquer sa souveraineté en matière économique, pas même entre les mains de la Banque d'Espagne, qui ne participe point à cette souveraineté. Je veux que la Banque soit un instrument actif au service des grands intérêts nationaux, mais non un bailleur de fonds pour l'État, qui n'en a nul besoin et qui, au contraire, a des ressources suffisantes pour venir en aide aux institutions populaires de crédit agricole et industriel, lorsque le moment sera venu. »

Tout en tenant compte de la distance qui sépare les intentions d'un ministre, même aussi énergique que M. Canalejas, du vote d'une loi par les Cortès, nous pensons que, sous son impulsion, le règlement des questions encore pendantes entre le Trésor et la Banque d'Espagne va être accéléré : nous approchons du moment où, sauf complications politiques imprévues, les avances faites par la banque vont disparaître de son bilan, à l'exception bien entendu du prêt statutaire, remboursable seulement en fin de concession. Ce règlement permettra d'aborder l'étude de la réforme monétaire, qui devra conduire l'Espagne au régime de l'étalon d'or et supprimer les fluctuations du change qui ont, pendant de trop longues années, été pour le pays une cause de trouble et de difficultés.

BANQUE DE PORTUGAL

La Banque de Portugal, jusqu'en 1928, a le monopole de l'émission, dans le royaume et les îles adjacentes, de billets ayant cours légal, remboursables à vue et en or; elle en crée aussi qui sont payables en argent ou en cuivre[1]. La circulation doit être couverte, jusqu'à concurrence d'un tiers au moins, par des monnaies ou des lingots d'or. Le chapitre VII de ses statuts, dont la dernière rédaction remonte à 1891, est entièrement consacré à ses rapports avec le Trésor public. Il prescrit que les opérations faites antérieurement en ce qui concerne les classes inactives (créances ne portant pas intérêt) cesseront, et que le Trésor en remboursera le montant à la Banque en 35 annuités qui représenteront le capital et l'intérêt à 5 pour 100. La Banque est autorisée à émettre des obligations en représentation de cette créance sur l'État, qui garantira ces titres. Elle est son caissier général à Lisbonne : elle est tenue d'avoir, dans toutes les capitales des districts administratifs du royaume et des îles adjacentes, des succursales ou agences, chez lesquelles les entrées et sorties de fonds pour compte du Trésor se font d'après les règles de la comptabilité publique.

La Banque, née en 1846 de la fusion de la Banque de Lisbonne et de la compagnie la Confiance nationale, était, de par son origine même, créancière du Gouvernement pour

---

1. L'émission au 31 décembre 1909 se composait de :

Billets or	62 385 546	milreis.
— argent	7 636 600	—
— cuivre	9 810	—
Total.	70 03_ 156	milreis.

une somme de 11 400 contos de reis [1], soit une soixantaine de
millions de francs. En 1887, cette dette était réduite à
3 464 contos. Mais, en renouvelant à la Banque, par la loi
du 29 juillet 1887, son privilège, l'État lui imposa de telles
obligations, que, douze ans plus tard, en 1899, elle lui avait
prêté 53 millions de milreis, dont la moitié était avancée
en compte courant, en vertu du contrat du 9 février 1895.
A ce moment, la circulation totale était de 67 millions, en sorte que les quatre cinquièmes étaient gagés par
une créance sur l'État. Rarement un établissement d'émission a été mis à contribution dans une pareille mesure par
un gouvernement, qui payait, sur cet énorme découvert, un
intérêt inférieur à 2 pour 100. D'autre part, la Banque aban-
donnait moitié des profits de l'escompte et des avances au
delà de 5 jusqu'à 6 pour 100, et la totalité de ses profits au
delà de 6 pour 100 ; elle partageait, en outre, ses bénéfices
avec le Trésor, après versement au fonds de réserve et prélèvement d'un dividende de 7 pour 100 en faveur des actionnaires.

Ces clauses ont été modifiées en 1891. Antérieurement à
cette date, sept autres banques, dont cinq à Porto, une à
Braga et une à Guimaraes, avaient également la faculté d'é-
mettre des billets, ayant cours dans leurs districts, mais non
admis dans les caisses de l'État. En vertu de l'arrangement
du 8 juillet 1891, la Banque de Portugal a été chargée d'u-
nifier la circulation fiduciaire et de retirer le papier de ces
sept banques. Les billets sont, dit la loi, « représentatifs de
monnaies métalliques aux termes de la législation en vigueur ».
Ils ont cours légal dans la partie continentale du royaume ;
pour les îles adjacentes, ce cours légal n'existe que dans un
rayon de 5 kilomètres autour des localités où la Banque a
des succursales ou agences, qu'elle est tenue d'établir dans
les chefs-lieux de districts administratifs. L'encaisse doit
toujours être égale au moins au tiers de la circulation et

---

1. Le milreis au pair vaut 5 fr. 58 ; un conto signifie 1 million de reis.

des dépôts à vue. Exceptionnellement, le Gouvernement peut réduire cette proportion au cinquième, mais sans que le total doive jamais descendre au-dessous de 3 millions de milreis. La circulation, ainsi couverte par une encaisse du tiers, ne doit d'ailleurs pas dépasser le triple du capital effectif; au delà de ce chiffre, chaque milreis de billets doit être couvert par du numéraire en quantité égale. Les billets sont remboursables à la Banque, dans ses agences et succursales : en temps de crise, elle peut, avec l'autorisation du Gouvernement, suspendre le remboursement. Après qu'un dividende de 7 pour 100 a été distribué aux actionnaires et qu'un prélèvement d'au moins 5 pour 100 a été opéré pour chacune des réserves ordinaire et extraordinaire, l'excédent des bénéfices se partage par moitié entre l'État et les actionnaires.

Le gouverneur est nommé pour trois ans par le Roi, qui peut le révoquer ou lui renouveler indéfiniment son mandat. Le vice-gouverneur est aussi choisi par le Gouvernement, sur une liste de trois directeurs, qui lui est soumise tous les ans par le conseil général de la Banque. Les pouvoirs du gouverneur sont très étendus : sans lui, rien ne se fait ; il peut arrêter l'exécution des décisions du conseil d'administration et même celles du conseil général s'il les juge contraires aux statuts et aux intérêts de l'État. Le secrétaire général, également nommé par le Gouvernement, s'assure de l'exécution des statuts et règlements, notamment en ce qui concerne la circulation fiduciaire, et fait un rapport annuel au Gouvernement. L'autorisation de celui-ci est nécessaire pour l'élévation des taux d'intérêt en vigueur. La Banque envoie chaque semaine au ministre un extrait de sa situation active et passive, indiquant l'encaisse, la circulation, les autres dettes; chaque année, un rapport du conseil et le bilan : le tout est publié au *Journal officiel*. La Banque ouvre au Gouvernement un compte courant, dans lequel celui-ci ne pourra être débiteur que jusqu'à concurrence d'un maximum fixé chaque année d'accord entre les deux parties : on devine laquelle des deux dicte les conditions de l'arrangement. La même convention déterminera les taux d'intérêt du débit et du crédit, et les garanties à fournir à la Banque. Au cas où il n'en serait pas conclu, le maximum du débit sera des deux neuvièmes de la circulation à la fin de la dernière année, et l'intérêt, celui que le Gouvernement aura payé en moyenne sur sa Dette flottante pendant la même période.

Dans un pays qui n'a cessé de lutter contre les difficultés financières, la banque d'émission privilégiée devait être mise à contribution dans une large mesure : c'est ce qui n'a pas manqué de se produire. Ici, comme en Espagne, l'expansion de la circulation de billets non remboursables en espèces a provoqué une baisse considérable du change. Cette dépréciation a commencé à s'accentuer en 1891. Le milreis, qui valait encore 5 fr. 30 en juin, tomba à 4 fr. 40 en juillet et à 4 fr. 20 en décembre. Jusqu'en octobre 1896, il oscilla entre 4 fr. 30 et 4 francs ; à partir de ce moment, la baisse prit une allure accélérée et atteignit son point extrême en mars 1898, avec une cote de 2 fr. 90 : la monnaie portugaise perdait alors à peu près la moitié de sa valeur nominale (5 fr. 58). Le relèvement commença à la fin de 1898 : le cours du milreis était à ce moment de 3 fr. 90 ; jusqu'en décembre 1903 il oscilla entre 4 francs et 4 fr. 40. En août 1906 il était remonté à 5 fr. 40, c'est-à-dire presque au pair ; en août 1907, il était revenu à 5 fr. 20 ; en 1909, il est retombé aux environs de 4 fr. 40 ; en avril 1910, il était à 4 fr. 80 ; en septembre 1910 à 5 fr. 25. En d'autres termes, la prime sur l'or, qui avait atteint 50 pour 100 en 1897, est tombée à moins de 7 pour 100, c'est-à-dire presque exactement ce qu'elle est en Espagne à l'heure où nous écrivons. Mais cette amélioration n'a pas été amenée par un changement dans la situation de la Banque du Portugal : d'autres facteurs sont intervenus, tels que les rentrées considérables de sommes dues par le Brésil et l'augmentation des exportations, qui ont relevé la valeur de la monnaie portugaise.

Nous donnons ci-après un résumé du bilan de la Banque

à 17 et 19 ans d'intervalle, aux 31 décembre 1890, 1907 et 1909 : ce qui frappe dans le rapprochement de ces documents, c'est l'augmentation énorme de la circulation, qui a presque décuplé de 1890 à 1907 et passé de 8 à 70 millions de milreis, et l'accroissement parallèle et proportionnellement plus considérable encore du découvert du Trésor. Son compte courant s'élève de 2 à 25 millions de milreis ; les contrats spéciaux passés entre l'État et la Banque, et qui ne sont autre chose que des avances également consenties par cette dernière, sont inscrits pour un chiffre de 21 millions au 31 décembre 1907, au lieu de 6 en 1890. Sans faire entrer en compte les 3 millions de rentes que la Banque possède, elle est aujourd'hui créancière de l'État à divers titres de 57 millions environ, c'est-à-dire d'une somme plus que triple de son capital et de ses réserves réunies, et égale aux quatre cinquièmes environ de sa circulation. Un cinquième seulement de cette dernière repose sur un portefeuille commercial. L'institut d'émission est accaparé par le gouvernement, qui lui demande sans cesse des nouvelles ressources et le paralyse de plus en plus. Le bilan du 31 décembre 1909 indique une augmentation assez sensible de l'encaisse métallique, qui était de 4 494 contos en 18'0, 9 901 contos en 1907 et 12 289 contos en 1909. Mais le portefeuille commercial a sensiblement diminué, alors que le compte courant débiteur du Trésor a encore grossi et que sa dette, du chef des contrats spéciaux, n'est réduite que dans une proportion insignifiante. Les conventions multiples par lesquelles les ministres des finances successifs s'engageaient à rembourser la Banque sont restées lettre morte. Le Portugal ne sortira de cette impasse qu'en suivant l'exemple de sa voisine et en entrant franchement dans la voie où l'Espagne a trouvé le remède à des maux semblables. Il ne peut songer à remettre ses finances en bon ordre qu'après avoir réformé tout d'abord la circulation fiduciaire, et cette réforme a pour condition indispensable le règlement des sommes que le gouvernement s'est procurées par l'émission de billets à cours forcé.

Dans son rapport sur l'exercice 1909, le Conseil d'administration résumait comme suit les obligations du Trésor vis-à-vis de la Banque au 31 décembre :

	Contos de reis.
Compte courant.	26 242
Classes inactives (loi du 29 juillet 1887). . .	4 936
— — (loi du 18 septembre 1897).	2 542
Prêt en vertu du contrat du 14 janvier 1893.	8 000
— — — 4 décembre 1891.	4 750
Contrats divers	206
Billets émis pour compte de l'État	4 458
Suppléments garantis	5 600
TOTAL.	56 734

Ce total était en diminution de 2 986 contos depuis le 31 décembre 1908. En faisant ressortir cette légère amélioration, le Conseil rappelait les services que la Banque rend à l'État, pour lequel elle remplit les fonctions de caissier central. Elle gère en outre la dette flottante extérieure, qui s'élève en ce moment à plus de 26 millions de francs. Le mouvement du compte du Trésor en 1909 a dépassé 300 000 contos de milreis, soit 50 000 de plus qu'en 1908. D'autre part, la participation de l'État aux bénéfices lui rapporte des sommes importantes : jointes aux impôts payés par la Banque, elles constituent un total qui, en 1908, atteignait 604 contos, à savoir :

	Contos de reis.
Participation aux bénéfices.	406
Patente, contribution foncière et industrielle du siège central et des succursales	135
Taxe sur le revenu prélevée sur le dividende .	19
Taxe sur le revenu due en vertu des divers contrats d'avance à l'État, prélevée sur les titres de la Dette publique et autres	44
TOTAL.	604

BANQUE DU PORTUGAL

BILANS COMPARÉS AUX 31 DÉCEMBRE 1890, 1907 ET 1909

ACTIF	31 DÉCEMBRE 1890		31 DÉCEMBRE 1907		31 DÉCEMBRE 1909	
	Contos de Reis [1].		Contos de Reis.		Contos de Reis.	
Caisse. { Billets	8 143 }	12 637	37 879 }	47 780	14 915 }	27 204
{ Métal	4 494 }		9 901 }		12 289 }	
Portefeuille commercial		8 549		22 264		17 696
— titres		3 512		5 044		5 205
Comptes de crédit et supplémentaires		2 039		4 897		7 748
Comptes divers		2 336		2 165		3 686
Contrats spéciaux avec l'État { Classes inactives.	5 829 }	6 156	8 369 }	21 634		20 425
et ses dépendances. { Divers	327 }		13 265 }			
Chez les correspondants (comptes courants)		947		613		850
Dividende du premier semestre		338		405		405
Édifices, meubles, machines et autres objets		462		1 038		737
Titres déposés		11 110		77 262		64 597
Prêts sur gages		2 222		1 956		1 764
Trésor public (compte courant)		1 860		25 757		26 244
TOTAUX		**52 169**		**212 815**		**176 558**
PASSIF						
Capital		13 500		13 500		13 500
Comptes divers		113		1 306		1 257
Correspondants		5 644		366		803
Titres déposés		11 111		17 262		64 597
Dépôts		1 904		1 601		1 707
Dividendes à payer		52		67		90
Fonds de réserve { fixe	1 187 }	1 454	2 597 }	3 032		2 700
{ variable	267 }		435 }			239
Profits et pertes		739		2 083		2 263
Billets de la Banque de Portugal { en circulation	8 605 }	16 748	70 967 }	108 846	70 032 }	84 947
{ en caisse	8 143 }		37 879 }		14 915 }	
Obligations des classes inactives		960		3 472		2 593
Junte de crédit public (son compte de dépôt)		»		1 380		2 162
TOTAUX		**52 169**		**212 815**		**176 558**

1. Le conto de reis = 1000 milreis. = 5050 francs (au chauge de novembre 1910).

Cette somme représente :

20.75 pour 100 du bénéfice brut.
26.78 — — du bénéfice net.
14,79 — — du dividende distribué aux actionnaires.

Le Portugal n'accapare donc pas seulement le crédit de son institut d'émission, mais il prélève une part notable de ses gains annuels. Nous ne ferions pas d'objections à ce partage, si les forces de l'établissement étaient, au préalable, rendues libres et mises au service du commerce, au lieu d'être uniquement les servantes du budget.

Dans l'exposé présenté aux Cortès le 6 mars 1909, le ministre des finances Espregueira a proposé une nouvelle convention, qui réduirait l'avance sans intérêt, consentie par la Banque au Trésor, à 7 millions de milreis. Il serait ouvert un compte amortissable, sans intérêt, de 32 900 000, qui comprendrait pour 12 900 000 le solde des prêts de 1891 et 1893, et pour 20 millions la somme retirée de l'avance permanente en compte courant. Le solde de la dette de l'État serait payé en titres de rente portant intérêt à partir du 1er juillet 1910. La circulation serait divisée en deux parties, correspondant l'une à ce compte de 32 900 000, l'autre aux affaires courantes de la Banque : la première devant diminuer graduellement. A l'heure où nous écrivons (novembre 1910), le projet n'a pas encore été voté par les Cortès. Il est à craindre que la révolution qui a renversé de son trône Manuel II ne retarde encore la solution du problème : elle présente d'ailleurs des difficultés de plus d'une sorte ; le total actuel de la circulation ne paraît pas dépasser les besoins du pays, qui s'est enrichi : non seulement il reçoit régulièrement des espèces en échange de ses produits exportés, et des remises qu'envoient ses nationaux établis au Brésil, mais il a opéré lui-même des placements en fonds étrangers, dont les revenus rentrent régulièrement et fortifient sa position économique. Il faudra dès lors que le législateur évite

une contraction trop rapide de la circulation fiduciaire, tout
en améliorant la base sur laquelle elle repose. Le retour
du change aux environs du pair semble démontrer que le
chiffre des billets dépasse peut-être pas les besoins de la
nation[1]. Les capitaux que restituerait l'État devront être mis
à la disposition des financiers et des industriels : ils aideront au développement du pays, à l'abaissement du loyer
de l'argent, à la consolidation du change et, en dernière
analyse, au raffermissement du crédit public. Ce serait le
cas d'appliquer le dicton populaire, « qui paie ses dettes
s'enrichit » : l'État retrouverait avec usure les sommes qu'il
aurait remboursées à la Banque, dans la plus-value des
impôts, l'élévation du cours des fonds publics, la diminution
des charges du chef du service des emprunts nouveaux, et
l'économie résultant de la disparition définitive de la prime
sur l'or.

1. Il convient de faire remarquer que, depuis la chute de la royauté, le
cours du milreis qui s'était élevé à 530 est retombé aux environs de 505.

COLONIES PORTUGAISES

La circulation fiduciaire dans les colonies portugaises est assurée par le *Banco nacional Ultramarino* (Banque nationale d'outre-mer), créé par décret royal du 12 août 1864 au capital nominal de 12 millions de milreis, correspondant à 66 millions de francs lorsque le milreis est au pair de 5 fr. 58, et dont 30 pour 100 ont été émis à l'origine. La loi du 27 avril 1901 a étendu à toutes les colonies son activité, et lui a imposé l'obligation d'ouvrir des agences dans la plupart des établissements portugais des Indes occidentales, de l'Asie et de l'Afrique. En février 1903, le capital émis fut porté à 5400 millions de reis dont 400 000 000 sont affectés aux opérations de prêt hypothécaire ; il devra graduellement atteindre 12 000 millions de reis. Jusqu'au 30 novembre 1911, la Banque a le monopole de l'émission dans les colonies avec une circulation limitée à 12 millions de milreis. Il existe des billets de 5, 10, 20 livres sterling ; des billets, payables en argent, de 1 à 100 milreis ; enfin des billets payables en cuivre, de 1 et 2 milreis. Les bénéfices, après prélèvement de 15 pour 100 pour la réserve et distribution de 8 pour 100 de dividende, se partagent entre l'État et la Banque. Celle-ci avance au Trésor, sans intérêts, 1 200 000 milreis, qui ne doivent être employés qu'aux colonies : dans toutes ses succursales et agences, elle fait le service de la Trésorerie coloniale. Elle paie une taxe annuelle de 1/4 pour 100 sur la circulation, jusqu'à 3 millions de milreis : au delà de ce chiffre, le taux augmente de 1/10 pour 100 par chaque 500 000 milreis.

BILAN DU BANCO NACIONAL ULTRAMARINO

AU 31 DÉCEMBRE 1909

Capital autorisé : 12 000 000 000 ; émis 5 400 000 000 reis.

ACTIF		Reis.
Caisse { espèces en caisse . . . . 387 158,800 {		930 039,143
— déposées chez d'autres banques . . . 551 880,343 }		
Fonds disponibles		2 446 192,470
Portefeuille (effets sur l'étranger,).		1 091 105,900
Effets sur le pays escomptés et endossés.		618 315,116
Effets à recevoir.		844 522,612
Emprunts et comptes courants sous caution : soldes débiteurs		942 375,977
Agents et correspondants : soldes débiteurs		231 590,605
Débiteurs divers.		2 886 616,195
Ministère de la Marine et des Colonies, compte courant du service des obligations 6 pour 100 garanties par le Gouvernement.		271 410,000
Succursales de la Banque aux colonies.		3 119 983,333
Immeuble de la Banque.		132 713,000
Meubles et installation		4 000,000
Titres en dépôt		6 976 664,400
Avances hypothécaires (loi du 27 avril 1901).		2 357 579,223
Comptes d'ordre		12 779 392,900
Dividende intérimaire de 1909.		151 796,700
TOTAL.		35 779 297,411

PASSIF		Reis.
Capital émis { pour opérations diverses . . . . 5 000 000,000 {		5 400 000,000
{ pour garantir les opérations de crédit foncier . . . . 400 000,000 }		
Fonds de réserve		810 000,000
Réserve pour liquidations au siège social et aux Colonies.		584 206,916
Dépôts à vue.		1 517 023,632
— à préavis.		126 919,483
Effets à payer.		192 730,605
Dividendes à payer.		22 359,000
Obligations 4 1,2 pour 100, émises		980 010.000
— 4 1/2 pour 100, amorties		1 620,000
— 6 pour 100, émises, garanties par le Gouvernement		274 410,000
— 6 pour 100, amorties, garanties par le Gouvernement, à rembourser.		21 420,000
— foncières coloniales, 6 pour 100 (loi du 27 avril 1901).		2 286 900,000
— foncières coloniales 6 pour 100 (loi du 27 avril 1901), amorties, à rembourser		26 910,000
Créditeurs divers.		2 539 796,787
Créditeurs de titres en dépôt.		6 976 664,400
Profits et pertes		559 636,586
Emprunts et comptes courants sous caution : soldes créditeurs. . .		336 967,270
Agents et correspondants : soldes créditeurs		322 329,602
Comptes d'ordre		12 779 392,900
TOTAL.		35 779 297,411

BANQUE NATIONALE SUISSE

La Suisse a vécu, jusqu'en 1908, sous le régime de la pluralité des banques d'émission : il découlait très naturellement d'une organisation politique fédérative, dans laquelle les cantons ont gardé une autonomie très marquée. Mais, sous l'influence d'idées centralisatrices tendant à fortifier, sur tous les domaines, l'autorité fédérale et à rendre le pays plus homogène et plus puissant vis-à-vis de l'étranger, le programme de la Banque unique a fait son chemin et a fini par se réaliser.

La première banque d'émission suisse fut établie en 1836 à Saint-Gall, les banques cantonales de Vaud et de Bâle en 1845, la banque de commerce de Genève en 1846 et la Banque de Genève en 1848. D'autres suivirent, si bien qu'en 1863 il existait 18 banques d'émission, ayant 42 agences : 11 d'entre elles avaient été fondées avec le concours des gouvernements cantonaux, qui possédaient une partie du capital, tandis que le capital des 7 autres avait été fourni exclusivement par des actionnaires particuliers. Jusqu'en 1875, ces établissements n'exerçaient guère leur activité en dehors du canton ou ils avaient été créés, et leurs billets ne sortaient que rarement de ses limites. Le développement des affaires leur fit sentir l'intérêt qu'il y aurait à s'entendre pour élargir leur champ d'action et ouvrir tout le territoire à leur circulation. La constitution fut revisée et le pouvoir de légiférer en matière de banque attribué à l'autorité fédérale. Toutefois il lui était interdit de conférer aucun monopole d'émission ni de donner cours légal aux billets.

La loi de 1875 réglementa les conditions d'émission : les banques devaient avoir une encaisse égale aux deux cinquièmes de leur circulation, sans que celle-ci, pour aucune d'elles, pût dépasser 12 millions de francs ; chacune devait être prête à rembourser les billets des autres : à la fin de 1873, elles étaient au nombre de 28. La loi du 8 mars 1881 imposa de nouvelles restrictions, en limitant la circulation au double du capital versé et réellement existant, le minimum de ce même capital étant fixé à un demi-million. La partie de la circulation dépassant l'encaisse devait être couverte par des titres ou un portefeuille d'effets de commerce. Les billets, d'un modèle uniforme, étaient créés par les autorités fédérales et remis par l'inspection aux banques. Toute banque cessant d'émettre des billets devait verser au gouvernement une quantité d'espèces égale à celle de sa circulation, moyennant quoi la Confédération devenait responsable du remboursement. Un impôt fédéral de 1 pour 100 l'an frappait les billets, qui pouvaient également être taxés par les cantons. En résumé, la loi de 1881 organisait la liberté des banques, à condition pour elles de se soumettre aux prescriptions légales. La Confédération s'était toutefois réservé le droit de fixer le total de la circulation et de la répartir entre les divers établissements : 26 de ceux-ci, désignés du nom de banques concordataires, avaient adhéré à une Chambre de compensation organisée par la loi du 19 juin 1882, au moyen de laquelle elles échangeaient leurs billets entre elles.

Ce système a fait place à celui de la banque unique, dont le principe fut consacré par un *referendum* populaire approuvant un amendement à la constitution, en vertu duquel le Conseil fédéral seul a désormais le droit de réglementer la circulation. Usant de ce pouvoir, il a, par un arrêté du 16 janvier 1906, mis en vigueur la loi fédérale votée le 6 octobre 1905. Le 9 février 1906, il a adressé aux cantons et aux banques qui jouissaient du droit d'émission une circulaire les invitant à déclarer au département fédéral des finances, avant le 25 mars 1906, s'ils entendaient participer à la souscription du capital de la Banque nationale. Les trois cinquièmes de ce capital, soit 30 millions de francs, étaient réservés aux cantons et aux banques, qui les souscrivirent. Les deux autres cinquièmes furent mis en souscription publique, du 5 au 9 juin 1906 ; ils ont été attribués à 12 256 actionnaires particuliers, qui reçurent ainsi 40 000 actions de 500 francs, [tandis que 23 cantons en avaient 38 764 et 37 banques d'émission, 21 236 : au total, 100 000 actions libérées de moitié, soit de 250 francs chacune.

L'assemblée générale des actionnaires nomma 15 membres du conseil, 3 membres et 3 suppléants de la commission de contrôle. Le conseil fédéral désigna les 23 autres membres du conseil, qui a lui-même élu 5 de ses membres pour former, avec son président et son vice-président, le comité de banque. Au commencement de 1907, le conseil fédéral a nommé les membres de la direction générale. Le conseil de banque a formé les comités locaux des succursales de Bâle, Berne, Genève, Saint-Gall, Zurich, Neufchatel, Lausanne, Lucerne, ainsi que les directions locales. Les gouvernements de dix cantons, en vertu de l'article 4 de la loi constitutive, ont demandé qu'une agence fût établie sur leur territoire et confiée à leur banque cantonale, dans les villes d'Aarau, Fribourg, Coire, Soleure, Rheinfelden, Altdorf, Schwyz, Bellinzone, Lugano, Sion. La circulation de la Banque nationale s'élevait, le 31 décembre 1908, à 204 millions ; à la même date, celle des autres banques d'émission suisses était de 73 millions, au lieu de 235 au 15 juin 1907, et ne représentait plus déjà que le quart de la circulation totale de la Confédération. Au 31 décembre 1909, la circulation de la Banque nationale était de 261 millions et celle des anciennes banques, de 25 millions ; à la fin de 1910, la première seule subsistera : tous les autres billets auront été retirés.

Le bilan de la Banque ne porte pas trace d'avances faites à la Confédération. L'actif comprend essentiellement 140 millions d'encaisse et 153 millions de portefeuille, dont un quart environ est composé de traites sur l'étranger. L'Etat, loin d'être débiteur de la Banque, est au contraire son créancier, du chef de l'indemnité qu'il a versée aux cantons pour les dédommager de la reprise du droit d'émission et que la Banque devra lui rembourser ultérieurement, avec intérêt à 3 1/2 pour 100 l'an, sur ses bénéfices. La Banque n'est donc pas jusqu'ici sortie de son rôle qui, d'après la loi constitutive du 6 octobre 1905, consiste à servir en Suisse de régulateur au marché de l'argent et à faciliter les opérations de paiement. Elle peut être chargée du service de Trésorerie de la Confédération, qu'elle est tenue de faire gratuitement si la demande lui en est faite. La contre-valeur des billets en circulation doit être représentée par des espèces légales, des lingots d'or, des monnaies d'or étrangères, ou des effets de change escomptés sur la Suisse ou sur l'étranger. La réserve métallique doit s'élever au.moins à 40 pour 100 des billets en circulation. Après prélèvement, en faveur de la réserve, du dixième des bénéfices, jusqu'à concurrence d'un maximum annuel de 500 000 francs et d'un total égal aux trois dixièmes du capital versé, un dividende de 4 pour 100 est distribué aux actionnaires; le surplus est employé d'abord à payer aux cantons l'indemnité qui leur a été promise au moment du retrait du droit d'émission qui leur était antérieurement concédé; le reste est réparti à raison de deux tiers aux cantons en proportion de leur population et d'un tiers à la Confédération.

Celle-ci exerce une surveillance générale sur la Banque nationale et concourt à son administration : 1° par ses représentants dans le conseil de la Banque, nommés par le Conseil fédéral; 2° par la nomination de la direction générale et des directions locales; 3° par l'approbation réservée au Conseil fédéral des règlements, du rapport de gestion et des comptes annuels; 4° par un rapport du Conseil fédéral à l'Assemblée fédérale; 5° par les organes spéciaux relevant du Département fédéral des finances, dont la nomination est réservée exclusivement au Conseil fédéral, et dont les fonctions sont déterminées par la loi sur l'organisation du département des finances. La durée du privilège a été fixée à vingt ans, c'est-à-dire jusqu'en 1927. Si la Confédération décide de le renouveler, elle le fera par périodes de dix ans. Sinon elle se réserve le droit, moyennant dénonciation préalable d'un an, de reprendre l'actif et le passif, sur la base d'un bilan établi d'un commun accord, ou, s'il y a contestation, par arrêt du tribunal fédéral. En cas de transfert de la Banque à la Confédération, les actions sont remboursées au pair; les actionnaires ont droit à un tiers du fonds de réserve, dont un autre tiers va aux cantons, en raison de leur population, et le dernier tiers à la Confédération, qui le verserait à la nouvelle Banque d'émission.

L'idée maîtresse qui a présidé à cette organisation a été celle de créer un organe distinct de la Trésorerie fédérale, ayant sa vie propre, mais ne jouissant pas de la liberté d'un établissement privé. « Entre une Banque d'Etat dont l'Etat fournirait seul le capital », disait le message du Conseil fédéral du 13 juin 1904, « dont il assumerait seul la direction et la responsabilité et dont le crédit se confondrait avec le sien, et une banque privée à laquelle on concéderait le droit exclusif de créer et de faire circuler la monnaie fiduciaire sous la surveillance de l'Etat, mais à laquelle on abandonnerait le pouvoir de composer à son gré toute l'administration, il y a place pour bien des combinaisons intermédiaires. On peut concevoir une organisation qui, sans être celle d'une banque d'Etat, en réalise cependant certains caractères. Cela dépend à la fois de la mesure dans laquelle la loi fait intervenir l'Etat dans le régime intérieur de la banque, de la désignation de ses organes, et de la mesure dans laquelle elle limite les droits des actionnaires et leur participation aux avantages financiers de l'institution; cela dépend de la place qui est faite à l'élément actionnaire privé au regard de celle qui est faite aux pouvoirs publics. » La Banque a donc le double caractère d'une banque particulière et d'une banque d'Etat : le premier résulte de ce que le capital privé y est admis, et de ce qu'elle a une existence autonome; le second, de ce que les trois cinquièmes du capital

appartiennent à la Confération, aux cantons, aux banques
cantonales, et de ce que la Confédération nomme la majorité des membres du conseil et les directeurs. Le problème
se compliquait en Suisse à cause de la nature fédérale de la
République et de la nécessité où se trouvait la Confédéraion
de fournir aux cantons des ressources équivalentes à celles
que leur enlevait la suppression du droit d'émission de leurs
banques : une base équitable a été trouvée dans le principe
de la répartition annuelle, calculée en partie d'après la population, et en partie d'après le chiffre de la circulation antérieure de chaque banque cantonale.

La Banque nationale suisse est encore trop jeune pour qu'il
soit possible de la juger. Il est permis de dire que la conception en paraît raisonnable, et que les rapports avec les
autorités publiques, tant fédérales que cantonales, sont établis
sur des bases équitables. Il sera intéressant d'en suivre les
développements et de voir en particulier quelle influence
elle exercera sur l'allure des changes étrangers, qui avaient
pendant longtemps été défavorables à la Suisse et qui paraissent s'améliorer depuis que la circulation fiduciaire émane
d'un établissement unique. C'est un des services que la nouvelle organisation aura rendu au pays.

Le rapport sur le deuxième exercice, clos le 31 décembre
1909, approuvé par le Conseil de l'établissement le 26 février 1910, soumis à la Commission de contrôle et approuvé
par le Conseil fédéral le 9 mars suivant, constate les progrès
faits par la Banque, qui prend rapidement la place des autres
instituts d'émission appelés à s'effacer devant-elle. La circulation de ses billets a passé, en un an, de 204 à 261 millions
et représentait en fin d'année 91,39 pour 100 de la circulation
totale du pays, au lieu de 73,48 pour 100 un an auparavant. La moyenne de la couverture métallique des billets
a été en 1909 de 71,41 contre 72,95 pour 100 en 1907.
Le mouvement total des comptes des administrations
fédérales a atteint 1 411 millions contre 886 en 1908. Sur
le montant des bénéfices, il a été prélevé un dividende

de 4 pour 100, soit un million de francs. Le reliquat de
183 800 francs revenait à la Caisse fédérale. Mais, comme il
était dû, pour l'exercice, 1 967 579 francs d'indemnités aux
cantons, il n'a rien été versé à la Confédération. Ce n'est que
lorsque le rachat du droit d'émission aura été entièrement
réglé que celle-ci entrera en jouissance effective de sa part
de bénéfices, qui pourra plus tard fournir un appoint honorable aux ressources budgétaires. Le tableau ci-après résume
les mouvements de la circulation suisse au cours de l'année
1909 :

DATES	CIRCULATION de la Banque nationale suisse.	CIRCULATION des autres banques d'émiss. suisses.	CIRCULATION totale de la Suisse.
	Millions de francs.	Millions de francs.	Millions de francs.
31 décembre 1908 . . .	204	73	277
30 juin 1909	196	48	244
31 décembre 1909 . . .	261	25	286

L'idée que la Confédération helvétique poursuivait en
instituant la banque unique avait été indiquée dans le remarquable discours que le conseiller fédéral Comtesse, chef du
Département des finances, a prononcé à l'assemblée constitutive du 23 août 1906. « Un grand résultat, disait-il, a été
obtenu par la loi qui a décrété la création d'une banque
unique d'émission. Ce résultat était désiré et attendu depuis
longtemps par tous ceux qui estimaient que le régime de la
pluralité des banques d'émission, malgré l'existence entre
elles d'un lien concordataire, et malgré les efforts louables
qu'elles ont faits pour régulariser la circulation, ne répon-
dait plus aux nécessités commerciales grandissantes du pays
et ne pouvait lui donner des garanties suffisantes pour une
bonne circulation fiduciaire et la sécurité de son crédit.
L'expérience avait prononcé. Le besoin d'unité dans ce
domaine s'était imposé ailleurs : il devait s'imposer chez nous.
Tous les États qui nous entourent ont successivement gra-

vité vers l'unité en matière d'émission. Cette tendance a amené la création de la Banque de France, a imprimé une direction nouvelle à la circulation fiduciaire de l'Angleterre, a fait remplacer en Belgique la Société générale et la Banque de Belgique par la Banque nationale, a fait proroger pour une nouvelle période le privilège de la Banque de Hollande, a dicté les dispositions de la loi autrichienne et a mis fin en Allemagne au morcellement des souverainetés en matière de banques d'émission et à la concurrence de ces banques ; elle a fait entrer les banques américaines dans une voie nouvelle d'unité et de restriction quant à l'émission de la monnaie de papier.

« Nous ne faisons donc que nous conformer à une expérience qui a été faite dans d'autres pays, où l'on a reconnu depuis longtemps que la régularité et la sécurité de la circulation ne pouvaient être convenablement assurées qu'en conférant à un établissement financier unique la faculté de mettre en circulation du papier et de régler cette circulation suivant les besoins du marché national..... Ce ne sont pas des banques multiples et souvent concurrentes, obéissant à des impulsions diverses, n'ayant d'autre boussole que celle de leur intérêt, vivant dans leur sphère limitée d'action, qui sont en état de régler l'extension ou le resserrement de la circulation fiduciaire, d'après les besoins du pays et l'état de la circulation métallique. Il n'y a qu'une banque unique, à laquelle se rattacheront des agences et des succursales répandues sur tout le territoire, qui sera douée de la puissance nécessaire pour pouvoir connaître les besoins du marché, surveiller et régler la circulation et constituer une réserve suffisante pour faire face à toutes les éventualités. Elle devra fonctionner comme un régulateur suprême et désintéressé, ouvrant ou fermant l'écluse pour régler les mouvements de la circulation au niveau des besoins, sans qu'il y ait surabondance de papier à certains moments ou disette dans d'autres. Elle devra toujours avoir l'intérêt public comme premier mobile de ses déterminations et ne jamais oublier que le monopole qui lui a été concédé ne l'a pas été dans le but d'arriver à réaliser de très grands bénéfices, mais avant tout dans le but supérieur de faire profiter le public tout entier des bienfaits d'une bonne circulation fiduciaire et de tout ce qui pourra favoriser le développement de l'escompte commercial..... A nous maintenant de travailler à la forte existence de cette institution, en lui assurant le respect du pays. Nous demandons aux cantons de faire bonne garde autour d'elle, puisqu'ils doivent recueillir la plus grosse part de ses bénéfices et puisqu'ils trouveront en elle, pour leur budget, un aliment précieux et qui ira sûrement en grandissant avec les années. Nous demandons à notre peuple de l'entourer de sa confiance, avec la certitude que la possession d'une telle force bien dirigée aura sur la fortune, sur le crédit, sur les destinées de notre patrie, une action profonde et qu'elle sera, avec ses ressources, avec son encaisse métallique, avec toute son organisation, le plus puissant instrument de défense de notre crédit, de notre sécurité commune, et la ressource suprême de notre pays dans les temps de crise et de danger. »

Les pouvoirs publics sont intervenus en Suisse pour organiser un instrument aussi parfait que possible, et ils ne songent jusqu'ici qu'à tenir son crédit à la disposition de la communauté. Leur doctrine est la vraie : ce crédit ne doit être mis à contribution par l'État qu'aux jours de crise et doit être laissé intact aux époques de paix. Nos voisins helvétiques sont assez sages pour rester fidèles à ce programme. L'organisation fédérative est, sous ce rapport, une garantie : les cantons ne permettraient pas volontiers à l'autorité centrale d'user à son profit de la Banque, dont ils détiennent en partie le capital et dont les revenus alimenteront un jour leurs budgets. En faisant la part des différences qui résultent de la constitution politique des deux pays, on peut relever des analogies intéressantes entre la conception de l'institut d'émission, tel qu'il fut créé en Belgique il y a soixante ans, et celle de la plus jeune des banques européennes. Si l'on fait abstraction de la possession par les Cantons et les banques cantonales des trois cinquièmes du capital, tandis que la totalité de celui de la Banque nationale belge est entre les mains des particuliers, on est frappé de la similitude du langage que tenait Frère Orban en 1850 et des paroles prononcées par M. Comtesse en 1906. Dans l'un et l'autre cas, les orateurs, qui parlent au nom du Gouvernement, insistent sur la nécessité d'avoir en vue l'intérêt de la communauté ; ni l'un ni l'autre ne réclament l'aide de la Banque pour les finances publiques ; ils la considèrent comme la gardienne et la régulatrice de la circulation fiduciaire, dont ils n'admettent pas un seul instant que la garantie pourra être fournie autrement que par des éléments commerciaux.

Le bilan de la Banque nationale suisse au 31 décembre 1909 que nous reproduisons ci-après est d'une grande simplicité. La circulation y est couverte par 53 pour 100 d'encaisse ; celle-ci est presque entièrement composée d'or, soit en monnaies de l'Union latine, soit en lingots ; l'argent, sous formes d'écus de la même Union et de monnaies divisionnaires, ne représente que 15 millions, environ le dixième du total des espèces. Le portefeuille de 153 millions comprend 42 millions d'effets sur l'étranger, soit 27 pour 100 du total. Deux cinquièmes du capital versé sont placés en fonds publics ; les avances sur nantissement, qui s'élèvent à 14 millions, n'atteignent pas un dixième du chiffre des lettres de change escomptées. Les administrations fédérales figurent, pour les sommes dont elles sont créditrices, au passif, parmi les comptes de dépôt. L'établissement est d'ailleurs trop jeune encore pour qu'il soit possible de juger sa conduite et de mesurer toute la portée de l'action qu'il est appelé à exercer sur la vie économique de la Suisse : mais il est permis de croire que, grâce aux garanties dont son organisation a été entourée, il fonctionnera correctement et saura éviter les écueils auxquels tant de banques d'émission se sont heurtées chez d'autres nations.

BANQUE NATIONALE SUISSE

BILAN ARRÊTÉ AU 31 DÉCEMBRE 1909

ACTIF		francs
Capital-actions non versé.		25 000 000 »
Caisse. — Monnaies d'or de l'Union latine	101 474 720 »	
Or en lingots.	22 159 931,80	
Monnaies d'or étrangères.	329 552,08	
Écus.	14 412 545 »	
Monnaies d'appoint . . .	481 961,09	140 406 020,89
Billets de banques d'émission suisses	1 307 750 »	
Billets étrangers	259 210,42	
Autres valeurs en caisse.	300,50	
Portefeuille. — Effets sur la Suisse .	111 044 576,63	153 829 430,48
Effets sur l'étranger .	42 784 853,85	
Effets à l'encaissement.		218 332,24
Correspondants		33 855 607,13
Chèques postaux. . . . . . ?		985 405,17
Débiteurs divers.		469 185,76
Avances sur nantissement		14 701 719,55
Fonds publics		10 836 972,50
Coupons.		225 881,95
Bâtiments de la banque		4 699 893,15
Mobilier		353 000 »
Intérêts prorata. — a) Avances sur nantissement	174,50	
b) Fonds publics.	74 478,95	74 670,60
c) Bâtiments de la banque.	17,15	
Compte de frais d'établissement à amortir		376 000 »
TOTAL.		386 027 119,72

PASSIF		
Fonds-capital		50 000 000 »
Réserve légale.		201 712 »
Compte d'attente en faveur d'une institution de prévoyance pour le personnel		20 000 »
Billets en circulation.		261 515 050 »
Avoir en comptes de virement.		29 403 802,28
Administrations fédérales et comptes de dépôts. . .		41 017 830,73
Créanciers divers.		1 404 203,08
Mandats généraux et dispositions en circulation. . .		630 523,38
Réescompte		516 792,80
Coupons n° 1 impayés.		972 »
Bénéfice net		1 315 333,43
TOTAL.		386 027 119,72

TURQUIE

La Turquie est au nombre des pays qui ont accordé le privilège d'émettre des billets à un établissement unique ; mais elle a eu recours, à bien des reprises, à la création de papier-monnaie, particulièrement aux époques, nombreuses dans son histoire, où elle a lutté contre de graves difficultés financières. Dès 1854, au moment où la guerre de Crimée l'oblige à des dépenses extraordinaires, elle ne se contente pas d'emprunter, en émettant à Londres et à Paris des titres gagés par le tribut d'Égypte ou garantis par ses deux alliées, la France et l'Angleterre : elle crée des billets (*schim* et *kaïmes*) pour une valeur de 150 millions de francs. A côté de ces billets circulent d'innombrables engagements du Trésor à court terme, dettes de l'Arsenal, du Palais, du Ministère de la guerre, bons de toute nature, connus sous le nom de *serghis* et qui constituent une sorte de monnaie circulant dans les cercles financiers. Le papier-monnaie proprement dit perdait, en août 1858, presque la moitié de sa valeur : il fallait donner 188 livres turques sur papier pour obtenir 100 livres métalliques [1]. Un effort pour en retirer la majeure partie fit un moment baisser le cours à 120. Le Gouvernement tenta alors de s'en débarrasser complètement

---

1. La livre turque vaut 22 fr. 80 et se divise théoriquement en 100 piastres. Par suite d'une mauvaise organisation monétaire, de la difficulté des communications et d'habitudes locales invétérées, la valeur de la livre exprimée en piastres, ou plutôt le change de la livre en piastres, varie dans des proportions extraordinaires sur le territoire ottoman. L'écart va du simple au double : alors que sur les confins lointains de l'Arabie, la livre vaut souvent moins de 100 piastres, elle s'échange parfois contre 170 piastres et davantage dans certaines villes où il y a surabondance de monnaie divisionnaire.

et établit une contribution extraordinaire, levée une seule fois et destinée exclusivement au retrait des *kaïmes*. Comme ceux-ci ne circulaient qu'à Constantinople, la province s'étant toujours refusée à les recevoir, l'impôt n'était demandé qu'aux habitants de la capitale ; il était assis sur la valeur locative des immeubles et le loyer des locaux affectés au commerce et à l'industrie, à raison de 5 pour 100 dans le premier cas, 10 pour 100 dans le second. Il était payable en kaïmes, qui devaient être annulés, séance tenante, par les percepteurs, en présence des contribuables. Mais la détresse était telle qu'en septembre 1860 la Porte, n'ayant même plus de quoi payer la nourriture de la garnison de la ville impériale, remit en circulation 45 millions de piastres de kaïmes. La dépréciation de ce papier fut rapide : en décembre 1861, elle était de plus des deux tiers, le cours du métal dépassant 300 pour 100. L'année suivante, le gouvernement réussit à conclure un emprunt de 8 millions de livres avec la Banque ottomane et la maison Devaux, et retira près d'un milliard de piastres de papier-monnaie. Puis la Banque ottomane fut investie de son privilège.

Lorsque, le 7 octobre 1875, parut la déclaration de faillite de la Turquie, qui annonçait ne vouloir payer pendant cinq ans que la moitié des coupons de sa dette, on était à la veille d'événements politiques considérables : les guerres serbe, puis russe, ne tardèrent pas à éclater. La planche aux assignats fut de nouveau mise en mouvement : 2 millions de livres en août 1876, 1 million le 11 novembre, 7 millions en janvier 1877, 6 millions encore en septembre, inondèrent le marché. Mais le bien allait sortir de l'excès du mal. Quatre ans plus tard, en 1881, la Commission internationale de la Dette turque était constituée, une ère nouvelle commençait, au cours de laquelle le sort des créanciers étrangers devait s'améliorer lentement, mais sûrement. Depuis lors, le papier-monnaie a disparu et, seuls, les billets de la Banque impériale ottomane circulent. Le chiffre ne s'en accroît guère, ce qui s'explique par les connaissances rudimentaires, en matière financière, de la majeure partie de la population, encore habituée à règler en espèces ses transactions. D'autre part, le souvenir des maux que les kaïmes infligèrent à la capitale n'est pas entièrement effacé, et ce serait demander beaucoup aux sujets du Sultan que de mesurer la distance qui sépare le billet d'une banque administrée par les premiers financiers de la France et de l'Angleterre du papier jadis émis par le Trésor ottoman. Quoi qu'il en soit, celui-ci appartient désormais à l'histoire : la stabilité du change étranger, qui n'a guère varié depuis de longues années, a été une des conséquences de sa disparition.

Un seul établissement, la Banque ottomane, est investi aujourd'hui du droit d'émettre des billets dans l'Empire. Son activité a plutôt consisté en avances incessantes faites à la Sublime Porte qu'en opérations commerciales régulières, auxquelles un développement de sa circulation eut dû correspondre, alors que, depuis de nombreuses années, elle est restée à peu près stationnaire aux environs de 20 millions de francs. Le monopole de l'émission des billets au porteur fut conféré à une banque qui existait à Londres depuis 1856, et dont les statuts furent transformés pour la circonstance. Le nouveau capital fut fixé à 2 700 000 livres turques, dont moitié versée : il a été plus tard porté à 10 millions de livres sterling, libérées aussi de 50 pour 100. Dès ce moment, la Banque prit une part active aux nombreuses transactions financières qui se traduisaient par des émissions d'emprunts ottomans, à jet continu. La Porte n'a pas cessé, au cours de l'existence bientôt demi-séculaire de la Banque ottomane, de faire des appels nombreux et réitérés aux ressources de cette société. Mais comme l'usage des billets est peu répandu dans le pays et que la formidable dépréciation qui, à diverses reprises, a atteint le papier du Trésor rend les habitants particulièrement méfiants à cet égard, ce n'est pas en contraignant la Banque à procéder à des émissions excessives que le Gouvernement l'a mise à contribution. Il a eu recours, en général, à des avances, consenties sous forme d'une dette flottante qui se renouvelait, se prolongeait, s'amplifiait de toute manière et qui, de temps à autre, lorsque les proportions en devenaient excessives, se consolidait par la création d'obligations à long terme, de titres de rente que la Banque écoulait dans le public, de façon à recouvrer des disponibilités et à se préparer à répondre à de nouvelles demandes de concours de la part du *Malieh* (ministère des finances).

La Banque impériale ottomane avait reçu, le 4 février 1836, pour 50 ans, le privilège exclusif d'émettre des billets au porteur, remboursables à présentation au lieu de leur émission. Néanmoins, dit l'article 9 de l'acte de concession, les billets des succursales pourront être remboursés à Constantinople lorsque l'administration de la Banque le trouvera convenable, et les billets émis à Constantinople pourront l'être aux succursales. Les billets de la Banque auront cours légal dans les circonscriptions de leur émission, et là où des succursales seront établies; partout ailleurs, ils pourront être reçus dans les caisses publiques après entente avec le Gouvernement : rédigés en langue turque, ils porteront le sceau du haut commissaire impérial. La Banque, à ses débuts, a dû maintenir pendant deux ans une encaisse égale à la moitié de sa circulation. Depuis 1868, cette proportion est réduite au tiers. En fait le montant de l'encaisse représente aujourd'hui plusieurs fois celui des billets. Le Gouvernement s'est engagé à n'émettre aucune espèce de papier-monnaie pendant la durée de la concession et à n'autoriser l'établissement d'aucune autre banque ayant pareil privilège. La Banque est placée sous la haute protection du Sultan et sous la surveillance de son Gouvernement, afin, dit l'article 2, que les principes de cette concession et les lois générales de l'Empire soient respectés et mainte..as dans toutes ses opérations.

La convention du 17 février 1875 apporta aux statuts primitifs des modifications importantes. Elle étendit et précisa le rôle du haut commissaire, qui a le droit de prendre connaissance de la gestion de la Banque et de veiller à la stricte et

fidèle exécution du firman de concession, des statuts et du
règlement spécial de 1875. Il asiste aux assemblées générales, aux réunions du conseil de Constantinople et s'oppose
à toute résolution, qu'il juge contraire aux dispositions des
dits actes. Il contrôle l'émission des billets, surveille les
relations de la Banque avec le Trésor. La Banque est représentée de droit par un de ses administrateurs ou directeurs
dans la commission du budget. Elle remplit les fonctions
de Trésorier-payeur général de l'Empire. Tous les ans, un
mois au moins avant le 1er/13 mars, début de l'année turque,
elle doit recevoir une copie détaillée du budget de l'exercice
à courir. Ce n'est plus l'État qui contrôle la Banque; c'est
la Banque qui semble érigée en surveillante des finances
publiques : hâtons-nous de dire que cette fonction n'a pas été
remplie dans la mesure indiquée par la convention de 1875.

Le Gouvernement s'engageait à verser dans les caisses de
la Banque, à l'exclusion de tout autre établissement, tant à
Constantinople que dans les provinces, tous les revenus
quelconques de l'Empire, à quelque titre et sous quelque forme
qu'ils soient perçus, et à prendre toutes les mesures nécessaires
pour que la totalité des revenus de l'Empire arrive dans les
caisses de la Banque; celle-ci sera chargée du paiement de
toutes les dépenses publiques effectuées tant à l'intérieur de
l'Empire qu'à l'étranger, dans les limites des prévisions et
des ressources budgétaires. Ces prévisions ne pourront être
dépassées, si ce n'est dans les cas urgents et extraordinaires
visés dans le règlement organique du budget, dont une copie
est remise à la Banque. La Banque veillera à ce que les services de la Dette publique soient assurés, en prélevant sur
les encaissements les fonds nécessaires. Elle sera chargée,
pour le compte de l'État, et à l'exclusion de tout autre établissement, de la négociation, soit en Turquie, soit à l'étranger, des bons du Trésor et autres effets de trésorerie émis
par le Gouvernement pour suppléer aux retards dans le
recouvrement des revenus. Une loi annuelle de finances,
publiée simultanément avec le budget, fixera le chiffre de

ces bons et autres valeurs de trésorerie qui pourront être émis, et ne pourront l'être que par le ministre des finances. Les crédits extraordinaires devront être approuvés par la commission du budget et couverts par une attribution de ressources nouvelles et spéciales. Ces crédits, qui ne pourront jamais avoir pour effet de porter les avances en compte courant de la Banque au delà d'un maximum de 2 700 000 livres sterling, égal au chiffre de son capital primitif, seront réalisés, soit au moyen d'une émission supplémentaire de bons du Trésor, autorisée par une loi rendue publique et qui aurait lieu pour le compte de l'État par les soins de la Banque, soit au moyen d'un emprunt public également approuvé par une loi.

La Banque sera l'agent financier du Gouvernement tant au dedans qu'au dehors de l'Empire, sans préjudice du droit de celui-ci de s'adresser à d'autres maisons ou établissements pour ses emprunts publics. Toutefois elle jouira d'un droit de préférence, à conditions égales, pour toute négociation ou émission, par voie d'escompte ou de prise ferme, de bons du Trésor ou autres effets de trésorerie ; il demeure de plus entendu que les négociations, pour compte de l'État, de ces valeurs, se feront exclusivement par les soins de la Banque. Le Gouvernement, pour favoriser la propagation des billets, s'engage à unifier la circulation métallique en démonétisant les pièces de mauvais aloi. Il donne à la Banque, à titre de bail gratuit, un terrain pour la construction d'un bâtiment nécessaire à ses opérations ; il lui accorde la protection militaire indispensable à la sécurité du siège principal et des succursales. Elle est exempte, ainsi que ses succursales, de toute espèce de taxe et d'impôt ; il en est de même pour ses actions, billets, mandats de virement, mandats postaux et chèques.

Un règlement, signé le même jour (5/17 février 1875) par Hussein-Avni, déterminait les rapports de la Banque avec le ministère des finances, les vilayets et les divers départements administratifs de l'État, pour l'encaissement des revenus et le paiement des dépenses de l'Empire. Le ministère

des finances remettra à la Banque le tableau des délégations de recettes (*havalés*) émises par lui. Tous les revenus
de Constantinople seront versés à la Banque, ainsi que ceux
des villes où elle aura une agence ou succursale. Les autres
vilayets expédieront à la direction de la Banque à Constantinople, avec le bordereau récapitulatif de leurs opérations,
leurs pièces de dépenses et l'excédent de leurs recettes.
En un mot, la Banque était associée à toutes les opérations
financières de la Turquie ; elle centralisait les recettes et les
dépenses ; elle devenait la gardienne du Trésor et le contrôleur du budget. Si les prescriptions des accords de 1875
eussent pu être observées, la Banque eût exercé la plus heureuse action sur les finances turques ; elle tenait les cordons
de la bourse, ne devait rien dépenser au delà des crédits
budgétaires légalement ouverts, et n'avait le droit de faire
des avances que dans des cas et pour des sommes strictement définis. « Sauf le cas de force majeure et les circonstances extraordinaires prévues par la loi du budget général
de l'Empire », disait l'article 7 du règlement, « il est formel-
lement interdit à la Banque d'effectuer aucun paiement qui
ne serait pas compris dans le budget, lors même que ce
paiement ferait l'objet d'un ordre exprès du ministère des
finances. » Et l'article 12 ajoutait : « Toute somme restant à
la Banque, au débit ou au crédit du Trésor à la fin d'un
exercice, devra être portée au débit ou au crédit du compte
de l'exercice suivant et servir de point de départ aux opérations de cet exercice. » De cette façon, la situation vraie
du Trésor apparaîtrait sans retard, et un découvert, ne pouvant être dissimulé au delà d'un exercice, devait être équi-
libré l'année suivante.

Malheureusement le désastre des finances nationales fut
tel que la sagesse des signataires de cette convention se trouva
impuissante et que les règlements ne furent pas appliqués.
Les droits conférés à la Banque étaient bien, comme le disait
son président Thomas Bruce, « sans précédent dans l'histoire
des compagnies ou des institutions financières du monde ».

Mais elle ne put en user, en face des besoins effroyables
du Palais, des administrations, et des déficits que la guerre
russe ne tarda pas à créer. Dès la première année de son
existence, la Banque avait émis pour le compte du Gouvernement un emprunt de 200 millions de francs rapportant
6 pour 100 d'intérêt; en 1865, un autre de 150 millions du
même type. En 1874, elle avait pris 15 millions de livres
de capital de la dette 5 pour 100 au cours de 40; en juin 1875,
elle avance au Gouvernement 800 000 livres pour lui permettre de payer le coupon de juillet de sa rente : le total
de son découvert atteint près de 100 millions de francs. Au
mois d'octobre, la Porte, succombant sous le poids d'une
dette qui dépassait 5 milliards de francs, annonce que dorénavant elle ne paiera en espèces que la moitié de ses coupons, l'autre moitié en titres rapportant 5 pour 100 d'intérêt. Dès le mois d'avril 1876, la banqueroute était complète;
le demi-coupon annoncé n'avait été payé qu'en janvier; ce
n'est que cinq ans plus tard, en décembre 1881, que le
célèbre décret de Mouharrem (ainsi nommé d'après le mois
de l'année musulmane duquel il est daté), devait réorganiser la dette et donner aux créanciers des gages et un
commencement de revenu. Dans l'intervalle, comme la
Banque ne pouvait subvenir suffisamment à la détresse du
Trésor, celui-ci eut recours au détestable expédient du
papier-monnaie : mais il l'émit lui-même et épargna à la
Banque l'épreuve du cours forcé.

Ce fut sur un autre terrain, celui du règlement de la Dette,
que la Banque ottomane rendit alors de signalés services à
l'État. Elle forma en 1880 le syndicat de neuf établissements financiers français qui, au nom des porteurs de rentes
turques, entrèrent en pourparlers avec le Gouvernement ;
elle négocia en même temps avec des banques et comités
de porteurs en France, en Angleterre, en Allemagne, en
Italie, et aida à la conclusion des accords qui aboutirent à la
création du Conseil d'administration de la Dette publique.
Dans l'intervalle, elle avait joué un rôle dans les accords

diplomatiques qui suivirent la guerre d'Orient, et avait été chargée d'encaisser et de verser tous les ans à la Banque d'État à Saint-Pétersbourg les dîmes et autres revenus cédés par la Porte, en garantie de l'indemnité de guerre consentie à la Russie. En octobre 1909, quarante de ces annuités ont été rétrocédées par cette dernière puissance à la Turquie, en règlement de la somme due par la Bulgarie pour la reprise du tronçon bulgare des Chemins de fer orientaux : ces annuités, de 350 000 livres turques chacune, payables de 1910 à 1950, ont servi à gager l'emprunt de 7 millions de livres que le Gouvernement jeune-turc a négocié à la Banque ottomane, nantie, par avance en quelque sorte, des fonds destinés au service des obligations nouvelles. Elle a ainsi repris un rôle actif dans les affaires de l'État ; elle l'a fait avec d'autant plus de succès que toutes les forces financières françaises s'étaient groupées autour d'elle[1] et qu'elle représentait donc une puissance plus considérable, à laquelle le ministre des finances Djavid-bey, dans son exposé des motifs du budget 1910, a rendu hommage. Son dernier bilan, au 31 décembre 1909, que nous reproduisons ci-contre, nous indique combien avait été allégée, au cours de l'exercice, sa situation vis-à-vis du Trésor, qui, à cette date, ne lui devait plus que 270 112 livres sterling, tandis qu'au 31 décembre 1908 ces avances, jointes au prêt statutaire et au compte courant du Gouvernement, figuraient au bilan pour un total de 2 439 287 livres : on voit dans quelle proportion la Porte a réduit sa dette vis-à-vis de la Banque : elle l'a fait en grande partie au moyen des ressources fournies par l'emprunt de 1909. La Banque impériale ottomane se trouve aujourd'hui dans une situation plus liquide qu'à aucune autre époque de son histoire : elle serait d'autant mieux en mesure de rendre au Gouvernement de signalés services et de procéder tout d'abord à la réforme monétaire, avec l'aide et sous l'égide du ministère des finances.

1. Voir notre article de la *Revue des Deux Mondes* sur les finances ottomanes, 15 février 1910.

BANQUE IMPÉRIALE OTTOMANE

SITUATION GÉNÉRALE AU 31 DÉCEMBRE 1909

ACTIF

	£ s. d.	Liv. sterl. s. d.
Espèces en caisse à Constantinople et dans les agences	3 246 100, 8 11	
Placements temporaires, reports, etc.	5 515 467,17 1	11 795 295,11 9
Effets à recevoir	3 003 727, 5 9	
Valeurs en portefeuille	3 693 458, 5 9	
Comptes courants débiteurs	4 179 935, 2 0	
Avances sur nantissements.	2 843 443,18 0	10 989 212,8 7
Immeubles et mobilier.	272 405, 2 10	
Participations dans les avances au Gouvernement. .		270 142, 6 0
TOTAL.		23 054 650, 6 4

PASSIF

	£ s. d.	Liv. sterl. s. d.
Capital	10 000 000, 0 0	
A déduire :		5 000 000,0 0
Versements non appelés	5 000 000, 0 0	
Billets de banque en circulation . .	844 682,14 6	
Effets à payer.	1 244 272, 6 9	
Comptes courants créditeurs	13 224 405,14 6	16 511 959,3 5
Dépôts à échéances fixes (Turquie et Égypte)	1 198 598, 7 8	
Réserve statutaire		1 049 700,0 0
Profits et pertes (y compris £ 9 191 2 11 reportés de l'exercice précédent).		492 991,2 11
TOTAL.		23 054 650,6 4

Sous le règne d'Abd-ul-Hamid, la Banque ottomane n'avait cessé d'entretenir les relations les plus intimes avec le Palais, à qui elle n'eut pas besoin de rappeler les privilèges que lui conférait l'acte de concession. C'est à elle que le Sultan s'adressait pour toutes les avances et les négociations de titres. Depuis l'avènement de Mehemed V et la restauration du régime constitutionnel, il n'en est plus de même, et il semble que le Gouvernement cherche à susciter des concurrents à la Banque ottomane. Au printemps de 1910, le ministre des finances a négocié avec un établissement de crédit parisien la vente de 50 000 obligations de l'emprunt 4 pour cent 1908 qu'il avait en portefeuille, et il s'est fait consentir, par une autre banque française, une avance d'un demi-million de livres turques, garantie par des bons à l'échéance du 28 février / 13 mars 1911. Cette d... ère opération a paru plus particulièrement porter atteinte au droit de préférence qui appartient à la Banque ottomane, pour toutes transactions relatives à la Dette flottante (articles 14 et 15 de l'acte de concession) : elle a réservé expressément ses droits et formulé une protestation. En août 1910, le ministre a encore conclu avec un groupe de banques un contrat provisoire pour un emprunt de 11 millions de livres, gagé par les douanes de Constantinople. C'est une situation inverse de celle qui existait il y a peu d'années. La Banque ottomane avait alors à se défendre contre les demandes répétées de Yildiz-Kiosk et redoutait une mise à contribution excessive de ses ressources. Aujourd'hui elle voudrait être seule chargée de procurer au Trésor les sommes dont il a besoin.

La position de l'établissement est quelque peu fausse ; il n'a pas vécu jusqu'ici simplement comme une banque d'émission, chargée des besognes qui sont le propre de ces institutions, mais comme une banque d'affaires, habituée à réaliser des bénéfices importants par les opérations de change, le prêt de ses capitaux à des taux élevés, et la perception de commissions, dont la majeure partie était payée par le Trésor. En ces diverses qualités, elle désire la

continuation d'un ordre de choses qui lui assurait de gros
revenus, d'autant plus que la lettre de son acte de concession lui confère des droits incontestables. Mais, d'un autre
côté, un institut d'émission, investi d'un monopole, doit son
concours au gouvernement, avant tout lorsqu'il s'agit d'améliorer les conditions du crédit public. Une sorte de contra-
diction, tout au moins apparente, existe entre ces deux con-
ceptions du rôle de la Banque ottomane. Les hommes de
haute valeur qui la dirigent sauront trouver la solution du
problème dans le développement de ce que nous appellerons
les services publics de la Banque. Un projet de loi qui réglemente la gestion de la Trésorerie par ses soins et qui applique
ainsi l'un des articles de sa charte originaire, doit être soumis
au Parlement : en mettant directement son organisation à
la disposition du Ministère des finances, la Banque ottomane
accroîtra l'importance de son action à l'intérieur de l'Empire
turc, et préparera d'une façon effective le renouvellement de
sa concession : elle expire en 1925, et le Gouvernement
sera d'autant plus enclin à la maintenir qu'il trouvera chez
elle un appui plus efficace. En tout cas, le crédit de son
billet ne saurait que gagner à la diminution des engagements
du Trésor : elle pourra porter ses efforts vers le développement de son activité à l'intérieur de l'Empire avec d'autant
plus de succès qu'elle sera moins enchaînée à un débiteur
dont le crédit se sera fortifié, et qui aura trouvé des bailleurs
de fonds parmi d'autres groupes financiers. D'autre part, le
ministre des finances a manifesté l'intention d'exécuter, à
35 ans de distance, un des articles du programme de 1875,
et d'assainir la circulation monétaire. Cette opération faci-
literait l'extension de la circulation des billets de la Banque
ottomane, qui se répandraient d'autant plus facilement dans
le pays que la base de leur échange contre du numéraire
serait plus certaine.

La Banque est, comme la Turquie elle-même, à une heure
décisive de son histoire : si, comme d'autres instituts d'émission, elle a, pendant son existence bientôt demi-séculaire, été

constamment mise à contribution par un Trésor épuisé, ce n'a pas été de la même manière ni par les mêmes procédés qu'ailleurs. Ces procédés n'étaient pas applicables à Constantinople, pour deux raisons : la première, c'est que le pays ne se prêtait pas à une expansion de l'émission de billets, que les populations de l'Empire ottoman eussent refusé d'accepter ; la seconde, c'est que les concours financiers n'étaient obtenables qu'au dehors et non pas à l'intérieur du pays. Dès lors, la Banque ne pouvait songer à monnayer, comme une Banque d'Espagne ou de Portugal, ses créances sur le Gouvernement au moyen d'un accroissement de la circulation, qui n'eût trouvé de preneurs ni au dedans, ni au dehors des frontières. Elle ne pouvait qu'aider le Gouvernement à vendre ses emprunts à l'étranger, et c'est ce à quoi elle n'a cessé de s'employer. Que les Jeunes-Turcs lui demandent aujourd'hui de rentrer plus complètement dans son rôle statutaire, de s'ériger en défenseur du crédit public, d'abandonner en quelque sorte la recherche de son intérêt direct dans les conventions à passer avec le Trésor, de devenir une banque d'émission qui soit, aux côtés du ministre des finances, l'un des organes essentiels de la vie financière de l'Empire, en laissant à d'autres certaines sources de profit, incompatibles pour la Banque avec l'ordre de choses nouveau, nul ne songerait à s'en étonner, et les esprits clairvoyants sauront gré au ministre des finances de remettre ainsi les choses dans l'ordre naturel. Un avenir prochain nous apportera des lumières précieuses sur cette évolution, dont les phases méritent d'être suivies avec le plus vif intérêt.

CHAPITRE VI

GRÈCE, SERBIE, ROUMANIE, NORVÈGE, DANEMARK.

BANQUE NATIONALE DE GRÈCE

La Banque nationale de Grèce est en possession du monopole de l'émission des billets dans la partie continentale du royaume, depuis qu'elle a racheté le privilège de la Banque d'Épiro-Thessalie. Seule la Banque ionienne, établie à Corfou, émet, elle aussi, des billets. Mais, comme on le verra plus loin, son privilège est limité à une courte période. La Banque nationale est une banque particulière, au capital de 20 millions de drachmes, divisé en 20 000 actions ; les fonds de réserve et de prévoyance au 31 décembre 1909 s'élevaient à 13 millions et demi. Elle a été fondée par les lois des 13 mars et 19 août 1841. Une commission, nommée par décret royal, s'occupa de l'organisation provisoire. La loi du 19 août fixait à 1 500 000 drachmes anciennes [1] le capital minimum ; le 22 janvier 1842, un capital de 3 402 000 drachmes ayant été souscrit, la Banque commença ses opérations et publia son premier bilan le 1er juillet 1842. Un Français, M. Lemaître, fut invité à collaborer à la rédaction des statuts, qui furent définitivement arrêtés le 22 juin 1843, et approuvés par décret royal du 12/24 juillet suivant. La loi du 7/19 juillet 1843 avait accordé le privilège d'émission jusqu'au 31 décembre 1866. Il a depuis

1. Une drachme nouvelle équivaut à 1,12 drachme ancienne. La drachme actuelle correspond au franc : les pièces d'or et d'argent sont frappées au même titre et au même poids que les monnaies françaises. La Grèce est affiliée à l'Union latine.

été renouvelé à plusieurs reprises, et en dernier lieu par la loi du 26 mars 1903, approuvant la convention du 28 février de la même année, et fixant au 31 décembre 1930 la date d'expiration du privilège. Lors du renouvellement de 1880, l'État s'était réservé une participation dans les bénéfices, laquelle fut rachetée par la Banque en 1892 pour la période expirant le 31 décembre 1916. L'État rentrera dans la jouissance de sa part le 1er janvier 1917. L'opération figure encore à l'actif du bilan au 31 décembre 1909 pour 480 000 drachmes, c'est-à-dire qu'il reste à la Banque à amortir cette somme pour avoir achevé le paiement du prix du rachat. Lors de l'annexion à la Grèce, en 1882, de l'Epire et de la Thessalie, le droit d'émission pour ces deux provinces fut confiée à une nouvelle banque, dite d'Epiro-Thessalie. Mais en 1899, en vertu de la loi du 15 juillet, elle fut absorbée par la Banque nationale. Un décret royal du 22 décembre 1899 approuva la convention passée le 20 novembre précédent entre les deux établissements. Le rachat de ce privilège figure encore à l'actif de la Banque nationale au 31 décembre 1909 pour 1 003 520 drachmes. Quant à la Banque ionienne, qui est de nationalité anglaise, son privilège expire le 24 avril 1920 et passera à cette date à la Banque nationale de Grèce, qui le conservera jusqu'au 31 décembre 1930 et sera donc, pendant cette période, investie du monopole d'émission sur toute l'étendue du territoire hellénique. C'est pourquoi, anticipant quelque peu sur les événements, nous avons rangé la Grèce parmi les pays à banque unique.

Dès son origine, la Banque nationale a été un institut, non seulement d'émission et d'escompte, mais aussi de crédit hypothécaire. La loi du 16 novembre 1861 lui a permis d'entreprendre des opérations de crédit agricole, et le décret royal du 15 avril 1871 l'a autorisée, dans une limite assez étroite il est vrai, à accorder le crédit mobilier. Son activité est donc quadruple :

1° Comme banque d'émission et d'escompte, elle émet

des billets, escompte des effets de commerce et des bons du Trésor ; elle accorde des prêts simples ou en compte courant, sur nantissement de métaux précieux, de titres, de warrants, de marchandises et d'obligations personnelles, garanties au moins par deux signatures solvables ; elle reçoit des dépôts à vue sans intérêt, des dépôts à terme à intérêt ; elle participe à l'émission d'emprunts d'État, se charge de leur service, achète et vend du change sur l'étranger ;

2° Comme crédit foncier, elle accorde des prêts simples amortissables et en compte courant sur hypothèque ; elle prête aux communes, aux commissions des ports, à d'autres personnes morales, sur cession de leurs revenus ; elle émet des obligations avec ou sans lots ;

3° Comme crédit agricole, elle fait des avances à des agriculteurs, par voie d'escompte ou en vertu d'actes notariés ;

4° Comme crédit mobilier, elle prend une part dans les sociétés ayant pour objet le développement des moyens de transport en Grèce, de la navigation, et du crédit.

Les règles suivantes seront en vigueur lorsque le cours forcé aura été aboli : l'encaisse métallique de la Banque, dans laquelle sont compris les dépôts à l'étranger, devra représenter les deux tiers de la circulation et des dépôts à vue. L'écart entre la circulation et l'encaisse ne devra pas dépasser le capital et les réserves. Le total de la circulation et des dépôts ne devra pas dépasser l'encaisse, le double du capital et des réserves ; le total du passif, après déduction des sommes empruntées pour les opérations du crédit foncier, sera représenté, pour une moitié au moins, par des effets de commerce, obligations ou bons du Trésor à échéance maximum de trois mois, pour le reste, par des fonds d'État helléniques émis depuis 1862. L'application de ces règles est suspendue depuis l'établissement du cours forcé en 1885. La Banque, sous le régime actuel, a le droit d'émettre pour son compte 60 millions de drachmes de billets, augmentés de 5 096 380 depuis l'absorption de la

Banque d'Epiro-Thessalie. En outre, elle a mis en circulation, pour le compte de l'État, à qui elle en a fait l'avance, une somme qui, d'après la loi du contrôle international, est diminuée tous les ans de 2 millions, et qui est encore aujourd'hui de près de 62 millions, sans compter 9 millions de petites coupures de 1 et 2 drachmes, également émises pour le compte de l'Etat. Les billets de la Banque ont cours dans tout le royaume, y compris les îles Ioniennes, où la banque de ce nom n'a qu'un droit et non pas un monopole d'émission. Les billets de la Banque ionienne, dont la circulation totale a été limitée à 10 500 000 drachmes, ont également reçu cours légal dans le reste du royaume.

L'Etat est représenté dans le conseil d'administration par un commissaire royal. Le gouverneur et les deux sous-gouverneurs, élus pour sept ans par l'assemblée générale des actionnaires, prêtent serment devant le ministre de l'intérieur. La Banque a 42 succursales et une agence. Le bilan au 31 décembre 1909 témoigne des rapports intimes de la Banque avec le Gouvernement, pour le compte de qui la majeure partie de la circulation actuelle a été créée : elle s'élevait à cette date à 135 millions, dont plus de la moitié est à la charge de l'État : 71 millions figurent de ce chef à l'actif comme créance de la Banque sur le Trésor. De plus, la Banque avait en portefeuille 60 millions de fonds d'État, 5 millions de bons du Trésor ; elle avait avancé plus de 47 millions aux communes, ports et autres personnes légales. Elle avait encore d'autres engagements, pris à la demande du Gouvernement ou dans l'intérêt public ; c'est ainsi qu'elle avait ajouté à son portefeuille environ 2 millions de l'emprunt national agricole pour la Thessalie et qu'elle avait consenti à se charger d'une participation de 1 250 000 drachmes dans la Banque de Crète.

Si la Banque nationale de Grèce n'est pas une banque d'État au sens littéral du mot, puisque son capital est la propriété de ses actionnaires, qui élisent eux-mêmes les administrateurs chargés de le gérer, il n'en est pas moins vrai que ses forces sont mises, pour la plus grande partie, au service du Trésor public. Elle n'en éprouve point de dommage matériel ; le dernier dividende de 20 pour 100 distribué au capital en est la preuve. D'autre part, la Banque. après avoir causé, par une émission excessive de papier à laquelle les besoins du Gouvernement l'avaient condamnée, une énorme dépréciation des changes étrangers, a contribué au relèvement de ces mêmes changes en exécutant fidèlement les prescriptions de la loi de 1898. Celle-ci naquit des travaux de la Commission internationale qui siégea à Athènes en cette même année et qui, chargée de réorganiser les finances helléniques, comprit que son œuvre serait instable si elle n'était complétée par l'assainissement du régime fiduciaire dont le pays souffrait et dont l'origine remontait à plus d'un demi-siècle. Quatre fois, en effet, depuis la déclaration de son indépendance en 1848, en 1868, en 1877, en 1885, la Grèce a décrété le cours forcé [1]. En 1848, elle le fit à cause des circonstances extérieures, du trouble général de l'Europe dont la répercussion lui parut redoutable pour sa propre situation ; une fois l'orage passé, elle revint à l'état normal; dès le 19 décembre 1848, elle reprit les paiements en espèces, suspendus depuis le 4 avril précédent. La hausse du change pendant cette courte période avait été insignifiante. La circulation fiduciaire reprit son développement normal, qui ne fut plus troublé au cours des vingt années suivantes. Ce n'est qu'en 1868 qu'une nouvelle crise éclata, qui cette fois était locale : elle était provoquée par l'insurrection de Crète et les armements helléniques, qui nécessitaient de forts paiements à l'étranger. La Banque nationale essaya de résister aux demandes du Gouvernement, qui décida alors l'émission de papier-monnaie : pour éviter de plus grands désordres, elle consentit au Trésor des avances en numéraire. Un

---

1. *Valaoritis* : Notes, tableaux et graphiques relatifs à la question du cours forcé et du change en Grèce, 1902.

décret royal du 30 décembre 1868 donna cours forcé à ses billets. Toutefois les sages mesures adoptées après la crise par le ministère Zaïmis lui permirent de reprendre, dès le 15 mars 1870, les paiements en espèces. La suspension avait duré quatorze mois et demi, au cours desquels la prime sur le numéraire n'avait pas dépassé 6 pour 100.

Une troisième crise éclata en 1877 à la suite de la guerre russo-turque. La Crète, la Thessalie, l'Épire se soulevèrent ; l'armée grecque passa la frontière et ne se retira que sur la promesse des puissances que l'Europe écouterait les revendications helléniques. Le Gouvernement eut recours à la Banque, qui dut lui faire des avances ; un décret du 17 juin, sanctionné par la loi du 27 juin 1877, établit le cours forcé qui, sauf une courte interruption en 1885, n'a pas depuis lors cessé d'être en vigueur. Pendant la première partie de cette période, qui s'étend jusqu'au 31 décembre 1884, le régime du papier-monnaie fut considéré comme devant cesser rapidement ; les divers cabinets qui se suivirent, notamment celui de Tricoupis, inscrivirent à leur programme la reprise des paiements en espèces, que la convention du 3 mai 1880, signée entre le Gouvernement et la Banque, prévoyait pour le 1ᵉʳ janvier suivant. Mais, avant la fin de l'année, la Grèce fut amenée à se lancer dans les armements ; les conventions d'octobre 1880, approuvées par la loi du 2 décembre 1880, stipulèrent de nouvelles avances en or et en billets ; le cours forcé fut maintenu. En même temps, le Gouvernement poursuivait la politique des grands emprunts extérieurs, qui s'élevèrent à 60 millions en 1879, 120 en 1880 et 170 en 1884. Grâce à ces sommes considérables mises à sa disposition à l'étranger, la hausse du change fut contenue dans des limites relativement modérées. Il ne s'éleva pas au delà de 118 en mai 1883, et, l'année suivante, le Gouvernement voulut, à l'aide des fonds de la grande opération de crédit que nous venons d'indiquer, rétablir les paiements en espèces. En vain la Banque nationale lui démontra-t-elle que cette mesure était prématurée

et dangereuse; en vair le sous-gouverneur Kéhayas publia-
t-il dans l'*Aion* une série d'articles qui dépeignaient les dangers auxquels on courait : le cours forcé fut aboli le 1ᵉʳ janvier 1885. Mais, dès le mois de février, le change dépassait
le niveau où les exportations d'or commencent. De janvier
à août, la Banque perdit la moitié de son encaisse métallique, qui tomba de 47 à 23 millions. L'annexion par la
Bulgarie de la Roumélie orientale ajouta les complications
politiques aux difficultés financières : le 20 septembre 1885,
le cours forcé fut rétabli : il n'a cessé d'être en vigueur
pendant les 25 années suivantes. Il fallut créer des billets
de 1 et 2 drachmes pour remplacer la monnaie divisionnaire
qui peu à peu prit le chemin de l'étranger, à la suite des
pièces libératoires d'or et d'argent. Le Gouvernement s'en-
dettait de plus en plus à l'intérieur et à l'extérieur : en
1893, il dut suspendre le service de ses emprunts en or.
Une commission financière internationale se réunit à Athènes
et organisa un contrôle permanent ; en même temps qu'elle
refondait la Dette, elle prit des mesures pour l'amélioration
graduelle du régime fiduciaire.

Voici quelques chiffres qui éclairent la question en indiquant, à des époques caractéristiques, le nombre des habitants du royaume, la quantité de billets de banque en circulation, le chiffre de cette circulation par tête d'habitant et le
cours du change.

	POPULATION Milliers d'habitants.	MAXIMUM de la circulation. Millions de drachmes.	PAR TÊTE d'habitant. Drachmes.	CHANGE Drachmes pour 100 francs.
1876.	1 580	37	23	103
1878.	1 630	59	36	110
1883.	2 053	104	50	114
1885.	2 091	69	33	105
1888.	2 149	108	50	127
1892.	2 257	138	61	113
1893.	2 292	127	55	160
1895.	2 363	124	52	180
1901.	2 574	146	56	165
1909.	2 700	133	49	103

Un autre tableau que nous insérons ci-après indique, depuis 1885 jusqu'à 1909, le montant de la dette de l'État hellénique, vis-à-vis des Banques d'émission, au 31 décembre de chaque année.

DETTE DE L'ÉTAT VIS-A-VIS DES BANQUES D'ÉMISSION HELLÉNIQUES

AU 31 DÉCEMBRE DE CHAQUE ANNÉE

	Drachmes.		Drachmes.
1885	24 687 204	1898	93 792 455
1886	72 085 838	1899	93 787 950
1887	73 301 227	1900	91 778 588
1888	61 908 699	1901	89 778 588
1889	69 507 868	1902	87 778 575
1890	73 128 686	1903	85 778 575
1891	85 825 973	1904	83 778 575
1892	79 384 147	1905	81 778 575
1893	87 348 693	1906	79 778 575
1894	77 582 118	1907	77 778 575
1895	72 448 013	1908	75 778 575
1896	72 712 354	1909	73 778 575
1897	93 520 330		

Si les variations des deux chiffres de cette dette et du change ne sont pas toujours strictement parallèles, la relation qui les lie n'en apparaît pas moins clairement. Au début, l'engagement du Trésor est modéré et ne dépasse pas 25 millions de drachmes; mais en 1886, il est tout à coup presque triplé et passe à 72 millions : aussitôt le change bondit de 105 à 123 et continue sa marche ascensionnelle jusqu'en 1893, date à laquelle il arrive au cours de 180. La dette du Trésor reste toujours aussi élevée; dans l'intervalle, elle atteint même un moment 87 millions; elle s'élève encore à 93 millions en 1897, au moment de la guerre turque. Depuis le commencement du siècle, elle décroît, lentement il est vrai, mais régulièrement; en 1909, elle est ramenée à 73 millions, dont 3 sont dus à la Banque ionienne, à qui ils vont être remboursés en 1910. La circulation totale est beaucoup plus forte qu'il y a vingt ans; mais elle ne représente que

49 drachmes par tête au lieu de 50 en 1888, à cause de l'augmentation considérable de la population. Le change, sous l'influence de cette diminution graduelle de la circulation à cours forcé, et d'autres facteurs encore, ne cesse de s'améliorer : il est presque revenu au pair et le Gouvernement travaille à la restauration de l'ordre de choses normal, c'est-à-dire à la reprise des paiements en espèces.

Dans son rapport arrêté en séance le 9/21 janvier 1898, la commission internationale, composée des délégués de l'Allemagne, de l'Angleterre, de l'Autriche, de la France, de l'Italie, de la Russie, s'exprimait comme suit sur la dette flottante hellénique [1] : « La dette flottante en or, dont le montant est de 31 375 093 francs, provient presque entièrement des emprunts contractés auprès des banques d'émission et des avances consenties par elles sur leur réserve métallique, dont la suppression était une conséquence de l'établissement du cours forcé. Le retour de ces banques à une situation régulière étant une condition indispensable au rétablissement de l'ordre financier, il importe qu'elles puissent reconstituer leur encaisse en prévision du jour où elles reprendront leur service en espèces. Toutefois, comme ce jour est encore à échéance éloignée, le ministre des finances se propose, au lieu de rembourser effectivement en or les sommes qui leur sont dues à ce titre, de convertir les engagements de l'État en obligations de l'emprunt qui doit être émis à l'étranger en vue de liquider la situation. Les Banques conserveront ces obligations en portefeuille, pour les aliéner à l'époque où la reconstitution de la réserve métallique deviendra nécessaire. Cette combinaison offre un double avantage : d'une part elle assure dès à présent le placement d'une partie notable du futur emprunt. En second lieu, elle permet, au moyen d'un arrangement conclu avec les banques, de leur céder ces obligations à des conditions moins onéreuses pour l'État que celles qui

1. Documents diplomatiques. Livre Jaune relatif à l'arrangement financier avec la Grèce. P. 21.

seront consenties aux souscripteurs ordinaires. Le ministre
des finances espère obtenir d'elles que l'intérêt actuellement
servi sur cette partie de la dette ne soit pas sensiblement augmenté et reste fixé à une somme voisine de 1 048 049 francs.
Quant à la dette en drachmes-papier de 74 millions, contractée auprès des banques d'émission en vertu des lois du
cours forcé, et à la dette de 20 millions résultant des coupures
de 1 et 2 drachmes mises en circulation par l'État sous la
garantie des mêmes banques, elles seront successivement
amorties au moyen de rachats annuels, qui commenceront
à partir de 1900, et ne devront pas être inférieurs à 2 millions
de drachmes par an. La commission espère que, par ce moyen,
la Grèce s'acheminera graduellement et sans secousses violentes vers l'abolition du cours forcé. Le chiffre annuel de
2 millions de drachmes n'est d'ailleurs qu'un minimum. Ce
chiffre sera accru s'il existe des ressources disponibles suffisantes et si la situation générale du pays permet d'opérer
un amortissement plus élevé sans déterminer une dépression
trop brusque du change. De plus, le ministre des finances
prévoit que les besoins nouveaux résultants du développement économique de la nation absorberont peu à peu une
partie de l'excédent actuel de la circulation fiduciaire et que
l'équilibre pourra ainsi se rétablir normalement avant que
la dette de 94 millions de drachmes ait été totalement amortie. Il a été reconnu, d'un commun accord, que les rachats
annuels pourraient prendre fin, avec l'assentiment du contrôle international, lorsque cette dette aura été réduite à
40 millions de drachmes. »

Le contrôle fut en même temps organisé et confié à une
commission internationale des représentants des six puissances médiatrices siégeant à Athènes : il s'exerce, dit la loi,
sur tous les revenus de l'État affectés au service : a) de l'emprunt en or qui sera contracté pour le paiement à la Turquie
de l'indemnité de guerre fixée à 4 millions de livres turques
et des indemnités pour dommages privés, évaluées à un
maximum de 100 000 livres turques ; b) de l'emprunt 1833

garanti par la France, la Grande-Bretagne et la Russie ; *c*) des
emprunts en or consolidés ou amortissables conclus à l'étranger de 1881 à 1893 ; *d*) des emprunts qui seront contractés
pour couvrir le déficit de 1897, pour rembourser la dette
flottante en or de 31 millions, pour subvenir aux paiements
à faire en 1898 aux porteurs de la dette actuelle en or, pour
couvrir les déficits des années 1898 et suivantes. Sont affectés
au service des emprunts les produits bruts des monopoles,
sel, pétrole, allumettes, cartes à jouer, papier à cigarette,
émeri de Naxos ; des droits sur le tabac ; des droits de timbre ;
des droits d'importation perçus à la douane du Pirée. La
perception des droits et revenus, y compris l'administration
des monopoles de l'État actuellement existants, est confiée
à une société hellénique qui aura son siège à Athènes et sera
placée sous le contrôle absolu de la Commission internationale. Toutes les sommes encaissées par cette société seront
versées intégralement, au moins une fois par semaine, à la
Caisse du contrôle ou, sur l'ordre de la Commission internationale, à la Banque nationale de Grèce, qui les conservera
pour le compte de la Commission. La Banque nationale ne
bonifie pas d'intérêts sur ces sommes et ne reçoit aucune
commission sur les paiements qu'elle fera ; une convention
pour la gestion de ce compte sera conclue, avec l'assentiment de la Commission internationale, entre le Gouvernement
et la Banque nationale. Le Gouvernement affecte au service
des emprunts, à partir du 1ᵉʳ janvier 1903, une somme de
14 850 000 drachmes, devant produire au minimum 9 millions
de francs par an, c'est-à-dire qu'il garantit que la prime sur
l'or ne dépassera pas 165 pour 100. La grande amélioration
du change qui s'est produite depuis quelques années a permis d'élever notablement le chiffre des sommes attribuées
aux créanciers, et a contribué à relever les cours des fonds
grecs.

Une loi, votée par la Chambre hellénique le 6-19 mars
1910, autorise la conclusion d'un emprunt jusqu'à concurrence de 210 millions de francs dont une partie est destinée

à abolir le cours forcé. Elle donne tous pouvoirs au Gouvernement aux fins de passer avec la Banque nationale des conventions qui pourront être ratifiées par simple décret royal. La Banque serait autorisée à émettre, pour son propre compte, au delà de la somme prévue par les lois et conventions en vigueur, des billets, dans le but spécial d'acheter de l'or et du change à un prix ne dépassant pas le pair : elle serait tenue de revendre l'or et le change achetés jusqu'à complet épuisement des stocks, l'or à 1 pour 1 000, le change à 1/2 pour 100 de prime au maximum. Les billets émis dans ce but seront portés à un compte spécial au passif, l'or et le change achetés à un compte spécial de l'actif. Les deux comptes devront toujours se balancer, parce que l'or et le change seront évalués au pair. Une fois la portion de l'emprunt destinée à l'abolition du cours forcé et qui s'élève à 90 millions, émise, les 2 millions que le Gouvernement consacre annuellement, d'après la loi du contrôle international, au rachat de billets, seraient affectés au service de l'emprunt. La date de l'abolition du cours forcé serait fixée par décret royal, après entente préalable avec la Banque nationale. La même loi permet de stipuler dans les contrats le paiement en or effectif et abroge la disposition contraire des conventions et loi de 1885.

L'abolition du cours forcé demanderait 73 millions environ, dont 61 applicables au retrait des billets émis par la Banque nationale pour le compte du Trésor, et 12 au rachat des monnaies divisionnaires rapatriées et destinées à remplacer les billets de 1 et 2 drachmes appelés à disparaître. Par convention en date du 4 novembre 1908, signée à Paris, entre la France, la Belgique, la Grèce, l'Italie et la Suisse, les Gouvernements français, belge, italien et suisse se sont en effet engagés à retirer de la circulation, sur leurs territoires respectifs, les pièces d'argent grecques de 2 francs, 1 franc, 50 et 20 centimes : ils les ont remises au Gouvernement hellénique, qui de son côté a promis de les reprendre, d'en rembourser la valeur et de retirer de la

BANQUE NATIONA

BILAN AU 31 DÉCEMBRE

ACTIF	Drachmes.
Caisse. { Encaisse métallique.	4 151 941,63
Billets de la banque Ionienne	314 550 »
Billets de Banque de une et de deux drachmes	408 824 »
Comptes { Valeur en drachmes de l'or à l'étranger.	40 172 037,12
à l'étran- { Produit de l'emprunt des Chemins de fer helléniques	
ger. { 4 pour 100 1902 en or.	70 563,95
Prêt à l'Etat en vertu de la loi du cours forcé en billets de banque.	61 778 575,42
Prêt à l'Etat en billets de banque de une et de deux drachmes	9 000 000 »
Obligations des emprunts de l'Etat	60 193 139,23
Emprunt national agricole pour l· Thessalie	1 687 851,25
Bons du Trésor hellénique en billets de banque	5 202 412,86
Effets à encaisser	479 981,76
Portefeuille.	21 710 937,62
Effets de commerce échus	3 383 978,01
Avances sur titres en comptes courants	13 256 095,51
Avances sur titres.	11 899 239,07
Avances sur marchandises	7 260 689,42
Prêt sur première hypothèque en comptes courants	6 084 155,02
Prêts amortissables sur première hypothèque.	41 352 687,18
Arriérés des prêts amortissables sur première hypothèque.	2 193 176,83
Prêts à terme sur première hypothèque	19 596 909,80
Prêts aux communes, ports et autres personnes légales.	47 179 731,85
Arriérés des prêts communaux	101 761,89
Effets agricoles	11 410 127,06
Effets agricoles échus	5 284 062,60
Actions de sociétés locales	7 575 013 »
Participation Banque de Crète.	1 250 000 »
Obligations de l'emprunt à lots de la Banque nationale de Grèce	568 600 »
Coupons divers	1 334 659,37
Locaux de la Banque et des succursales	5 137 776,45
Immeubles adjugés à la Banque.	4 104 928,81
Créances en souffrance.	3 463 910,75
Frais d'établissement (principalement pour confection de billets).	1 284 004,46
Comptes divers	2 338 063,19
Comptes divers à l'étranger	2 167 118,52
Frais judiciaires.	13 531,30
Rachat de la participation de l'Etat aux bénéfices de la Banque	1 003 520 »
Rachat du privilège de la Banque Epiro-Thessalie	180 000 »
Comptes divers de la Banque avec ses succursales en billets de banque.	885 955,46
	466 985 817,95

E GRÈCE

DRACHME = 1 FRANC).

PASSIF	Drachmes.
Capital social divisé en 20 000 actions.	20 000 000 »
Réserve statutaire. . . . . 4 000 000 »	13 500 000 »
Fonds de prévoyance. . . . . 9 500 000 »	
Billets émis. { I. Pour compte du Gouvernement . . 61 778 575,42	
{ II. Pour compte de la Banque. . . . 64 052 524,42	125 831 099,84
Billets de banque de une et de deux drachmes	9 000 000 »
Dépôts en espèces sans intérêts.	7 501 580,56
Dépôts sans intérêts	20 668 794,91
Billets à ordre.	1 037 826 71
Dividendes non réclamés	177 950 »
Dividende du 2ᵉ semestre 1909 à dr. 100 par action	2 000 000 »
Commission financière internationale. Compte des versements des re-	
venus affectés.	3 694 561,29
Service des emprunts d'Etat en or.	336 903,05
Service de l'emprunt de 20 000 000 de 1907, 5 pour 100	462 397,50
Service de l'emprunt de 20 000 000 en billets de banque.	2 187 519,90
Service d'emprunts divers	9 025 »
Dépôts de l'Etat en or	13 950,00
Dépôts de l'Etat à intérêt (en billets de banque).	15 816,70
Dépôt de l'Etat à intérêt en or pour la construction du chemin de fer	
Pirée-Démerli-Frontière	70 503,95
Dépôt de l'Etat à intérêt en billets de banque pour la construction du	
chemin de fer Pirée-Démerli-Frontière.	111 718,26
Dépôt de l'Etat (Legs Syngros)	1 101 852,18
Dépôts à intérêt.	117 585 023,58
Emprunt à lots de la Banque nationale de Grèce, 3 pour 100 en or. .	39 836 410 »
Emprunt à lots de la Banque nationale de Grèce, 2 1/2 pour 100 en	
billets de banque	20 242 900 »
Service de l'emprunt à lots de la Banque nationale de Grèce, 3 pour 100	
en or.	2 593 818 »
Service de l'emprunt à lots de la Banque nationale de Grèce, 2 1/2 pour	
100 en billets de banque	1 001 417,50
Caisse d'Epargne.	13 860 982,70
Effets à encaisser	916 250,15
Intérêts des prêts amortissables sur première hypothèque	1 532 360,18
Intérêts des prêts à terme sur hypothèque	451 275,70
Profits et pertes : solde à nouveau	32 051,16
Comptes divers de la Banque avec ses succursales en or.	248 772,71
	406 085 817,95

circulation, dans un délai de 2 ans, la totalité des billets de
1 et 2 drachmes. Mais si le Gouvernement assume ainsi la
charge des intérêts et de l'amortissement de la somme à
emprunter, il bénéficie des 737 000 drachmes qu'il payait
à la Banque à titre d'intérêt, et des 2 millions qu'il consacrait
annuellement à l'amortissement des billets. Le change est
d'ailleurs revenu au pair : pendant l'année 1909, la moyenne
a été de 103 au lieu de 108 pendant les deux années précédentes, de 110 en 1906, de 123 en 1905, de 137 en 1904,
de 156 en 1903, de 162 en 1902, de 165 en 1901. Cette
amélioration s'explique à la fois par la décroissance du chiffre
total de la circulation et par l'extension des besoins du pays,
chez lequel se manifestait une activité économique croissante : les recettes des chemins de fer, les dépôts dans les
banques et aux caisses d'épargne, les mouvements de caisse
des banques, les recettes publiques ont augmenté depuis la
fin du siècle dernier dans une proportion dont le tableau
suivant donne l'idée :

	RECETTES des chemins de fer.	DÉPÔTS dans les banques.	DÉPÔTS dans les caisses d'épargne.	MOUVEMENT de caisse des banques.	RECETTES de l'État.
			Millions de drachmes.		
1899	9	84	3	2178	111
1908	13	252	23	5193	123
Augmentation pour 100 . .	49	200	664	139	10

Le bilan de la Banque nationale au 31 décembre 1909, que
nous reproduisons ci-contre, présente un total de 406 millions avec une variété de rubriques qui indique la multiplicité des affaires dont l'établissement s'occupe. A l'actif,
les comptes à l'étranger s'élèvent à 40 millions et forment,
avec les espèces, la couverture légale des billets. Alors que
le portefeuille commercial n'est que de 25 millions, que les
avances en comptes courants, sur titres et sur marchandises,
ne dépassent pas 33 millions, l'ensemble des engagements
et des titres d'État atteint 137 millions. C'est là une proportion qu'il est nécessaire de réduire au plus tôt.

BANQUE IONIENNE

La Banque ionienne, société anglaise à responsabilité limitée, c'est-à-dire dont les actionnaires ne sont pas engagés au delà du capital nominal de leurs titres (*limited*) a été fondée à Londres en 1840 pour exercer son activité dans l'archipel, qui était alors sous le protectorat anglais. Le gouvernement des îles lui conféra le droit d'émettre des billets. En 1860, une nouvelle loi y ayant réglé le droit d'émission, celui-ci fut renouvelé à la Banque pour vingt ans. Les conditions auxquelles la concession était accordée étant très strictes, aucune concurrence ne se produisit, et la Banque ionienne demeura seule. Son privilège lui fut maintenu en 1864 par le traité de Londres, qui céda l'archipel à la Grèce. Elle est donc un établissement anglais ayant le droit d'émission à l'étranger. Sa situation a été réglée par *Royal Charter* du 2 mars 1844, modifiée plus tard par les actes du Parlement des 18 août 1882 et 25 septembre 1886. Elle a été enregistrée en 1883 conformément aux lois sur les sociétés (*Companies Acts*) de 1862 et 1872. Une loi du 21 avril 1880 approuva une convention entre le Gouvernement hellénique et la Banque ionienne, qui étendait son privilège jusqu'en 1906. Le dernier renouvellement remonte à 1903 : il a porté à 1920 l'expiration de la concession.

La Banque a participé aux avances consenties à l'État hellénique, ainsi qu'à ses emprunts contractés en vertu des lois du cours forcé. D'après le bilan au 31 décembre 1908 vieux style, correspondant au 13 janvier 1909 du calendrier grégorien, elle avait avancé au Gouvernement 3 500 000 drachmes, représentées par des billets de 1 et 2 drachmes. Elle possédait pour environ 2 millions de francs de titres de l'em-

prunt hellénique 2 1/2 pour 100 or, émis avec la garantie
des puissances et déposés à la Banque d'Angleterre. Lorsque
le cours forcé aura été aboli, les règles suivantes présideront
à l'émission : le passif de la banque aura comme contre-partie l'encaisse, des effets de commerce à 3 mois d'échéance
au maximum, des obligations d'emprunts nationaux émis après
1842, calculées à leur prix d'émission ; l'excédent du passif
sur l'encaisse métallique ne dépassera pas le double du
capital social et des réserves.

Le bilan de la Banque ionienne présente cette particularité
curieuse d'être établi en monnaie anglaise, alors que la plupart de ses opérations s'effectuent sur territoire hellénique,
en monnaie grecque. Il faut donc, pour balancer les écritures
en livres sterling, transformer au préalable les drachmes
en cette monnaie. Depuis un certain nombre d'années
cette opération se faisait au cours de 42 drachmes 50 par
livre, ce qui correspondait à un change d'environ 168 1/2
pour 100. Le change réel s'étant rapproché du pair, les
administrateurs ont pris la base de 26 drachmes 70, voisine
de la parité. La Banque ionienne est, sous le rapport de la
circulation et des dépôts, dans une situation qui a quelque
analogie avec celle de l'Indo-Chine, dont les billets sont créés
et les engagements partiellement contractés dans les diverses
monnaies des contrées où elle exerce son activité, alors que son
capital est exprimé et que ses écritures sont tenues en francs. Les
billets de la Banque ionienne seront retirés en 1920, puisqu'à
partir de cette date le droit d'émission de l'établissement
passera à la Banque nationale de Grèce. Celle-ci se trouvera
alors complètement investie du monopole de l'émission et
en mesure d'assurer l'unité de la circulation et la fixité du
change dans le royaume de Grèce, si l'État lui a remboursé
sa dette et permis de mobiliser toute la partie de son actif
engagée aujourd'hui dans des avances directes ou indirectes
au Trésor.

Le tableau suivant résume l'histoire de la circulation et du change helléniques depuis 35 ans. Les trois premières colonnes indiquent la moyenne annuelle, le minimum et le maximum du change ; les deux suivantes, le chiffre moyen de la circulation des banques pour leur propre compte et pour celui de l'État ; la sixième totalise ces deux chiffres et la septième indique la valeur en or de la circulation, ramenée en francs au change du jour. Grâce à cette dernière, il est possible de se rendre compte des fluctuations de valeur du papier qui circule dans un pays à cours forcé. Ainsi que la théorie l'indique et que l'expérience le prouve, la multiplication arbitraire des signes fiduciaires ne manque jamais de les déprécier : 136 millions de drachmes en 1899 représentaient 86 millions de francs ; 133 millions en 1909 correspondent à 129 millions de francs ; et ce qui prouve que c'est l'intervention de l'État qui avait provoqué le mal, c'est que, au cours des dix années envisagées, la circulation des banques a pu passer de 42 à 58 millions, sans contrarier l'amélioration du change, tandis que la dette de l'État tombait de 93 à 15 millions de drachmes et que la position des banques se fortifiait d'autant. Un autre point intéressant à relever dans le tableau, c'est l'amplitude des oscillations du change, en certaines années. C'est ainsi qu'en 1893, entre le plus bas cours, 1,37, et le plus haut, 1,86, il n'y a pas eu moins de 36 pour 100 d'écart.

Le cas de la Banque nationale de Grèce constitue l'un des types les plus complets de l'intervention gouvernementale en matière d'émission ; il nous fournit aussi l'exemple curieux d'une immixtion de gouvernements étrangers venant corriger l'action de l'État indigène, et lui imposant des mesures à l'effet de l'obliger à se libérer vis-à-vis de sa propre banque d'émission. C'est, en effet, sous l'égide de conventions internationales qu'a été organisé le retrait graduel d'une partie de la circulation créée pour compte du Trésor hellénique.

TABLEAU DES VARIATIONS DU CHANGE
ET DE LA CIRCULATION HELLÉNIQUE DE 1877 A 1909

ANNÉES	FLUCTUATIONS DU CHANGE			MOYENNE ANNUELLE DES BILLETS DE BANQUE EN CIRCULATION (EN MILLIERS DE DRACHMES)			
	Moyenne annuelle.	Minimum.	Maximum.	Circulation pour compte des banques.	Circulation pour compte de l'État y compris les coupures de 1 et 2 drachmes.	Total des billets en circulation.	Valeur en or des billets en circulation au cours moyen annuel du change.
1877. . .	1,02	1,01	1,07	33 245	7 490	40 735	39 558
1878. . .	1,10	1,07	1,13	34 001	24 903	58 905	53 204
1879. . .	1,04	1,01	1,08	35 649	22 064	57 713	55 090
1880. . .	1,02	1 »	1,03	37 023	20 579	57 603	56 173
1881. . .	1,04	1,01	1,09	45 266	39 996	85 263	81 389
1882. . .	1,09	1,07	1,12	50 901	43 076	93 977	85 656
1883. . .	1,14	1,08	1,19	60 482	43 478	103 960	91 143
1884. . .	1,04	1,03	1,08	51 365	35 376	86 741	82 803
1885[1] . .	1,05	1,01	1,25	55 076	14 800	69 877	66 016
1886. . .	1,23	1,16	1,32	51 093	63 195	114 288	92 728
1887. . .	1,26	1,18	1,31	38 576	79 060	117 637	93 218
1888. . .	1,27	1,23	1,30	36 894	71 869	108 761	85 417
1889. . .	1,23	1,19	1,26	37 676	67 632	105 308	85 616
1890. . .	1,23	1,20	1,27	36 344	78 866	115 211	93 288
1891. . .	1,29	1,23	1,36	54 419	77 069	131 489	101 278
1892. . .	1,43	1,36	1,57	53 029	85 675	138 704	96 571
1893. . .	1,60	1,37	1,86	44 524	82 989	127 511	79 313
1894. . .	1,74	1,67	1,89	40 328	82 198	122 527	70 047
1895. . .	1,80	1,74	1,90	49 292	74 564	123 856	68 728
1896. . .	1,73	1,66	1,78	51 772	70 649	122 422	70 402
1897. . .	1,67	1,50	1,79	59 291	84 713	144 004	85 936
1898. . .	1,47	1,40	1,56	46 289	93 636	139 925	94 919
1899. . .	1,56	1,49	1,68	42 260	93 782	136 064	86 928
1900. . .	1 64	1,50	1,69	52 324	93 050	145 374	88 432
1901. . .	1,65	1,57	1,72	54 822	91 029	145 854	87 968
1902. . .	1,62	1,57	1,67	53 327	89 113	142 440	87 532
1903. . .	1,56	1,40	1,63	57 959	87 111	145 071	92 614
1904. . .	1,37	1,29	1,49	56 384	85 070	141 454	102 637
1905. . .	1,23	1,14	1,32	51 100	83 072	134 170	109 002
1906. . .	1,10	1,06	1,16	50 194	81 028	131 223	119 286
1907. . .	1,08	1,07	1,12	56 432	78 945	135 378	124 474
1908. . .	1,08	1,03	1,13	59 116	76 945	136 062	125 872
1909. . .	1,03	1 »	1,06 ¹/²	58 625	75 133	133 758	129 862

[1] Le cours forcé aboli le 1er janvier 1885 a été rétabli le 30 septembre de la même année.

Au cours de ces trente-trois années, la Grèce a connu bien des vicissitudes politiques et financières; malgré ses défaites, elle a vu son territoire s'augmenter de deux provinces, et son billet de banque, qui était au pair de l'or en 1876, y revenir en 1910, après avoir perdu un moment presque la moitié de sa valeur. Les causes qui ont amené ce résultat sont multiples. A première vue, il semble qu'avec une circulation plus que triplée, 129 millions au lieu de 39, garantie seulement par une encaisse du tiers, il soit difficile d'expliquer ce retour à un change normal, alors surtout que l'actif de la Banque nationale comprend des créances directes sur le Trésor pour 78 millions, et des fonds publics pour 60. Mais il faut tenir compte du développement de l'activité économique du royaume, dont quelques chiffres cités par nous ont donné la mesure, et des envois d'or que font tous les ans les Grecs établis à l'étranger : de nombreux travailleurs s'expatrient temporairement, et mettent de côté une partie de leurs salaires ou de leurs bénéfices, qu'ils destinent à leurs familles restées au pays natal. Le flot régulier qui revient ainsi périodiquement accroître les ressources monétaires de la Grèce joue un rôle notable dans l'amélioration et le maintien du change. Si des complications politiques ne se jettent pas à la traverse, si la question crétoise en particulier n'altère pas les relations du royaume avec la Turquie, il est permis d'espérer que la situation actuelle se consolidera, que la Banque nationale recevra du Gouvernement les sommes qui lui sont dues et qu'elle pourra un jour reprendre le paiement de ses billets en or.

SERBIE

« Dans le but de développer et de favoriser le commerce et l'industrie, en organisant mieux le crédit et en abaissant le prix des capitaux », dit la loi du 6 janvier 1883, « le Gouvernement est autorisé à fonder une Banque, qui reçoit le titre de Banque nationale privilégiée du royaume de Serbie. » Elle pourra, sous réserve de l'approbation du Gouvernement, établir des succursales. Elle a le privilège exclusif d'émettre des billets, c'est-à-dire des mandats sur elle-même, non productifs d'intérêts et payables à vue en or ; cet engagement doit être imprimé sur le billet. Toutefois, par exception à cette règle, la Banque pourra échanger ses billets contre de l'argent, dans une proportion établie par le ministre sur la demande de la Banque. L'encaisse devra toujours représenter au moins les deux cinquièmes de la circulation ; un quart de l'encaisse au plus pourra consister en argent. La loi du 6 février 1896 a limité à 25 millions de dinars la somme totale maximum des billets remboursables en argent, c'est-à-dire ses billets de 10 dinars (francs), ceux de 50, 100, 500 et 1 000 dinars étant payables en or. Cette disposition établit dans la circulation des billets une distinction qui n'est pas usuelle.

Le Conseil d'administration est élu par les actionnaires : il présente, par l'entremise du ministre du commerce, trois candidats au poste de gouverneur, parmi lesquels le Roi fait son choix. Les propriétés et les revenus de la Banque sont exempts de toutes contributions, taxes et redevances ; ses livres font foi à l'égal des documents publics. Le droit de surveillance du gouvernement est exercé d'une façon continue par un commissaire, que nomme un décret royal, rendu sur la proposition du ministre du commerce ; il contrôle particulièrement l'émission des billets, veille à la stricte observation de la loi et des statuts, a le droit d'assister à toute réunion du conseil et de l'assemblée et de mettre son veto à l'exécution de décisions qu'il jugerait contraires aux statuts ou à la loi. Les bénéfices servent à payer d'abord 6 pour 100 aux actionnaires, puis, à concurrence de 15 pour 100, à constituer un fonds de réserve primitivement fixé au cinquième du capital : cette limitation ne figure plus dans la loi de 1908 ; 10 pour 100 sont ensuite répartis au personnel, et le cinquième du solde est versé à l'État. Une année au moins avant l'expiration de la durée de la Banque, elle est tenue de retirer de la circulation ses billets, en les remboursant aux porteurs. Si, au moment de la suspension de ses opérations, il en circule encore, elle en versera le montant en numéraire au Trésor, qui, pendant dix ans pourvoira à leur remboursement.

La Banque peut servir d'intermédiaire à la conclusion d'emprunts pour le compte de l'État, des départements, des arrondissements, des communes ainsi que d'entreprises industrielles et commerciales du pays ; elle peut être chargée du service de caissier de l'État. La loi du 22 mars 1898 lui a prescrit de prêter à la Caisse centrale du Trésor une somme de 10 millions de dinars en billets argent, qui ne seront pas comptés dans le maximum de 25 millions autorisé par la loi de 1896, et que le Gouvernement s'est engagé à rembourser en 10 annuités d'un million chacune : le revenu des douanes, non affecté à d'autres emprunts, garantira ce remboursement, et sera versé, au début de chaque mois, à la Banque, à raison de 85 000 dinars minimum. Le Trésor payait d'abord 1 1/4 pour 100 sur les sommes empruntées par lui et qui devaient servir à rembourser les Dettes intérieures. Ce taux a été porté à 2 pour 100 par la loi du 31 juillet 1898. Les comptes relatifs à cette avance devront être dressés tous les trois mois par l'administration de la dette publique et publiés au Journal officiel. Au fur et à mesure du remboursement des 10 millions, la Banque diminuera d'une somme égale la circulation de ses billets, de façon qu'après extinction de la dette, le total des billets-argent en circulation ne dépasse pas 25 millions de dinars. Cette limite a été élevée à 30 millions par la loi du 23 juillet 1898. La loi du 20 août 1900 a autorisé une nouvelle avance de 2 millions au taux de 2 pour 100, remboursable au plus tard le 22 mars 1908, gagée par la portion non affectée du revenu de l'impôt de consommation : le Trésor doit verser à cet effet des mensualités de 30 000 dinars en argent. Les billets émis pour cette avance n'entrent pas dans le calcul du maximum autorisé.

La loi du 31 mars 1904 a autorisé la prorogation de la concession de la Banque pour 25 ans, en élevant à 30 (au lieu de 20) pour 100 la part du Trésor dans les bénéfices, après paiement d'un dividende de 6 pour 100 aux actionnaires. Outre le montant des bons du Trésor précédemment autorisé, la Caisse principale de l'État pourra désormais se faire escompter extraordinairement par la Banque nationale, au taux maximum de 2 pour 100, des bons à 3 mois jusqu'à concurrence de 10 millions de dinars en argent. Ils ne pourront servir que jusqu'à rentrée des recettes budgétaires et seront pour cette raison appelés : *Bons servant de base au fonds de roulement.* L'emploi de ces bons sera visé dans la loi financière annuelle. Ils seront gagés, comme les 12 autres millions, par l'impôt de consommation.

La loi du 15 mars 1908 a prorogé la concession jusqu'au 16 mars 1934. Elle dispose qu'aucune succursale ou agence ne sera ouverte qu'après entente avec le Gouvernement royal. Elle ordonne la libération des actions de la première série de 10 millions. Elle prévoit l'émission de celles de la deuxième série, qui ne pourront être possédées que par des Serbes. Elle modifie encore une fois les conditions d'escompte des bons du Trésor servant de base au fonds de roulement, limités à 10 millions de dinars argent, émis désormais sans garantie spéciale, escomptables à 2 pour 100 jusqu'à concurrence de 5 millions, à 1 1/2 pour 100 pour le surplus. Il sera tenu un compte spécial, dans les livres de la

Banque, de tous les achats et ventes d'or ; le bénéfice en résultant appartiendra en entier à l'Etat. Celui-ci pourra en tout temps faire, auprès de la Banque, un échange provisoire d'or et d'argent, verser son or à la Banque, et, sur le gage, se faire délivrer par elle une quantité égale de billets de banque argent au-dessus de la limite fixée pour l'émission. Il pourra ensuite rendre ces billets à la Banque et retirer l'or qu'il a chez elle, le tout gratuitement.

La loi du 15 mars 1908 ajoute à l'énumération des valeurs qui doivent former la couverture de la circulation au delà de l'encaisse, les bons du Trésor, les obligations des unions d'associations agricoles et les lettres de change de l'union des associations d'artisans. Elle dispose que la Banque ne pourra régulièrement mettre en circulation des billets valeur argent pour une somme supérieure à cinq fois le capital versé. Par exception seulement, cette limite pourra être dépassée d'un dixième, en cas de besoin extraordinaire et urgent, avec l'autorisation spéciale du Gouvernement royal, et à la condition que l'excédent émis soit retiré de la circulation aussitôt qu'aura pris fin le besoin qui l'avait provoqué. La loi prévoit aussi la réforme monétaire, qu'elle déclare devoir être entreprise d'un commun accord entre le Gouvernement et la Banque, lorsqu'ils jugeront les circonstances favorables. Cette réforme aura pour conséquence d'obliger la Banque à remplacer tous ses billets-argent par des billets-or : mais, ajoute l'article 8, ces billets *valeur or* seront remboursés par la Banque, partie en or, partie en argent, de la manière qui aura été arrêtée entre le Gouvernement et la Banque et établie par la loi. Cette disposition vise l'époque où l'étalon d'or sera définitivement en vigueur : il n'y aura plus alors que des billets libellés en or, qui toutefois auraient une couverture bimétallique, au moins dans les débuts. En attendant, les comptes de l'établissement présentent le caractère particulier d'un mélange des transactions en or et de transactions en argent qui, dans plusieurs des chapitres, donnent lieu à une séparation d'écritures.

BILAN DE LA BANQUE NATIONALE PRIVILÉGIÉE
DU ROYAUME DE SERBIE AU 31 DÉCEMBRE 1909

ACTIF		Dinars.
Actions : 40 000 titres à 500 dinars		20 000 000 »
Actionnaires : versement restant à effectuer sur 20 000 actions, première émission		2 500 000 »
Caisse. *a)* billets de banque : en or 13 629 818,90		
— — en argent . . . . . 31 505 173 »		
b) encaisse métallique : en or 13 357 353,52		
— — en argent 6 637 892,47	73 222 260,36	
— — en monnaies étrangères 25 186,11		
c) chez les correspondants à l'étranger, en or . 9 266 801,36		
Portefeuille { en or 102 291,35	10 421 706,39	
en argent 10 319 415,04		
Prêts sur obligations { en or . . . . . . 3 495 387 »	7 284 250 »	
de l'État { en argent . . . . . . 3 788 863 »		
Comptes courants en { en or 1 036 019,41	10 809 226,88	
Serbie { en argent 9 771 207,47		
Emprunt d'État en vertu de la loi du 15 mars 1908, en argent . . .		9 016 137,80
Hôtel de la Banque		580 819 »
Matériel et mobilier		400 »
Valeurs du fonds de réserve		103 467,73
— — de l'hôtel de la Banque.		644 118,01
— — pour favoriser l'agriculture.		152 333,91
— — de pension		489 126,10
Cautionnements.		272 625 »
Dépôts simples		13 397 506,44
— en comptes courants		26 417 727,55
— de papier de valeur.		1 286 217,25
TOTAL.		176 598 922,45

PASSIF		
Capital : 40 000 actions à 500 dinars (art. 4 de la loi).		20 000 000 »
Actions provisoires : première émission de 20 000 titres à 500 dinars. .		10 000 000 »
Billets de banque destinés { en or . . . . 15 894 290 »	93 783 060 »	
à la circulation { en argent . . . . 77 888 770 »		
Comptes courants { en or 2 653 872,90	8 271 973,59	
{ en argent 5 618 100,69		
Fonds de réserve		207 770,72
— de l'hôtel de la Banque		685 748,26
— pour la construction d'entrepôts		540 000 »
— créé par la Banque nationale pour favoriser l'agriculture. . .		152 749,72
— destiné à compléter les dividendes		100 000 »
Caisse de retraites.		458 667,84
Intérêts transitoires des effets et des prêts sur effets publics. . . .		79 572,75
Rémunérations suivant l'article 25 de la loi		74 094,05
Trésor public : sa part dans les bénéfices nets (art. 25 de la loi). . .		166 704,68
Coupons d'intérêt : coupons non payés jusqu'au n° 51 inclus. . . .		264 307,59
Coupons de dividende : coupons non payés jusqu'au n° 25 inclus. . .		12 312 »
Déposants de cautionnements.		272 625 »
— de dépôts simples		13 397 506,44
— de dépôts en comptes courants		26 417 727,55
— de papiers de valeur.		1 286 217,25
Solde du bénéfice net pour le dividende.		395 887,90
TOTAL.		176 598 922,45

La Banque est tenue de publier chaque semaine au Journal officiel une situation indiquant, entre autres détails, la quantité de ses billets en circulation. Nous avons reproduit ci-contre le bilan arrêté au 31 décembre 1909. Dans la lecture de ce document, il convient de faire abstraction des 20 millions de capital inscrits pour mémoire à l'actif et au passif. Le capital actuel est de 10 millions, dont les trois quarts ont été versés par les actionnaires. Les billets figurent au passif pour 93 millions ; mais, comme il y en a 43 en caisse, la circulation effective est de 50 millions, gagés par une encaisse de 29 millions, dont 13 en or, 6 en argent, et 10 en or chez les correspondants étrangers. La dette de l'Etat est de 9 millions, avancés, en vertu de la loi du 15 mars 1908, en billets argent. En dehors de cette somme, le Trésor ne devait à l'établissement que 2 250 000 dinars, avancés sur bons en argent, qui sont compris dans la rubrique « Portefeuille » du bilan, et 41 488 dinars dans un compte courant spécial ouvert au titre de la Banque de la Save : cette dernière créance est comprise dans le chapitre de l'actif intitulé : comptes courants en Serbie. C'est donc un peu plus que son capital nominal, et à peu près 150 pour 100 de son capital versé que, sous ces trois formes, la Banque nationale a avancé à l'Etat. Son caractère d'établissement public apparaît aussi dans la constitution du fonds pour favoriser l'agriculture qui s'élève à 152 749 dinars et qui indique, chez ceux qui la dirigent, le souci des intérêts généraux du royaume : mais il ne faudrait pas que cette tendance s'accentuât et que les ressources de la Banque fussent immobilisées, pour des sommes notables, dans des entreprises agricoles ou industrielles.

ROUMANIE

La loi du 11 avril 1880 a institué une banque d'escompte
et de circulation qui a le droit exclusif d'émettre des billets
de banque au porteur. Le siège de la Banque nationale est
à Bucarest : elle doit établir des succursales dans chaque
chef-lieu de district et dans toutes les localités où le besoin
en sera constaté. Son privilège, d'abord concédé jusqu'en
1900, a été prorogé au 31 décembre 1930. Le capital prévu
à l'origine était de 30 millions de lei; il n'en fut émis que 12,
dont un tiers avait été souscrit par l'État et deux tiers par
les particuliers : il existe 24 000 actions. L'État a vendu
plus tard ses 8 000 actions au prix de 1 850 lei par titre,
en donnant aux autres actionnaires un droit de préférence,
dont ils ont fait usage. Sur les bénéfices dépassant 6 pour
100 du capital, l'État reçoit un cinquième et, à partir du
1er janvier 1913, trois dixièmes. La Banque paie à l'État
une indemnité annuelle de 140 000 lei, à titre de contribution au service de la Trésorerie. Elle peut escompter des
bons du Trésor jusqu'à concurrence de 20 pour 100 de son
capital versé. Elle doit avoir une encaisse or représentant
au moins 40 pour 100 de la circulation; 30 pour 100 de
cette encaisse peuvent consister en traites sur les places
anglaises, allemandes, françaises et belges.

Le gouverneur de la Banque, qui doit être Roumain, est
nommé pour cinq ans par le Gouvernement. Il ne peut, pendant ce temps, être membre de l'un ni de l'autre des corps
législatifs. Les directeurs et censeurs doivent également
être Roumains : 4 directeurs et 4 censeurs sont élus par les
actionnaires pour 4 ans ; 2 directeurs et 3 censeurs nommés

par le Gouvernement les premiers pour 4, les seconds pour
3 ans ; ni les uns ni les autres ne peuvent être fonctionnaires publics ni faire partie des corps législatifs. Un commis·
saire du Gouvernement surveille les opérations et notamment l'escompte et l'émission des billets. L'administration
adresse au Gouvernement, à la fin de chaque quinzaine, un
bilan qui est publié au Moniteur officiel. Le Gouvernement
a le droit de suspendre l'exécution de toute mesure contraire
à la loi, aux statuts, ou aux intérêts de l'État. Les statuts,
rédigés par le Gouvernement, ne peuvent être modifiés que
sur la proposition de l'assemblée générale et avec l'approbation du Gouvernement. La Banque avait eu comme première tâche celle de retirer les billets hypothécaires émis
en vertu de la loi du 12 juin 1877, en les remplaçant par
des billets émis en dehors de la limite statutaire. Ces
billets hypothécaires ont ensuite été remboursés par l'État,
ce qui a eu pour conséquence le retrait de la circulation
extraordinaire qu'ils avaient motivée.

La Banque peut acquérir des fonds publics roumains,
lettres de gage foncières ou autres valeurs garanties par
l'État, jusqu'à concurrence du montant versé du capital
social, en vertu de l'autorisation donnée par le ministère des
finances, sur une demande des administrateurs, approuvée
par le Conseil des censeurs. Les conditions pour les bons du
Trésor seront, quant au taux et à la durée, les mêmes que
pour les effets de commerce. Les billets seront reçus en
paiement à toutes les caisses de l'État et des établissements
publics.

En 1901, la Banque avança à l'État 15 millions sans
intérêt, remboursables au moyen de ce qui, dans le partage
annuel des bénéfices, revient à l'État au delà du chiffre de
1900. Cette limite n'a guère été franchie. L'avance s'élève
encore à 14 millions environ : elle est comprise dans les 74
millions inscrits au chapitre avances dans le bilan du 31 décembre 1909. A la même date, le capital social et la moitié
de la réserve statutaire étaient placés en fonds roumains. La

circulation est de 282 millions (324 créés moins 42 qui sont en caisse), garantis par une encaisse de 132 millions. Celle-ci représente donc 46 pour 100 de la circulation. La Banque est un des instituts d'émission qui, jusqu'ici, ont été le moins mis à contribution par le Trésor public. Il faut louer également les administrateurs qui ont défendu son crédit et les hommes d'État qui l'ont respecté.

Elle intervient judicieusement sur le marché des changes; elle a toujours à cet effet un portefeuille de traites sur l'étranger, qui augmente aux époques d'exportation de céréales et diminue durant les mois d'hiver, alors que les importateurs ont besoin de remises sur la France, l'Angleterre, l'Allemagne. Elle travaille ainsi, dans l'intérêt public, à réduire les oscillations du change et à éviter des mouvements de numéraire, mode de règlement plus coûteux et plus long que les effets de commerce.

Grâce à cette politique, le change roumain sur Paris et les autres grandes places européennes où règne l'étalon d'or n'a pas, depuis 1892, dépassé une moyenne d'environ 3 pour 100; l'année qui a vu la cote la plus haute a été celle de l'avant-dernière grande crise financière, 1900 : à ce moment, le change s'est élevé jusqu'à 105; depuis lors, il n'a plus jamais atteint ce niveau; le maximum annuel n'a pas été supérieur à 102,25, et encore n'est-il apparu que deux fois, en 1901 et en 1908. Voici les cours moyens des 18 dernières années.

CHANGE MOYEN SUR LA FRANCE A BUCAREST, DE 1892 A 1909

	Lei.		Lei.
1832	100,66	1901	102.06
1893	100,94	1902	100.56
1894	100,975	1903	100,99
1895	100,94	1904	100,873
1896	100,725	1905	101,566
1897	100,545	1306	101,144
1898	100,55	1907	100,62
1899	100,85	1908	101,60
1900	103,15	1909	101,411

Si l'on étudie les mouvements du portefeuille de la Banque, on y constate l'augmentation graduelle du chiffre des traites sur l'étranger, notamment sur les places allemandes et françaises : il en comprenait, au 31 décembre 1909, pour 9 millions de francs, 23 millions de reichsmark, 307 000 livres sterling. Cet accroissement, coïncidant avec celui de l'encaisse, en progrès de 80 pour 100 depuis 1901, fortifie la position de la Banque nationale et lui permet d'intervenir, avec une efficacité de plus en plus marquée, sur le marché des changes. Elle ne saurait évidemment empêcher, en un pays agricole comme la Roumanie, l'influence des récoltes, qui se traduit d'une façon si sensible dans le chiffre des exportations ; mais elle réussit à amortir la violence du choc. Sans son action, une moisson déficitaire comme celle de 1909 eût provoqué une hausse du change bien au delà de 101,411, moyenne de l'année : mais, grâce à la Banque, le pays a pu attendre, dans des conditions relativement favorables, le retour de la fertilité, qui en 1910 a couvert d'épis les champs de la Moldavie et de la Valachie et ramené le change aux environs du pair. Un résultat pareil ne s'obtient que par la politique persévérante d'un grand institut d'émission. La Banque nationale roumaine a pleinement rempli sa tâche à cet égard.

La part de ses bénéfices attribuée à l'État a été en 1909 de :

Redevance statutaire de 20 pour 100 .	893 000 lei.
Impôts fonciers et autres.	323 000 —
Indemnité pour la trésorerie	140 000 —
Total.	1 364 000 lei.

soit 11,38 pour 100 du capital de la Banque, et 32,15 pour 100 des sommes distribuées, à titre de dividende et tantièmes. En outre, la Banque escompte à 1 pour 100 au-dessous de son taux officiel les effets que lui endosse le Crédit agricole ; elle fait de même pour les prêts garantis par l'État et les avances aux banques populaires. Enfin, elle acquitte des droits de timbre, qui s'ajoutent aux bénéfices indirects qu'elle procure à l'État.

BILAN DE LA BANQUE NATIONALE DE ROUMANIE
AU 31 DÉCEMBRE 1909

ACTIF		Lei (francs).
Caisse. { Monnaies d'or 93 841 631,51		
Monnaies d'argent 677 231,67		174 806 086,28
Traites payables en or. . . 38 016 223,10		
Billets de banque . . . . . 42 241 000 »		
Effets remis à l'encaissement.		3 701 485,42
Por- { Effets de commerce escomp- tés à l'Administr. centrale. 36 024 472,08		62 781 289,95
tefeuille. { Effets de commerce escompt. dans les succ. et agences. 26 756 817,87		
Fonds publics		11 999 924 »
— de la réserve statutaire		14 925 995,81
— de l'amortiss. des immeubles et du mobilier.		3 131 621,58
Coupons.		339 223,41
Avances sur { Centrale. . . . . . . 7 367 300 »		14 889 770 »
fonds publics. { Succurs. et agences. 7 522 500 »		
Avances sur fonds publics en compte courant : Cen- trale, succursales et agences.		17 546 831,29
Immeubles		5 999 687,54
Mobilier et matériel de l'imprimerie.		708 822,11
Intérêts dus pour les avances sur fonds publics . .		567 943,25
Dépôts.		105 836 350 »
Avances et Comptes courants. . . . 74 861 202,38		111 144 932,55
Avoir chez les correspondants étrang. 36 283 730,17		
TOTAL		528 382 998,19

PASSIF		
Capital.		12 000 000 »
Fonds de réserve statutaire		28 187 792,24
Fonds d'amortissement des immeubles et du mobilier.		4 120 826,06
Billets de banque émis.		324 871 150 »
Bons de caisse.		759 548 »
Réescompte de l'année prochaine		318 923,59
Dépôts de titres.		105 836 350 »
Garanties des comptes courants		52 288 408,30
TOTAL		528 382 998,19

NORVÈGE

La Banque de Norvège, qui a le monopole de l'émission, a été fondée le 14 juin 1816, avec siège principal à Drontheim et succursales dans d'autres villes. Son capital fut formé au moyen d'une taxe foncière : les propriétaires contribuables devinrent ainsi actionnaires de l'établissement pour 2 millions de dollars ; la circulation était de 5 millions. Le but primitif était de venir en aide à l'agriculture plutôt que d'escompter du papier commercial. La Banque avançait, en billets, aux détenteurs du sol deux tiers de sa valeur, remboursables en 20 annuités de 5 pour 100 chacune, en plus des intérêts. C'était créer une sorte d'assignats : ils eurent le sort inévitable de ce genre de papier et perdirent à peu près la moitié de leur valeur. Une loi du *Storthing* (Chambre des députés) en ordonna le rachat, sur la base de 100 dollars d'argent pour 190 de billets.

Le capital actuel est de 19 millions de couronnes[1], divisé en actions nominatives d'au moins cent couronnes ; la circulation est limitée à 35 millions au delà de l'encaisse, dont un tiers peut être représenté par des dépôts à l'étranger. La Banque, dont le siège a été transféré à Christiania, depuis 1897, peut effectuer des dépôts, jusqu'à concurrence de 3 millions, dans les banques nationales des pays qui ont le même système monétaire que la Norvège. Les sommes dont elle est créancière de ce chef sont considérées comme déposées dans ses caisses. Elle jouit du privilège exclusif d'émettre des billets au porteur, à condition d'en faire à présentation le rem-

---

1. La couronne, unité monétaire des trois pays scandinaves, vaut 1 fr. 40 et se divise en 100 oere. L'étalon est l'or.

boursement en monnaie d'or pour leur valeur nominale. L'article 6 des statuts ajoute une disposition pénale destinée à prévenir les tentatives de concurrence. « Tout billet de banque, dit-il, émis par tout autre que la Banque de Norvège, sera confisqué ; celui qui l'a émis sera tenu de dédommager le détenteur de l'équivalent de la somme énoncée et sera passible d'une amende égale au profit du Trésor public. Le tribunal de police sera compétent. » Tant que la Banque de Norvège remboursera à présentation la valeur entière de ses billets, ils auront cours légal dans le pays, et tout paiement stipulé comme devant être effectué en or pourra être valablement fait en billets de la Banque. Au cas où celle-ci viendrait à en suspendre le remboursement, ils cesseront d'avoir cours légal, excepté vis-à-vis d'elle-même. Si la publication du bilan fait ressortir un chiffre de billets en circulation supérieur au maximum autorisé, la Banque doit immédiatement le signaler au département compétent, et expliquer, par un rapport spécial, pourquoi la limite a été dépassée. Elle aura, de ce fait, à tenir compte au Trésor public d'un droit de 6 pour 100 l'an sur le montant de l'excédent ; ce droit sera majoré de 1/2 pour 100 pour chaque mois suivant.

La Banque est tenue d'encaisser gratuitement les revenus de l'État et des administrations publiques, d'effectuer les paiements pour leur compte et en général tous les mouvements de fonds du Trésor, sans que ceux-ci puissent amener la Banque à faire des avances. Elle pourra être chargée, tant à son siège principal que dans ses succursales, de faire pour compte du Trésor le change de la monnaie divisionnaire. Les instructions détaillées relatives à ces diverses dispositions seront données par le Roi. Faute de convention préalable entre le département compétent et la Direction de la Banque, le Conseil de surveillance fixera le taux de l'intérêt à bonifier sur les fonds déposés à la Banque par le Trésor.

BANQUE NATIONALE DE NORVÈGE

BILAN AU 31 DÉCEMBRE 1909

ACTIF		Couronnes.
A. Dans les caves de la Banque et à l'Hôtel des Monnaies à Kongsberg :		
a. Barres et lingots	7 246 484,23	
b. Monnaies indigènes (couronnes) . . .	21 357 280 »	
Réserve *c.* Monnaies étrangères.	1 690 001,06	50 306 435,77
d'or.	30 293 765,29	
Avoir à la Banque nationale à Copenhague et à la Banque royale de Suède.	3 153 293,45	
B. Avoir chez les correspondants à l'étranger.	16 859 377,03	
Prêts sur hypothèques		2 435 661,27
Avances sur dépôts et par crédits de caisse.		1 240 380,45
Contrats de prêt		4 515 039,40
Escompte. { *a.* Traites sur place.	26 015 175,98	33 759 396,71
{ *b.* Traites sur les provinces	7 744 220,73	
Compte de la Banque d'escompte et d'industrie norvégienne (en liquidation)		5 361 213,30
Effets sur l'étranger		7 230 426,82
Fonds publics		11 670 222,84
Gages rachetés. { *a.* Propriétés immobilières.	955 206,95	1 964 024,05
{ *b.* Obligations et actions	1 013.817,10	
Créances hypothécaires non réglées à Christiania		44 084,30
Créances sur successions		887 766,29
Compte intérimaire de débours		5 150,13
Immeubles de la Banque, siège central et succursales, valeur selon évaluation officielle.	3 122 100,00	»
Compte de nivellement des actions de la Banque		13 104 »
Compte de la monnaie divisionnaire.		1 984 630 »
Compte de timbres		11 076,50
Immeuble de la Banque à Kristiansund		19 319,52
Droit, non exercé, d'émission de billets		7 811 916,23
COURONNES.		129 462 506,37

PASSIF

	Couronnes.
Capital actions.	10 000 000. »
Fonds de réserve.	9 854 826,98
Compte d'ordre	8 026 886,62
Compte des pertes non réglées	925 336,80
Fonds destiné à faire face aux pertes éventuelles résultant de l'insuffisance de valeur de gages au siège central et aux succursales. .	100 000 »
Fonds de construction des succursales de la Banque de Norvège . . .	130 083,28
Fonds de garantie	600 000 »
Compte de créditeurs sur hypothèques rachetées à Christiania . . .	343 000 »
Compte des billets retirés.	693 309,74
Immeubles de la Banque à Bodö.	8 570,11
Chèques à payer.	254 233,23
Dividendes non réclamés	34 460,94
Compte de la monnaie divisionnaire de la caisse de l'Etat.	1 954 630, »
Compte d'encaissement.	6 391,47
Divers.	6 186,34
Billets créés.	95,306 435,77
Profits et pertes	2.291 341.13
COURONNES.	129 462 506.39

A la tête de la Banque se trouve un Conseil de surveillance, dont les 13 membres sont nommés par l'assemblée nationale et un Conseil de direction de 5 membres. Le président et le vice-président de la direction sont nommés par le Roi ; les autres directeurs, par l'assemblée. Après que les actionnaires ont reçu 6 pour 100, il est mis 40 pour 100 du solde au fonds de réserve, jusqu'à ce que celui-ci atteigne les deux cinquièmes du fonds social. Ensuite l'excédent se partage entre l'État et les actionnaires, jusqu'à ce que ceux-ci aient reçu 10 pour 100 de dividende. Le surplus est attribué à raison d'un quart aux actionnaires et de trois quarts à l'État.

Le bilan au 31 décembre 1909, que nous avons reproduit ci-contre, indique d'une façon plus claire que ne le font en général les banques d'émission le chiffre autorisé de la circulation. Au chapitre du passif intitulé « billets créés » se trouve, en effet, une somme de 85 306 435 couronnes, qui était précisément, à la date où les écritures étaient arrêtées, le total statutaire, c'est-à-dire l'encaisse augmentée de 35 millions. A l'actif figuraient sous le titre « Droit non exercé d'émission », 7 811 946 couronnes, qui représentaient le chiffre de billets que la Banque aurait pu encore mettre en circulation. Les 50 306 435 couronnes d'encaisse comprenaient, pour un tiers, l'avoir de l'établissement chez ses correspondants à l'étranger, soit 16 859 377 couronnes. Le Trésor ne doit rien à la Banque de Norvège, qui a en portefeuille 11 millions de fonds publics ; elle tient pour l'État un compte de monnaies divisionnaires qui se balance à l'actif et au passif par 1 984 650 couronnes. Elle lui rend des services multiples et lui abandonne une part notable de ses bénéfices ; mais elle ne lui fait pas d'avances : la loi elle-même a pris soin de les interdire et de mettre l'établissement à l'abri de toute tentative que le pouvoir exécutif voudrait faire en ce sens.

DANEMARK

La Banque nationale, société par actions dont le capital appartient à des actionnaires, a le monopole de l'émission. Fondée en 1818, elle a vu sa concession, qui expirait en 1908, renouvelée jusqu'au 31 juillet 1938. Elle peut émettre 30 millions de couronnes de billets au delà de son encaisse métallique (décret du 5 novembre 1877) : celle-ci doit toujours représenter une fraction déterminée de la circulation, fixée primitivement aux trois huitièmes : si cette proportion n'était pas observée au courant d'un mois, elle devrait être rétablie dès le mois suivant. Au chapitre de l'encaisse figurent : 1° les lingots et monnaies d'or ; 2° les sommes dues à vue par les Banques de Suède et de Norvège (décret de 1886) ; 3° les billets de la Reichsbank allemande, qui se trouveraient dans les caisses de la succursale de Flensborg.

A l'origine, la Banque fut créée pour retirer les billets émis par le Gouvernement pendant les guerres napoléoniennes : c'étaient des assignats, hypothéqués sur des terres, qui disparurent en 1839. La loi du 12 juillet 1907, qui a renouvelé le monopole pour trente ans, a porté la proportion minimum de l'encaisse à la moitié de la circulation, en établissant comme suit les règles de l'émission (art. 7 de la loi) : la partie des billets qui n'est pas représentée par l'or ou les créances en or énumérées dans la loi, doit être couverte, à raison de 125 pour 100, par un actif facilement réalisable. Sont considérés comme équivalant à l'or l'avoir de la Banque chez la Banque de Suède et la Banque de Norvège, déduction faite des sommes que la Banque nationale danoise leur doit elle-même, et son avoir en compte de virement chez la Reichsbank allemande. Trois cinquièmes au moins de l'encaisse doivent consister en monnaies d'or et lingots, dont un quart au moins en pièces d'or scandinaves. L'actif qui sert de couverture peut consister en avances sur nantissement, en effets sur le Danemark et sur l'étranger, en soldes créditeurs disponibles à vue chez les correspondants à l'étranger, en fonds publics calculés au cours coté et en lettres de gage, représentant des prêts hypothécaires directs : ces deux dernières catégories ne peuvent former un total de plus de 6 millions de couronnes.

Sur ses bénéfices, la Banque doit en premier lieu prélever 750 000 couronnes à verser au Trésor, qui a droit en outre au quart de l'excédent après que les actionnaires ont reçu 6 pour 100. Tous les mois, la Banque remet au commissaire royal un rapport sur la proportion de la circulation à l'encaisse et au reste de l'actif destiné à la garantir. Le commissaire veille tout spécialement à l'observation des règles qui concernent cette couverture. En présence de circonstances spéciales, un arrêté royal pourra donner à la Banque, pour une durée de deux ans, des facilités en ce qui concerne la limite de ses émissions ; mais dans ce cas, un impôt, de 5 pour 100 l'an, sera perçu sur l'excédent de circulation et versé au Trésor à la fin de chaque mois. Toutes les fois que la direction désire modifier ses taux d'escompte et d'intérêt, elle doit en informer le ministre des finances : celui-ci pourra, par lui-même ou par un délégué, prendre part aux discussions qui auront lieu à ce sujet, sans avoir voix délibérative. La Banque ouvre des succursales partout où elle le juge bon, mais ne peut en fermer aucune sans autorisation du commissaire royal. Un projet de loi concernant la réglementation de l'émission devra être présenté au Parlement par le Gouvernement avant la fin de 1935 : pour que la Banque continue à fonctionner comme institut d'émission après le 31 juillet 1938, il faudra l'approbation d'une assemblée d'actionnaires donnée à la majorité des deux tiers présents.

Le chapitre de l'actif intitulé « Comité de Banque du

9 février 1908 », comprend les sommes avancées par l'établissement à un comité constitué dans les conditions suivantes. En février 1908, deux banques de Copenhague et quelques banques de province suspendirent leurs paiements. Pour éviter une panique, l'Etat, la Banque nationale et les quatre principales banques privées de la capitale (*Privatbanken, Landmandsbanken, Handelsbanken* et *Laarn og Diskonto-banken*) ont donné leur garantie aux créanciers des établissements qui étaient en difficultés. Une commission, sous le nom de Comité de banque du 9 février, a pris en main la direction des affaires des dits établissements ; il a été dissous en mars 1910 et remplacé par l'*Aforklingskassen* de 1910. Comme on craint que les garants n'aient des pertes à subir, la Banque a mis en réserve à cet effet 400 000 couronnes, qui figurent à l'avant-dernier chapitre du passif.

En résumé, en dehors des dispositions relatives à la garantie de l'émission, qui présentent certains caractères spéciaux, nous n'avons point de remarques particulières à faire sur l'organisation de la Banque nationale du Danemark. Le dernier paragraphe de l'article 9 de la loi, qui prévoit un dépassement de la limite d'émission moyennant une ordonnance royale, organise une procédure très simple, qui paraît recommandable pour les époques de crise : en mettant immédiatement à la disposition d'un marché embarrassé un supplément d'instruments de crédit, il est souvent possible d'enrayer une panique, qui autrement prendrait des proportions inquiétantes. L'impôt de 5 pour 100, que la Banque doit acquitter sur cet excédent de circulation, est le meilleur garant qu'elle n'y aura recours qu'à bon escient et en vue de nécessités clairement démontrées. D'autre part, le monopole est conféré pour une longue période, ce qui est une garantie de stabilité pour les affaires et permet à l'établissement qui en bénéficie de développer ses services et d'encourir des dépenses dont il sait pouvoir recueillir le fruit. Comme l'actif ne contient qu'une créance sur l'Etat de 11 millions de couronnes, avancés au ministère des finances

BANQUE NATIONALE DE DANEMARK

BILAN AU 31 JUILLET 1909

ACTIF	Couronnes.
Bâtiment et mobilier de la Banque	720 000 »
Prêts hypothécaires sur immeubles	1 727 800 »
Prêts sur créances hypothécaires.	2 911 600 »
Prêts sur valeurs de Bourse	7 013 335,30
Comité de banque du 9 février 1908.	23 969 321,03
Compte courant du Ministère des finances	11 411 842,33
Prêts aux communes pour chemins de fer (loi du 10 avril 1893) . . .	4 097 157,34
Prêts en compte courant..	264 154,03
Traites sur le Danemark	14 493 225,93
— — la Norvège	31 116,18
— — la Suède	144 079,55
— — l'Allemagne	2 583 403,55
— — l'Angleterre	513 259,74
— — la France et la Belgique.	127 900,11
— — l'Autriche	150 000 »
Créances sur correspondants à l'étranger.	6 899 023,60
— banques de province.	211 744,20
Obligations	3 457 819,75
Actions	725 008 »
Créances douteuses, 595 379,02 couronnes, évaluées à	1 000 »
Traites protestées	250 000 »
Actif du fonds de retraite et de secours	1 031 553,19
Actif du fonds de répartition des bénéfices des actionnaires . . .	1 159 633,20
Succursale à Aarhus.	6 303 185,46
— à Aalborg.	3 874 060,36
— à Nykjöbing paa Falster	4 166 791,94
— à Flensborg.	2 763 796,10
— à Kolding.	1 416 917,48
— à Odense.	5 407 651,85
Compte de la Banque nationale en Suède	2 895 438,94
Billets des Antilles danoises.	6 764,40
Or en lingots.	7 353 557,12
Monnaies étrangères en or	42 476 244 »
Monnaies en couronnes.	24 750 700 »
Encaisse. { Monnaies . . . . 1 069 305,71 { Billets . . . . 6 907 880, »	7 977 185,71
COURONNES	193 396 273,38

PASSIF

	Couronnes.
Billets émis.	134 000 000 »
Oblig. 6 1/2 pour 100 amorties, émises pour des hypot. (de 5/6) acquitt.	2 402 »
Oblig. 4 pour 100 amort., émises pour des bons acquittés du trésor de Sleswig-Holstein	2 760 »
Emprunts	446 663,17
— du Ministère des finances (loi du 10 avril 1893)	4 097 157,34
Comptes courants	7 345 449,09
Billets à 8 jours émis par la Banque.	81 004,06
Traites tirées sur la Banque.	80 265,21
Fonds de retraite et de secours	1 025 030,46
Fonds de répartition des bénéfices des actionnaires	1 170 867,47
Bénéfice d'actionnaires non réclamé	9 468, »
Compte courant relatif aux encaissements	5 002,48
Effets encaissés pour compte étranger	1 813,20
Intérêts et bénéfices de dépôts non réclamés	18 509,52
Compte danois de la Banque nationale de Suède	3 590 121,01
Compte danois de la Banque nationale de Norvège	3 125 073,47
Banque nationale des Antilles danoises.	6 654,02
Dû aux banques de province	113 784,50
Capital actions.	27 000 000 »
Fonds de réserve.	8 100 000 »
Perte prévue relative à la garantie de banque	400 000 »
Bénéfices de l'exercice	2 761 248,35
COURONNES	193 396 273,38

en compte courant, et une autre de 4 millions prêtés aux communes pour travaux de chemins de fer, on peut conclure que la Banque nationale de Danemark est établie sur des bases saines et fonctionne normalement. Les prêts aux communes ne sont pas fournis par la Banque sur ses deniers propres : elle en a reçu le montant du ministère des finances, à qui elle remet au fur et à mesure de leur rentée les sommes que les communes lui versent pour intérêts et amortissement de leur dette. C'est donc à 11 millions de couronnes que se borne en ce moment la créance sur le Trésor.

CHAPITRE VII

ÉGYPTE, MAROC, JAPON, FORMOSE, CORÉE, HAITI.

ÉGYPTE

La circulation fiduciaire est de création récente en Égypte. Un décret khédivial du 25 juin 1898 a fondé la Banque nationale, dont le capital versé est aujourd'hui de 3 millions et le fonds de réserve de 1 1/2 million de livres sterling. A la suite de la crise de 1907, le rôle du Gouvernement dans l'administration de la Banque a été renforcé. Elle a le privilège exclusif d'émettre des billets au porteur et à vue pendant toute la durée de la société, qui a été fixée à 50 années, et s'étend donc jusqu'à 1948. Elle a, entre autres, pour objet de faire des prêts et avances au Gouvernement égyptien, au Gouvernement du Soudan, aux municipalités et aux établissements publics en Egypte et au Soudan. Le service d'émission des billets est indépendant du reste, et donne lieu à l'établissement d'un bilan séparé des opérations générales de la Banque. La quotité des diverses coupures est fixée par le Conseil d'administration, d'accord avec le Gouvernement. Il est tenu une comptabilité distincte et une caisse spéciale pour toutes les opérations d'émission ou de retrait des billets. Le montant de ceux qui circulent devra toujours être représenté, pour la moitié au moins en or, pour l'autre moitié par des titres, calculés au cours du jour et au maximum au pair, appartenant en propre à la Banque et dont le choix et la désignation sont réservés au Gouvernement seul, sans que l'exercice de ce droit puisse, en aucun cas et à aucun moment, faire encourir à ce dernier une responsabilité quelconque. A défaut de tout ou partie de tels titres, le stock d'or de la caisse spéciale du service de l'émission devra être élevé proportionnellement, de telle sorte que le montant de la circulation soit toujours intégralement représenté. L'encaisse ainsi exigée, tant en or qu'en titres, constitue le gage direct des porteurs de billets, et doit, en cas de liquidation de la Banque, servir exclusivement à assurer le retrait de ce papier. La dite encaisse, tant or que titres, est déposée au siège de la Banque dans une caisse spéciale, à deux clefs dissemblables, dont l'une demeure entre les mains de la Banque et l'autre entre les mains des commissaires du Gouvernement nommés pour cinq ans par le ministre des finances. Les titres peuvent également, en partie ou en totalité, être déposés, avec l'autorisation du ministre des finances, auprès de la Banque d'Angleterre ou d'une banque à Londres, dont le nom sera agréé par le ministre, dans une caisse spéciale et à deux clefs dissemblables, dont l'une entre les mains de la Banque nationale d'Égypte et l'autre entre les mains de la banque dépositaire, agissant au lieu et place des commissaires du Gouvernement. Est considéré comme étant dans la Caisse spéciale au Caire, s'il est adressé avec autorisation spéciale du ministre des finances aux commissaires du Gouvernement et dûment assuré en leur nom, l'or en transit à destination de l'Egypte, expédié par ou pour compte de la Banque.

Au 31 décembre 1909, la circulation des billets s'élevait à 2 600 000 livres égyptiennes [1], garanties par 1 262 000 livres égyptiennes en or et 1 338 000 livres de titres. Le bilan du département de banque proprement dit, qui se totalisait par environ 11 millions de livres égyptiennes, ne portait trace d'aucun engagement du Trésor; mais il indiquait un portefeuille de 1 740 000 livres égyptiennes de titres du Gouvernement égyptien ou garantis par lui. Aux dépôts, on remarque

1. La livre égyptienne vaut 25 fr. 60; elle se divise en 100 centièmes qui portent le nom de piastres : chaque piastre vaut donc 256 millimes.

BANQUE NATIONALE D'ÉGYPTE
BILAN AU 31 DÉCEMBRE 1909

ACTIF	Livres égyptiennes. L. E. Mill.
Valeurs du Gouvernement et valeurs garanties par le Gouvernement égyptien	1 740 115,388
Valeurs diverses.	98 047,305
Comptes courants	128 494,982
Avances sur marchandises.	1 360 922,817
Avances sur valeurs locales et étrangères.	1 701 583,366
Avances autrement garanties.	623 239,829
Garanties d'acceptations	236 870,643
Lettres de change	1 620 546,143
Escompte de traites locales.	452 032,640
Effets à recevoir	30 366,427
Immeubles et meubles	260 300,432
Dépôts à vue et à court préavis.	953 486,674
Comptes dans les banques.	363 734,788
Caisse. { Billets . . . . 381 378,500 Espèces 1 343 979,573	1 725 358,073
TOTAL.	11 306 099,507
DÉPARTEMENT DE L'ÉMISSION	
Valeurs	1 261 815,750
Espèces	1 338 184,250
TOTAL.	2 600 000 »

PASSIF	
Capital : 300 000 actions à £ 10 (liv. sterling anglaises).	2 925 000 »
Réserves. { Statutaire . . . . 1 462 000 » Extraordinaire. 63 569,058	1 526 069,058
Comptes courants, dépôts et autres comptes	3 985 232,839
Tribunaux mixtes	612 028,260
Ministère des finances	1 439 964,825
Ministère des finances : compte spécial.	30 135,622
Gouvernement du Soudan	40 330,490
Comptes dans les banques	181 340,685
Chèques et effets à payer	91 808,387
Acceptations comme ci-contre	236 870,643
Bonification d'intérêt sur effets non encore échus . .	16 953,072
Fonds de prévoyance pour le personnel	37 525,569
Dividendes non réclamés	4 800,803
Compte « Profits et pertes ». { Solde. . . . . 265 784,252 Moins dividende intérimaire . . . . 87 750 »	178 034,252
TOTAL.	11 306 099,507
DÉPARTEMENT DE L'ÉMISSION	
Billets émis.	2 600 000 »

ceux des tribunaux mixtes, du ministère des finances, du gouvernement du Soudan; les bilans précédents contenaient aussi les comptes de l'administration des chemins de fer et télégraphes et de l'armée égyptienne, qui ont disparu en 1909. Le bilan est dressé à la manière de celui de la Banque d'Angleterre, c'est-à-dire que le département de l'émission est isolé.

Le système d'émission de la Banque nationale d'Égypte ressemble, dans une certaine mesure, à celui de la Banque d'Angleterre, en ce sens que le département de l'émission est séparé du reste des affaires de l'établissement et que la garantie des billets est constituée en partie par de l'or, en partie par des fonds publics. Mais, à Londres, la quantité de ceux-ci est immuable et n'augmente que lorsqu'une autre banque d'émission vient à disparaître; en ce cas, la Banque d'Angleterre hérite des deux tiers de son droit et accroît d'autant son émission de billets gagés par des titres; en Égypte, la quantité de ces derniers croît parallèlement au chiffre des billets gagés par l'encaisse, et peut donc aller indéfiniment en augmentant, au fur et à mesure de l'entrée de quantités d'or nouvelles : c'est un système beaucoup plus élastique que celui de la Banque d'Angleterre.

Le Gouvernement a surtout été préoccupé d'assurer le remboursement des billets : dans ce but, il a tout d'abord édicté des dispositions sévères pour leur couverture tant en or qu'en fonds publics; ensuite, il s'est réservé le moyen de surveiller constamment l'exécution fidèle de ces prescriptions par l'intermédiaire d'agents de son choix. L'établissement est contrôlé de très près par l'État, mais celui-ci n'a pas mis autrement à contribution les ressources de l'établissement, qui apparaît comme dégagé de toute obligation de fournir des fonds au Trésor égyptien.

BANQUE DU MAROC

En 1906, à la suite de la Conférence d'Algésiras, les signataires de l'Acte qui la clôtura ont institué la Banque dite d'Etat du Maroc, dont les actions ont été réparties, dans une proportion déterminée, entre les puissances. Son titre de Banque d'Etat ne correspond pas à la définition que nous avons donnée de ce genre d'établissement, puisque le capital est la propriété de particuliers. L'article 32 de l'acte général de la Conférence lui a donné le monopole de l'émission de billets au porteur, remboursables à présentation, ayant force libératoire dans les caisses publiques du Maroc ; elle doit maintenir une encaisse égale au minimum au tiers de sa circulation, et un tiers au moins de cette encaisse doit être en or. La société est régie par la loi française. En dehors des opérations courantes d'escompte, d'avances sur titres, valeurs, warrants, connaissements, marchandises, la Banque a pour objet d'effectuer, dans les localités où elle a des succursales ou des agences, et partout où elle sera en mesure d'y procéder, l'encaissement des revenus de l'Empire, de quelque nature qu'ils soient et à quelque titre qu'ils soient perçus, notamment du produit de la taxe spéciale créée par l'article 66 de l'acte général, ainsi que des revenus des douanes de l'Empire, à l'exclusion toutefois de la partie affectée au service de l'emprunt 1904. La Banque fait en outre au gouvernement marocain des avances ou ouvertures de crédit dans les conditions prévues par les articles 35 et 36 de l'acte de concession, sans qu'elles puissent dépasser le capital initial. Elle remplit, à l'exclusion de toute autre banque ou établissement de crédit, les fonctions de trésorier-payeur et d'agent financier du Gouvernement, tant au dedans qu'au dehors de l'Empire, sans préjudice du droit que conserve le Gouvernement de s'adresser, pour ses emprunts publics, à d'autres maisons de banque ou établissements de crédit ; toutefois, pour ces emprunts, la Banque jouira d'un droit de préférence à conditions égales. Elle opérera, pour le compte du Gouvernement, tant dans l'Empire qu'à l'extérieur, le paiement des coupons et titres remboursables de la dette intérieure et extérieure marocaine, des bons du Trésor et des mandats émanant de l'administration ; elle sera chargée de la transmission des fonds ainsi que des opérations de trésorerie, du service des emprunts, sauf celui de 1904, régi par un contrat spécial. Elle prendra les mesures qu'elle jugera utiles pour assainir la situation monétaire au Maroc, la monnaie espagnole continuant à être admise provisoirement avec force libératoire. Elle sera exclusivement chargée de l'achat des métaux précieux, de la frappe et de la refonte des monnaies, ainsi que de toutes autres opérations monétaires pour le compte et au profit du Gouvernement marocain.

La durée de la société est de 40 années, qui courent jusqu'au 31 décembre 1946. Elle a son siège à Tanger et établira des succursales et agences dans les principales villes du Maroc et dans tout autre endroit à son gré. Le capital est fixé à 15 400 000 francs, représentés par 30 800 actions de 500 francs, ou 405 reichsmark, ou 476 couronnes austro-hongroises, ou 500 pesetas or, ou 19 livres 16 shillings, ou 500 lire italiennes, ou 240 florins hollandais, ou 89 300 reis or de Portugal, ou 187 roubles et demi, ou 360 couronnes suédoises. Le caractère international de l'établissement apparaît d'une façon curieuse dans la fixation de ces équivalences monétaires, et aussi dans la composition du Conseil d'administration, qui comprend trois Français, un Allemand, un Belge, un Espagnol, un Anglais, un Italien, un Portugais, un Autrichien, un Russe, un Suédois, un Hollandais, un Marocain. Le Gouvernement chérifien exerce sa

surveillance par un haut commissaire marocain, qu'il nomme
après entente préalable avec le Conseil d'administration :
ce commissaire aura le droit de prendre connaissance de la
gestion de la Banque, contrôlera l'émission des billets qu'il
signera, assurera la stricte exécution des dispositions de la
concession, surveillera les relations de la Banque avec le
Trésor, sans s'immiscer dans la gestion ; il pourra assister
aux réunions des censeurs. Le Gouvernement chérifien nom-
mera un ou deux commissaires adjoints, qui seront chargés
spécialement de contrôler les opérations financières du
Trésor avec la Banque.

Le rôle qu'elle est appelée à jouer dans le développement
économique du Maroc apparaît d'après les dispositions que
nous venons de citer, et qui précisent la nature de son intervention en ce qui concerne l'administration financière et la
trésorerie de l'Empire. Déjà elle a avancé au Gouvernement
plus de 11 millions de francs, qui comprennent une partie
de la somme prévue par l'acte d'Algésiras pour les dépenses
de police. Elle a mis en circulation, au cours de 1909, des
bons, dits *hassani*, parce qu'ils sont remboursables en pesetas de la même dénomination, qui forment l'instrument monétaire courant. Les fluctuations du change tendent à diminuer : les cours extrêmes de la peseta hassani, qui avaient été
en 1907 de 168 et 147, en 1908 de 163,50 et 147,60, sont
restés limités, en 1909, entre 154 1/2 et 143.

Le bilan indique la place, jusqu'ici prépondérante, que
tiennent dans les opérations de la Banque celles auxquelles
elle se livre pour compte du Trésor, à qui elle a déjà avancé
plus que le capital versé par les actionnaires. Les administrateurs et les censeurs se plaignent que les stipulations de
l'acte de concession ne soient pas encore toutes exécutées et
qu'une grande partie des recettes du fisc échappe à leur contrôle. Toutefois certains progrès s'accomplissent. Il est à
supposer que les accords intervenus en février 1910 entre
Moulay-Hafid et la France seront le signal d'un nouvel essor
de l'établissement qui, dans un pays où tout pour ainsi dire

est à organiser, voit sa marche mêlée plus intimement qu'ailleurs à celle des affaires publiques. Dans le rapport présenté à l'assemblée du 21 mai 1910, le Conseil explique que la situation commerciale du Maroc ne s'est pas encore sensiblement modifiée, et que de ce côté l'activité de la Banque ne se développera que lorsque la sécurité sera complète. En attendant, elle s'occupe de la réorganisation monétaire, et, pour la préparer, s'efforce de régulariser le marché des changes : toujours prête à acheter les devises offertes ou à fournir des traites sur l'étranger, elle contribue à diminuer l'amplitude des oscillations. Elle n'avait pas, jusqu'en 1910, cru devoir procéder à l'émission de billets, mais elle avait mis à la disposition du public des bons, pouvant être encaissés aux divers sièges de l'établissement et chez un certain nombre de ses agents. Ces bons ont évité le transport d'espèces et rendu moins onéreux les mouvements de fonds d'un port à un autre : le chiffre maximum, au cours de l'année 1909, en a été de 721 000 pesetas en septembre.

La dette du Gouvernement marocain vis-à-vis de la Banque s'est accrue, durant l'exercice, des sommes mises à la disposition de la police, conformément à l'acte d'Algésiras et aux statuts : un chapitre de 2 millions, inscrit au passif, représente le montant versé par des tiers, qui participent à l'un des prêts consentis au Gouvernement. Celui-ci est créditeur d'environ 1 1/2 million de francs en compte courant, d'environ 2 1/2 millions du chef des recettes de la taxe spéciale de 2 1/2 pour 100 *ad valorem* sur les importations, instituée par la Conférence d'Algésiras. Les sommes inscrites à ce compte sont destinées à des travaux d'intérêt général, en vue desquels d'importants retraits sont prévus en 1910. Le compte de la police était créditeur du 31 décembre 1909 de plus de 600 000 francs. En résumé, jusqu'ici, la Banque est surtout au service du Trésor, ainsi que l'indique le détail des bénéfices, dont les trois quarts proviennent des comptes du Gouvernement. La proportion sera renversée un jour

BANQUE D'ÉTAT DU MAROC

BILAN AU 31 DÉCEMBRE 1909

ACTIF	Francs.
Actionnaires.	3 850 000 »
Caisse.	3 536 782,93
Portefeuille (effets).	1 158 798,88
Effets à l'encaissement.	1 870 952,55
Correspondants à l'étranger.	1 090 938,03
Reports à l'étranger.	3 000 000 »
Comptes courants (escompte et divers).	920 859,06
Comptes courants (monnaies).	911 920,70
Comptes de recouvrements.	488 423,97
Avances sur titres et sur marchandises.	3 837,80
Gouvernement marocain.	13 706 023,31
Effets et créances en souffrance (déduction faite d'une réserve de 35 000 fr.).	16 505,85
Comptes d'ordre.	466 106,50
Total.	31 021 169,58

PASSIF	
Capital.	15 400 000 »
Réserve légale.	63 094,23
Comptes de dépôts.	1 731 737,10
Comptes courants (escompte et divers).	2 915 919,49
Comptes courants (monnaies).	1 009 855,92
Comptes d'encaissement et effets en garantie.	1 870 952,55
Correspondants à l'étranger.	45 221,57
Bons de caisse en circulation.	180 231,94
Comptes des recouvreurs.	17 373,54
Effets et chèques à payer.	63 655,92
Cautionnements.	77 480,90
Comptes participants { Capital. 2 000 000 » « A. M. » { Intérêts échus. 93 981,42	2 093 981,42
Gouvernement marocain (compte courant général et comptes provisions).	1 420 767,11
Comptes des recettes de la taxe spéciale (intérêts compris).	2 581 608,85
Police. { 1° Fonds de disponibilité.	485 906,47
Police. { 2° Disponible exercice 1909.	153 239,08
Comptes d'ordre et réescompte.	88 652,11
Profits et pertes (exercices antérieurs).	259 008,63
Profits et pertes (exercice 1909) bruts. 962 363,18 dont il a été déduit : Frais généraux. 399 885,45	562 477,73
Total.	31 021 163,58

lorsque les transactions commerciales, industrielles, agricoles et minières auront atteint l'ampleur que les ressources du Maroc font espérer : mais il faudra pour cela que l'action française ait eu le temps de faire sentir toute sa bienfaisante influence.

JAPON

A l'origine de l'ère nouvelle, du Meiji, tout était à faire au
Japon en matière de banque. Des compagnies de change
furent d'abord établies dans les principales villes et les
ports ouverts : elles étaient entre les mains de trois vieilles
familles, de grande réputation, Mitsui, Shimada, Ono, et
de quelques négociants à Kyoto, Osaka et ailleurs. Ces
maisons furent le noyau de banques : elles reçurent des
dépôts et consentirent des prêts aux commerçants et aux
industriels. Elles émettaient des billets, en même temps
que le Gouvernement : le défaut de cette circulation était
de ne pas être garantie par une encaisse métallique : aussi
les compagnies de change disparurent-elles dès 1872. L'institution des banques au Japon est donc récente, mais le
papier-monnaie y est connu depuis la seconde moitié du
xviiᵉ siècle. Les *daïmios*, seigneurs féodaux, émettaient déjà
alors des billets, qui avaient cours dans leurs provinces : ce
papier circula jusqu'en 1871, époque à laquelle le Gouvernement déclara vouloir le rembourser : il remplaça les petites
coupures par des monnaies d'argent et par ses propres billets.
En 1878, la circulation émanée des daïmios était tombée de
38 millions, chiffre de 1871, à 91 000 yen[1], c'est-à-dire qu'en
réalité elle avait disparu. Le Trésor de son côté émettait
depuis 1868 des billets, qui perdirent jusqu'à 60 pour 100
dans les villes de Tokio, Osaka, Kioto ; ailleurs ils ne circu-

1. Le yen est l'unité monétaire japonaise, représentée autrefois par une
pièce d'argent de la valeur de 5 fr. 25 quand le rapport de ce métal à l'or
était de 1 à 15 1/2. Aujourd'hui l'étalon d'or a été établi et la valeur du
yen a été fixée à 2 fr. 56.

laient pas, en dépit de mesures sévères par lesquelles le
Gouvernement essayait de les imposer. Il fallut abroger la
loi défendant l'achat, au-dessous du pair, d'un papier-monnaie
que le Gouvernement lui-même n'acceptait plus qu'avec une
perte de 20 pour 100. Le désordre menaçait de s'aggraver,
et les inconvénients de cet état de choses apparaissaient avec
leur cortège habituel de difficultés de toute sorte. Le Gouvernement espéra en sortir en copiant la législation d'un
grand pays moderne, dont la prospérité financière commençait à retentir au dehors de ses frontières : mais il ne fut
pas heureux dans le choix de son modèle : car c'est précisément sous le rapport de la circulation fiduciaire que l'organisation imitée laisse le plus à désirer. Le vice-ministre des
finances Ito, après avoir étudié sur place le système américain, fit adopter une loi sur les banques, analogue à celle
des banques nationales des Etats-Unis. Les banques japonaises furent tenues de verser au Gouvernement, en billets
d'Etat, une somme égale aux trois cinquièmes de leur capital,
dont le minimum était fixé à 50 000 yen ; en échange de cette
somme, elles recevaient des titres de rente appelés obligations
de rachat des billets (note Redemption bonds). A leur tour,
elles déposaient ces obligations entre les mains du Gouvernement, qui leur délivrait en échange des billets. Le solde de
leur capital, c'est-à-dire les deux cinquièmes, devait être
représenté par une encaisse or, laquelle garantissait le remboursement en espèces des billets et devait toujours être
égale aux deux tiers au moins de la circulation. La loi entra
en vigueur le 15 novembre 1872 : quatre banques se fon-
dèrent. Le Gouvernement poussait les marchands et financiers à en créer d'autres. Sa trésorerie était alors gérée par
des maisons particulières, telles que Mitsui et Ono. Mais,
après la suspension de paiements de cette dernière, il retira
ses dépôts et ordonna que chaque département ministériel
conserverait ses fonds[1]. Comme les Etats-Unis, le Japon

---

1. A short history of the Dai-Ichi-Ginko.

voulait avoir sa Trésorerie indépendante. L'Etat ayant émis
un emprunt de 174 millions de yen pour indemniser les seigneurs féodaux de la perte des rentes héréditaires auxquelles
ils avaient droit, le comte Okuma, ministre des finances,
autorisa les banques nationales à déposer les obligations de
cet emprunt en garantie de leur circulation. En même 'emps,
il fit déclarer leurs billets monnaie légale, sauf pour le
paiement des droits de douane, à l'instar de ce qui se passe
dans l'Amérique du Nord.

L'exportation des marchandises était à ce moment inférieure à l'importation; il en résulta pour le Japon une perte
de 30 millions de yen de numéraire, qui sortirent du pays
de 1872 à 1874. Une panique s'ensuivit; les billets furent
présentés en masse au remboursement. Il fallut leur donner
cours forcé. En août 1876, la loi sur les banques fut modifiée et de plus grandes facilités leur furent données pour
l'émission des billets, qui put désormais s'élever aux quatre
cinquièmes du capital; en même temps la proportion de
l'encaisse fut abaissée des deux tiers au quart de la circulation : aussi le nombre de ces établissements s'accrut-il de
153 en quatre ans. En 1877, la première banque nationale
proposa de former à Tokio une association des banques. Le
capital des établissements passa de 2 à 40 millions et la circulation de 1 à 34 millions de yen. Afin d'arrêter ce développement qui lui semblait trop.rapide, le législateur fixa à
ce dernier chiffre le maximum de la circulation des banques
nationales qui existaient en 1878 et interdit d'en créer de
nouvelles. Mais le papier d'Etat se multipliait. Le Gouvernement avait émis 80 millions de yen de papier inconvertible,
qui s'ajoutèrent aux billets de banque. Voici un tableau qui
contient le détail, pour les cinq années 1876-1880, des divers
éléments de la circulation, et qui montre en même temps
la chute rapide de leur valeur, diminuée, en ce court intervalle, d'environ 40, pour cent, c'est-à-dire d'une quantité
plus forte que celle dont le chiffre des billets avait augmenté.

ANNÉES	BILLETS à cours forcé.	BILLETS à cours forcé[1] temporaire.	BILLETS des Banques nationales.	TOTAUX	VALEUR en papier de 1 000 yen de métal.
		MILLIONS DE YEN.			
1876 . . .	94	12	13	119	1033
1877 . . .	124	20	22	166	1099
1878 . . .	114	16	34	164	1212
1879 . . .	108	17	34	159	1477
1880 . . .	106	13	34	153	1696

En présence de cette dépréciation croissante, le Gouvernement reconnut que le seul remède serait la reprise des paiements en numéraire, et la formation, à cet effet, d'une réserve métallique : il réduisit les dépenses et établit de nouveaux impôts. Le cabinet qui arriva au pouvoir en 1881 et qui comprenait trois hommes de premier ordre, Ito, Inouye et Matsukata, décida de se procurer des espèces en achetant des traites d'exportateurs, et d'émettre des bons du Trésor, et non plus des billets à cours forcé, lorsque l'État aurait besoin d'argent. Une banque dite des espèces, *Specie bank*, fut créée pour aider à l'exécution de ce programme, qui fut suivi de point en point : en cinq ans, le pair fut rétabli. Simultanément la législation des banques fut profondément modifiée. Il fut décidé en 1882 qu'à l'expiration du privilège, qui leur avait été concédé pour 20 ans, les banques nationales ne pourraient plus émettre de billets et qu'avant ce terme ceux qui circulaient seraient retirés.

Chaque banque nationale fut tenue de déposer au Trésor le papier d'État qu'elle détenait comme garantie de ses propres billets et de lui verser tous les ans une somme égale à 2 1/2 pour 100 du montant de sa circulation. Ces ressources devaient être employées à l'achat de fonds d'État, et les intérêts de ces fonds servir à racheter, par les soins de la Banque centrale, les billets des banques nationales encore

---

1. En 1876, le Gouvernement fit une émission spéciale de billets à cours forcé, qu'il s'engageait à racheter en argent et cuivre dans le délai de quinze ans.

en circulation. En 1896, la Diète vota la loi qui obligeait ces banques à se dissoudre à l'expiration de leur privilège ou à ne fonctionner alors que comme banques ordinaires sans pouvoir d'émission. 132 sur 153 se transformèrent de la sorte ; 21 liquidèrent ou fusionnèrent. En 1890 et 1893, des lois spéciales avaient ordonné aux banques de publier des bilans semestriels, les avaient soumises à une inspection officielle. Les administrateurs des banques d'épargne furent déclarés responsables *in infinitum* et durent fournir au Trésor des garanties destinées à assurer le remboursement des dépôts.

En même temps fut fondée une banque centrale, sur le modèle des instituts d'émission européens, à la législation desquels ses statuts ont fait de nombreux emprunts. La Banque du Japon a été créée par ordonnance impériale du 27 juin 1882, à une époque où il existait dans le pays près de 1 100 banques, dont le capital total atteignait 900 millions de yen. Elle a son siège à Tokio, peut établir des succursales dans les préfectures et autres places, et prendre d'autres banques comme correspondants. La durée prévue à l'origine était de 30 ans : la prorogation a été demandée par l'assemblée des actionnaires au Gouvernement qui l'a accordée jusqu'en 1932. Le capital originaire de 10 millions de yen, divisé en actions de 200 yen, a été porté en 1887 à 20 millions, dont le Gouvernement souscrivit la moitié, en 1895 à 30 millions entièrement versés et, en 1910 à 60 millions, dont 37 1/2 sont versés. Toutes les actions sont nominatives, et ne peuvent être possédées que par des Japonais : les transferts doivent être approuvés par le ministre des finances. Un sixième au moins de l'excédent des bénéfices, après paiement d'un dividende de 6 pour 100 aux actionnaires, sera mis en réserve. Il est interdit à la Banque de faire des prêts hypothécaires, de s'engager dans des affaires industrielles, de posséder des immeubles autrement que pour ses services. Elle peut être chargée des fonctions de caissier du Gouvernement. Elle émet des billets remboursables en espèces. Le gouverneur et le vice-gouverneur sont

nommés pour cinq ans, l'un par l'Empereur, l'autre par le
ministre des finances. Quatre régents sont nommés par le
ministre des finances, qui les choisit sur une liste de huit
candidats, dressée par l'assemblée générale des actionnaires.
Le ministre désigne également des commissaires chargés de
contrôler les opérations. D'une façon générale, le Gouvernement surveille les opérations et arrête, non seulement
celles qui seraient contraires aux statuts, mais celles qu'il
jugerait nuisibles à l'intérêt de l'Etat. Sont admis à l'escompte des effets à 100 jours avec deux signatures. L'encaisse, en dehors des monnaies d'or et d'argent, ne peut se
composer que de lingots ayant un titre de fin supérieur à
celui des pièces monnayées. La Banque remet au ministre
des relevés journaliers et hebdomadaires indiquant le montant de la circulation, des billets remboursés, de la réserve
métallique[1]. Lorsque la circulation dépasse la limite normale, la Banque présente au ministre des finances un mémoire sur la situation commerciale qui a motivé cette violation des règles.

La Banque est tenue de prêter à l'Etat 22 millions de yen
sans intérêt (lois de 1888 et 1890). Le premier objet de son
activité inscrit dans ses statuts (art. 21) est l'escompte des
bons du Trésor. Les billets émis jusqu'à concurrence de
l'encaisse métallique, ne supportent aucun impôt ; au delà
de l'encaisse et jusqu'à concurrence de 120 millions de yen[2],
ils doivent être couverts par le portefeuille (rentes d'Etat,
bons du Trésor, effets de commerce) et sont soumis à un
impôt de 1 1/14 pour 100. Au delà, l'impôt est de 5 pour 100

<hr/>

1 Elle y ajoute l'indication de ses taux d'escompte et d'avance, qui ne
s'expriment pas, comme ailleurs, par le pourcentage de l'intérêt annuel,
mais par le nombre de sen (centième du yen) prélevés par jour pour 100
yen. Ainsi, le 13 août 1910, l'escompte sur place était de 1 sen 3 et les
avances sur titres 1 sen 4, soit respectivement 4,75 et 5,11 pour 100.

2. La limite primitive pour ces billets de la seconde catégorie était de
73 millions ; elle fut portée à 85 millions en mai 1889 et à 120 millions en
mars 1899, époque à laquelle les billets du Gouvernement et des banques
nationales achevèrent de disparaître de la circulation.

(loi du 9 mars 1899). Les billets émis pour faire des avances à l'État sont exempts d'impôt. Le calcul de la couverture de l'émission se fait, en additionnant les espèces, les lingots, et la partie immobilisée des titres, du porte, feuille et des avances : à titre d'exemple, en voici le détail au 31 décembre 1909 :

> 217 millions des monnaies et de lingots d'or.
> 32   — de fonds d'État.
> 7   — de bons du Trésor.
> 22   — de créance sur le Gouvernement (avance fixe).
> 68   — de créances sur des particuliers.
> 6   — d'effets de commerce.

Total.   352 millions, égal à celui des billets portés au passif du bilan.

Le nouvel établissement était destiné à être investi peu à peu du monopole de l'émission au Japon et à préparer le retour aux paiements en espèces, qui furent repris le 1er janvier 1886. A ce moment-là l'étalon était l'argent : il n'avait pas été donné suite aux idées d'Ito qui, dès son retour des États-Unis, avait proposé l'adoption de l'étalon d'or.

Le tableau suivant indique, de 1881 à 1889, la marche

ANNÉES	BILLETS du Gouvernement.	BILLETS des Banques nationales.	COURS de 1 000 yen de métal exprimé en papier.	BANQUE DU JAPON	
				Billets.	Encaisse.
	Yen.	Yen.		Yen.	Yen.
1881	118 905 000	34 396 000	1 696	»	»
1882	109 369 000	34 385 000	1 571	»	»
1883	97 999 000	34 275 000	1 261	»	»
1884	93 380 000	31 015 000	1 089	»	»
1885	88 649 000	30 093 000	1 055	3 956 000	3 311 000
1886	88 019 000	29 454 000	1 000	39 045 000	23 853 000
1887	77 510 000	28 565 000	1 000	54 403 000	31 579 000
1888	64 742 000	27 615 000	1 000	64 132 000	45 122 000
1889	57 830 000	26 700 000	1 000	74 297 000	57 409 000

de la circulation d'Etat, de celle des banques nationales et de la Banque du Japon, le cours du métal exprimé en papier, enfin le progrès de l'encaisse de la Banque. En 1889, cet établissement s'engagea à retirer en dix ans 60 millions de yen de billets du Gouvernement et 27 millions de yen de billets des autres banques encore en circulation : l'unité allait être réalisée.

L'ancien étalon du Japon était l'or ; mais la révolution de 1866, dirigée contre le taïcoun, fit sortir du pays une grande quantité de métal jaune, et le ramena à l'étalon d'argent, dont les hommes d'Etat avisés qui dirigeaient les affaires du pays ne tardèrent pas à comprendre les inconvénients. L'indemnité de guerre que la Chine s'engagea, par le traité de Shimonoseki (17 avril 1895), à verser aux Japonais victorieux leur permit d'entreprendre une réforme monétaire analogue à celle que l'Allemagne en 1871 avait menée à bonne fin, grâce aux milliards de la France. Les 200 millions de taels promis par les vaincus furent, d'un commun accord entre les deux parties contractantes, convertis en or, au change moyen du trimestre précédent, soit 30 pence 4 429 dix-millièmes, et produisirent une somme d'environ 830 millions de francs. Le comte Matsukata, ministre des finances à Tokio, prépara la réforme, qui reçut force de loi en 1897 et qui donnait comme base monétaire au Japon le yen d'or, équivalant à 2 fr. 56 de monnaie française. Des yen d'argent seraient frappés à un poids qui représentait un rapport de 1 à 32, 34 entre les deux métaux. Au 31 juillet 1898, toutes les anciennes monnaies étaient rentrées, la frappe libre des monnaies d'argent suspendue et leur force libératoire limitée à 10 yen. Les premiers temps qui suivirent l'application de la réforme ne laissèrent pas que d'apparaître comme inquiétants pour son maintien. Un excès d'importation de marchandises fit sortir du Japon des quantités considérables de métal jaune, dont le stock en circulation, en 1900, était descendu à 53 millions de yen. Toutefois la stabilisation du change avait attiré les concours

étrangers, grâce auxquels, en 1903, le capital total des
sociétés anonymes avait passé de 532 à 887 millions de yen.

Le bilan de la Banque du Japon au 31 décembre 1909, que
nous reproduisons ci-contre, indique la place importante que
les comptes du Gouvernement tiennent dans ses affaires ;
mais il prouve l'exactitude de ce que nous disions plus haut,
quand nous affirmions que son crédit n'a pas été mis à contribution d'une façon excessive par le Trésor. Si, en effet,
nous voyons figurer à l'actif l'avance statutaire à l'Etat de
22 millions, les fonds d'Etat pour 43 millions et des bons du
Trésor pour une somme qui n'apparaît pas au premier abord
parce qu'elle est confondue dans le total du portefeuille d'escompte, le Gouvernement avait par contre à son crédit
147 millions, plus un dépôt spécial de 29 millions destiné
au service de la dette publique, intérêts et capital.

Depuis 1904, la Banque du Japon escompta les quantités
suivantes de bons du Trésor :

1904	154 millions de yen.
1905	259 —
1906	485 —
1907	288 —
1908	149 —
1909	231 —

mais elle a eu soin de toujours maintenir une encaisse suffisante, de sorte que le change n'est jamais descendu au-dessous de 1 shilling 11 pence 3/1, comme l'indique le tableau
ci-dessous des cours du yen à Londres dans cette période :

	Plus haut cours.			Plus bas cours.			
1904.	. . 2 shillings	. . . . . .	1 shilling	11 pence	11/16.
1905.	. . 2 —	. . . . . .	1 —	11 —	13/16
1906.	. . 2 —	. . . . . .	1 —	11 —	3/4
1907.	. . 2 —	1 penny 1/2.	1 —	11 —	7/8
1908.	. . 2 —	. . . . . .	2 —		
1909.	. . 2 —	1 penny 1/2.	1 —	11 —	7/8

Dans le domaine des institutions financières comme ail-

BANQUE DU JAPON

BILAN POUR LE DEUXIÈME SEMESTRE 1909

ACTIF	Yen.
Avance au Gouvernement	22 000 000 »
Avances.	6 970 000 »
Avances en comptes courants	3 879 822,81
Escompte	23 862 232,55
Achat de traites sur l'étranger	14 838 544,40
Dépôts.	20 391 300 »
Titres du Gouvernement	43 656 792,65
Lingots	146 054 353,87
Dû par d'autres banques.	214 269,47
Comptes d'agences pour les chemins de fer d'Etat .	2 449 803,85
Comptes d'agences pour les dettes nationales	20 432 365,97
Comptes des sous-agences	1 594 300,30
Comptes des agences étrangères	227 942 069,84
Paiements en suspens	3 092 536,46
Terrains.	557 557,45
Bâtiments et coffres	1 434 790,69
Mobilier	49 688,42
Nouvel immeuble.	87 347,44
Monnaies d'or	75 519 553 »
— d'argent.	1 449 »
— de nickel.	56,35
— de cuivre	20,46
Chèques et billets	50 059,62
TOTAL.	615 078 583,44

PASSIF	
Billets émis.	352 763 291 »
Dépôts du Gouvernement.	117 707 469,04
Dépôts des chemins de fer d'Etat	2 449 803,89
Dépôts pour le paiement des dettes nationales (principal et intérêts)	29 845 395,90
Fonds pour le paiement des certificats de la monnaie.	2 446 469,35
Dépôts fixes.	0 »
Comptes courants	5 129 992,13
Récépissés de dépôt	425 000 »
Effets à payer.	173 981,06
Dû à d'autres banques	3 904,33
Recettes en suspens	8 322 827,20
Capital versé (porté en 1910 à 60 millions, dont 37 1/2 versés).	30 000 000 »
Fonds de réserve.	25 250 000 »
Réserve pr dépréciation des immeubles de la Banque.	250 000 »
Profit net du semestre courant	9 116 285,08
Profits reportés du dernier semestre	1 434 257,46
TOTAL	615 078 583,44

leurs, le Japon s'est mis rapidement au niveau des nations les plus civilisées. Sa banque centrale d'émission fonctionne avec une sûreté dont les événements de 1904-1905 ont fourni le témoignage. Au cours de la guerre contre la Russie, la Banque du Japon, tout en prêtant au Trésor un concours efficace, a pu maintenir ses billets au niveau de l'or, éviter par conséquent la dépréciation du change; elle est sortie sans atteinte d'une crise qui constituait une épreuve redoutable pour une institution de date récente, au lendemain du jour où la réforme monétaire venait seulement d'être terminée. Le tableau ci-dessous indique la marche des principaux comptes de 1897 à 1909 :

BANQUE DU JAPON

MOUVEMENT DES PRINCIPAUX COMPTES DE 1897 A 1909
(EN MILLIONS DE YEN)

ANNÉES	CAPITAL versé.	RÉSERVE	CIRCULATION	DÉPÔTS	PRÊTS	EFFETS escomptés.	AVANCES au Trésor	DIVIDENDES pour 100.	ENCAISSE
1897...	22	10	226	78	81	56	»	13	98
1898...	30	12	197	27	55	55	»	11	»
1899...	30	13	204	74	38	108	»	12	»
1900...	30	14	228	35	48	97	34	12	67
1901...	30	15	214	20	71	46	62	12	»
1902...	30	16	232	18	53	50	50	12	109
1903...	30	17	232	16	50	44	43	12	116
1904...	30	17	286	43	126	69	117	12	85
1905...	30	18	313	149	80	109	70	12	115
1906...	30	20	344	401	31	106	22	12	147
1907...	30	21	370	171	33	124	22	12	161
1908...	30	23	353	220	30	77	22	12(¹)	169
1909...	30	25	372	188	33	38	22	12	221

Ici encore, les Japonais ont profité, chose rare en ce

1 En dehors des 3 600 000 yen représentant le dividende ordinaire, il a été distribué pour 1909, un dividende extraordinaire de 7 500 000 yen.

monde, de l'enseignement et de l'expérience d'autrui : ils semblent avoir emprunté les dispositions les plus sages des statuts de quelques-unes des grandes banques européennes, notamment de la Banque de l'empire allemand et de la Banque nationale de Belgique. Les hommes d'Etat nippons ont su résister à la tentation de subvenir aux dépenses militaires des campagnes de Corée et de Mandchourie au moyen d'émissions excessives de papier-monnaie. Ils ont eu le courage d'emprunter à gros intérêts, tant à l'intérieur qu'à l'extérieur ; et, peu de temps après la conclusion de la paix, ils ont commencé à convertir ces emprunts, contractés en général au taux de 6 pour 100 ; ils poursuivent ces opérations avec d'autant plus de facilité que leur 4 pour 100 se rapproche aujourd'hui du pair, depuis que le marché français lui a été ouvert sous les auspices d'une maison de premier ordre.

Pendant la guerre russe, le Gouvernement japonais s'est efforcé de contenir dans de sages limites l'émission de la Banque du Japon. Après s'être adressé à elle pour les premières avances, qui s'élevèrent à 117 millions en 1904 et étaient déjà redescendues à 70 millions en 1905, il lui restitua des sommes importantes, prélevées sur le montant des emprunts extérieurs émis par lui, de façon à reconstituer les réserves métalliques : aussi celles-ci, en mars 1906, dépassaient-elles de 6 millions de yen le chiffre d'octobre 1903 : elles se montaient à 122 millions au lieu de 116. Depuis lors, la situation n'a cessé de s'améliorer : au 31 décembre 1909, l'encaisse était de 221 millions de yen en or contre une circulation de 352 millions. L'établissement a été de moins en moins mis à contribution par le Trésor et il a pu de plus en plus tourner son attention vers les affaires commerciales, auxquelles le rapport présenté à l'assemblée des actionnaires du 19 février 1910 est presque tout entier consacré. Il constate une reprise d'activité, la fondation de banques particulières et de sociétés, le développement des exportations et la restriction des importations, une

tendance à l'épargne, qui est de bon augure pour l'avenir
du pays.

Il nous reste à donner quelques détails sur une circulation spéciale qui vit le jour au moment de la guerre contre
la Russie : le Gouvernement japonais émit alors des billets
payables en argent, dont il a expliqué comme suit la nécessité :
« Étant données les sommes considérables requises pour payer
les dépenses de guerre, si les transports par mer et par terre,
les salaires des coolies et les autres dépenses militaires
avaient dû être payés, là où les monnaies d'argent forment
la circulation, en espèces métalliques, l'expédition, la garde et
la manutention de ces espèces auraient entraîné des difficultés et des frais énormes. Aussi le Gouvernement, reconnaissant l'utilité d'y substituer des billets, a-t-il émis une
circulation de guerre, remboursable en yen d'argent, à
laquelle il a donné cours légal [1]. » Les coupures étaient de
10, 5 et 1 yen, 50, 20 et 10 sen [2]; elles ont circulé en
Corée et en Mandchourie. Le Gouvernement japonais
a pris une série de mesures destinées à maintenir le crédit de ce papier : 1° Bien que la circulation n'en fût pas
autorisée au Japon, des bureaux y ont été désignés, dans
lesquels les porteurs pouvaient les échanger contre de la
monnaie japonaise, à un prix déterminé par le cours de
l'argent; 2° les payeurs militaires et les bureaux de poste de
campagne acceptaient les billets et les échangeaient; 3° les
bureaux de poste japonais réguliers en Chine et en Corée
les acceptaient en paiement de timbres, de mandats et comme
versements à la Caisse d'épargne; 4° la succursale de la
Yokohama Specie Bank, à Newchwang, les échangeait contre
des yen d'argent; 5° diverses banques les acceptaient en

---

1. Rapport sur les finances de la guerre, publié en 1906 par le ministère
des finances du Japon.

2. Nous rappelons au lecteur que le sen, centième partie du yen, vaut
environ 2 1/2 centimes.

paiement de traites sur le Japon, sur Shanghaï, sur Tientsin et Chefoo ; 6° certaines banques étaient désignées pour les recevoir à titre de dépôt ; 7° ils étaient admis, non seulement par l'administration militaire japonaise, mais aussi par le bureau des douanes à Newchwang, par les chemins de fer et télégraphes chinois, et en général par toutes les caisses publiques ; 8° les négociants japonais se rendant en Mandchourie étaient invités à les accepter en paiement de leurs marchandises. Le rapport officiel constate que ces billets de guerre inspirèrent tout d'abord de la défiance aux Coréens ; mais à mesure que les armées japonaises avançaient en Mandchourie, ils s'acclimataient et finirent par circuler aussi librement que les yen d'argent eux-mêmes. La loi 66, de mars 1905, a édicté les mesures nécessaires pour prévenir et réprimer la contrefaçon. Voilà l'exemple d'une circulation purement étatiste, on pourrait dire militaire, créée à l'occasion et pour les besoins d'une campagne : on ne saurait constater une intervention plus directe du Gouvernement sur le domaine qui nous occupe. Mais, du moment où elle n'a pas survécu aux besoins qui l'avaient fait naître, elle n'a pas eu d'influence fâcheuse sur les conditions monétaires du pays.

Le Japon paraît d'autant mieux garanti contre le retour du cours forcé que les finances publiques y sont conduites avec plus de sévérité. C'est peut-être le seul grand pays moderne qui ait eu le courage, non seulement d'envisager l'extinction complète de sa dette dans une période très courte, mais de dresser, dès aujourd'hui, le tableau de l'amortissement qu'il veut s'imposer. Au 31 mars 1910, le total de la dette, tant intérieure qu'extérieure, était de 2 575 millions de yen. Il a été ordonné que, chaque année, une somme de 50 800 000 yen serait consacrée à l'amortissement et qu'on y ajouterait l'année suivante le montant des intérêts économisés sur les sommes remboursées. Si ce programme est exécuté, toute la dette sera remboursée en 1936, conformément au plan ci-après :

	MONTANT de la dette au début de chaque année fiscale. (Millions de yen).	MONTANT AMORTI (Millions de yen.)		
		Montant fixe.	Supplément.	Total.
1910-1911.	2 575[b]	50[a]	10	60[a]
1911-1912.	2 514	50[a]	5	56
1912-1913.	2 458	50[a]	8	59
1913-1914.	2 400	50[a]	10	61
1914-1915.	2 338	50[a]	14	65
1915-1916.	2 273	50[a]	17	68
1916-1917.	2 206	50[a]	20	71
1917-1918.	2 135	50[a]	23	74
1918-1919.	2 061	50[a]	27	78
1919-1920.	1 983	50[a]	31	81
1920-1921.	1 902	50[a]	34	85
1921-1922.	1 816	50[a]	39	89
1922-1923.	1 727	50[a]	43	94
1923-1924.	1 633	50[a]	47	98
1924-1925.	1 535	50[a]	52	103
1925-1926.	1 432	50[a]	57	108
1926-1927.	1 325	50[a]	62	113
1927-1928.	1 212	50[a]	67	118
1928-1929.	1 094	50[a]	73	124
1929-1930.	971	50[a]	79	129
1930-1931.	841	50[a]	85	136
1931-1932.	706	50[a]	91	142
1932-1933.	564	50[a]	98	149
1933-1934.	415	·50[a]	106	156
1934-1935.	259	50[a]	112	163
1935-1936.	96	50[a]	45[2]	96
		1 320[3]	1 254[7]	2 575[·]

Nous ne savons pas si le projet sera exécuté : il serait
surprenant que des complications politiques ne vinssent pas
en contrarier l'application d'ici à un quart de siècle. Il est
toutefois remarquable qu'un gouvernement ait eu l'énergie
de le concevoir et de commencer à le mettre en œuvre, et
cela dans un pays que la nature n'a pas favorisé, et dont le
sol pauvre a peine à nourrir une population qui se multiplie rapidement. Nous avons abordé ici un sujet quelque

peu étranger à un ouvrage qui n'est pas spécialement destiné à l'étude des dettes publiques : mais, comme l'une des formes de l'endettement des Etats est l'emprunt aux banques, qui suit souvent une marche parallèle à celle des emprunts publics, nous pensons que l'exemple du Japon est utile à méditer. Il sera intéressant de constater dans les prochains budgets quelle suite aura été donnée aux programmes d'amortissement : si réellement il s'accomplit, son achèvement constituera un des exemples à mettre sous les yeux des ministres des finances de tous les peuples, au même titre que l'extinction partielle des dettes anglaise et américaine dans la seconde moitié du XIXᵉ siècle. Le billet de la Banque du Japon pourra revendiquer un crédit égal à celui de n'importe quel autre institut d'émission : car, si une mauvaise gestion des finances a souvent pour conséquence la détérioration de la circulation fiduciaire, le contraire est presque toujours vrai, et il est rare que là, où il y a des excédents budgétaires, le billet de banque ne soit pas au pair de l'or.

CORÉE

Au Japon se rattache la Corée, qui, depuis la guerre de 1904-1905, était sous la dépendance étroite de l'Empire du Soleil levant, et qui, déjà par le traité du 22 août 1904, avait accepté officiellement l'installation d'un conseiller financier japonais à Séoul. La situation prépondérante du Japon avait été reconnue : un traité avait conféré au Résident général japonais pleins pouvoirs pour la réorganisation des services publics, d'après les lignes d'une politique que les documents officiels définissaient comme suit : ouvrir l'accès du royaume qu'on appelait « l'ermite », entretenir avec lui des relations amicales, fortifier la dynastie régnante et maintenir son indépendance, que le traité du 26 février 1876 affirmait expressément. Après que la rivalité d'influence entre le Japon et la Chine eut amené la guerre de 1895, cette dernière puissance, dans le traité de Shimonoseki, reconnut à son tour l'indépendance de la Corée. Celle-ci demanda le concours de hauts fonctionnaires japonais : mais des difficultés constantes s'élevèrent, et, après la guerre contre la Russie, le Japon accentua son intervention. Dans un discours prononcé en 1907, le Résident général déclara que le Japon ne pouvait abandonner la Corée à aucune autre influence que la sienne et qu'il devait y prendre en mains la direction des affaires. En conséquence, les puissances étrangères ont cessé d'avoir des représentants diplomatiques à Séoul. Enfin, le 22 août 1910, l'annexion a été proclamée.

Parmi les maux dont souffrait la Corée, le désordre des finances et l'incertitude du système monétaire et fiduciaire n'étaient pas les moindres. La circulation métallique consistait en dollars d'argent, pièces de 20 sen, pièces de 5 sen en nickel et de 1 sen en cuivre : une frappe excessive de nickel avait eu pour effet de déprécier considérablement ces monnaies, qui perdirent jusqu'à 60 pour 100 de leur valeur nominale, tandis que les pièces de cuivre, au contraire, faisaient souvent prime[1]. L'un des premiers actes du conseiller financier japonais, à la date du 28 novembre 1904, fut de fermer l'Hôtel des monnaies. Le 8 janvier 1905, un édit impérial ordonna la mise en vigueur, à partir du 1er juin suivant, de l'étalon d'or établi en 1901. En même temps la première banque nationale japonaise (*Dai-Ichi-Ginko*), déjà autorisée à servir de trésorier central au Gouvernement coréen, fut chargée, par traité en date du 31 janvier 1905, de la réorganisation des monnaies : une somme de 3 millions de yen fut mise à sa disposition, et ses billets furent admis dans toutes les transactions publiques et privées. Les pièces coréennes sont identiques, comme teneur et poids, aux pièces japonaises, et ne s'en distinguent que par les empreintes dont elles sont revêtues : les monnaies japonaises ont d'ailleurs force libératoire en Corée. Les anciennes monnaies de cuivre et de nickel ont été retirées ; les nouvelles ont été mises en circulation, répandues sur tous les points du territoire aux frais du Gouvernement, et prêtées à un taux modique aux associations locales, formées en vue de faire connaître les nouveaux instruments de circulation aux agriculteurs là où il n'existe encore ni banques agricoles ni banques industrielles : sans être tenues de payer un intérêt ni de rien déposer en garantie, celles-ci reçurent des avances fournies en pièces nouvelles. Aussi, à la fin de 1907, la frappe en dépassait-elle déjà 4 millions de yen. A la même époque, la circulation des billets de la Dai-Ichi-Ginko atteignait près de 13 millions.

Les associations monétaires sont régies par l'édit impérial du 31 mai 1907, qui définit ainsi leur objet : 1° fournir à leurs

1. Rapport sur les progrès et les réformes de la Corée, par le résident général, Séoul, 1908.

membres : es prêts pour entreprises agricoles ; 2° organiser des magasins généraux pour leurs céréales ; 3° distribuer des semences, engrais, du matériel et vendre leurs produits. Chaque association reçoit un subside de 10 000 yen. Autrefois les Coréens se servaient de billets appelés oum-ph o, qu'ils coupaient en deux et qui ne devenaient exigibles, à l'échéance, que lorsque l'on avait rapproché les deux moitiés. Une loi de septembre 1905 en régularisait l'émission et ne la permettait qu'à des sociétés organisées à cet effet. L'association des billets de Séoul, form.ée en 1906, en avait émis pour 2 millions et demi de yen. Cinq associations similaires dans d'autres villes portaient à plus de 5 millions l'émission totale. Mais, depuis 1906, elles n'ont plus le droit de créer de billets de banque proprement dits.

La *Première banque du Japon*, qui, depuis 1878, s'était installée en Corée, où elle avait d'abord ouvert une agence à Fusan, n'a pas le droit d'émettre de billets au Japon ; mais, en 1884, elle avait reçu du gouvernement coréen le droit d'émettre, dans les ports à traité, des billets de douane (*custom house notes*), destinés à faciliter et à activer le paiement des droits. En 1901, elle commença à émettre des billets au porteur, dont le montant arriva à dépasser 3 millions de yen. Lorsqu'elle prit en 1905 la direction de la réforme monétaire, le Gouvernement donna cours légal à ses billets, l'autorisa à effectuer pour son compte des recouvrements et des paiements, et la soumit à la surveillance du ministre des finances coréen. Ces privilèges furent confirmés, en mars 1905, par une ordonnance impériale japonaise, qui plaçait la banque sous le contrôle commun des ministres japonais des affaires étrangères et des finances ; ce contrôle passa au Résident général, une fois qu'il eut été installé à Séoul.

La Banque était tenue d'appliquer une portion de son capital, déterminée d'accord avec le Résident général, à ses affaires coréennes, d'avoir une encaisse dite de conversion, c'est-à-dire de remboursement, composée d'or et d'argent ou de billets de la Banque du Japon, égale à sa circulation ;

toutefois elle pouvait gager 10 millions de yen par des fonds d'État, un portefeuille commercial ou d'autres garanties. En cas d'urgence, cette limite pouvait être dépassée, avec l'autorisation du Résident général, qui fixait les conditions de l'émission supplémentaire. La Banque prélevait chaque année au moins un vingtième de ses bénéfices jusqu'à ce que la réserve ainsi formée atteignît la moitié du capital consacré par elle à ses affaires coréennes. En cas de violation des conditions de sa concession, le Résident général pouvait la lui retirer. Une ordonnance du 30 décembre 1904 a érigé la succursale de Séoul en trésorerie centrale du Gouvernement, les autres succursales devant faire fonctions de sous-trésoreries. En janvier 1905, les billets de la Banque reçurent cours légal. Ces divers privilèges avaient été ratifiés par une ordonnance impériale japonaise de mars 1905; mais l'existence de l'établissement, en tant que banque d'émission coréenne, a cessé.

Le 20 novembre 1909, la Dai-Ichi-Ginko a transmis ses droits et obligations à la société, qui, sous le titre de Première Banque centrale de Corée, a reçu alors la charge de la circulation fiduciaire dans ce pays. Cette circulation avait passé de 10 millions de yen en 1908 à plus de 13 millions : l'augmentation était en partie provoquée par le retrait des anciennes monnaies de nickel et de cuivre et des pièces dites *yosen*, en échange desquelles plus de 5 millions de nouvelles monnaies d'or, d'argent, de nickel et de bronze ont été livrées au public. La nouvelle Banque de Corée a déjà reçu du Gouvernement plus de 6 millions en dépôt. En vertu d'arrangements intervenus entre le Japon et la Corée, elle s'est obligée à rembourser les billets de la Dai-Ichi-Ginko, qui, de son côté, lui verse, en vingt annuités sans intérêts, le montant de son émission : elle lui a également cédé tous ses établissements, agences et sous-agences de Corée, à l'exception de ceux de Séoul et de Fusan. Le bilan du 30 juin 1909 de la Dai-Ichi-Ginko avait encore au passif 10 millions de billets, tandis qu'au 31 décembre suivant elle n'y faisait plus figurer aucun billet, mais un fonds de remboursement de 7 888 751 yen.

La concession de la Banque de Corée lui a été accordée pour 50 ans, avec faculté pour l'assemblée des actionnaires de prolonger ce terme, sous réserve de la sanction du Gouvernement. Celui-ci nomme le gouverneur pour une période de 5 ans, ainsi que les administrateurs, choisis par lui sur une liste dressée par l'assemblée générale des actionnaires et comprenant deux fois autant de noms qu'il y a de sièges à pourvoir. La Banque est chargée de la trésorerie de l'État, pour le compte de qui elle effectuera gratuitement les recettes et les dépenses ; elle réglera, d'après les instructions du Gouvernement, les frappes de monnaies et assurera le service de la dette publique. Elle pourra être chargée, par la Banque du Japon, d'opérations concernant les encaissements et les débours pour compte de la Trésorerie nationale japonaise. Les billets émis par la Banque de Corée sont remboursables en or ou en billets de la Banque du Japon : ils seront représentés par des monnaies d'or ou d'argent, celles-ci ne pouvant toutefois pas dépasser le quart de l'encaisse totale ; une quantité de 20 millions de yen pourra être gagée par un portefeuille commercial ou des fonds d'État. Le Gouvernement pourra l'autoriser à dépasser cette limite de 20 millions, en lui faisant payer un impôt annuel de 5 pour 100 sur l'excédent de circulation. La valeur des lingots, celle des fonds publics et autres garantissant l'émission sera fixée d'accord avec le Gouvernement. Un compte quotidien des mouvements de la circulation et de l'encaisse lui sera communiqué ; une situation hebdomadaire sera publiée au Journal officiel. Tous les six mois, le 30 juin et le 31 décembre, le bilan sera arrêté et soumis à l'approbation des actionnaires. Les bénéfices seront répartis comme il suit : 8 pour 100, ou davantage, à une réserve destinée à couvrir les pertes; 2 pour 100, ou davantage, à un fonds d'égalisation des dividendes; 10 pour 100, ou moins, à un fonds destiné à donner des gratifications ou des subsides aux fonctionnaires de la

Banque. Après que, sur le surplus, un dividende de 6 pour 100 aura été prélevé, l'excédent éventuel sera distribué aux actionnaires, mis en réserve spéciale ou reporté à nouveau. Une fois que le capital aura reçu 12 pour 100, la moitié de l'excédent reviendra au Gouvernement. Un dividende minimum de 6 pour 100 est garanti pendant 5 ans par le Gouvernement, qui avance en outre à la Banque, pour la même période, une somme de 1 230 000 yen, remboursable ensuite en dix annuités.

L'État, bien loin de rien demander à la Banque, lui prête au contraire son appui. Les raisons politiques de cette intervention sont aisées à comprendre. Au reste, il est possible qu' à la suite de l'annexion, le système d'émission soit encore une fois modifié, et que la circulation de la Banque du Japon soit substituée à celle de la banque locale. Celle-ci avait été fondée par le prince Ito, qui s'efforçait d'organiser en Corée des institutions autonomes : son assassinat aura hâté la solution radicale du problème, vers laquelle les Japonais s'étaient successivement acheminés par le traité de Portsmouth du 29 août 1905, le traité coréen-japonais du 17 novembre 1905, les accords russo-japonais du 28 juillet 1907 et du 4 juillet 1910, qui ont achevé de reconnaître les droits du Japon sur l'empire du « Matin calme » et enfin l'annexion définitivement accomplie le 22 août 1910. Les étapes du régime fiduciaire auront été aussi rapides que celles de la conquête politique : dans une première période, des privilèges conférés à une banque japonaise en font un instrument d'annexion financière; ensuite, lorsque les vainqueurs ont constitué, dans toutes les branches, des administrations assez fortes pour essayer de donner une sorte d'autonomie à quelques-unes d'entre elles, ils fondent la Banque de Corée; bientôt, impatients de certaines résistances, ils se décident à brusquer les choses et font disparaître les derniers fantômes d'indépendance : c'est le début de la troisième période, au cours de laquelle nous verrons sans doute une succursale de la Banque du Japon installée à Séoul.

FORMOSE (TAIWAN)

Lorsque Formose fut annexée au Japon en 1895, il n'existait dans l'île aucun système régulier ni de monnaie, ni de circulation fiduciaire. En 1899-1900 fut établie la Banque de Formose (Taiwan en japonais) dont la création fut bientôt suivie de celle de la Banque d'épargne et de la Banque commerciale. La circulation est assurée par la Banque de Formose, qui est au capital de 5 millions de yen, entièrement versés depuis 1908 : elle émet des billets de 1 yen et au-dessus, remboursables en or. Tous doivent être couverts par l'encaisse, à l'exception d'une somme, primitivement fixée à 5 millions, qui peut être gagée par des titres ou des billets du Gouvernement, des billets de la Banque du Japon ou d'autres obligations et effets de commerce. Cette limite a été élevée à 10 millions de yen le 5 avril 1910. Toute circulation qui la dépasse est frappée d'un impôt de 5 pour 100 l'an. Depuis 1904, l'argent a cessé d'avoir force libératoire, et l'étalon d'or règne à Formose comme au Japon. En 1908, la Banque de Taiwan a distribué un dividende de 10 pour 100 ; elle avait plus de 11 millions de dépôts, un portefeuille d'avance et d'escompte de plus de 17 millions. Elle a établi des succursales au Japon et en Chine. Au 31 décembre 1909, elle avait émis 13 millions de yen de billets, garantis par 5 1/2 millions espèces et 7 1/2 de valeurs diverses.

Avant de quitter le Japon, mentionnons que la *Yokohama Specie Bank*, établissement japonais au capital de 24 millions de yen, n'a pas le droit d'émission au Japon, mais l'a en Chine, où elle l'exerce sous le contrôle des ministres japonais des finances et des affaires étrangères.

HAITI

D'après une publication faite en 1893, le papier-monnaie émis sous le gouvernement du général Salomon, s'élevait à 4 millions de gourdes. La Banque nationale a reçu une concession de cinquante ans à partir de 1880 : société anonyme française, elle a son siège social à Paris et son établissement principal à Port-au-Prince. En vertu du décret constitutif, la concession peut être dénoncée un an avant son expiration ; sinon, elle est renouvelée, par tacite reconduction, pour douze années, et ainsi de suite. La Banque a le privilège exclusif d'émettre des billets au porteur, remboursables à présentation en espèces à Haïti, ayant cours légal dans toute l'étendue de la République et reçus dans toutes les caisses publiques. Chargée du service de Trésorerie du Gouvernement, elle devait notamment encaisser pour lui toutes les recettes de douane, lui faire des avances contre bons jusqu'à concurrence d'un maximum de 1 500 000 francs, prêter son concours à la frappe de nouvelles monnaies. Les billets ne pouvaient être mis en circulation qu'après avoir été visés et signés par le commissaire spécial du Gouvernement, attaché à la Banque et résidant à Port-au-Prince. Leur total ne devait pas excéder le triple de l'encaisse métallique, les coupures étant de 10, 20, 100 et 200 gourdes. Pendant toute la durée de la concession, le Gouvernement ne devait émettre aucun papier-monnaie ni accorder à aucune banque ni établissement de privilèges semblables à ceux de la Banque de Haïti. La dette de l'État vis-à-vis de la Banque pouvait s'élever à 300 000 gourdes.

Diverses stipulations de ces accords n'ont pas été obser-

vées. Le Banque a eu, en ces dernières années, des démêlés
avec les autorités et a renoncé en fait à l'émission des
billets, tandis que ceux de l'État circulent pour plus de
8 millions de gourdes. Voici quels étaient, pendant les
années 1907, 1908, 1909, les instruments d'échange dans la
République haïtienne, et le cours moyen du change : on
remarquera que celui-ci variait assez régulièrement en proportion du volume du papier-monnaie.

ANNÉES	PAPIER-MONNAIE	NICKEL	COURS MOYEN DU CHANGE
	Gourdes.	Gourdes.	Pour 100.
1907.	7 311 248	3 714 000	407
1908.	9 201 851	5 944 000	642
1909.	8 368 365	6 000 000	463

La Banque a été en négociation pour la reprise des services
de la Trésorerie. Mais l'entente n'a pu s'établir, et en 1910
le Gouvernement a donné une nouvelle concession à un
autre groupe qui, sous la direction de la Banque de l'Union
parisienne et de maisons américaines, va réorganiser le système monétaire et fiduciaire haïtien.

LIVRE II

PAYS QUI ONT CONCÉDÉ LE PRIVILÉGE D'ÉMISSION A UN NOMBRE LIMITÉ D'ÉTABLISSEMENTS

CHAPITRE VIII

ANGLETERRE, ÉCOSSE, IRLANDE, AUSTRALIE, NOUVELLE-ZÉLANDE, CANADA, AFRIQUE DU SUD

Nous commençons le deuxième livre de notre ouvrage par l'étude d'un pays qui a débuté, voici plus de deux siècles, par un asservissement complet de la banque au Trésor, pour aboutir à un régime d'indépendance vis-à-vis de l'État : celui-ci n'a pas encore remboursé son ancienne dette à l'établissement émetteur, mais n'a plus recours à lui que pour des avances temporaires, rapidement et régulièrement remboursées, et pour des services de caisse qui ne mettent pas son crédit en jeu. Rarement le caractère gouvernemental d'un établissement apparut plus nettement qu'au début de l'existence de la Banque. Bien que le capital eût été souscrit par les particuliers, ce fut, dans toute la force du terme, une institution d'État, dont le sort resta attaché à celui de la famille régnante.

La Banque d'Angleterre fut fondée, en 1694, pour venir en aide au Trésor de la nouvelle monarchie, et soutenir la maison d'Orange dans sa lutte contre la France, qui cherchait à restaurer les Stuart. Elle était, comme le dit Macaulay, *whig* (les whigs étaient le parti alors au pouvoir) non par accident, mais par nécessité. Elle aurait été contrainte de suspendre ses paiements à la minute où le Trésor aurait cessé de lui payer l'intérêt de ses avances; et le roi Jacques II, s'il fût remonté sur le trône, ne lui en eût pas versé un penny[1]. Sans la Banque, déclare d'autre part M. Bagehot, l'Angleterre n'aurait pu emprunter, et, si elle n'avait pu emprunter, elle aurait été envahie par la France et contrainte de restaurer le protégé de Louis XIV. Pendant de longues années, l'existence de cette dette fut la raison principale pour laquelle les classes industrielles ne voulurent pas entendre parler du rappel du Prétendant. Les rentiers d'alors étaient les ennemis du souverain dit légitime, et les plus fermes soutiens de la dynastie de Hanovre.

Le premier capital de 1 200 000 livres sterling[2] fut tout entier prêté à l'Échiquier (nom du Trésor anglais), au taux de 8 pour 100. « Le Gouverneur et la Compagnie de la Banque d'Angleterre », — tel était le titre officiel de la société, — étaient autorisés à percevoir les droits sur la bière et sur le tonnage des navires, et obtenaient pour neuf ans, à partir du 1er août 1694, un privilège qui n'était pas un monopole, le Parlement se réservant le droit d'accorder à d'autres la faculté d'émettre des billets. La loi prit d'ailleurs de grandes précautions pour que la Banque ne pût consentir indéfiniment des prêts à l'État. Une clause lui interdisait de faire aucune avance sans l'autorisation expresse du Parlement. Les libéraux, qui redoutaient de voir le nouvel établissement devenir un instrument docile entre les mains du monarque, avaient insisté pour l'insertion de cette défense. Ce ne fut qu'un siècle plus tard, en 1793, que fut votée une loi qui autorisait au contraire l'Échiquier à se faire escompter des bons par la Banque.

Les billets furent émis pour une somme égale à la dette

---

1. Un penny est la 240e partie de la livre sterling, qui se divise en 20 shillings. Chaque shilling vaut donc 12 pence (pence est le pluriel de penny). La livre est l'équivalent de 25 fr. 21 : dès lors le shilling vaut 1 fr. 26 et le penny un peu plus de 0 fr. 10.

2. Environ 30 millions de francs.

du Gouvernement, c'est-à-dire 1 200 000 livres : ils portaient, pour chaque 100 livres, 2 pence d'intérêt par jour, soit 720 par an, ce qui représentait un taux de 3 pour 100 et une charge totale de 36 000 livres sterling. Grâce à cet intérêt, moins de billets étaient présentés au remboursement, mais ils perdaient la fixité de valeur, essentielle à un instrument monétaire. D'autre part, la Banque payait 4 pour 100 à ses déposants. Elle escomptait, en principe, à 4 1/2 les lettres de change sur l'étranger et à 6 pour 100 les lettres anglaises, mais elle accordait des réductions à ses clients. Elle prêtait sur gage et sur hypothèque.

Une des grandes difficultés de ce temps était l'altération des monnaies, qui ne contenaient guère en moyenne que la moitié du métal fin que comportait leur titre. En 1695, le prix de l'or monta à 109 shillings (au lieu de 77) par livre et les changes s'élevèrent en proportion. La Banque, obligée de rembourser son papier en monnaie de bon aloi, subissait de ce chef une perte telle qu'en 1696 elle dut suspendre le rachat de ses billets ; ils perdirent, en juillet, 10 pour 100 et en octobre jusqu'à 20 pour 100 de leur valeur nominale. Les ressources de la Banque ne suffisant pas à couvrir les besoins du Trésor, celui-ci émit, en juillet 1696, des bons de l'Echiquier de 10 livres chacun, portant intérêt à raison de 3 pence par jour, soit 4 1/2 pour 100 l'an. Le Gouvernement crut aussi pouvoir trouver des ressources dans un projet de banque foncière, mis en avant par un certain Dr Chamberlain, qui proposait d'émettre du papier gagé par la terre : cette tentative de création d'assignats, heureusement pour l'Angleterre, avorta, les souscripteurs ayant fait défaut.

En 1697, le capital de la Banque fut porté à 2 201 171 livres et sa concession fut prorogée jusqu'en 1710. Pendant tout le XVIIIᵉ siècle, elle va continuer à entretenir des rapports de plus en plus étroits avec le Trésor, à qui elle ne cessera de venir en aide, tout en améliorant sa propre situation. Ses actions, après être plusieurs fois tombées au-dessous du pair dans les dernières années du XVIIᵉ siècle, étaient, en 1700,

remontées à 148 pour 100. Au cours de la guerre de la
Succession d'Espagne, elle fut encore une fois le grand
pourvoyeur du Trésor. Par la convention de 1708, elle lui
acheta des bons de l'Echiquier, garantis par l'impôt des maisons (*house duty*) pour une somme de 1 775 027 livres, sur
lesquels l'Etat s'engageait à lui payer une annuité de 6 pour
100, dont moitié devait être appliquée à l'intérêt et moitié à
l'amortissement. La loi (*act*) de 1709 renouvela le privilège jusqu'en 1732 et autorisa le doublement du capital de
2 201 171 livres par l'émission d'une quantité égale de
nouvelles actions, souscrites à 111 pour 100. A ce chiffre de
4 402 343 livres s'ajoutèrent les 400 000 livres avancées
au Gouvernement et les 1 775 027 livres de bons de l'Echiquier, ce qui porta le total à 6 577 370 livres. Cette fois le
privilège fut explicitement établi « Pendant la durée de la
société de la Banque d'Angleterre », disait la loi, « il ne
sera permis à aucun corps politique (personne morale) ni à
aucune association quelconque fondée ou à fonder, ni à nuls
autres individus réunis ou devant se réunir en assemblée ou
association comprenant plus de six personnes, d'emprunter,
devoir ou prélever aucune somme de monnaie sur leurs billets
payables à vue, ou pour un temps inférieur à six mois à partir
de l'emprunt ». La Banque était autorisée à émettre des billets
pour le montant de son capital primitif de 1 200 000 livres
et du nouveau capital souscrit. Ses propriétés étaient
exemptes de tout impôt; l'altération de ses billets était
assimilée au crime de félonie. Grâce à ces avantages, les
administrateurs furent bientôt en mesure d'émettre des billets
ne rapportant pas d'intérêt. En 1713, dernière année de la
guerre de la Succession d'Espagne, la Banque, en échange
d'une nouvelle avance, vit son privilège prorogé jusqu'en 1743.

Il convient de mentionner ici l'épisode, resté célèbre, de la
Compagnie de la Mer du Sud (*South Sea Company*), fondée
en 1711 par le comte d'Oxford et qui avait, comme la
Banque d'Angleterre, dû son origine aux besoins du Trésor :
elle lui avait accordé une avance au taux de 6 pour 100,

garantie par une série de droits, parmi lesquels le monopole d'exploitation de l'océan Pacifique. En 1720, elle proposa de se charger de toutes les dettes du royaume, évaluées à 31 millions de livres, contre versement par le Trésor d'un intérêt annuel de 5 pour 100 jusqu'en 1727, et de 4 pour 100 ensuite. Elle offrait de payer une soulte immédiate de 3 millions et demi. La Banque d'Angleterre fit à son tour une proposition analogue, en élevant la soulte à 5 millions. La Compagnie de la Mer du Sud riposta par le chiffre de 7 millions et demi et vit son projet ratifié par la Chambre des Communes et celle des Lords. En clôturant le Parlement le 11 juin, le roi le félicita d'avoir préparé la liquidation de la Dette publique. Peu de temps après, une fièvre folle de spéculation s'emparait de Londres, et la Compagnie s'écroulait en même temps que ses plans chimériques. L'État dut lui faire remise des 7 millions et demi de livres qu'elle s'était engagée à lui verser, et la Banque d'Angleterre intervint pour racheter une annuité de 200 000 livres qui avait été cédée à la Compagnie. Pour ce faire, elle créa de nouvelles actions, émises à 118 pour 100, ce qui porta son capital à 8 959 955 livres.

A la veille de l'expiration de sa concession, en 1742, la Banque consentit au Trésor un prêt de 1 600 000 livres sans intérêt, en vue duquel elle éleva son capital à 9 800 000 livres : elle reçut alors le privilège exclusif des opérations de banque jusqu'en 1764. Trois ans plus tard, en 1745, lors de l'invasion du prétendant jacobite Charles, qui remporta d'abord d'éclatants succès et parut un moment menacer la capitale, on put redouter un ébranlement de la Banque. Mais son crédit était si bien assis que les principaux négociants et financiers de Londres signèrent un manifeste par lequel, « se rendant compte combien nécessaire est en ce jour la préservation du crédit, ils promettent de ne pas refuser les paiements en billets de banque, quelle que soit la somme, et de faire leur possible pour effectuer les paiements en même monnaie ». L'existence demi-séculaire de l'institution l'avait fait apprécier du monde commercial, qui, au lieu de précipiter la panique en réclamant des espèces, eut la sagesse de donner son appui au crédit de la Banque, clef de voûte du crédit du pays. A la suite de cette campagne, la Banque escompta 984 000 livres de bons du Trésor contre une annuité à 4 pour 100 et porta, à cette occasion, son capital à 10 780 000 livres. En 1764, la charte fut renouvelée, selon la formule ordinaire, c'est-à-dire jusqu'à remboursement de la dette du Gouvernement, que celui-ci s'engageait à effectuer avec un préavis de six mois, qui ne pouvait être donné avant le 1er août 1786. En échange de cette prolongation de 22 ans, la Banque fit à la nation un don de 110 000 livres, et acheta du Trésor 2 millions de bons à 2 ans, au taux de 3 pour 100. Dès 1781, une nouvelle prorogation jusqu'en 1812 lui fut accordée, moyennant une avance de 2 millions de livres à 3 pour 100 : l'année suivante, le capital social était porté à 11 642 400 livres.

A la fin du XVIIIe siècle, le capital était entièrement absorbé par des avances à l'État : celui-ci les avait consolidées en remettant des titres de rentes à sa créancière, qui, en outre, lui avait escompté 7 millions et demi de livres de bons de l'Echiquier. C'était au total près d'un demi-milliard de francs d'engagements. Les événements politiques qui les avaient amenés ne tardèrent pas à s'aggraver. Le bruit d'une descente des armées françaises sur les côtes du royaume provoqua une panique dans la Cité; le public se précipita aux guichets de la Banque pour réclamer le remboursement des billets. Un ordre du Conseil privé du roi déclara aussitôt qu'il était nécessaire que les directeurs suspendissent les paiements en espèces métalliques jusqu'à ce que le Parlement fût consulté. Celui-ci confirma la décision par une loi du 3 mai 1797, demeurée célèbre sous le nom d'*Acte de restriction*, qui devait rester en vigueur pendant plus de vingt ans. Elle défendait à la Banque de rembourser aucun créancier en numéraire ni d'employer les espèces à d'autres paiements qu'à ceux de l'armée et de la marine, à moins d'un ordre exprès du Conseil privé. En même temps, il lui était interdit, jusqu'à la reprise des paiements en espèces, de consentir aucun découvert à l'Etat au delà de 600 000 livres. A ce sujet, il convient de rappeler que l'*act* de 1695 défendait que la Banque fît des avances au Trésor sans le consentement du Parlement. En dépit de cette interdiction, la Banque avait pris l'habitude d'escompter des *Treasury bills of exchange* (lettres de change du Trésor) pour des sommes d'abord faibles, qui s'étaient ensuite élevées, au cours de la guerre d'Amérique, à 150 000 livres. Pitt fit voter une loi autorisant ces escomptes sans limitation de somme. En janvier 1795, les directeurs déclarèrent ne vouloir en aucun cas dépasser de ce chef un demi-million sterling, ce qui n'empêcha pas Pitt de réclamer, dès le mois d'août, 2 millions. Sous l'influence de ces demandes, la Banque augmentait sa circulation, abaissait de 10 à 5 livres la coupure minimum de ses billets : en février 1796, elle avait fourni au Trésor 14 millions de livres.

L'Acte de restriction, d'abord voté pour un an, fut ensuite prorogé jusqu'à la fin du mois qui suivrait la conclusion de la paix. Il n'eut pas pour conséquence immédiate un développement excessif de la circulation. Le 25 février 1799, elle n'atteignait encore que 13 millions et l'encaisse était de 7 millions. Les changes restaient favorables. En 1800, la Banque obtint une prorogation de 21 ans pour son privilège qui expirait en 1812 et qui fut ainsi reporté à 1833 : elle accorda en échange un prêt de 3 millions sans intérêt pour 3 ans. Pendant la première partie de cette période de cours forcé, elle sut maintenir son émission de billets dans des limites raisonnables, ce qui évita une dépréciation excessive du papier. Les avances à l'Etat ne dépassèrent guère, jusqu'en 1810, de plus de 5 millions de livres le solde créditeur du Trésor. Mais les dépenses militaires croissantes firent augmenter peu à peu le chiffre de la circulation, qui, en 1810, atteignit 21 millions de livres ; en même temps les banques provinciales, dont le nombre s'était prodigieusement accru et dépassait 700, exagéraient leurs émissions, qui se rapprochaient de 30 millions. Aussi la prime sur l'or s'accentua-t-elle à partir de cette date, pour atteindre son point culminant de 25 pour 100 en 1814.

En 1816, au lendemain de l'ère des guerres napoléoniennes, la Banque augmenta encore une fois son capital de 291 100 livres au moyen d'une émission d'actions faite à 222 pour 100. En 1819, Sir Robert Peel, premier ministre, fit voter par le Parlement une loi décidant la reprise graduelle des paiements en espèces, suspendus depuis l'Acte de restriction : le principe de l'opération était d'exiger une quantité décroissante de billets contre de l'or, de façon à arriver au bout de quatre ans à les rembourser au pair ; au début, il fallait donner 104 livres en billets pour obtenir 100 livres d'or ; cette prime diminuait ensuite jusqu'à disparaître entièrement. Les moins pressés seraient ainsi les plus favorisés, ce qui garantissait l'encaisse contre des demandes précipitées. L'époque fixée par la loi put être devancée, et le cours forcé disparut dès le 1er mai 1821. Il avait été en vigueur un peu plus de 24 ans, durant lesquels la prime sur l'or avait été de 7 pour 100 en 1802, 2 pour 100 de 1802 à 1809, de 7 à 25 pour 100 de 1811 à 1814 : au cours de cette dernière année, il fallut payer jusqu'à 125 livres 3 shillings en billets pour recevoir 100 livres de métal.

En 1826 fut abrogée la loi de 1708, qui interdisait à toute banque composée de plus de six associés d'émettre des billets, mais la Banque d'Angleterre conservait le monopole d'émission dans un rayon de 65 milles autour de l'église Saint-Paul. Sa charte fut renouvelée en 1833 pour la dernière fois sous l'ancien régime, c'est-à-dire avant l'acte fondamental qui la régit encore aujourd'hui. Le privilège lui fut alors concédé jusqu'en 1855, avec faculté de dénonciation dix ans plus tôt, et trois avantages nouveaux lui furent accordés : 1° ses billets supérieurs à 5 livres reçurent le caractère de monnaie légale (*legal tender*) partout ailleurs qu'à ses guichets, où ils étaient remboursables en espèces ; 2° elle fut autorisée à élever le taux de l'intérêt au delà de la limite légale de 5 pour 100 ; 3° elle fut remboursée par l'Etat du quart de son capital, ramené ainsi de 16 320 000 à 12 240 000 livres. Ce remboursement fut opéré par un transfert de 4 080 000 livres capital de rente 3 pour 100. Plus tard, le capital a été porté au chiffre actuel par l'addition d'une partie du *rest*, c'est-à-dire des bénéfices mis en réserve. Par contre, la redevance annuelle payée par l'Etat à la Banque, pour frais de gestion de la dette publique, fut réduite à peu près de moitié et fixée à 128 000 livres sterling.

En 1838 une crise violente sévit sur la place de Londres : la Banque d'Angleterre dut avoir recours à l'aide de la Banque de Hambourg et de la Banque de France, qui escompta pour 50 millions de francs de traites fournies par la maison Baring de Londres sur douze banquiers de Paris. En garantie, la Banque d'Angleterre transférait à ceux qui ouvraient le crédit des annuités du Trésor dont elle était titulaire. Elle avait alors une circulation d'environ 20 millions de livres, tandis que celle des autres banques atteignait 10 millions. De 1839 à 1843, 82 de ces banques, dont 29 émettaient des billets, tombèrent en faillite. Ces événements avaient préparé les esprits à une transformation du régime d'émission fiduciaire, qui fut accomplie en 1844 par Sir Robert Peel. Le célèbre *Bank Act* réorganisa la Banque d'Angleterre et supprima pour l'avenir la liberté d'émission : de cette façon, au fur et à mesure de la disparition des autres banques, l'importance du rôle de l'établissement principal augmente. On reconnaît ici le génie anglo-saxon, qui, loin de faire table rase de ce qui existe, préfère procéder par voie de réforme lente, et respecte en toutes choses la tradition et les droits acquis. Il n'en est pas moins certain que la nouvelle loi tendait à établir l'unité du billet et que c'est dans ce sens qu'elle a porté ses fruits depuis un demi-siècle. Elle mit fin au régime sous lequel l'émission des billets au porteur était permise à toute association qui payait patente, faisait connaître le nombre de ses actionnaires et renseignait l'administration du timbre sur les coupures émises.

Jusqu'à la fin des guerres napoléoniennes, l'histoire de la Banque d'Angleterre avait été intimement mêlée à celle du Trésor, dont elle n'avait pas cessé d'être le pourvoyeur fidèle. Cette union lui avait procuré des avantages pécuniaires, mais l'avait acculée à la nécessité de suspendre le remboursement de ses billets. Ce ne sont pas, en effet, les besoins commerciaux du pays qui l'auraient obligée à cette mesure extrême, si les exigences du chancelier de l'Echiquier n'avaient détourné le plus clair de ses ressources au profit des services publics. C'est ainsi que dans un pays, aussi soucieux que l'était déjà l'Angleterre du xviiie siècle de l'exécution de ses engagements, la main mise par l'Etat sur les instruments fiduciaires entraîne les plus graves conséquences. La réorganisation de 1844 semble avoir définitivement fermé la porte à des dangers de cette nature, en limitant, avec une sévérité qu'on a parfois qualifiée d'excessive, l'émission des billets, et en empêchant par cela même la Banque de faire à l'Etat des avances, en dehors de celles qu'autorisent les statuts, comme prix de son privilège. Voici les dispositions essentielles de l'acte, qui divisa la Banque en deux départements, celui de l'émission et celui de la banque proprement dite.

Désormais nul banquier ne pourra tirer, accepter, fabriquer ou émettre, en Angleterre ou dans le pays de Galles[1], aucune promesse de paiement en argent payable à vue et au porteur. Cependant tout banquier qui, le 6 mai 1844, émettait librement ses propres billets pourra continuer à le faire dans les limites et aux conditions suivantes. Toute compagnie composée (en 1844) de six individus au plus ne pourra plus émettre de billets de banque, à partir de l'époque à laquelle le nombre des associés ou actionnaires dépasserait six. Tout banquier qui tombera en faillite ou cessera d'émettre

---

1. La loi ne s'appliquait ni à l'Ecosse ni à l'Irlande.

des billets ne pourra plus reprendre cette émission. Aucun banquier ne pourra émettre de billets pour une somme supérieure à la moyenne constatée pendant les douze semaines ayant précédé la promulgation de la loi. Lorsqu'il cessera d'en émettre, la Banque d'Angleterre pourra augmenter sa propre circulation d'une quantité égale aux deux tiers de celle qui aurait ainsi disparu : nous verrons tout à l'heure de quel chiffre le pouvoir d'émission de la Banque d'Angleterre s'est accru, depuis 1844, en vertu de cette disposition.

Le département de l'émission et celui de la banque fonctionneront séparément et auront leur existence propre. Le département de l'émission (*issue department*), comme son nom l'indique, est exclusivement chargé de la création et du remboursement des billets. Le chiffre de ceux-ci varie mathématiquement avec celui de l'encaisse, que la loi permet de composer (art. 3) pour quatre cinquièmes d'or et un cinquième d'argent, mais qui en fait n'a pas cessé d'être constituée exclusivement en or [1]. Outre les billets gagés par le numéraire, le département de l'émission en créera pour 14 millions de livres, gagés par des sûretés (*securities*) dont fera partie la dette de l'État vis-à-vis de la Banque, arrêtée au chiffre, désormais immuable, de 11 015 100 livres sterling : sur ce capital, le Gouvernement paie à la Banque un intérêt annuel, fixé au taux que rapportent les Consolidés, soit 2 1/2 pour 100 depuis 1903. Cette somme, il importe de le remarquer, n'a pas varié depuis 1844 et n'est pas susceptible de varier. Le seul chapitre qui peut augmenter au département de l'émission, en dehors des espèces, est celui des autres sûretés (*other securities*) : il est modifié chaque fois que disparaît une des banques anglaises qui, en vertu de la loi de 1844,

---

1. Lors de la conférence monétaire internationale réunie en 1892 à Bruxelles, un délégué anglais proposa, pour aider au rétablissement du bimétallisme, de rendre effective cette clause du *Bank act* et de composer d'argent, pour un cinquième, l'encaisse de la Banque d'Angleterre. Les délégués des autres puissances jugèrent l'offre insuffisante.

étaient encore autorisées à émettre des billets. Voici le détail
des augmentations successives du pouvoir d'émission :

			Livres sterling.
L'Acte de 1844 le fixait à			14 000 000
Des ordres successifs du Conseil autorisèrent :			
le 7 décembre 1855 une augmentation de			475 000
le 20 juin 1861	—	—	175 000
le 3 février 1866	—	—	350 000
le 1er avril 1881	—	—	750 000
le 15 septembre 1887	—	—	450 000
le 8 février 1890	—	—	250 000
le 29 janvier 1894	—	—	350 000
le 3 mai 1900	—	—	975 000
le 11 mars 1903	—	—	400 000
le 8 décembre 1904	—	—	275 000
Total.			18 450 000

dont 11 015 100 sont représentés par la dette fixe de l'État.
7 434 900 —   —   par des rentes immobilisées.

Cette somme de 18 450 000 livres est inférieure à la partie
de l'émission qui ne sort pas en général des coffres de la
Banque. En effet, après que le département de l'émission a
créé des billets conformément à sa charte, il les remet au
département de la banque, qui garde en réserve la somme
qu'il juge nécessaire en proportion de ses engagements, c'est-
à-dire des dépôts du Trésor et des particuliers. La dette fixe
serait remboursée à la Banque le jour où son privilège serait
dénoncé par le Gouvernement, qui a toujours la faculté de
le faire, moyennant préavis d'une année et avec l'approbation du Parlement.

C'est là un système d'une rigidité exceptionnelle, auquel il
a déjà été dérogé en temps de crise, trois fois au cours d'un
demi-siècle. Le département de l'émission délivre des billets
pour toute quantité d'or qu'il reçoit, à raison de 3 livres
17 shillings 9 pence par once d'or, au titre standard, c'est-
à-dire 916 2/3 millièmes de fin, et, inversement, fournit de
l'or en échange des billets. Il les paie en or monnayé, ou, si
la demande lui en est faite, en monnaies étrangères ou en

lingots. Ces derniers sont généralement tarifés à 3 livres 17 shillings 10 1/2 pence. La banque a d'ailleurs la faculté de modifier ce prix selon ses convenances et l'intérêt du marché ; elle ne l'élève guère cependant, de crainte de voir les exportateurs lui demander des pièces anglaises, qu'elle serait obligée de faire frapper si elle avait épuisé son stock de souverains. Le département de la banque s'occupe des opérations d'escompte et d'avances sur titres, reçoit les dépôts du Gouvernement et des particuliers. Le bilan (nous reproduisons plus loin celui du 17 mars 1909), indique à l'actif, qui, dans les publications anglaises, est placé à droite du lecteur au lieu de l'être à gauche comme dans les bilans français, la somme globale employée en escompte et avances (*other securities*). Du même côté sont inscrites les rentes sur l'Etat, propriété de la Banque, distinctes de celles qui figurent au département de l'émission en ce qu'elles sont aliénables à tout moment : ces rentes disponibles sont portées pour 15 140 327 dans le bilan en question. C'est un des traits caractéristiques du fonctionnement de la Banque d'Angleterre que son intervention fréquente sur le marché des rentes nationales, qu'on désigne en général du nom de consolidés : en procédant à des achats ou à des ventes, elle rend les capitaux disponibles plus ou moins abondants. Le surplus de l'actif est formé par les billets en réserve et une petite provision de monnaies d'or et d'argent.

L'inscription à l'actif de cette réserve de billets résulte de la séparation des écritures, car elle disparaît lorsque le bilan s'établit en réunissant les deux départements, comme nous l'avons fait au-dessous du bilan dualiste. La réserve se retranche alors des billets créés et laisse apparaître le chiffre de la circulation réelle. Le département de la banque n'emploie jamais la totalité de ses ressources. Il en garde toujours une partie en réserve, afin de faire face à des circonstances imprévues : par là, il inspire confiance au public, qui a besoin de savoir des disponibilités considérables réunies à l'établissement, auquel viennent, en fin de compte, s'adresser tous les autres dès que l'horizon se rembrunit. C'est pourquoi le chiffre de ces billets en réserve est le point sensible du bilan; c'est sur lui que se dirigent les regards, dès qu'est affichée la situation hebdomadaire de la Banque, qui est le baromètre du crédit public et de l'état du marché financier de Londres. On compare le total des billets et des monnaies disponibles au département de la banque à celui des dépôts publics et particuliers. Selon que le rapport des disponibilités à ces exigibilités est plus ou moins favorable, la situation de la Banque est considérée comme étant plus ou moins solide. Dans le bilan du 17 mars 1909, les ressources immédiates s'élèvent à 29 733 301 contre 60 132 165 de dépôts : la proportion de la réserve est de 49 pour 100.

Le système d'émission de la Banque d'Angleterre a donné lieu à des controverses ardentes : prôné par les uns à cause de la sévérité avec laquelle son émission est limitée, il a été violemment attaqué par ceux qui lui reprochent son manque d'élasticité. Ce système a constitué le triomphe de ce que les Anglais appellent le *currency principle* sur le *banking principle*, c'est-à-dire du principe métallique sur le principe du crédit. Il interdit en effet l'émission de billets contre tout actif autre que l'or, exception faite de la créance et des rentes sur l'État arrêtées à un chiffre fixe ; c'est l'opposé de la théorie dont s'étaient inspirés les rédacteurs des statuts de la Banque de France, qui lui permettaient d'émettre du papier, sans établir de rapport entre le chiffre de l'encaisse et celui de la circulation. Les adversaires du système anglais font valoir l'argument, très fort en apparence, qu'à diverses reprises, dans un court espace de temps, il a fallu suspendre l'application rigoureuse des principes de l'acte de 1844. Quatre fois en un demi-siècle, le pays a traversé des crises qui ont nécessité des mesures extraordinaires. Le mécanisme de la Banque l'oblige en effet à limiter ses escomptes et ses avances à la somme de billets qu'elle a en mains, moins la réserve qu'elle ne peut pas ne pas garder pour faire face aux demandes éventuelles de ses déposants. Dès qu'elle approche de cette limite, elle n'a de moyens d'action que si des ressources nouvelles lui sont fournies par le département de l'émission, c'est-à-dire par des entrées d'espèces. Qu'un orage éclate, que le crédit se resserre, que les banquiers se précipitent à ses guichets pour faire escompter leur papier, et tout s'arrête, si elle n'est pas en mesure de leur donner des billets.

Dès le 25 octobre 1847, l'acte de la Banque dut être une première fois suspendu : elle fut autorisée à émettre des billets en quantité supérieure à celle qui résultait de l'application des statuts. Mais le péril fut si promptement conjuré qu'elle n'eut pas besoin de faire effectivement usage de cette faculté. En novembre 1857, la réserve étant de 2 944 000 livres contre 17 265 000 de dépôts, l'escompte fut porté à 10 pour 100 et le taux des avances à 12 pour 100. Ces mesures ne suffirent pas ; la réserve tomba à 581 000 livres. Lord Palmerston fit suspendre le *Bank Act*. Le département de l'émission remit à celui de la banque 2 millions de livres de billets au delà du chiffre autorisé : 928 000 livres furent mises en circulation. Mais tout était rentré dans l'ordre dès le 1er décembre. Le bilan du 18 novembre 1857 est le seul dans lequel ait jamais figuré un montant de billets qui n'était pas couvert selon les prescriptions légales. Le mois de mai 1866 vit éclore une crise plus forte encore, restée fameuse par la faillite de la maison Overend Gurney et Cie : la consternation qui s'empara alors de la Cité fut telle que le jour en garda le nom de vendredi noir (*black friday*); le 11 mai, pour la troisième fois, l'acte de la Banque fut suspendu. Ces trois crises ont mis en lumière les inconvénients de la loi de 1844, mais il semble que ses partisans pourraient invoquer en sa faveur l'argument qu'il a suffi d'une simple autorisation de dépasser la limite statutaire pour calmer les craintes du public. L'intervention du Gouvernement a toutefois été nécessaire, et cette nécessité condamne le système. Il serait aisé de le corriger en autorisant une circulation supplémentaire frappée d'un impôt qui constituerait un frein automatique aux excès possibles de l'émission,

En novembre 1890, la chute de la maison Baring, qui avait accepté pour plus de 30 millions de livres sterling de traites, qui était le banquier d'une partie du monde et dont les engagements étaient doubles de ceux d'Overend Gurney en 1866, ébranla de nouveau la place de Londres. Mais cette fois, au lieu de solliciter une suspension du *Bank Act*, la Banque s'occupa immédiatement de fortifier son encaisse ; elle s'adressa à la Banque de France, qui lui avança en or 3 millions de livres, à la Banque de Russie, qui lui en prêta 1 500 000 et à un groupe de banquiers, qui en fournit 500 000. Ces 5 millions sterling lui permirent d'augmenter légalement la quantité de ses billets et de traverser la crise beaucoup mieux que les trois précédentes. Sa situation était d'ailleurs beaucoup plus solide, comme le démontrent les chiffres comparés de l'encaisse et de la réserve aux quatre dates mémorables que nous avons rappelées :

	ENCAISSE	RÉSERVE DE BILLETS
	Millions de livres sterling.	
1890.	22 1/2	14 1/2
1866.	11 3/4	1
1857.	6 1/2	1 1/2
1847.	8 1/3	1 1/2

Chaque fois que l'émission dépasse la limite statutaire, les profits réalisés au moyen de cet excédent sont versés au Gouvernement. La Banque paie à l'État une somme fixe de 180 000 livres en considération du privilège et de l'exemption des droits de timbre dont jouissent ses billets. Elle lui accorde, en outre, une participation aux bénéfices produits par l'émission des billets résultant de l'augmentation du chiffre des sûretés au delà de 14 millions.

Le total des billets qui sont aux mains du public est inférieur, depuis plusieurs années, à celui de l'encaisse métallique. Au 17 mars 1909, le département de la banque avait en réserve 28 millions de billets sur les 56 que le département d'émission avait créés : il n'en circulait donc que 28, couverts par une encaisse de 40 millions (38³ au département d'émission

BILAN DE LA BANQUE D'ANGLETERRE
AU 17 MARS 1909
(Forme établie par la loi du 26 juillet 1844.)

DÉPARTEMENT DES OPÉRATIONS D'ÉMISSION

	Livres sterling
PASSIF	
Billets émis..............................	56 787 265
ACTIF	
Dette fixe de l'État.........................	11 015 100
Autres garanties (rentes immobilisées)............	7 434 900
Or monnayé et lingots.....................	38 337 265
Total...................	56 787 265

DÉPARTEMENT DES OPÉRATIONS DE BANQUE

PASSIF	
Capital social........................	14 553 000
Réserve et profits et pertes (rest)............	3 704 172
Dépôts publics [1] (Trésor et administrations publiques)	18 829 677
Autres dépôts (comptes particuliers)............	41 302 488
Billets à sept jours, etc.	37 879
Total...................	78 427 216
ACTIF	
Titres du Gouvernement (rentes disponibles)........	15 140 327
Autres garanties (portefeuille et avances).........	33 553 588
Billets en réserve......................	28 103 440
Monnaies d'or et d'argent..................	1 629 661
Total...................	78 427 216

RÉUNION DES DEUX BILANS CI-DESSUS EN UN SEUL

PASSIF	
Capital social.......................	14 553 000
Réserve et profits et pertes (rest)............	3 704 172
Billets en circulation....................	28 653 825
Dépôts publics (Trésor et administrations publiques)...	18 829 677
Autres dépôts (comptes courants particuliers).......	41 302 488
Billets à sept jours et autres...............	37 879
Total...................	107 111 041
ACTIF	
Dette fixe de l'État......................	11 015 100
Rentes immobilisées du Département de l'Émission.....	7 434 900
Rentes disponibles du Département de la Banque......	15 140 327
Autres éléments de l'actif du Départ. de la Banque (portef. et avances).	33 553 588
Encaisse métallique (lingots et espèces monnayées).....	39 967 126
Total...................	107 111 041

1 Comprenant les comptes de l'Echiquier, des Caisses d'épargne, des commissaires de la Dette nationale et du Dividende.

et 1° au département de la Banque). D'après les explica-
tions qui précèdent, on comprend que ce qui, dans le langage
financier courant s'appelle la réserve de la Banque d'Angleterre ne doit pas être confondu avec les bénéfices mis de
côté : ceux-ci, à la Banque d'Angleterre, sont désignés du
nom de *rest*. Une tradition déjà ancienne veut que la réserve
soit toujours maintenue au tiers au moins des dépôts.

La Banque d'Angleterre, qui a, pendant la première partie
de son existence, été le bailleur de fonds du Trésor, est devenue peu à peu son agent général, chargé du mouvement des
fonds. D'après la loi de 1834, tous les deniers publics,
payables jusque-là à l'Echiquier, doivent être versés à la
Banque d'Angleterre et inscrits par elle au crédit du compte
de l'Echiquier ; à la fin de chaque jour, elle transmet au contrôleur général un relevé des sommes encaissées et payées
par elle pour le compte de l'Etat. La loi de 1866 ordonna aux
commissaires des douanes, du revenu intérieur et au maître
général des postes de verser à la Banque leurs recettes respectives, qui sont également portées au crédit de l'Echiquier
et notifiées au contrôleur et auditeur général créé par la
même loi. La Banque ouvre au Trésor des crédits : au commencement de chaque session parlementaire, une copie de
la correspondance échangée avec le Gouvernement au sujet
des avances consenties est déposée sur le bureau de la
Chambre. Ces avances peuvent atteindre un chiffre élevé,
lorsque par exemple, comme ce fut le cas en 1909, le
budget voté par les Communes n'a pas été ratifié par les
Lords et que par conséquent le recouvrement de certaines
taxes a subi un retard considérable.

L'*act* 59 de George III (c. 76)[1] prescrit à cet égard : « La
Banque fera un rapport sur tous les bons de l'Echiquier et
autres valeurs du Gouvernement achetés par le Gouverneur
et la Compagnie de la Banque d'Angleterre, ou sur lesquels

---

1. Les lois anglaises sont désignées par l'année du règne du souverain
sous lequel elles ont été promulguées.

des sommes ont été prêtées en vue du service public, par les
dits Gouverneur et Compagnie, pour chaque année se terminant le 5 janvier. » Voici le document, présenté à la Chambre
des Communes le 21 février 1910, qui résume les rapports
entre la Banque et l'Échiquier au cours de l'année 1909 : les
avances ou achats de bons du Trésor ont porté sur un capital
de 7 300 000 livres ; les remboursements se sont élevés à
une somme égale ; au 5 janvier 1910, la Banque était encore
créancière de 2 800 000 livres, prêtées par elle pour couvrir
les déficits temporaires du budget (*deficiency advances*).

DÉSIGNATION	MONTANT acquis par la Banque ou sur lequel elle a fait des avances au cours de l'année expirant le 5 janvier 1910.	MONTANT remboursé au cours de l'année 1910.	MONTANT non remboursé restant entre les mains du gouverneur et de la Cie de la Banque d'Angleterre le 5 janvier 1910
	Livres sterling.	Livres sterling.	Livres sterling.
Avances pour les besoins de la Trésorerie (*deficiency advances*) 29 et 30 Victoria c. 39 s. 12 :			
pour le trimestre clos le 31 mars 1909	rien.	1 800 000	rien.
Id., pour le trimestre au 30 juin 1909	rien.	rien.	rien.
Id., pour le trimestre au 30 septembre 1909.	1 500 000	1 500 000	rien.
Id., pour le trimestre au 31 décembre 1909	2 500 000	2 500 000	rien.
Id., au 4 janvier 1910	2 800 000	rien.	2 800 000
Avance à l'Échiquier pour « voies et moyens » (sect. 2 de l'acte d'appropriation de 1908, 8e année du règne d'Édouard VII), avance du 31 décembre 1908	rien.	1 000 000	rien.
Avance à l'Échiquier pour « voies et moyens » (sect. 3 de l'acte du fonds consolidé, 9e année du règne d'Édouard VII), avance du 5 avril 1909.	500 000	500 000	rien.

La Banque est administrée par un conseil de 24 directeurs qu'élisent les actionnaires, et parmi lesquels sont choisis un gouverneur et un sous-gouverneur, qui occupent en général ces fonctions par voie de roulement. Dans le sein de ce conseil, plusieurs comités sont formés, parmi lesquels il en est un qui s'occupe spécialement des affaires du Trésor; la Banque d'Angleterre est chargée de l'administration de la Dette publique, moyennant une redevance de 325 livres par million pour les premiers 500 millions et de 100 pour les suivants (lois 55 et 56 Victoria): le total s'élève à 200 000 livres environ. Chaque fois que l'État contracte un emprunt, la loi qui l'autorise règle le mode selon lequel le service en sera assuré par la Banque. Elle tient le livre des inscriptions originaires, où figurent d'abord les noms des souscripteurs, puis ceux des acquéreurs successifs, et conserve, dans un local éloigné du premier, toutes les feuilles de transfert. Elle paie les coupons, et surveille ainsi plus de 250 000 comptes, qui représentent un capital d'environ 20 milliards de francs. Enfin, depuis 1877, c'est elle qui émet directement les divers titres de la Dette flottante du Trésor; *treasury bills*, obligations à 12 mois au maximum émises au porteur ou au nominatif sous déduction immédiate de l'escompte; *exchequer bills*, remboursables au plus tard en 5 ans, rapportant un intérêt qui est publié tous les trimestres dans la « London Gazette »; *exchequer bonds* obligations sexennaires munies de coupons au porteur. La Banque verse au Trésor (art. 9 du *Bank Act*) le bénéfice net qu'elle réalise au moyen des garanties (*securities*) dépassant 14 millions de livres, déposées au département de l'émission, déduction faite de ses frais, et notamment des sommes qu'elle pourrait avoir à payer pour le rachat du droit d'émission d'autres banques.

En résumé, si la Banque d'Angleterre a cessé de mettre d'une façon permanente son crédit au service de l'État, elle lui est encore utile par les avances temporaires qu'elle lui consent au cours de l'année budgétaire, par la gestion de la

Dette publique et du mouvement des fonds. Sous ces deux derniers rapports, elle constitue un véritable département du ministère des finances, dont elle facilite la marche et la comptabilité. Son rôle de banque d'émission perd chaque jour de son importance : sa circulation, depuis une trentaine d'années, n'a augmenté que d'un neuvième et reste stationnaire depuis dix ans, alors que celle de la Banque de France pendant la même période, a doublé. Voici le relevé des principaux comptes depuis 1850. Jusqu'en 1907, les chiffres indiquent la moyenne de l'année ; pour 1908 ils sont empruntés au dernier bilan de décembre ; pour 1909, au bilan du

BANQUE D'ANGLETERRE

(MOYENNE DES SITUATIONS HEBDOMADAIRES, EN MILLIONS DE FRANCS)

ANNÉES	ENCAISSE	CIRCULATION dans le public.	PORTEFEUILLE et avances.	COMPTES courants du Trésor et des particuliers.
1850	415	485	275	440
1855	355	495	382	442
1860	378	532	512	505
1865	362	527	515	518
1870	520	582	465	612
1875	597	682	480	660
1880	630	672	480	823
1885	605	613	530	837
1890	545	615	590	833
1895	973	648	552	1 202
1900	832	730	737	1 247
1905	893	720	752	1 352
1907	872	722	802	1 345
1908 (fin décembre). . . .	768	743	1 127	1 417
1909 (17 mars)	1 008	723	840	1 515
1910 (13 juillet)	1 012	722	778	1 562

17 mars, et pour 1910 à celui du 13 juillet. L'encaisse, qui est en progrès notable dans les derniers temps, dépasse aujourd'hui la circulation effective de près de 50 pour 100 ;

celle-ci n'atteint plus la moitié du chiffre des dépôts publics et particuliers, qui sont en progression ininterrompue et dont le total, 1 560 millions de francs, est presque double du chiffre d'il y a vingt ans. C'est par le moyen de virements à la Banque d'Angleterre et dans les autres banques du Royaume-Uni, où les dépôts dépassent 21 milliards de francs, et non plus par la remise de numéraire ou de billets, que se règle la majorité des échanges. La Banque d'Angleterre, tout en ne tenant pour sa part qu'une fraction de ces comptes, a suivi l'évolution générale. Ses opérations en lingots, ses achats et ventes de monnaies d'or, ont toujours une grande importance au point de vue du marché des capitaux à Londres et, par répercussion, sur les places étrangères, mais le rôle de son billet va en s'amoindrissant. Cette transformation est intéressante à noter : alors que la circulation de la Banque de France ne cesse d'augmenter, que ses comptes courants restent plutôt stationnaires et que celui du Trésor a une tendance à diminuer, l'Angleterre marche rapidement à la simplification des règlements des échanges.

Si la Banque d'Angleterre est, parmi les grands instituts d'émission européens, celui qui a la circulation la plus faible, sa puissance n'est pas diminuée pour cela. Elle influence le crédit public par ses achats ou ses ventes de consolidés, par ses escomptes de bons du Trésor ; comme toutes les recettes et les dépenses de l'Échiquier passent par ses mains, elle est la dispensatrice d'un mouvement de fonds, dont on mesurera l'importance en se rappelant que le budget de la Grande-Bretagne, depuis les réformes de Lloyd George, s'élève à plus de 4 milliards de francs. Ses rapports avec les finances de l'État sont intimes : mais ils ont perdu le caractère qu'ils avaient au xviii° siècle et que présentent encore aujourd'hui, dans beaucoup de pays les relations entre la Banque et le Gouvernement. Si la vieille dame de la rue Threadneedle (*the old lady of Threadneedle street*)[1] rend

---

1. Sobriquet sous lequel on désigne la Banque d'Angleterre.

encore des services à l'État, c'est plutôt comme une servante maîtresse que comme une vassale. L'éventualité d'une autorisation parlementaire ou ministérielle qu'elle solliciterait pour augmenter temporairement le chiffre de son émission, semble de plus en plus éloignée, maintenant que son encaisse métallique dépasse de beaucoup sa circulation. Au milieu de la transformation générale du système de banque, qui est plus avancée dans le Royaume-Uni que chez aucune autre nation européenne, la Banque d'Angleterre s'est adaptée au régime nouveau : elle voit les banques de dépôt grandir autour d'elle, et fournir au public le crédit le plus large : mais sa présence à leur tête semble aussi nécessaire et son rôle public aussi essentiel que jamais.

La Banque elle-même considère ses rapports avec l'État comme de la plus haute importance ; elle le prouve en assignant le premier rang, parmi les comités entre lesquels se répartissent ses administrateurs à celui de la Trésorerie : il comprend le président, le vice-président et les administrateurs permanents de la Banque, c'est-à-dire ceux qui, ayant rempli les fonctions présidentielles, sont régulièrement réélus par l'assemblée des actionnaires ; c'est parmi les autres administrateurs que s'opère le roulement, en vertu duquel un certain nombre d'entre eux sont remplacés tous les ans.

Le marché de Londres apparaît comme le réservoir des capitaux et l'entrepôt des métaux précieux du monde : par cela même, l'établissement qui le régit joue un rôle dans la vie politique du pays. Il en résulte que, si indépendante que soit la Banque d'Angleterre de toute ingérence officielle, ses affaires sont dans une certaine mesure des affaires publiques.

Le problème qui préoccupe l'opinion non seulement à Londres, mais sur toutes les grandes places financières du monde, est celui des réserves métalliques de l'établissement, qui, sans avoir encore le monopole complet de l'émission, n'est pas éloigné du moment où il y sera parvenu : il ne lui manque plus que 1 304 431 livres pour atteindre sa limite

maximum de billets non couverts par de l'or, une fois que les
dernières banques d'Angleterre et du pays de Galles qui
en émettent encore auraient cessé de le faire. Mais, comme
nous l'avons indiqué à plusieurs reprises au cours de notre
étude, le billet n'est plus qu'un instrument secondaire dans
les échanges : ce n'est pas les 28 ou 30 millions de *banknotes*, qui circulent aujourd'hui avec sa signature, et qu'elle
pourrait rembourser en une journée, qui sont à considérer pour
celui qui cherche à mesurer la solidité du système financier
anglais. Il faut considérer les 800 millions de livres sterling
de dépôts, répartis entre les banques privées, qui doivent
être prêtes à répondre aux demandes de leurs clients : elles
ont déposé à leur tour une partie de leurs fonds à la Banque
d'Angleterre, à qui elles s'adresseraient pour se procurer des
fonds le jour où elles en auraient besoin pour rembourser
leurs créanciers. C'est en songeant à cette éventualité et en
remarquant avec quelle rapidité, en temps de crise, la Banque
d'Angleterre est obligée d'élever son escompte pour défendre sa réserve, qu'on a conclu à la nécessité de fortifier son
encaisse, ou tout au moins celle du pays. Bien des propositions ont été faites à cet égard : déjà, en 1890, après la
suspension Baring, M. Goschen proposait d'émettre des
billets d'une livre pour remplacer dans le courant des
échanges journaliers, les souverains [1] qui seraient venus grossir l'encaisse de la Banque. En 1907, la Cité s'est de nouveau
préoccupée de la question. La Banque d'Angleterre répond
à ceux qui voudraient voir élever encore la proportion de sa
réserve, qui représente en moyenne presque la moitié de tout
son passif en dehors des billets, que celle des autres banques
n'atteint pas 15 pour 100 et que ce serait à ces dernières, et
non pas à elle, que devrait incomber le soin d'immobiliser
une plus grande quantité d'or [2].

1. Nom sur lequel on désigne fréquemment les pièces d'or d'une livre
sterling, qu'on appelle aussi quelquefois la cavalerie de Saint-Georges, à
cause de la figure gravée sur le revers de cette monnaie.

2. Edgard Jaffé. *Le système anglais de banque.*

Quelle que soit la solution que l'avenir apporte — et il n'est pas improbable que le *statu quo* soit destiné à durer encore longtemps — nous ne pouvions passer sous silence ce problème, dans une étude sur la Banque d'Angleterre : il est remis à l'ordre du jour chaque fois que l'horizon politique ou financier se charge de nuages, et il donne naissance à des controverses passionnées entre les partisans et les adversaires du système anglais.

Mais si l'activité de la Banque en tant qu'institut d'émission reste stationnaire, son rôle de caissier du Trésor et de gérant de la Dette publique n'a rien perdu de son importance. Depuis le milieu du xviiiᵉ siècle, elle a été exclusivement chargée de tenir les comptes des emprunts émis par le Gouvernement : c'est un exemple unique de la concentration de ce service entre les mains d'un établissement particulier. Comme on l'a fait observer avec raison [1], l'Angleterre a prouvé ainsi, à une époque déjà lointaine, que l'État peut se servir des banques d'une façon plus utile qu'en réclament d'elles des avances et en leur imposant l'émission de billets à cours forcé. L'administration des rentes perpétuelles et amortissables du royaume, la concentration des deniers publics dans les caisses de la Banque d'Angleterre, sont des opérations essentiellement différentes de celles auxquelles d'autres instituts d'émission ont été contraints de se livrer pour satisfaire aux exigences budgétaires. Autant celles-ci sont condamnables, autant les premières peuvent être recommandées aux ministres des finances, désireux de simplifier les rouages administratifs, de diminuer le nombre des fonctionnaires et de réaliser des économies.

1. Eugène Philippovich de Philippsberg : *La Banque d'Angleterre au service de l'administration financière de l'État.*

ÉCOSSE

Le système d'émission adopté en Écosse fut d'abord le monopole ; une liberté absolue y régna ensuite pendant plus d'un siècle. Les petits billets y ont toujours circulé avec la plus grande facilité, et les banques avaient attiré à elles, sous forme de dépôts, la majeure partie du capital disponible du pays. Ce n'est qu'en 1845, lorsque les idées restrictives de la circulation prévalurent en Angleterre, qu'une législation semblable à celle qui entrait en vigueur à Londres fut appliquée au nord des monts Grampians.

En accordant à l'origine la concession à un établissement unique, le Gouvernement n'avait pas cherché à en tirer des ressources. C'est un acte du Parlement écossais du 17 juillet 1695 qui l'accorda à la Banque d'Écosse pour 21 ans ; le capital était de 1 200 000 livres écossaises, équivalant à 100 000 livres anglaises. Les particuliers qui le souscrivirent n'avaient d'autre but que celui de favoriser le commerce ; il était défendu à la Banque de faire des avances au Trésor, sauf sur autorisation du Parlement et avec garanties spéciales. Elle émit des billets de 5, 10, 20, 50 et 100 livres ; en 1699, elle commença à en émettre d'une livre. En décembre 1704, un *run*, c'est-à-dire une avalanche soudaine de demandes de remboursement, se produisit à ses guichets et l'obligea à suspendre les paiements en espèces : mais comme elle promit de payer un intérêt sur les billets jusqu'au jour de leur remboursement, beaucoup de porteurs renoncèrent aussitôt à les présenter. Une autre panique se pro-

1. Le système monétaire anglais fut introduit en Écosse en 1707, par l'acte d'union des deux royaumes.

duisit en 1715, au moment où éclata la révolte des jacobites qui voulaient remettre les Stuart sur le trône : la Banque encouragea elle-même les porteurs de ses billets à les convertir en numéraire et ne suspendit le remboursement qu'après en avoir retiré la plus grande partie. Elle ne tenta aucune démarche pour faire renouveler son monopole, qui expirait l'année suivante, en 1716. Des porteurs de titres de la Dette publique songèrent alors à se constituer en banque, à l'exemple de ce qui s'était fait à Venise, et établirent en 1727 la Banque royale d'Écosse, au capital de 151 000 livres sterling. Le Gouvernement la favorisait et lui confia un premier dépôt de 20 000 livres. Ce fut elle qui institua les crédits personnels (*cash credits*), qui ont joué un rôle important dans l'histoire économique du pays. La troisième banque écossaise par actions fut la *British Linen Company* (compagnie britannique de la toile), établie à Édimbourg en 1746. L'*Ayr Bank*, créée ensuite, voulut gager ses billets par les propriétés foncières de ses principaux actionnaires, dont la responsabilité était illimitée; mais elle dut liquider en 1772. La Banque royale d'Écosse fut autorisée, en 1774, à doubler son capital et commença à établir des succursales, dont la multiplication est un des caractères du système écossais. Son capital actuel est de 1 875 000 livres, dont 1 250 000 ont été versées. D'autres banques avaient été fondées au courant de la première moitié du XIXe siècle, lorsque survint la loi de 1845, qui arrêta le développement de ces institutions : elles avaient cependant donné une preuve de leur solidité en continuant à payer leurs billets en 1797, alors que les banques d'Angleterre et d'Irlande étaient au régime du cours forcé.

Les banques d'émission écossaises ont subi en 1845 une réglementation analogue à celle que le Parlement avait imposée l'année précédente aux banques d'Angleterre. Leur nombre ne peut plus s'accroître et le chiffre des billets qu'elles sont autorisées à émettre au delà de leur encaisse est limité. Mais, à la différence de ce qui a été décidé pour les banques anglaises, elles peuvent augmenter leur circulation au prorata de l'encaisse ; elles ont aussi conservé le droit d'émettre des billets d'une livre. La circulation à découvert autorisée en 1845 était de 3 087 209 livres sterling ; elle a été réduite de 337 938 livres par la chute de la Banque occidentale, qui suspendit ses paiements en 1857, et de 72 921 livres par celle de la Banque de Glasgow, qui fit faillite en 1878 ; elle est donc ramenée à 2 676 350 livres. Le désastre de la Banque de Glasgow mérite d'être rappelé à cause de l'énormité des pertes qu'il infligea, non pas à ses créanciers, qui furent à peu près intégralement remboursés, mais à ses actionnaires, qui furent pour la plupart ruinés. L'établissement était sous le régime de l'ancienne loi, d'après laquelle les associés étaient responsables des engagements sur tous leurs biens. Une loi de 1857 avait permis aux banques de se constituer en société à responsabilité limitée, mais la Banque de Glasgow n'avait pas modifié ses statuts.

Les billets émis par les banques écossaises ne jouissent pas d'une garantie spéciale ; mais, en cas de liquidation, les actionnaires de cinq d'entre elles sont responsables, sans limite, du remboursement des billets[1]. Les banques paient au Gouvernement une licence annuelle de 30 livres sterling (750 francs) pour chacun de leurs établissements, et un impôt annuel de 1 penny par livre, soit environ quatre pour mille, de leur circulation. On trouvera plus loin le bilan de l'une d'elles, la Banque d'Écosse : on y remarque une séparation judicieuse, au passif, entre ce qui est dû à des tiers et ce qui constitue un engagement vis-à-vis des seuls actionnaires, c'est-à-dire le capital, les réserves, les dividendes acquis. Il est bien évident que, lorsqu'on étudie la situation d'une société, il faut considérer avant tout si elle a les moyens de rembourser ce qu'elle doit à ses déposants, qui peuvent à tout moment, ou aux époques convenues, retirer leurs fonds. Les actionnaires sont des associés : ils n'ont

---

1. *Entretiens sur les systèmes de banque et de monnaie*, publiés sous la direction de l'honorable Nelson W. Aldrich, président de la Commission monétaire nationale des États-Unis. p. 131.

droit qu'à la partie de l'actif social qui subsistera après que
tous les créanciers auront été satisfaits.

L'un des traits caractéristiques du système écossais est la
rapidité de la circulation : à Édimbourg, un organe central
présente à chaque établissement ceux de ses billets qui sont
dans le portefeuille des autres banques et qui leur sont payés
au moyen d'une traite sur Londres. La liberté d'émission
permettait aux banques de bonifier un intérêt relativement
élevé à leurs déposants, qui se hâtaient de rapporter les
billets aux émetteurs, afin précisément de jouir de cet intérêt. Ici comme ailleurs, la tendance moderne est aux fusions.
La Banque d'Écosse a absorbé, en 1907, la Banque de Calé-
donie, la plus petite des banques d'émission écossaises. En
mars 1908, la Compagnie de banque de l'Écosse du Nord
s'est réunie à la Banque de la ville et du comté (*Town and
county bank*). Au 25 juillet 1908, voici quelle était la circulation autorisée au delà de l'encaisse pour les huit banques
jouissant encore du droit d'émission.

	Livres sterling.
Bank of Scotland.	396 852
Royal bank of Scotland.	216 451
British Linen Company.	438 024
Commercial bank of Scotland.	374 880
National bank of Scotland	297 024
Union bank of Scotland.	454 346
North of Scotland Banking Company . . .	224 452
Clydesdale Banking Company.	274 321
Total.	2 676 350

D'après les déclarations faites par M. Robert Blyth, directeur de l'Union bank of Scotland, celui des sept établissements qui a droit à la plus forte circulation non couverte, le
coût d'entretien de l'émission serait de 1 1/4 pour 100 par
an. D'autre part, il admet que le bénéfice moyen donné par
la circulation à découvert est de 3 pour 100, soit 80 000 livres
sterling sur le chiffre ci-dessus. Comme la circulation totale
est d'environ 7 1/4 millions de livres sterling, elle coûterait,

BILAN DE LA BANQUE D'ÉCOSSE

AU 27 FÉVRIER 1909

ACTIF	Milliers de liv. sterl.
Espèces, billets des autres banques, crédit à la Banque d'Angleterre, chèques en recouvrement.	1 548
Fonds anglais, sommes exigibles à vue ou à 20 jours de préavis à Londres	5 206
Fonds indiens, coloniaux et autres.	3 161
Portefeuille et avances.	11 164
Immeubles à Edimbourg et ailleurs.	301
Immeuble à Londres en toute propriété (*freehold*).	197
Immeubles rapportant un revenu (*heritable property yielding rent*)	195
Engagements de banques et autres garantissant les acceptations.	1 651
Total.	23 423

PASSIF

I

VIS-A-VIS DES TIERS

Billets émis	1 119
Tirages à 14 jours	116
Dépôts et comptes créditeurs.	17 638
Acceptations de traites tirées { par des clients.	1 388
{ par d'autres.	263

II

VIS-A-VIS DES ACTIONNAIRES
(*Proprietors.*)

Capital versé.	1 325
Fonds de réserve.	1 150
Dividende semestriel payable le 15 avril 1909.	112
Bénéfices reportés à nouveau.	12
Total.	23 423

à raison de 1 1/4 pour cent, 90 000 livres sterling, soit 10 000 de plus que le bénéfice résultant de la concession octroyée par l'acte de 1845. La valeur du privilège concédé par la loi de 1845 apparaît donc comme étant de plus en plus faible.

Le système de banque écossais a souvent été vanté. Il a certainement rendu de grands services au pays, particulièrement à l'époque où l'émission était libre. Mais il convient de remarquer que le mérite en était surtout dû à ceux qui l'appliquaient, et qui distribuaient le crédit à une époque et parmi des classes de la population qui n'y étaient pas encore habituées. La facilité avec laquelle les banques ont pu faire circuler leur papier, et la concentration qui s'est effectuée chez elles des dépôts du public, à un moment où cette double opération était peu répandue chez d'autres nations, ont donné à l'Écosse une physionomie particulière et en ont fait une sorte de précurseur sur ce terrain. Le tout s'est accompli d'ailleurs sans intervention de l'État, qui a compliqué les choses à partir du jour où il s'en est mêlé. Aujourd'hui, les banques écossaises prennent un point d'appui considérable à Londres, et une étude d'ensemble de leur organisation ne doit pas se séparer de celle des banques anglaises.

IRLANDE

La Banque d'Irlande a été fondée en 1782, au capital de 600 000 livres irlandaises, qui furent prêtées au Gouvernement au taux de 4 pour 100[1] : elle commença ses opérations l'année suivante : ses actionnaires étaient responsables de son passif, en proportion de leur intérêt dans le capital. Sa concession fut renouvelée en 1791, et le capital porté à 1 million. Deux autres augmentations l'élevèrent en 1808 à 2 millions et demi et en 1820 à 3 millions de livres irlandaises, qui équivalaient à 2 769 231 livres sterling. La concession expirait alors en 1837, et la dette du Gouvernement, qui montait à 2 630 769 livres sterling, était presque égale au capital de l'établissement. L'annuité que celui-ci recevait de ce chef était de 115 384 livres sterling ; elle a été réduite en 1845, à 92 076 livres sterling soit 3 1/2 pour 100, et ramenée aujourd'hui à 2 1/2 pour cent.

Lorsque les paiements en espèces furent suspendus en Angleterre en 1797, la circulation des billets de la Banque d'Irlande ne dépassait guère 600 000 livres sterling. Mais elle s'éleva rapidement et atteignait 6 309 000 livres sterling en 1825. A côté d'elle, 7 autres banquiers émettaient des billets ; 28 personnes émettaient des billets payables en or et argent ; 62, des billets payables en argent ; enfin, 128 mettaient en circulation des reconnaissances de dettes connues sous l'abréviation de I. O. U. (*I owe you,* c'est-à-dire : je

[1]. Les monnaies irlandaises, tout en portant les mêmes noms que celles d'Angleterre, différaient alors de valeur avec celles-ci. Le shilling anglais s'échangeait contre 13 pence irlandais, bien que le shilling irlandais ne comportât que 12 pence. Cet écart ne disparut que lorsqu'une loi eut définitivement unifié la frappe dans toutes les parties du royaume.

vous dois). La Banque d'Irlande reprit les paiements en
espèces en vertu d'une loi de 1821. En 1824, une concurrence lui fut suscitée par la Banque provinciale d'Irlande,
fondée au capital de 2 millions. Toutefois, comme la Banque
d'Irlande avait le monopole à Dublin, la Banque provinciale
dut mettre son siège à Londres et n'ouvrir que des succursales en Irlande. Grâce aux lois de 1820 et 1825, des sociétés
par actions se formèrent : la Banque du Nord commença ses
opérations en 1825 ; la Banque nationale d'Irlande, en 1835 ;
la Banque de l'Ulster, à Belfast, en 1836. Quant à la Banque
royale, établie à Dublin la même année, elle ne put émettre
de billets à cause du monopole de la Banque d'Irlande.

L'*act* de 1845 limita l'émission des billets à la moyenne
des douze mois ayant pris fin le 1er mai ; mais les banques
avaient la faculté de fusionner en conservant leur chiffre antérieur de circulation, et chacune d'elles était autorisée à céder
son contingent à la Banque d'Irlande. C'est une différence avec
la loi anglaise, d'après laquelle la Banque d'Angleterre n'hérite
que des deux tiers du pouvoir d'émission des banques qui viennent à disparaître. En outre, toute banque irlandaise peut
augmenter sa circulation en immobilisant à son siège central
une quantité correspondante d'espèces. Voici quels étaient, au
25 juillet 1908, les chiffres de la circulation autorisée, de la circulation effective et de l'encaisse des six banques irlandaises :

	CIRCULATION autorisée.	CIRCULATION moyenne des 4 dernières semaines.	ENCAISSE moyenne des 4 dernières semaines.
	Milliers de livres sterling.		
Bank of Ireland	3 738	2 510	974
Provincial bank of Ire-land.	928	686	251
Belfast bank.	252	495	345
Northern bank.	243	534	430
Ulster bank	311	885	756
The National bank. . .	852	1 181	696
TOTAL.	6 354	6 291	3 452

20

Il existe près de 800 succursales et agences des banques irlandaises. La Banque d'Irlande tient le compte de l'Échiquier pour ses mouvements de fonds dans l'île. Le solde de ce compte figure, avec celui du Trésor à la Banque d'Angleterre, comme premier et dernier article du budget annuel du Royaume-Uni. Voici son bilan arrêté au 31 décembre 1908 :

BILAN DE LA BANQUE D'IRLANDE
AU 31 DÉCEMBRE 1908

ACTIF		Millions de liv. sterl.
Encaisse à la Banque, à ses succursales, à la Banque d'Angleterre		1 ⁶
Prêts à vue et à court terme		0 ⁹
Effets escomptés, avances		9 ⁷
Placements. { Créance sur le Gouvernement.	2 ⁶	4 ⁵
{ Titres du Gouvernement	1 ⁹	
Titres indiens et coloniaux.	1 ²	3 ⁷
Obligations de chemins de fer et autres.	2 ⁵	
Immeubles ayant coûté 500 000 livres sterlings ramenés à.		0 ⁴
TOTAL.		20 ³
PASSIF		
Capital versé.		2 ⁷
Réserve		1 ¹
Billets et traites en circulation		2 ⁷
Comptes du Gouvernement et d'administrations publiques.		2 ⁵
Dépôts des particuliers et comptes courants.		11 ³
Bénéfices.		0 ²
TOTAL.		20 ³

Les banques d'émission irlandaises sont tenues de garder, à leur siège central, le numéraire qui gage leur circulation ; et, comme les succursales remboursent les billets qu'elles ont émis, elles ont besoin d'un dépôt additionnel d'espèces. L'une des caractéristiques de cette circulation, comme en

Écosse, est la forte proportion de petites coupures. En 1826, on avait songé à en limiter la quantité; mais on dut y renoncer devant les inconvénients qui fussent résultés de cette restriction pour les ouvriers et les populations agricoles. Il eût fallu envoyer dans les campagnes beaucoup d'or qui s'y serait accumulé et ne serait pas revenu aux banques. L'*act* de 1845 se borna à interdire les coupures inférieures à 1 livre et à prescrire aux banques de spécifier, dans leurs bilans, la partie de la circulation composée de billets inférieurs à 5 livres. D'une façon générale, le billet ne joue pas un grand rôle dans la vie économique irlandaise, alors que les autres services de banque s'y sont rapidement développés, comme l'atteste le chiffre de ces établissements, passé de 333 en 1872 à 785 en 1908.

AUSTRALIE

D'après l'article 51 de la Constitution, le Parlement de la Confédération (*Commonwealth*) a pouvoir de légiférer en ce qui concerne « les banques autres que celles des États particuliers, les banques qui étendent leur activité au delà des frontières de l'État où elles sont établies, l'incorporation des banques et l'émission du papier monnaie. » Jusqu'ici, le Parlement fédéral n'avait fait qu'une seule fois usage de ce droit, en votant la loi 27 de 1909 qui s'applique aux lettres de change, chèques et billets au porteur (*promissory notes*) et qui est en vigueur depuis le 1er février 1910. Mais de grands changements sont en voie de s'accomplir, comme nous le verrons dans un instant.

La plupart des lois particulières qui régissent les banques des États ne sont plus en harmonie avec les méthodes modernes. Plusieurs de ces établissements ont été créés par des lois spéciales : la Banque de la Nouvelle-Galles du Sud existe en vertu d'une décision du Conseil (*Act of Council*) de 1871 ; la Banque d'Australasie a reçu une charte royale, la Banque d'Adélaïde a été fondée par un acte du Parlement de l'Australie du Sud ; la Banque de la Nouvelle-Zélande, par un acte de l'Assemblée générale de la Nouvelle-Zélande. Les établissements plus récents se sont constitués en se conformant aux prescriptions de la loi sur les sociétés (*Companies act*). Les différents États n'ont pas cherché à imposer à leurs banques d'émission des règles bien étroites. La loi de 1864, promulguée dans celui de Victoria, ne fixait pas de limite à l'émission des billets et ne soumettait la comptabilité des établissements à aucun contrôle gouvernemental. En 1888, une nouvelle législation exigea un capital versé minimum de 125 000 livres sterling et établit en faveur des billets un droit de priorité (*first charge*) sur tout l'actif.

Les affaires des banques se développèrent rapidement : la fougue coloniale leur fit dépasser la mesure et elles se lancèrent dans des opérations dangereuses, qui absorbèrent leurs capitaux et ceux de leurs déposants. En 1893, les banques australiennes avaient reçu 150 millions de livres en dépôt, et avaient fait des escomptes et des avances pour 155 millions, alors que la proportion des *joint stock banks* de Londres, à la même date, était de 148 millions d'emplois contre 232 millions de dépôts, et des banques provinciales anglaises 46 millions contre 62. La crise était inévitable : elle éclata avec une violence terrible, amena la chute de 14 grandes banques et la fermeture de plusieurs centaines de succursales au printemps de 1893. Mais elle n'était nullement due à un excès d'émission : la circulation des banques de Victoria n'avait augmenté, de 1880 à 1893, que de 300 000 livres et ne s'élevait qu'à 1 545 000 livres. Les banques avaient péché par l'exagération des avances, et notamment des prêts hypocaires, dans lesquels elles avaient immobilisé leurs ressources. Le crédit de leurs billets n'en fut pas moins atteint, et le Gouvernement de la Nouvelle-Galles du Sud procéda à une émission temporaire de papier. Les lois régissant les banques furent modifiées : on généralisa la disposition établie à Victoria en 1888, en vertu de laquelle les billets avaient un droit de préférence sur tout l'actif. La circulation non couverte par l'émission fut limitée au tiers du capital, sans pouvoir dépasser 2 millions de livres.

La situation de l'Australie fut alors rendue particulièrement difficile par les retraits du capital européen effrayé. De 1893 à 1895, on estime qu'ils s'élevèrent à 8 millions de livres environ. Le 17 juillet 1895, la Banque de la ville de Melbourne, qui avait arrêté une première fois ses paiements le 17 mai 1893 et les avait repris le 19 juillet suivant, dut les suspendre pour la seconde fois. Mais peu à peu, au cours des années suivantes, les banques fortifièrent leur position :

ACTIF (EN MILLIERS DE LIVRES STERLING) (AU 30 JUIN 1909)

ÉTATS	MONNAIES	LINGOTS	FONDS d'État et municipaux	IMMEUBLES	BILLETS d'autres banques et soldes dus par elles.	ESCOMPTE et avances.	TOTAL
Nouvelle-Galles du Sud.	10 096	222	2 213	1 791	740	34 853	49 916
Victoria	7 717	424	120	1 748	592	31 455	42 058
Queensland.	2 328	131	269	685	1 123	14 500	19 036
Australie du Sud	2 054	6	118	336	176	5 700	8 390
Australie occidentale	2 025	570	148	192	136	5 384	8 455
Tasmanie.	723	1	216	100	107	2 716	3 863
TOTAL pour la Confédération. . .	24 943	1 354	3 084	4 852	2 874	94 608	131 718

PASSIF VIS-A-VIS DES TIERS (EN MILLIERS DE LIVRES STERLING) (AU 30 JUIN 1909)

ÉTATS	BILLETS	TRAITES à payer.	SOLDES dus aux autres banques.	DÉPÔTS	TOTAL
Nouvelle-Galles du Sud.	4 660	298	129	41 626	46 713
Victoria	858	130	182	38 612	39 782
Queensland.	»	175	61	16 139	16 375
Australie du Sud.	523	11	62	9 728	10 324
Australie occidentale	311	87	121	4 988	5 507
Tasmanie.	158	19	1	3 665	3 843
TOTAL pour la Confédération. . .	3 510	720	556	117 758	122 544

après avoir fait face aux demandes de remboursement de
dépôts qui venaient surtout de leur clientèle anglaise, elles
augmentèrent leurs capitaux et leurs réserves ; ensuite les
dépôts eux-mêmes reprirent une marche ascendante, sans
que la circulation progressât beaucoup.

Voici un tableau des capitaux et des réserves des banques
australiennes, d'après les situations les plus récentes publiées
au 30 juin 1909 :

	CAPITAL VERSÉ	RÉSERVE
	Milliers de livres sterling.	
Banque d'Australasie.	1 600	1 627
— de l'Union de l'Australie . .	1 500	1 287
— anglaise, écossaise et aus-		
tralienne	539	192
— londonienne d'Australie . .	548	56
— de la Nouvelle-Galles du Sud.	2 500	1 650
Compagnie commerciale de banque		
de Sydney.	1 500	1 331
Banque par actions (joint stock) d'Aus-		
tralie	154	45
— de la cité de Sydney	400	14
— nationale d'Australasie. . .	1 498	207
— commerciale d'Australie . .	2 212	11
— de Victoria	1 478	232
— coloniale d'Australasie. . .	439	133
— royale d'Australie	300	119
— nationale de Queensland. .	413	»
— royale de Queensland . . .	505	73
— du Nord de Queensland. . .	100	20
— d'Adélaïde.	400	360
— de l'Australie occidentale. .	175	472
— commerciale de Tasmanie .	175	187
— nationale de Tasmanie . . .	152	48
— de la Nouvelle-Zélande. . .	2 000	710

Les banques sont tenues de fournir, tous les trois mois,
un état de leur actif et de leur passif. Dans le résumé au
30 juin 1909, qui se trouve ci-contre, les banques ont été
groupées par État. On y remarque combien la circulation
est faible par rapport aux dépôts ; elle ne s'élève qu'à 3 pour

100 du chiffre de ceux-ci. L'ensemble des exigibilités à vue, billets et dépôts, est couvert, jusqu'à concurrence de 52 1/4 pour 100, par les espèces métalliques, qui représentent près de huit fois la circulation. Le billet joue donc en Australie un rôle encore plus effacé que dans la mère-patrie, et les rapports du Gouvernement central et des gouvernements locaux avec les banques sont réduits au minimum.

Le 26 juillet 1910, une loi concernant l'émission des billets de banque a été soumise à la Chambre des représentants à Sydney. Six mois après que le Gouvernement général l'aura promulguée, il sera défendu aux banques, sous peine de 500 livres sterling d'amende, de mettre en circulation des billets émis par un État particulier, lesquels n'auront pas cours légal : cette disposition vise spécialement le Queensland, qui a établi chez lui une circulation d'État. Quant aux billets émis par les banques, ils seront frappés d'un impôt tel qu'elles devront renoncer à en créer à l'avenir : c'est une disposition analogue à celle par laquelle les États-Unis de l'Amérique du Nord ont autrefois fait disparaître la circulation des banques des États, en imposant à leurs billets une taxe de 10 pour 100. Le ministre des finances fédéral sera chargé de l'émission, du retrait et de tout ce qui concerne la circulation des billets fédéraux, dont les coupures seront de 10 shillings (12 fr. 50), 1, 5, 10 livres (25, 125 et 250 francs) et les multiples de 10 livres sterling. Ils auront cours légal sur le territoire de la Confédération et seront remboursables en espèces dans la capitale. Ils devront être couverts par une encaisse d'or égale au moins au quart de la circulation, aussi longtemps que celle-ci ne dépassera pas 7 millions de livres (176 millions de francs) ; tous les billets au delà de ce chiffre seront couverts par une encaisse égale. Les sommes produites par l'émission des billets pourront être employées par le ministre à augmenter l'encaisse, à acquérir des titres fédéraux ou des États particuliers, ou bien être déposés dans des banques. Les intérêts produits par ces

valeurs seront versés au fonds consolidé du revenu fédéral.
Il est interdit au ministre de donner les billets fédéraux en
gage. Les banques particulières, dans les paiements à leurs
clients, leur remettront, s'ils en font la demande, jusqu'à concurrence de 25 pour 100 en billets fédéraux. Tous les mois,
le Gouvernement publiera les chiffres de la circulation et de
l'encaisse. Le ministre des finances est en même temps autorisé à émettre, en Australie ou à l'étranger, des bons du Trésor
en quantité égale à celle des billets fédéraux qu'il aura créés ;
ces bons ne pourront être à plus de 5 ans d'échéance ni rapporter plus de 4 pour 100 d'intérêt. Le produit de leur négociation serait destiné au remboursement des billets fédéraux.
La contrefaçon des billets ou des bons sera punie d'un empri-
sonnement de 14 ans; la détention illégale de ces papiers
contrefaits, de 4 ans de prison.

C'est un code complet de la circulation d'État que l'Australie a préparé. Il était évident que les tendances centra-
listes devaient l'emporter sur ce domaine, comme sur d'autres,
et cela d'autant plus que la Constitution avait expressément
réservé au Gouvernement fédéral le droit de légiférer sur
cette matière. Il aurait pu en user pour donner à une banque
particulière le monopole d'émission ; il a préféré la solution
radicale consistant à créer et à émettre lui-même la monnaie fiduciaire. Cette solution est plus logique que partout
ailleurs dans un pays où le socialisme d'État s'est déjà
étendu à un grand nombre de branches de l'activité hu-
maine ; mais, dans l'espèce, le désir d'augmenter le nombre des services publics n'est pas le seul motif qui a
déterminé l'action des autorités fédérales. Elles ont vu, dans
l'institution de ce monopole, le moyen de se procurer des
ressources pour la construction d'une flotte de guerre. C'est
une sorte d'emprunt forcé, sans intérêt, qu'elles contractent.
en donnant cours légal au papier fédéral, en faisant disparaître celui des banques, et en cherchant, par une série de
dispositions plus ou moins arbitraires, à contraindre les
habitants à recevoir ces billets sans les présenter au rem-

boursement : telle est par exemple l'obligation imposée aux banques d'effectuer une partie de leurs paiements en billets fédéraux : c'est un moyen d'obliger les établissements privés à avoir toujours dans leurs caisses un approvisionnement de ces billets; tel est encore l'article de la loi en vertu duquel ils ne sont remboursables que dans un seul endroit, à Sydney. Les billets des banques particulières sont, au contraire, remboursables, en général, non seulement au siège central, mais dans les succursales. Grâce à ces diverses mesures, on a supposé qu'une encaisse d'un quart suffirait pour les premiers 7 millions de livres, en sorte que 5 1/4 millions de livres rentreront dans les caisses du gouvernement fédéral, sans qu'il ait à craindre de se voir présenter au remboursement les billets correspondant à cette partie de l'émission. Si le cas se produisait, le Trésor est armé par la loi et peut aussitôt mettre en vente, en Australie ou sur les marchés du dehors, des bons, dont le produit lui permettrait de rembourser sans difficulté ce qui dépasserait le quart pour lequel l'acte organique a prescrit le dépôt des espèces.

Tout ce qui précède démontre clairement le caractère de la législation nouvelle en présence de laquelle nous nous trouvons : elle ne repose pas sur une base économique saine ; elle méconnaît les principes d'après lesquels la circulation fiduciaire doit être organisée. Mais les chiffres envisagés dans la loi de 1910 ne dépassent pas les forces financières de la Confédération ; elle réussira sans doute à maintenir le crédit de son papier-monnaie, si elle a soin de rester fidèle aux règles qu'elle s'est tracées à elle-même, et de n'émettre pas plus de 5 1/4 millions de billets à découvert. Il nous reste à voir comment le public s'accommodera de ce changement, et si les banques, dépossédées du droit d'émission, ne se verront pas contraintes de restreindre, dans une certaine mesure, le crédit qu'elles dispensent à leur clientèle. Nous n'augurons pas mieux du socialisme d'État en matière de banque que sur les autres terrains. Nous pourrons voir un jour se reproduire en Australie une crise qui rappellerait

celle de 1893, mais qui serait due à une origine différente.
Ce ne serait plus un excès des engagements des banques
particulières, mais de ceux du Trésor qui la provoquerait.
C'est une pente dangereuse sur laquelle un État s'engage
lorsqu'il commence à émettre du papier-monnaie. Nous n'igno-
rons pas que, dans l'espèce, la constitution fédérale peut et
doit mettre un frein aux tentatives que le pouvoir central
voudrait faire en ce sens : mais ce pouvoir, encore limité
aujourd'hui, grandira en même temps que son budget.
Les dépenses militaires, qui jusqu'ici étaient contenues dans
d'étroites limites, s'ajouteront aux dépenses sociales, déjà
considérables sur le continent australien, et exigeront des
ressources nouvelles. Nous souhaitons aux hommes d'État
qui seront alors chargés de la gestion des finances, de ne
pas s'inspirer de l'exemple des pays d'Europe où les billets
à cours forcé ont alimenté les budgets. Nous devons ajouter
que la mentalité anglo-saxonne est en général hostile à cet
expédient, et que c'est là une des meilleures garanties que
le règne du papier-monnaie ne s'établira pas dans les colonies
britanniques.

NOUVELLE-ZÉLANDE

Il existe cinq banques d'émission : deux d'entre elles, la Banque de Nouvelle-Zélande et la Banque nationale de la Nouvelle-Zélande, ont été incorporées par une loi spéciale de l'assemblée générale de la colonie. Ces banques ont 243 succursales, soit une par 4 000 habitants. Depuis 1857, leur développement a été rapide : les dépôts étaient de 343 000 livres sterling à cette date, de 22 millions en 1908. La circulation des billets est d'environ 1 600 000 livres. A l'actif figurent 5 millions d'encaisse, 2 millions de portefeuille, 19 millions de débiteurs. C'est la loi de 1908 (*Banking Act*) qui est aujourd'hui en vigueur : elle dispose qu'une charte royale peut constituer des banques en Nouvelle-Zélande à l'égal des lois du Parlement local (*general assembly*). Le nombre des administrateurs (*directors*) est fixé ; pouvoir est donné à toute banque d'augmenter son capital, par décision de l'assemblée des actionnaires. Les actions non libérées ne peuvent être transférées qu'avec la permission des administrateurs. C'est le gouverneur de la Nouvelle-Zélande qui autorise les banques à émettre, aux conditions fixées dans leur acte de concession, des billets remboursables en or, lesquels constituent une première charge sur tout l'actif de l'établissement. Chacune d'elles doit fournir un bilan trimestriel qui est publié à la Gazette officielle. Leur activité en tant qu'instituts d'émission n'est pas considérable : toute leur circulation ne dépasse guère 40 millions de francs, tandis que les dépôts atteignent 550 millions. Elles possèdent pour une trentaine de millions de fonds publics. L'intervention de l'État se réduit à l'octroi de la concession et à la réception de statistiques à intervalles réguliers. Une fois de plus l'idée anglo-saxonne de l'indépendance des instituts d'émission s'affirme : on ne voit pas à quel titre les gouvernements pourraient exiger des subsides tels que, dans d'autres pays, les banques en fournissent à l'État.

Le tableau ci-après, qui montre la marche de la circulation et des dépôts de 1901 à 1908, permet de juger de la direction dans laquelle s'orientent les banques néo-zélandaises[1] :

	BILLETS en circulation.	DÉPÔTS
	Milliers de livres sterling.	
1901	1 361	16 034
1902	1 375	17 231
1903	1 450	19 011
1904	1 468	19 074
1905	1 469	20 545
1906	1 574	22 422
1907	1 644	23 517
1908	1 615	21 820

Les dépôts augmentent plus vite que la circulation, bien que, comme celle-ci, ils aient subi un recul en 1908. En 1907, ils étaient presque supérieurs de 50 pour 100 à ce qu'ils avaient été en 1901, tandis que la circulation dans le même intervalle n'avait guère progressé que de 20 pour 100. Toutefois le rapport de la circulation aux dépôts est encore plus élevé qu'en Angleterre.

1. *Annuaire officiel de la Nouvelle-Zélande* pour 1909, p. 526.

CANADA : BANQUES PRIVILÉGIÉES

La circulation canadienne se compose à la fois de billets de banque et de billets d'Etat. Il sera question de ces derniers au chapitre XIV. Nous examinerons ici l'organisation des banques particulières, dont un publiciste américain a dit, non sans quelque exagération : « Nous ne connaissons aucun système qui se rapproche plus que le système canadien de l'idéal économique de la banque, qui soit plus propre à utiliser sans risque l'excédent des disponibilités du public, qui fournisse aux besoins sans cesse modifiés du commerce un instrument de circulation plus sûr et mieux adapté[1]. »

La première tentative pour établir à Montréal une banque d'émission, d'escompte et de dépôt, remonte à la fin du XVIII° siècle, en 1792; elle n'eut pas de suite. Une seconde fut faite à Québec en 1807, sans donner plus de résultat. De 1812 à 1815, les colons canadiens se servirent surtout de billets désignés du nom de *Army bills* (billets militaires), émis par le Gouvernement pour se procurer des ressources en vue de la guerre qu'il soutenait contre les Etats-Unis. En 1817, une société se forma sous le nom de Banque de Montréal ; en 1818, la Banque de Québec vit le jour ; puis la Banque du Canada, à Montréal : elles furent toutes trois reconnues pour la législature en 1821. Elles étaient autorisées à émettre des billets, destinés à circuler comme monnaie, mais remboursables à vue en or ou en argent. La circulation n'en était pas spécialement limitée, mais le total des engagements de chaque banque, y compris le montant des

---

1. *Daily commercial bulletin*, cité par Roeliff Norton Breckenridge, dans son ouvrage : *The Canadian Banking System*.

dépôts, ne devait pas dépasser le triple du capital versé. En 1826, les trois banques avaient émis 193 548 livres de billets, contre lesquels elles avaient une encaisse de 129 512 livres sterling. Un acte de 1830 (10° et 11° année de George IV) conféra un monopole de fait à ces banques, en défendant de se servir de billets autres que ceux des établissements autorisés (*incorporated*) par la loi du Bas-Canada. En même temps, la charte de la Banque de Montréal fut prorogée jusqu'en 1837 ; il fut interdit d'émettre des coupures inférieures à 5 shillings, et le total des coupures inférieures à une livre sterling fut limité au cinquième du capital versé. La Banque de Québec reçut une prorogation semblable. En 1831, la City bank fut fondée à Montréal, en même temps que la Banque du Canada y terminait son existence. Un mouvement parallèle s'était produit à Kingston, où la Banque du Haut-Canada avait été incorporée en 1821 et avait reçu une concession qui s'étendait jusqu'en 1848 : en 1831, elle avait une circulation de 187 000 livres sterling et une encaisse de 42 000 livres sterling. La Banque commerciale du district de Midland fut alors fondée.

En 1830, le comité commercial du Conseil privé de Londres édicta une série de mesures relatives aux banques coloniales, dans le dessein de fortifier leur situation et d'augmenter la sécurité du public : c'est ainsi que les actionnaires devenaient responsables du double du montant nominal de leurs actions. Cette stipulation apparut pour la première fois dans l'acte d'incorporation de la *Gorebank* à Hamilton, promulgué le 27 octobre 1835 avec l'assentiment royal. Ce fut l'époque où ce qu'on a appelé la manie des banques sévit au Canada : il s'en fonda de nouvelles, les capitaux des anciennes furent augmentés. La législature locale accorda des concessions, qui auraient eu pour effet d'élever la circulation à 13 500 000 livres sterling, environ 340 millions de francs, chiffre manifestement excessif pour un pays qui comptait alors 400 000 habitants. Le gouvernement de la province songeait à devenir le principal actionnaire de la Banque du

Haut-Canada ; mais le ministère anglais refusa d'approuver ces projets de loi et épargna ainsi à la colonie des désastres plus grands encore. La suspension des paiements en espèces par les banques américaines, en mai 1837, obligea celles du Bas et du Haut-Canada à agir de même. La crise dura deux ans, après lesquels le remboursement des billets en métal fut repris. Au cours des années suivantes, le pays se développa et les banques prospérèrent : leur circulation, en 1846, s'élevait à 42 millions de francs contre 24 en 1842 ; mais la crise des chemins de fer qui éclata en 1847 dans le Royaume-Uni et la diminution des exportations canadiennes, qui résulta de la réforme libre-échangiste anglaise, se firent durement sentir : la circulation des mêmes banques était retombée à 28 millions en juin 1848.

En 1850, la législation fut changée et la liberté des banques, décrétée : elles n'avaient plus besoin d'une autorisation spéciale pour émettre des billets. La nouvelle loi (13e et 14e année de Victoria) avait, d'après ses auteurs, un triple objet : 1° favoriser l'établissement de petites banques ; 2° assurer leur circulation ; 3° venir en aide au Gouvernement en élargissant le marché de ses rentes, dont le prix monterait sous l'influence de la demande créée par la loi. Les anciennes banques incorporées conservaient leur droit d'émission ; mais celui-ci était accordé aux particuliers et aux sociétés qui se conformeraient à la loi, et dont les actionnaires seraient responsables du double du montant nominal de leurs titres. Toute institution s'engageant à faire un rapport semestriel, et à se soumettre en tout temps à l'inspection du Gouvernement, pouvait émettre des billets contre le dépôt d'une somme égale de rentes provinciales[1], effectué entre les mains du receveur général : c'était l'application pure et simple du système qui consiste à gager les billets par des fonds publics. Le Gouvernement favorisait cette circulation, la dispensait du timbre annuel de 1 pour 100,

---

1. Le Canada portait alors encore le titre de province.

que les anciennes banques incorporées payaient sur leurs billets, et autorisait ces dernières à changer leur mode d'émission en adoptant le nouveau. Les deux vices de ce système sont d'obliger l'établissement émetteur à immobiliser son capital en rentes, au lieu de le conserver disponible pour ses opérations courantes, et de lier son crédit à celui de l'État. En 1855, quatre banques fonctionnaient sous le nouveau régime et avaient émis 309549 livres sterling de billets : à partir de cette date, leur circulation va en décroissant ; en 1861, elle avait disparu.

La loi de 1850, tombée en désuétude, fut abrogée officiellement en 1866 (*Provincial note Act,*-29-30 Victoria) par un autre texte législatif établissant une circulation de billets d'État, émis par le Gouvernement local jusqu'à concurrence de 8 millions de dollars. A toutes les banques qui retireraient leurs propres billets pour les remplacer par des billets d'État, il serait payé 5 pour 100 par an sur le montant de ces retraits jusqu'à l'expiration de leur concession. Cette offre ne tenta qu'une seule d'entre elles, la Banque de Montréal, qui remplaça ses billets par ceux de la province : l'effet de la substitution partielle de ce papier à celui des banques particulières ne fut pas heureux. Une crise se produisit en 1867, année qui vit disparaître l'ancienne province du Canada, remplacée par le Dominion, comprenant les provinces d'Ontario, de Québec, de Nouvelle-Écosse et de Brunswick. Le *British North America Act* de 1867 donna alors pleins pouvoirs au Parlement canadien en matière de banque et d'émission.

Le premier usage qu'en fit cette assemblée fut de voter une loi (*an act respecting the banks*, 31 Vict.), par laquelle elle étendait à tout le territoire les privilèges antérieurement conférés aux banques provinciales, et appliquait à celles de la Nouvelle-Écosse et du Nouveau-Brunswick la taxe de 1 pour 100 sur la circulation dépassant l'encaisse. La même année, une autre loi reproduisit à peu près les termes de la loi provinciale de 1866, en ce qui concerne l'émission de billets d'État. Les 5 millions de dollars de billets de la province furent déclarés billets du Dominion, et le gouverneur fut autorisé à établir des succursales dans les bureaux du receveur général à Montréal, Toronto, Halifax et Saint-Jean, pour l'émission et le remboursement des billets du Dominion. A ce moment, il existait 18 banques privilégiées en Ontario et Québec, 5 en Nouvelle-Écosse, 4 en Nouveau-Brunswick. La Banque de l'Amérique anglaise du Nord étendait ses opérations, en vertu d'une charte concédée par le Roi, à toutes les provinces. Une loi du 12 mai 1870 (33 Vict.) concernant les banques et la banque (*Act respecting banks and banking*), établit les conditions auxquelles une concession serait donnée ou renouvelée : les billets ne pourront être émis pour un chiffre supérieur à celui du capital versé ; la plus petite coupure sera de 4 dollars (20 fr. 80) ; un tiers au moins de l'encaisse sera constituée en billets du Dominion ; les actionnaires seront responsables de deux fois le montant nominal de leurs titres ; un rapport mensuel sera adressé au Gouvernement. Le 14 avril 1871, une autre loi (*Act relating to banks and banking*) combina tous les règlements relatifs aux banques et constitua leur premier code au Canada ; sauf de légères modifications, elle resta en vigueur jusqu'en 1879 ; elle faisait une large place aux billets d'État, puisqu'elle obligeait chaque banque à en former habituellement la moitié de son encaisse.

Le 7 mai 1880, le privilège des 34 banques alors en activité fut renouvelé jusqu'au 1er juillet 1891 ; leurs billets furent déclarés première charge sur l'actif, ce qui paraissait les garantir contre tout risque, puisque, dans la plupart des banques, les billets ne représentaient guère qu'une fraction variant du sixième au dixième du passif. Les seules coupures autorisées étaient de 5 dollars et de multiples de 5. La proportion minimum de billets d'État dans l'encaisse fut élevée du tiers aux deux cinquièmes. Treize nouvelles banques furent incorporées de 1882 à 1886. Nous approchons du moment où, fort de l'expérience acquise, le gouvernement va arrêter le code de l'émission au Canada.

C'est le 18 mai 1890 qu'a été promulguée la loi qui règle le fonctionnement des banques. Le système des 38 banques (*joint stock corporations*) qui ont reçu leur charte du Parlement canadien constitue un ensemble homogène d'établissements particuliers, soumis à une loi uniforme et au contrôle du Gouvernement. Elles ont le privilège exclusif d'émettre des billets (*promissory notes*) de 5 dollars et multiples. Tout porteur de billet a une créance de premier rang (*prior lien*) sur tout l'actif des banques et contre les actionnaires, responsables du double du montant de leurs titres. Le capital moyen des banques canadiennes était en 1894 douze fois supérieur à celui des banques américaines (1 600 000 dollars contre 140 000) ; le capital total atteignait 62 millions au Canada, contre 550 aux États-Unis. Le système canadien est donc celui d'un petit nombre de grandes banques. La tendance est d'augmenter le capital des banques existantes, si les besoins du commerce et de l'industrie l'exigent, plutôt que d'en créer de nouvelles. La solidité des affaires ne peut qu'y gagner : en général le crédit des banques se fortifie à mesure qu'elles vieillissent ; de grands établissements sont mieux à même que les autres de rémunérer leur personnel, de s'assurer le concours d'hommes capables, d'entreprendre des affaires considérables ; ils imposent plus de confiance à leurs déposants et aux porteurs de billets. Les engagements des banques canadiennes vis-à-vis de leurs actionnaires et du public sont près du quintuple de leur capital ; tandis que ceux des banques nationales aux États-Unis ne dépassent guère le quadruple. L'expérience de l'Angleterre a prouvé que, plus le capital d'une banque est grand, plus chaque unité de capital fournit matière aux affaires. Parmi les dix banques canadiennes qui ont suspendu leurs paiements, une seule avait un capital de plus d'un million de dollars : les neuf autres, quelques centaines de mille dollars seulement. Ce qui a contribué encore à la solidité du système canadien, c'est que, depuis 1837, les paiements en espèces n'ont jamais été interrompus dans le Dominion.

Le réseau des succursales est très développé. Au 1ᵉʳ juin 1894, il en existait 465, répandues dans 259 localités différentes : grâce à elles, les capitaux inactifs sont réunis et transportés avec un minimum de frais là où on en a besoin ; aussi les écarts des taux d'intérêt entre les diverses places est-il faible et en tout cas inférieur à ce qu'il est aux États-Unis. C'est un avantage pour les petites localités.

Les banques canadiennes ne sont pas tenues d'avoir de réserve ni d'employer leur actif d'une certaine façon : leur seule obligation est de ne pas émettre de billets pour une somme supérieure à celle de leur capital versé et intact. Quand on compare la circulation effective avec l'actif des banques, on voit qu'au 31 mars 1910 chaque dollar de billet était garanti par 15 dollars d'actif. Si une banque suspend ses paiements, ses billets deviennent aussitôt exigibles, avec addition des intérêts à 6 pour 100 l'an. Ce taux élevé engage les liquidateurs à n'épargner aucun effort pour racheter les billets le plus vite possible. S'ils ne le font pas dans les soixante jours, le ministre des finances est autorisé à effectuer le rachat au moyen du fonds dont il dispose (*Bank Circulation Redemption fund*) et qui est constitué par un prélèvement de 5 pour 100 sur la circulation moyenne des banques. Le Gouvernement n'assume par lui-même aucune responsabilité : il emploie simplement, jusqu'à épuisement, ce fonds déposé entre ses mains et que les banques sont tenues de maintenir toujours au niveau de 5 pour 100 de leur circulation.

Les monnaies qui peuvent servir à payer les billets sont les pièces d'or américaines et les livres anglaises, comptées à 4,86 2/3 dollars. Les pièces d'argent canadiennes n'ont force libératoire que jusqu'à concurrence de dix dollars. Les banques sont tenues d'avoir au moins quarante pour cent de leur réserve en billets du Dominion. C'est une obligation lourde et qui n'a aucune raison d'être. Il serait certainement préférable qu'elles eussent de l'or, qui est un moyen de paiement international. Quant à leur circulation, elle tend toujours à rester dans de justes limites correspondant aux besoins réels, parce que chaque banque, dès qu'elle a reçu des billets des autres banques, va naturellement se les faire rembourser par celles-ci. La circulation canadienne est plus élastique que la circulation des banques nationales américaines. Les billets y circulent d'autant plus aisément que la banque émettrice doit les racheter en un endroit commode au public, dans chacune des sept provinces du Dominion, et que l'épreuve de la solidité des billets se fait par leur rachat journalier. La solidarité produit d'heureux résultats. Le système fonctionne à la satisfaction générale. Les rapports du Gouvernement avec les banques se traduisent par l'obligation imposée à celles-ci d'avoir 40 pour 100 de leur encaisse composée de ses billets : au 31 mars 1910, elles en avaient une proportion bien plus forte, 76 millions de dollars contre 28 millions d'espèces. Mais c'est le seul point sur lequel elles dépendent de lui : pourvu qu'elles observent la loi, en ce qui concerne l'émission des billets, elles sont libres d'agir.

La statistique nous apprend que, au 31 mai 1910, des 30 chartered banks canadiennes qui subsistaient au début de l'année, une est entrée en liquidation, la *Sovereign bank* de Toronto ; une autre a pris sa place, celle de Vancouver. Le plus fort capital versé est celui de la Banque de Montréal (14,4 millions); le plus faible, celui de la Banque du Nouveau-Brunswick, 773 400 dollars.

La limitation du nombre des établissements résulte de la loi de 1890 : l'article 3 énumère les 34 banques auxquelles elle s'applique, et leur assimile toute autre banque incorporée après le 1er janvier 1905. Le capital social, dont le minimum est fixé à 500 000 dollars, est divisé en actions de 100 dollars. Un versement de 250 000 dollars au moins doit être effectué entre les mains du ministre. Aucune banque ne doit émettre de billets avant d'avoir obtenu l'autorisation du

Conseil du Trésor. Il peut en être créé en dollars ou en livres sterling dans les colonies et possessions britanniques autres que le Canada. Le fonds de rachat de la circulation s'accroît, chaque fois que le ministre délivre le certificat autorisant une banque à émettre des billets, de 5 000 dollars qui sont retenus sur le montant du crédit de la Banque. Lors du règlement annuel qui suit le 30 juin, chaque établissement doit avoir à son crédit une somme égale à 5 pour 100 du chiffre moyen de sa circulation. Ce fonds porte intérêt à 3 pour 100 l'an : il est destiné exclusivement à payer les billets de toute banque devenue insolvable, ainsi que l'intérêt à 5 pour 100 sur ces billets. Si les paiements faits de ce chef excèdent le montant versé par la Banque insolvable, les autres banques comblent le déficit au prorata de leur contribution antérieure au fonds commun. Aucune banque ne doit déduire d'escompte ni de commission en acquittant les chèques du Gouvernement fédéral du Canada et ceux de ses départements. Des états mensuels sont transmis au ministre, qui demande des rapports spéciaux chaque fois qu'il le juge nécessaire.

L'association des banques, avec l'approbation des deux tiers des banques représentées à l'assemblée, si les banques qui donnent cette approbation possèdent au moins les deux tiers du capital versé, peut établir des statuts, règles et règlements concernant la surveillance de la confection des billets, leur remise aux banques, l'examen de l'emploi des billets et l'imposition de pénalités pour les infractions. Toute personne qui emploie le titre de banque, compagnie de banque, maison de banque, association de banque, institution de banque, sans y être autorisée par la présente loi ou par quelque autre loi en vigueur, est coupable de contravention, passible d'une amende de 1 000 dollars ou de cinq ans de prison, ou des deux peines simultanément, à la discrétion de la Cour. La loi canadienne, on le voit, a réglé jusqu'à l'emploi d'une appellation, qui ailleurs prête à une multitude de confusions par suite de l'abus qui en est fait. Elle donne aussi le modèle des rapports à fournir au Gouvernement.

La loi de 1890 a été modifiée, en ce qui concerne l'émission, par celle du 20 juillet 1908, promulguée par le roi Édouard VII, « de l'avis et du consentement du Sénat et de la Chambre des Communes du Canada ». Le nouvel article 61 dispose que « au cours de la saison ordinaire où se fait le transport des récoltes, c'est-à-dire du 1er octobre au 31 janvier, la banque peut majorer son émission de 15 pour 100 du chiffre de son capital versé et de sa réserve ». Avis de cet excédent doit être aussitôt donné au ministre et au président de l'association des banquiers canadiens. La banque paiera au gouvernement l'intérêt à un taux que détermine le Gouverneur en conseil, et qui ne peut excéder 5 pour 100 l'an. Cet intérêt sera versé au fonds du revenu consolidé du Canada. L'état des billets supplémentaires doit être fourni au ministre dans la première quinzaine du mois suivant, sous peine d'une amende de 50 dollars par jour de retard.

Le système canadien d'émission a passé par une série de transformations qui l'ont notablement amélioré. Il présente toutefois encore une complexité à laquelle, semble-t-il, il serait aisé de remédier. Pourquoi, en effet, forcer les banques à gager les deux cinquièmes de leur circulation par des billets d'État, alors qu'il serait si simple de remplacer ceux-ci par du métal jaune? On arrive à cette situation singulière que, pour gager leurs propres billets, les banques immobilisent dans leurs caisses la même somme de billets fédéraux : c'est ainsi que, le 31 mars 1910, leur circulation s'élevait à 77 millions de dollars, et qu'elles avaient en caisse 76 millions de billets du gouvernement. Peut-être le législateur a-t-il voulu laisser subsister une émission de papier d'État afin de pouvoir l'augmenter en temps de crise? on ne voit guère d'autre motif à cette coexistence des deux sortes de billets. Ceux des banques sont parfaitement garantis, par la responsabilité des actionnaires, tenus de verser une seconde

BILAN DES BANQUES CANADIENNES

AU 31 MARS 1910

ACTIF	Millions de dollars.
Espèces.	28
Billets fédéraux.	76
Dépôt fait au Gouvernement fédéral en garantie de la circulation.	4
Billets d'autres banques et chèques sur elles.	39
Prêts à d'autres banques au Canada	4
Dépôts chez d'autres banques au Canada	9
Soldes dus par les agences et autres banques dans le Royaume-Uni	16
Soldes dus par des agences ou banques à l'étranger.	27
Titres du Gouvernement fédéral et des gouvernements provinciaux	18
Titres de municipalités canadiennes, effets publics britanniques, étrangers et coloniaux.	22
Obligations et actions de chemins de fer	56
Avances sur titres au Canada	58
Prêts à court terme en dehors du Canada	126
Prêts courants au Canada	643
Prêts courants à l'étranger	38
Prêts au gouvernement du Canada.	"
Prêts aux gouvernements provinciaux.	1
Créances en souffrance.	7
Immeubles autres que les édifices de la banque.	1
Hypothèques	1
Édifices de la banque.	23
Autres créances.	9
TOTAL.	1 206

PASSIF	
Capital souscrit.	99
Réserves.	79
Billets en circulation	77
Dû au Gouvernement fédéral.	16
Dû aux gouvernements provinciaux.	29
Dépôts du public à vue au Canada	287
Dépôts remboursables à date fixe ou après préavis au Canada	524
Dépôts reçus à l'étranger.	80
Emprunts faits à d'autres banques canadiennes.	4
Soldes dus à d'autres banques au Canada.	5
Soldes dus à des agences des banques ou à d'autres banques dans le Royaume-Uni.	7
Soldes dus à l'étranger.	4
Engagements divers et bénéfices	25
TOTAL.	1 206

fois le montant nominal de leurs titres, par le fonds commun, et surtout par la disposition de la loi qui donne aux porteurs de billets un droit de préférence sur tout l'actif social, vis-à-vis des autres créanciers. D'ailleurs l'émission est toujours contenue dans des limites très raisonnables, puisqu'elle dépasse rarement les trois quarts du capital versé : ainsi, le 31 mars 1910, pour un capital de 99 millions, il ne circulait que 79 millions de dollars de billets. La surveillance des banques est exercée par le Gouvernement et par l'association des banquiers canadiens, qui a été officiellement reconnue et a reçu de la loi des pouvoirs de contrôle. Incorporée en 1900, elle est autorisée à établir des chambres de compensation (*clearing houses*) et à en dresser les règlements, après approbation du Conseil de la Trésorerie du Gouvernement fédéral.

Il semble que le gouvernement du Dominion devrait renoncer à l'émission des billets fédéraux et laisser à l'association des banquiers le soin de veiller, sous son contrôle suprême, à l'exécution de la loi. Il serait aisé de modifier la législation en ce qui concerne la couverture des billets de banque et de remplacer, par des espèces ou même un actif bancable soigneusement défini. la partie de la circulation qui est actuellement gagée par le papier d'Etat.

AFRIQUE DU SUD

L'Afrique du Sud est en voie de transformation profonde. Avec une grande largeur de vues, les Anglais, vainqueurs des Boers, — on sait au prix de quels efforts et de quels sacrifices — ont voulu créer dans cette partie du monde, comme ils l'ont fait ailleurs, au Canada, en Australie, une confédération presque autonome. Ainsi que le rappelait dans son dernier discours du Trône, le 20 février 1910, le roi Edouard VII, c'est à la fin du mois de mai de la même année que devait être constitué le nouveau Gouvernement de l'Union sud-africaine : il l'a été, en effet. Le cabinet est présidé par le général Botha. Le premier Parlement de l'Union, dont les pouvoirs ont été définis par la constitution, vient de se réunir. Il est peu probable qu'il apporte, au début tout au moins, des modifications essentielles au régime actuel des banques qui fonctionnent dans les différents États, le Cap, le Transvaal, l'Orange, le Natal, et qui ont le droit d'émettre des billets. Jusqu'à nouvel ordre, l'Afrique du Sud doit donc être rangée parmi les pays qui sont au régime de la pluralité des banques. Le tableau ci-contre indique au passif les chiffres du capital, des réserves, des dépôts et de la circulation, à l'actif, ceux de l'encaisse, des titres, du portefeuille et des avances. L'ingérence des gouvernements est faible : ils se bornent à édicter certaines règles générales. Nous sommes en présence d'un système édifié en vue des besoins de la communauté commerciale et non des Trésors publics. Seule, la Banque nationale versait autrefois une partie de ses bénéfices à l'ancien gouvernement boer de la République sud-africaine, un cinquième de l'excédent après paiement de 10 pour 100 au capital versé.

BANQUES SUD-AFRICAINES

	PASSIF				ACTIF		
	CAPITAL	RÉSERVE	DÉPÔTS	CIRCULATION	ENCAISSE métallique.	FONDS d'État et autres titres.	PORTEFE-ILLE et avances.
	Milliers de livres sterling.						
Natal bank (31 décembre 1909).	500	310	4 127	99	752	260	3 260
Standard bank of South Africa (31 décembre 1909).	1 348	1 900	17 382	978	3 753	2 806	15 757
Bank of Africa (31 décembre 1909).	1 000	500	5 733	251	1 636	1 210	4 404
African banking Corporation (31 mars 1909).	400	140	4 327	293	1 323	431	3 438
Netherlands bank (31 décembre 1909).	400	46	475	18	160	53	631
National bank of South Africa (31 décembre 1908).	1 100	140	5 585	245	1 774	730	4 409
TOTAUX.	4 948	3 036	37 557	1 884	9 423	5 435	31 899

Parmi ces banques, les plus importantes sont : la *Standard Bank of South Africa*, dont la circulation ne dépasse pas 1 million de livres ; la *Bank of Africa*, dont la circulation est aux environs de 250 000 livres ; l'*African banking Corporation*, dont la circulation est un peu plus él   à cause des succursales qu'elle a fondées en dehors d l'a   colonie du Cap, où est son siège principal. Au Na   que de ce nom a 100 000 livres environ de billets en circulation ; son encaisse est sept fois et demie supérieure ; chez elle aussi, l'émission des billets est la fonction secondaire : les dépôts en dépassent quarante fois le chiffre.

La Banque nationale de l'Afrique du Sud, dont la fondation remonte à 1890, avait reçu sa première concession de l'ancien gouvernement boer. Après la guerre, une ordonnance du gouverneur du Transvaal, en date du 7 août 1902, l'a confirmée, en approuvant le changement de nom de l'établissement qui s'appelait antérieurement Banque nationale du Transvaal. Sous le régime boer, elle était attachée par des liens intimes au Gouvernement, qui lui avait accordé une série de privilèges; ses billets avaient cours légal; elle tenait le compte de l'Etat, qui pouvait souscrire au dixième de chaque émission nouvelle d'actions. Le choix de deux directeurs, nommés par le Conseil, était soumis à l'approbation du Gouvernement, à qui elle était tenue d'avancer sur sa demande, moyennant un intérêt de 6 pour 100, des sommes n'excédant pas un quart du revenu effectif de la République pendant le précédent exercice, ni le quart du capital versé de la Banque. Celle-ci avait un droit de préférence pour toutes les opérations financières du Gouvernement à l'étranger; elle devait lui remettre des rapports périodiques et, à la fin de l'exercice, un compte rendu annuel. Le Gouvernement touchait 20 pour 100 des bénéfices, mais aurait perdu ce droit s'il avait émis du papier-monnaie. Les billets de la Banque étaient exempts de timbre; elle ne payait pas patente; ses fonctionnaires étaient affranchis du service militaire, sauf en cas de proclamation de la loi martiale. De tous ces privilèges, la Banque n'a conservé que celui de la frappe monétaire. Elle a, pour 25 années, sauf dénonciation de la part du Gouvernement à la fin de la quinzième, le monopole de la frappe des monnaies d'or, d'argent, de cuivre et autres. Elle est tenue d'accepter tout lingot et de le monnayer à un tarif maximum, pour l'or, de 3 pour 100. Le bénéfice de la frappe des monnaies divisionnaires est partagé avec l'Etat, à raison de trois dixièmes pour lui et de sept dixièmes pour la Banque. Voici le bilan au 31 décembre 1909, dans lequel, par rapport à l'année précédente, la circulation n'avait presque pas augmenté, tandis que les dépôts avaient passé de 5 1/2 à 8 1/2 millions : le progrès de 3 millions de livres sterling portait à la fois sur les dépôts à termes fixes et sur les comptes courants. La part de l'Etat dans les bénéfices a été rachetée : il reste à amortir 40 000 livres de ce chef.

BANQUE NATIONALE DE L'AFRIQUE DU SUD
BILAN AU 31 DÉCEMBRE 1909

PASSIF	Liv. st.	s.	d
Capital souscrit, 110 000 actions de 10 livres sterling chacune, entièrement libérées	1 100 000,	0	0
Fonds de réserve	50 000,	0	0
Billets de banque en circulation	250 373,	0	0
Fonds en dépôt, comptes courants et autres. . . .	8 549 724,17		0
Effets sur succurs. et agences, en circulation à ce jour.	129 143,	0	9
Réescompte	2 942,15		6
Effets à recevoir (comme ci-contre).	603 337,12		11
Profits et pertes { Solde reporté à nouveau au 31 décembre 1908. . . . 16 636,18 0 Bénéfice net pour l'année finissant le 31 déc. 1909. 34 234,10 0 }	50 871,	8	0
TOTAL.	10 736 392,14		2

ACTIF	Liv. st.	s.	d
Espèces en caisse et en banque . . 1 403 876, 3 11 } Remises en cours de route. . . . . 269 185, 8 10 Or indigène en caisse et en cours de route 253 410, 2 3	1 926 471,15		0
Prêts à vue et à courte échéance contre garantie en titres.	3 004 071, 2		10
Titres du Gouvernement britannique ou garantis par lui (y compris ceux déposés près du Gouvernement du Transvaal) . . . . . . 382 647,19 8 Fonds de gouvernements coloniaux, titres de municipalités anglaises et coloniales et obligations de chemins de fer indiens. 331 679, 1 2	714 327, 0		10
Effets achetés et non encore échus	1 239 111, 1		6
Locaux de la Banque et autres propriétés dans l'Afrique du Sud	348 409, 6		5
Effets escomptés, avances, etc	2 823 520, 3		11
Mobilier et agencem. de la Banque, papeterie, timbres.	36 544,10		9
Effets à l'encaissement pour compte de tiers.	603 337,12		11
Modification du capital (pour laquelle il a été émis 10 000 actions nouvelles aux lieu et place des parts de fondateur, des droits aux dividendes cumulatifs et des droits du Gouvernement sur le surplus des bénéfices, conformément à la décision prise à l'assemblée générale extraordinaire du 22 mars 1899) . . . . 98 000, 0 0 Moins le montant amorti. 58 000, 0 0	40 000, 0		0
TOTAL.	10 736 392,14		2

Le président de la *Natal bank*, à l'assemblée du 10 février 1910, a annoncé que le Parlement du Natal avait renouvelé la concession de la Banque pour une période de 21 ans à partir du 1er juillet 1910, et il a rappelé à cette occasion, que depuis son origine, qui remonte à 1853, elle n'avait pas cessé d'être le banquier de la colonie.

Nous sommes en présence d'établissements où l'émission de billets joue un rôle tout à fait secondaire et qui empruntent la partie essentielle de leurs ressources aux comptes de dépôts. Pour les six banques, la circulation totale n'est que 1 884 000 livres sterling contre une encaisse de 9 423 000, tandis que les dépôts atteignent le chiffre de 37 587 000. La plupart d'entre elles ont un nombre considérable de succursales et étendent par elles leur action sur de vastes territoires, en Rhodésie, dans le Basutoland, dans l'Afrique centrale anglaise, dans l'Afrique orientale, dans le Swaziland, dans l'Afrique portugaise. Ce sont des établissements privés, qui, sauf l'autorisation d'émettre des billets donnée par le Gouvernement, n'ont pas de rapports avec lui, en temps normal tout au moins. Au Cap, les Banques sont tenues (loi de 1891) d'immobiliser entre ses mains des fonds d'État pour une somme égale à celle de leurs billets en circulation. Ni au Natal ni en Orange, il n'y a de stipulation semblable. Au Transvaal, une certaine quantité d'or doit être tenue en caisse, mais sans être spécialement immobilisée (*earmarked*).

Nous rappellerons en terminant ce que nous écrivions au début de cet aperçu sur la condition des banques anglo-africaines. Le régime politique de ces territoires vient d'être modifié de telle sorte que les conséquences du changement devront se faire sentir sur le domaine économique ; mais l'évolution est trop récente pour qu'il soit possible d'indiquer la voie dans laquelle s'orientera le nouveau Parlement. Il est probable qu'à un moment donné il voudra unifier le billet de banque dans la Confédération, et qu'il y organisera un système d'émission qui se rapprochera de celui de l'Inde ou de l'Australie.

CHAPITRE IX

ALLEMAGNE : EMPIRE ET ÉTATS CONFÉDÉRÉS (REICHSBANK ET AUTRES BANQUES D'ÉMISSION)[1]

L'Allemagne pourra bientôt figurer dans la première catégorie de notre étude, celle des pays à monopole : s'il subsiste encore quatre établissements d'émission à côté de la Banque de l'Empire, celle-ci a acquis une telle prépondérance que les Banques de Bavière, de Wurtemberg, de Saxe et de Bade ne jouent à côté d'elle qu'un rôle effacé au point de vue qui nous occupe. Le droit d'émettre des billets ne peut être conféré que par une loi impériale ; c'est une loi qui a créé la Banque de l'Empire (*Reichsbank*), et qui a permis aux 32 banques des États particuliers qui existaient lors de sa promulgation, en 1875, de continuer à créer du papier à vue et au porteur, à condition de se conformer aux prescriptions nouvelles. Ces prescriptions, édictées en 1875, rendues plus sévères en 1899, ont été de nature à amener le plus grand nombre de ces établissements à renoncer à leur droit ; quatre d'entre eux seulement continuent, en 1910, à fonctionner comme instituts d'émission, et le total de leur circulation ne représente plus aujourd'hui que le douzième de celle de la Banque de l'Empire.

Bien que l'organisation actuelle de l'émission en Allemagne soit sous beaucoup de rapports très différente de ce qu'elle était avant la constitution de l'Empire, il est utile de

---

1. Le mot « émission », en allemand, s'applique à l'opération qui consiste à offrir au public des valeurs mobilières mises en souscription publique. Les banques d'émission au sens de notre ouvrage sont désignées par le vocable *Zettelbanken*, littéralement banques de billets.

jeter un coup d'œil sur l'état de choses antérieur, et particulièrement sur l'ancienne Banque royale de Prusse, dont la Reichsbank a été l'héritière. ¡L'Allemagne souffrait, avant 1870, de plusieurs maux : circulation excessive de billets de faible dénomination; — il en existait environ 300 millions de mark en coupures de 10 thalers (30 mark) et au-dessous; — difficulté pour les porteurs de se faire rembourser ces petites coupures; refus par les États souverains d'accepter les billets des autres, alors que, dans la pratique. tous les billets circulaient sur les divers points du territoire, et que les particuliers ne pouvaient guère se soustraire à l'obligation de les accepter; différence de durée des diverses banques d'émission, dont plusieurs étaient investies d'un privilège s'étendant bien avant dans le xx⁰ siècle ; variété de régime de ces banques, dont plusieurs étaient en même temps des crédits fonciers et des sociétés industrielles; insuffisance, chez certaines d'entre elles, de la couverture de la circulation. Presque toutes ces banques locales étaient tenues de faire des avances à l'État et aussi de recevoir ses fonds en dépôt en lui bonifiant un intérêt souvent élevé. Les gouvernements, à leur tour, contrôlaient la gestion, participaient quelquefois à l'administration, soit en choisissant certains de ses membres, soit en déléguant des commissaires à l'examen des comptes et à la surveillance des émissions ; dans plusieurs pays, ils nommaient un commissaire extraordinaire investi des pouvoirs les plus étendus. Chaque État allemand avait ses propres billets, à l'exception de la principauté de Lippe et des villes hanséatiques de Hambourg, Brême et Lübeck. Le chiffre de la circulation était limité par rapport à l'encaisse dans une proportion déterminée ou bien d'une façon absolue.

La loi du 27 mars 1870, votée en vertu de l'article 4 de la constitution fédérale de 1867, qui réservait à la Confédération le droit de légiférer en matière de banque, arrêta le

1. Karl Helfferich. *Le système allemand du contingent de la circulation fiduciaire*

développement des banques régionales en attribuant à la
Confédération seule le droit de réglementer l'émission et de
proroger l'échéance des concessions au fur et à mesure de
leur expiration : encore fut-il établi que cette prorogation
ne pourrait être accordée que sous la condition d'être toujours révocable, moyennant préavis d'une année. La législation nouvelle préparait les voies à l'unification en retirant
aux gouvernements locaux le contrôle de l'émission. En 1874,
la Banque de Prusse avait une circulation de 274 millions de
thalers, qui représentait 62 pour 100 de l'ensemble; celles
de Francfort, de Bavière, de Saxe, de Bade et de l'Allemagne méridionale, 83 millions, soit 19 ; et 27 autres
banques également 83 millions, soit 19 autres pour 100.

La Banque de Prusse avait été créée, le 17 juin 1765, sous
le nom de Banque royale de prêts et de comptes courants, à
Berlin : le capital primitif, de 1 million de thalers (3 750 000
francs), était fourni par le Trésor ; en 1846, il fut augmenté,
et le public invité à souscrire à 10 000 actions de 1 000 thalers chacune. Il fut décidé que le privilège des banques provinciales prussiennes, qui émettaient des billets, serait limité
à la même durée que celui de la Banque de Prusse. Les
actionnaires furent représentés par un *Central Auschuss*
(commission centrale) : nous retrouverons une organisation
semblable à la Banque de l'Empire. En 1856, la portion du
capital fournie par le public fut portée de 10 à 15 millions
de thalers, et en 1866, à 20 millions de thalers (75 millions
de francs). Le capital possédé par l'État s'augmentait tous les
- - de sa part de bénéfices, et atteignait, en décembre 1867,
environ 2 millions de thalers. Après avoir, comme les actionnaires, reçu 3 1/2 pour 100 d'intérêt sur son capital, l'État
touchait la moitié des bénéfices. La loi du 7 mai 1856 réservait au pouvoir exécutif le droit de restituer au public son
capital dès la fin de 1871, ou de modifier ensuite les statuts
à des dates espacées de 10 ans en 10 ans, et même de dissoudre la Banque. Les autres banques d'émission allemandes
étaient au nombre de 32, dont 2 communales, 1 territoriale

et 29 sociétés par actions. Le privilège des banques de Brême, de Thuringe, d'Anhalt-Dessau, avait une durée illimitée. Celui des autres expirait à des dates variant entre 1874 et 1956. Leurs billets n'avaient cours légal que sur le territoire de l'Etat qui leur avait octroyé la concession. La diversité des types de billets était plus grande encore que celle des monnaies métalliques en Allemagne.

La loi monétaire du 9 juillet 1873 prescrivit le retrait de tous les billets de banque qui n'étaient pas libellés en mark impériaux, et de toutes les coupures inférieures à 100 mark. L'unité désormais adoptée était le mark ou reichsmark, égal au tiers d'un thaler, soit 1 fr. 25, constitué par un poids de 358 milligrammes d'or fin. Les monnaies d'argent nouvelles n'étaient que des pièces divisionnaires. Seules, les pièces d'un thaler gardaient provisoirement force libératoire. La loi du 30 avril 1874 ordonna à chaque Etat particulier de retirer son papier-monnaie au plus tard le 1er juillet 1875. Le chancelier de l'Empire était autorisé à créer 120 millions de bons de caisse (*Reichscassenscheine*) à les répartir entre les Etats confédérés à raison de leur population, et à faire aux Etats l'avance des deux tiers du surplus de leur circulation de papier-monnaie par rapport au chiffre à eux attribué en vertu du recensement. Cette circulation de papier-monnaie s'élevait à plus de 61 millions de thalers, soit 184 millions de mark. Les prêts de l'Empire aux Etats particuliers s'élevèrent à 55 millions de mark.

Une fois le système monétaire organisé, le Gouvernement promulgua la loi du 14 mars 1875, fondamentale en matière de banque. L'article 1er déclare que le privilège de l'émission des billets, dans l'Empire allemand, est concédé législativement et ne peut l'être que par cette voie. Il n'existe pas, dit l'article 2, d'obligation d'accepter des billets de banque pour des paiements qui doivent s'effectuer en monnaie ; cette obligation ne peut même pas être imposée aux caisses publiques par une loi. Le législateur semble ici avoir voulu prendre des précautions contre lui-même et s'interdire l'établissement du cours forcé, cette arme de guerre des gouvernements modernes [1]. Chaque banque est tenue de rembourser à vue ses billets à son siège central, et de les accepter en paiement à leur pleine valeur nominale, non seulement à son siège central, mais à ses succursales. Il est interdit aux banques qui émettent des billets (*Zettelbanken*) d'accepter des traites, d'acheter ou de vendre à terme des marchandises ou des valeurs cotées et de se porter garantes de l'exécution de semblables marchés. Elles sont tenues de publier, le 7, le 15, le 23 et le dernier jour du mois, au Journal officiel de l'Empire, leur situation active et passive et, en fin d'année, leur bilan accompagné du compte de profits et pertes. Un impôt de 5 pour 100 l'an frappe la circulation des billets, au delà de l'encaisse augmentée d'une somme fixe déterminée qui s'appelle le contingent. Ce contingent a été primitivement fixé à 385 millions pour toute l'Allemagne, par la loi de 1875, qui en opérait la répartition entre les divers établissements ; il a été porté, par la loi de 1899, à 541,6 millions, puis, par celle de 1909, à 618 771 000 mark. Chaque fois qu'une banque disparaît ou perd, pour un motif quelconque, son pouvoir d'émission, le chiffre du contingent qui lui est attribué va grossir celui de la Reichsbank Le contingent propre de la Reichsbank a été porté, par la loi du 7 juin 1899, de 273[1] à 450 millions de marcs, par celle de 1909, à 550 millions, avec élévation temporaire à 750 millions à la fin de chaque trimestre. En 1901, elle avait hérité de 10 millions de la Banque de Francfort ; en 1902, de 10 millions de la Banque pour l'Allemagne du Sud ; en 1906, de 2 829 000 de la Banque de Brunswick ; si bien que, depuis le 14 avril 1906 jusqu'en 1909, son contingent était de 472 829 000 reichsmark.

Le contingent est la caractéristique du système allemand. Il en constitue l'originalité et en fait une organisation inter-

---

1. Il convient de remarquer que la loi de renouvellement du privilège, votée en 1899, a donné cours légal aux billets de la Reichsbank.

médiaire entre celle de la Banque d'Angleterre, enfermée
dans les bornes rigides de l'encaisse métallique, et celle de
la Banque de France, libre, de par ses statuts, d'émettre un
chiffre illimité de billets : nous avons expliqué que la fixation
légale d'un maximum arbitraire n'avait pas de portée pratique [1]. La solution allemande, qui a été adoptée par
d'autres nations, a l'avantage de permettre une extension
suffisante de la circulation, puisqu'il n'est plus guère aujour-
d'hui d'établissement d'émission qui n'ait en caisse la représentation métallique du tiers au moins de ses billets ; l'impôt
qui frappe la circulation, à partir du moment où elle dépasse
le chiffre de numéraire augmenté d'un contingent, empêche
la banque émettrice de se laisser aller à créer du papier en
quantités excessives : l'opération n'étant profitable pour elle
que si elle escompte à plus de 5 pour 100, elle n'est pas
tentée de s'y livrer aussi longtemps que le loyer des capitaux
n'atteint pas un taux élevé, qui indique que le marché financier a besoin d'aide. Le système est élastique : en prenant
pour base les chiffres du bilan de la Reichsbank au 31 décembre 1909, il permettait à celle-ci de mettre en circulation
656 millions de reichsmark de plus que la somme émise à
cette date. Le triple de l'encaisse était de 2745 millions, et
la somme des billets n'atteignait que 2089 millions de reichsmark.

La loi de 1875, en son titre II, a constitué la Banque de
l'Empire, la *Reichsbank*, placée sous le contrôle et la direction de l'Empire ; l'établissement possède la qualité de personne juridique et est chargé de régler la circulation monétaire sur le territoire, de faciliter les compensations des paiements, de rendre productifs les capitaux disponibles. Il a
son siège à Berlin et peut établir des succursales sur tout
le territoire : le Conseil fédéral peut ordonner la création
de succursales dans les villes désignées par lui. Les opérations autorisées sont les suivantes :

1. Voir ci-dessus, p. 49.

1° Achat et vente d'or et d'argent en lingots et en monnaies ;

2° Escompte, achat et vente de lettres de change à échéance de 3 mois au plus et revêtues, en règle générale, de trois, mais au moins de deux signatures de personnes reconnues solvables ; escompte, achat et vente de certificats de la dette de l'Empire, d'un pays allemand, ou de corporations communales allemandes, remboursables à leur valeur nominale dans un délai maximum de 3 mois ;

3° Avances à intérêt, pour une durée de trois mois au plus, contre nantissement de métaux précieux, de titres allemands, fonds publics ou titres de chemins de fer, de crédits fonciers, agricoles ou communaux allemands, jusqu'à concurrence de 75 pour 100 du cours ; de fonds étrangers jusqu'à concurrence de 50 pour 100 du cours ; de lettres de change ; de marchandises, jusqu'à concurrence des deux tiers de leur valeur ;

4° Achat et vente des titres mentionnés au paragraphe 3 ;

5° Encaissement de valeurs pour le compte de particuliers ou de l'État, délivrance de mandats et virements sur ses succursales et correspondants ;

6° Achat, après couverture, et vente, après remise, de titres de toute nature et de métaux précieux, pour compte de particuliers ;

7° Acceptation, à titre de dépôt simple ou en compte courant, de sommes portant ou non intérêt, à condition que le montant des dépôts à intérêt ne dépasse pas celui du capital et du fonds de réserve réunis ;

8° Garde en dépôt des objets de valeur et des titres, encaissement des coupons.

La *Reichsbank* est tenue d'accepter l'or en lingots au taux fixe de 1 392 mark par livre de fin, ce qui équivaut à 3 444 francs le kilogramme d'or fin et correspond à une parité de 123 fr. 70 pour 100 mark.

Le royaume de Prusse a cédé à l'Empire, le 1er janvier 1876, la Banque de Prusse, après avoir retiré son capital de 1 906 800 thalers et la moitié du fonds de réserve lui appartenant. En échange, il a reçu une indemnité de 15 millions de mark, et les actionnaires ont obtenu le droit de convertir leurs actions en actions de la Banque de l'Empire. Pour remplir les engagements pris par la Banque de Prusse en 1856, la Banque de l'Empire a dû promettre de payer à la Prusse, de 1876 à 1925, une annuité de 621 910 thalers, en deux semestrialités qui figurent dans les comptes de la *Reichsbank* pour 1 865 730 reichsmark.

Le Gouvernement s'est assuré l'influence prépondérante dans la direction de l'établissement, qui est placé sous l'autorité du Chancelier : celui-ci préside le conseil des curateurs, au nombre de quatre, nommés l'un par l'Empereur, les trois autres par le Conseil fédéral. L'administration se compose d'un président et de membres nommés à vie par le Gouvernement impérial, sur la proposition du Conseil fédéral. Le personnel est soumis aux obligations et jouit des droits des fonctionnaires ; le budget qui les concerne est incorporé au budget impérial, bien que les charges en soient supportées par la Banque. Les actionnaires n'interviennent que par leur vote en assemblée générale et par l'intermédiaire d'une commission centrale permanente élue par eux. Cette commission se compose de quinze membres titulaires et de quinze substituts, qui remplacent les premiers en cas d'absence ; elle se réunit au moins une fois par mois ; elle a pour mission d'examiner les relevés de l'escompte, des changes, des avances, de l'encaisse et de la circulation. Elle contrôle les achats et les ventes d'or, le portefeuille, les envois de numéraire aux succursales, vérifie les résultats des inspections de caisses, écoute les observations et propositions de la direction. Elle donne son avis sur le bilan et le compte de profits et pertes ; sur les traitements du personnel ; sur la nomination aux emplois vacants dans la direction, sauf celui de président ; sur le maximum des fonds à consacrer aux avances ; sur la fixation du taux de l'escompte et des avances ; sur les conventions à intervenir

entre la Banque de l'Empire et les autres banques allemandes. La Commission centrale délègue trois membres,
qui siègent en permanence et assistent aux séances de la
Direction avec voix consultative : elle exerce un pouvoir
de contrôle, mais la direction effective est aux mains des
représentants de l'Etat.

Celui-ci n'avait pas, jusqu'à la fin du XIXᵉ siècle, abusé
de son autorité pour détourner à son profit le crédit de la
Banque. Depuis le commencement du XXᵉ siècle, les
escomptes de bons du Trésor sont devenus beaucoup plus
fréquents et importants. D'autre part, à chaque renouvellement de privilège, l'Empire s'est fait accorder de nouveaux
avantages, si bien que, depuis 1900, c'est lui qui touche de
beaucoup la plus forte part des bénéfices, quoiqu'il n'ait
contribué en rien à la formation du capital. A l'origine, le
solde du compte de profits et pertes se répartissait comme
suit : après 4 1/2 pour 100 d'intérêt aux actionnaires, et
20 pour 100 au fonds de réserve jusqu'à ce qu'il atteignît
le quart du capital, le solde se partageait par moitié entre
l'Etat et les actionnaires; une fois que ceux-ci avaient reçu
8 pour 100, l'excédant appartenait pour trois quarts à l'Etat,
un quart aux actionnaires. De 1890 à 1900, le premier prélèvement en leur faveur était réduit à 3 1/2 pour 100, après
quoi ils partageaient avec l'Etat par moitié jusqu'à ce qu'ils
eussent reçu 6 pour 100; au delà de 6 pour 100, l'Etat prélevait les trois quarts du surplus. L'avant-dernière transformation de la *Reichsbank* date du mois de juin 1899; son
privilège, qui expirait à la fin de l'année 1900, a été renouvelé alors une seconde fois, pour une période décennale,
c'est-à-dire jusqu'au 31 décembre 1910. Le capital a été
porté de 120 à 180 millions de reichsmark : une première
émission de 30 millions d'actions a eu lieu le 18 octobre 1900
au prix de 135 pour 100 ; celle du solde de 30 autres millions, le 3 novembre 1904, à 144 pour 100.

La *Reichsbank* a considéré cette augmentation de capital
comme une charge : c'est, en effet, avec ses billets et ses

dépôts qu'elle travaille, et la rémumération proportionnelle du capital avait des chances de diminuer, du moment où on y ajoutait 60 millions, c'est-à-dire 50 pour 100 du montant primitif. D'autre part, il est vrai que l'extension du réseau des succursales et agences nécessitait de plus grandes immobilisations, que le pays se développant avait besoin de plus de crédit, et que la Banque pouvait employer ce surplus de ressources à étendre ses opérations d'avances sur titres, moins importantes chez elle que dans les autres instituts d'émission européens. Le Gouvernement justifiait sa demande par l'accroissement du mouvement d'affaires de la *Reichsbank*, qui avait été le suivant :

	ESCOMPTE	AVANCES	CIRCULATION	VIREMENTS
		Millions de mark.		
Moyenne 1876-1878. .	369	50	667	193
— 1895-1897. .	621	99	1 088	485
Année 1898	713	96	1 124	474

Le dividende de la première période 1875-1890 avait été en moyenne 6,33 pour 100 ; de 1891 à 1895, 6,72 et de 1896 à 1900, 9 pour 100. Dans la dernière décade du siècle, en dépit des avantages nouveaux attribués à l'État par la loi de renouvellement de 1889, la part des actionnaires avait donc augmenté. Il n'en fut plus de même après 1900. Le compte de réserve, qui était clos et arrêté au chiffre de 30 millions, fut rouvert en 1900 : il devait être alimenté par des prélèvements sur les bénéfices jusqu'à ce qu'il eût atteint 60 millions, c'est-à-dire le tiers du capital actions. Il était interdit à la *Reichsbank* d'escompter du papier à un taux inférieur à son taux officiel, dès que celui-ci est égal ou supérieur à 4 pour 100 (art. 7 de la loi). Elle n'est pas, en effet, comme la Banque de France, tenue d'appliquer le même taux à toutes les catégories de traites qu'elle escompte. Lorsque ses disponibilités le lui permettent, elle descend au-dessous du taux officiel, et achète des lettres de change sur le marché, sans attendre qu'on vienne les lui offrir.

Au cours de la troisième période, c'est-à-dire de 1900 à 1909, il n'était alloué aux actionnaires qu'un premier intérêt de 3 1/2 pour 100 sur le capital nominal de leurs titres ; en réalité, comme les actions ont été émises en moyenne à 133 1/6 pour 100[1], l'intérêt servi au capital ne ressort qu'à environ 3 pour 100, presque un pour cent de moins que le revenu actuel des fonds allemands. Puis un versement de 20 pour 100 était affecté au fonds de réserve, jusqu'à ce qu'il arrivât à 60 millions. Ce chiffre ayant été atteint, le prélèvement avait cessé. Le surplus se partageait entre les actionnaires et l'État, à raison d'un quart pour les premiers et de trois quarts pour le second.

Lorsque le privilège de la *Reichsbank* a été renouvelé pour la troisième fois, en 1909, jusqu'à la fin de 1920, le législateur s'est trouvé en face d'une répartition des bénéfices tellement avantageuse à l'Empire, qu'il n'a pu demander aux actionnaires d'autres sacrifices. Les seules conditions nouvelles qu'il imposa furent le prélèvement indéfini d'un dixième des bénéfices, après paiement de l'intérêt statutaire de 3 1/2 pour 100 au capital, en faveur du fonds de réserve, dont moitié est attribuée à l'Empire, et le service gratuit de la caisse principale de celui-ci. Le tableau ci-contre indique les étapes successives d'une législation, qu'on ne saurait accuser d'avoir aliéné à trop bas prix le droit d'émission.

L'Empire a touché, depuis la dernière convention, les sommes indiquées au bas de notre tableau : à côté de sa part de bénéfices inscrite dans la première colonne, nous avons fait figurer les sommes perçues par lui, du chef de l'impôt de 5 pour 100, sur l'excédant de la circulation au delà de l'encaisse et du contingent : une dernière colonne indique le montant des dividendes versés aux actionnaires, et permet d'opérer un rapprochement instructif. On voit que c'est l'Empire qui touche de beaucoup la plus forte part. Les

1. Le capital originaire, de 120 millions émis à 130 p. 100, a été augmenté de 30 millions émis à 135 p. 100 et de 30 millions émis à 144 p. 100, ce qui donne un prix moyen de 133 1/6.

TABLEAU DE LA RÉPARTITION DES BÉNÉFICES

DE LA REICHSBANK ET DES AVANTAGES ATTRIBUÉS A L'ÉTAT
A LA FONDATION ET LORS DES TROIS RENOUVELLEMENTS

1875 (Loi du 14 mars 1875)	1890 (Loi du 18 déc. 1889)	1900 (Loi du 7 juin 1899)	1910 (Loi du 9 juin 1909)
4 1/2 d'intérêt aux actionnaires.	3 1/2 d'intérêt aux actionnaires.	3 1/2 d'intérêt aux actionnaires.	Versement au fonds de réserve du dixième des bénéfices après prélèvement de 3 1/2 en faveur des actionnaires, le dit fonds de réserve appartenant pour moitié à l'Empire et pouvant croître indéfiniment.
20 pour 100 de l'excédent à la réserve jusqu'à ce qu'elle représente le quart du capital.	20 pour 100 de l'excédent à la réserve jusqu'à ce qu'elle atteigne 1/4 du capital.	20 pour 100 de l'excédent à la réserve jusqu'à ce qu'elle ait atteint 60 millions.	
Surplus partagé par moitié avec l'État jusqu'à ce que le dividende atteigne 8 pour 100.	Surplus partagé par moitié avec l'Empire jusqu'à ce que le dividende atteigne 6 pour 100.	Surplus partagé : 1/4 aux actionnaires, 3/4 à l'Empire.	
Au delà : 1/4 aux actionnaires, 3/4 à l'Empire.	Au delà : 1/4 aux actionnaires, 3/4 à l'Empire.	Remboursement à la Caisse de l'Empire des billets de l'ancienne Banque de Prusse encore en circulation.	Service gratuit de la Caisse principale de l'Empire.

ANNÉES	PART DE L'ÉTAT dans les bénéfices.	IMPÔT sur la circulation.	DIVIDENDE des actionnaires.
	Millions de reichsmark.		
1901.	12	0	9
1902.	9	0	8
1903.	12	0	9
1904.	16	1	11
1905	14	2	11
1906.	25	4	15
1907.	35	6	18
1908.	23	3	14
1909.	13	4	10

actionnaires, qui ont fourni le capital et payé une prime notable pour obtenir leurs titres, reçoivent une répartition qui n'atteint pas toujours la moitié de ce qu'encaisse l'État : c'est ainsi qu'en 1907 celui-ci a touché 41 millions de reichsmark, tandis qu'il n'était réparti que 18 millions aux actionnaires. Nous rappelons que, jusqu'en 1925, la Reichsbank paie en outre au royaume de Prusse une annuité de 1 865 730 mark, qui doit être prise en considération lorsqu'on calcule la part du budget dans les bénéfices.

Au début, lorsque les caisses publiques regorgeaient encore des milliards de l'indemnité de guerre payée par la France, le Trésor impérial n'avait guère recours à la Banque. Dans les dernières années, à mesure que les budgets s'enflaient, que les dépenses de la Guerre et de la Marine exigeaient des emprunts répétés, il s'est adressé de plus en plus souvent à la Banque pour se faire escompter des bons. Il ne s'agit, jusqu'ici, que de crédits à brève échéance, analogues à ceux qui se font par la voie commerciale. A l'heure actuelle, le bilan de la Reichsbank est encore, parmi ceux des banques d'émission européennes, un des plus dégagés de toute confusion avec les finances de l'État. La Banque ne possède point de rentes qui soient immobilisées d'une façon permanente dans son portefeuille ; elle n'a point consenti d'avance permanente au Gouvernement et pourrait donc, en cas de besoin, lui rendre d'autant plus de services qu'il l'aurait moins mise à contribution aux époques normales. Toutefois, dans les derniers temps, les escomptes de bons du Trésor ont augmenté dans de larges proportions : nous en indiquons ci-contre le chiffre pour les années 1907, 1908, 1909.

A plusieurs reprises, et notamment lors de la discussion au Reichstag qui a précédé le dernier renouvellement du privilège de la Reichsbank en 1899, il a été question de la transformer en Banque d'État. Les adversaires de ce système n'ont pas eu de peine à démontrer que, d'une part, elle rend à la communauté tous les services qu'on pourrait attendre d'un établissement public, et que, d'autre part, les avantages

BONS DU TRÉSOR ESCOMPTÉS PAR LA REICHSBANK

	PORTEFEUILLE DE BONS				MONTANT des escomptes de bons du Trésor au cours de l'année.
	MAXIMUM	MINIMUM	MOYENNE	AU 31 DÉCEMBRE	
	En millions et centaines de mille mark.				
1907	260,7	11,4	99,7	121,8	1 087,3
1908	394,4	24,4	149,6	394,4	1 236,9
1899	508,7	145,0	276,3	331,7	1 643,0

assurés à l'Empire sont à peu près le maximum de ce qu'il
peut espérer de l'octroi d'une concession de banque octroyée
par lui, et probablement supérieurs à ceux qu'il se procurerait par une exploitation directe du monopole de l'émission.
Aussi, parmi les questions soumises à la commission d'enquête sur la monnaie et la banque qui a été constituée à
Berlin au mois d'avril 1908, ne voyons-nous même pas figurer
celle de la Banque d'État. Les points à examiner étaient
les suivants :

1° Y a-t-il lieu d'augmenter le capital ou la réserve de la
Reichsbank ? 2° Y a-t-il lieu d'élever le contingent des billets
affranchis de l'impôt? 3° De quels moyens dispose la Reichsbank pour attirer l'or de l'étranger et s'opposer aux sorties d'or à l'étranger ? 4° Convient-il de chercher à fortifier
l'encaisse métallique de la Reichsbank aux dépens de la
circulation intérieure, de donner à cet effet cours légal à ses
billets, de développer le système des virements, des chèques
et des compensations? 5° Doit-on chercher à restreindre les
demandes de crédit qui sont adressées à la Reichsbank, et
particulièrement celles de l'Empire ? Faudrait-il, pour cela,

augmenter le fonds de roulement de la Caisse centrale du
Trésor public, et modifier le mode d'émission des mandats
du Trésor ? 6° Serait-il de l'intérêt public de légiférer sur la
matière des dépôts, de façon qu'ils ne soient employés qu'à
des placements sûrs et réalisables ?

On voit que, dans ce vaste programme, la question de la
Banque d'État n'est même pas posée. Aussi le renouvellement
du privilège de la Reichsbank, qui expirait en 1910, n'a-t-il
pas rencontré d'opposition sérieuse : ses rapports avec l'Empire continuent à être régis par les règles qui y ont présidé
jusqu'ici. Les seules modifications introduites par la dernière loi consistent en certains avantages concédés à l'État :
il ne lui a point été consenti de ces avances permanentes qui
sont l'éternelle source de danger pour les banques d'émission, vicient la circulation, menacent de déprécier les changes
et d'infliger par contre-coup des pertes énormes au commerce
et à l'industrie. Contrairement aux lois précédentes de
renouvellement, celle de 1909 n'a apporté qu'une modification insignifiante à la répartition des bénéfices, en ce qui
concerne le fonds de réserve. Elle est surtout remarquable
par l'élévation qu'elle décrète du contingent de la Reichsbank, qu'elle a porté à 550 millions en temps ordinaire et à
750 millions à la fin du trimestre. Cette dernière disposition
est intéressante : elle tient compte de l'expérience commune
à toutes les grandes banques, dont le portefeuille se gonfle
régulièrement le 31 mars, le 30 juin, le 30 septembre et le
31 décembre de chaque année. Il était sage d'augmenter,
pour ces époques, le chiffre de la circulation exempte d'impôt, de façon à permettre à la Reichsbank de donner à ce
moment le plus large concours au commerce et à l'industrie,
sans avoir la préoccupation de la taxe de 5 pour 100 à
payer sur l'augmentation de sa circulation. La loi a donné
aux billets le cours légal que leur refusait celle de 1875 ;
elle a mis les prescriptions relatives au remboursement des
billets en harmonie avec la nouvelle loi monétaire, qui a
définitivement institué l'étalon d'or, et fait disparaître les

anciens thalers d'argent à force libératoire. Voici ses dispositions essentielles.

ARTICLE PREMIER. — Après paiement du dividende de 3 1/2 au capital, on prélèvera 1/10ᵉ du surplus pour le fonds de réserve qui appartient pour moitié à l'Empire, moitié aux actionnaires. (D'après la législation antérieure, cette réserve était limitée au chiffre de 60 millions, atteint depuis plusieurs années.) Si les bénéfices ne suffisent pas à payer 3 1/2 pour 100 aux actionnaires, ce dividende sera complété par un prélèvement sur la réserve. La prime obtenue par l'émission d'actions nouvelles ira au fonds de réserve. Les coupons arriérés se prescrivent par 4 ans au profit de la Banque.

ART. 2. — Le contingent de la Reichsbank est élevé à 550 millions, le contingent total à 618 millions. Pour les derniers bilans de mars, juin, septembre et décembre, il sera de 750 millions pour la Reichsbank, au total de 818.

ART. 3. — Les billets auront cours légal.

ART. 4. — Dans l'article de la loi fondamentale, les mots « argent allemand courant » seront remplacés par « monnaies d'or allemandes », de façon à mettre la loi de banque en harmonie avec la loi monétaire, l'Allemagne étant au régime de l'étalon d'or depuis la démonétisation des thalers.

La Reichsbank acceptera les billets des autres banques d'émission à Berlin, à ses succursales dans les villes d'au moins 80 000 habitants, à ses succursales établies sur le territoire de l'État dans lequel les banques en question ont reçu leur privilège. La Reichsbank ne pourra s'en servir que pour les présenter au remboursement ou pour effectuer des paiements dans la ville où ces banques sont établies.

ART. 5. — Le mot chèque est ajouté à l'article 8, § 2, après « lettres de change » et dans divers autres passages. Ceci résulte du fait qu'il existe maintenant en Allemagne une législation sur les chèques, votée en 1908, qui a donné une existence officielle à ces instruments de paiement.

Art. 6. — On ajoute les obligations foncières et communales à celles qui peuvent servir de garantie aux avances.

Au paragraphe 13 de la loi on ajoute la faculté pour la Banque de faire des avances sur fonds allemands à raison de 75 pour 100 du cours.

Diverses dispositions facilitent à la Reichsbank l'exécution des gages reçus en garantie de ses créances.

Art. 7. — La Reichsbank est tenue de faire gratuitement le service de la Caisse principale de l'Empire. Elle a le droit de s'en charger pour les Etats confédérés.

Ces modifications sont de peu d'importance. La Banque subsiste dans son intégrité. La loi la fortifie en élevant son contingent et en augmentant son fonds de réserve ; elle donne force légale à ses billets, multiplie les facilités de remboursement des billets autres que les siens, l'autorise à acheter des chèques, dont l'existence officielle date de la loi du 11 mars 1908, étend son champ d'action en ce qui concerne les avances sur titres, précise enfin ses fonctions au point de vue des services de caisse de l'Empire.

L'exposé des motifs explique pourquoi le Gouvernement a renoncé à l'augmentation de capital. Seule parmi les instituts d'émission, la Banque d'Angleterre a un capital plus fort que la Reichsbank, et, comme elle a prêté la majeure partie de ce capital au Gouvernement britannique, elle n'en tire aucune utilité pour ses opérations avec le public. Le chiffre du capital n'a pas d'influence sur les taux de l'escompte, puisque ce sont les billets qui servent à celui-ci. L'augmentation des moyens propres de la Banque n'aurait d'importance que pour ses avances sur titres et ses acquisitions d'immeubles, qui constituent l'emploi de ses capitaux propres : on sait, en effet, que la Reichsbank est tenue de couvrir la partie de sa circulation qui ne représente pas l'encaisse, par son portefeuille d'escompte, à l'exclusion des avances. Toutefois, comme le législateur ne prévoit pas de diminution dans le chiffre de l'escompte des bons du Trésor, il augmente les ressources propres de la Banque; mais il le fait au moyen d'un prélèvement annuel sur les bénéfices, qui n'amène pas, sur le marché monétaire, le resserrement que provoquerait un appel soudain de fonds. Cette augmentation de la réserve, qui avait atteint son maximum d'après les règles antérieures, offre un avantage pour la Banque : n'ayant pas à verser l'intérêt annuel, qu'il aurait fallu servir à un capital additionnel, elle garde par devers elle les produits du fonds de réserve au lieu de risquer d'avoir à y puiser pour distribuer 3 1/2 pour 100 à ses actionnaires, si elle avait eu à rémunérer un capital plus élevé. En ce cas, les actions auraient été exposées à baisser au-dessous du prix d'émission ou même du pair, ce qui eût été d'autant moins invraisemblable que le taux de 3 1/2 est inférieur, comme nous avons eu occasion de le rappeler plus haut, au revenu actuel des rentes allemandes.

Le rapporteur de la loi de prorogation, après avoir fait valoir les arguments qui s'opposaient à une augmentation de capital, explique que ces raisons ont décidé le Gouvernement à proposer simplement un accroissement de la réserve : il suppose que celle-ci grandira annuellement de 1 800 000 mark. Si, à un moment donné, il paraissait utile de la limiter à une somme déterminée, il serait temps de prendre une décision à cet égard lors de la revision décennale de 1920.

Le Gouvernement exerce sur la Banque un contrôle incessant par l'application de l'impôt à la partie de la circulation qui dépasse l'encaisse accrue du contingent. Le maximum du triple de l'encaisse n'a jamais été approché, même de loin : toujours le chiffre des billets est resté bien en deçà de cette limite infranchissable, qui, dans l'état actuel de l'approvisionnement du monde en métal jaune, équivaut presque à une faculté d'émission illimitée. Au contraire, la limite fiscale a été constamment dépassée. C'est en 1880 que, pour la première fois, la Reichsbank eut à payer l'impôt de 5 pour 100 : il ne s'éleva alors qu'à 27 000 mark. Au cours

des vingt années suivantes, elle resta 6 fois indemne et dépassa
14 fois son contingent. Sur ces 14 ans, elle ne paya six fois
qu'une quarantaine de milliers de mark ; cinq fois, la taxe
varia de 224 000 à 768 000 mark ; ce dernier chiffre fut
atteint en 1897 ; en 1898, il s'éleva à 1 927 000 ; en 1899,
à 2 847 000 mark. Le tableau suivant indique les sommes
payées du chef de l'impôt de 5 pour 100 depuis 1900 :

IMPÔT SUR LA CIRCULATION		NOMBRE de situations dans lesquelles la limite était dépassée.	CHIFFRE du dépassement en millions de marck.
ANNÉES	mark		
1900.	2 517 852	20	355
1901.	352 684	5	108
1902.	478 289	3	231
1903.	805 267	7	274
1904.	1 118 373	7	305
1905.	1 651 003	9	450
1906.	3 602 349	17	572
1907.	5 600 697	25	625
1908.	2 564 438	14	454
1909.	3 862 051	18	617

Cette disposition de la loi allemande paraît avoir donné
de bons résultats : elle n'a pas empêché la Reichsbank d'escompter dans une large mesure le papier qui lui était offert :
mais elle l'a conduite à maintenir son taux d'escompte au
niveau que justifiaient les conditions de l'industrie allemande
et du marché financier.

Le bilan ci-contre, arrêté au 31 décembre 1909, se balance
par 5 835 millions à l'actif et au passif. Pour vérifier si la
circulation était bien, à cette date, contenue dans les limites
légales, il faut déduire des billets inscrits au passif pour
4 866 millions, ceux qui étaient dans les caisses de la
Banque, soit 2 777 millions : il restait ainsi 2 089 millions
de circulation effective, inférieure de 656 millions au triple
de l'encaisse, qui atteignait à la même date 2 745 millions
(915 × 3). Quant à la limite d'impôt (encaisse et contingent
réunis, 915 + 472 = 1 387), elle était dépassée de 702 mil-

BILAN DE

AU 31 DE

ACTIF		Marks.
Or en barres et monnaies étrangères, le kilogramme de fin compté à marks 2 784		360 836 181,74
En caisse :		
Or en monnaies allemandes. 320 169 850, »	554 294 072, 42	
Monnaies divisionnaires. . 234 124 222, 42		
Bons de caisse de l'Empire. . . . . 55 694 285, »		
Ses propres billets :		3 397 703 107,42
De 1 000 marks. . . . . . 967 400 000, »		
De 100 marks . . . . . . 1 459 720 500, »	2 777 806 550, »	
De 50 marks. . . . . . . 178 844 850, »		
De 20 marks. . . . . . . 172 841 200, »		
Billets des autres banques. . . . . 9 916 200, »		
Argent monnayé et en barres		» » »
Portefeuille (à l'exception des bons du Trésor).		
Effets sur place :		
A moins de 15 jours. . . . 244 577 200, »	591 281 808, 97	
A échéance plus longue . . 346 704 608, 97		
Effets sur les autres places de l'Allemagne :		1 240 003 611,14
A moins de 15 jours. . . . 281 131 200, »	528 715 525, 37	
A échéance plus longue. . 247 584 325, 37		
Effets sur l'étranger 120 006 300, 80		
Avances :		
Sur or et argent. . . . . 5 600, »		
Sur titres (y compris les effets désignés au § 13 de la loi sur la Banque) . . . . 285 704 050, »	292 009 250, »	
Sur autres titres. . . . . » »		
Sur marchandises . . . . 6 299 600, »		
Valeurs en portefeuille :		
Bons du Trésor et autres valeurs achetées . . . 330 381 856, 47	344 738 416,89	
Valeurs propres 1 356 550, 42		
Titres du fonds de réserve . . . . » »		
Avoir de la Banque en compte courant chez ses correspondants . .		67 377 029,83
Effets échus impayés.		7 404 844,69
Valeur des Immeubles appartenant à la Banque.		59 292 700, »
Autres éléments de l'actif :		
Avances sur effets admis à l'escompte . . . . . » »		
Traitements payés d'avance. 777 204, 62		
Avances sur constructions 4 477 500, 03		
Billets impropres à la circulation et retirés pour ce motif par les caisses. . . . . 17 233 435, »		79 580 023,90
Débiteurs divers. 57 092 189, 25		
Dépenses non encore comptées pour fabrication de billets		
TOTAL.		5 835 990 204,32

REICHSBANK
MBRE 1909

PASSIF		Marks.
Capital		180 000 000, »
Réserve.		64 813 723,75
Réserve pour créances douteuses :		
Montant au 31 décembre 1908.	4 357 900, »	
Amorti au cours de 1909	13 069, 77	
	4 344 830. 23	
Mis à nouveau en réserve pour 1909.	655 169, 77	5 000 000, »
Billets émis :		
De 1 000 marks	1 363 534 000, »	
De 100 marks	2 864 688 500, »	
De 50 marks	321 749 450, »	4 866 551 470, »
De 20 marks	316 579 520, »	
A oir des créanciers en comptes de virement et comptes courants		684 820 378,43
Dépôts sans intérêts		445 121,59
Montant de l'impôt sur les billets à payer à la Caisse de l'Empire selon les articles 9 et 10 de la loi sur la Banque.		3 862 051,95
Divers éléments du passif :		
Montant des virements non encore touchés. . .	431 490, 98	
Montant des effets à payer non encore présentés.	377 387, 13	
Intérêts et produits revenant à 1910 sur portefeuille, avances et immeubles.	7 224 221, 59	13,708 630,34
Dividendes à payer.	997 220, 10	
Diverses dettes inscrites	4 979 310, 54	
Bénéfices nets pour l'année 1909 :		
Part revenant à l'Empire.	12 586 132, 16	
Part revenant aux actionnaires 4 195 377, 39	4 202 796, 30	16 788 928,46
Plus bénéfices non distribués en 1908 . . . . 7 418, 91		
Total		5 835 999 304,52

lions. Mais, d'autre part, l'addition de l'encaisse et du portefeuille (915 + 1240 = 2155 millions) représentait 66 millions de plus que la circulation. Toutes les prescriptions de
la loi étaient donc observées. Le portefeuille étranger s'élevait à 120 millions, celui des bons du trésor à 330, celui des
avances sur titres à 285. La part des bénéfices revenant à
l'Empire pour l'exercice 1909 atteignait près de 13 millions,
tandis que les actionnaires, en dehors de l'intérêt à 3 1/2
sur leur capital, ne touchaient que 4 millions.

L'État recevait donc la majeure partie des profits de l'établissement, que l'on ne saurait cependant accuser de mettre
ses ressources à la disposition du Trésor d'une façon exagérée, susceptible de nuire aux intérêts de la communauté
financière. Les Allemands, par un judicieux mélange des
systèmes français et anglais, semblent avoir trouvé au problème de l'émission une solution rationnelle. La tension
constante qui se remarque, depuis nombre d'années, dans
les bilans de la Reichsbank, tient à l'activité des affaires,
notamment de l'industrie, et non pas au régime fiduciaire
de l'Empire.

L'Allemagne a organisé un service de chèques postaux,
qui fonctionne depuis le 1er janvier 1909 et qui se développe
rapidement : 56 000 comptes étaient déjà ouverts le 1er octobre 1910 ; nous nous référons aux observations que nous
avons présentées à ce sujet, dans le chapitre consacré à
l'Autriche-Hongrie.

AUTRES BANQUES D'ÉMISSION ALLEMANDES

BAVIÈRE, WURTEMBERG, SAXE, BADE

A côté de la Reichsbank, qui se développe de plus en plus et dont le rôle est prépondérant, il subsiste en Allemagne quatre banques d'émission, celles de Bavière, de Saxe, de Wurtemberg et de Bade, qui sont soumises à des règles analogues à celles qui régissent la banque impériale ; elles ne peuvent émettre plus du triple de leur encaisse, et paient l'impôt de 5 pour 100 dès que leur circulation dépasse l'encaisse augmentée du contingent. Elles ont souvent été en lutte avec la Reichsbank au sujet de la fixation du taux d'escompte, que celle-ci désire avoir sous son contrôle exclusif, parce qu'elle considère que c'est pour elle le moyen de gouverner le marché monétaire. Une bonne politique d'escompte est en effet de la plus haute importance pour le développement économique du pays. La direction de la Reichsbank, souveraine à cet égard, est composée de fonctionnaires impériaux, qui n'ont même pas le droit de posséder une action de la Banque, et qui sont uniquement guidés par des motifs d'intérêt général ; la commission des actionnaires n'a que voix consultative. Dès lors, une hausse ou une baisse du taux de l'escompte ne sont décidées que lorsque les nécessités du marché financier et monétaire commandent ces mesures : il peut n'en être pas toujours de même dans des établissements particuliers, qui, légitimement préoccupés du désir d'étendre leurs affaires, veulent avant tout employer leurs capitaux. Lors de la discussion du renouvellement de son privilège en 1899, la Reichsbank fit valoir que les 6 banques particulières qui, à ce moment,

jouissaient encore du droit d'émission, à savoir la Banque
de Francfort, la Banque bavaroise des billets, la Banque
saxonne, la Banque wurtembergeoise des billets, la Banque
de Bade et la Banque pour le Sud de l'Allemagne, n'avaient
pas cessé d'escompter à des taux inférieurs à ceux de la
Reichsbank : voici en effet quels avaient été les taux pratiqués par ces divers établissements au cours des années 1894,
1895, 1896 et 1897 :

	REICHSBANK	SIX AUTRES BANQUES d'émission allemandes.
1894	2,86 pour 100	2,47 pour 100
1895	2,67 —	2,32 ·
1896	3,43 —	3,23 …
1897	3,71 —	3,42 —

La moyenne avait été régulièrement inférieure à celle de
la Reichsbank, dans une proportion qui, en 1894, s'est élevée
à près d'un 1/2 pour 100. Le portefeuille des six banques
étant alors à peu près le tiers de celui de la Reichsbank, la
politique de celle-ci se trouvait ainsi singulièrement contrariée
par celle des établissements particuliers. Elle fit à cet égard
des observations au Gouvernement, qui en tint compte et
inséra, dans son projet de renouvellement du privilège, des
dispositions de nature à assurer, sur ce terrain, la prépondérance de la Banque impériale.

Ce fut un coup sensible porté à celles des banques d'émission qui subsistaient encore à la fin du xixe siècle : la loi du
7 juin 1899, décida que dorénavant les autres banques d'émission ne pourraient pas escompter au-dessous du taux de la
Reischbank, quand celui-ci serait égal ou supérieur à 4 pour
100; lorsque ce taux est inférieur, les banques ne doivent
pas escompter à plus d'un quart pour cent au-dessous du
taux de la Reichsbank ; et, lorsque celle-ci escompte au-dessous de son taux officiel, les banques ne peuvent pas escompter à plus d'un huitième pour cent au-dessous de ce taux.
Si une banque enfreint cette prescription, elle est déchue
du droit d'émettre des billets : cette déchéance doit être pro-

noncée par les tribunaux. Les employés qui se sont rendus coupables de l'infraction sont punis d'une amende de 5 000 mark. Le but du législateur est aisé à comprendre : dès que le taux d'escompte atteint 4 pour 100, c'est-à-dire un niveau qui, surtout en Allemagne, n'est pas considéré comme élevé, l'uniformité est assurée. Ce n'est qu'au-dessous de 4 pour 100, c'est-à-dire lorsque le marché monétaire jouit d'une aisance qui rend l'action de la Reichsbank moins nécessaire, que les autres banques ont la faculté de s'écarter très légèrement du chiffre fixé par l'établissement principal.

En présence de ces stipulations nouvelles, la Banque de Francfort et celle de l'Allemagne du Sud ont cru devoir renoncer à leur droit d'émission, afin de recouvrer leur liberté d'action en matière d'escompte. Leur contingent a augmenté celui de la Reichsbank. A l'assemblée de mars 1901, le Conseil d'administration de la Banque de Francfort a déclaré aux actionnaires que les obligations imposées par la loi de 1899 aux banques gênaient à ce point ses mouvements qu'il valait mieux renoncer au droit d'émettre des billets. La Banque de l'Allemagne du Sud a pris une résolution analogue. Cependant les rapports d'autres banques d'émission, comme la *Württembergishe Notenbank*, dont la circulation, au 31 décembre 1900, était d'environ 22 millions de mark de billets, tous de 100 mark, n'indiquent pas encore une disposition à suivre l'exemple de la Banque de Francfort : la Direction (*Vorstand*) déclare qu'elle s'efforce de suivre de près la Reichsbank dans sa politique d'escompte, en conformant son taux à celui qu'établit Berlin. Le Conseil (*Aufsichtsrath*), de son côté, s'exprime ainsi : « C'est à partir du 1er janvier 1901 qu'est entrée en vigueur la loi sur la Banque (*Bank novelle*) du 7 juin 1899, qui a des conséquences si graves pour notre établissement. Nous avons jugé nécessaire d'élargir notre organisation par la création de 24 agences, afin d'assurer, pour l'avenir, un champ à notre activité et de continuer nos opérations d'escompte. Nous voulons par ce moyen essayer de compenser

en partie l'effet des mesures restrictives de la loi. Une expérience prolongée nous apprendra si cet élargissement de
notre cadre réussit et dans quelle mesure notre institution
sera en état, par la suite, de rendre au commerce et à l'industrie les mêmes services qu'auparavant. »

Le 9 août 1908, dans une communication faite au Congrès
des associations de crédit wurtembergeoises (*Kredit Genos-
senchaften*) au sujet du renouvellement du privilège de la
Wurttembergische Notenbank, M. Landau a insisté sur la
nécessité de son maintien, qui lui paraît plus nécessaire
encore aujourd'hui que lors de sa fondation (1871). Les
autres banques, dit-il, s'occupent surtout des grandes industries, tandis que la banque d'émission fournit du crédit aux
petits, aux banques de province, aux banques des associations corporatives (*Genossenchaftsbanken*) : elle est en contact avec tous les points du pays par ses 44 agences ; elle
escompte des effets sur 85 places ; elle a fait entrer des
caisses publiques, communales et autres dans le Giroverkehr
(réseau des comptes de virement) ; elle procure annuellement
une centaine de mille mark à l'État, outre la part qu'il possède dans le fonds de réserve. Sur 49 800 effets, 30 000 étaient
des broches[1] de 1 à 500 mark. Elle est venue en aide à la
petite industrie loin des grands centres. Tout en reconnaissant les services rendus par la Banque du Wurtemberg, il
est permis de penser qu'ils seraient les mêmes si l'établissement cessait d'émettre des billets : il pourrait disposer
alors de son encaisse de 12 millions qui, au 31 décembre 1909,
représentait environ 52 pour 100 de sa circulation, et ne
verrait ses moyens d'action diminuer que de l'écart entre
ces deux chiffres, soit une dizaine de millions de mark. C'est
une somme appréciable. Mais, d'un autre côté, les avantages
de l'unité d'émission sont indéniables et compensent largement l'inconvénient qui résulterait d'un resserrement passa-
ger des capitaux sur un point déterminé. D'ailleurs, le con-

---

1. Nom sous lequel on désigne les lettres de change de faible montant.

tingent de la Banque du Wurtemberg passerait immédiatement à la Reichsbank, qui augmenterait d'autant sa propre
circulation et comblerait ainsi le déficit créé dans l'ensemble
des moyens d'échange du pays.

Au 31 décembre 1909, la Banque bavaroise des billets
avait une circulation de 65 millions ; la Banque de Bade, 18 ;
la Banque de Saxe, 48 ; la Banque wurtembergeoise des
billets 22 ; au total, 153 millions, soit le treizième environ
de la circulation de Reichsbank à la même date ; il y a une
douzaine d'années, cette proportion était quatre fois plus
forte. Le privilège de la Banque bavaroise pouvait être
limité à 1910 par le Conseil fédéral et aussi par le Gouvernement royal. Il a été prorogé jusqu'au 31 décembre 1920.
Le 16 novembre 1909, les ministres d'État, des affaires
étrangères et des finances se sont réunis pour notifier à la
Banque que la Bavière ne ferait pas usage du droit de dénonciation que lui confère l'article 4 de la loi de banque du
14 mars 1875. Cet engagement n'était subordonné qu'à la
promesse de la Banque de continuer à remplir les conditions stipulées dans la loi du 9 décembre 1899. Les billets de la Banque bavaroise sont admis désormais aux guichets des chemins de fer de toute l'Allemagne, ce qui contri-
buera à en faciliter la circulation. Les concessions de la
Banque badoise, de la Banque de Saxe et de la Banque wurtembergeoise, ont été également renouvelées pour la même
période. Les quatre banques se félicitent, dans les rapports
soumis aux actionnaires pour l'exercice 1909, de ce que leurs
billets circulent maintenant dans toute l'Allemagne et sont
échangeables contre des billets de la Reichsbank, aux succursales de cette dernière, installées en Bavière, Saxe, Bade
et Wurtemberg; car, chose curieuse, ces succursales existent
à côté des banques locales, dans les États particuliers.

En dehors des billets de banque, il circule en Allemagne
des billets du Trésor, appelés *Reichskassenscheine*, qui ont
été créés après la fondation de l'Empire, lorsque tous les

États formant l'ancienne Confédération de l'Allemagne du Nord durent retirer les billets qu'ils avaient émis et reçurent de l'Empire une avance en bons de caisse (*Reichskassenscheine*) émis en coupures de 5, 20 et 50 mark. Nous avons expliqué plus haut les conditions dans lesquelles ces billets ont été créés et répartis entre les États confédérés. Ceux-ci ont remboursé une partie du prêt qui leur avait été consenti, et la circulation des bons de caisse de l'Empire est aujourd'hui ramenée à 120 millions, qui se répartissaient comme il suit, au cours des trois dernières années, entre les banques et le public :

	ÉMISSION totale des bons de caisse.	ENCAISSE moyenne des banques d'émission.	CIRCULATION moyenne en dehors de ces banques.
	Millions de reichsmarks.		
1907	120	83	37
1908	120	67	53
1909	120	68	52

Ces bons de caisse sont le seul papier d'État qui circule en Allemagne. A mainte reprise, le gouvernement a été sollicité de le faire disparaître : il s'y est refusé, en arguant du fait qu'une quantité d'or égale est déposée dans la tour de Spandau et peut être considérée comme le gage de cette circulation.

La Reichsbank consacre son activité presque exclusivement aux trois objets pour lesquels elle a été créée : régularisation de la circulation fiduciaire par l'émission des billets, escompte largement pratiqué, facilités données aux règlements des dettes et créances sur tout le territoire de l'Empire par une organisation très perfectionnée de comptes de virement. Si les bons du Trésor ne tenaient pas dans son portefeuille une place trop grande depuis quelques années, on pourrait citer ses rapports avec le Gouvernement comme méritant de servir de modèle à toutes les banques d'émission. La survivance de quatre banques d'États particuliers, qui font encore circuler leurs billets parallèlement aux siens, empêche la Reichsbank d'être investie d'un monopole complet ; mais son rôle grandit chaque année, alors que celui des autres établissements reste stationnaire, et il n'est pas téméraire de prévoir une époque où ils renonceront plus ou moins volontairement à leur droit d'émission. Ce jour-là, l'Allemagne sera, au point de vue du billet de banque, dans une situation semblable à celle de la France. Dès aujourd'hui, l'action de la Reichsbank est prépondérante en matière de virements et d'escompte : la gratuité des *giroconti*, c'est-à-dire des comptes au moyen desquels tout transfert s'opère entre n'importe lesquels des sièges de la Banque, fait que l'usage s'en répand de plus en plus. En ce qui concerne l'escompte, l'activité commerciale et industrielle du pays donne naissance chaque année à des quantités énormes de lettres de change. Les banques particulières, n'ayant pas encore de chiffres de dépôts comparables à ceux de la Grande-Bretagne et étant elles-mêmes engagées dans un très grand nombre d'affaires qui absorbent une partie notable de leurs disponibilités, n'interviennent pas aussi régulièrement sur le marché de l'escompte que les *joint stock banks* de Londres et les établissements de crédit français.

Le rôle de la Reichsbank est plus actif et plus direct surtout que celui de la Banque d'Angleterre et de la Banque de France. On a appelé cette dernière la banque des banques, en ce sens qu'elle est toujours prête à leur fournir des billets, en échange de leur portefeuille. La Reichsbank opère le plus souvent avec les industriels et les commerçants, d'autant mieux qu'elle se contente de deux signatures. En outre, les capitaux de l'autre côté du Rhin étant moins abondants et surtout beaucoup plus demandés qu'en France, la moyenne de l'escompte, depuis de longues années, est plus élevée à Berlin qu'à Paris, et l'écart est proportionnellement moins grand entre le taux officiel et les taux pratiqués entre banquiers sur le marché libre. Si le lecteur se reporte au tableau de l'avant-propos, il verra que, depuis l'ori-

gine, le taux de la Reichsbank a toujours été supérieur à
celui de la Banque de France, et souvent dans une très
forte proportion. L'écart semble même avoir une tendance
à s'accroître : alors qu'en 1876 il n'était que de 0,76
pour 100, en 1881 de 0,58 pour 100, il s'élève en 1890 à
1,52 pour 100, en 1900 à 2,05 pour 100, en 1907 à 2,56
pour 100 : l'escompte à Berlin est alors à un taux presque
double de Paris. La Reichsbank, enfin, n'est pas, comme
la Banque de France, tenue de n'escompter qu'à son taux
officiel ; lorsqu'elle n'a pas employé à cette limite toutes ses
disponibilités, elle intervient sur le marché libre, et escompte des effets à un taux inférieur. C'est une autre raison
pour laquelle son portefeuille se tient en général à un
niveau supérieur à celui de la Banque de France : au 31 décembre 1909, il était, sans compter 331 millions de bons du
Trésor, de 1 240 millions de mark, soit 1 550 millions de
francs, tandis qu'à la même date celui de la Banque de
France n'était que de 890 millions de francs.

LES DÉPÔTS DE BANQUE EN ALLEMAGNE

Nous terminerons notre étude sur l'Allemagne par quelques
mots sur la question des banques de dépôt, qui y occupe
tout spécialement l'opinion et la presse. A mesure que l'importance des sommes confiées par le public à ces établissements augmentait et que le chiffre des affaires qui se
règlent par leur intermédiaire grossissait, il était naturel
que l'Etat, qui est déjà intervenu à tant de titres dans le
mécanisme de l'émission, songeât à faire de même sur ce
domaine. Dans plusieurs pays, la question s'est agitée :
elle n'a pas donné lieu jusqu'ici à une législation positive,
bien que de nombreuses propositions aient été formulées.
C'est en Allemagne que les études ont été poussées le plus
avant; mais, même chez cette nation qui aime à réglementer, les hommes de bonne foi, éclairés par les spécia-
listes, ont dû reconnaître les immenses inconvénients qui

résulteraient d'une ingérence de l'État et avouer que l'expérience, la capacité et l'honnêteté des hommes placés à la tête de grands établissements sont les meilleures garanties que puisse avoir le public.

La commission d'enquête, qui a siégé à Berlin de 1908 à 1909, a publié en 1910 le compte rendu de ses séances et le résultat de ses travaux, auquel elle a joint un certain nombre de données statistiques et de propositions rédigées par quelques-uns de ses membres. La question des banques de dépôt avait déjà été soulevée en 1874 à la tribune du Reichstag : à la suite des désastres financiers qui avaient atteint les places allemandes et autrichiennes en 1873, M. Sonnemann, le célèbre journaliste, fondateur de la *Gazette de Francfort*, demanda une séparation d'attributions entre les divers établissements. En 1891, des malversations commises dans plusieurs maisons provoquèrent une enquête dite « de bourse », à la suite de laquelle furent votées les lois sur la bourse du 22 juin 1896 et sur les dépôts du 5 juillet 1896 (*Depot gesetz*). Mais cette dernière ne s'occupe que des dépôts de titres, et non point des dépôts d'argent que la langue allemande désigne du nom de *depositen*. Sur l'initiative du comte Arnim, le Reichstag avait, le 17 juin 1896, invité le Gouvernement à déposer un projet de loi, sans que jusqu'ici il ait été déféré à ce vœu. La question fut réveillée en 1901 par la chute retentissante de la Banque de Leipzig, puis par l'ouverture d'une section de banque dans le grand magasin berlinois de nouveautés Wertheim, qui émut les partisans de la spécialisation du travail, et enfin par la crise de 1907, qui mit encore une fois à l'ordre du jour tous les problèmes de la banque. Le 14 mai 1909, le Reichstag a adopté une motion de la commission chargée de l'examen du renouvellement du privilège de la Reichsbank, et invité le Gouvernement à présenter un projet de nature à écarter les dangers pouvant résulter, pour le public, du mode d'emploi de ses dépôts. Les partisans de cette réglementation insistent sur l'accroissement de péril qui résulte du fait que les dépôts se con-

centrent de plus en plus dans les grandes banques, dont
l'importance s'accroît sans cesse par suite de fusions et de
communautés d'intérêt établies entre beaucoup d'entre elles.
Les capitaux accumulés aux mains de certains groupes sont
consacrés à des entreprises industrielles : à un moment
donné, il pourrait être difficile de les mobiliser. On a été
jusqu'à dire que cette tendance nuisait à l'État, dont les
emprunts deviennent d'autant plus malaisés à placer que
les disponibilités sont plus rares. Ceux qui invoquent cet
argument oublient que ce n'est pas l'accumulation des dépôts
dans les banques qui en détermine l'usage, mais bien les
taux d'intérêts qui leur sont offerts d'un côté ou de l'autre.
Ils confessent d'ailleurs qu'il s'agit moins, à leurs yeux,
d'assurer la sécurité du placement des dépôts que de les
attirer vers les fonds publics.

Les adversaires de l'intervention législative répondent
que le système de banque allemand est né des circonstances,
et a rendu de grands services au développement des affaires.
L'exemple de la Grande-Bretagne, où les banques de dépôt
sont nombreuses et puissantes, ne prouve pas qu'il faille
édicter ailleurs une législation, qui n'existe pas dans le
Royaume-Uni. Les règles que suivent les banques anglaises
sont nées de la volonté de ceux qui les dirigent, et non pas de
prescriptions parlementaires : elles ne sont écrites nulle part.
On pourrait ajouter que les créations de sociétés douteuses
sont plus fréquentes à Londres qu'à Berlin, et attribuer ce fait
à ce que les *joint stock banks* anglaises se tiennent éloignées
de ce genre d'activité, tandis que les établissements allemands, qui sont à la fois banques de dépôts et banques d'affaires, apportent beaucoup de soin au choix de ces dernières.
Empêcher les dépôts d'aller aux banques, ce serait ôter à
celles-ci le moyen de donner au commerce et à l'industrie
le crédit dont ils ont besoin. Croire qu'en essayant de les
détourner on fera hausser le cours des fonds nationaux et
baisser le taux de l'escompte est une illusion. D'ailleurs les
grandes banques s'efforcent d'augmenter la proportion de

eurs ressources liquides. Même en 1906, année de grande tension monétaire, les exigibilités des banques allemandes étaient couvertes, jusqu'à concurrence des trois cinquièmes, par un actif immédiatement réalisable. Cette proportion est évidemment encore fort éloignée de celle du Crédit lyonnais, chez qui les disponibilités dépassent en général le passif exigible et qui est l'établissement que l'on peut citer comme le modèle de la banque de dépôt.

Il n'est pas toujours aisé de distinguer les dépôts proprement dits des sommes qui, à des titres divers, sont confiées aux banques, et qui comprennent le fonds de roulement des commerçants, les coupons encaissés par les rentiers, les traitements touchés par les fonctionnaires, les réserves que les négociants se constituent en vue de circonstances exceptionnelles, les capitaux temporairement disponibles et destinés à être remployés, les accumulations faites en vue d'un placement ultérieur. Ceux de ces dépôts dont le législateur se préoccupe le plus émanent de petites gens, incapables de discerner la valeur de l'établissement auquel ils confient leurs fonds : mais les 12 milliards de mark qui sont aujourd'hui entre les mains des caisses d'épargne allemandes, sans parler des dépôts confiés aux associations de crédit (*Genossenschaften*), indiquent assez la voie que prennent en majeure partie les économies populaires. D'autre part, quels sont les établissements qu'il s'agirait de soumettre à la loi? Atteindrait-elle les 3 500 banquiers particuliers qui existent en Allemagne, et dont plusieurs centaines travaillent avec un capital notoirement insuffisant? Enfin les règlements des caisses d'épargne elles-mêmes sont-ils à l'abri de toute critique? Elles prétendent que les dépôts qui leur sont confiés ne courent pas le moindre risque. Il n'en est pas moins vrai que leur habitude de faire beaucoup de placements hypothécaires ne rend pas facile la mobilisation des fonds.

Les réformateurs ont réclamé la séparation des affaires de banque ordinaires et de la réception des dépôts ; ils ont demandé la constitution de caisses officielles, à commencer par une banque impériale qui aurait pour fonction unique la garde des sommes que le public lui confierait ; elle aurait des succursales et pourrait, dans les localités où elle n'en aurait pas établi, utiliser celles de la Reichsbank. On a aussi proposé d'autoriser celle-ci à recevoir des dépôts à intérêt ; ou bien d'ériger la *Seehandlung*, banque d'État prussienne, en banque de dépôts, ce qui serait d'autant plus facile qu'elle se consacre aujourd'hui aux affaires qui sont du ressort des établissements de cette nature. On s'est demandé s'il convient de fixer des règles (*Normativ bestimmungen*) pour l'emploi des fonds des banques de dépôt, comme il en existe pour les banques hypothécaires et les caisses d'épargne ; d'exiger une proportion d'encaisse métallique, d'obliger les établissements à confier à la Reichsbank une fraction déterminée de leurs propres dépôts : cette fraction, ne fût-elle que de 1 pour 100, représenterait déjà un versement à la Reichsbank de 240 millions, puisque les dépôts des banques s'élèvent à 8 milliards, ceux des *Genossenschaften* à 3 et des caisses d'épargne à 13 milliards. On a proposé d'imposer l'emploi en escompte, en fonds publics ; de limiter le maximum des dépôts à un multiple des ressources propres de l'établissement ; de donner un droit de préférence sur l'actif aux déposants ; d'exiger une publicité régulière en prescrivant la forme dans laquelle les bilans seraient établis ; d'organiser un contrôle. Mais la solution n'a pas encore été trouvée. L'économiste Gustave Cohn résume ainsi la situation : « Des abus se produisent ; on désire les écarter ; le Reichstag a exprimé un vœu à cet égard ; une commission d'enquête étudie les voies et moyens, qu'une majorité parlementaire est prête à voter ; mais ni la commission ni l'assemblée ne sont certaines du succès. »

Une question s'est posée en Allemagne à propos des efforts tentés par certaines banques pour attirer à elles les petits dépôts et faire concurrence aux caisses d'épargne. Il en est qui reçoivent des versements inférieurs à 5 mark et leur bonifient un intérêt relativement élevé. On a songé à fixer un minimum pour le versement initial d'un compte.

Le tableau ci-contre, dressé par les soins de la Reichsbank pour la commission d'enquête, nous montre la situation, en 1908, des principales banques allemandes, réparties en cinq groupes : celui des banques dites de crédit, correspondant à ce que nous appellerions en France banques d'affaires et de dépôt, celui des banques hypothécaires, celui des banques d'émission, et deux derniers, beaucoup moins importants, comprenant les établissements qui reçoivent des fidéicommis et enfin ceux qui ne rentrent pas dans les autres classes. Le total des dépôts et des comptes courants créditeurs dépasse 9 milliards de mark ; les dépôts proprement dits, qui représentent 4110 millions, n'atteignent que les quatre cinquièmes environ du capital et des réserves, qui s'élèvent à 4922 millions. Cette proportion des engagements vis-à-vis des tiers par rapport au patrimoine des banques est rassurante. Chez les banques anglaises, elle est bien plus forte, surtout si on ne considère que le capital versé et les réserves ; mais le fait que la plupart des actions des *joint stock banks* ne sont libérées que d'une fraction de leur montant nominal donne aux déposants une garantie additionnelle, puisque les propriétaires des titres sont tenus, au premier appel du conseil d'administration, de verser en tout ou en partie le solde qu'ils doivent en vertu de leur possession d'actions.

L'un des arguments invoqués par les partisans d'une législation spéciale aux banques de dépôt est que les grands établissements, ceux de Berlin en particulier, attirent à eux une masse de capitaux et rendent ainsi la vie beaucoup plus difficile à leurs confrères de moyenne importance. Or, si on examine le rapport des dépôts aux capitaux propres des banques, composés du fonds social et des réserves, on trouve que souvent la proportion est inverse, c'est-à-dire qu'aux petits capitaux correspond un chiffre relativement plus élevé de dépôts : ainsi la Banque nationale pour l'Allemagne a un capital de 84 millions, plus que double du chiffre de ses dépôts qui est de 39 millions, tandis que la

BILANS DE 458 BANQUES ALLEMANDES EN 1908
(SOCIÉTÉS PAR ACTIONS)

	392 BANQUES de crédit.	40 BANQUES hypothécaires.	5 BANQUES d'émission.	14 BANQUES diverses.	7 SOCIÉTÉS de fidéicommis (treuhand).	TOTAL
ACTIF (MILLIONS DE MARCS)						
Encaisse	532	41	1 135	1	0	1 709
Avoir en banque	539	143	1	4	2	688
Portefeuille	2 960	197	1 291	4	1	4 453
Avances sur titres et reports . .	1 217	83	242	10	»	1 552
Avances sur marchandises	303	»	»	»	»	303
Titres	761	193	404	183	3	1 544
Participations syndicales	400	9	»	2	»	411
Commandites	403	14	»	6	»	123
Débiteurs	5 997	313	36	50	1	6 397
Prêts commerciaux	»	323	»	»	»	323
Avances sur effets, obligations . . .	88	»	»	»	»	88
Débiteurs pour aval	537	9	»	2	»	549
Hypothèques	173	9 808	»	2	»	9 983
Immeubles et mobilier	261	40	59	2	»	362
Divers	70	101	75	4	»	250
TOTAUX	14 270	11 274	3 243	270	7	29 064
PASSIF						
Capital versé	2 847	676	235	92	3	3 853
Réserves	676	291	87	14	1	1 069
Dépôts	3 178	202	730	»	»	4 110
Créditeurs	4 819	132	14	66	1	5 082
Acceptations et chèques	1 809	89	»	3	»	1 901
Avals	536	11	»	2	»	549
Circulation	»	»	2 125	»	»	2 125
Lettres de gage et obligations commerciales	»	9 642	»	»	»	9 642
Divers	89	125	15	85	1	315
Bénéfice net	286	86	37	8	1	418
TOTAUX	14 270	11 274	3 243	270	7	29 064

banque d'épargne du Mecklembourg, a 34 millions de dépôts, soit près de sept fois son capital de 5 millions.

	CAPITAL (Millions).	DÉPÔTS (Millions).	RAPPORT des dépôts aux capitaux. (Pour 100.)
Deutschebank	300	489	163
Discontogesellschaft	230	285	124
Dresdnerbank	230	255	111
Banque pour le commerce et l'industrie	185	93	50
Banque nationale pour l'Allemagne.	84	39	46
Banque du Holstein occidental.	9	33	366
Banque du Sleswig-Holstein. .	8,5	26	305
Banque d'épargne du Mecklenbourg	5	34	680

On a proposé d'amener les banques de province, à faible capital, à se syndiquer, de façon à établir une responsabilité solidaire qui donnerait une plus grande sécurité aux déposants : mais rien n'est encore sorti des projets plus ou moins vagues, qui ont été formulés à l'occasion des travaux de la commission d'enquête et qui ne répondent ni à une nécessité de la situation ni à un désir du public. Nous n'en avons pas moins cru nécessaire de signaler cette question des banques de dépôt, qui est à l'ordre du jour, non seulement en Allemagne, mais dans la plupart des pays modernes. L'occasion s'est offerte à nous d'en parler au présent chapitre, parce que c'est en Allemagne que les idées d'intervention du législateur en cette matière ont été poussées le plus loin. Nous ne connaissons pas encore tous les changements que l'évolution qui se poursuit sur ce terrain doit amener dans la vie économique, et nous ne pouvons ni prévoir ni mesurer toutes les répercussions qu'elle aura sur le régime des banques d'émission. Mais il est facile de s'en rendre compte d'une façon générale, en rapprochant le chiffre des dépôts de banque de celui des billets, et en constatant de combien le premier dépasse le second. Si, de plus, on réfléchit que la vitesse de circulation par les transferts de banque, notamment au moyen de télégrammes, peut être très supérieure à celle qui est obtenue par la voie de remise des billets, on achèvera de comprendre l'importance de la question. L'intervention du Gouvernement n'est pas désirable. Ce n'est pas une raison pour qu'elle ne se produise pas. Chez plusieurs nations, il y a eu ce qu'on appelle en matière juridique un commencement d'exécution. L'existence de caisses d'épargne postales, organisées et gérées par maints gouvernements, met entre leurs mains des sommes considérables, supérieures à celles que pourrait leur procurer l'émission de papier-monnaie. L'administration de ces milliards constitue un des problèmes les plus intéressants du monde économique moderne : son examen sort du cadre de notre ouvrage ; mais nous le livrons aux méditations de nos lecteurs, en nous réservant d'y revenir dans un autre volume.

Avant de quitter l'Allemagne, il convient de mentionner la banque d'État prussienne, appelée *Seehandlung*, littéralement commerce maritime, qui n'émet pas de billets, mais qui, grâce à son capital de 100 millions de mark, ne laisse pas que de jouer un rôle sur le marché monétaire. Son intervention a parfois provoqué des plaintes de la part de la Reichsbank, dont elle gênait l'action au point de vue de la fixation du taux d'intérêt. Dans les derniers temps, elle paraît avoir marché d'accord avec l'établissement principal et s'être conformée aux indications émanées de l'institut qui a la responsabilité de la direction du marché des capitaux dans toute l'Allemagne.

CHAPITRE X

ITALIE, MEXIQUE, CHINE, ÉQUATEUR

L'Italie est la patrie des banques : à une époque ou d'autres nations européennes étaient encore plongées dans une sorte de barbarie financière, elle avait, dans ses grandes villes, des établissements florissants. Ceux de Venise, de Gênes, ont joué un rôle considérable dans l'histoire italienne et sont restés célèbres. Leurs rapports avec les républiques locales et avec plusieurs gouvernements étrangers ont été fréquents et forment un chapitre intéressant de l'histoire de la péninsule.

Parmi les ancêtres illustres des banques contemporaines, il faut citer d'abord la Banque de Gênes, *Casa di San Giorgio*, qui tira son origine d'une association de créanciers fondée en 1148 pour administrer les revenus publics. Ce système s'étendit, et il fut constitué autant de sociétés spéciales qu'il y avait d'emprunts : on les appelait *compere*. Vers 1250, on les fondit en une seule, qui reçut le nom de *Compera del Capitolo*. En 1407, Jean le Maingre, maréchal de France, transforma cette *compera* en *Ufficio di San Giorgio*, destiné à avancer au Gouvernement les fonds dont il avait besoin : en échange, l'Office de Saint-Georges reçut l'administration de plusieurs colonies en Orient, de la Corse et de divers revenus. A partir de 1675, les payements des lettres de change durent se faire en *biglietti di cartulari di San Giorgio*. C'étaient des certificats de dépôt, se rapprochant dans une certaine mesure du billet de banque moderne. L'Office de Saint-Georges disparut en 1797 ; sa dette se confondit en 1816 avec celle de l'État sarde, auquel Gênes fut annexée à cette date. On voit quels liens étroits avaient toujours attaché cette institution au Gouvernement, dont les finances étaient pour ainsi dire entre ses mains et dont le crédit n'avait cessé de s'appuyer sur le sien.

A Venise, les changeurs, *campsores*, reçurent de bonne heure des dépôts ; les banques firent de même et commencèrent au xvᵉ siècle à émettre des certificats, dits *contadi di Banco*. Des séries de faillites amenèrent le Sénat à décider l'établissement d'une banque publique, que les lois de 1584 et 1587 organisèrent sous le nom de *Banco della Piazza del Rialto*. Une loi de 1593 décida que les lettres de change ne seraient payées que par des transferts de banque. C'était l'indice d'une organisation financière très avancée que cette suppression de l'emploi du numéraire dans les règlements. En 1619, fut fondé le *Banco del Giro* (Banque du virement), qui fit à la République une avance de 500 000 ducats et absorba en 1637 le *Banco del Rialto*. La République n'ayant pu s'acquitter de sa dette, le *Banco del Giro* dut suspendre, de 1717 à 1739, ses paiements en espèces, ce qui fit disparaître la prime de la monnaie de banque, laquelle s'était antérieurement élevée jusqu'à 20 pour 100. Une fois qu'elle eut repris les paiements en espèces en 1739, la Banque de Venise les continua jusqu'à l'occupation française en 1797 : elle disparut en 1806, à la suite de la paix de Presbourg.

Les guerres de la fin du xviiiᵉ siècle et la conquête française ne laissèrent rien subsister de ces anciens établissements, à l'exception du *Monte dei Paschi* à Sienne, sorte de banque agricole et hypothécaire, dont l'origine datait du xviiᵉ siècle. En 1844, des lettres patentes du roi Charles-Albert, du 16 mars, créèrent la Banque de Gênes, au capital de 4 millions de lire[1], sous la surveillance d'un

1. La lire en est l'unité monétaire italienne. Les pièces d'or et d'argent, sont frappées au même titre et au même poids que les monnaies françaises. la lire étant l'équivalent du franc. En vertu de l'Union latine, les pièces

commissaire et d'un sous-commissaire royaux. A partir
de 1846, elle devait recevoir de l'Etat une subvention annuelle de 4 millions, sur lesquels elle lui paierait l'intérêt à
2 pour 100. Une autre banque fut fondée, au même capital
de 4 millions, à Turin en 1847 : les deux fusionnèrent
en 1849 pour former la Banque nationale de Sardaigne,
dont le capital fut successivement porté à 32 millions, et dont
la durée devait s'étendre jusqu'en 1880. Dès 1848, le Gouvernement avait demandé à la Banque de Gênes un prêt
de 20 millions au taux de 2 pour 100 et lui avait donné en
garantie les biens des ordres des Saints-Maurice et Lazare :
les billets reçurent cours forcé ; en 1849, les paiements en
espèces furent repris et le prêt remboursé. La limite de
la circulation, qui était le triple de l'encaisse, fut élargie
en 1856. Lors de la guerre contre l'Autriche, en 1859, le
cours forcé fut de nouveau établi, et une avance de 30 millions consentie au Trésor. Les effets de la guerre étaient les
mêmes des deux côtés des Alpes. Après la paix de Villafranca, la Banque devint Banque nationale du royaume
d'Italie, au capital de 40 millions, et couvrit de succursales
les territoires nouvellement acquis par Victor-Emmanuel II.
Le 29 juin 1865, son capital fut fixé à 100 millions. L'année
suivante, lors de la guerre contre l'Autriche, le cours forcé
reparut. En 1872, le capital de la Banque nationale fut
porté à 200 millions de lire. Elle prenait une place de plus
en plus considérable dans l'Italie désormais unifiée, où fonctionnaient, à côté d'elle, cinq autres instituts d'émission : la
Banque romaine, fondée en 1851 au capital de 15 millions ;
la Banque nationale de Toscane, fondée en 1857 au capital
de 30 millions ; la Banque toscane de crédit, fondée en 1860
au capital de 10 millions ; la Banque de Naples, dont l'origine remontait à 1794, et qui n'avait pas d'actionnaires,
non plus que la Banque de Sicile : le patrimoine des deux

italiennes ont cours légal en France, sauf toutefois les monnaies divisionnaires (voir ci-dessus, p. 36).

dernières avait été constitué par l'accumulation des bénéfices.
La circulation autorisée par la loi de 1874 était :

Pour la Banque nationale. . . . .   450 millions.
   --   —   romaine.   45   --
   —   —   nationale de Toscane . . .   63   —
   --   —   toscane de crédit.   15   ...
   --   —   de Naples   146   --
   --   —   de Sicile   36   --
                                                 ─────────────
       TOTAL . . . .   755 millions.

à côté desquels circulaient les billets d'État. Il est à remarquer que c'est seulement depuis la loi de 1874 que les
Banques de Naples et de Sicile émirent des billets proprement dits ; auparavant elles n'avaient en circulation que des
bons, qui portaient le nom de *fede di credito* et de *polizze*.
En cette même année fut fondée ce qu'on appela l'Union des
banques, qui est restée célèbre dans l'histoire italienne sous
le nom de *Consorzio*. Ce syndicat devait opérer le retrait des
840 millions de billets émis pour le compte de l'État et les
remplacer par des billets de la Banque nationale, qui avaient
désormais cours légal dans tout le royaume. Le Gouvernement était autorisé à se faire avancer des sommes jusqu'à
concurrence d'un milliard, contre lesquelles il remettrait en
garantie des titres de rente 5 pour 100. Il obtint ainsi jusqu'à
940 millions ; il en remboursa 600 au moyen d'un emprunt
extérieur qu'il émit en 1881, et qui lui permit d'abolir le
cours forcé. Pendant quelques années, le change avec la
France, c'est-à-dire en d'autres termes la parité avec l'or,
se maintint aux environs du pair, et descendit parfois au-
dessous, comme l'indique le tableau suivant des maxima et
minima, au cours de quelques années caractéristiques, entre
1881 et 1893.

ANNÉES	COURS DU CHANGE SUR PARIS	
	Maximum.	Minimum.
1881.	101.55	98.72
1882.	101.22	99.32

ANNÉES	COURS DU CHANGE SUR PARIS	
	Maximum.	Minimum.
1883.	101,25	98,75
1884.	100,40	99,77
1885.	101	100,14
1886.	100,45	99,84
1887.	101,76	100,40
1890.	102,21	100,10
1893.	115,95	103,97

Les désordres qui devaient rendre inévitable la refonte du système d'émission italien éclatèrent en 1893 à la Banque romaine. En trois ans, sa circulation avait passé de 45 à 137 millions, alors que le maximum légal était de 75 millions : elle avait dissimulé cette situation en émettant des billets portant les mêmes numéros que ceux déjà créés. Le défaut de surveillance, et peut-être la connivence de certaines autorités, permirent au mal de prendre des proportions extraordinaires. Quand le scandale éclata, ce fut une panique générale, qui eut, entre autres, pour effet de précipiter l'exportation des espèces, même des monnaies divisionnaires, et de faire monter le change de 3 à 16 pour 100. L'Italie traversa alors une des périodes les plus critiques de son histoire financière : elle augmenta l'impôt qui frappait sa rente en le portant à 20 pour 100, et connut des difficultés de toute nature. Elle comprit qu'il fallait procéder à une réorganisation de son système d'émission.

Elle le fit par la loi du 10 août 1893, qui a subi depuis lors d'assez nombreuses modifications de détail, mais dont les prescriptions essentielles restent en vigueur. Elle autorisait tout d'abord la fusion de la Banque nationale du royaume avec la Banque nationale toscane et la Banque toscane du crédit, de façon à former un nouvel établissement qui reçut le nom de *Banca d'Italia*, au capital nominal de 300 millions, divisé en 300 000 actions de 1 000 lire chacune, sur lesquelles il avait été versé 700 lire. La loi donnait à la Banca d'Italia et confirmait aux Banques de Naples et de

Sicile, pour vingt ans, l'autorisation d'émettre des billets, jusqu'à concurrence d'un maximum de 1 097 millions, lequel, au bout de 14 ans, devait être ramené à 864 millions ; une loi ultérieure éleva ce maximum à 908 millions et en fit la répartition suivante :

Banca d'Italia. .	630	postérieurement portés à.	660	au lieu de	800
Banco di Napoli.	190	—	— .	200	—	242
— di Sicilia .	44	--	— .	48	--	55
Total. . . .	864 millions --	—	908	au lieu de	1 097

Tels étaient les chiffres de ce que les Italiens appellent la circulation normale, et qui sont encore aujourd'hui en vigueur. Cette circulation normale pouvait toutefois être dépassée dans la mesure et aux conditions suivantes : jusqu'à concurrence de 62,5 millions, moyennant un impôt égal au deux tiers du taux de l'escompte ; de 62,5 à 125 millions, moyennant un impôt égal à ce taux. Ces 125 millions étaient répartis à raison de 90 à la Banque d'Italie, 28 à la Banque de Naples, 7 à la Banque de Sicile. Chaque établissement aura un capital ou un patrimoine égal au tiers de la circulation autorisée, faute de quoi celle-ci sera proportionnellement réduite. A cet effet, une commission de sept membres, dont deux élus par le Sénat, deux par la Chambre et trois nommés par décret royal, procédera, avant l'expiration de la quatorzième année, à une évaluation de leur capital ou patrimoine. La circulation peut excéder la limite légale, à condition d'être couverte, intégralement pour le surplus, par des monnaies à force libératoire ou des lingots d'or. Les billets émis pour faire des avances à l'État, à titre ordinaire ou extraordinaire, ne sont pas compris dans la limite ci-dessus : les encaisses métalliques devront être des deux cinquièmes des billets ; et 33 pour 100 au moins consister en monnaies italiennes à force libératoire, ou en monnaies d'or étrangères admises à circuler dans le royaume : le solde de 7 pour 100 pourra être représenté par lettres de change sur l'étranger, revêtues de signatures de premier ordre, agréées par le Ministre du Trésor. La partie métallique de cette réserve sera constituée, pour les trois quarts au moins, en or.

Les billets en circulation seront retirés, et tous ceux qui n'auront pas été présentés à l'échange avant le 31 décembre 1902 seront prescrits : moitié de la somme ainsi rayée du passif des banques sera attribuée à la Caisse nationale des invalides du travail. Les billets seront fabriqués dans la forme et selon les modes prescrits par arrêté ministériel. La nomination du directeur général est soumise à la ratification gouvernementale. La surveillance permanente des instituts d'émission s'exerce par le ministère de l'agriculture, de l'industrie et du commerce, d'accord avec celui du Trésor. Tous les deux ans, une inspection extraordinaire est faite par des fonctionnaires n'ayant pas encore été appelés à remplir cette tâche : ils présentent leur rapport au Parlement. Ce document biennal, très volumineux, indique la minutie avec laquelle ils s'acquittent de leur mission.

La Banque d'Italie est tenue de faire au Trésor les avances ordinaires et extraordinaires auxquelles étaient obligées la Banque nationale, la Banque nationale toscane, la Banque toscane de crédit, la Banque romaine, jusqu'à un total de 115 millions. Rien n'est innové quant aux impôts et à la garantie des billets émis pour le besoin des dites avances. La Banque romaine a été mise en liquidation par les soins de l'État, qui a délégué la gestion de cette liquidation à la Banque d'Italie. Les billets de la Banque romaine non présentés en 1898 ont été prescrits. Le Trésor a déposé entre les mains de la Banque d'Italie 40 millions de bons ne portant pas intérêt, en garantie de la partie non couverte de la circulation de la Banque romaine. Chaque année, la Banque d'Italie versera 2 millions au compte de liquidation de la Banque romaine. Elle conserve en portefeuille, à titre de placement (*fondi di scorta*), un certain chiffre de fonds d'État. qui ne peut excéder 75 millions de lire, outre le montant de sa réserve ordinaire.

Une convention, intervenue le 28 novembre 1896 entre le
Gouvernement et la Banque d'Italie, a réduit de 30 millions
le capital de cette dernière, et disposé que chaque année, à
partir de 1898, la circulation serait diminuée de 17 millions
jusqu'à ce qu'elle soit ramenée au niveau légal. A partir du
1er janvier 1897, l'encaisse (que les Italiens nomment réserve)
ne pourra descendre au-dessous de 300 millions. Ce chiffre
a ensuite été porté à 400 millions et constitue la réserve
dite irréductible. Les porteurs de billets ont un droit de
préférence : *a*) sur les espèces ; *b*) sur les bons du Trésor et
autres titres italiens ; *c*) sur les effets étrangers non appliqués
à la réserve métallique ; *d*) sur les créances qui résultent des
avances sur titres, les droits des emprunteurs étant toutefois
sauvegardés ; *e*) sur les effets italiens non immobilisés. Les
billets de la Banque émis pour les avances ordinaires au
Trésor seront couverts par les bons correspondants, exclusivement affectés, comme la réserve de 300 millions, à la
garantie des porteurs. Enfin, l'article 22 de la convention
porte que si, deux ans avant l'expiration du privilège, la
Banque a rempli toutes les conditions des lois et conventions en vigueur, elle verra *ipso facto* sa concession prorogée
au 31 décembre 1923. Cette disposition a été appliquée dès
1908 : le terme de 1923 est acquis.

Le tableau ci-contre indique le mouvement des principaux comptes de la Banque d'Italie depuis 15 ans : tous,
à l'exception des dépôts, sont en augmentation notable. La
situation de l'établissement se fortifie rapidement : en 1907,
lors de la dernière crise, la circulation de juin à novembre
passa bien de 1265 à 1412 millions, mais, durant la même
période, la réserve s'éleva de 932 à 1100 millions, et la limite
de l'émission, non sujette à l'impôt spécial des deux tiers
de l'escompte, ne fut dépassée qu'un moment, et pour 48 millions seulement. La proportion de l'encaisse à la circulation
qui était en 1894 de 44 pour 100, s'est élevée en 1909 à
73 pour 100.

BANQUE D'ITALIE

(MILLIONS DE LIRE)

DATES 31 décembre.	ENCAISSE métallique.	CIRCULATION	DÉPÔTS et comptes courants.	ESCOMPTE	AVANCES
1894	362	826	213	191	28
1896	364	773	208	224	24
1898	367	834	232	313	11
1900	351	820	192	331	35
1902	402	855	172	344	46
1904	562	914	185	340	39
1905	720	1 005	185	401	72
1907	1 018	1 411	212	480	71
1909	1 065	1 441	183	498	124

Au 31 décembre 1909, d'après le bilan que nous reproduisons plus loin, la Banque d'Italie n'avait fait aucun usage du droit qu'elle a d'émettre des billets au delà de la limite normale et avec couverture de 40 pour 100. Elle n'avait non plus émis aucun billet de ceux qu'elle est autorisée à créer pour faire des avances au Trésor et qui n'ont besoin d'être couverts que par une encaisse égale au tiers de leur total.

Ce qui dans les écritures est indiqué comme autre réserve (*altra riserva*) est l'écart entre le montant total de l'encaisse métallique et celui de l'encaisse irréductible, fixé à 400 millions. L'*altra riserva*, préalablement diminuée d'un chiffre correspondant à 40 pour 100 des dettes à vue de la Banque (autres que les billets), est destinée, avec la *riserva irreducibile* et la *riserva equiparata* (traites sur l'étranger, etc.), à garantir la circulation, à raison de 40 pour 100 pour les billets compris dans les limites légales et de 100 pour 100 pour le reste.

Le fonds de dotation pour le service de la Trésorerie provinciale, inscrit au bilan pour 223 millions, est le fonds de roulement affecté à ce service. En vertu de la convention de 1895, lorsque le crédit de l'État dépasse 40 millions, ou tombe au-dessous de 10 millions, un intérêt de 1 1/2 pour 100 est calculé sur la différence à la charge ou en faveur de la Banque d'Italie, selon les cas. Le 10, le 20 et le dernier jour de chaque mois, le solde du compte doit être d'au moins 30 millions en faveur du Trésor. La Banque a fourni un cautionnement de 90 millions en fonds d'État, destiné à garantir l'exécution de ce service, et qui figure à l'actif du bilan.

Le capital, composé de 300 000 actions, dont le capital nominal a été ramené du chiffre primitif de 1 000 à 800 lire, figure au passif pour 240 millions ; mais comme chaque titre n'est libéré que de 600 lire, les actionnaires doivent à la société 60 millions qu'ils pourraient, le cas échéant, être appelés à lui verser, et qui, pour ce motif, figurent à l'actif. Il convient de rappeler ici qu'en 1894, un appel de 100 lire par action eut lieu : mais cette somme ne fut pas ajoutée au capital versé : elle fut abandonnée par les actionnaires pour combler en partie le déficit dû aux affaires de la Banque romaine ; en compensation on diminuera leur engagement ultérieur d'une somme égale, et le capital nominal de chaque titre fut réduit à 900 lire. En 1896, le capital nominal fut réduit de 100 lire et ramené à 800 lire. Ce nouveau sacrifice de 30 millions était destiné à liquider la dette de l'ancien département de crédit foncier de l'ex-banque nationale vis-à-vis de l'établissement. Les réserves s'élèvent maintenant à 58 millions ; la circulation de 1442 millions est couverte par une encaisse métallique de 1141 millions, composée de 1055 millions de monnaies et lingots d'or et d'argent à force libératoire, auxquels s'ajoutent 86 millions de traites, de crédits au dehors, et de bons de trésors étrangers, considérés comme l'équivalent d'espèces, et comptés dans la couverture légale de la circulation : au contraire, les billets d'État, ceux des autres banques, les bons de poste et les monnaies de bronze et de nickel n'entrent pas dans le calcul de la couverture légale. Le portefeuille italien s'élève à 427 millions ; le portefeuille étranger libre, c'est-à-dire qui n'est pas directement affecté à la garantie des billets, à

BILAN DE LA BANQUE D'ITALIE

AU 31 DÉCEMBRE 1909

Réserve irréductible, 400 millions; autre réserve, 741 millions.

ACTIF			Millions de lire.
Caisse.	Or et argent. . . . . 1 055 } 1 055		
	Traites sur l'étrang., bons de Trésors étrangers. 86		
	Réserve totale 1 111		1 066
	Billets d'État.	5	
	Billets d'autres banques	1	
	Bons de poste.	1	
	Monnaie de bronze et de nickel.	4	
Portefeuille d'effets sur l'Italie			127
— — l'étranger			71
Effets à l'encaissement			2
Avances			124
Titres.	Pour le placement (Scorta)	61	171
	Emploi du fonds de réserve (massa di rispetto) .	17	
	Cautionnement pour le service de la Trésor. provinciale.	92	
	Emploi de divers fonds mis de côté (accantonati) . .	1	
Comptes courants.	En Italie	39	64
	A l'étranger	25	
Actionnaires (restant dû sur les actions)			60
Immeubles de service			22
Services divers pour compte de l'État et des provinces			1
Banque romaine (en liquidation) : sa dette en compte courant			79
Divers.	Dotation du Crédit foncier	30	110
	Part de la Banque dans le cap. du Créd. agraire du Latium.	0 5	
	Dû par la Société d'assainissement de Naples. . .	38 5	
	Frais à amortir	3	
	A liquider au compte riscontrata.	16	
	Emploi de la réserve extraordinaire.	10	
	Emploi pour les caisses de prévoyance des pensions des anciens instituts d'émission	7	
	Débiteurs divers.	11	
TOTAL.			2 206

PASSIF			Millions de lire.
Capital et réserves.	Capital	240	298
	Réserve ordinaire	48	
	— extraordinaire	10	
Billets en circulation.			1 442
Dettes à vue : traites, mandats, assignations, délégations, lettres de change.			127
Dépôts en compte courant à intérêt.			51
Comptes courants sans intérêt			6
Services divers pour compte de l'État et des provinces.	Dotation de la Trésorerie provinciale . . .	223	246
	Chemins de fer de l'État.	4	
	Certificats nominat. pour paiements des droits d'importat.	0 2	
	Opérations diverses pour compte du Trésor . . .	0 8	
	Service des caisses provinciales	8	
	Divers fonds mis de côté	1	
Divers.	Provision pour les moins-values du portefeuille . . .	4	31
	Caisse des communes et autres personnes morales . .	5	
	Fonds des caisses de prévoyance pour les pensions. .	8	
	Réescompte du portefeuille.	2	
	Créditeurs divers.	11	
Bénéfices de l'exercice			15
TOTAL.			2 206

71 millions; les avances, à 124; les comptes courants débiteurs, à 64 millions. Le total des titres, qui sont presque exclusivement des fonds d'État, s'élève à 171 millions : dans ce total figurent l'emploi partiel du capital et de la réserve, et le cautionnement fourni par la Banque de l'État, en garantie des services de trésorerie dont elle est chargée. D'autre part, nous remarquons au passif 236 millions, qui représentent l'avoir des trésoreries et caisses provinciales, des chemins de fer de l'État, et de diverses autres administrations publiques.

La Banque d'Italie prend part aux opérations d'emprunt du Gouvernement : au printemps de 1909, d'accord avec les Banques de Naples et de Sicile, avec les principales sociétés de crédit et caisses d'épargne du royaume, elle a formé un syndicat pour acquérir la majeure partie du nouveau fonds 3 1/2 pour 100 amortissable, créé par l'État pour les besoins de ses chemins de fer. La Banque de France, il y a un demi-siècle, avait rendu un service semblable aux compagnies de chemins de fer françaises, en les aidant à placer leurs obligations parmi sa clientèle. L'accueil fait par le public à ce fonds 3 1/2 a été tel que le ministre a décidé d'offrir désormais aux souscripteurs une rente 3 pour 100. Ce taux marque les progrès faits, depuis la fin du xixᵉ siècle, par le crédit italien, coté aujourd'hui plus haut que celui de l'Allemagne : le 3 1/2 italien est à 103, le 3 1/2 prussien à 92. De même que nous avons vu la Banque de France venir en aide aux inondés de Paris et de la banlieue, de même la Banque d'Italie, sur l'invitation du Gouvernement, a participé pour 30 millions de lire au syndicat destiné à faire des avances aux victimes du tremblement de terre de décembre 1908, aux conditions du décret-loi du 5 novembre 1909; mais le concours est donné sous une tout autre forme que celui de la Banque de France : la Banque d'Italie s'est bornée à souscrire une somme modeste et n'a pas fait d'avance à l'État pour cet objet.

BANQUES DE NAPLES ET DE SICILE

Les seuls établissements qui, en dehors de la Banque d'Italie, soient encore autorisés à émettre des billets, sont les Banques de Naples et de Sicile, dont le caractère est très différent de celui de l'établissement principal. Leur histoire a été mêlée de près à celle du royaume des Deux-Siciles, et les traditions et attaches locales ont été assez fortes pour empêcher leur absorption par la Banque d'Italie, qui, dans l'esprit des fondateurs du royaume, était destinée à assurer l'unité de la circulation financière. La législation, en ce qui concerne l'émission, est d'ailleurs uniforme pour les trois instituts, vocable officiel sous lequel ils sont désignés.

La Banque de Naples n'a pas de capital inscrit : son patrimoine de 50 millions n'appartient pas à des actionnaires particuliers, mais à l'établissement lui-même, dont les bénéfices accumulés ont servi à le constituer. Les écritures indiquent le mécanisme de la circulation. Le chiffre de billets qui est autorisé avec une couverture métallique de 40 pour 100 est de 200 millions. Le 31 décembre 1909, il s'y ajoutait 168 millions à pleine couverture métallique, et 27 millions couverts par 40 pour 100 d'encaisse, qui acquittaient un impôt spécial, égal au tiers de l'escompte pour 15 millions, aux deux tiers pour 12 millions. L'encaisse devait donc être de 80 + 168 + 10 = 258 millions. Or, nous voyons à l'actif, au chapitre or et argent libératoire, 213 millions, auxquels s'ajoutent 44 millions prélevés sur le portefeuille étranger et immobilisés pour compléter l'encaisse à son chiffre légal.

Le même document nous apprend qu'au 31 décembre 1909 la Banque de Naples n'avait émis aucun billet à valoir sur les 15 millions qu'elle a le droit de créer avec couver-

BILAN DE LA BANQUE DE NAPLES AU 31 DÉCEMBRE 1909
(LIMITE DE LA CIRCULATION NORMALE : 200 MILLIONS)

ACTIF			Millions de lire.
Caisse...	Valeurs métalliques appliquées à la couverture de la circulation :		213
	Or.................................... 197		
	Argent { écus.............. 14		
	{ monnaies divisionnaires 2 } 16		
	Autres valeurs :		4
	Billets d'État.......................... 1		
	Billets des autres banques et bons agraires...................... 2 }		
	Bons postaux, monnaies de nickel et bronze, billets étrangers... 1		
Portefeuille italien.	Lettres de change................... 116		118
	Bons du Trésor italien................ 2 }		
	Lettres de gage....................... 1		
Portefeuille étranger.	Lettres de change { appliquées à la réserve métallique 43 }		44
Effets à l'encaissement	Bons du Trésor { serve métallique 1 }		1
Avances...	Sur fonds d'État et bons du Trésor... 10		23
	Sur lettres de gage, fonds étrangers... 1		
	Sur soies............................. 1		
	Sur warrants et récépissés de dépôt de marchandises... 2		
	Pour le service du Mont-de-piété... 11 }		
Titres...	Servant de placement *per la sorlia*... 23		83
	Emp. des impôts versés p. le crédit foncier. 15		
	Provenant de l'opération des 45 millions (loi 1907)... 45 }		
Comptes courants.	{ avec les autres instituts d'émission et les correspondants. En Italie 33 }		45
	{ Autres.............. 7 }		
	À l'étranger........... 5		
Immeubles de service................................			6
Services pour compte de l'État et des provinces........			8
Fonds de garantie du département hypothécaire.........			3
Dû par la société napolitaine d'assainissement.........			23
Avance au Crédit foncier.............................			5
Avances à la commune de Naples (antérieures à 1893)...			
Crédit pour prêt aux victimes du tremblement de terre de Ligurie en 1887.........................			2
Frais à amortir.....................................			1
Billets de la Banque de Sicile (*riscontrata*)...........			1
Débiteurs divers.....................................			6
Total..............................			598

PASSIF			Millions de lire.
Patrimoine...............................			50
Réserve...	Immobilisée par le service des remises d'émigrants...............		0* } 14
	Disponible...........................		13*
Circulation	au delà de la limite normale	avec couverture de 40 pour 100	Limite normale (avec 40 pour 100 de couverture)... 200	395
			à pleine couverture métallique.. 168	
			Jusqu'à 15 millions, sujette à l'impôt du tiers de l'escompte... 15	
			de 15 à 30 millions (impôt des 2/3 de l'escompte)... 12	
			de 30 à 45 millions (impôt égal à l'escompte)... »	
			au delà de 45 millions (impôt 7 1/2 pour 100)... »	
		Insuffisamment couverte (impôt 7 1/2 pour 100)... »	
Dette à vue	Récépissés (*vaglia cambiari*)... 34		54
	Divers titres de crédit (*madre-fedi, fedi di credito, altri titoli apodissari*)... 12		
	Autres titres nominatifs à vue... 8		
Dépôts en compte courant à intérêt...............			29
Comptes courants en Italie et à l'étranger........			1
Services pour compte de l'État et des provinces....			2
Fonds de garantie et service de caisse du département hypothécaire..................			10
Caisse d'épargne de la Banque...................			14
Agence d'épargne des émigrants italiens...........			3
Service de caisse de Naples et autres personnes morales.			6
Billets à rembourser à la Banque d'Italie (*riscontrata*)...			12
Créditeurs divers...............................			3
Réescompte du portefeuille......................			1
Bénéfice de l'année.............................			4
Total..............................			598

ture métallique de 40 pour 100, en payant un impôt égal à l'escompte, ni sur ceux qu'elle peut créer, une fois les 15 millions épuisés, en payant un impôt de 7 1/2 pour 100. La Banque n'avait escompté aucun bon du Trésor italien, mais avait en portefeuille 83 millions de fonds nationaux.

La Banque de Naples jouit dans le sud de l'Italie d'une popularité qui s'explique par les nombreux points de contact qui, depuis l'origine, se sont établis entre elle et ses clients. Son historien, Eugenio Tortora, déclarait en 1883 qu'il voyait en elle l'instrument le plus actif de progrès de l'Italie. « Comme banque d'émission et d'escompte, disait-il, elle rivalise avec les premières d'Europe pour l'importance des ressources et le chiffre d'affaires ; ses billets et autres titres de crédit, bien qu'écrasés d'impôts, répondent à une multiplicité de besoins de la vie civile et commerciale, auxquels aucun autre institut ne donne satisfaction. Comme mont-de-piété, elle est la bienfaitrice des travailleurs; comme caisse d'épargne, elle encourage les principes d'honnêteté, d'ordre, d'économie, de modération dans l'existence ; comme banque hypothécaire, elle est l'espoir des propriétaires méridionaux, encore surchargés de taxes, d'hypothèques, d'emprunts usuraires. Enfin, comme banque de circulation et de dépôt, elle remplit pour chacun gratuitement la fonction de comptable et de notaire, et facilite les échanges par le mode le plus perfectionné. Toutes les classes de la société se félicitent de l'existence de cet instrument soi-disant démodé et le bénissent chaque jour. »

En faisant la part de la grandiloquence méridionale, on ne peut s'empêcher de constater le rôle que la Banque de Naples joue dans la vie de la ville et de toute la région. C'est évidemment là le grand obstacle à l'unification complète de l'émission, qui sera beaucoup plus lente à se faire en Italie, si elle s'y accomplit jamais, qu'en Angleterre ou en Allemagne.

Les mêmes raisons s'appliquent, quoique dans une mesure plus faible, à la Banque de Sicile, qui répond aussi aux tendances particularistes de l'île et dont nous reproduisons ci-après le bilan.

La Banque de Sicile avait, le 31 décembre 1909, une encaisse de 65 millions, dont 56 en or, et une circulation de 94 millions, dont 48 à couverture de 40 pour 100, 10 représentant la circulation autorisée pour l'affaire des soufres, 35 à pleine couverture métallique, 1 soumis à la taxe du tiers du taux de l'escompte. Les tranches de billets soumis à une taxe spéciale sont fixées à 4 millions pour la Banque de Sicile, qui paierait donc, sur cette partie de sa circulation, 1/3 du taux de l'escompte jusqu'à 4 millions, 2/3 de 4 à 8, le plein de 8 à 12, et enfin 7 1/2 pour 100 sur ce qui dépasserait 12 millions. Elle n'avait émis aucun billet pour avances au Trésor; cette partie de sa circulation n'aurait besoin d'après la loi, comme pour la Banca d'Italia, que d'une couverture métallique du tiers. Elle est tenue d'avancer à l'État, s'il lui en fait la demande, 10 millions de lire.

La Banque de Sicile publie tous les ans un bilan (*bilancio consuntivo*) et un compte rendu de ses opérations qui, au lieu d'être soumis comme dans les sociétés par actions à l'assemblée générale, est simplement communiqué au Conseil général, par le Conseil d'administration, qui se compose du directeur général, de deux administrateurs nommés par le Gouvernement et de quatre élus. Le caractère particulier, nous serions tentés de dire particulariste de l'établissement, ressort des termes mêmes du rapport du Conseil, que nous reproduisons ci-après; il s'agit de celui qui a été publié au mois de mars 1910 : « L'exercice 1909, le premier qui a suivi l'époque où les immobilisations ont été liquidées, s'est terminé avantageusement pour la Banque, dont la gestion a été fructueuse : la décision prise de répartir sur plusieurs années les pertes occasionnées par le désastre de Messine, a facilité l'établissement des comptes.

« La Banque a réussi à aider efficacement l'industrie agrumaire (culture des oranges et des citrons) ; elle a favorisé l'action des lois votées pour venir en aide à la Sicile, spécia-

BILAN DE LA BANQUE DE

(LIMITE DE LA CIRCULATION

ACTIF	Millions de lire.
Caisse. . . . Valeurs métalliques comptées comme couverture des billets : Or. . . . . 56 Argent, écus et monnaies divisionnaires. . . . . 4 } 60 Autres valeurs : Billets d'État. . . . . 1 Billets des autres banques et bons agraires . . . . 4 Bons de poste, mandats, billets étrangers, monnaies de nickel, de bronze. »	65
Portefeuille italien. Lettres de change . . . . 40 Bons du Trésor italien . . . . » Lettres de gage 4	44
Portefeuille étranger. Effets (dont une partie appliquée à la couverture des billets) . . . . 3 Bons de Trésors étrangers (dont une partie appliquée à la couverture des billets) 6	9
Effets à l'encaissement	4
Avances. . . »	15
Avances au Trésor.	»
Titres	10
Comptes courants. En Italie. . . . . 8 A l'étranger 2	10
Immeubles de service	1
Services pour compte de l'État et des provinces	2
Titres appliqués au fonds des pensions.	2
Fonds de garantie du département hypothécaire	1
Avance au Syndicat soufrier pour concourir à la formation de la Banque minière.	1
Contribution au capital du crédit agraire sicilien	3
Débiteurs divers	9
TOTAL.	176

SICILE AU 31 DÉCEMBRE 1909

NORMALE : 48 MILLIONS)

PASSIF				Millions de lire.
Patrimoine.				12
Réserve				8
Circulation { à la limite normale { avec couverture de 40 pour 100	A la limite normale couverte par une encaisse de 40 pour 100 au moins		48	94
	Augmentation à couverture normale autorisée pour l'affaire des soufres. . . .		10	
	à pleine couverture métallique. . .		35	
au delà de la limite normale		Jusqu'à la limite de 4 millions moyennant impôt égal au tiers de l'escompte. . . .	4	
		dans la limite de 4 à 8 millions moyennant impôt égal aux deux tiers de l'escompte.	»	
		de 8 à 12 millions moyennant impôt égal à l'escompte	»	
		au delà de 12 millions moyennant taxe extraordinaire de 7 1,2 pour 100. .	»	
	Insuffisamment couverte, sujette à l'impôt de 7 1/2 pour 100.		»	
	Pour avances au Trésor (moyennant couverture métallique du tiers		»	
Dettes à vue.				27
Dépôts en compte courant à intérêt				40
Comptes courants sans intérêt.				1
Services pour compte de l'État et des provinces				3
Fonds de garantie et compte du département hypothécaire de la Banque.				1
Caisse d'épargne des employés.				1
Syndicat de l'industrie soufrière sicilienne.				4
Fonds des pensions.				2
Service des communes et autres établissements publics. .				1
Billets à rembourser aux Banques d'Italie et de Naples . .				3
Créditeurs divers.				8
Bénéfices de l'année..				1
TOTAL.				176

lement en ce qui concerne les soufres et le crédit agricole.
Mais, pour compléter son œuvre, elle a besoin de l'assistance des pouvoirs publics, qu'elle s'efforce de son côté de
seconder de son mieux.

« Le Gouvernement a déjà présenté au Parlement un projet
de loi destiné à appuyer les efforts de la Banque en ce qui
concerne le crédit agraire. D'autres mesures ne tarderont
pas à être adoptées pour garantir cette institution contre les
dangers qui pourraient la menacer. C'est ainsi que la Banque,
dont la conduite, inspirée de sentiments filiaux à l'égard de
l'île sacrée pour la nation, l'a placée si haut dans l'opinion
publique, pourra, sans crainte et sans péril, continuer à développer son action dans la voie qui lui a été tracée. »

Nous ne sommes pas habitués à rencontrer dans des documents financiers un langage aussi enthousiaste ; dans l'espèce il semble un peu disproportionné avec les chiffres
modestes du bilan de la Banque de Sicile. Celle-ci rend
toutefois au pays de réels services : elle a 32 sièges, succursales ou agences : elle a, depuis 1906, ouvert une caisse
d'épargne, dont les dépôts dépassaient 7 millions de lire
au 31 décembre 1909. Elle a, d'une façon très nette, le caractère d'un établissement local.

CONSIDÉRATIONS D'ENSEMBLE SUR LES TROIS BANQUES D'ÉMISSION ITALIENNES

Au 31 décembre 1909, l'encaisse totale des trois instituts
d'émission italiens comprenait :

Or.	1 204	millions.
Écus d'argent	117	—
Monnaies d'argent divisionnaires	7	—
Traites sur l'étranger.	8	—
Bons de Trésors étrangers	111	—
Crédits en compte courant à l'étranger .	22	—
Fonds d'État italiens affectés à la garantie des billets par la loi du 9 octobre 1900.	22	—
TOTAL.	1 491	mill. de lire.

Les billets des trois banques circulent dans tout le royaume et chacune d'elles accepte sans difficulté le papier des deux autres : tous les dix jours, elles échangent les billets portant leur signature ; cette opération s'appelle la *riscontrata*, et porte sur les sommes inscrites aux bilans sous cette rubrique.

Le Gouvernement italien ayant renoncé à demander aux trois instituts de procéder pour son compte à des émissions de billets, leur situation n'a pas cessé de se fortifier, comme le démontre le tableau ci-contre, qui remonte à l'origine de la législation en vigueur, et qui indique la marche parallèle de la circulation et de la double réserve. On voit qu'au début, alors que 75 millions de billets étaient encore à la charge des banques pour le compte du Gouvernement, sans parler des centaines de millions de billets émis directement par lui, la proportion de la réserve était de 42, 53 pour 100. Au 30 novembre 1909, elle était de 72, 80 pour 100, alors que la circulation avait passé de 1 126 à 1 922 millions. L'amélioration a été ininterrompue. Elle a été accompagnée d'une évolution semblable dans la situation du Trésor italien lui-même qui, en 5 ans, a vu son solde actif passer de 44 à 373 millions, tant il est vrai que les finances publiques s'améliorent à mesure que la circulation fiduciaire d'un pays s'assainit, là surtout où les rapports sont intimes entre le Trésor et les instituts d'émission.

Les billets émis directement par le Trésor s'élevaient, le 31 décembre 1909, à 433 millions, contre une réserve d'or de 175 millions. La circulation totale autorisée était de 467 millions et demi. Elle comporte des billets de 5 et de 10 lire, c'est-à-dire de petites coupures, tandis que les trois banques émettent des billets de 1 000, 500, 100 et 50 lire.

La taxe que les banques paient au Gouvernement sur leur circulation productive, celle qui dépasse l'encaisse, avait été fixée en 1874 à 1 pour 100 ; elle fut ensuite portée à 1,48 pour 100, et ramenée en 1893 à 1 pour 100. La loi de 1897

CIRCULATION ET RÉSERVE DES INSTITUTS D'ÉMISSION ITALIENS

| | BILLETS EN CIRCULATION | | | CIRCULATION TOTALE | PROPORTION de la réserve diminuée de 40 pour 100 affectés aux dépôts à vue à la circulation totale. | RÉSERVE | | |
| | Pour compte propre. | A pleine couverture métallique. | Pour compte du Trésor. | | | Pour les billets. | Pour les dépôts à vue (40 pour 100) | Total. |
	a	b	c	$(a+b+c)=d$	e	f	g	$(f+g)=h$
31 décembre 1894.	994 711 900	55 940 700	75 500 000	1 126 152 600	42,53	478 992 200	56 699 100	535 691 300
— 1895.	936 163 900	75 653 300	73 000 000	1 084 817 200	43,74	474 452 200	52 421 000	526 873 200
— 1896.	948 297 800	120 935 500	»	1 069 233 0	46,78	500 254 600	54 782 000	555 126 600
— 1897.	1 056 700 000	29 429 200	»	1 086 129 200	49,66	539 350 900	60 568 000	599 918 900
— 1898.	1 032 592 200	69 678 600	20 000 000	1 122 270 800	47,76	536 060 800	68 614 500	604 675 300
— 1899.	1 068 421 600	71 688 700	40 000 000	1 180 110 300	43,76	516 464 800	65 079 500	581 544 300
— 1900.	1 010 400 000	129 286 100	»	1 139 686 100	48,39	551 447 400	62 522 100	613 969 500
— 1901.	995 024 400	151 764 000	7 000 000	1 153 788 400	49,22	567 981 000	65 298 000	633 279 000
— 1902.	963 500 000	212 050 600	»	1 175 550 600	51,63	606 966 200	62 644 300	669 610 500
— 1903.	940 200 000	295 829 600	»	1 236 029 600	64,07	792 032 400	70 596 600	862 629 000
— 1904.	917 884 600	359 036 700	»	1 276 921 300	63,87	815 693 700	72 851 600	888 545 300
— 1905.	898 465 600	508 009 200	»	1 406 474 800	70,96	998 071 500	78 316 900	1 076 418 400
— 1906.	882 860 100	722 419 800	»	1 605 279 900	71,33	1 145 010 100	74 889 900	1 219 900 000
— 1907.	878 247 700	973 294 200	»	1 851 541 900	72,41	1 340 649 700	87 084 400	1 427 734 100
— 1908.	925 573 400	936 984 400	»	1 862 557 800	74,66	1 390 653 000	86 515 100	1 477 168 100
30 novembre 1909.	868 903 000	1 054 093 600	»	1 922 996 600	72,89	1 401 654 800	83 677 900	1 485 332 700

ordonna que, si les trois établissements réussissaient à
réduire leurs immobilisations avant l'époque légale, la taxe
serait abaissée de 1 à 1/2, puis à 1/4 pour 100, et enfin,
lorsque la liquidation serait complète, à 1/10 pour 100.
Mais à partir de ce moment, les banques versent au Trésor
un tiers de leurs bénéfices, après que le capital a reçu 5,
et jusqu'à ce qu'il reçoive 6 pour 100. Au delà de 6, l'État
reçoit la moitié des bénéfices. Le dividende se calcule,
pour les Banques de Naples et de Sicile, sur l'ensemble
de leur capital et de leurs réserves, tandis que pour la
Banque d'Italie, il n'est calculé que sur le capital : cette
différence s'explique par le fait que les Banques de Naples
et de Sicile n'ont pas à proprement parler de capital, ou
plutôt que celui-ci n'a été constitué que par l'accumulation de leurs profits : dès lors, elles n'ont aucune répartition à faire, et la part que l'État les autorise à prélever,
avant de partager avec lui, augmente leurs ressources et
leur permet de développer les services qu'elles rendent
au public et d'accroître les garanties qu'elles lui présentent.

Le 31 décembre 1907 a été votée une loi qui règle, dans
de nouvelles conditions, les rapports du Trésor et des
banques d'émission. L'État participe désormais aux bénéfices produits par le fonds de réserve de 48 millions de
lire constitué par la Banque d'Italie. Il oblige celle-ci à
employer la moitié des plus-values qu'elle réalisera par
la liquidation des valeurs immobilisées, à la constitution
d'un fonds de réserve extraordinaire. On prévoit, pour
les cinq années à venir, que la part de l'État atteindra
3 300 000 lire et qu'elle s'accroîtra notablement dès que
cesseront les prélèvements pour la liquidation de la Banque
romaine.

Le législateur est intervenu pour régler les conditions
auxquelles les banques d'émission sont autorisées à recevoir
des dépôts à intérêt. D'après la législation en vigueur jusqu'en 1909, la Banque d'Italie pouvait recevoir des dépôts

jusqu'à concurrence de 130 millions sans modifier sa circulation ; mais, dès que ce chiffre était dépassé, elle devait retirer une quantité de billets égale au tiers de l'excédent : l'intérêt servi aux déposants ne pouvait être supérieur au tiers du taux de l'escompte. La loi du 15 juillet 1909 a autorisé la Banque d'Italie à recevoir jusqu'à 200 millions de dépôts, sans être tenue de diminuer de ce chef la circulation de ses billets couverts par une encaisse des deux cinquièmes. La même loi a élevé la limite de 50 à 80 millions de lire pour la Banque de Naples, et de 15 à 25 millions pour la Banque de Sicile. L'intérêt accordé à ces comptes peut s'élever aux trois quarts de celui que reçoivent les déposants des caisses d'épargne postales. La Banque d'Italie réclamait cette mesure, qui lui permet d'accroître le chiffre de ses dépôts, nécessaires, selon elle, à l'action modératrice qu'elle doit exercer sur le marché monétaire. On peut se demander si l'intervention du législateur en cette matière est utile, et si les autres prescriptions relatives à la circulation en Italie n'étaient pas assez étroites pour que les banques d'émission fussent restées libres de suivre la politique qu'elles auraient jugée la meilleure en ce qui concerne les dépôts. Ce que le cas des banques italiennes présente de particulier, c'est l'intérêt qu'elles paient à leurs déposants, alors que la plupart des autres instituts d'émission n'en accordent point ; c'est l'un des arguments que peuvent invoquer les partisans d'une intervention législative en cette matière.

L'Italie moderne a eu, à diverses reprises, à lutter contre des difficultés financières. Après la guerre de 1859 et la paix de Villafranca, elle eut tout à créer. Le transfert de la capitale de Turin à Florence, l'organisation des services publics, la construction des chemins de fer, exigèrent des sommes considérables. En dehors des emprunts contractés au dehors et principalement en France, le Trésor eut recours à la Banque nationale, qui jouissait, concurremment avec la Banque romaine, deux banques toscanes, la Banque de Naples et la Banque de Sicile, du privilège d'émettre des billets. A peine les finances s'organisaient-elles, que la campagne de 1866 contre l'Autriche, qui aboutit à la défaite de Custozza, mais n'en donna pas moins la Vénétie à Victor-Emmanuel, vint encore une fois mettre à l'épreuve le Trésor italien et tendre à l'excès les ressorts de son crédit. Le papier-monnaie reparut, et l'État émit plusieurs centaines de millions de billets. Après 1870 s'ouvrit l'ère de la Banque nationale, des grandes entreprises, auxquelles elle s'efforça de venir en aide, notamment au moyen des prêts fonciers que faisait son département hypothécaire. Le point culminant de cette période se trouve en 1881, époque où le cours forcé fut aboli et le change avec l'étranger rétabli au pair. Mais les choses avaient marché trop vite : la décade suivante vit le déficit s'installer dans les budgets, la circulation des banques et de l'État s'enfler dans une proportion excessive : en 1893, éclata la crise la plus grave que l'Italie ait connue depuis 1866. La Banque d'Italie, qui fut alors fondée, dut lutter d'abord contre de multiples difficultés. Le fardeau de l'héritage de la Banque romaine était particulièrement lourd : des centaines de millions étaient immobilisés, et ce n'est que grâce à une politique de sagesse persévérante et de vigilante énergie qu'elle a pu se dégager peu à peu d'un passé écrasant. Aujourd'hui le bilan se présente avec un minimum d'engagements directs du Trésor, à qui la Banque n'a fait aucune avance. Sa situation apparaît donc comme assainie ; celle de la Banque de Naples l'est moins ; la nécessité où elle s'est trouvée de recourir aux émissions frappées d'une taxe très élevée indique qu'elle n'est pas en possession de ressources aussi liquides que celles de sa sœur romaine. Quant à la Banque de Sicile, elle n'a dépassé sa limite normale que pour venir, avec l'autorisation de l'État, en aide à l'industrie soufrière, qui est à la fois une des richesses et une des plaies de l'île.

La Banque d'Italie gère la Trésorerie de l'État dans les 69 provinces du royaume, et, dans 52 d'entre elles, celle des départements. Le service de la Trésorerie de l'État est réglé par une convention et par les instructions générales du ministère. Les fonds provenant de l'encaissement des recettes de l'État se confondent avec ceux qui appartiennent en propre à la Banque, c'est-à-dire qu'ils entrent dans son mouvement de caisse général. Les établissements de la Banque situés dans le chef-lieu de chaque province deviennent des sections de la Trésorerie ; à ce titre, ils sont chargés de l'encaissement des recettes et des paiements pour compte de l'État. Les autres établissements de la Banque n'effectuent pour compte de l'État que les paiements et se tiennent en correspondance avec la délégation du Trésor du chef-lieu de la province, constituant un bureau adjoint à la section de la Trésorerie.

A la fin de chaque exercice financier, c'est-à-dire le 30 juin, toutes les sections de la Trésorerie remettent à la direction générale de la Banque leurs comptes, dont les résultats sont groupés de manière à former le compte général qui doit être approuvé par la Cour des comptes. La Trésorerie de l'État est gérée à titre gratuit par la Banque d'Italie, qui dépense de ce chef plus d'un million de lire par an. Les recettes départementales sont également gérées par les Banques de Naples et de Sicile.

L'histoire de la circulation fiduciaire italienne n'est pas sans présenter des analogies curieuses avec celle de son antique ennemie, devenue son alliée au sein de la Triplice, l'Autriche. Dans les deux pays, nous avons vu coexister, ici pendant un siècle, là pendant un demi-siècle, les billets d'État et ceux des banques particulières. L'Autriche jusqu'ici n'a eu qu'une seule banque d'émission, ce qui a facilité la tâche du Gouvernement et lui a permis, à la fin du XIXᵉ siècle, de débarrasser le pays du papier-monnaie, dont il avait connu les maux, pour ainsi dire sans interruption, depuis le milieu du XVIIIᵉ siècle. L'Italie moderne, dont la fondation ne remonte qu'à 1859, n'est en possession de la totalité de son territoire que depuis 40 ans : après les dépenses des guerres de 1859 et de 1866, après celles des expéditions africaines, elle a subi les désastres de la spéculation romaine et vu le crédit de ses instituts d'émission dangereusement ébranlé. Mais elle s'est mise à l'œuvre avec courage ; elle a édicté une loi qui limite sévèrement l'émission. Aussi les changes étrangers sont-ils revenus aux environs du pair et peut-elle regarder l'avenir avec confiance. Toutefois, même aujourd'hui encore, après dix-sept années d'efforts persévérants, le bilan de la Banque d'Italie porte la trace profonde de l'intervention de l'État et des lourds sacrifices qu'elle lui a imposés : ses avances à la Banque romaine et à la Société d'assainissement de Naples, qui figurent dans son avoir au 31 décembre 1909 pour 79 et 38 millions, en ont été le résultat. Il faut toutefois remarquer qu'ici la pression gouvernementale n'a eu pour but ni pour effet de mettre le crédit de l'institut d'émission au service des finances publiques et de l'employer à fournir des ressources au budget. Le cas de la Banque d'Italie n'est point celui de la Banque d'Espagne. L'État s'est servi d'elle pour assainir la circulation fiduciaire ; c'est à la condition qu'elle se chargerait de cette tâche qu'il lui a octroyé son privilège. On ne saurait adresser à une semblable politique les critiques que nous n'avons pas ménagées à celle qui consiste à accaparer les ressources d'une banque au profit du Trésor. Mais, lors même que la situation des instituts d'émission aura été entièrement dégagée du lourd héritage du passé, il restera à faire disparaître les billets d'État qui subsistent à côté des leurs, et qui constituent le point faible de la circulation fiduciaire italienne.

MEXIQUE

L'étude des banques d'émission au Mexique nous montre ce qu'a réussi à faire en un quart de siècle l'administration du président Diaz et de son ministre des finances Limantour : ils ont doté leur pays d'institutions remarquables et, par une réforme monétaire aussi hardie qu'intelligente, ils ont achevé de donner à la circulation fiduciaire du pays une base inattaquable. L'introduction du billet de banque remonte à 1864, lorsque la Banque londonienne du Mexique et de l'Amérique du Sud (*London Bank of Mexico and South America*) établit une succursale à Mexico. En 1881, le Congrès accorda à un groupe de banquiers français une concession pour l'établissement d'une Banque dite Nationale, qui devait tenir le compte du Gouvernement. Elle absorba en 1884 la Banque Mercantile, et porta son capital à 20 millions de piastres : depuis, il a été élevé à 32 millions. La piastre était alors une monnaie d'argent, valant au pair, c'est-à-dire quand le rapport de l'argent à l'or était de 1 à 15 1/2, 5 francs 26 ; l'étalon du pays était l'argent, dont la frappe était libre pour les particuliers comme pour le Gouvernement.

Lors de la révision du Code de commerce en 1884, il fut décidé qu'aucune banque ne pourrait se fonder sans une autorisation fédérale. Le Gouvernement reconnut aux banques existantes, notamment à celles qui s'étaient installées dans l'État de Chihahua, certains droits acquis ; il exigea le dépôt d'un tiers de la circulation en espèces ou en titres de rente fédérale. Mais ce ne fut qu'en 1897 qu'une loi générale fut promulguée, posant les règles de l'émission : dans chacun des 30 États de la Confédération, elle conférait certains avantages à l'établissement le plus ancien, de façon à lui assurer une sorte de monopole vis-à-vis de ses concurrents de naissance plus récente. Le capital, les dividendes, les instruments de crédit, émis par ces banques privilégiées, étaient exemptés des impôts fédéraux et locaux, à l'exception des droits de timbre ; et encore ces derniers étaient-ils limités à 5 centavos, tandis qu'ils étaient susceptibles de s'élever beaucoup plus haut pour les autres banques, qui devaient payer en outre une taxe annuelle de 2 pour 100 sur leur capital. L'esprit de cette législation est facile à comprendre : le ministre trouvait le nombre des établissements d'émission plus que suffisant ; il eût même voulu le restreindre, et se borner à n'en conserver, pour tout le Mexique, que huit, dont les sièges eussent été établis dans les principaux centres économiques du pays. Des raisons politiques empêchèrent ce plan d'être mis à exécution : le Président craignit les plaintes que n'auraient pas manqué de faire entendre les États particuliers, à qui leur banque locale d'émission eût été enlevée.

La loi du 19 mars 1897 s'applique d'une façon générale aux institutions de crédit, qui comprennent, d'après la définition de l'article 1er, les banques d'émission, les banques hypothécaires, et les banques auxiliaires (*refaccionarias*). Les autres sociétés, maisons ou particuliers se livrant à des opérations de crédit continuent à être assujetis aux lois générales ou aux concessions que leur ont accordées les pouvoirs publics, c'est-à-dire que la fondation d'établissements libres reste permise, en dehors de ceux qui, rentrant dans le cadre tracé par la loi, se trouvent soumis au contrôle de l'État. Ce contrôle est d'ailleurs plutôt recherché que redouté : il contribue à imposer confiance à la clientèle.

Les banques auxiliaires, qui forment une des particularités du système mexicain, sont destinées à faciliter les opérations minières, agricoles, industrielles, au moyen de prêts spéciaux non hypothécaires : elle donnent leur garantie pour des affaires déterminées et émettent des titres de crédit à courte échéance, portant intérêts. Les institutions de crédit, d'après la définition de la loi, ont pour caractère commun de servir d'intermédiaire dans l'usage du crédit : elles se distinguent entre elles par la nature des titres que chaque sorte de banque met en circulation.

La durée des concessions ne peut dépasser 30 ans pour les banques d'émission : aucune d'entre elles ne peut commencer ses opérations avant d'avoir soumis ses statuts au ministre des finances, qui s'assure qu'ils sont conformes à la loi. La somme des billets émis ne doit pas excéder le triple du capital versé ; ajoutée au montant des dépôts remboursables à vue ou dans un délai de 3 jours, elle ne devra pas dépasser le double de l'encaisse métallique. Dès que la circulation franchira cette limite, l'établissement en informera immédiatement par écrit le commissaire du Gouvernement, et suspendra toute nouvelle opération de prêt jusqu'à ce qu'il soit rentré dans la limite normale. Jamais le billet n'aura cours légal : les coupures seront de 5, 10, 20, 50, 100, 500 et 1 000 piastres. L'obligation pour la banque de payer les billets à vue et au porteur sera inscrite sur les billets, qui seront revêtus, outre les signatures de l'un des directeurs et du gérant ou caissier, de celle du commissaire du Gouvernement. Les billets constituent une créance privilégiée contre la banque par rapport à toutes autres, sauf les crédits dits de propriété sur biens immeubles, les crédits hypothécaires enregistrés antérieurement à l'acquisition par la banque de la propriété hypothéquée, et les créances du fisc fédéral, des États ou municipalités, dans l'ordre de leur énumération, lorsque ces créances auront pour origine des contributions dues pendant les trois dernières années. Une loi ultérieure a ajouté à ces dispositions un article en vertu duquel les banques d'émission peuvent, à toute époque, se transformer en banques réfactionnaires, en renonçant à leurs droits particuliers, avec l'autorisation du ministre des finances. Celui-ci estime, en effet, que c'est cette catégorie d'établissements qu'il convient de multiplier, de préférence aux autres.

Le régime a été modifié en 1908. L'exposé des motifs rédigé par M. Limantour, à l'appui de sa proposition d'amender la loi du 19 mars 1897 sur les établissements de crédit, explique pourquoi il est favorable à la création des banques autres que celles d'émission. Le ministre juge que ces dernières sont en nombre suffisant, et voudrait voir augmenter la quantité des instruments de crédit tels que lettres de gage, bons hypothécaires, récépissés de marchandises. En ce qui concerne les instituts d'émission, les modifications apportées à la législation antérieure devaient, selon lui, avoir pour effet d'assurer mieux encore le remboursement des billets à vue en espèces et de permettre aux banques d'étendre leurs opérations en temps de crise, au lieu d'être obligées de les restreindre, comme c'est aujourd'hui le cas. A cet effet, la loi tend à limiter l'action des banques à une région déterminée pour chacune d'elles. Elle leur défend d'accepter à découvert, d'ouvrir des crédits qui ne soient pas révocables à leur volonté, d'acheter des actions ou des obligations pour plus d'un dixième de leur capital et de leurs réserves, sauf s'il s'agit de rentes fédérales; d'exploiter des mines, des comptoirs métallurgiques, des établissements commerciaux, industriels ou agricoles; de travailler, sauf cas exceptionnels, en dehors de leur circonscription, d'engager plus du dixième de leur capital versé vis-à-vis d'une même personne ou société. Afin d'éviter l'accumulation des billets d'une banque entre les mains d'autres établissements, la loi organise un système de liquidation périodique, qui ressemble à la *riscontrata* italienne. Quant aux banques réfactionnaires, elles doivent avoir toujours en numéraire 40 pour 100 de leurs dépôts à vue ou à 3 jours de vue. Les banques hypothécaires ne sont autorisées à recevoir de dépôts que pour le double de leur capital versé et de leur fonds de réserve. Ces dépôts doivent être garantis par une encaisse métallique jusqu'à concurrence de moitié; par des valeurs réalisables sur-le-champ, pour un quart; et enfin par du 'papier réescomptable, à échéance maximum de 6 mois, pour le dernier quart.

Aucun établissement de crédit ne peut d'ailleurs fonctionner que si ses statuts ont été approuvés par le ministre des finances, et si son capital est d'au moins un million de pesos (2 559 000 francs). Déjà un décret du 13 mai 1905 (art. 5) avait disposé qu'aucune concession nouvelle de banque d'émission ne serait accordée jusqu'au 31 décembre 1909. Après cette date, elle ne peut être octroyée qu'à des établissements s'engageant à payer, outre les impôts existants, un droit annuel de 2 pour 100 de leur capital. Cette disposition équivaut encore une fois à une limitation du nombre actuel des banques d'émission : au Mexique, comme dans beaucoup d'autres pays, on observe une tendance à concentrer le pouvoir d'émission chez les plus puissantes d'entre elles. A l'heure même où nous écrivons, diverses fusions se préparent ou sont en voie de s'accomplir.

Comme l'indique le tableau ci-après, qui résume les éléments du bilan des 29 banques d'émission mexicaines au 31 mai 1910, la Banque Nationale est de beaucoup le plus important de ces établissements. Sa circulation est plus que double de celle de la banque qui vient immédiatement après elle, la Banque de Londres et du Mexique, et les deux réunies dépassent celle des 27 autres banques. La multiplicité a des inconvénients, que le rapport des administrateurs de la Banque Nationale à l'assemblée des actionnaires du 25 mai 1909 résumait comme il suit : « Le danger croît en raison du nombre des instituts d'émission ; il suffit que le crédit de l'un d'eux soit ébranlé pour que tous les autres souffrent. »

Au 31 mai 1910, le capital des diverses banques mexicaines soumises à la surveillance gouvernementale, et comprenant 32 établissements, dont 27 d'émission, 2 hypothécaires et 3 réfactionnaires, s'élevait à 176 millions de piastres, les réserves à 60 millions, la circulation de billets et de bons à 160 millions, tandis que l'encaisse or dépassait

62 millions et l'encaisse argent 32 millions. Les deux tableaux
ci-après indiquent le détail de l'actif et du passif, évalués
en piastres nouvelles de 2 fr. 59.

On y remarquera la proportion très élevée, chez beaucoup
de banques, de l'encaisse par rapport à la circulation. Le
ministre avait voulu, dès l'origine, assurer aux billets une
garantie métallique aussi forte que possible et rejetait avec
énergie l'idée de la constituer en fonds publics : « Quel
serait, disait-il, l'effet de la garantie en rentes sur le crédit
d'une banque, au cas où, par suite des vicissitudes de la politique intérieure ou extérieure, les fonds d'Etat baisseraient
brusquement? L'intensité de la crise en serait accrue, puisque
la valeur du gage tomberait, au moment même où les affaires
seraient paralysées, où le numéraire disparaîtrait, où les
paiements deviendraient plus difficiles. » Dans ces quelques
mots, M. Limantour a éloquemment résumé les objections
maîtresses à un système que l'expérience a condamné chez
mainte nation et qui ne subsiste ailleurs qu'à cause de circonstances étrangères au mérite du régime lui-même, un des
plus mauvais parmi ceux qui ont été adoptés dans les temps
modernes.

Les rapports du Gouvernement avec les banques d'émission se bornent en principe à la surveillance qu'il exerce, et
qui a pour but unique d'assurer la fidèle observance de la
loi. C'est ainsi que, lorsque l'inspecteur détaché à la Banque
du Yucatan, transformée depuis en Banque péninsulaire, crut,
il y a quelques années, s'apercevoir de certains dangers que
courait l'établissement, mais qui ne résultaient pas d'une violation de sa charte, il ne put se faire communiquer les livres
et dut en référer au ministre. Le Gouvernement fédéral ne demande d'ailleurs aucun crédit aux banques d'émission. Seule,
la Banque Nationale, pour prix d'avantages spéciaux qui lui ont
été concédés, est tenue statutairement d'avancer jusqu'à concurrence de 8 millions de piastres au Trésor ; mais celui-ci a si
peu fait usage de cette faculté que son compte à la banque est
depuis longtemps créditeur de sommes beaucoup plus fortes.

BILAN DES BANQUES D'ÉMISSION

BANQUES	EN CAISSE	FONDS PUBLICS actions et bons.	DOCUMENTS escomptés.	PRÊTS sur gages et hypothèques.	DÉBITEURS divers.	IMMEUBLES
ACTIF (EN MILLIERS DE PIASTRES)						
Nationale du Mexique. .	51 507	16 899	20 162	19 350	110 580	2 624
De Londres et de Mexico.	15 395	15 819	27 211	12 641	26 889	1 005
Centrale mexicaine . . .	3 601	9 599	17 075	15 666	38 052	669
Mexicaine du Commerce et de l'Industrie. . . .	887	1 719	2 489	3 389	10 227	672
Péninsulaire mexicaine.	2 651	4 739	2 971	4 078	16 889	5 177
Orientale de Mexico. . .	3 365	5 412	2 814	1 989	11 103	436
De Jalisco	1 457	668	1 195	1 018	9 319	495
De la Lagune.	112	108	499	1 800	2 988	30
Minière.	2 483	4 115	3 738	2 793	9 837	218
Mercantile de Vera-Cruz.	2 396	1 592	3 967	1 140	3 430	245
De l'État de Mexico . . .	1 913	1 120	2 011	856	2 918	122
De Guanajuato	720	208	2 137	1 662	2 795	116
Mercantile de Monterey .	1 243	1 049	837	805	4 612	300
De Tamaulipas	797	470	840	270	3 316	123
De Nuevo Leon.	978	782	1 204	2 186	5 535	225
De Durango.	656	695	1 953	779	3 815	202
De Coahuila	804	312	858	104	5 786	332
De Sonora	1 831	398	2 038	1 008	8 728	173
Occidentale de Mexico .	1 689	697	1 273	473	3 954	150
De San Luis Potosi . . .	1 123	958	2 081	678	6 424	140
De Hidalgo	803	481	454	769	731	211
De Tabasco.	665	252	664	83	1 403	25
De Morelos	466	358	933	188	685	31
De Quérétaro	754	221	1 551	250	354	85
De Zacatecas	781	601	887	217	2 178	71
De Aguascalientes. . . .	460	115	489	57	1 571	42
De Guerrero	273	90	142	219	112	46

MEXICAINES AU 31 MAI 1910

BANQUES	CAPITAL et réserves.	BILLETS et bons.	COMPTES de chèques, de dépôts et créditeurs divers.	COMPTES d'ordre.	TOTAUX
Nationale du Mexique .	55 000	51 623	109 501	108 122	329 250
De Londres et de Mexico.	36 850	17 203	44 910	88 267	187 232
Centrale mexicaine . . .	36 975	4 890	42 800	11 510	96 177
Mexicaine du Comm ce et de l'Industrie. . . .	10 183	»	9 802	6 881	26 869
Péninsulaire mexicaine .	16 646	4 125	15 735	12 360	48 870
Orienta le de Mexico. . .	9 134	5 376	13 613	9 881	38 009
De Jalisco	6 139	2 312	5 703	»	14 156
De la Lagune.	6 063	»	1 277	2 058	9 400
Minière.	6 875	3 707	12 605	60	23 250
Mercantile de Vera-Cruz.	3 073	3 988	4 711	4 922	17 696
De l'Etat de Mexico. . .	3 231	2 836	3 375	1 428	10 373
De Guanajuato	3 163	1 182	3 263	480	8 094
Mercantile de Monterey .	2 791	1 787	4 358	5 109	14 813
De Tamaulipas	2 779	982	2 055	1 310	7 129
De Nuevo Leon.	2 747	2 116	5 047	4 576	14 490
De Durango.	2 253	910	4 968	6 070	14 203
De Coahuila.	1 881	1 323	5 021	3 867	12 098
De Sonora	2 551	2 479	9 148	»	14 179
Occidentale de Mexico. .	1 925	2 110	4 201	85	8 324
De San Luis Potosi . . .	1 383	2 009	8 351	»	11 745
De Hidalgo	1 143	941	1 396	1 550	5 031
De Tabasco.	1 116	988	989	100	3 195
De Morelos	1 062	814	787	342	3 008
De Querétaro	1 056	902	1 261	»	3 221
De Zacatecas	1 415	1 046	3 005	1 462	6 930
De Aguascalientes . . .	643	743	1 380	»	2 770
De Guerrero.	500	334	50	»	886

PASSIF (EN MILLIERS DE PIASTRES)

Le Gouvernement a fait à diverses reprises appel au concours des banques pour des œuvres d'intérêt général, comme par exemple en 1908, lorsqu'il a créé la Caisse de prêts pour travaux d'irrigation et améliorations agricoles, au capital de 10 millions de piastres : moitié de ce capital a été souscrite par la Banque Nationale et le reste par les autres banques, qui ont été autorisées, en revanche, à transférer au nouvel établissement certaines ouvertures de crédit, dont le remboursement était éloigné et qui pesaient sur leur bilan.

Afin de permettre au lecteur de se faire une idée de la situation du principal institut d'émission mexicain, nous reproduisons ci-après le bilan au 31 décembre 1909 de la Banque Nationale. Sa circulation a passé en six ans de 23 à 45 millions de piastres. Malgré cette élévation, le chiffre de l'encaisse est encore supérieur à celui des billets : il est de 47 millions. La Banque a cessé, à l'exemple de la plupart des grands instituts d'émission, de bonifier aucun intérêt à ses déposants. Si elle a diminué, dans une très notable proportion depuis trois ans, ses escomptes et ses avances, c'est qu'à la suite de cette année de crise, le chiffre des effets de commerce et des affaires en général a été temporairement réduit au Mexique ; mais il semble que l'année 1910 soit destinée à voir reprendre le mouvement ascensionnel : les prochains bilans en témoigneront. La circulation au 31 décembre 1909 était en augmentation de 10 millions de piastres sur l'année précédente, tandis que le portefeuille avait diminué par suite d'un resserrement des affaires provoqué par les événements de 1907, dont les effets se sont encore fait sentir. L'encaisse dépassait le chiffre des billets; cette constatation suffit pour indiquer la force de la situation de la Banque.

BILAN DE LA BANQUE NATIONALE DU MEXIQUE

AU 31 DÉCEMBRE 1900

EN MILLIONS DE PIASTRES

ACTIF

Encaisse	47
Prêts sur nantissement	18
Portefeuille	21
Crédits en compte courant	44
Valeurs publiques :	
Actions et bons	11
Immeubles	3
Actions à émettre (en portefeuille)	0³
Frais d'installation à amortir et mobilier dans les succursales.	0⁷
Comptes débiteurs	13
Comptes d'ordre	109
TOTAL	297

PASSIF

Capital	32
Billets en circulation	45
Réserve ordinaire	16
— extraordinaire	12
Dépôts judiciaires	1
Effets à payer	1
Réescompte	1
Retenue sur créances douteuses.	
Coupons impayés et fonds de secours (reliquat).	1
Comptes créditeurs	72
Comptes d'ordre	109
Bénéfice	7
TOTAL	297

LA PIASTRE MEXICAINE

Il n'est pas inutile de rappeler ici que la piastre mexicaine a été, pendant près de quatre siècles, la monnaie d'argent la plus répandue du monde[1]. Frappée dès 1535 à Mexico, elle ne tarda pas à être pour ainsi dire la seule pièce en usage parmi les colons anglais de l'Amérique du Nord, en Floride, à Cuba, à Saint-Domingue, à Porto-Rico et dans les autres Antilles espagnoles. Avant la fin du xvi⁰ siècle, elle circulait aux Philippines et dans les ports chinois de Canton, de Ningpo et d'Amoy. Elle ne cessa depuis lors de se répandre dans les deux hémisphères. Seul, le thaler de Marie-Thérèse, frappé en Autriche depuis 1751 et qui est encore aujourd'hui recherché dans une partie de l'Afrique orientale et centrale, a eu une circulation comparable à celle de la piastre ; mais le nombre d'humains qui se servent de lui est faible par rapport au chiffre des populations qui, pendant des centaines d'années, ont opéré leurs échanges à l'aide de la pièce mexicaine. Cela s'explique par le fait que, jusqu'à la découverte des mines des États-Unis de l'Ouest, la plus grande masse de l'argent produit dans le monde provenait du Mexique et de l'Amérique espagnole : de 1493 à 1850, cette proportion est estimée aux quatre cinquièmes du total. En outre, le poids et le titre de la piastre n'ont été que fort peu altérés depuis l'origine. Le degré de fin, ramené en 1772 de 9305 à 9027 dix-millièmes, est depuis lors resté immuable. En 1890, l'argent représentait encore les quatre cinquièmes des exportations mexicaines ; mais cette proportion se modifia rapidement ; dès 1902-1903, elle n'était plus que des deux cinquièmes. En 1907-1908, elle était encore à peu près la même : 93 millions sur 243. Ces 93 millions se subdivisaient comme il suit : 10 en monnaie mexicaine, 1 en monnaies étrangères, 69 en lingots, 13 en minerai.

1. Piatt Andrew : *The end of the Mexican dollar*, 1904.

Jusqu'au commencement du xxᵉ siècle, la piastre mexicaine circulait dans beaucoup de contrées asiatiques, et en particulier dans l'Indo-Chine française. Celle-ci ayant cessé de la recevoir, les populations qui commercent avec nos possessions et qui s'en servaient pour payer leurs importations, telles que le riz qu'elles achètent à Saïgon, l'ont alors refusée. Depuis que la loi du 2 mars 1903 a établi aux Philippines l'étalon d'or, en y introduisant, avec force libératoire, les monnaies d'or des États-Unis, et a ordonné la frappe d'un dollar américano-philippin d'argent auquel a été assignée une valeur d'un demi-dollar d'or, la piastre mexicaine s'est également vu fermer l'accès de l'archipel philippin. A la date du 1ᵉʳ janvier 1904, elle a cessé d'y être reçue en paiement des sommes dues au Gouvernement. Une loi du 1ᵉʳ octobre de la même année a frappé d'un impôt les contrats stipulés en piastres mexicaines ou espagnoles, ou en toute monnaie autre que l'or. Dans les possessions anglaises d'Asie, la piastre mexicaine a également disparu. L'Inde ne connaît que la rupee et la livre sterling ; à Hong-Kong, le dollar anglais, frappé en grandes quantités (151 millions de 1895 à 1903), a chassé la piastre. Il en a été de même dans les établissements des Détroits (*Straits settlements*), où un dollar spécial a été créé, et l'entrée des autres pièces d'argent interdite. Ce nouveau dollar devenant ainsi la seule pièce d'argent à force libératoire, et la frappe en étant réglée, comme celle de la rupee indienne, par le Gouvernement, un change fixe s'est établi entre elle et la monnaie d'or. Le Japon, en 1897, adopta l'étalon d'or, l'étendit ensuite à Formose, et ferma ainsi définitivement la porte aux piastres mexicaines, que son yen d'argent avait du reste déjà remplacées depuis 1871 sur tout son territoire, et auxquelles il faisait une concurrence sérieuse dans le reste de l'Asie. La Chine a créé un hôtel national des monnaies ouvert à Pékin depuis 1903 et frappé un dollar destiné à la circulation dans l'empire.

En présence de ces événements, le domaine, jadis si vaste,

de la piastre mexicaine s'est singulièrement restreint. Comme
d'autre part la libre frappe en est abolie dans son pays d'origine, où le Gouvernement seul a le droit d'en fabriquer si le
le besoin s'en faisait sentir, on peut dire que son règne,
comme monnaie internationale, est terminé. C'est la conclusion à laquelle arrivait déjà en 1905 M. Joaquin D. Casasus [1],
dans une remarquable étude, soumise à la Commission monétaire réunie à Mexico. Il déclarait alors que, malgré la disparition du yen japonais, « son plus formidable rival », la piastre
mexicaine perdait de plus en plus de terrain, par suite des
lois monétaires promulguées dans les pays où elle circulait
jusque-là. Ce qui doit achever d'annihiler le rôle international si brillant qu'elle a rempli pendant des siècles, c'est
la réforme monétaire chinoise, évidemment très difficile à
accomplir, mais qui semble cependant commencer. Le jour
où la Chine aura une monnaie nationale, ce dernier asile
sera fermé à la piastre mexicaine. D'ailleurs, le papier
mexicain est dès aujourd'hui remboursable en or. Le
Gouvernement, en suspendant la libre frappe de l'argent, a
modifié la situation de toutes les banques, dont les billets
représentent, depuis le changement de la loi monétaire,
une valeur fixe, au lieu de celle qui était variable et soumise aux fluctuations du métal blanc. En dehors des cas où
un État intervient en décrétant le cours forcé, il n'y en a
pas où son action se fasse plus profondément sentir sur la
circulation fiduciaire que lorsqu'il décide le passage d'un
étalon à un autre. Grâce à l'habileté des mesures prises,
cette transformation a pu s'opérer au Mexique sans secousse
violente, et les banques d'émission se sont pliées au nouveau régime sans que leur crédit en fût diminué ni leur
solidité ébranlée.

1. La reforma monetaria en Mexico, 1905.

CHINE

Dès le commencement du IXᵉ siècle, les commerçants avaient imaginé, sous la dynastie des Tang, une sorte de monnaie de papier, appelée *Feitsien* (monnaie volante) n'ayant cours qu'entre eux. Plus tard, sous les Song, d'importantes familles du Sen-tchouan émirent des lettres de change dites *Kiao-tzeu*. Le Gouvernement reprit l'idée et se réserva la création de ces billets, qui émanèrent d'un bureau établi à cet effet à Yitchéou, chef-lieu de la province : on y versait par exemple 1 000 sapèques, en échange desquelles on obtenait un billet de même valeur, remboursable dans toute la province et valable pendant trois ans, au bout desquels il devait être renouvelé. Le maximum de l'émission fut fixé, en 1023, à 1 256 340 ligatures de 1 000 sapèques chacune. L'État créa ensuite d'autres billets, dont la circulation fut étendue à plusieurs provinces. Sous la dynastie des Ming cours forcé fut donné aux billets, dont la garantie métallique n'avait cessé de diminuer et la valeur de subir une décroissance parallèle : en 1488, 3 000 billets de 1 000 sapèques ne s'échangeaient plus que contre 4 onces d'argent, environ un millième de leur valeur nominale. En arrivant au pouvoir, les Tsing les supprimèrent. La Chine a connu les assignats bien avant les nations européennes.

Sous le gouvernement mongol, le papier-monnaie refit son apparition : le voyageur Marco Polo en parle avec admiration. Du XVᵉ au milieu du XIXᵉ siècle, on n'en retrouve plus trace : il reparut en 1853 sous forme de billets-cuivre et de billets-argent. L'administration forçait ses fonctionnaires à les recevoir, mais cela n'empêcha pas ce papier de se déprécier, au point qu'en 1861 il perdait à Pékin 97 pour 100 de sa valeur nominale. D'autre part, les banquiers particuliers émettaient, depuis longtemps, des billets qui circulaient dans un rayon assez restreint autour du lieu d'émission, et qui présentaient une grande sécurité, à cause des associations formées entre les créateurs : on sait combien l'esprit corporatif est développé chez les Célestes. Le Gouvernement n'intervenait qu'en cas de faillite; il appliquait alors des peines souvent très rigoureuses aux coupables. Mais, en même temps, il négligeait de rembourser ses propres promesses de payer : la différence entre le papier d'État et celui qui émanait de l'initiative privée apparaissait en Chine comme en Europe.

Le papier-monnaie, déprécié, fit place de nos jours à des espèces métalliques, notamment aux piastres mexicaines et à d'autres pièces étrangères. Une quinzaine d'hôtels des monnaies, en activité dans les diverses provinces chinoises vers le début du xxᵉ siècle, frappaient des dollars, demi-dollars, cinquièmes, dixièmes, et vingtièmes de dollars en argent ; des pièces de vingt, dix, cinq, deux et une sapèque en cuivre. Les vice-rois, qui avaient la direction de ces établissements, poussaient activement à la frappe de la plus grande quantité possible de pièces, sur lesquelles ils réalisaient d'énormes bénéfices. On prétend qu'il en a été mis en circulation jusqu'à 16 milliards par an. Le 2 décembre 1905, un décret impérial a interdit la frappe du cuivre dans les hôtels provinciaux des monnaies, et l'a transférée à une Monnaie centrale établie à Tientsin avec succursale à Shanghaï, l'une et l'autre sous la dépendance du ministère des finances. Les vice-rois conservaient la frappe de l'argent, qui a été réglementée à son tour par un décret de 1908.

Les violentes fluctuations des changes étrangers qui résultaient des variations du prix du métal blanc et qui devinrent encore plus sensibles après que le Japon et la Russie eurent adopté l'étalon d'or, entraînèrent de tels inconvénients pour la Chine, que, dans le traité de commerce qu'elle signa avec l'Angleterre le 5 septembre 1902, elle accepta l'insertion de l'article suivant : « La Chine s'engage à prendre les mesures nécessaires pour assurer la frappe d'une monnaie nationale uniforme, qui aura force libératoire pour tous impôts, taxes et autres paiements à effectuer dans tout l'Empire, tant pour les sujets anglais que chinois. » Afin de préparer les voies à cette réforme, la Chine se joignit en 1903 au Mexique pour demander la coopération des États-Unis en vue de la stabilisation du change entre les pays à étalon d'or et les pays se servant de l'argent. Une commission américano-mexicaine se rendit en Europe, siégea dans les diverses capitales, où les représentants du Gouvernement chinois assistèrent à ses délibérations. L'année suivante, le professeur Jenks, membre de la commission américaine, passa plusieurs mois en Chine, et travailla à préparer le programme, en vertu duquel le Gouvernement chinois décréta la frappe d'une monnaie d'argent uniforme dans l'Empire, sur la base du tael Kuping.

En dernier lieu, un décret du Gouvernement impérial chinois [1], en date du 24 mai 1910, a ordonné que l'unité monétaire sera désormais le yuan ou dollar, pesant 7 mau et 2 candareen d'argent, métal destiné à servir provisoirement d'étalon. Les pièces divisionnaires seront de 50, 25 et 10 cents en argent; de 5 cents en nickel, de 2 cents, 1 cent, 5 et 1 sapèques en cuivre. C'est la Banque du Gouvernement (*Ta Ching*) qui sera chargée de mettre en circulation les nouvelles pièces et de retirer les anciennes. Les gouvernements provinciaux cesseront toute frappe. Cette tentative de réforme sera-t-elle plus heureuse que les précédentes? Déjà le décret du 5 octobre 1908 avait proclamé le *tael kuping* unité monétaire. Au mois de septembre 1909, dans une série de règlements revêtus de la sanction impériale, le ministère des finances s'efforçait de mettre un frein aux émissions illégitimes de papier-monnaie faites par les banques et administrations provinciales. Cela serait d'autant plus

1. Bulletin de statistique et de législation, septembre 1910.

nécessaire que le tael est une monnaie dont la valeur est
différente dans chaque centre. Un dollar fixe serait le bien-
venu : ce serait d'ailleurs ses subdivisions qui seraient
surtout en usage, le pouvoir d'achat de la monnaie métallique étant encore très considérable en Chine [1].

En même temps qu'il essayait de régler la fabrication de la
monnaie métallique, le Gouvernement a constitué un établissement destiné à mettre de l'ordre dans la circulation fiduciaire et à devenir l'institut d'émission national. La Banque
impériale chinoise a remplacé la Banque de Hou-Pou (ancien
ministère des finances). Son capital, de 4 millions de taels,
doit être porté à 10, et a été souscrit, jusqu'à concurrence
de moitié, par l'État; les autres 50 000 actions, de 100 taels
chacune, ne peuvent être souscrites que par des nationaux.
Le siège est à Pékin ; des succursales seront établies dans
les ports maritimes et fluviaux prospères, dans les préfectures
et sous-préfectures ; là où il y aura lieu, la succursale sera
remplacée par une banque locale, avec laquelle la Banque
impériale passera un contrat pour faire de cet établissement
provincial son correspondant. Elle émet des billets en se
conformant aux règlements spéciaux qui régissent la matière
de l'émission ; elle gère les fonds du Trésor impérial, peut
être chargée de l'administration de la Dette publique, et de la
mise en circulation des nouvelles monnaies. Elle a à sa tête un
gouverneur, un vice-gouverneur et quatre gérants : les deux
premiers sont nommés par l'Empereur, qui les choisit sur
une liste dressée par le ministre des finances. Les gérants
sont élus par les actionnaires, sauf ratification du ministre
qui désigne, en outre, deux contrôleurs.

En même temps que ce règlement de la Banque impériale, le ministère des finances en soumettait un à l'approbation du souverain pour les banques particulières. Toutes
celles qui ont reçu l'autorisation gouvernementale peuvent

1. Un de nos amis qui a voyagé récemment dans l'intérieur de l'empire
nous disait qu'un poulet s'y vendait couramment 100 sapèques, c'est-à-dire
25 centimes. Ce prix ferait envie aux ménagères parisiennes.

émettre provisoirement des billets. D'autres règlements
s'appliquent aux caisses d'épargne et aux banques de crédit
hypothécaire. Le rapport présenté à l'Empereur sur la troisième année de fonctionnement de la Banque impériale insiste
sur la nécessité d'étendre son pouvoir d'émission, nécessité
qui semble démontrée par la dernière crise, au cours de
laquelle beaucoup de faillites se sont produites à Pékin. Le
Conseil du revenu (*Board of revenue*) fait passer par la
Banque tous ses mouvements de fonds, et perçoit par son
intermédiaire les contributions provinciales ; elle est destinée, dans la pensée de ses créateurs, à être investie un jour
du monopole de l'émission ; elle a payé pour 1909 un dividende de 21 pour 100 à ses actions libérées, et de 13 1/2
pour 100 à ses actions non libérées.

Mais, en attendant l'époque lointaine où l'unité pourra
se réaliser, la Chine se trouve dans cette situation singulière
que sa circulation est en partie alimentée par des banques
étrangères, qui n'ont pas le droit d'émettre des billets dans
leur pays d'origine, et qui le font sur territoire chinois, en
vertu des concessions qu'elles ont reçues de leurs gouvernements respectifs. Parmi elles, il faut citer tout d'abord la
Banque russo-asiatique, qui vient de naître de la fusion de
la Banque du Nord et de la Banque russo-chinoise. Celle-
ci avait été fondée sur la base des statuts revêtus de la
sanction du Tsar le 10 décembre 1895, et comptait parmi ses
actionnaires le Gouvernement russe et le Gouvernement chinois ; la partie du capital possédé par ce dernier était libellée
en taels : il en résultait des conséquences curieuses au point
de vue de la gestion, du bilan et de la répartition des bénéfices. L'assemblée extraordinaire du 6/19 mars 1910 a voté
la transformation de l'établissement : mais les nouveaux statuts maintiennent, au nombre des opérations de la Banque
russo-asiatique, l'émission de billets libellés en taels, dollars, livres sterling et autres monnaies locales, pour une
somme qui ne pourra être supérieure au total du capital
social et des réserves. Les billets au porteur doivent être

27

remboursés à présentation par les caisses de la Banque ou
des succursales qui les ont émis. La Banque doit avoir
constamment en réserve des espèces pour une somme égale
au moins au tiers des billets en circulation. Avec l'autorisation des gouvernements des États asiatiques, elle peut effectuer l'encaissement des impôts, les opérations concernant
la trésorerie, ainsi que la frappe de la monnaie locale, le
service d'intérêts des emprunts publics, l'acquisition de
concessions pour la construction de chemins de fer et l'établissement de lignes télégraphiques. L'ancienne Banque
russo-chinoise n'avait pas fait usage dans une mesure bien
considérable du droit d'émission : au 31 décembre 1908,
elle n'avait de billets en circulation que pour une valeur de
869 000 roubles.

La Banque française de l'Indo-Chine, qui émettait des
billets en Chine dans les mêmes conditions y a renoncé.

La Yokohama Specie bank, établie au Japon, où elle n'a
pas le droit d'émission, dont le monopole appartient à la
Banque du Japon, a reçu en septembre 1906 l'autorisation de
faire circuler ses billets dans le Kwantoung et dans le reste de
la Chine. Elle avait également, après la campagne de 1904,
lancé en Mandchourie des billets libellés en yen japonais.
Au 31 décembre 1908, sa circulation s'élevait à environ 5 millions de yen, contre une encaisse plus que quintuple.

La Hongkong and Shanghai banking Corporation, la grande
banque d'Extrême-Orient, a été une des premières à étendre
son émission au delà des limites des colonies anglaises où
elle est établie, sur les territoires chinois contigus. La
Chartered bank of India, Australia and China, société puissante, dont la charte été renouvelée pour 30 ans à partir
du 12 juillet 1909, qui a un capital de 1 200 000 livres et un
fonds de réserve de plus de 1 600 000 livres, avait, au 31 décembre 1909, une circulation de 515 000 livres et une
encaisse de 3 800 000 livres. Ces divers billets ont été
stipulés remboursables en argent : la baisse de ce métal a
constitué un bénéfice pour les banques émettrices, au moins

jusqu'à concurrence de la circulation qui n'était pas couverte par une encaisse correspondante, puisque l'engagement de payer en argent devenait d'autant plus léger que le cours de celui-ci rétrogradait davantage.

La première condition d'une organisation fiduciaire est l'accomplissement de la réforme monétaire ; car un billet n'a de crédit et ne circule aisément que là où la monnaie dans laquelle il est remboursable est parfaitement définie. L'unité à cet égard n'est pas encore établie dans le Céleste Empire : aussi longtemps qu'elle ne le sera pas, le billet y aura une base chancelante. Toutefois, si la Banque impériale réussit à se constituer une encaisse composée de pièces ou de lingots d'un titre invariable et rembourse régulièrement son papier, celui-ci pourra, au milieu des incertitudes actuelles, devenir l'étalon auquel les autres se conformeront peu à peu. Mais auparavant devra être tranchée la question primordiale du métal libératoire qui sera adopté. Malgré des habitudes séculaires, la Chine devra se rallier au système qui est dès maintenant celui de toutes les grandes nations commerçantes ; avec la merveilleuse aptitude au négoce dont ses habitants sont doués, ils comprendront la nécessité de cette évolution. Mais la substitution du métal jaune au métal blanc ne se fera pas en un jour : il est vraisemblable que l'évolution s'accomplira, comme aux Indes, comme au Mexique, par la limitation de la frappe des pièces d'argent, et les mesures prises pour assurer leur équivalence avec un poids déterminé d'or, ou, ce qui revient au même, avec les monnaies étrangères des principaux pays. La fixité du change dès lors établie, les mouvements réguliers du commerce extérieur pourront introduire peu à peu les quantités de métal jaune nécessaires pour remplacer le métal blanc, ramené au rôle de monnaie divisionnaire.

Il est difficile de se rendre compte de la variété des monnaies fiduciaires en usage dans l'Empire. Voici, par exemple, la province de Sin-kiang, constituée par un édit impérial en date du 5 septembre 1882, et qui s'étend entre la Mongolie au nord, le Thibet au sud, la Chine proprement dite à l'est, et la Russie, l'Asie centrale et l'Inde à l'ouest. Dans la capitale Urumchi, la Trésorerie provinciale crée des billets d'un tael, échangeables au taux fixe de 400 sapèques (*red cash*). Les huit principales maisons de Tientsin émettent des billets de même dénomination, solidairement garantis par elles. Beaucoup de magasins émettent leurs propres billets d'un tael, moins aisément acceptés par la population que ceux des deux catégories précédentes.

La Chine est un des pays où il existe le plus grand nombre d'instruments fiduciaires identiques au billet de banque, ou se rapprochant de lui. Depuis longtemps les habitants sont habitués à accepter en paiement des écrits enjoignant à un banquier de payer une certaine somme et que l'ordonnateur revêt de son sceau. L'Européen qui voyage à l'intérieur du pays présente d'abord au banquier local la lettre de crédit d'une banque étrangère, que celle-ci lui a délivrée dans la capitale ou dans quelque grand port ; le banquier indigène lui ouvre à son tour un crédit, et il n'est guère de village où le voyageur ne puisse faire accepter, en paiement de ce qu'il achète, les chèques qu'il fournit sur ce banquier. Ceci montre à quel point les habitants sont familiarisés avec le crédit et combien les habitudes de loyauté commerciale sont entrées dans les mœurs : des règlements opérés de la sorte indiquent un état de civilisation remarquable. À ce point de vue, on peut dire qu'il n'est pas au monde de communautés qui soient mieux préparées au régime fiduciaire que celles du Céleste Empire. Mais l'énormité du territoire et de la population, les lointaines traditions en vertu desquelles les vice-rois, les mandarins locaux, et autres fonctionnaires exercent une action plus ou moins indépendante, sont autant d'obstacles à l'unification.

On presse de toutes parts le Gouvernement impérial chinois de réformer ses finances, de mettre fin au chaos monétaire qui règne dans ses provinces, de réglementer l'émission par les banques indigènes de leurs billets, dont la quantité est hors de proportion avec le chiffre des encaisses métalliques. Des pétitions en ce sens ont été adressées au Trône par les chambres de commerce ; des démarches ont été faites par le corps diplomatique. Des édits ont paru qui semblent donner satisfaction aux réclamations, mais ils sont jusqu'ici restés lettre morte, et il est par suite très difficile de porter un jugement tant soit peu motivé sur la situation véritable et les perspectives d'avenir prochain.

Les deux derniers manifestes du Gouvernement parvenus à notre connaissance en octobre 1910 posent le principe que le droit d'émettre la monnaie fiduciaire appartient à l'État, et qu'il peut le concéder à une banque en lui imposant des règles sévères pour la couverture métallique des billets et en se réservant une part des bénéfices. Pour réaliser ce programme, il est ordonné à toutes les banques de l'Empire de retirer chaque année un cinquième de leurs billets qui circulent actuellement, et il leur est interdit d'en émettre de nouveaux, de sorte qu'en 1915 leur circulation devrait avoir entièrement disparu. La Banque impériale (*Tatching*), au lieu d'un simple privilège, reçoit le monopole de l'émission. Ses billets seront de 1, 5, 10, et 100 yuans, un yuan et demi équivalant à un tael kuping. Le ministre des finances en déterminera le chiffre pour chaque catégorie. Le siège central continue à être à Pékin ; des succursales seront ouvertes à Tientsin, Shanghaï, Hankeou, Canton, Tchengton et Moukden. L'encaisse métallique devra toujours être égale au moins à la moitié de la circulation. Lorsque celle-ci dépassera la limite légale, la Banque paiera à l'État un impôt de 6 pour 100. Pendant les cinq premières années, le Gouvernement recevra 7 pour 100 des bénéfices nets, après qu'un intérêt de 6 pour 100 aura été servi aux actionnaires sur le capital fourni par eux, et que des versements auront été faits aux fonds de réserve et d'amortissement. A partir de la sixième année et jusqu'à ce que les réserves soient égales au capital, la part de l'État sera de 20 pour 100; ensuite elle sera élevée à 30 pour 100.

L'avenir nous apprendra si cette loi, comme tant d'autres, est destinée à rester inefficace ou si un pas sera fait en avant. On sait quelle difficulté il y a à faire exécuter dans les diverses parties du Céleste Empire les décisions du Gouvernement central. L'application des décrets rencontrera d'autant plus d'obstacles qu'en matière monétaire et fiduciaire, il est plus malaisé que sur tout autre domaine de modifier les habitudes invétérées des populations ; en outre, l'esprit traditionnel des Chinois viendra en aide à la cupidité des vice-rois pour s'opposer aux innovations. Toutefois la réunion d'une sorte de Parlement à Pékin, au cours de l'automne 1910, semble donner un rudiment de vie à la représentation nationale. Parmi les vœux exprimés, se trouve celui de l'unification de la banque et de la monnaie : peut-être est-ce le signal d'une ère nouvelle et d'un progrès plus rapide dans la voie des réformes. Si les édits de 1910 sont appliqués, la Chine cessera de figurer au nombre des pays qui vivent sous le régime de la pluralité des banques et passera dans la catégorie de ceux qui ont institué le monopole de l'émission.

ÉQUATEUR

Le 4 juin 1900, l'étalon d'or a été établi : le sucre a été déclaré équivalent à 2 shillings de monnaie anglaise, c'est-à-dire 2 fr. 52 de monnaie française. Deux banques émettent des billets, le Banco del Ecuador et le Banco commercial y agricola, dont la circulation, comparée à l'encaisse, se présentait comme suit le 31 décembre 1905 :

	OR	ARGENT	BILLETS ÉMIS
		Milliers de sucres	
Banco del Ecuador	1839	52	3 406
Banco commercial y agricola.	1827	17	3 468

Chaque banque d'émission doit avoir un capital d'au moins 400 000 sucres, entièrement souscrit : ses statuts doivent être approuvés par le pouvoir exécutif, le Conseil d'Etat entendu. Avant de commencer ses opérations, elle doit avoir en caisse 50 pour 100 de son capital en monnaies d'or ayant cours légal, et 10 pour 100 en monnaies d'argent indigènes. La circulation ne 'peut dépasser le double du capital souscrit, ni le double de la valeur de l'or en caisse. Tout billet est remboursable en espèces à vue. La plus petite coupure est d'un sucre. La réserve est constituée par un prélèvement annuel d'au moins 30 pour 100 des bénéfices, après toutefois qu'un dividende de 12 pour 100 a été distribué au capital versé. La gérance de chaque banque adresse au Gouvernement, dans la première quinzaine de chaque mois, un état montrant la situation pendant le mois précédent. Au mois de janvier, elle envoie un résumé des opérations de l'année précédente et de la répartition des dividendes.

Le Pouvoir Exécutif surveille les opérations des banques et, en particulier, l'émission et le change des billets, au moyen de ses agents ou de commissaires spéciaux. Les Banques acquittent un impôt général sur la valeur totale de leur émission.

BOLIVIE

Parmi les banques boliviennes, figure au premier rang la Banque nationale de Bolivie, établissement très prospère qui existe depuis 39 ans, dont le siège social est à Sucre et dont la circulation dépasse aujourd'hui 8 millions de bolivianos (monnaie indigène valant au cours du jour environ 2 francs de monnaie française). Le capital de 6 500 000 bolivianos a été porté, par décision de l'assemblée générale des actionnaires du 28 juillet 1910, à 12 500 000 bolivianos. L'encaisse métallique était, au 30 juin 1910, de plus de 4 millions, dont la majeure partie était en or. Le Gouvernement a droit au dixième des bénéfices nets.

La Banque nationale a été constituée en vertu du décret du 1er septembre 1871 : des prorogations successives ont porté sa durée à 1933.

D'autres banques ont le droit d'émission et il est question de fonder un établissement d'État.

Voici le bilan au 30 juin 1910 :

BANQUE NATIONALE DE BOLIVIE

BILAN AU 30 JUIN 1910

ACTIF

	Millions de bolivianos.
Caisse	4
Agences	1
Lettres de gage et bons hypothécaires. . .	1
Comptes courants.	10
A reporter.	16

Millons de bolivianos.

Report	16
Avances	3
Divers documents escomptés	1
Immeubles et mobilier	1
Dépôts	7
	28

PASSIF

Billets émis	8
Dépôts à vue	2
Dépôts à terme	3
Capital versé	6³
Fonds de réserve	1
Profits et pertes	0³
Déposants	7
	28

Au projet d'augmentation du capital dont nous venons de parler se rattache celui de la régularisation du change ; il s'agirait de transformer l'étalon d'argent qui existe aujourd'hui et d'inaugurer un système monétaire fondé sur l'or. Les ressources naturelles de la Bolivie, qui sont considérables, permettent d'espérer un développement continu de son commerce extérieur que cette réforme contribuerait singulièrement à accélérer.

En dehors de la Banque nationale, la Banque Argandona émet également des billets. Il existe encore d'autres établissements, parmi lesquels les principaux sont la Banque industrielle, la Banque agricole et la Banque de Bolivie et de Londres.

LIVRE III

PAYS QUI ACCORDENT LE DROIT D'ÉMISSION A UN NOMBRE ILLIMITÉ DE BANQUES, TENUES D'OBSERVER LES PRESCRIPTIONS D'UNE LÉGISLATION UNIFORME

CHAPITRE XI

ÉTATS-UNIS D'AMÉRIQUE, BANQUES NATIONALES

I

L'un des premiers projets de constitution de banque aux États-Unis remonte au milieu du xvii° siècle. Vers l'an 1660, le gouverneur du Connecticut, Vornthrop, songea à fonder une banque foncière et commerciale, mais son idée ne paraît pas avoir eu de suite. En 1671, au Massachussets, une banque privée fut créée, qui n'émettait pas de billets ; l'initiative de cette émission fut prise par un autre établissement, fondé en 1681. En 1686, John Blackwell et consorts proposèrent aux autorités de la colonie d'établir une banque d'émission qui fît des prêts sur immeubles et marchandises. Les premiers billets d'État émis par le Gouvernement du Massachussets servirent à payer les frais d'une expédition au Canada ; ils ne tardèrent pas à perdre environ 25 pour 100. En 1716, une banque publique fut fondée à Boston : 100 000 livres sterling purent être employées par les administrateurs à faire des prêts hypothécaires, à 5 pour 100 l'an, dans chaque comté, proportionnellement aux impôts qu'il payait, et à raison de 50 pour 100 de la valeur de chaque

immeuble. Le *Bubble's Act*, loi « des bulles de savon »,
interdisant toutes entreprises non légalement autorisées, voté
à cette époque par le Parlement anglais, créa une vive
alarme aux colonies, qui redoutaient de le voir appliqué chez
elles. En 1733, les billets d'État ayant été supprimés, des
négociants de Boston se réunirent pour créer une circulation qui fut acceptée dans le Massachussets et le Rhode-
Island. La même année, une société de New London,
dans le Connecticut, essaya d'émettre des billets, qu'elle
fut bientôt contrainte de retirer. Une autre fit une tentative
analogue dans le New Hampshire. Tout ce papier subissait
une perte notable, ce qui s'explique par le fait qu'il n'était
en général payable ni à vue ni en espèces. Voici un exemple
de l'engagement que prenait le souscripteur : « Nous pro-
mettons, en notre nom et celui de nos associés, de recevoir
ce billet de crédit comme monnaie légale dans tous les
paiements, commerces et affaires, et, à l'expiration de 20 ans,
de payer le possesseur en produits de cette province. » C'était
des assignats, qui n'avaient même pas la garantie des propriétés foncières, et à qui on donnait comme gage hypothé-
tique des valeurs mobilières quelconques, livrables au bout
d'une longue période. Pour couper court aux abus, le *Bubble's
Act* fut déclaré applicable aux colonies : l'irritation que causa
cette mesure fut une des causes de la Révolution américaine.

Après la proclamation de l'Indépendance, divers projets
furent mis en avant. A cette époque, nous dit Mac Master[1],
dans la plupart des États, un billet de banque était chose
inconnue. Au delà des montagnes, dans le Kentucky et le
Tennessee, des bons militaires, des certificats de garde, les
chevaux, les vaches, les bœufs, des acres de terre, constituaient la monnaie au moyen de laquelle les débiteurs s'acquittaient et les particuliers exprimaient leur fortune. Dans
l'ouest de la Pennsylvanie, c'était la liqueur nommée whisky

1. *History of the people of the United States*, p. 29, t. II.

qui constituait l'instrument des échanges. Le 26 mai 1781, le Congrès approuva le plan d'une Banque de l'Amérique du Nord, au capital de 400 000 dollars[1] : ses billets devaient être reçus en paiement des impôts dans les États où ils étaient remboursables. Elle prospéra d'abord, paya 14 pour 100 de dividende à ses actionnaires en 1784 et 1785, augmenta son capital, mais subit ensuite des pertes, dues à l'excessive extension de ses affaires. En 1787, sa charte fut renouvelée pour 14 ans et son capital porté à 2 millions de dollars. Voici quelle était sa situation au 24 janvier 1811 :

	Dollars.
ACTIF	
Escompte-avances.	14 578 294
Rente 6 pour 100 des États-Unis	2 750 000
Encaisse	5 009 567
PASSIF	
Capital	10 000 000
Circulation	5 037 125
Dépôts des particuliers	5 900 423
— — États-Unis	1 929 999

Plusieurs autres banques avaient obtenu l'autorisation de s'établir à côté d'elle. En 1791, sur le désir de Washington, un privilège de 20 années fut concédé à une Banque nationale, siégeant à Philadelphie, autorisée à émettre des billets inférieurs à 10 dollars. Le capital était de 10 millions, dont un cinquième souscrit par la Confédération et le reste par des particuliers qui payèrent les trois quarts de leur souscription en obligations des États-Unis. La Banque ne pouvait prêter au Gouvernement fédéral plus de 100 000 dollars sans une

1. Le dollar vaut 5 fr. 20. Il se divise en 100 cents, dont chacun vaut par conséquent 52 millimes.

autorisation législative : ses billets étaient reçus en paiement des impôts. Les actions donnèrent lieu à un agiotage, qui contribua à amener la crise de l'hiver 1791-1792. La Banque avait avancé au Gouvernement des sommes qui s'élevaient, à la fin de 1795, à 6 200 000 dollars.

Sa charte ne fut pas renouvelée et elle dut liquider, ses billets ayant perdu cours légal à l'expiration de son privilège, en 1811. Aussitôt les banques se créèrent en grand nombre, en vertu de chartes octroyées par les États particuliers. De 1811 à 1815, on en compta 120 : mais elles dirigèrent mal leurs opérations, compromirent la valeur et le cours de leurs billets, que le Trésor refusa à partir de 1815. Le président Madison conseilla de remédier à ce désordre en créant une nouvelle Banque des États-Unis, dont le plan fut approuvé par le Congrès, le 10 avril 1816. Le capital était de 35 millions de dollars, dont un cinquième fut souscrit par la Confédération; la Banque était dépositaire des fonds fédéraux; ses billets avaient cours légal; son privilège lui était donné pour 25 ans. La charte reproduisait, dans ses traits principaux, celle de l'ancienne Banque des États-Unis. La souscription du capital devait être faite jusqu'à concurrence d'au moins 7 millions de dollars, en espèces d'or ou d'argent des États-Unis, d'Espagne ou d'autres pays étrangers. Le reste pouvait être souscrit en titres des États-Unis, comptés aux cours suivants : le 6 pour 100 au pair, le 3 pour 100 à 65, le 7 pour 100 à 106,51. Le total des engagements de la Banque, en dehors de ses dépôts, ne devait à aucun moment dépasser 35 millions de dollars, c'est-à-dire le montant du capital. Ils étaient tous payables en numéraire. Aucune autre banque ne devait recevoir de charte fédérale.

Dès 1818, une crise menaça d'éclater. Les directeurs de la Banque des États-Unis, en présence de la difficulté qu'ils éprouvaient à faire rentrer les sommes que leur devaient les banques des États particuliers, restreignirent les escomptes : des plaintes s'élevèrent. En 1828, commença la guerre que

le président Jackson ne cessa de faire à la Banque, et qui
se manifesta d'abord par le retrait des dépôts fédéraux. Cette
mesure eut pour conséquence la création d'une foule de
banques locales, qui se laissèrent peu à peu aller à des émissions excessives, dont les conséquences furent des plus
graves : les banques de New York et de Philadelphie, à la
suite de faillites de planteurs et de marchands de coton
amenées par la baisse de cette marchandise, suspendirent
leurs paiements. La Banque des Etats-Unis vint en aide au
commerce en lui achetant ses traites sur l'Europe ; mais elle
eut le tort d'aller jusqu'à faire des avances sur marchandises
expédiées à Liverpool ; quand les cargaisons y arrivèrent,
le coton avait subi une forte baisse et beaucoup de traites
restèrent impayées. Le contre-coup s'en fit sentir en Amérique : la Banque des Etats-Unis fut à son tour obligée de
suspendre et de liquider. Ses créanciers furent remboursés,
mais les actionnaires perdirent leur capital. A la suite de
cette chute, les Etats concédèrent à des banques locales
(*State banks*) le droit d'émission. Plusieurs de ces banques
existent encore ; la plupart se sont transformées en banques
nationales sous le régime de la loi de 1863. Nous verrons
tout à l'heure comment leur circulation a été virtuellement supprimée.

Jusque-là, les Etats-Unis n'avaient pas cessé d'être bal-
lottés entre le régime de la banque unique et celui des
banques multiples ; ils allaient de l'un à l'autre, puis revenaient au système abandonné, selon que l'expérience du
moment mettait en relief tels inconvénients ou tels avantages : chose curieuse, aujourd'hui encore, au début du
xxᵉ siècle, la même incertitude renaît dans les esprits et le
même problème se pose devant l'opinion publique américaine. Pour mettre un peu d'ordre dans cette confusion et
essayer de dégager les principes qui ont présidé à l'émission
des billets aux Etats-Unis pendant toute la partie de leur
histoire antérieure à 1861, la date mémorable qui marque

le point de départ d'une ère nouvelle en finance aussi bien qu'en politique, on peut distinguer quatre systèmes princi- paux, suivant que la circulation était gagée par l'actif des banques en général, par des titres de dette publique, par un fonds spécial ou par le crédit des Etats particuliers.

Ce sont les banques de la Nouvelle-Angleterre[1] et particu- lièrement celles de Boston qui donnent le meilleur exemple du premier système. Dès 1803, lorsqu'un acte avait imposé aux banques du Massachussets l'obligation d'adresser à l'Etat un rapport semestriel, il existait 7 de ces établisse- ments, avec un capital de 2 225 000, et une circulation de 1 565 000 dollars. En 1828, leur capital s'était élevé à plus de 9 millions. Une loi de février 1829 limita la circulation à 125 pour 100 du capital et le total du passif, autre que les dépôts, à deux fois le capital. A la fin de 1836, il s'était créé une quantité considérable de sociétés nouvelles ; il existait 140 banques au Massachussets ; ce n'est qu'à regret qu'elles imitèrent en 1837 les banques de New York, et suspendirent les paiements en espèces. La crise fit beaucoup moins de victimes parmi elles qu'ailleurs : 32 banques liquidèrent de 1837 à 1844 ; mais, à partir de cette date, jusqu'à l'intro- duction du système des banques nationales, il n'y eut plus dans l'Etat que deux suspensions, et, dans les deux cas, les porteurs de billets furent intégralement remboursés. En 1862, il existait au Massachussets 183 banques avec 67 mil- lions de capital, 29 millions de circulation, 45 millions de dépôts. Les autres Etats de la Nouvelle-Angleterre avaient un système analogue. Les banques s'entendirent pour faire opérer le rachat de leurs billets par une banque centrale, qui fut pendant quelque temps la Suffolk bank, puis la Banque de rachat mutuel (*Bank of Mutual Redemption*). En la seule année de 1858, les rachats de billets effectués

---

1. On appelle Nouvelle-Angleterre l'ensemble des Etats de l'Est qui comptent parmi les plus anciens de la Confédération.

2. Voir Conant : *A history of modern banks of issue.*

par la Suffolk bank s'élevèrent à 400 millions de dollars, c'est-à-dire dix fois le montant des billets existants ; pendant la durée d'une génération, cette banque avait réussi à maintenir les billets au pair avec le métal : aussi la cite-t-on comme un modèle de banque de rachat.

Le second système, consistant à faire garantir les billets par un fonds spécial, à la formation duquel tous les émetteurs contribuaient, a été en vigueur dans l'État de New York. La Banque de New York, incorporée en 1791, était restée en possession d'un monopole de fait jusqu'en 1799, époque à laquelle la *Manhattan Company* fut fondée au capital de 2 millions de dollars. De nombreuses banques s'étant ensuite créées dans le premier tiers du XIXe siècle, le gouverneur van Buren présenta, en 1829, à la Législature son plan connu sous le nom de fonds de sûreté (*Safety-fund plan*). L'idée mère en était de rendre tous les banquiers émetteurs responsables des dettes de chacun d'eux en cas de faillite. De 1829 à 1842, cette responsabilité collective et solidaire s'étendit à toutes les dettes des banques ; à partir de cette date, elle fut limitée aux billets. Le fonds de sûreté se constituait au moyen du paiement annuel, par chaque banque, d'une somme égale à 1/2 pour 100 de son capital, jusqu'à ce que le total en fût de 3 pour 100.

Le troisième système est celui qui a survécu et qui règne encore aujourd'hui aux États-Unis. La loi du 18 avril 1838, connue sous le nom de *Free Banking Act* (loi de la banque libre), autorisa tout individu ou société à émettre des billets : ceux-ci seraient fournis par le contrôleur de l'État en échange d'obligations de l'État de New York ou de tout autre fonds agréé par ce fonctionnaire et calculé, d'après son revenu, à la parité des obligations 5 pour 100 de l'État de New York. Des hypothèques pouvaient être acceptées en garantie de la circulation : cette faculté, qui ouvrait la porte aux pires abus, a été supprimée en 1863. Le système avait le défaut de manquer d'élasticité et d'être ébranlé par la baisse des valeurs servant de garantie, baisse qui se produisait en

28

temps de crise, c'est-à-dire aux époques où le billet avait
le plus besoin de jouir d'un crédit indiscuté. Il a servi
toutefois de modèle à la loi canadienne de 1850, plus tard à
la loi fédérale de 1863 sur les Banques nationales, et a été
copié par d'autres nations, comme le Japon et l'Argentine.
Ces lois de banques de l'État de New York trouvèrent de
nombreux imitateurs dans les États de l'Ouest, mais ne
donnèrent de bons résultats que dans un petit nombre d'entre
eux, tels que l'Ohio et l'Indiana. Les banques du Michigan
commirent de tels excès, qu'en 1844 la Cour suprême de
l'État déclara qu'elles n'avaient pas d'existence légale, par
le motif que la loi constitutionnelle, ordonnant qu'aucune
compagnie particulière ne fût créée sans charte spéciale,
avait été violée. D'une façon générale, les résultats furent
désastreux. Les obligations gageant la circulation étaient
artificiellement poussées à des cours supérieurs à leur valeur ;
lorsqu'il s'agissait de les réaliser, on ne retrouvait plus qu'un
prix très inférieur à la somme de billets garantis par elles.
La crise de 1857 acheva la ruine de la plupart de ces établissements.

Le quatrième système, celui des émissions faites directement par les États particuliers, ou par des banques dans lesquelles ils étaient intéressés, ne porta guère de meilleurs
fruits. Des abus de toute sorte se produisirent : l'État d'Ala-
bama fut inondé de papier-monnaie émanant d'une banque,
dont il avait souscrit le capital. Celui de Mississipi souffrit à
la fois d'émissions désordonnées d'obligations qui restèrent
impayées et de la création de billets qui ne furent jamais rachetés : le chiffre de la circulation s'était élevé jusqu'à 15 millions de dollars, montant hors de toute proportion avec la
richesse et la population de l'État à cette époque. Lorsque
la guerre de Sécession éclata, le danger des émissions de
billets reposant sur les obligations des États particuliers ou
sur leur crédit direct apparut dans toute son étendue. Le Sud
devait alors au Nord plus de 200 millions ; beaucoup de
banques du Nord avaient gagé leurs billets au moyen

d'obligations d'États du Sud : tout l'échafaudage s'écroula.
La diversité allait faire place à l'unité. Mais en même temps
va apparaître, à côté du billet de banque, le papier-monnaie.

Le 1er juillet 1861, c'est-à-dire au début de la guerre
civile, la circulation des États-Unis consistait en 246 millions de dollars d'espèces et 202 millions de billets des
banques d'État. Lorsque les hostilités éclatèrent, la première préoccupation du secrétaire de la Trésorerie fédérale,
M. Chase, fut de se procurer des ressources. Il commença
par demander aux banques de New York, de Philadelphie
et de Boston, qu'il avait convoquées à cet effet, une avance de
150 millions de dollars en or, en échange desquels il leur
remit des bons du Trésor à 3 ans rapportant 7,30 pour 100
d'intérêt annuel. Mais cette somme était loin de suffire ; il
ne tarda pas, selon l'autorisation qu'il s'était fait donner par
le Congrès, à émettre des billets du Gouvernement. Ces billets, au début, étaient remboursables en espèces ; mais
comme, dès le 31 décembre 1861, les banques, affaiblies par
leurs avances au Gouvernement, suspendirent le remboursement en numéraire de leurs propres billets, le Trésor suivit
leur exemple : c'est ainsi que les États-Unis entrèrent dans
la voie du papier-monnaie, d'où ils ne devaient sortir en fait
qu'après la fin de la guerre de Sécession, et théoriquement
qu'en 1879. Une prime sur l'or s'établit aussitôt ; elle s'éleva
jusqu'à 185 pour 100 dans l'été de 1864. Les prix de toutes
choses montèrent dans une proportion énorme. Sur les
2 565 millions de dollars que le Trésor fédéral reçut pendant
la guerre en paiement des obligations qu'il a vendues, on a
calculé qu'il en a perdu plus du tiers, par suite de la dépréciation du papier-monnaie avec lequel il a été payé. Beaucoup d'auteurs sont d'avis que, dès cette époque, les États-
Unis avaient une puissance financière qui leur aurait permis de
ne pas établir le cours forcé. Si M. Chase avait, sans coup
férir, demandé à l'impôt les ressources nécessaires, il aurait

pu se dispenser d'émettre les billets fédéraux, dont nous écrirons l'histoire au chapitre xiv du présent volume. Le produit des impôts s'éleva successivement de 52 millions de dollars, pour l'année fiscale prenant fin le 30 juin 1862, à 112, 243, 322 et 520 millions dans les quatre années suivantes. Il est probable qu'en adressant, dès la première heure, ces appels aux contribuables, le Gouvernement aurait évité au pays la perte résultant du papier-monnaie, qui a été évaluée à 1 milliard de dollars en capital et autant en intérêts, pour les seules dépenses de guerre.

Mais il était entré dans la voie opposée, et se procurait des fonds en émettant des billets au porteur inconvertibles, et aussi des rentes fédérales, sous forme d'obligations à intérêt, remboursables à une date ultérieure, généralement fixée à cinq ans au moins, vingt ans au plus, au choix du débiteur. En présence des vicissitudes de la campagne qui, surtout dans les débuts, fut loin d'être toujours favorable aux armées du Nord, le placement de ces titres n'était pas chose aisée ; ce fut une des raisons pour lesquelles la législation des banques fut entièrement refondue, d'après le principe d'une réglementation qui assurait la couverture des billets exclusivement par des rentes fédérales. Au moment où cette transformation eut lieu, c'est-à-dire en 1863, le nombre de banques d'État émettant des billets était de 1 466, avec un capital de 405 millions de dollars. Elles avaient reçu des dépôts pour 394 millions, et fait des prêts et escomptes pour 649 millions. Dans son ensemble, le système avait comme défaut principal, outre la mauvaise situation et la faiblesse d'un certain nombre d'établissements, leur diversité. Il est fâcheux pour le public d'être obligé de vérifier à chaque instant la qualité du papier qu'il est appelé à recevoir dans les transactions quotidiennes. L'organisation de banques nationales, c'est-à-dire d'établissements régis par une loi uniforme dans toute l'étendue de la Confédération, devait dès lors offrir de sérieux avantages par rapport à l'état de choses antérieur : la sécurité des porteurs de billets serait plus grande, puisque les titres gageant la circulation émanaient du pouvoir central, dont le crédit était bien supérieur à celui de tel ou tel État insolvable ; les pertes de change seraient supprimées, puisque des billets, identiques par la nature de leur garantie, sinon par la signature des émetteurs, circulaient dans toute la Confédération : enfin la surveillance du Gouvernement qui, par l'intermédiaire du contrôleur de la circulation, est constamment à même de connaître et de rectifier, s'il y a lieu, la marche des banques nationales, serait de nature à rassurer les porteurs de billets sur leur gestion. L'opinion publique était acquise à la réforme, qui fut accomplie par la loi du 25 février 1863 sur la circulation nationale (*National currency act*). Celle-ci, en dehors des billets du Trésor fédéral, devait dès lors être exclusivement composée des billets des banques dites nationales, non pas qu'il fût interdit en principe à d'autres établissements, et notamment aux banques instituées conformément aux lois des États particuliers (*state banks*), de créer des billets payables à vue et au porteur ; mais la taxe de 10 pour 100 frappant ce papier en rend virtuellement l'émission impossible. C'est à ce détour que le pouvoir central avait dû recourir pour assurer l'unité de la circulation : la constitution, en vertu de laquelle il établissait cet impôt, ne lui permettait pas d'empêcher directement l'exercice d'un pouvoir inhérent à la souveraineté des États particuliers.

La loi primitive a été amendée à maintes reprises ; la première modification remonte au 3 juin 1864, la dernière au 30 mai 1908. Certaines contradictions qui se rencontraient dans le texte primitif ont été corrigées, des transformations pour ainsi dire incessantes ont amélioré l'organisation des banques nationales : ces retouches apportées à l'œuvre du début ont toujours tendu à donner de plus grandes facilités à l'émission.

Le premier chapitre organise le bureau de la circulation, qui fait partie du département de la Trésorerie et demeure chargé de l'exécution de toutes les lois votées par le Con-

grès, concernant l'émission et le règlement d'une circulation
nationale gagée par des obligations des États-Unis. Le chef
de ce bureau porte le titre de contrôleur de la circulation
(*comptroller of the currency*), et exerce ses fonctions sous la
direction générale du Secrétaire de la Trésorerie, qui est le
ministre des finances de la Confédération. Le contrôleur est
nommé pour 5 ans par le Président de la République, après
avis conforme du Sénat ; il fournit caution pour 100 000 dollars (520 000 francs). A côté de lui siège un vice-contrôleur
(*deputy comptroller*). Le contrôleur fait tous les ans au
Congrès un rapport sur la situation des banques nationales,
lui fournit un état des banques nouvellement créées et de
celles qui ont cessé d'exister, lui soumet les projets d'amen-
dements qu'il juge de nature à améliorer le système et à
accroître la sécurité des porteurs de billets et autres créanciers ; il renseigne aussi le Congrès sur la situation des banques et caisses d'épargne organisées d'après les lois des
divers États et territoires.

Le chapitre II règle l'organisation et les pouvoirs des
banques nationales, qui seules ont le droit de s'appeler ainsi :
elles rédigent leurs statuts comme elles l'entendent, pourvu
qu'elles se conforment aux prescriptions légales. Elles peuvent notamment escompter et négocier des lettres de change,
traites et autres obligations (*evidences of debt*) ; recevoir
des dépôts ; acheter et vendre du change, des monnaies et
des métaux précieux ; prêter de l'argent ; recevoir, émettre
et faire circuler des billets conformément à la loi. Aucune banque nationale ne peut avoir de capital inférieur à
25 000 dollars dans les villes de 3 000 habitants et au-dessous, à 50 000 dollars dans les villes de 6 000 habitants au
plus, à 100 000 dollars dans les villes d'une population de
6 000 à 50 000 habitants, à 200 000 dollars dans les villes
d'une population supérieure. Chaque action est de 100 dollars et doit être entièrement libérée, au plus tard 5 mois
après l'ouverture de la banque. Chaque banque dépose à
la Trésorerie des États-Unis des obligations fédérales à

intérêt, destinées à gager sa circulation de billets, pour un montant minimum égal au quart du capital social, lorsqu'il est de 150 000 dollars ou moins, et dans les autres cas, pour un minimum de 50 000 dollars. Jusqu'en 1900, la circulation ne pouvait dépasser 90 pour 100 du capital de la banque, s'il n'est pas supérieur à 500 000 dollars ; 80 pour 100, s'il est de 500 000 à un million de dollars ; 70 pour 100, s'il est de 1 à 3 millions ; 60 pour 100, s'il est supérieur à 3 millions. Désormais la circulation peut être égale au capital. Les banques d'or (*goldbanks*) et les banques d'États (*Statebanks*) peuvent se transformer en banques nationales à des conditions déterminées.

Le chapitre III traite de la circulation, qui peut s'élever aujourd'hui au pair de la valeur cotée des obligations fédérales déposées par chaque banque à la Trésorerie, à condition que le cours de la Bourse ne soit pas inférieur. Avant 1900, les titres étaient comptés au maximum à 90 pour 100 du pair. Les billets sont de 10, 20, 50, 100, 500 et 1 000 dollars. Ils sont signés par le contrôleur. Ils sont reçus en paiement des impôts, accises, des terres domaniales, et en général de tout ce qui est dû à ou par la Confédération, sauf les droits de douane et les intérêts de la Dette publique. Chaque banque doit avoir à la Trésorerie un dépôt de 5 pour 100, destiné à servir au rachat de sa circulation, et compté comme faisant partie de sa réserve légale. Toutes les fois que des billets des banques sont présentés au Trésorier fédéral, celui-ci les rachète et les paie en billets des États-Unis. Il notifie ces rachats aux banques respectives, lesquelles sont à leur tour tenues de lui remettre ce montant en monnaie légale.

Chaque banque paie au Trésor un droit semestriel de 1/2 pour 100, réduit à 1/4 pour 100 depuis 1900, pour les billets gagés par un dépôt de rente fédérale 2 pour 100, sur la moyenne de sa circulation. Lorsque cette dernière n'est plus que de 5 pour 100 du capital, l'impôt cesse d'être dû. Toute personne, raison sociale, association, autre que les banques nationales, toute banque d'État paiera une taxe de 10 pour 100 sur ses billets. Cette clause est celle qui supprime en fait toute circulation autre que celle des banques nationales.

Le chapitre v édicte des règles pour la gestion des fonds. Dans les villes d'Albany, Baltimore, Boston, Cincinnati, Chicago, Cleveland, Détroit, Louisville, Milwaukee, Nouvelle-Orléans, New York, Philadelphie, Pittsburg, Saint-Louis, San Francisco, Washington, chaque banque nationale est tenue d'avoir une réserve en monnaie légale des États-Unis égale au moins à 25 pour 100 de ses dépôts. Dans les autres villes, le montant de cette réserve obligatoire est de 15 pour 100, dont les trois cinquièmes peuvent consister en créances sur les banques des villes où la réserve minimum est de 25 pour 100. Lorsque les trois quarts des banques nationales établies dans une ville en font la demande, cette ville passe au nombre de celles où la réserve doit être de 25 pour 100. Les banques des villes à réserve de 25 pour 100 peuvent avoir la moitié de leur réserve déposée à New York, Saint-Louis et Chicago, dites cités de réserve centrale.

Là où la loi de l'État n'établit pas de taux maximum d'intérêt, il est fixé à 7 pour 100. Le crédit fait à un individu ou à une maison ne peut dépasser un dixième du capital et de la réserve de la banque. Mais l'escompte d'effets de commerce n'est pas compris dans cette limitation. Il est défendu aux banques de posséder leurs propres actions, et de consentir sur elles aucune avance. En cas de perte sur le capital, la différence doit être payée par les actionnaires par voie d'*assessment*, c'est-à-dire que chacun d'eux peut être appelé à fournir un capital égal à celui qui a déjà été versé pour libérer le titre.

Chaque banque adresse dans le courant de l'année au moins cinq rapports au contrôleur, qui a le droit d'en exiger d'autres quand bon lui semble. La même obligation est imposée aux caisses d'épargne et compagnies de fidéicommis (*trust companies*) organisées par une loi fédérale.

A l'expiration de leur existence sociale, les banques nationales peuvent la renouveler pour 20 autres années, si les deux tiers des actionnaires en font la demande. Les actionnaires dissidents sont remboursés à un prix fixé à dire d'expert. Une loi de 1882 a permis d'une façon générale cette prorogation de durée.

Le chapitre vii s'occupe de la liquidation des banques, soit volontaire, soit forcée, prescrit les mesures à prendre dès que l'une d'elles cesse de rembourser ses billets à vue, prévoit la nomination d'un liquidateur (*receiver*) par le contrôleur, l'élection d'un représentant *(agent)* par les actionnaires, et la vente des titres des États-Unis déposés par la banque défaillante à la Trésorerie fédérale.

Le chapitre viii édicte les peines qui punissent l'émission illégale de billets, la constitution de gage au moyen de billets de banque (ce qui appauvrirait la circulation ou pourrait faire supposer qu'ils sont acceptés pour un prix inférieur à leur valeur nominale), l'imitation en manière de réclame, la mutilation, la contrefaçon des billets.

Le chapitre ix s'occupe du district de Colombie, c'est-à-dire du territoire fédéral où se trouve la capitale de Washington, et dont le régime politique est distinct de celui des États et territoires qui forment le reste de la Confédération. La loi y autorise la formation, par vingt-cinq personnes au moins, de trois espèces de compagnies, au capital minimum d'un million de dollars : caisses de dépôt, de fidéicommis, de prêts sur gages et sur hypothèques; compagnies qui assurent la validité des titres; sociétés de garanties et d'indemnités.

Le chapitre x s'occupe des dépôts du Gouvernement, dont les fonds disponibles, sauf les sommes provenant des recettes de douane, peuvent être confiés aux banques nationales désignées à cet effet par le Secrétaire de la Trésorerie. C'est une des dispositions les plus intéressantes de la loi et sur laquelle nous aurons à revenir. Parmi les banques dépositaires, il en est qui servent aussi d'agents financiers au Trésor.

Le chapitre xi définit les diverses espèces de monnaies. Les pièces d'or, les dollars d'argent (*standard silver dollars*), l'argent divisionnaire, le billon, les billets des États-Unis et les billets de la Trésorerie de 1890[1] ont force libératoire dans les conditions suivantes : l'or est monnaie légale pour sa valeur nominale quand son poids ne descend pas au-dessous de la tolérance ; sinon, il n'est monnaie légale que jusqu'à concurrence de son poids ; les dollars d'argent et les billets de 1890 peuvent acquitter toutes dettes publiques et privées, sauf stipulation contraire expresse ; l'argent divisionnaire est libératoire jusqu'à concurrence de 10 dollars, le billon jusqu'à concurrence de 25 cents, et les billets des États-Unis pour toute dette, sauf les droits de douane à l'importation et les intérêts de la Dette publique. Les certificats d'or et d'argent, c'est-à-dire les récépissés de dépôts au Trésor de dollars monnayés dans l'un ou l'autre métal, et les billets des banques nationales ne sont pas monnaies libératoires (*non legal tender money*) : toutefois les certificats sont recevables pour tout ce qui est dû à l'État.

Un acte de 1870 avait fixé à 354 millions le total que pouvait atteindre la circulation des banques nationales, primitivement fixée à 300 millions, par la loi du 3 juin 1864. Cette disposition a été rapportée par l'Acte de reprise des paiements en espèces du 14 janvier 1875.

On voit quels liens étroits le système des banques nationales a créés entre ces établissements et l'État fédéral. Non seulement ils sont sous son contrôle incessant ; non seulement la délivrance et le rachat de leurs billets s'opère par l'intermédiaire de fonctionnaires publics, qui s'assurent à tout moment que les prescriptions légales sont observées ; mais le capital des banques étant employé à acquérir des rentes qui sont le gage exclusif de leur circulation, une action incessante et réciproque de la Dette publique sur la circulation et de la circulation sur la Dette va s'exercer : de

---

1. Ces billets sont maintenant retirés de la circulation.

là naîtront des conséquences, que l'histoire des banques nationales met en lumière d'une façon très curieuse. Afin de permettre au lecteur de mieux la suivre, le tableau ci-après indique année par année les chiffres de la circulation des banques nationales et de la Dette fédérale des États-Unis, de 1873 à 1909.

			CIRCULATION des banques nationales.	DETTE des États-Unis.
			Millions de dollars.	Millions de dollars.
Au 31 octobre	1864.		58	1 816
—	—	1865.	204	2 681
—	—	1866.	293	2 773
—	—	1867.	299	2 678
—	—	1868.	300	2 612
—	—	1869.	299	2 588
—	—	1870.	301	2 481
—	—	1871.	324	2 353
—	—	1872.	340	2 253
Au 1er janvier	1873.		347	2 234
—	—	1874.	350	2 251
—	—	1875.	354	2 232
—	—	1876.	346	2 180
—	—	1877.	321	2 205
—	—	1878.	321	2 256
—	—	1879.	323	2 349
—	—	1880.	342	2 120
—	—	1881.	344	2 069
—	—	1882.	362	1 918
—	—	1883.	362	1 884
—	—	1884.	350	1 830
—	—	1885.	329	1 876
—	—	1886.	317	1 755
—	—	1887.	296	1 688
—	—	1888.	208	1 705
—	—	1889.	233	1 640
—	—	1890.	197	1 585
—	—	1891	177	1 560
—	—	1892.	173	1 628
—	—	1893.	174	1 598
—	—	1894.	208	1 663
—	—	1895.	206	1 698

	CIRCULATION des banques nationales.	DETTE des Etats-Unis.
	Millions de dollars.	Millions de dollars.
Au 1er janvier 1896.	213	1 778
— — 1897.	230	1 811
.. — 1898.	239	1 798
— — 1899.	243	1 984
— — 1900.	331	2 101
— — 1901.	339	2 094
— — 1902.	380	2 111
— — 1903.	419	2 162
— — 1904.	457	2 226
— — 1905.	524	2 235
— — 1906.	583	2 289
— — 1907.	609	2 376
— — 1908.	665	2 586
Au 30 juin 1909.	689	2 639

Nous expliquerons plus loin, dans le chapitre relatif aux billets d'État de l'Amérique du Nord, les éléments variés dont se compose la Dette publique, et nous verrons quelle place considérable y occupent les instruments de paiement émanés du Trésor lui-même. La confusion des billets de banque et du papier gouvernemental apparaîtra alors clairement : il n'est point de pays où elle ait été poussée plus loin. Mais ce qui ressort dès maintenant de ce tableau, c'est que la circulation des banques nationales a suivi les mouvements de la Dette. Elle est au point le plus bas, 173 millions de dollars, dans les années 1891-1893, à l'époque où la Dette publique tombe au-dessous de 1600 millions. Elle remonte graduellement depuis cette époque, à mesure que le total de la Dette se rapproche de 2 milliards, et dépasse ensuite ce chiffre. La marche s'accélère à partir de 1900, année où la loi a donné aux banques un certain nombre de facilités nouvelles pour l'augmentation de leur émission. Celle-ci s'est proportionnellement accrue bien plus vite que la Dette depuis une vingtaine d'années : elle a plus que doublé, alors que le capital de la Dette ne s'élevait que de 25 pour 100. C'est que la majeure partie des emprunts fédéraux, au lieu d'être comme autrefois souscrits par le public, l'ont été par les banques nationales.

Depuis l'origine, le capital, les réserves, les dépôts, la circulation des Banques nationales montèrent chaque année jusqu'en 1873, date de la panique financière qui fit, entre le 12 septembre et le 26 décembre, baisser les dépôts de 80 millions de dollars. Il y eut ensuite un relèvement jusqu'en 1875, date de la loi de reprise des paiements en espèces (14 janvier), puis une nouvelle dépression jusqu'en 1879. Les paiements en espèces ayant alors été repris officiellement, le mouvement ascensionnel recommença jusqu'en 1884, fut arrêté pendant quelques mois et se poursuivit de nouveau, après une interruption en 1890, jusqu'en 1893. Cette année vit la crise la plus violente que les banques nationales aient jamais subie : du 4 mai au 3 octobre, les dépôts baissèrent de 300 millions. Le mouvement ne s'arrêta qu'après le rappel de la loi dite Sherman, en vertu de laquelle le Trésor achetait pour près de 300 millions de francs d'argent par an. En 1894, la presque totalité des dépôts retirés l'année précédente était reversée aux banques : depuis lors ils s'accroissent sans interruption. La circulation, stationnaire de 1873 à 1887, ne cesse ensuite de baisser jusqu'en 1890 et tombe au point le plus bas qu'elle ait jamais atteint : en neuf ans, elle avait décru de près de 200 millions, en grande partie à cause du rachat par le Gouvernement de ses obligations 3 pour 100, que possédaient les banques et qui gageaient leur circulation. En 1893, celle-ci augmenta de 34 millions : elle était de 208 millions au 31 décembre au lieu de 174 au 1er janvier. Il est intéressant de remarquer avec quelle promptitude, lors de chaque crise, les banques ont su fortifier leur encaisse en monnaie légale. Du 12 juillet au 19 décembre 1893, elles l'avaient augmentée de 125 millions; le 4 mai 1894, elles l'avaient portée à un chiffre qui n'avait pas été atteint jusque-là. A la même époque, le Gouvernement éprouvait les plus grandes difficultés à réunir l'or nécessaire pour rembourser ses propres billets, démontrant une fois de plus combien des établissements particuliers, en possession d'un actif liquide, sont plus aptes à faire face aux demandes du public qu'un Trésor dont les ressources ne consistent qu'en impôts ou en emprunts.

L'augmentation de la population, de la richesse, du chiffre d'affaires, tout indiquait, à cette époque, un besoin croissant de billets aux États-Unis. Les emprunts émis sous la présidence de Cleveland, après la secousse de 1893, permirent aux banques de relever leur circulation et de dépasser de nouveau le chiffre de 200 millions. En 1898, lorsque éclata, sous la présidence de Mac-Kinley, la lutte contre l'Espagne, des titres de rente furent créés et servirent à gager une augmentation notable des banques. Celles-ci absorbèrent une bonne partie des emprunts qui furent émis pendant et après la guerre cubaine : en 1899, leur circulation s'était relevée à 243 millions. C'est à ce moment, toujours sous la présidence de Mac-Kinley, que le Congrès vota la loi du 14 mars 1900, qui marque une date importante dans l'histoire monétaire et fiduciaire des États-Unis. Semblable à beaucoup d'actes législatifs du Nouveau monde et aussi à ce que sont devenues de nos jours les lois de finances françaises et même anglaises, elle renferme des dispositions de toute sorte; de caractère hétérogène. Elle organisa une réserve permanente d'or. Elle établit ou plutôt consacra définitivement l'étalon d'or aux États-Unis; elle autorisa les banques nationales à avoir une circulation égale à leur capital, quel qu'il soit, et à émettre des billets pour la valeur des rentes fédérales qui les gagent, comptées au pair; elle diminua de moitié la taxe de circulation pour les billets gagés par les rentes fédérales 2 pour 100. Ces multiples encouragements donnèrent un vif essor à l'émission des banques nationales : chaque année depuis 1900 marque un progrès sur la précédente; la circulation est aujourd'hui plus que double de ce qu'elle était il y a dix ans, et quadruple de ce qu'elle fut en 1892, lorsque le point le plus bas fut atteint. Mais ce n'est que grâce à la progression parallèle de la Dette publique que les banques ont pu récemment satisfaire les demandes du public. Si l'on réfléchit à ce que c'est qu'un billet de banque, à sa fonction qui est de servir aux échanges et avant tout à l'escompte du papier de commerce, on condamnera un système qui n'établit aucune corrélation entre l'activité économique et la création de ce billet.

Jamais l'absurdité du système n'apparut plus clairement qu'en 1907, lors de la crise violente qui demeurera mémorable dans les annales financières des États-Unis et qui fut marquée, en automne, par la suspension de paiements de l'une des plus anciennes et des plus considérables sociétés de New York, le *Knickerbokker Trust*, suivie de celle de plusieurs autres compagnies. A ce moment, d'un bout à l'autre de la Confédération, s'élevait un même cri : De la monnaie ! mais le public ne demandait pas seulement de la monnaie métallique, de l'or ; il réclamait également des billets, que les banques étaient impuissantes à fournir, faute de titres fédéraux au moyen desquels elles eussent pu les gager. C'est alors que M. Cortelyou, Secrétaire du Trésor, annonça l'émission de deux emprunts : 100 millions de dollars en bons du Trésor 3 pour 100 ; 50 millions en bons 2 pour 100, destinés, disait l'exposé des motifs, à procurer les fonds nécessaires à la continuation des travaux de percement de l'isthme de Panama. Mais comme à ce moment-là le Trésor regorgeait de disponibilités, au point qu'il avait réparti plus de 200 millions de dollars entre les banques dépositaires, il n'avait en réalité aucun besoin à satisfaire, aucun appel à adresser au crédit : le seul motif de cette mesure bizarre, qui consistait à faire lancer deux emprunts par un Trésor amplement approvisionné, sur un marché en déroute, était l'espoir que ces émissions viendraient indirectement en aide à New York et aux autres places américaines, en fournissant aux banques nationales le moyen d'accroître leur circulation. Comme souvent, en pareil cas, l'effet moral à lui seul fut suffisant, M. Cortelyou put arrêter sa double émission avant qu'elle eût été couverte : la panique se calma; les cachettes métalliques s'entr'ouvrirent; l'or afflua des diverses parties du monde, et la prime sur les espèces, qui s'était un moment élevée à 4 p. 100, redescendit. Mais il n'en avait pas moins été démontré que le système des banques nationales aboutit au plus invraisemblable paradoxe qui se puisse concevoir.

Aujourd'hui les circonstances paraissent telles que la pénurie de titres fédéraux ne se fera plus sentir, au moins d'ici à quelques années. Sous l'impulsion du président Roosevelt, dont le successeur Taft a déclaré vouloir suivre la politique, les dépenses de l'armée et de la marine ont pris des allures de budgets européens; de plus, les travaux de Panama s'annoncent comme devant engloutir des sommes bien supérieures à celles qui avaient été prévues au début de l'œuvre et lors de la reprise du canal par la Confédération : de ces divers chefs, les dépenses vont subir un accroissement, qui ne sera peut-être pas entièrement couvert par l'impôt, quelle qu'en soit l'élasticité de l'autre côté de l'Atlantique. En tout cas, si de nouveaux emprunts ne sont pas en perspective à très brève échéance, le remboursement des anciens paraît ajourné pour longtemps : les banques pourront donc garder en portefeuille les obligations qui gagent leurs billets.

D'autre part, frappé du fait que nous rappelions tout à l'heure, c'est-à-dire de la raréfaction des instruments de circulation pendant la crise, et du besoin impérieux qui s'en manifestait à ce moment, le Congrès américain a voté, en mai 1908, une loi qui donne aux banques le moyen d'étendre considérablement leur circulation, et cela de deux façons. Premièrement, les banques nationales d'une même région auront désormais la faculté de se grouper; les associations ainsi formées pourront émettre des billets gagés par le dépôt de certains éléments de leur actif, portefeuille d'escompte ou de titres, entre les mains du Gouvernement. En second lieu, les banques pourront individuellement créer des billets supplémentaires, gagés par des titres, tels qu'obligations d'États particuliers, de comtés, de municipalités. L'ensemble de cette circulation extraordinaire pourra atteindre un chiffre presque égal à la circulation actuelle des banques nationales. On voit que la marge est considérable et que cette disposition législative, bien que prêtant encore le flanc à une partie des critiques que nous avons formulées contre le système lui-même, permet d'envisager avec moins d'inquiétude la menace de crises analogues à celle de 1907 ; le marché américain serait mieux à même qu'alors de se défendre et d'éviter la panique. Pour la première fois, on admet le portefeuille d'escompte au nombre des éléments d'actif qui peuvent gager les billets de banque, mais c'est encore les fonds publics qui les couvriraient pour la plus grande partie. Il y a là une conception qui semble particulièrement chère aux Américains et dont ils ne consentent pas volontiers à s'écarter. C'est avant tout le crédit de la Confédération sur lequel repose indirectement celui des billets des banques nationales ; et, comme le reste de la circulation se compose de billets émis par le Trésor, le caractère du système tout entier est nettement étatiste.

Voici les détails de la loi du 30 mai 1908, qui, avec la prolixité ordinaire des textes législatifs d'outre-Atlantique, modifie les règles applicables aux banques nationales. Elle les autorise, lorsque leur capital est intact et qu'elles possèdent, en outre, une réserve minimum de 20 pour 100, à s'unir, au nombre de 10 au moins, pour former une association nationale de circulation (*national currency association*). Le total des capitaux et réserves des établissements associés ne doit pas être inférieur à 5 millions de dollars, soit 26 millions de francs : l'association prend un nom qui doit être approuvé par le Secrétaire du Trésor fédéral. Elle devient dès lors personne morale. Il ne peut en être formé qu'une seule dans chaque ville; les membres doivent habiter le même État ou des États contigus, et ne faire partie que d'une seule association. Le but principal de ces groupements est de créer, sous la direction et le contrôle du Secrétaire du Trésor, une circulation additionnelle, ayant pour base les titres et les effets de commerce possédés par les banques. Dans ce but, toute banque faisant partie de l'association, qui a émis des billets gagés par des rentes fédérales pour une somme égale au moins aux deux cinquièmes de son capital, peut remettre à l'association, qui les reçoit pour le compte du Gouvernement fédéral (*in trust for the United States*), tels titres ou effets de commerce que le Conseil de l'association agréera. Celui-ci peut alors demander, au contrôleur fédéral de la circulation, des billets pour une somme égale aux trois quarts de la valeur des titres ou effets déposés : le contrôleur en réfère au Secrétaire du Trésor, qui donne l'autorisation nécessaire, après s'être assuré que les conditions locales réclament ce supplément de circulation, que les garanties sont suffisantes, qu'elles ont été dûment transférées au Gouvernement. Les obligations d'États ou de villes ne seront pas évaluées à plus de 90 pour 100 du cours coté; aucune banque ne pourra émettre de billets gagés par son portefeuille commercial pour plus de 30 pour 100 de son capital de fondation et de réserve : les effets porteront au moins deux signatures, notoirement solvables, et ne seront pas à plus de quatre mois d'échéance. Tout l'actif des banques associées répond vis-à-vis du Gouvernement de cette circulation additionnelle : toutefois leur responsabilité n'est pas solidaire, chaque établissement n'étant engagé que dans la proportion de son capital par rapport au total des capitaux des banques associées. L'association peut à tout moment exiger des banques un dépôt supplémentaire, ou la substitution d'autres garanties à celles qui ont été remises.

A côté de cette première circulation additionnelle, la loi

en institue une autre. Chaque banque nationale, qui a une circulation de billets gagés par des rentes fédérales pour une somme égale à deux cinquièmes au moins et une réserve d'au moins un cinquième de son capital, peut demander au contrôleur de la circulation l'autorisation d'émettre des billets spéciaux. Ceux-ci seraient gagés par d'autres obligations que celles de la Confédération. Ces obligations seraient celles de l'un des États particuliers, d'une ville, bourg ou comté américain, ayant une existence d'au moins dix ans, n'ayant jamais failli à ses engagements pendant cette période, et dont la dette ne dépasse pas le dixième de la valeur des immeubles imposables.

Les deux circulations ainsi créées seront soumises à toutes les lois qui régissent la circulation ordinaire des banques nationales. Aucune banque ne pourra émettre de billets, tant anciens que nouveaux, pour une somme dépassant son capital et sa réserve. Le total de la circulation additionnelle, dans le pays entier, ne pourra dépasser 500 millions de dollars. Chaque banque devra déposer à la Trésorerie des États-Unis une somme égale à 10 pour 100 de sa circulation additionnelle, exactement de la même manière qu'elle est tenue de verser 5 pour 100 de garantie pour ses autres billets, en vertu de la loi du 20 juin 1874. Les billets additionnels seront répartis entre les États, en raison de la proportion du capital des banques nationales de l'État par rapport au total général, avec faculté toutefois, pour le Secrétaire du Trésor, de distribuer à des banques du même État ou de la même région la portion de contingent dont d'autres banques n'auraient pas disposé. Le Secrétaire du Trésor devra s'assurer personnellement de la bonne qualité des garanties, et fournir aux banques la liste des titres qu'il est prêt à accepter. L'impôt à payer par les banques sur la circulation additionnelle sera de 5 pour 100 l'an pendant le premier mois, de 6 pour 100 pendant le second, de 7 pour 100 pendant le troisième, et ainsi de suite jusqu'au taux de 10 pour 100,

lequel demeurera alors en vigueur sur la moyenne des
billets émis. Chaque banque communiquera au Trésorier
des États-Unis le montant mensuel de cette circulation : le
président et le caissier de l'établissement feront cette déclaration sous la foi du serment.

La même loi maintient un maximum, fixé à 9 millions
de dollars, pour le retrait mensuel maximum de billets
garantis par des rentes fédérales, mais aucune limite n'est
imposée au retrait des billets nouveaux. La loi décide,
en outre, que les dépôts effectués par le Gouvernement
auprès des banques nationales ne compteront pas dans
le chiffre du passif, en face duquel les banques sont tenues
de constituer une réserve. Les banques paieront au Trésor,
sur ses dépôts, un intérêt fixé par le Secrétaire du Trésor
et qui ne pourra être inférieur à 1 pour 100 l'an. Enfin,
une commission composée de neuf sénateurs et de neuf
députés est chargée de faire une enquête en Amérique et
à l'étranger sur les modifications à apporter au système
monétaire, aux lois de banque et de circulation. Cette commission a parcouru une partie de l'Europe et complète la
réunion des nombreux documents qu'elle accumule pour
rédiger son rapport.

Cette législation autorise la création de billets gagés de
deux façons ; quand ce sont les associations de circulation,
en d'autres termes les syndicats de banques qui les émettent, ils peuvent être gagés par des titres et aussi par un
portefeuille commercial ; mais si les banques agissent individuellement, elles doivent remettre en couverture des obligations d'États, de villes ou de comtés américains. On est
plus sévère quand la personnalité de l'émetteur présente une
moindre surface. Dans les deux cas, les garanties sont accumulées de façon à enlever toute incertitude quant au remboursement des billets. En dehors des garanties spéciales
affectées à la circulation additionnelle, les banques en répondent naturellement sur la totalité de leur actif. Le fonds de
réserve de 5 pour 100 a fait ses preuves pour la circulation

ancienne qui, pour ainsi dire, n'a jamais eu besoin de lui :
la circulation nouvelle, en ce qui concerne tout au moins
les billets gagés par le portefeuille, est encore plus fortement assise que l'autre, puisque ce ne sont pas seulement
les banques individuellement, mais les syndicats de banques
qui sont tenus de rembourser le papier émis par l'une
d'entre elles.

D'autre part, diverses restrictions sont apportées à
l'émission. Certains fonctionnaires fédéraux sont investis
d'un pouvoir discrétionnaire : aucune création de billets
ne peut avoir lieu sans l'autorisation du Secrétaire du
Trésor, qui demeure juge de la question de savoir s'il
y a lieu d'y recourir : seules, les banques dont le capital
est intact, et dont le fonds de réserve atteint au moins
20 pour 100 de ce capital, sont autorisées à les mettre
en circulation. La taxe très lourde dont ils sont frappés
et qui, de 5 pour 100 l'an durant le premier mois, s'élève
graduellement jusqu'à 10 pour 100, est à elle seule une
garantie que les banques ne se décideront à les émettre
que lorsque le taux de l'argent sur le marché sera assez
élevé pour leur donner le moyen de supporter sans perte
un impôt aussi anormal, qui est au minimum quintuple
et peut aller jusqu'au vingtuple de la taxe sur la circulation ordinaire.

La législation nouvelle a emprunté à l'Europe l'idée des
billets garantis par les effets de commerce, idée qui nous
semble être l'essence même des banques d'émission, et dont
nous étions surpris, jusqu'à ce jour, de ne pas trouver
trace dans l'organisation des banques américaines. D'autre
part, elle a revêtu d'une sanction législative les émissions
gagées par des titres autres que ceux de la Confédération,
et qui, sous forme de certificats des chambres de compensation, avaient depuis longtemps fait leur apparition aux
États-Unis. Grâce à cette double extension, les banques
nationales sont beaucoup mieux armées qu'autrefois. Elles
ont désormais une marge qui leur permettrait, en temps de

crise, de fournir abondamment à la circulation les moyens qui lui ont subitement fait défaut à la fin de 1907. Les Américains ont fait un pas dans la voie où nous les conviions depuis longtemps à entrer, celle d'un changement dans la base qu'ils donnent à leurs billets. Toutefois, le progrès n'est encore que bien limité : car, si la loi nouvelle autorise l'émission gagée par le portefeuille commercial, qui, d'après l'expérience européenne, paraît la plus logique et la plus saine, elle développe le principe du papier garanti par les titres, en étendant, dans un cas à tous les titres, et dans l'autre aux obligations d'États particuliers, de comtés, de villes, la vertu concédée depuis un demi-siècle aux fonds fédéraux. Le législateur est encore tellement habitué à l'émission ainsi gagée, qu'il entoure de beaucoup plus de restrictions celle qui repose sur les lettres de change.

Le tableau suivant indique État par État, et ensuite par groupes d'États, les capitaux et réserves des banques nationales, qui ont un capital intact et une réserve d'au moins 20 pour 100. Il montre que la circulation exceptionnelle émanerait d'établissements, dont les capitaux et les réserves additionnés représentent, 1 339 millions de dollars :

	CAPITAL	RÉSERVE	TOTAL
	Millions de dollars.		
Maine	8^4	3^3	11^5
New Hampshire	5	2^3	7^3
Vermont	4^9	1^6	6^4
Massachusetts	54^8	32^9	87^7
Rhode Island	6^4	3^7	10^1
Connecticut	19^3	9^5	29^5
États de la Nouvelle-Angleterre.	99^3	53^4	152^5
New York	153	134^6	287^6
New Jersey	18^5	18^1	36^6
Pennsylvania	106^7	112^7	219^5
Delaware	2^2	1^5	4
Maryland	17	10^2	27^2
District de Columbia	5	4	9
États orientaux.	302^6	281^6	583^4

	CAPITAL	RÉSERVE	TOTAL
		Millions de dollars	
Virginia	11	7^4	18^4
West Virginia	6	4	10
North Carolina.	4	2	6
South Carolina.	3	1^3	4^3
Georgia	8	5^5	13^5
Florida	3	1	4
Alabama.	6	3	9
Mississipi	3	1^3	4^3
Louisiana	8	4^2	12^2
Texas	32	17	49
Arkansas	3	1^3	4^3
Kentucky	12	5^5	17^5
Tennessee.	8	3^6	11^6
États du Sud.	107	57	164
Ohio.	54	25	79
Indiana	19	8^3	27^3
Illinois.	50	30	80
Michigan	14^1	6^1	20^2
Wisconsin.	14^5	6	20^5
Minnesota	16	10	26
Iowa.	15	5^6	20^6
Missouri.	24^4	16	40^4
États du Centre-Ouest	207	107	314
North Dakota	3	1	4
South Dakota	2	0^5	2^5
Nebraska	10^4	4	14^4
Kansas	9^4	4	13^4
Montana.	3^2	2	5^2
Wyoming	1^2	1	2^2
Colorado.	8	4	12
New Mexico	1^3	0^5	1^8
Oklahoma	7^5	3	10^5
États Occidentaux	46	20	66
Washington	6^4	4	10^4
Oregon	3	1^3	4^3
California	23^4	13	36^4
Idaho	1^1	1	2^1
Utah.	2	1	3
Nevada	0^4	0^2	0^6
Arizona	0^7	0^5	1^2
États du Pacifique	37	21	58
Total pour les États-Unis. .	798	541	1 339

La loi du 30 mai 1908 ne paraît pas devoir marquer une étape définitive dans la législation fiduciaire américaine, et nous devons nous attendre à de nouvelles mesures, lorsque la commission d'enquête, chargée actuellement d'étudier la question, aura terminé son travail. Toutefois, les Américains, comme les Anglais, sont conservateurs et ennemis des changements radicaux. Il a fallu toute la violence de la dernière crise et le retentissement qu'elle a eu dans le monde entier pour les décider à modifier quelque peu leur régime, aux imperfections duquel l'opinion publique attribuait une part, sans doute exagérée, dans les événements de la seconde moitié de 1907. Encore cette modification n'a-t-elle porté ni sur l'organisation, ni sur le nombre des établissements chargés de créer la circulation fiduciaire, ni même sur la nature de cette dernière : on s'est borné à en élargir la base. L'avenir nous apprendra si cette réforme a été suffisante : elle a, en tout cas, pourvu à une extension considérable de ressources. Si le maximum prévu était atteint, la circulation américaine, y compris les billets gouvernementaux, pourrait s'élever au double de celle de la Banque de France, soit aux environs de 10 milliards de francs. Ce rapport correspondrait assez exactement à celui de la population des deux pays. Le chiffre paraît d'autant plus large pour les États-Unis que les paiements par chèques et compensation y sont beaucoup plus usités que chez nous. D'ailleurs, le chiffre autorisé par la nouvelle loi est précisément égal à celui qu'on estime avoir été émis aux États-Unis, lors de la crise de 1907, sous la forme de billets de diverse nature. M. Piatt Andrew, dans une étude sur ce sujet, les classe en sept espèces différentes :

1° Certificats d'emprunt des chambres de compensation, d'un montant de 500 à 20 000 dollars, destinés à régler les comptes entre banques. Il en fut créé dans 42 villes de p[...] .e 25 000 habitants, alors qu'en 1893, il n'en avait été fait usage que dans 8 cités : le total s'en est élevé à 238 millions de dollars, contre 69 en 1893. Ces certificats sont des bons délivrés par les chambres de compensation à leurs adhérents en échange de titres de premier ordre qu'ils leur remettent en dépôt et qui servent à garantir les certificats : ceux-ci sont émis pour des sommes qui ne dépassent pas en général les trois quarts de la valeur du gage.

2° Certificats de chambres de compensation, employés par les banques à payer leurs clients. Il en a circulé même dans les villes où il n'existe pas de chambre de compensation. Il se formait alors un comité temporaire émanant des diverses banques, qui contrôlait et recevait les titres fournis en garantie des certificats. Il en a été émis pour 23 millions.

3° Chèques de chambres de compensation, identiques dans le fond aux certificats, dont ils différaient quant à la forme. Ils étaient remis par les associations aux banques contre dépôt de garantie ; mais, au lieu d'être tirés sur l'association, ils étaient tirés par elle sur les établissements particuliers. Il en a été créé pour 12 millions.

4° Beaucoup de banques nationales, en dépit de la loi qui limite leurs émissions, ont émis des bons de caisse (*cashier-checks*) payables au porteur, mais seulement par l'intermédiaire ou en monnaie de la chambre de compensation. Les banques des États elles-mêmes, en dépit de la loi qui frappe leur circulation d'un impôt de 10 pour 100, en ont mis en circulation sans acquitter la taxe. Dans plusieurs cas, on a essayé d'en dissimuler l'illégalité en créant les bons sous forme de chèque à l'ordre d'une personne fictive ou au porteur.

5° Certaines banques de province ont émis des traites sur les banquiers de New York, chez qui elles avaient des fonds disponibles par suite du dépôt de leur réserve.

6° Quelquefois les billets émis par les banques ont pris la forme de certificats de dépôt négociables ; dans certains cas, ils ont porté intérêt.

7° Enfin les clients des banques ont tiré sur elles des chèques au porteur, qui ont été employés, notamment pour payer les salaires des ouvriers et acquitter les dépenses

courantes. Ils ne constituaient pas un engagement de la
chambre de compensation, par l'intermédiaire de laquelle,
en général, ils étaient payables, mais une obligation de la
maison qui les émettait. C'est à Pittsburg surtout que ce
mode de paiement a été pratiqué : il en a circulé jusqu'à
47 millions de dollars, que le public acceptait avec une facilité remarquable. Voici le résumé de cette statistique :

		Millions de dollars
Certificats des chambres de compensation :	entre banquiers	238
	remis aux clients	23
Chèques de chambre de compensation		12
Bons de caisse		14
Chèques émis par des clients sur les banques		47
Total		334

Mais, comme dans beaucoup de villes et des plus importantes, telles que New York et Philadelphie, il n'a pas été
établi de statistique des bons de caisse ni des chèques de
clients, il ne paraît pas excessif d'évaluer la somme des
divers papiers émis pour servir de monnaie durant la crise
à un demi-milliard de dollars. Cette émission a existé cinq
mois ; pendant deux mois, elle a formé le fond même de la
circulation du pays, et a servi à régler les principales transactions. Les certificats de San Francisco, par exemple,
n'étaient pas seulement admis en Californie, mais en
Névada, en Orégon, à Philadelphie, aux îles Hawaï. Bien
que ces instruments de paiement ne fussent pas monnaie
légale, le public les acceptait, en général, sans difficultés.
Pour l'avenir, la législation nouvelle a créé un billet qui
aura cours officiellement : mais elle le frappe d'une taxe très
lourde qui en restreindra l'usage.

Ce n'est pas sans intention que nous sommes entrés dans
les détails qui précèdent à propos de la crise de 1907 et des
mesures qui furent alors prises pour suppléer au manque
d'instruments de circulation. Nous avons voulu démontrer

une fois de plus combien est mauvaise l'organisation américaine et exposer aussi comment l'ingéniosité des sociétés
privées et des particuliers a remédié en partie à l'insuffisance de la législation ou plutôt corrigé ses erreurs. Il est
évident que si, au lieu d'être réduite à n'émettre de billets
que moyennant un dépôt de fonds publics, les banques nationales avaient pu en créer avec la garantie de leur portefeuille
et de leur encaisse, elles auraient fourni à leur clientèle et
au public en général, dès la première heure de la crise, des
centaines de millions de billets, grâce auxquels bien des
paniques eussent été évitées. Le lecteur a pu se rendre
compte de la diversité des moyens auxquels il a fallu avoir
recours pour permettre aux transactions, sinon de suivre leur
marche normale, au moins de ne pas être brusquement arrêtées : les délais inévitables résultant des formalités nécessaires à la création des certificats de chambres de compensation, le fait qu'ils ne pouvaient servir en général qu'aux
banquiers entre eux et par exception seulement à leur clientèle, l'illégalité du procédé au moyen duquel les banques
émettent des bons de caisse destinés à tenir lieu de billets,
sont autant d'arguments qui démontrent la faiblesse du système. Du moment où il éclate pour ainsi dire de toutes
parts à l'heure où il devrait le mieux fonctionner, c'est-à-dire
à celle du danger, il est condamné. Le Gouvernement et le
Congrès l'ont compris : c'est ce qui les a déterminés à prendre
des mesures en vue du retour d'époques semblables à l'automne de 1907.

Dès maintenant le pouvoir exécutif a voulu se rendre
compte de la façon dont fonctionnent, aux jours d'épreuves,
le système imaginé pour étendre rapidement les moyens
d'action des banques; c'est pourquoi, en juillet 1910, le
Secrétaire de la Trésorerie a envoyé aux banques et aux
chambres de compensation une circulaire confidentielle pour
les engager à constituer des associations nationales de circulation, conformément à la loi du 30 mai 1908. Les banques
ont hésité à répondre à cette invitation, parce que chaque

association est tenue d'admettre toutes les banques nationales existant sur son territoire qui en feraient la demande,
et qu'aucune de celles qui ont été admises dans l'union
ne peut en sortir, aussi longtemps que le dernier billet
émis n'a pas été remboursé. Il résulte de cette disposition que les établissements importants, dont le crédit est
indiscuté, deviennent ainsi solidaires de petites sociétés,
dont ils ne se soucient pas de garantir les engagements.
Pour les décider à entrer dans la voie qu'il leur recom-
mande, le Secrétaire de la Trésorerie devrait fermer l'accès
des associations de circulation à ces associés peu dési-
rables (*undesirable*) selon l'expression anglaise. Il en trouvera peut-être le moyen, grâce à l'extension récente de
ses pouvoirs et de ceux de son subordonné, le contrôleur de la circulation, qui surveille de beaucoup plus près
qu'autrefois tout ce qui concerne les banques nationales. On
attribue à cette sévérité le ralentissement dans le nombre de
fondations de ces dernières, tombé à 181 dans le premier
semestre 1910, contre 200 dans la même période de 1909,
193 en 1908, 285 en 1907, 297 en 1906. Des associations
se sont néanmoins formées à New York, Boston, Chicago,
Philadelphie, Saint-Louis, Pittsburg, Cleveland, Atlanta,
et dans d'autres villes : elles doivent durer jusqu'en 1914,
époque à laquelle la loi Aldrich, qui les a organisées, cessera d'être en vigueur.

II

L'État fédéral, mêlé de près, comme on le voit, à la vie
des banques nationales, y intervient encore d'une autre
façon par les dépôts qu'il leur confie. Ailleurs également
pareille chose se fait : presque tous les gouvernements ont
leur compte auprès des instituts d'émission. Mais, aux
États-Unis, une double complication résulte de ce fait que les
banques sont au nombre de plusieurs milliers, et de ce que
le Trésor, ayant lui-même un mouvement de fonds propre

dans la trésorerie et les sous-trésoreries, peut augmenter ou diminuer à son gré les sommes qu'il met en dépôt ailleurs que dans les serres des établissements officiels. Les fluctuations des comptes de l'Echiquier à la Banque d'Angleterre, et du Trésor à la Banque de France ont aussi une grande importance ; mais elles n'y sont jamais provoquées intentionnellement par le ministre : il n'opère de versements que lorsque des fonds lui sont versés par des contribuables qui acquittent leurs impôts ou de retraits que pour les besoins du service des finances publiques, quitte aux établissements dépositaires à ressentir les effets de ces entrées et de ces sorties de fonds. A Washington, au contraire, le Trésor étant lui-même émetteur de billets, fabricateur d'instruments de paiement, se trouve avoir une encaisse métallique souvent énorme, dont il doit conserver en ses propres caveaux une partie pour gager plus spécialement sa circulation fiduciaire, mais dont l'autre peut être remise par lui à des dépositaires. La loi l'autorise à choisir à cet effet des banques nationales, qui lui fournissent caution, en rentes fédérales ou en titres similaires, pour les sommes qu'elles reçoivent de lui. Il modifie ainsi leur situation, dans des proportions souvent notables : en 1907, le Secrétaire du Trésor augmenta ses dépôts auprès des banques nationales, au cours des quatre derniers mois de l'année, d'environ 80 millions de dollars. Le total, à la fin de l'année 1907, s'élevait à plus de 200 millions de dollars, un milliard de francs. Une fois la crise terminée, le Gouvernement a opéré graduellement le retrait d'une partie de ses dépôts, qui étaient descendus le 27 novembre 1908 à 111 millions et le 1er septembre 1909 à 35 millions. A ce dernier chiffre s'ajoutaient 13 millions déposés aux banques par les agents payeurs de la Confédération (*disbursing officers*). Cette somme était répartie entre 1.388 dépositaires différents. Les rentes fédérales, que les banques avaient remises au Trésor en garantie, deviennent libres au fur et à mesure des remboursements, et servent alors, pour la plupart, à gager une augmentation de la circulation. Nous reviendrons plus loin, au chapitre XIV, sur cette question si importante des dépôts de fonds publics auprès des banques nationales.

Voilà donc encore un mode d'intervention de l'État américain dans la gestion de ses banques d'émission. Il augmente ou diminue leurs moyens d'action par le versement ou le retrait de ses fonds. Il est le canal par lequel l'argent des contribuables, versé aux caisses publiques pour l'acquit des impôts, est en partie restitué aux transactions commerciales. Le Secrétaire du Trésor publie chaque année, le 1ᵉʳ janvier au plus tard, la liste des titres qu'il accepte en garantie des dépôts, sur lesquels les banques bonifient un intérêt d'au moins 1 pour 100 l'an.

On comprend quelle responsabilité incombe du chef de cette organisation au Gouvernement américain. Le Secrétaire de la Trésorerie n'est plus seulement le ministre des finances chargé de préparer le budget, d'équilibrer, autant que les méthodes parlementaires de Washington le lui permettent, les recettes et les dépenses fédérales. Il est tenu de suivre, de plus près qu'aucun de ses collègues européens, les fluctuations du marché monétaire, qui sont bien plus violentes à New York que sur aucune autre place. Il sait qu'au moyen des sommes considérables dont il a fréquemment la disposition, il peut agir sur ce marché, et il est obligé de prendre des décisions qui pourront plus d'une fois prêter à la critique. Nous avons rappelé plus haut ce qui se passait aux États-Unis dès le début du XIXᵉ siècle, alors que les fonds du Gouvernement étaient déposés dans un seul établissement, et comment la chute de la Banque officielle amena le régime qu'on a désigné du nom de « Trésorerie indépendante ». Mais, si elle est indépendante en ce sens qu'elle a les organes nécessaires pour recevoir ce qui lui est dû et effectuer les dépenses, elle n'en a pas moins pris l'habitude de distribuer, sur toute l'étendue du territoire, une partie de son encaisse et d'exercer ainsi une action, dont les chiffres cités plus haut permettent de mesurer l'in-

tensité, sur la marche des établissements désignés pour
être les dépositaires des deniers publics.

Or ces établissements étant en même temps les seuls qui,
en dehors de l'État, puissent mettre en circulation des billets,
il en résulte que, par ce côté encore, ils dépendent de l'autorité publique. Ils la rencontrent pour ainsi dire à chaque
tournant de route ; ils ont besoin qu'elle emprunte pour
leur fournir des titres de rente ; ils réclament ses dépôts
pour accroître leurs moyens d'action ; ils ne se meuvent que
sous la surveillance et le contrôle des fonctionnaires fédéraux. Ils n'ont, en réalité, en ce qui concerne du moins leur
organisation fiduciaire, que l'apparence de la liberté, et constituent un prolongement de la Trésorerie de Washington
plutôt que des organes indépendants.

III

Tels sont les traits principaux de l'organisation des banques nationales, qui ont joué et jouent un rôle si considérable
dans la vie financière des États-Unis. Le caractère de cette
circulation est particulier ; le billet a une garantie directe,
extérieure à la banque émettrice, puisque celle-ci n'en conserve même pas la détention matérielle, et remet entre les
mains du Gouvernement les obligations qui émanent de lui,
qui sont affectées à cette garantie et qui, à elles seules, dans
un pays prospère comme la grande République américaine,
paraissent assurer le remboursement des billets. Nous rappellerons cependant qu'à l'époque de la création des banques nationales, les fonds publics étaient bien au-dessous du
pair, en dépit du taux d'intérêt élevé qu'ils rapportaient.
S'il avait fallu en réaliser une grande quantité sur le marché, de façon à se procurer une somme égale au montant
des billets, on ne l'eût pas toujours retrouvée. Le système a pour effet d'augmenter le prix des titres que les
banques sont obligées d'immobiliser, et de faciliter au

Gouvernement des émissions de rentes : celles-ci, dès le jour de leur création, trouvent acqué:.ar, et sont enlevées du marché. Cette raréfaction artificielle vient en aide au crédit de l'État, à qui elle permet d'emprunter à des taux inconnus ailleurs : il est peu probable que le 2 pour 100 américain se maintiendrait aux environs du pair, si la majeure partie n'en était pas la propriété des banques nationales, à qui, par surcroît, le fisc fait remise de la moitié de la taxe de circulation lorsqu'elle est gagée par ce fonds. Les Américains eux-mêmes le reconnaissent : préoccupés de ce qui se passerait le jour où les banques auraient à rembourser une partie de leurs billets et à se procurer pour cela des ressources en vendant des titres de leur portefeuille, ils ont songé à faire une conversion à rebours, en portant de 2 à 2 1/2 pour 100 le revenu de ces rentes, de façon à permettre aux banques de les mobiliser plus aisément en cas de besoin. En dehors de cette garantie spéciale, directe, intangible, les billets ont un droit de préférence sur les garanties générales dont jouissent toutes les autres créances contre les banques, c'est-à-dire le capital, les réserves et le versement supplémentaire, égal au capital nominal, qui peut être réclamé des actionnaires. Le Gouvernement fédéral, chargé de rembourser les billets, se paie par priorité sur l'actif de la banque dans le cas où la vente des obligations fédérales ne lui fournit pas de fonds suffisants. En fait, les billets de toutes les banques nationales, sans excepter celles qui ont suspendu leurs paiements, ont toujours été remboursés, et le fonds de réserve de 5 pour 100, constitué par leur versement à la caisse commune, n'a pas été entamé. La qualité de ce papier semble donc bonne : mais la conception du système n'en demeure pas moins erronée, et rien ne nous dit que, dans un avenir plus ou moins rapproché, les États-Unis eux-mêmes ne s'en apercevront pas.

D'ailleurs, si leur force financière masque en partie la faiblesse organique de cette circulation, les autres défauts n'en ont pas moins éclaté au cours de sa courte existence.

Le principal de tous, maintes fois signalé, est que, de par son essence, elle n'a aucun rapport logique avec les besoins qu'elle est destinée à satisfaire : elle n'a pas, en effet, une origine commerciale ; elle ne peut pas croître en raison des traites qu'on lui présente à l'escompte, ni du métal qu'on lui apporte en dépôt ; elle n'est fonction que d'un seul élément, la dette publique. Or, chez une nation dont les finances sont bien conduites, — et tel a été jusqu'ici le cas de la République américaine, — la dette décroît à mesure que la prospérité économique est plus accentuée et que les besoins de la circulation augmentent. Moins, en effet, les particuliers paieront d'impôts, et plus ils pourront concentrer leurs efforts sur la création, le développement, l'amélioration d'entreprises de toute sorte ; plus ils réclameront d'instruments d'échange et de crédit dans les banques. Mais comment celles-ci trouveront-elles de quoi alimenter leur circulation, si l'État, au moyen de ses excédents budgétaires, rachète ses rentes ? Tel a été le cas des États-Unis, qui, après s'être endettés sans compter, pour ainsi dire, au cours de la guerre de Sécession, ont remboursé leurs créanciers avec une énergie telle qu'en moins de vingt ans la dette fédérale a été réduite des deux tiers. La conséquence inévitable de cette opération, si avantageuse pour les finances publiques, a été une contraction progressive de la circulation des banques nationales.

Nous avons indiqué plus haut les mouvements de cette circulation. Le nombre des établissements émetteurs, dont le plus ancien en date avait été la première banque nationale de Philadelphie, n'a pas varié dans des proportions moindres. Les créations ne furent d'abord pas très nombreuses ; mais, lorsque le *Revenue Act* du 3 mai 1865 eut imposé une taxe de 10 pour 100 sur la circulation des banques d'État, le chiffre de leurs billets, qui à ce moment s'élevait encore à 143 millions de dollars, décrut rapidement, et tomba à 4 millions en 1867. Il en a été fait mention pour la dernière fois dans le rapport de la Trésorerie de 1876, qui en

indique le reliquat à cette date comme s'élevant à 1 million.
La plupart des États prirent alors des mesures pour faciliter
la transformation de leurs banques en banques nationales,
dont le nombre alla croissant.

Le Gouvernement fédéral cherche à rendre de plus en plus
efficace son contrôle des banques. Dans son rapport de décembre 1909, le Secrétaire du Trésor insiste sur la nécessité
d'avoir comme inspecteurs (*examiners*) des hommes parfaitement au courant de la question : il désire les mettre en
rapport et les faire collaborer avec les inspecteurs des banques d'État et des Chambres de compensation. Il demande
que la taxe de circulation, qui est actuellement de 1/2 pour 100
l'an sur les billets gagés par des rentes fédérales 2 pour 100,
soit à l'avenir élevée proportionnellement au taux des rentes
déposées. Ainsi la circulation garantie par des rentes 2 1/2
paierait 1 pour 100 ; par des rentes 3 pour 100, 1 1/2 pour
100 l'an, et ainsi de suite.

Au 30 juin 1909, il existait 6 955 banques nationales, dont
le capital était de 947 millions et la circulation de 689 millions
de dollars. L'ensemble de leurs ressources était de 9 471 millions. Le montant des rentes fédérales immobilisées par
elles pour gager leur circulation s'élevait à 660 millions de
dollars, soit 32 millions de plus qu'un an auparavant. D'autre
part, elles avaient remis au Trésor, en garantie des dépôts
qu'elles avaient reçus de lui, 81 millions de dollars de
rentes fédérales. Ces 741 millions de dollars représentaient
78 pour 100 de toute la dette à intérêt des États-Unis.

Il n'est pas de pays où l'activité des banques soit plus
grande et plus variée ; à côté des banques nationales, il
existe une quantité au moins double de banques d'État, de
banques d'épargne, de compagnies de fidéicommis (*trust*), de
banques particulières, qui prennent une part considérable à
la vie économique du pays. L'ensemble des dépôts qui sont
aux mains de ces divers établissements, dont nous avons
communiqué le détail à l'Institut international de statistique,
lors de sa session de 1909, dépasse 75 milliards de francs.

On se représente ce que ces chiffres signifient d'efforts individuels ou collectifs pour faciliter la circulation monétaire et
par suite les échanges et transactions de toute nature. Néanmoins, nulle part la confusion de l'initiative privée et de l'ingérence gouvernementale, en matière d'émission, n'est
poussée aussi loin qu'aux États-Unis.

C'est en grande partie à cette confusion qu'il faut attribuer l'insuffisance de l'organisation américaine, particulièrement sensible en matière d'escompte de papier commercial.
Les banques nationales ne pouvant adapter leur circulation
aux besoins de la clientèle, l'idée de la création d'un organe
central qui réescompterait aux banques ou aux associations de
banque des lettres de change, a fait son chemin. D'après les
dernières nouvelles, on créerait à Washington un nouveau
bureau fédéral qui avancerait à ces associations les trois cinquièmes de la valeur des effets qu'elles lui endosseraient,
et qui émettrait ses propres billets pour une somme égale.
Ce serait donc encore un nouveau papier d'État qui verrait
le jour.

Une autre mesure prise par les États-Unis en 1910
est de nature à exercer une influence appréciable sur la circulation fiduciaire; nous voulons parler de la loi votée par le
Congrès sur l'institution de caisses d'épargne postales : elles
sont placées sous la surveillance d'un bureau de fidéicommissaires (*board of trustees*), composé du Directeur général
des postes, du Secrétaire de la Trésorerie et du Procureur
général (*attorney general*), qui est une sorte de ministre de
la justice. Ce comité désigne les bureaux de poste où une
caisse d'épargne sera ouverte. Les dépôts sont reçus à partir
de 1 dollar, et ne peuvent excéder 100 dollars par mois, ni
en aucun cas 500 dollars, intérêts non compris, par personne.
Il est servi aux déposants un intérêt de 2 pour 100. Sur les
fonds en dépôt, le Trésor conserve 5 pour 100 et peut
répartir le reste entre les banques nationales ou les banques
d'État de la région, qui doivent servir un intérêt de 2 1/4
pour 100 sur les sommes détenues ainsi par elles ; elles

remettent en garantie au Trésor des obligations fédérales, municipales, ou telles autres que le bureau des fidéicommissaires désignera. Aucune banque ne pourra recevoir un dépôt supérieur à son capital versé, accru de la moitié de sa réserve. Le bureau des fidéicommissaires et le président des Etats-Unis sont libres de ne pas répartir en totalité les 95 pour 100 des dépôts aux banques régionales, et d'en employer une fraction, s'ils le jugent utile à l'intérêt public, dans des circonstances exceptionnelles, à l'achat de rentes fédérales. Ces achats ne pourraient pas porter sur les rentes 2 pour 100, dont le taux est précisément égal à celui que les caisses d'épargne allouent à leurs déposants : dès lors, les frais d'administration ne seraient pas couverts, à moins que le titre ne fût au-dessous du pair. Aussi la loi prévoit-elle la création d'un fonds 2 1/2 pour 100, spécialement adapté aux besoins des caisses d'épargne postales, et qui ne pourra être employé par les banques nationales comme garantie de leur circulation.

Cette innovation, à laquelle le président Taft attachait un très grand prix, a été envisagée de diverses manières en Amérique. Les uns blâment la concurrence faite par l'Etat aux institutions particulières, des guichets desquelles, disent-ils, on va détourner une partie de l'épargne pour la verser dans les caisses du Trésor, moins apte à s'en servir dans l'intérêt général. Les partisans de la mesure répondent que les fonds qui seront apportés aux caisses postales ne sont pas ceux qui seraient confiés aux banques, en l'absence de cette institution d'Etat. Les banques d'épargne (*savings banks*) bonifient actuellement de 3 1/2 à 4 pour 100 à leurs clients, qui ne se contenteront pas d'un intérêt moitié moindre et, par conséquent ne déplaceront pas leur argent pour aller le porter aux caisses postales. D'ailleurs, si même cet argent provenait en partie de retraits opérés aux guichets des banques, il ne tarderait pas à y retourner, puisque 95 pour 100 des dépôts des caisses postales doivent leur être confiés.

De toute façon, il va être intéressant d'observer les effets de cette création, et l'influence qu'elle exercera sur les banques nationales et sur la circulation. C'est un pas de plus fait dans la voie de l'intervention de l'État en matière financière. Il a été accompli sous l'administration du même président Taft qui, à l'exemple de son prédécesseur Roosevelt, cherche à exercer une action énergique dans la conduite des chemins de fer, et à les soumettre à une législation fédérale de plus en plus étroite, qui combat les *trusts* et les combinaisons de toute nature. Nous nous trouvons, dans le pays du monde où l'initiative individuelle a accompli les œuvres les plus remarquables et a construit de toutes pièces un organisme industriel incomparable, en face de la guerre déclarée entre les deux principes d'action qui se disputent le monde moderne. L'État américain cherche à envahir le domaine de la banque : nous achèverons de le constater au chapitre XIV, où nous étudierons la circulation qui émane directement du Trésor américain.

DEUXIÈME PARTIE

BILLETS D'ÉTAT

LIVRE IV

PAYS QUI ONT UNE BANQUE D'ÉTAT

CHAPITRE XII

RUSSIE ET FINLANDE

La Russie n'a jamais connu que les billets d'Etat, émis tantôt par le Trésor lui-même, tantôt par des institutions gouvernementales. Depuis les origines de ce qu'on peut appeler la Russie moderne jusqu'à nos jours, l'émission des billets a toujours été un service public; et comme, jusqu'à l'institution de la Douma, qui commence seulement à donner à l'Empire un embryon de régime parlementaire, l'autocratie n'a pas cessé de régner à Saint-Pétersbourg, c'est le Tsar qui, par l'organe de son ministre des finances, a réglé durant deux siècles les conditions de la circulation fiduciaire. Les rapports du Trésor et de l'institut d'émission y ont été à leur maximum d'intimité. En pareil cas, l'Etat succombe aisément à la tentation d'abuser de la facilité qui lui est donnée de créer des instruments de crédit sans frein ni contrôle sérieux. Par une erreur qui s'est fréquemment renouvelée dans l'histoire, il s'imagine que ce mode d'emprunt est préférable à celui qui consiste à émettre des rentes perpétuelles ou amortissables, et il se laisse leurrer par l'économie d'intérêts qui résulte de la création d'un papier à cours forcé. La Russie a cependant plusieurs fois créé des billets de banque rapportant intérêt, type assez curieux d'une monnaie qui augmente de valeur en vieillissant.

La caractéristique d'un régime comme celui que nous allons étudier est en général l'obligation imposée à tous les habitants du pays de recevoir, en paiement de leurs créances, la signature du Gouvernement. Celui-ci, en effet, retient par devers lui la faculté d'émission, précisément afin de pouvoir imposer au public une monnaie fiduciaire qui ne lui coûte rien. S'il ne s'agissait que de faire fonctionner commercialement une banque, qui ne donnerait ses billets qu'en échange d'espèces déposées dans ses caves, ou d'effets de commerce escomptés par elle, l'autorité n'aurait guère d'avantage à se charger de la gestion directe d'un établissement de ce genre et n'y trouverait point de bénéfice appréciable. Les redevances considérables, que, dans les temps modernes, la plupart des Gouvernements se sont réservées en octroyant le monopole ou le privilège d'émission, sont un moyen beaucoup plus simple de s'assurer, sans risque, des revenus égaux, sinon supérieurs, à ce qu'une gestion directe procure. Mais, lorsque le Gouvernement fait fonctionner la planche à assignats, il prétend ne connaître d'autres limites aux millions qu'il fabrique ainsi que son bon plaisir. Les lois économiques toutefois sont là qui le forcent à s'arrêter tôt ou tard dans cette voie dangereuse, l'obligent à la sévérité envers lui-même et lui imposent des règles aussi sévères que celles qu'il aurait pu dicter à des banques particulières.

C'est précisément ce qui s'est passé en Russie. La longue évolution dont nous allons retracer l'histoire, ou tout au moins évoquer les phases principales, a mis en lumière avec une telle évidence les vices du système, qu'elle a fini par aboutir à une réglementation volontaire très stricte, que le Gouvernement impérial a promulguée vers la fin du xixᵉ siècle et qu'il a fidèlement observée. Cette nouvelle organisation a fait ses preuves ; elle a traversé victorieusement la période, si critique pour l'empire moscovite, qui a commencé en février 1904 par le coup de tonnerre de Port-Arthur, et qui s'est prolongée, au delà du traité de Portsmouth de 1905, à travers les convulsions révolutionnaires, les émeutes et les résistances des deux premières Doumas. Au milieu de toutes ces difficultés extérieures et intérieures, le Gouvernement, malgré de pressants besoins d'argent, a scrupuleusement respecté les principes qu'il avait donnés lui-même comme base à la circulation de la Banque de Russie. On peut donc dire aujourd'hui que celle-ci fonctionne à l'instar des autres grandes institutions européennes, sauf qu'elle n'a pas d'actionnaires, ou plutôt qu'elle n'en a qu'un seul, l'État, qui se trouve être en conséquence le maître de ses destinées et l'unique bénéficiaire de ses gains.

Aussi longtemps que la situation était différente, et qu'un simple oukase faisait graver des billets pour des centaines de millions de roubles, sans se conformer à aucune règle quant à la couverture, métallique ou autre, de cette masse de papier, le système monétaire tout entier était instable, et se ressentait constamment des fluctuations de la circulation d'État. Il faut bien observer, en effet, que celle-ci, à la différence du véritable billet de banque, qui n'est qu'un succédané légitime de la monnaie métallique, par laquelle il doit toujours être remboursable, constitue, ou du moins a la prétention de constituer, la seule monnaie du pays. Mais, si l'autorité publique décrète le cours forcé, elle ne peut pas ordonner du même coup la stabilité de la valeur ; dès lors, le papier d'État cesse d'avoir le caractère de fixité qui est le mérite essentiel d'une monnaie, et que l'humanité n'a réussi à obtenir qu'à l'aide de métaux précieux. Aussi le mal engendré par une émission à cours forcé est-il double. D'une part, l'État contracte une dette de plus en plus considérable et qui s'augmente en quelque sorte automatiquement, parce que, plus le papier se déprécie et plus le public en réclame, le prix nominal de toute chose croissant en raison même de la détérioration du signe monétaire. D'autre part, cet instrument monétaire, s'avilissant de plus en plus, chasse du pays le

métal précieux, de façon que le fardeau de la dette extérieure, c'est-à-dire de celle qui a été contractée vis-à-vis de
l'étranger, pèse de plus en plus lourdement.

Les premières émissions de papier par le Gouvernement
russe remontent au xviiie siècle : elles consistaient alors en
assignats, garantis par des monnaies de cuivre auxquelles on
donnait une valeur à peu près huit fois supérieure à celle du
métal qu'elles contenaient : le poud (16 kilogrammes environ)
était compté à 40 roubles, au lieu de 5 qui correspondaient
au cours du cuivre sur le marché. Il convient à cette occasion de remarquer qu'à l'origine de tout papier-monnaie se
trouvent des espèces métalliques, la conception même de la
monnaie, dans l'état actuel de la civilisation, étant insépa-
rable de celle du métal qui lui sert de base. Au début, les
assignats n'étaient émis que contre dépôt de cuivre et dans
le seul but de faciliter les paiements et transports de créances
d'un point à l'autre de l'Empire. En 1754, l'impératrice Eli-
sabeth Petrovna créa une « Banque pour le relèvement du
port de Saint-Pétersbourg », qui faisait des avances au taux
de 6 pour 100 l'an contre nantissement de marchandises, et
accordait des prêts sous la garantie des municipalités. Mais,
au bout de peu d'années, toutes les ressources de la Banque
avaient été absorbées par un petit nombre de clients favorisés, qui renouvelaient indéfiniment leurs engagements ;
l'établissement fut fermé en 1782. En 1778, la grande Cathe-
rine fonda la *Banque d'assignats*, spécialement chargée de
répandre le papier dans le public. Par oukase du 28 juin 1786,
l'Impératrice prit l'engagement, tant pour elle que pour ses
successeurs, de ne jamais émettre plus de 100 millions de
roubles de billets ; ce qui n'empêcha pas que dix ans plus
tard, au moment de sa mort, le total en atteignait déjà
157 millions, s'élevait en 1800 à 212 millions, et dix ans plus
tard à 577 millions. Par son manifeste du 2 février 1810,
Alexandre 1er les reconnut comme dette de l'État. A partir
de 1812, les livres de plusieurs années sont perdus : on ne
retrouve de chiffre certain qu'en 1817, année où la circulation

arriva au total énorme de 830 millions de roubles, plus de
3 300 millions de francs nominaux, à une époque où celle
de la Banque de France n'atteignait pas le quarantième de
cette somme.

La valeur de l'assignat par rapport à la monnaie métallique ne cessait de baisser. Le remboursement en espèces
n'ayant pas tardé à être suspendu et le papier à être le seul
mode de paiement pratiqué à l'intérieur de l'Empire, les
espèces s'exportaient, et servaient à payer les créanciers
étrangers. En 1815, l'assignat perdait plus des trois quarts de
sa valeur : il fallait donner 418 roubles papier pour obtenir
100 roubles de métal. Ce fut le point culminant de la dépréciation : à partir de ce moment, grâce à la longue période
pacifique dans laquelle l'Europe était entrée, le Gouvernement put commencer à s'occuper de réduire sa circulation :
mais c'était une tâche ardue, et, au bout d'une vingtaine d'années, l'agio du métal n'était guère réduit que d'un sixième ;
il fallait encore 350 roubles papier pour acquérir 100 roubles
d'or ou d'argent. Le bimétallisme régnait alors en Russie
comme en France, et le problème de l'étalon unique ne s'était
pas imposé aux préoccupations des hommes d'État : ce
souci était réservé à la génération suivante. Cancrine était
ministre des finances à Saint-Pétersbourg : ami de Thiers,
imbu de saines théories financières, il voulut affranchir
son pays des maux du papier-monnaie ; il en décréta l'abolition et créa un nouveau rouble, représenté par des billets
échangeables contre espèces à la volonté des porteurs : ce
billet de crédit — telle était la désignation officielle — était
garanti par une encaisse déposée à la Banque, et fut remis,
à raison de 2 roubles contre 7, aux porteurs de l'ancienne
monnaie de papier. Ces porteurs n'étaient point lésés, puisqu'on leur donnait, en métal ou en papier convertible en
métal à leur volonté, l'équivalent, au cours du jour, de ce
qu'ils avaient en mains. Celui du moins qui avait reçu le
papier-monnaie à une époque postérieure à sa dépréciation
ne pouvait se plaindre. Il n'en était pas de même pour les

détenteurs originaires, entre les mains de qui le billet avait
pour ainsi dire fondu ; nous voulons parler de ceux qui
l'avaient conservé depuis l'époque où il était au pair avec
le métal : mais c'était l'exception. Le fardeau de la dépréciation s'était réparti peu à peu, au cours de longues années,
entre tous ceux qui avaient successivement reçu les billets,
et qui s'en étaient ensuite servi pour les paiements qu'ils
avaient à faire. C'était cependant une faillite par rapport à
la valeur originaire de l'assignat qui, à ses débuts, avait été
donné en paiement de dettes contractées en métal. La perte,
divisée entre des millions de porteurs, répartie sur un grand
nombre d'années, finit par n'être pas très sensible à chacun
d'eux, mais elle n'en fut pas moins réelle. Et ce qui était
beaucoup plus grave encore que cette perte subie, c'est le
dommage incalculable causé, pendant le règne du cours
forcé, aux entreprises de toute nature, d'autant plus exposées
aux accidents que la valeur de la monnaie dans laquelle leurs
comptes étaient établis, leurs budgets de prévision dressés,
avait été plus incertaine et plus variable.

Quoi qu'il en soit, l'opération de Cancrine était un aveu
d'impuissance de relever le billet à sa valeur originaire ;
mais, comme la dépréciatio. du rouble-papier remontait à près
d'un demi-siècle, que les effets en avaient été amortis par
les générations qui s'étaient succédé, que la nation était habituée à la valeur du billet telle qu'elle résultait de sa cote par
rapport au métal, la refonte du système monétaire sur cette
dernière base ne causa pas de secousse violente. Elle consacrait les pertes subies dans le passé, mais elle fixait l'avenir
en donnant un fondement stable à la circulation. L'oukase du
1ᵉʳ juillet 1839 ordonna que l'unité monétaire serait de nouveau le rouble-argent, et que toutes les obligations libellées en
papier seraient transférées en argent, à raison de deux roubles-
argent pour sept roubles-papier. Il fut défendu de contracter
aucun engagement et de conclure aucune transaction dans une
autre monnaie que les roubles-argent, dont les 170 millions
de roubles-crédit créés d'abord étaient la représentation. Le

public fut autorisé à en demander d'autres, contre dépôt de
numéraire à la banque. Le Gouvernement acceptait également
l'or dans la proportion d'un poids d'or pour 15,45 poids
d'argent. La pièce d'un rouble-argent contenait 18 grammes
d'argent fin, soit autant que 4 francs français. L'ensemble du
métal déposé par le Gouvernement et les particuliers pour
répondre du remboursement des billets constitua le « fonds
d'échange ».

Le rapport entre les deux métaux précieux n'avait cessé
de varier en Russie : au début du xviii° siècle, il était de
1 d'or pour 13,87 d'argent; en 1718, de 1 pour 12,963 ; en
1755, de 1 pour 13,648; en 1757, de 1 pour 14,101 ; sous
le règne de Paul I°ʳ, il s'éleva brusquement à 1 pour 17,924,
puis s'établit, pendant la première moitié du xix° siècle, à
1 pour 15, jusqu'à ce que la réforme de Cancrine le fixât à
1 pour 15,45, soit, à une fraction insignifiante près, le
quinze et demi français décrété par la loi de germinal an XI.
Mais, si le législateur avait fini par se rapprocher de cette
proportion, que les bimétallistes considèrent comme l'arche
sainte de leur théorie, on voit par combien d'étapes différentes il avait passé.

Vers le milieu du xix° siècle, la Russie avait donc le système monétaire suivant : des billets remboursables en or ou
en argent, au choix du débiteur; des monnaies des deux
types, frappées régulièrement, grâce en partie aux mines d'or
que possède le pays et dont l'extraction n'a cessé d'augmenter : aujourd'hui encore la Russie, avec ses 175 millions de
francs (56 000 kilogrammes en 1909), figure au quatrième rang
des producteurs d'or dans le monde, après le Transvaal, les
Etats-Unis et l'Australie. La décade de 1810 à 1850 marqua
l'apogée des finances russes pendant le xix° siècle ; elles
prospérèrent au point qu'en 1847, lors de la mauvaise récolte
qui força la France à importer des quantités considérables
de blés de la Mer Noire, source presque unique à cette époque
des approvisionnements de céréales étrangères pour l'Europe
occidentale, le ministère des finances de Saint-Pétersbourg

employa plus de 100 millions de francs à des achats de fonds
d'État étrangers, parmi lesquels 50 millions de rentes françaises 5 pour 100, au cours de 115 3/4. La Banque de France,
qui négocia cette vente, évita ainsi une exportation de numéraire qu'elle redoutait fort à ce moment. Les rôles étaient
l'inverse de ce qu'ils sont devenus : c'était, pour une courte
période, la Russie qui se constituait créancière de la France.

Mais les guerres de Hongrie et de Crimée ne tardèrent
pas à modifier cette situation brillante. L'émission des billets
augmenta en même temps que diminuait le fonds d'échange,
c'est-à-dire la garantie métallique de la circulation. Bientôt
la convertibilité des billets en espèces fut abolie, le métal
fit de nouveau prime. Depuis cette époque, le cours du
rouble-papier n'a plus atteint le pair. La première altération
du pacte tacite intervenu en 1839, entre l'État et les porteurs
de billets, s'était produite sous forme d'émissions nouvelles,
en garantie desquelles le Gouvernement ne déposait qu'un
sixième de leur valeur en métal. En 1855, les nécessités de
guerre firent émettre du papier sans couverture métallique,
sous la simple promesse de le retirer aussitôt la paix conclue. La circulation s'éleva à 600 millions de roubles.

Tout le poids en incombait au Trésor, et s'aggravait encore
du fait qu'il n'était pas seulement la banque d'émission du
pays, mais aussi sa banque foncière, et, dans une certaine
mesure, sa banque mobilière. Les sociétés privées par
actions, qui existaient depuis si longtemps en Angleterre et
qui se développaient alors dans le reste de l'Europe, étaient
à peu près inconnues en Russie, où quelques établissements
officiels, tels que la Banque impériale du commerce, les
banques de prêts sur immeubles à Saint-Pétersbourg et à
Moscou, la Caisse des établissements du Conseil de tutelle,
recevaient seuls l'argent du public, et l'employaient à l'escompte ou aux prêts hypothécaires. La matière escomptable,
c'est-à-dire le papier commercial, était peu abondante; il
n'existait guère de fonds publics pouvant donner lieu à des
avances; la principale activité des banques se concentrait

dans les opérations foncières à long terme : elles prêtaient
sur immeubles, contre remboursement par annuités égales ;
le gage consistait dans des maisons de pierre en ville ou dans
des biens ruraux. L'estimation de ces derniers se faisait, non
pas d'après leur étendue, mais d'après le nombre de serfs
attachés à la glèbe ; la somme avancée dépendait de la quantité « d'âmes », selon l'étrange expression russe, qu'accusait
le dernier dénombrement. D'autre part, les déposants qui
apportaient aux banques les capitaux au moyen desquels
elles se livraient à ces opérations, recevaient des intérêts,
et même les intérêts des intérêts, tout en conservant le droit
d'opérer à tout instant des retraits. Ces banques gouvernementales étaient donc de véritables caisses d'épargne, avec
cette particularité que les versements des déposants n'étaient
limités à aucune somme, et qu'au lieu d'un livret nominatif
et unique, ceux-ci avaient le droit de réclamer des billets
payables au porteur et à présentation, établis par sommes
rondes de 1 000, 5 000 et 10 000 roubles. Les billets pouvaient également être nominatifs : le propriétaire avait alors
la faculté de les endosser ; et lui, aussi bien que les endos-
seurs successifs, étaient autorisés à y inscrire leurs dispositions testamentaires, qui devenaient valables au regard de
la banque débitrice.

Ces divers avantages assurés aux dépôts les firent affluer
aux banques, dont les ressources croissaient sans relâche,
mais qui éprouvaient des difficultés de plus en plus grandes
à faire valoir les énormes capitaux accumulés dans leurs
caisses ; elles devaient cependant, sous peine de déficit, en
retirer un intérêt supérieur, ou tout au moins égal, à celui
qu'elles s'étaient engagées à servir à leurs créanciers. Le
Trésor, de son côté, n'avait pas manqué de jeter les yeux
sur une proie aussi tentante et s'était peu à peu fait consentir
des avances de plus en plus importantes à échéance lointaine, en général pour vingt-huit ans. Le défaut de concor-
dance entre les dates d'exigibilité d'un passif remboursable
à vue et d'un actif immobilisé dans des opérations à long

terme, ne pouvait manquer d'amener une crise. Lorsque le
ministre des finances Brock voulut, en 1857, abaisser le
taux d'intérêt servi aux déposants, des retraits se produisirent et mirent tout le système en péril. Au 1ᵉʳ janvier 1859,
les dépôts des particuliers remboursables à vue dépassaient
700 millions de roubles, tandis que la totalité des disponibilités des banques, numéraire, portefeuille d'escompte et
de titres, n'atteignait pas 100 millions. Elles avaient immobilisé près d'un milliard en avances à long terme, consenties
moitié au gouvernement, moitié aux particuliers. Les
demandes de remboursement menaçaient d'amener une
catastrophe, due à la concentration de capitaux dans les
caisses du Trésor.

De la crise sortit la Banque de Russie, qui reçut ses
statuts le 31 mai 1860, et fut chargée de liquider, pour le
compte du Trésor, les opérations des divers établissements
officiels de dépôt. Elle fut organisée d'après le système de
la Banque d'Angleterre, et divisée en deux départements :
celui de l'émission, dans lequel se concentrait tout ce qui a
trait à la création des billets et à leur garantie métallique,
et celui des opérations commerciales, qui recevait les dépôts,
faisait l'escompte et les avances. Les prêts hypothécaires
lui demeurèrent interdits. Sous la direction de l'éminent
Lamansky, qui était venu étudier à Paris le mécanisme de
la Banque de France avant d'être mis à la tête de la Banque
de Russie, celle-ci prit son essor, et exerça une heureuse
influence sur le développement économique du pays. Elle
fit connaître au public l'usage des comptes courants et des
chèques, émit les premiers emprunts intérieurs avec et sans
lots, les obligations de chemins de fer, et favorisa la fondation de banques particulières par actions. Elle essaya aussi de
rétablir les paiements en espèces, en retirant graduellement
les billets. Plus l'époque du retrait était reculée, moindre
était la prime que la Banque demandait pour échanger les
roubles-papier contre les roubles-argent; les porteurs avaient
donc intérêt à ne pas se précipiter aux guichets pour obtenir

du métal, puisque la quantité de celui-ci allait en augmentant en raison de l'éloignement du terme des remboursements. Cette disposition avait été empruntée à l'Angleterre, où nous l'avons vue appliquée lors de la reprise des paiements en numéraire, après leur suspension au cours des guerres contre la France. Mais l'insurrection polonaise, en 1863, arrêta l'opération. La guerre d'Orient, en 1877, acheva de jeter le désarroi dans la circulation russe; plus de 400 millions de roubles de billets furent créés, en même temps que des emprunts extérieurs et intérieurs se succédaient.

D'après les dispositions prises en 1860, le bilan de la Banque de Russie était divisé en deux parties. La première était intitulée compte du fonds d'échange et des billets de crédit : elle indiquait d'un côté, au passif, la circulation, c'est-à-dire les billets aux mains du public; de l'autre, l'encaisse et le découvert du Trésor. Ce découvert, égal à la différence entre l'encaisse et la circulation, représentait la dette de l'Etat envers la Banque, ou plutôt, puisque la Banque d'Etat n'a qu'une existence en quelque sorte fictive, envers les porteurs de son papier; voici, à titre d'exemple, comment se présentait, le 13 février 1892, cette partie du bilan :

DÉPARTEMENT DE L'ÉMISSION DE LA BANQUE DE RUSSIE

SITUATION AU 1er/13 FÉVRIER 1892

ACTIF	Millions de roubles.
Encaisse métallique.	287
Découvert du Trésor	568
Total.	855

PASSIF	
Billets de crédit émis.	855

Sous cette forme saisissante, on voit que tous les billets qui n'étaient pas couverts par l'encaisse l'étaient uniquement par la signature de l'Etat. Outre ceux qui émanaient du

31

département de l'émission, la Banque a eu encore, pendant
un certain nombre d'années, une circulation supplémentaire,
qui figurait à la seconde partie du bilan et qui était gagée
par un actif commercial ; son existence n'altérait pas la situation que nous venons d'exposer. Il est seulement intéressant
de constater qu'à cette époque la masse des billets circulant,
identiques dans leur forme, et n'ayant pas en réalité de
valeur différente les uns des autres, étaient classés en deux
catégories : les uns étant considérés comme gagés par la dette
du Trésor, les autres par le restant des créances et les propriétés de la Banque. Cette division permettait au public
d'observer séparément la marche des deux circulations, et à
la Russie d'augmenter le nombre de ses billets sans accroître
l'encaisse. Jamais l'inconvénient d'une circulation d'État n'a
été plus clairement mis en lumière que par ce procédé.
Peut-être cette fois encore le bien est-il sorti de l'excès du
mal et les complications de cette comptabilité ont-elles hâté
l'action du ministre des finances, M. Witte, qui travailla
pendant plusieurs années à la réforme monétaire et fiduciaire
de la Russie.

Ses efforts se portèrent d'abord sur la régularisation des
changes. Il savait, en effet, dans quelle relation intime ceux-
ci se trouvent avec la monnaie indigène. Toutes les fois
qu'elle s'échange contre des monnaies étrangères d'or, sa
cote exprimée en ces monnaies, c'est-à-dire le change, varie
en raison des mêmes motifs qui agissent sur sa cote exprimée
directement en métal : ce qu'on appelle l'agio de l'or est égal
à la prime du change sur un pays à étalon d'or. Depuis longtemps, le billet de crédit, non seulement montait et baissait
en Russie, en raison des diverses causes spécifiques de nature
à l'influencer, telles que l'augmentation ou la diminution de
sa quantité, les fluctuations de l'escompte, mais il était l'objet, à l'étranger, notamment à Berlin, d'une spéculation
intense. Celle-ci s'exerçait sur des chiffres considérables, et
ajoutait encore un élément d'instabilité à tous les autres,
déjà suffisants pour faire du rouble un instrument capri-

cieux et irrégulier. N'était-ce pas un spectacle singulier, et qui déroute les idées communément admises en matière monétaire, que ces changements de valeur passés à l'état chronique ? Un pays de 160 millions d'habitants voyait sa fortune se modifier chaque jour, au gré d'une cote qui s'établissait sur une place étrangère, en dehors de la volonté et du rayon d'action de la Russie elle-même. La spéculation favorite des boursiers berlinois consistait à vendre à découvert des billets de crédit. Dès qu'il circulait de mauvaises nouvelles sur la récolte prochaine ou un bruit politique de nature à inquiéter les esprits, ces opérations à la baisse se renouvelaient.

M. Witte, résolu à les supprimer, prit un jour des mesures pour exiger la livraison des billets vendus à découvert. Surpris par cette demande, les baissiers ne purent se procurer la marchandise promise par eux, et s'estimèrent heureux de résilier leur marché en payant une différence. Le ministre n'usa qu'avec modération de son pouvoir et se borna à infliger une amende aux vendeurs ; mais il avait donné à la place de Berlin une leçon dont elle se souvint : le marché à terme sur le rouble-crédit avait vécu. Ces mesures restrictives de la spéculation n'étaient pas les seules que M. Witte prit pour assurer le succès de sa réforme ; elles ne réussirent, que parce qu'elles étaient le complément d'un ensemble de dispositions, combinées de longue date, et qui toutes tendaient au même but. La plus grande partie des émissions extraordinaires de billets faites pendant la guerre d'Orient avait été retirée, et le total de la circulation se trouvait ramené à un chiffre raisonnable ; grâce aux emprunts émis en France et aux conversions de rentes qui en furent la conséquence, des réserves d'or importantes avaient été accumulées, si bien que la circulation russe se trouva alors gagée par une encaisse d'or supérieure à celle de la plupart des banques du monde.

Les oscillations de cours du rouble diminuaient de jour en jour. Pour hâter ce résultat, le ministre s'était constitué le

principal négociant en changes de la place de Saint-Pétersbourg; il avait obligé les compagnies de chemins de fer
russes à lui confier leurs achats de remises à faire au dehors.
On sait que beaucoup de leurs obligations sont possédées
par des capitalistes étrangers, et que le paiement des coupons nécessite un transport régulier de capitaux, qui a naturellement un effet appréciable sur le cours des changes.
D'autre part, les exportations de céréales constituent les
Russes créanciers de leurs acquéreurs du dehors. Être ache-
teur des traites que les vendeurs de blé tirent sur leurs correspondants français, anglais ou allemands, fournisseur au
contraire de papier sur les places étrangères pour les compagnies de chemins de fer et autres, qui ont des paiements à
faire au delà des frontières, permettait au ministre d'équilibrer l'offre et la demande et de régulariser la cote du change,
qui est en réalité celle du billet de crédit : car elle n'est autre
chose que l'expression de sa valeur comparée à celle de monnaies de pays à étalon d'or, et, dès lors, stabiliser le change
équivaut à stabiliser la monnaie. En fait, vers 1895, le prix
du rouble-papier exprimé en francs s'écartait de moins en
moins de 2 francs 66 centimes. La reprise des paiements en
espèces eut lieu sur cette base. Par oukase du 14 novembre
1897, toute indication du métal argent fut supprimée dans
le libellé des billets de crédit, qui furent déclarés remboursables en or seulement, et circulent donc depuis ce moment
dans tout l'empire à l'égal de l'or. Le texte porte que l'échange
des billets de crédit contre de la monnaie d'or est garanti
par toutes les ressources de l'État. En même temps, l'émission de billets que la Banque est autorisée à faire, avec une
couverture métallique de moitié, fut limitée à 600 millions
de roubles ; tout ce qui dépasse ce chiffre doit être gagé par
une encaisse de roubles-or, mathématiquement égale au
chiffre de la circulation. A titre d'exemple, voici la couverture minimum exigée par application de cette règle : en
regard des chiffres de la circulation, échelonnés à partir de
600 jusqu'à 1 400 millions de roubles, se trouvent ceux de

la couverture métallique minimum et la proportion du numéraire au papier.

CHIFFRE DE BILLETS	COUVERTURE	PROPORTION
	minimum en or.	de la couverture métallique par rapport à la circulation.
Millions de roubles.	Millions de roubles.	Pour 100.
600	300	50
700	400	57
800	500	62
900	600	66
1 000	700	70
1 100	800	72
1 200	900	75
1 300	1 000	77
1 400	1 100	78

La proportion de la couverture croît à mesure qu'augmente le chiffre de la circulation : aux environs de 1 400 millions, qui est le maximum dont la Russie a eu besoin d'après les bilans de la Banque des dernières années, les espèces doivent représenter les quatre cinquièmes des billets émis ; c'est une proportion supérieure à celles qu'exigent les statuts de la plupart des instituts d'émission. Depuis la réforme de 1898, elle a presque toujours été plus favorable encore : la situation des comptes reproduite plus loin en est le témoignage.

Il n'était pas inutile de rappeler ces événements, encore voisins de nous, pour montrer à quels efforts est condamné un gouvernement qui s'est laissé aller à la dangereuse tentation de l'émission du papier-monnaie, et qui veut extirper ce fléau. Il a fallu près d'un siècle à la Russie pour arriver à ce résultat, qu'elle avait espéré atteindre une première fois en 1839, une seconde fois en 1860, et qui paraît aujourd'hui définitivement acquis. Mais, si fortes que soient l'organisation et la situation actuelles de la Banque, celle-ci n'en présente pas moins les inconvénients d'un établissement d'État. Aussi longtemps que ses billets sont couverts par une encaisse métallique égale ou même supérieure à la circulation, ces inconvénients n'apparaissent point : une caisse publique peut, tout aussi bien qu'une autre, mettre en circulation des billets qui ne sont que des reçus d'espèces. Mais, dès qu'intervient l'idée de crédit et que le billet doit servir à mobiliser des promesses de payer, c'est l'initiative privée, et non l'action administrative, qui doit entrer en jeu. Cela est si vrai que l'on pourrait concevoir un retour à l'ancienne organisation, dans laquelle le compte des opérations d'émission resterait nettement séparé de celui des opérations commerciales, et serait géré par des fonctionnaires, comme l'est le département de l'émission dans l'Inde anglaise, tandis que le département de la banque serait constitué en société particulière.

Les statuts de la Banque ont été remaniés en 1894. Elle a pour objet d'escompter des effets de commerce à deux signatures au moins, et autres engagements à échéance de six mois maximum; de faire des prêts, d'ouvrir des crédits, de recevoir des dépôts, de délivrer des mandats d'une place sur une autre, de faire des opérations à commission. Les taux d'intérêts perçus peuvent être différents pour les diverses catégories d'affaires et sur les diverses places. A tout moment, elle a le droit de demander à ses clients leur bilan détaillé et un extrait de leurs livres. L'intervention directe de l'État se manifeste, entre autres, par le pouvoir que les statuts confèrent au ministre des finances d'accorder, dans des cas exceptionnels, un délai ou une série de délais pour le règlement des effets, protestés ou non. La Banque peut, s'il lui reste des ressources disponibles « après qu'elle a fait face à tous les besoins du commerce et de l'industrie », — ainsi s'exprime l'article 138 des statuts, — ouvrir des crédits aux provinces, districts et villes, à l'effet de leur fournir des moyens de trésorerie, et ce, à des conditions et dans des limites sur lesquelles se mettront d'accord, pour chaque cas particulier, les ministres des finances et de l'Intérieur. C'est, en ce qui concerne ces opérations, faire

administrer directement la Banque par le pouvoir exécutif,
en passant même par-dessus l'autorité du gouverneur, émané
cependant de ce pouvoir. Le lecteur remarquera la rédaction singulière de cet article qui suppose satisfaits « tous
les besoins du commerce et de l'industrie » et qui augmente
encore la marge laissée à l'arbitraire gouvernemental. La
Banque est dépositaire des fonds du Trésor, qui ne sont
pas productifs d'intérêt, non plus que les comptes de dépôts
particuliers. Elle n'accepte plus de dépôts à terme depuis
le 1ᵉʳ août 1910. Elle est chargée du service des emprunts
d'Etat ou, sur l'ordre spécial du ministre des finances, d'emprunts garantis par l'Etat ; elle peut être chargée de négocier des fonds d'Etat ou des titres garantis par lui.

Depuis qu'une règle a été imposée qui limite strictement
la circulation par rapport au métal jaune enfermé dans les
caisses de la Banque, et que celui-ci a été tenu à première
réquisition à la disposition des porteurs de billets, les violentes fluctuations, qui apportèrent pendant si longtemps le
trouble dans la vie économique de l'Empire, ont disparu :
les oscillations répétées de la valeur du billet de crédit
dérangeaient constamment l'équilibre des budgets, les opérations du commerce et de l'industrie, et jusqu'à la vie des
particuliers, qui voyaient le prix des choses varier sans
raison apparente. Pour ne rappeler que les dernières années
qui ont précédé la réforme monétaire, le change du rouble
a varié de 2 francs en 1888 à 3 fr. 35 en 1891 ; il est
retombé deux ans plus tard à 2 fr. 90. Une pareille mobi-
lité de l'étalon monétaire est une calamité pour un pays.
En dépit des sophismes de ses partisans, qui prétendent
notamment que la baisse du change stimule les exportations et ralentit les importations (et encore leur resterait-il
à démontrer que ce double phénomène est un bonheur pour
un pays), l'instabilité de la monnaie est un fléau, dont toutes
les nations modernes ont le souci de se débarrasser. La
Russie l'a si bien compris qu'au cours de sa lutte avec
le Japon, qui exigea sur terre et sur mer des efforts con-

sidérables et des dépenses de plusieurs milliards de francs,
elle a su résister à la tentation de remettre en mouvement
la planche à assignats Son système de banque a traversé
victorieusement l'épreuve la plus rude à laquelle il pût
être soumis. Toutefois nous n'en tirerons pas la conclusion qu'il représente le type le plus parfait d'organisation fiduciaire. Les critiques que nous avons adressées à la
circulation d'État subsistent, et nous réservons nos préférences à celle qui émane d'établissements particuliers. Au
point de vue même des intérêts spéciaux et directs du
Trésor, il vaut mieux pour lui, en cas de crise, avoir
recours à un établissement privé auquel il emprunte, que de
fabriquer un papier à qui il donne, par un acte de souveraineté arbitraire, force libératoire. Il suffit à cet égard de
comparer les relations du Gouvernement français avec la
Banque de France au cours de la guerre de 1870-1871
et des événements de la Commune, et celles du Gouvernement russe avec la Banque de Russie en 1876-1878, à
l'époque de la guerre turque et des troubles qui la suivirent, pour se rendre compte des mérites respectifs des deux
systèmes. La Russie a, depuis lors, opéré des réformes qui
ont amélioré son organisation : mais celle-ci serait encore
plus à l'abri des critiques, si elle reposait sur un établissement indépendant. A plusieurs reprises, du reste, il a été
question d'en créer un : les idées des ministres du Tsar n'ont
toutefois jamais été favorables à cette solution, que la Douma
pourrait un jour envisager.

Quoi qu'il en soit, la Banque de Russie, dotée par l'Etat
d'un capital de 50 millions de roubles, auxquels ont été ajoutés
5 millions de réserve, est avant tout la gardienne de l'étalon
d'or, établi dans l'Empire à la fin du xix° siècle. Ses opérations commerciales ne sont pas sans importance ; elle vient
en aide à la finance, au commerce, à l'industrie. Ceux qui
la dirigent ont compris le danger qu'il y aurait à la laisser
étendre le rôle de protectrice directe des entreprises, de
commanditaire des affaires en souffrance, auquel des intérêts

particuliers puissants et la tendance interventionniste du
Gouvernement la poussaient à un moment donné, et que
les statuts de 1894 semblaient encourager. Elle concentre
maintenant ses efforts vers la surveillance et la régularisation de la circulation fiduciaire et métallique et en même
temps du change sur l'étranger, qui dépend d'une façon
directe de l'état du marché monétaire intérieur. Dans les
bilans les plus récents nous ne trouvons pas trace de ce
que nous appellerons un abus de pouvoir de l'État vis-à-
vis de la Banque. Celui du 16/29 août 1910 indique une
circulation de 1 145 millions de roubles (1 200 créés, desquels il y a lieu de retrancher les 55 qui sont dans la caisse
de la Banque), couverte par une encaisse de 1 502 millions, presque exclusivement composée d'or. Le portefeuille
d'escompte s'élève à 178 millions, les avances en compte
courant à 74, les prêts de diverse nature sur titres, sur
marchandises, warrants, connaissements, aux institutions de
crédit populaire, à des propriétaires fonciers, à des industriels, pour achat de machines agricoles, à 104, les titres
possédés par la Banque à 77 millions. Parmi les comptes
du passif, nous voyons figurer pour 218 millions l'avoir du
Trésor en compte courant ; pour 50 millions celui de
diverses administrations publiques, provinces, districts, municipalités, et pour 257 millions les consignations aux trésoreries.

Plus des trois cinquièmes de l'actif se composent d'une
encaisse presque exclusivement en or, qui dépasse de beaucoup le montant des billets en circulation ; les avances
de la Banque au Trésor qui apparaissent sont celles qui
résultent des comptes des trésoreries avec les succursales ;
les 160 millions inscrits de ce chef à l'actif se balancent, à
24 millions près, avec les 136 millions qui figurent au passif,
comme étant dus par d'autres succursales de la Banque aux
trésoreries. Les seuls chapitres qui pourraient donner lieu à
des critiques, ou tout au moins provoquer certains doutes quant
à leur facile mobilisation, sont les prêts sur titres et marchan-

dises, les avances à des propriétaires fonciers et à des industriels : mais cette discussion sortirait de notre cadre, aussi bien que celle du chiffre du portefeuille d'escompte, qui paraît faible pour un empire aussi vaste et une population de 160 millions d'habitants. Nous devons toutefois faire remarquer que le chiffre des prêts est beaucoup plus élevé, à la Banque de Russie, par rapport au total des escomptes que dans la plupart des autres banques d'émission. Nous voyons que les avances en comptes courants spéciaux, sur effets de commerce et sur titres, s'y élèvent à 74 millions, et le total des prêts de diverse nature à 122 millions, soit ensemble 196 millions de roubles, c'est-à-dire 18 de plus que le portefeuille de lettres de change, alors qu'à la Banque de France, le 15 septembre 1910, le portefeuille de 791 millions de francs dépassait de plus de 40 pour 100 le total des avances qui s'élevait à 559 millions, et qu'à la Banque impériale allemande, le 31 décembre 1909, le portefeuille de 1 240 millions de reichsmark (non compris les bons du Trésor) était plus que quadruple des avances sur titres et marchandises, dont le chiffre ne dépassait pas 292 millions. Le tableau suivant montre la proportion de l'escompte et des avances dans les trois établissements :

	PORTEFEUILLE d'escompte.	AVANCES	TOTAL
	Pour 100.	Pour 100.	Pour 100
Banque de France (15 septembre 1910).	59	41	100
Banque d'État de Russie (16/29 août 1910)	47	53	100
Banque de l'Empire allemand (31 décembre 1909)..	81	19	100

Il est certain que l'organisation financière est moins avancée en Russie que chez les nations occidentales de l'Europe et que la matière escomptable y est plus rare. Il est cependant permis de croire que la nature gouvernementale de l'établissement est une des raisons du peu d'importance rela-

tive du portefeuille commercial, et qu'à ce point de vue une
banque centrale, formée par des capitaux privés, et administrée par un conseil indépendant, développerait une activité
plus grande. Les autres établissements de banque ne se comportent pas, vis-à-vis d'une Banque d'Etat, avec la même
liberté que s'ils étaient en face d'une société particulière :
rarement ils usent de la totalité du crédit qui leur est
ouvert, bien que, en vertu d'une mesure récente, ils puissent présenter à l'escompte du papier à six mois, alors
qu'auparavant l'échéance maximum était de trois mois. Cette
observation n'enlève rien aux éloges que mérite la Banque
au point de vue de la qualité du papier qu'elle a émis : il
suffit de remarquer que c'est celui qui, avec les billets de la
Banque d'Angleterre, est couvert par la plus forte proportion
de métal jaune. Les inconvénients du billet d'Etat s'étant
fait sentir de la façon la plus grave à la Russie pendant
presque tout le cours du xixe siècle, il semble qu'instruite
par l'expérience, elle ait aujourd'hui définitivement renoncé
à l'expédient dangereux des émissions à cours forcé.

Les comptes rendus annuels sont soumis au Conseil de
l'Empire, qui est chargé de s'assurer que le fonctionnement
de l'établissement est en harmonie avec l'esprit de ses statuts,
et que la dotation affectée par lui à chaque catégorie d'opérations, escompte commercial, prêts industriels, crédit agricole et autres, est en rapport avec les ressources dont il
dispose. Les dépenses d'administration et les caisses sont
soumises aux vérifications du Contrôle de l'Empire, sorte de
ministère chargé en Russie de surveiller, sur tout le territoire, les opérations financières et d'en assurer la régularité.
La Banque est placée sous l'autorité immédiate du ministre
des finances, à qui appartient la haute direction des opérations. L'administration centrale se compose d'un Conseil et
d'un gouverneur, assisté de deux sous-gouverneurs. Font
partie du Conseil le gouverneur, qui le préside, le directeur
de la Chancellerie des opérations de crédit du ministère des
finances, un fonctionnaire du Contrôle de l'Empire, les

sous-gouverneurs, le gouverneur du comptoir de Saint-Pétersbourg[1] et deux membres nommés par décret, pour trois ans, sur la proposition du ministre des finances, et choisis sur deux listes de trois noms chacune, présentées par la noblesse et le commerce[2].

Les bénéfices de la Banque sont considérés comme recette de l'Etat. Le moment où ils doivent entrer dans le budget avait jusqu'ici été fixé à la seconde année suivant la clôture de l'exercice : c'est ainsi que ceux de 1908 auraient dû figurer dans le budget de 1910 à l'époque où il a été dressé, c'est-à-dire avant le 31 décembre 1909 ; il n'était pas possible, à ce moment-là, de connaître les bénéfices de 1909, puisque l'année n'était pas terminée. Mais, lors de l'établissement du budget de 1910, la Douma, sachant que, grâce à la très belle récolte, les prévisions de recettes du ministre seraient largement dépassées sur beaucoup de chapitres, et voulant éviter le recours à l'emprunt que ces excédents rendaient inutile, a ajouté aux prévisions de recettes 16 millions de roubles, devant constituer, selon ses calculs, le profit de la Banque pour 1909.

Une étude complète de l'action gouvernementale en Russie sur la Banque devrait comprendre deux autres établissements, la Banque de la Noblesse et celle des Paysans, qui ne sont autre chose que des crédits fonciers ou des sociétés immobilières. La Banque de la Noblesse prête sur les terres appartenant à la classe privilégiée ; la Banque des Paysans achète, pour les revendre à crédit, à des paysans des terres appartenant à des propriétaires fonciers, nobles ou autres ; mais comme la plupart du temps ces domaines proviennent des nobles, on peut dire que la Banque des Paysans est une sorte d'annexe de la première.

La Banque de la Noblesse, au 1er janvier 1910, avait en

---

1. Le comptoir de Saint-Pétersbourg est séparé de l'administration centrale de la Banque et s'occupe de toutes ses affaires dans la capitale.

2. La population russe est encore divisée en classes, parmi lesquelles les nobles et les commerçants forment des ordres séparés.

circulation pour 705 millions de roubles d'obligations de divers types, 3 1/2, 4, 4 1/2, et 5 p. 100. La Banque des Paysans paie ses achats de terre en obligations au porteur 5 p. 100 ou en certificats nominatifs 6 p. 100 décomptés au pair. Elle a reçu, en vertu d'un ordre impérial du 12 août 1906, une partie des terres des apanages. Au début de 1908, elle possédait, du chef de cette cession et des achats qu'elle avait opérés, un domaine de 3 620 000 hectares lui ayant coûté 310 millions de roubles.

Les reventes sont faites presque exclusivement à des paysans qui se constituent une propriété individuelle. La Banque contribue ainsi à transformer le régime collectiviste du *mir* russe et à constituer une classe rurale toute différente de celles qui existent jusqu'ici. Cette politique, suivie avec persévérance par le cabinet Stolipyne, doit avoir des conséquences heureuses pour le développement de la Russie.

Le caractère de la Banque de Russie est défini dans une note qui accompagne la publication officielle du budget de l'Empire pour 1910 : « Comme la Caisse de dépôts et consignations en France et la *Seehandlung-Societät* en Prusse, elle est une banque d'Etat au sens le plus rigoureux : c'est l'Etat-banquier, de même que la Banque des Paysans et la Banque de la Noblesse sont l'Etat-crédit foncier. » Le commentateur ajoute que les moyens d'action de l'établissement sont : 1° son capital ; 2° le compte courant créditeur du Trésor ; 3° les dépôts obligatoires et les consignations; 4° les dépôts volontaires et les comptes courants des particuliers. Ces derniers ne s'élèvent guère en ce moment qu'à une centaine de millions, tandis que les trois premiers éléments réunis dépassent souvent un demi-milliard de roubles. Nous reproduisons ci-contre le bilan de la Banque de Russie au 16-29 août 1910. Il n'est plus comme à l'origine divisé en deux parties, et les écritures relatives à la circulation et à sa garantie ne sont plus séparées des autres.

BILAN DE LA BANQU[E]

AU 16[...]

ACTIF	Roubles.
Caisse. { Billets de crédit . . . . 55 994 002 / Or. . . . . 94 946 855 / Argent au titre de 0,900 . . 45 255 255 \ Billon d'argent et de cuivre. 36 272 975 }	232 457 557,59¹/₄
Or en lingots, monnaie et bons de l'administration des mines.	1 128 362 965,79
Or à l'étranger ¹.	186 520 659,16
Papier sur l'étranger	4 664 696,40
Effets escomptés et autres valeurs à brève échéance.	178 526 510,79
Avances en comptes cour. spéc. sur effets de comm.	22 823 688,40
— — — sur titres.	51 203 610,19
Prêts sur titres	21 142 786,50¹/₂
— — marchandises.	41 204 134,76
— — warrants, connaissements, etc. . . .	177 162,48
— aux institutions de crédit populaire	29 685 671,58
— à des propriétaires fonciers	10 000 521,99
— industriels.	49 551 006,10
— à des artisans (industrie domestique) . . .	72 000 »
— pour achat de machines et instrum. agricoles.	1 936 000 »
Avances à des intermédiaires	500 000 »
Prêts à des municipalités et à des assemb[lée]s provinciales (zemstvos)	8 000 »
Dette des monts-de-piété de St-Pétersb. et Moscou.	15 626 574,31
Effets protestés	876 294,34
Créances remboursables par versements successifs (acomptes) et garanties par des immeubles.	3 506 426,41
Titres appartenant à la Banque	76 486 382,77
— " — en route.	1 143 548,37
— en commission	2 162 998,05
Comptes de la Banque avec les Banques de la Noblesse et des Paysans et avec d'autres institutions gouvernementales.	1 774 842,19
Dépenses de la Banque et divers.	27 769 238,88¹/₂
Compte de la Banque avec les succursales . . .	174 313 235,11³/₄
Compte des trésoreries avec les succursales. . .	160 647 000 »
TOTAL.	2 403 172 769,21
De plus dépôts en garde, appartenant à des particuliers et à des institutions privées : Titres et documents	5 106 658 634,39³/₄
Or et d'argent, après l'évaluation des déposants au 1ᵉʳ/14 août.	8 303 000 »

¹ Cet article comprend l'or à l'étranger appartenant seulement à la Banque de l'État. L'or à l'étranger appartenant au Trésor impérial ne figure pas dans le bilan.

DE L'ÉTAT RUSSE
OUT 1910

PASSIF	Roubles.
Billets de crédit émis.	1 210 665 000 »
Traites sur l'étranger.	24 553,60
Capital de fondation	50 000 000 »
Réserves.	5 000 000 »
Dépôts à terme.	23 262 740 »
— à vue.	36 709 949,76
Comptes courants :	
Du Trésor.	218 2 2 141,10
Consignations aux Trésoreries	257 154 000 »
De diverses administrations publiques (État, provinces, districts, municipalités, etc.).	50 066 412,23
De particuliers, d'établissements de crédit et de sociétés industrielles et commerciales	20 311 042,78
Giro (virement).	102 835 268,25
Comptes des chemins de fer (clearing).	35 623 064,63
Mandats non acquittés	7 213 733,20
Intérêts sur les opérations de l'exercice en cours.	26 746 584,73
— dus sur les dépôts, sommes transitoires et divers.	14 358 717,10
Compte des succursales avec la Banque.	218 543 000 »
Compte des succursales avec les trésoreries . .	136 991 501,75
TOTAL.	2 403 172 769,21

TEXTE DE L'OUKASE DU 29 AOUT 1897, QUI POSE LES RÈGLES
DE L'ÉMISSION DES BILLETS

« Les billets de crédit sont émis sous garantie d'or, par
« la Banque de l'État, dans la mesure strictement limitée
« par les besoins urgents du marché monétaire; le montant
« en or servant de garantie aux billets de crédit doit équi-
« valoir à la moitié du montant des billets mis en circula-
« tion, si le montant ne dépasse pas 600 millions de rou-
« bles. L'excédent des billets en circulation au-dessus de
« 600 millions de roubles doit être garanti par de l'or, à
« raison au moins d'un rouble par rouble, c'est-à-dire que
« chaque 15 roubles crédit seront garantis par une impé-
« riale au moins ».

Le bilan de la Banque indique une situation de nature à inspirer confiance aux créanciers de l'Empire. L'abondance des ressources métalliques a permis à la Russie d'avoir à de certains moments, en 1909 et en 1910, des taux d'escompte inférieurs à ceux des places allemandes et anglaises, sur lesquelles elle se réglait autrefois et de l'influence desquelles elle a pu s'affranchir. Au mois de mars 1909, le taux officiel pour l'escompte du papier à 3 mois a été fixé à 5 p. 100 ; en septembre de la même année, à 4 1/2, alors que celui de la Reichsbank était de 5 p. 100.

La Banque fait des avances sur céréales à 4 et 4 1/2 p. 100, ce qui facilite aux agriculteurs la conservation de leurs récoltes en magasins, jusqu'à ce qu'ils puissent les réaliser à des prix qui leur conviennent.

La Banque de Russie possède aujourd'hui l'encaisse en or la plus grande qui soit au monde, tandis que sa circulation, même après l'augmentation qui l'a portée récemment à 1 300 millions de roubles (bilan du 1er-14 octobre 1910) est inférieure à celle des États-Unis et à celle de la Banque de France. Elle donne l'impression d'un organisme dont la puissance s'est singulièrement accrue au cours des dernières années et qui domine tout le mouvement économique de l'Empire. Par son intermédiaire, le ministre distribue les capitaux et le crédit sur les divers points du territoire où le besoin s'en fait sentir. Mais, en dépit de la façon magistrale dont le chef actuel du département des finances dirige la politique de la Banque, nous ne conclurons pas notre étude sans faire, au sujet de cet établissement d'État modèle, les réserves et les objections que nous ne manquons jamais de soulever lorsqu'il s'agit de juger les principes en vertu desquels il est organisé. Avec les qualités dont la direction donne le témoignage journalier, les mêmes résultats, en ce qui concerne la sécurité de l'émission, seraient obtenus si la Banque était une société particulière ; d'autre part, le développement des opérations commerciales pourrait être plus rapide ou du moins s'effectuer plus librement. Lorsqu'il

y a seize ans, les statuts de l'établissement furent remaniés, une place très large fut faite aux idées d'intervention
dans une série d'affaires qui ne sont pas du ressort des
banques d'émission. On voulait qu'il distribuât le capital
sur toute la surface de l'Empire ; non pas seulement en
escomptant des lettres de change, mais en commanditant
d'une façon plus ou moins déguisée des entreprises industrielles de toute nature et en consentant aux agriculteurs et
aux artisans des ouvertures de crédit à long terme. Les pouvoirs discrétionnaires des autorités administratives étaient
en même temps augmentés dans une très large mesure, de
façon qu'on aurait pu craindre de voir les ressources de la
Banque s'immobiliser de tous côtés. Ainsi que nous l'avons
expliqué, la sagesse des dirigeants a été assez grande pour
éviter, dans la plupart des cas, ce danger ; mais la pensée
des conséquences qui auraient pu résulter de l'application pure
et simple des statuts par des fonctionnaires moins avisés et
moins imbus des sains principes financiers, doit nous faire
confesser une fois de plus notre préférence pour la banque
particulière et notre méfiance à l'égard de l'établissement
d'État.

FINLANDE

La Finlande a souffert, pendant longtemps, de difficultés monétaires spéciales : au début du XIXᵉ siècle, les billets suédois y circulaient à côté des assignats russes : les échanges s'y concluaient dans l'un ou l'autre de ces papiers, qui avaient tous deux cours forcé. Ce ne fut qu'après la reprise des paiements en espèces par la Suède en 1834, par la Russie en 1839, que la Finlande procéda à ce qu'elle appela la « réalisation de la monnaie ». Le Comptoir de change, de prêts et de dépôts, établi en 1811 et devenu ensuite Banque de Finlande, reçut l'ordre de rembourser les billets à présentation en espèces métalliques ; le papier suédois disparut et fut remplacé par des roubles argent. Mais la suspension des paiements en numéraire, amenée en Russie par la guerre de Crimée, eut son contrecoup dans le pays, qui résolut alors de se donner une monnaie propre, de façon à ne pas être éprouvé par les secousses qui dérangeaient l'équilibre monétaire de l'Empire. Le 4 avril 1860, une ordonnance créa l'unité nouvelle, dite *mark*, valant un quart de l'ancien rouble or, c'est-à-dire un franc, et divisée en 100 *penni* ; en 1865, les paiements en numéraire furent repris. Le 9 août 1877, l'étalon d'or fut établi. L'émission des billets que l'ordonnance de 1866 permettait aux banques privées, appartient depuis 1886 à la seule Banque de Finlande, établissement d'Etat, dont le capital a été fixé en dernier lieu à 25 millions de mark (ordonnance impériale du 10 juillet 1901) et dont les réserves s'augmentent par l'addition des bénéfices réalisés. Une fois cependant que le fonds de réserve a atteint 15 millions, les bénéfices peuvent être appliqués aux dépenses générales de l'Etat.

Placée en 1868 sous la dépendance de la Diète, la Banque de Finlande est gouvernée par quatre délégués, un de chaque ordre : d'autres délégués, choisis d'après le même principe, contrôlent la gestion. Le directeur gérant est nommé par le Gouvernement, qui désigne aussi, sur des listes de trois candidats, pour chaque poste, dressées par la Diète, les autres membres de la direction et les commissaires directeurs des succursales. Jusqu'en 1876, la Banque était chargée de la gestion des biens de l'État, qui est depuis lors confiée à un comptoir spécial. Les règlements relatifs à son administration sont discutés et votés par la Diète, et ratifiés par l'Empereur grand-duc. Les bénéfices sont affectés par la Diète, partie au remboursement du capital, partie aux besoins du budget. A la fin de 1909, le capital était de 25 millions de mark, le fonds de réserve de 45 millions, la circulation de 111 millions, l'encaisse de 27 millions. Le Gouvernement, qui ne devait rien à la Banque, était créditeur chez elle de plus de 13 millions. La presque totalité de la circulation est formée par des billets libellés en mark finlandais ; une petite quantité seulement est libellée en roubles.

Le bilan au 31 décembre 1909, que nous reproduisons ci-après, indique la forte situation de l'établissement et aussi la mesure dans laquelle il a fait usage de son droit d'émission, dont les éléments sont les suivants : la garantie de la circulation est constituée par les espèces métalliques, les titres et effets étrangers, les créances sur le dehors : à ces divers chiffres variables s'ajoute une somme fixe de 40 millions de mark finlandais. Ce total doit être au moins égal à celui des billets en circulation, des autres engagements à vue de la Banque et des crédits ouverts par elle : en d'autres termes, la circulation et les comptes créditeurs à vue peuvent dépasser de 40 millions l'excédent de ce qui est désigné par les statuts comme actif gageant les billets. L'article 18 des statuts, revisés en 1901, prévoit qu'en cas de nécessité, le département d'économie du Sénat pourra autoriser la Banque, sur sa demande, à dépasser temporairement cette

limite jusqu'à concurrence de 10 millions de mark. Cette
autorisation n'est valable que jusqu'à la prochaine réunion
de la Diète, à moins que les États en aient décidé autrement. L'encaisse ne doit jamais descendre au-dessous de
20 millions. S'il était nécessaire d'emprunter pour augmenter
les ressources métalliques de l'établissement, le Gouvernement est autorisé à contracter un emprunt extérieur jusqu'à
concurrence de 10 millions ; le produit en serait temporairement mis à la disposition de la Banque, qui devrait rembourser l'État dans le délai fixé.

La direction de la Banque se compose d'un président, de
deux membres ordinaires et d'un membre extraordinaire.
Les trois premiers sont nommés par l'Empereur grand-duc,
sur la proposition du département d'économie du Sénat ; le
quatrième, par ce dernier. La Banque a son siège à Helsing-
fors et des succursales à Abo, Wiborg, Nikolaistad, Uleaborg,
Kuopio, Björneborg, Tammerfors, Joensuu, Jyväskylä, Saint-
Michel, Sordavala, Kotka, Tavastehus et Saint-Pétersbourg.
Sa gestion a été correcte et digne en tout point des qualités
sérieuses qu'on se plaît à reconnaître au peuple finlandais.
Une loi, votée en 1910 par la Douma de Saint-Pétersbourg,
a réduit notablement les privilèges, dont la Finlande jouissait depuis son annexion à l'Empire. Il n'est pas impossible
que, continuant l'application de son système de russifica-
tion, le Gouvernement du tsar Nicolas II veuille abolir un
jour la monnaie et la banque particulière conservées par
le grand-duché. L'opération, en ce qui concerne l'institut
d'émission, serait facilitée par le fait que c'est un établissement d'État. Ajoutons toutefois que rien, dans les dispositions actuelles du cabinet russe, en ce qui concerne ce
point spécial, ne nous autorise à supposer qu'il songe à
modifier les conditions d'existence de la Finlande. Il semble
au contraire disposé, pour le moment, à laisser au pays, en
matière de banque et de monnaie, l'autonomie qu'il lui
retire sur le terrain politique.

BILAN DE LA BANQUE DE FINLANDE

AU 31 DÉCEMBRE 1909

ACTIF			Marks finlandais. (1 mark = 1 franc.)
Garantissant l'émission des billets :			
Encaisse métallique. { Monnaies d'or finlandaises.	16 029 510, »	} 24 594 275,78	
Mon. d'or russe et étrang.	8 006 373,83		
Or non monnayé	531 291,54		
Or à la Monnaie	27 100,41		
Monnaies d'argent finlandaises		2 873 729,25	134 089 509,05
Obligations en monnaie étrangère		23 071 345,20	
Débiteurs à l'étranger en compte courant		80 676 618,44	
Billets de banque et coupons en monnaie étrangère. .		449 684,42	
Traites en portefeuille (en monnaie étrangère). . .		2 413 855,96	
A recouvrer :			
Traites en portefeuille (en monnaie finlandaise). . . .		48 002 102,28	
Avances sur nantissement		20 270 525,37	71 963 774,21
Accréditif disponible.		3 691 146,56	
Autres postes de l'actif :			
Argent non monnayé		54 159,20	
Monnaie de cuivre		124 244,70	
Obligations en monnaie finlandaise		258 150, »	
Divers		10 194,72	
Traites protestées sur le pays		259 450,10	3 198 923 54
Solde des intérêts arriérés		141 591,32	
Immeubles	2 351 003,50	} 2 351 103,50	
Inventaire.	100, »		
TOTAL.			209 252 206,80

PASSIF

PASSIF			
Engagements à vue :			
Billets en circulation.		111 625 212, »	
Mandats sur les succursales. . . .	303 364,04	} 322 280,74	
Mand. sur la suc. de Saint-Pétersbourg	18 916,70		
Avoir du Gouvernement finlandais en compte-virements	13 393 930,03	} 19 168 721,60	133 273 862,42
Divers créditeurs en compte-virem.	5 774 791,57		
Traites à l'encaissement	71 917,01		
Annuités d'emprunts d'État en retard.	4 352,52	} 2 157 618,08	
Créditeurs à l'étranger.	1 611 261,70		
Divers	472 086,79		
Capital.		25 000 000, »	
Fonds de réserve, dans lequel sont compris les immeubles et l'inventaire pour Fmk : 2 351 103,50		45 002 888,06	70 062 888,06
Bénéfice mis en réserve.			5 915 456,32
TOTAL.			209 252 206,80

CALCUL DE L'ÉMISSION

Actif garantissant l'émission des billets de banque	134 089 509,05	} 174 089 509,05
en dehors duquel il peut être émis des billets jusqu'à concurrence de (loi du 19 février 1895	40 000 000, »	
dont il y a lieu de déduire :		
les engag. à vue ci-dessus spécifiés.	133 273 862,42	} 135 715 915,86
les créd. ouv. et non encore utilisés.	2 442 053,44	
Pouvoir d'émission non utilisé.		38 373 593,19

CHAPITRE XIII

BULGARIE, SUÈDE, URUGUAY.

BANQUE NATIONALE DE BULGARIE

La Banque nationale de Bulgarie a été établie, le 8 février 1885, au capital de 10 millions de levs (francs) entièrement souscrits par l'État. Il convient toutefois de rappeler que son origine remonte à l'occupation russe de 1877, lorsque le prince Dondoukof en jeta les premiers fondements. Elle a le monopole d'émission des billets, dont un tiers au moins doit être couvert par une encaisse or, et qui sont remboursables à la caisse principale et dans les agences. Le gouverneur et quatre administrateurs sont nommés par le Roi, sur la présentation du ministre des finances. En outre, le Gouvernement désigne un conseiller de la cour des comptes et un fonctionnaire des finances pour servir de censeurs.

Une succession de mauvaises récoltes, à la fin du XIXe siècle, fit monter, à un moment, le change jusqu'à 14 pour 100 en 1901. Cette hausse avait été provoquée en partie par la loi du 13 novembre 1899, qui autorisait la Banque à rembourser ses billets en argent. Elle reprit, en 1906, le paiement en or de tous les billets, à l'exception de ceux de 5 et 10 levs, qui restèrent remboursables en argent, et le change revint au pair. Le capital ne peut être diminué. Le fonds de réserve est formé au moyen d'un prélèvement annuel de 15 pour 100 sur les bénéfices, jusqu'à ce qu'il s'élève à 10 millions. L'excédent est versé au Trésor. Le fonds de réserve atteint aujourd'hui 7 millions environ, qui ont été employés en fonds d'Etat désigné par le ministre des finances.

La loi organique énumère les relations de la Banque avec l'Etat : elle peut escompter des bons du Trésor et faire, contre ces bons, des avances au Gouvernement, pour une somme que déterminent les statuts; consentir des prêts sur nantissement aux départements, communes et caisses agricoles ; ouvrir, moyennant commission, des souscriptions aux emprunts de l'Etat et des municipalités. Elle est tenue, si le Gouvernement le lui demande, de garder dans ses caisses et dans celles de ses succursales les sommes perçues pour le compte de l'Etat et de faire gratuitement, jusqu'à concurrence de ces sommes, des paiements pour le même compte. Elle peut, avec autorisation du Gouvernement, acheter des fonds publics bulgares pour une somme ne dépassant pas son capital. Les taux d'intérêt qu'elle paie à ses déposants, et ceux qu'elle perçoit pour avances et escomptes, doivent être sanctionnés par le ministre des finances et publiés au Journal officiel.

Le gouverneur et les administrateurs ne peuvent être révoqués sans une décision préalable de l'assemblée nationale. L'administration des succursales est confiée à des directeurs nommés par le Roi sur la proposition du ministre des finances et de concert avec le conseil ; il en est de même des chefs de division dans les succursales. D'une façon générale, le Gouvernement a le droit de surveiller et de contrôler toutes les opérations de la Banque, et d'arrêter l'exécution de celles qui seraient contraires soit à la loi, soit aux statuts. Un compte rendu est présenté au ministre des finances au plus tard dans la première quinzaine du mois de février de l'année suivante. En outre la Banque envoie chaque semaine au même ministre son bilan, qui est publié au Journal officiel. Tous ses employés sont réputés fonctionnaires de l'Etat : leur nombre est fixé législativement, ainsi que les traitements, auxquels s'ajoutent 2 1/2 pour 100 des bénéfices, prélevés chaque année pour être répartis entre le personnel. La Banque étant une institution de l'Etat, son budget annuel, établi par le conseil, est soumis à la ratification du ministre des finances. Les dépenses se règlent comme les dépenses publiques : la comptabilité est vérifiée par la Cour des comptes, qui reçoit les pièces justificatives à l'appui. Le rapport annuel est soumis à une commission composée du chef de la comptabilité au ministère des finances, d'un conseiller à la cour des comptes et d'un inspecteur des finances.

Bien qu'une disposition des statuts porte que la Banque ne doit payer les dépenses publiques qu'au moyen des revenus encaissés par elle, elle paie, en fait, à guichet ouvert, les mandats gouvernementaux, et débite le Trésor des intérêts à 6 pour 100 lorsqu'il est à découvert. L'unité de caisse est réalisée; les succursales, qui ont remplacé les anciens bureaux de contrôle de l'Etat, facilitent les opérations commerciales dans un grand nombre de localités, jusqu'ici privées de cette ressource.

L'étude du portefeuille de la Banque peut faire craindre que l'influence du Gouvernement ne s'exerce dans un sens qui n'est peut-être pas toujours favorable à la solidité de l'établissement : on y constate la présence d'un grand nombre d'effets protestés, prolongés, escomptés de nouveau, avec une proportion considérable de traites émanant de personnes qui ne sont pas des commerçants, mais des fonctionnaires. Cette sorte de papier atteint un septième du total, et dissimule des prêts consentis à des particuliers. Des prêts hypothécaires à long terme (30 ans), qui s'élèvent à 40 millions, constituent une opération critiquable pour une banque d'émission, en face de dépôts dont le terme n'excède pas 5 années. Reconnaissant ce danger, la Banque a d'ailleurs décidé, conformément à la loi du 7 mars 1907, de se procurer désormais les ressources nécessaires aux prêts fonciers au moyen de l'émission de lettres de gage, qui figurent au bilan de 1909 pour 30 millions : elle aura ainsi un département spécial pour les opérations de cette nature, à l'instar de la Banque austro-hongroise. Les prêts aux départements et aux communes constituent des immobilisations plus pernicieuses encore, parce que les impôts ne rentrent que si la récolte est bonne, et que, en conséquence, la position des débiteurs de cette catégorie est toujours instable. Malgré les dangers qui peuvent résulter pour la Banque nationale bulgare de ces diverses opérations, la loi du 6 février 1906 a encore élargi son rôle. Elle l'autorise à prêter des sommes de 1 000 à 50 000 francs pour trois mois, moyennant deux signatures de garants solvables et solidaires, à faire des ouvertures de crédit de 5 000 à 500 000 francs aux entreprises de construction pour le compte de l'État, des départements ou des communes, contre cession, par les entrepreneurs, de leur créance sur l'établissement public qui a donné la commande.

Enfin une autre opération critiquable, en dehors de celles que nous avons signalées, est l'avance consentie au Trésor, qui était, au 31 décembre 1909, de 40 millions. Elle a sans doute diminué à la suite de l'emprunt 4 1/2 de 100 millions de francs émis à Londres en février 1910 par la maison Schrœder et Cie. Mais on peut craindre de la voir se répéter pour un chiffre plus considérable le jour où le Gouvernement aurait besoin de fonds, et entraîner alors l'établissement du cours forcé. Aussi une réforme paraît-elle s'imposer : elle devrait consister dans la séparation absolue des opérations de prêts fonciers et d'avances aux départements et communes et des opérations d'émission ; les premières seraient exclusivement alimentées au moyen de ressources produites par la vente d'obligations foncières et communales. Il semble même qu'il y aurait lieu d'en charger un établissement spécial, analogue au Crédit foncier de France. D'autre part, il conviendrait de limiter les avances à l'État et les achats de fonds bulgares aux ressources propres de la Banque, c'est-à-dire son capital et ses réserves. Cette proportion n'était d'ailleurs pas dépassée au 31 décembre 1909, en ce qui concerne le portefeuille de rentes. La qualité du papier à escompter devrait être nettement et rigoureusement déterminée, et tous les escomptes de faveur supprimés. Enfin il y aurait lieu de retirer les billets-argent, qui compliquent la circulation.

En 1891, la Banque nationale bulgare, pour défendre son encaisse or, émit des billets payables en argent. Elle remboursa même à un moment donné tous ses billets en métal blanc, en ajoutant la prime de l'or pour ceux qui étaient payables en métal jaune. Aujourd'hui, au contraire, elle les rembourse en or, sauf les petites coupures ; elle garde dans ses caisses, en or, une somme égale au tiers des billets-or, en monnaie d'argent la moitié des billets-argent. Cette proportion de l'encaisse ne peut être modifiée qu'avec le consentement du délégué des porteurs de titres de l'emprunt 1902. Une semblable stipulation est rare : elle constitue une sorte de garantie additionnelle que les créanciers étrangers ont voulu obtenir pour les capitaux qu'ils confiaient à la Bulgarie. Ils ont jugé qu'une diminution de l'encaisse de la Banque aurait une influence fâcheuse sur les changes et augmenterait par conséquent le fardeau des remises à faire au dehors pour le service de l'intérêt et de l'amortissement : c'est là le danger qu'ils ont voulu écarter. En outre, d'après l'article 8 des statuts, qui paraît d'ailleurs tombé en désuétude, la circulation ne devrait pas dépasser le double du capital et des réserves.

Le bilan au 31 décembre 1909, que nous reproduisons ci-après, indique que le fonds de réserve, si on tient compte des 15 pour 100 à prélever en sa faveur sur les profits de l'année, approche des trois quarts du capital. Les bénéfices atteignent près de 4 millions et demi, dont la majeure partie va grossir les ressources courantes du Trésor. La circulation est de près de 72 millions. Le Trésor devait 40 millions à la Banque, qui possédait plus de 10 millions en fonds publics. Dans leur rapport au ministre sur l'exercice 1909, le gouverneur et le Conseil d'administration se déclarent « heureux de pouvoir considérer la reconnaissance de l'indépendance du royaume comme un fait accompli et constater la liquidation favorable des questions financières qui s'y rattachent, grâce à la généreuse intervention de notre libératrice ». Ce passage fait allusion à l'abandon consenti par la Russie de 40 des annuités qui lui étaient dues par la Turquie en vertu du traité de Berlin et qui ont été attribuées à celle-ci, en paiement des lignes des chemins de fer orientaux reprises par la Bulgarie. Cette solution a mis fin au boycottage qui frappait les exportations bulgares en Turquie, et a permis au jeune royaume d'émettre, en décembre 1909, un emprunt de 100 millions de francs, au taux de 4 1/2 pour 100. D'autre part, le rapport met en lumière l'influence considérable exercée sur les affaires de la Banque par le Trésor public. La persistance d'une dette flottante élevée, pendant la presque totalité de l'année, n'a pas cessé d'agir comme l'un des facteurs du mouvement ascendant de la circulation des billets : celle-ci s'est élevée jusqu'à 89 millions le 14 septembre, tandis qu'en 1908 le maximum, enregistré le 7 octobre, n'avait été que de 82 millions. La circulation moyenne a été de 78 millions, contre 60 l'année précédente.

En résumé, sur 168 millions de ressources dont disposait la Banque au 31 décembre 1909, et qui étaient constitués par la circulation dépassant l'encaisse, par les comptes courants créditeurs, par les dépôts à long terme, par les lettres de gages hypothécaires, par le capital et la réserve, 45 millions étaient prêtés à l'Etat, 10 placés en fonds publics : en dehors de ces 55 millions, directement ou indirectement immobilisés au profit du Trésor, il y en avait encore bon nombre qui, dans les comptes débiteurs et les avances à long terme, représentaient non pas l'exercice d'une activité purement commerciale, mais des emplois de fonds faits par la Banque au profit d'autorités locales, d'établissements publics, en un mot des services rendus à la chose publique.

A côté de la Banque nationale bulgare, il existe une autre

institution d'Etat, la Banque agricole, dont l'origine remonte à 1860, lorsque Midhat Pacha, gouverneur de ce qui était alors le vilayet du Danube de l'Empire ottoman, fonda des caisses rurales, destinées à venir en aide aux cultivateurs. La loi du 1er janvier 1894 les réorganisa sous le nom de caisses agricoles, les plaça sous l'autorité du ministère du commerce, donna la direction de chaque caisse à un contrôleur et à un caissier, les rendit solidaires en prescrivant que les excédents des unes pourraient servir aux autres, et leur confia la représentation de la Banque nationale dans les localités où celle-ci n'avait pas d'agence. La loi du 20 février 1897 créa, au ministère de l'agriculture et du commerce, une section spéciale pour les caisses, qui avaient, en 1896, contracté à l'étranger un emprunt de 30 millions de francs, sous la garantie de l'Etat. La loi du 31 décembre 1903 les fondit toutes en une seule institution, la Banque agricole de Bulgarie, au capital de 35 millions de francs, constitués par la réunion des capitaux des caisses déjà existantes. A sa tête se trouve un directeur, assisté de quatre administrateurs, nommés par ukase royal et révocables seulement par le *Sobranié* (Parlement). La Banque agricole, et c'est à ce point de vue qu'elle nous intéresse spécialement, est autorisée à faire à l'Etat, en compte courant, des prêts à intérêt, à participer aux emprunts publics ; elle doit conserver les sommes provenant de revenus publics encaissés par elle et payer les mandats du Trésor. En 1908, elle a avancé à l'Etat, en 10 prêts séparés, 2 millions; aux communes, en 290 prêts, 4 millions et demi; à un département, 118 750 francs. On voit qu'elle ne s'est engagée que modérément vis-à-vis des corps publics : elle a pu d'autant mieux garder son indépendance que son capital ne lui a pas été fourni par l'Etat. Peut-être est-elle susceptible de recevoir un plus grand développement, et pourrait-elle prendre à son compte les opérations de prêts fonciers de la Banque nationale, laquelle serait alors ramenée à son vrai rôle de banque d'émission.

BILAN DE LA BANQUE NATIONALE DE BULGARIE

ARRÊTÉ AU 31 DÉCEMBRE 1909 (V. ST.)

ACTIF	Levs. stotinki.
Encaisse métallique	47 822 893,51
Correspondants à l'étranger	6 342 607,50
Portefeuille.	35 434 606,90
Comptes courants débiteurs	44 766 836,85
Compte courant du Trésor.	» »
Avances à court terme	1 000 165,73
Avances à l'État.	40 825 672,80
Avances à long terme	40 473 373,61
Fonds publics	5 245 182,53
Fonds publics de la réserve	5 001 287,50
Immeuble et mobilier.	1 260 728,97
Immeubles adjugés à la Banque	2 354 379 »
Divers actifs.	16 785 617,10
TOTAL.	247 313 357 »

PASSIF	
Capital	10 000 000 »
Fonds de réserve	5 190 189 »
Fonds de réserve hypothécaire.	182 381,82
Billets en circulation.	74 770 367,50
Correspondants à l'étranger	» »
Comptes courants créditeurs.	72 654 466,41
Compte courant à intérêts de l'État.	» »
Compte courant du Trésor.	3 179 324,34
Dépôts à terme.	43 677 336,78
Emprunt hypothécaire 1893.	7 373 040 »
Emprunt hypothécaire 1909.	23 000 000 »
Intérêts et commissions pour 1910	580 135,92
Divers passifs	4 251 740,07
Profits et pertes	4 454 375,16
TOTAL.	247 313 357 »

SUÈDE

La Banque de Suède, fondée le 30 novembre 1656 par Palmstruch, à qui on attribue la première idée d'émettre des billets au delà de l'encaisse métallique, appartient à l'État depuis 1668 : son capital a été constitué par l'accumulation des bénéfices pendant une longue série d'années. Elle a le droit d'émettre des billets jusqu'à concurrence de son encaisse métallique, de ses dépôts d'or à l'étranger, et d'un contingent de 45 millions de couronnes; si l'émission non couverte dépasse 35 millions, l'excédent doit être gagé par du métal. À côté d'elle ont existé longtemps des banques particulières qui avaient le droit d'émettre des billets. Jusqu'au commencement du xxe siècle, la Suède était sous le régime de la pluralité des banques. La première loi organique à ce sujet remontait au 15 janvier 1824 : elle avait été remplacée par une législation nouvelle le 1er janvier 1887. Les banques privées (*Enskilda banken*) étaient des sociétés par actions, dont les actionnaires étaient solidairement responsables. Leur capital devait être d'au moins 1 million de couronnes ; 60 pour 100 de ce capital étaient destinés à constituer le capital de fondation (*Grund fond*) qui restait déposé entre les mains du Gouvernement, et qui était placé, moitié en valeurs au porteur d'un marché courant, moitié en obligations foncières. L'émission était limitée au total du capital de fondation, du fonds de réserve, du portefeuille, ce dernier chiffre ne pouvant dépasser la moitié du capital de fondation, et de l'encaisse métallique sous déduction d'une somme égale au dixième du capital.

Depuis le 1er janvier 1904, la Banque d'État a seule le

droit d'émission. Elle a indemnisé les banques privées à qui
ce droit a été enlevé, en leur faisant des avances, qui figurent
au bilan du 31 décembre 1909, pour 6 millions de couronnes
(§ 41 des statuts de la Banque). La Suède, comme beaucoup
d'autres pays, a donc substitué le régime de la banque unique
à celui de la pluralité. Elle y est arrivée par une série de
mesures tendant, d'un côté à fortifier la situation de l'établissement d'État et de l'autre à offrir aux banques, dont elle
supprimait la circulation, des avantages en compensation
du retrait de leurs billets. Le capital de la Banque d'État
fut porté à 50 millions de couronnes; depuis 1879, elle
eut seule le droit d'émettre les petites coupures de 5 couronnes; en 1887, elle fut autorisée à porter sa circulation à
45 millions, et en 1897, à 100 millions de couronnes. L'encaisse minimum fut fixée, à partir du 1er janvier 1902, à
40 millions, dont trois huitièmes peuvent consister en fonds
d'État étrangers, fonds suédois cotés sur des places étrangères, portefeuille étranger. Les banques privées, à qui le
droit d'émission était retiré, obtenaient, auprès de la Banque
d'État, l'ouverture, contre nantissement, d'un crédit à un taux
de 2 pour 100 inférieur à celui de l'escompte officiel, sans
toutefois qu'il pût descendre au-dessous de 2 pour 100, et
la faculté de réescompter leur portefeuille à un taux inférieur d'un tiers au taux officiel. Chacun de ces droits était
conféré aux banques pour une somme égale à la moitié de
celle des billets qu'elles avaient en circulation le 1er janvier 1896, à condition qu'elles n'eussent fermé aucune des
succursales qu'elles avaient à cette date. Pour les établissements qui ne retireraient leurs billets que le 1er janvier 1904,
le réescompte à taux réduit était ramené aux deux cinquièmes,
au lieu de la moitié, du chiffre de la circulation de 1896. Le
tableau suivant indique quelle était, au 1er janvier 1907, la
situation respective de la Banque d'État, des banques privées et des banques par actions.

	BANQUE D'ÉTAT	BANQUES PRIVÉES	BANQUES PAR ACTIONS
	Millions de couronnes		
Capital	50	125	181
Réserve.	8	79	87
Dépôts	0⁰⁰³	432	389
Billets et effets à payer . . .	204	18	20
Encaisse métallique.	74	23	29
Dû par les autres banques. .	69	34	41
Portefeuille d'escompte . . .	154	256	298

Les bénéfices de la Banque de Suède sont en progression notable. De 3 707 000 couronnes en 1890, ils se sont élevés à 8 946 000 en 1908, provenant en majeure partie des opérations ordinaires et, jusqu'à concurrence de 668 000 couronnes, des opérations de prêts amortissables. Ces bénéfices sont versés au Trésor, sauf la partie qui est mise en réserve et reportée à l'exercice suivant. Les éléments de l'actif représentés par des valeurs étrangères s'élevaient au 31 décembre 1909 à 58 millions, dont 30 millions de créances à l'étranger, déduction faite de 8 millions dus aux correspondants hors frontières ; 8 millions d'effets étrangers ; 12 millions de fonds d'État étrangers. Le droit d'émission était en moyenne en 1908 de 226 millions, et la circulation de 178 millions. Le montant de la couverture supplémentaire garantissant la circulation qui dépassait l'encaisse, s'élevait à 228 pour 100, soit 194 millions pour 86 millions.

En étudiant la question de l'émission en Suède, il faut prendre garde à une confusion qui pourrait naître du nom de banques d'émission porté par certaines sociétés qui s'occupent de créer des entreprises industrielles, et à qui s'applique une loi votée en mai 1909 par le Parlement. Ce sont des sociétés anonymes, dont les statuts sont soumis à l'approbation du Gouvernement. Les actions ne peuvent être possédées que par des banques constituées en sociétés par actions ou en nom collectif avec quatre associés au moins. Le capital minimum est de 8 millions de couronnes ;

aucun actionnaire ne peut posséder plus du tiers du total. Des bénéfices annuels, 25 pour 100 doivent être portés à la réserve jusqu'à ce que celle-ci égale le capital. Ces banques sont dirigées par des administrateurs choisis parmi ceux des banques autonomes. Elles ne reçoivent de dépôts à terme que pour des sommes de 10 000 couronnes et au-dessus. Les dépôts ordinaires ne peuvent dépasser la somme du capital et de la réserve. Les autres banques peuvent acquérir des actions de banques d'émission pour le chiffre de leur réserve qui dépasse 50 pour 100 du capital.

Un projet avait déjà été déposé en 1903, date depuis laquelle le Parlement suédois s'occupe de légiférer sur la banque et les sociétés par actions. Il en a détaché la partie relative aux banques d'émission, de façon à venir en aide à l'industrie, tout en empêchant la spéculation de s'exercer sur les actions qui ne peuvent être possédées que par une catégorie très restreinte de sociétés. On espère que, grâce à la composition de leurs conseils, les banques d'émission seront à même de juger sainement les entreprises et de bien employer leurs disponibilités. Nous sommes entrés dans ces détails pour éviter à nos lecteurs une incertitude qui ne manquerait pas de naître dans leur esprit à la vue d'un titre qui ne correspond pas à la nature des établissements que notre langue désigne du même nom.

Le système monétaire de la Suède, de la Norvège et du Danemark étant identique, il a été facile d'organiser entre les trois pays un échange de billets de banque : en 1908, les billets suédois rapatriés en Suède et venant de Norvège se sont élevés à 8 millions ; ceux venant du Danemark, à 19 millions. La Suède, de son côté, a renvoyé à la Norvège 10 millions de ses billets et au Danemark 14 millions de billets danois. Les monnaies divisionnaires d'argent ont aussi donné lieu à des échanges entre les trois royaumes scandinaves ; le mouvement n'a guère été que d'un million de couronnes dans chaque sens.

BILAN DE LA BANQUE DE SUÈDE

AU 31 DÉCEMBRE 1909

ACTIF		Millions de couronnes.
Encaisse or		80
Encaisse argent		5
Chèques et autres effets à courte échéance		7
Crédit à l'étranger. { Comptes courants. / Autres comptes.		38
Rentes et obliga- { Suédoises.		7
tions : { Étrangères		12
Effets payables . . { En Suède.		151
{ A l'étranger.		8
Prêts sur : . . . . { Immeubles		5
{ Obligations.		22
{ Actions.		4
{ Marchandises.		1
Avances aux banques privées (en compensation de leur droit d'émission).		6
Crédit en compte courant.		7
Divers .		1
TOTAL.		354

PASSIF		
Billets au porteur en circulation		202
Billets à ordre		2
Comptes de virements		65
Dettes à l'étranger .		8
Dû au comptoir de la Dette publique :		
Capital.		50
Fonds de réserve.		12
Fonds des pensions de retraite		1
Dividende à payer à l'État l'année suivante.		8
Revenu de l'année courante.		6
TOTAL.		354

URUGUAY

L'Uruguay est un pays qu'il est malaisé de classer au point de vue qui nous occupe. Son institut d'émission n'est pas précisément une banque d'Etat, puisqu'une partie de ses actions a été souscrite par des particuliers. Mais, comme une moitié l'a été par le Trésor, nous le rangeons dans le livre des banques d'Etat, en priant le lecteur de ne pas perdre de vue l'observation qui précède.

L'Uruguay est, de tous les pays de l'Amérique du Sud, celui qui a le mieux maintenu la valeur de sa monnaie. Des billets d'État qui circulaient avant 1892 furent retirés à cette date et la liberté des banques régna pour quelque temps. Elle remontait à la loi du 23 mai 1865, qui limitait la circulation au triple du capital; cette proportion avait été réduite en 1870 au double du capital effectivement versé. En 1893, les banques renoncèrent à leur droit d'émission, et, en 1896, une banque centrale fut organisée, au capital de 10 millions de piastres, porté ensuite à 12 millions; elle reçut le nom de Banque de la République. Elle est autorisée à émettre des billets payables en or pour le double de son capital versé, et des petites coupures remboursables en argent pour la moitié de son capital. A côté d'elle, la Banque italienne de la Plata est autorisée à émettre des billets: sa circulation s'élève à environ 3 millions, tandis que celle de la Banque de la République, au 31 décembre 1909, était de 16 millions de piastres. La London and River Plate bank, société anglaise très prospère, dont le capital versé s'élève à 1 200 000 livres sterling et les réserves à 1 300 000 livres sterling, et qui a des établissements dans l'Argentine, l'Uruguay, le Brésil, le Chili, la France et les États-Unis, avait autrefois à Montevideo une circulation de billets importante, qui diminue d'année en année, et qui, au bilan du 30 septembre 1909, ne s'élevait plus qu'à 16 000 livres sterling.

Dans leur rapport sur l'exercice 1909, les directeurs de la Banque de la République déclarent que les règles fixées pour la circulation des billets leur paraissent empreintes de sagesse : la faculté d'émission s'accroît mathématiquement chaque année, et en même temps le capital de l'établissement augmente par la libération progressive des actions au moyen d'une partie des bénéfices du Gouvernement. D'autre part, les certificats au porteur que la Banque émet contre dépôt de métal, rendent service au public, et lui permettent d'éviter les transports de numéraire. Le capital de 12 millions de piastres reste immuable au passif; mais à l'actif les sommes dues pour la libération des actions diminuent chaque année : elles ne forment au 31 décembre 1909, qu'un total d'environ 5 millions de piastres, alors qu'en 1899 elles s'élevaient à 6 700 000 piastres.

Chaque année, il est rendu compte au ministre des finances de la façon dont les prescriptions légales sont observées. Ainsi, en 1909, le capital étant fixé, par suite de l'addition des bénéfices de 1908, à 6 857 600 piastres, la limite de l'émission des grosses coupures était du double de cette somme, c'est-à-dire 13 715 800 piastres.

	LIMITE LÉGALE	CIRCULATION au 31 décembre 1909.	MARGE
Grosses coupures. .	13 715 800	13 309 790	406 010
Petites coupures . .	3 428 950	3 382 622,50	46 327,50
Total. . . .	17 144 750	16 692 412,50	452 337,50

Pour 1910, à la suite de l'incorporation au capital d'une nouvelle fraction de bénéfice, la limite totale de la circulation a été fixée à 17 385 126 piastres, soit deux fois et demie le capital versé. Les statuts prescrivent le maintien d'une encaisse or, égale au moins aux deux cinquièmes de la circulation et des dépôts remboursables en ce métal : la proportion au 31 décembre 1909, était de 73,80 pour 100 ; et, si on considère l'encaisse totale or, argent et nickel, par rapport à la somme de la circulation et des dépôts, on trouve encore une proportion de 67,18 pour 100. Les porteurs de billets ont un droit de préférence par rapport à tous les autres créanciers de la Banque (art. 11).

Chaque année, le président de la commission des comptes « du pouvoir législatif » examine la comptabilité et fait une déclaration de conformité, qui est imprimée à la suite du rapport. La Banque reçoit les dépôts judiciaires et les cautionnements à fournir par ceux qui contractent des obligations vis-à-vis de l'Etat. Ces dépôts doivent être garantis par des fonds publics uruguayens comptés au cours du jour, jusqu'à concurrence des neuf dixièmes au moins de leur montant. Le service de la Dette publique, intérieure et extérieure, se fait par les soins de la Banque, en tant que cette disposition n'est pas contraire aux contrats en vigueur. Le bureau du Crédit public (*Oficina di credito publico*) est maintenu et reste une administration d'Etat, chargée des services qui lui ont déjà été remis ou qui pourraient lui être confiés dans l'avenir. La Banque aura le droit de fonder un mont-de-piété national, à condition d'en soumettre les statuts et règlements à l'approbation du pouvoir exécutif. La Banque, l'immeuble occupé par ses bureaux, les bâtiments des succursales qui sont sa propriété, ses actions, billets, dépôts, titres de toute nature, seront, pendant la durée de la concession, exempts d'impôts immobiliers, de droit de patente, de timbre, et de toute taxe qui pourrait frapper les instruments de crédit. Cette exemption ne s'étend pas aux impôts municipaux. Le département d'émission fonctionne comme une section spéciale de la Banque, soumise à l'inspection de l'Etat ; celui-ci nomme à cet effet un contrôleur général, qui est placé à la tête du département de l'émission, signe les billets et les relevés de la circulation

et de l'encaisse. La Banque ouvre au Gouvernement un
compte dans lequel celui-ci peut être débiteur de 2 millions
de piastres, à un taux d'intérêt inférieur de 1 pour 100 à
celui des comptes particuliers et qui ne peut dépasser
7 pour 100 : le mécanisme de ce compte est fixé par contrat spécial entre le Pouvoir Exécutif et la direction de la
Banque : à conditions égales, la Banque a un droit de
préférence pour la négociation des emprunts intérieurs et
extérieurs de l'Etat et des juntes. Dans les limites statu-
taires, elle peut y souscrire pour son propre compte. Le
président du directoire, qui doit remplir les mêmes conditions que celles qui sont exigées pour être élu sénateur de
la République, est nommé par le Pouvoir exécutif, avec
approbation préalable du Sénat. Des six autres membres du
directoire (*vocales*), deux sont nommés comme le président,
et quatre par les actionnaires particuliers réunis en assemblée à cet effet. Si l'Etat venait à aliéner ses actions, il ne
nommerait plus que le président et le vice-président du
directoire. Celui-ci désigne le gérant et les autres employés,
dont deux tiers au moins doivent être des nationaux (*orientales*).

Sur les bénéfices, il est prélevé 10 pour 100 afin de constituer un fonds de réserve, qui devra être conservé en
espèces et renforcera l'encaisse métallique; 10 pour 100
sont ensuite consacrés à la libération des actions, aussi longtemps que le capital nominal n'en a pas été entièrement
versé ; le surplus est réparti aux actionnaires. Les dividendes revenant à l'Etat en vertu des actions qu'il possède
sont portés au crédit de son compte et employés au service
de l'emprunt autorisé par la loi du 13 mars 1896. Cette loi
ordonnait l'émission d'obligations pour 5 millions de piastres
or, destinés précisément à fournir le capital initial de la
Banque, et leur assurait comme garantie un prélèvement de
5 1/2 pour 100 sur le produit des douanes.

La concession de la Banque lui a été donnée pour trente
ans, c'est-à-dire jusqu'en 1926 : elle est tenue d'établir des

BANQUE DE LA RÉPUBLIQUE ORIENTALE DE L'URUGUAY

BILAN AU 31 DÉCEMBRE 1909

ACTIF	Piastres.
Caisse.	20 036 564,47
Avances en compte courant	11 121 796,83
Compte de l'État : viabilité et travaux publics	295 163,97
Prêts sur valeurs et cautionnements	7 331 944,18
Comptes courants extérieurs	2 927 139,17
Titres et actions	940 006,93
Dotation de la Caisse nationale d'épargne et d'escompte	400 000 »
Garanties de dépôts judiciaires et administratifs . . .	812 670,90
Actions libérées	1 402 401,36
Actionnaires	3 643 545,05
Mobilier et fournitures	59 143,74
Immeubles.	481 453,08
Débiteurs en retard	59 240,82
Petits prêts hypothécaires	113 459,40
Soldes en suspens entre la caisse centrale et les succursales.	4 657 167,19
	54 311 697,19
Valeurs en dépôt.	22 798 736,21
Total.	77 110 433,40

PASSIF	
Capital	12 000 000 »
Dépôts judiciaires et administratifs.	703 641,42
Billets en circulation.	16 692 412,50
Chèques payables en argent	67 580 »
Certificats de dépôt.	1 565 500 »
Fonds de réserve	597 598,64
Dépôts à vue et à date fixe	11 000 422,53
Compte du Gouvernement	6 047 269,71
Valeurs en suspens	2 441,49
Remises en cours de route.	33 508,91
Réescompte	24 326,75
Dividendes.	769 221,27
Soldes en suspens entre la Caisse centrale et les succursales.	4 807 853,97
	54 311 697,19
Déposants de valeurs	22 798 736,21
Total.	77 110 433,40

succursales ou agences dans tous les chefs-lieux de département ; elle pourra en ouvrir ailleurs et même à l'étranger ;
mais, dans ce dernier cas, elle n'aura pas le droit d'y transporter de capital. L'État garantit le remboursement des
billets et des dépôts judiciaires effectués à la Banque. Cette
garantie a survécu à la transformation qui s'est produite dans
la répartition du capital : car, si l'État a d'abord été l'unique
actionnaire, la majorité des actions est aujourd'hui aux
mains de particuliers, et celle du directoire est nommée
par eux : ce n'est donc plus le Gouvernement qui exerce
l'influence prépondérante dans la conduite des affaires et la
direction de l'établissement. Il a cru pouvoir néanmoins se
rendre, sans inconvénient, solidaire de sa gestion, estimant
sans doute que, d'une part, les règles imposées par la loi
sont assez strictes, et que, d'autre part, il exerce un contrôle
suffisant pour être rassuré sur la marche de la Banque de la
République. Cette évolution est fort intéressante à noter :
elle vient à l'appui de notre doctrine. Lorsqu'on voit des
Républiques sud-américaines, à mesure qu'elles se rendent
mieux compte des conditions d'une bonne circulation fiduciaire, passer du système de la Banque d'État à celui de la
Banque particulière, on ne peut s'empêcher de croire que
ce dernier constitue un progrès sur le premier, puisque des
communautés riches et intelligentes l'adoptent en même
temps que leur situation économique devient plus prospère.

LIVRE V

PAYS DONT LES TRÉSORS PUBLICS ÉMETTENT DIRECTEMENT DES BILLETS

CHAPITRE XIV

ÉTATS-UNIS D'AMÉRIQUE : TRÉSOR FÉDÉRAL

Bien avant la déclaration d'indépendance, les colonies anglaises de l'Amérique du Nord connurent les misères du papier d'État, émis parallèlement à celui des banques particulières, dont la circulation mal réglée ne donna pas d'abord grande satisfaction au pays. Nous avons retracé au chapitre XI l'histoire de ces établissements, parmi lesquels on en cite qui, comme la Banque de Pennsylvanie, émettaient, en guise de billets, des traites à échéance rapportant intérêt. En 1791, fut fondée la première Banque des États-Unis, remplacée en 1815 par un second établissement du même nom, qui s'efforça de substituer ses billets à ceux qui émanaient des banques des États particuliers ; mais, après une existence tourmentée, il finit par suspendre ses paiements en 1837. L'hostilité avérée du président de la Confédération avait été la cause principale de sa chute. Ce n'est que dans la seconde moitié du XIXe siècle, à l'époque qui marque la transformation radicale des États-Unis et le point de départ d'une ère nouvelle, que la circulation du papier-monnaie créé directement par le Gouvernement, fut instituée. Comme à l'ordinaire, elle s'établit à une époque où

de graves difficultés financières contraignirent le Trésor à
recourir à cet expédient ; mais, contrairement à ce qui s'est
passé ailleurs, la puissante République n'a pas fait, au cours
d'une période de prospérité pour ainsi dire ininterrompue
depuis bientôt un demi-siècle, l'effort, qui n'eût été qu'un
jeu pour elle, de retirer ses billets, et de purger sa circulation d'un élément inutile. source de complications incessantes pour la Confédération et le public. Elle a amorti la
presque totalité de la dette à intérêts qu'elle avait contractée
lors de la guerre de Sécession, et les 900 millions de
dollars qui en forment aujourd'hui le total ne sont con-
servés que pour servir de gage à la circulation des banques
nationales ; mais elle a laissé subsister les billets créés il
y a une cinquantaine d'années et, au cours du dernier quart
du xixᵉ siècle, elle en a émis d'autres, de nature diverse,
pour des sommes encore supérieures à celles des premières
émissions.

Ce papier d'Etat fut créé dès le début de la guerre
civile, un peu avant que la loi fédérale organisât les banques
nationales, dont nous avons expliqué la genèse au livre III.
Le gouvernement de Washington émit alors des billets, qui
furent désignés, à cause de la couleur du verso, du nom de
greenbacks (les dos verts) sous lequel ils sont encore connus aujourd'hui. Les diverses émissions atteignirent le total
de 400 millions de dollars : elles eurent cours forcé
et amenèrent une dépréciation considérable du change. La
première création de 50 millions de dollars de billets à
cours légal (*legal tender notes*) remonte à 1861 ; elle était
présentée au Congrès comme un expédient temporaire, jusqu'à ce qu'une loi fût intervenue pour régler la question des
banques : mais, avant même que le projet fût devenu loi, le
25 février 1862, le chiffre de l'émission avait été porté à
150 millions. Le 7 juin suivant, il fut doublé. En janvier 1863,
une nouvelle création de 100 millions fut décrétée. La prime
sur l'or avait fait son apparition dès la fin de 1861, lorsque
les banques suspendirent les paiements en espèces ; en

mai 1862, elle était de 3 pour 100; en août, de 15; à la fin de décembre, de 32; au mois de février 1863, de 72 pour 100. Les commerçants achetaient de l'or, non seulement pour effectuer leurs paiements à l'étranger, mais aussi pour se défendre contre la baisse du billet d'État, puisque, entre le moment où ils avaient vendu leurs marchandises contre une certaine quantité de dollars et le moment où ils recevaient les billets en paiement, le cours pouvait en avoir notablement baissé par rapport au métal. Le mal ordinaire des inflations se faisait sentir : les prix montaient, et le Gouvernement était obligé de créer d'autant plus de son papier-monnaie que celui-ci avait moins de valeur. Les classes ouvrières étaient particulièrement atteintes : les salaires s'accroissaient beaucoup moins vite que le coût des objets de première nécessité.

Une fois la guerre terminée, les finances se relevèrent avec une rapidité qu'explique le merveilleux développement économique des États-Unis, qui mirent en valeur, avec la fougue propre au caractère national, les richesses agricoles et minières de leur territoire. Il fut question de retirer les greenbacks émis pour les besoins de la guerre civile, et dont la présence dans la circulation ne semblait plus justifiée. Ce retrait commença en effet, mais fut bientôt arrêté : le chiffre de ces billets fédéraux resta alors fixé à 346 millions de dollars[1], et figure régulièrement dans le relevé de la Dette publique qui accompagne le rapport annuel du Secrétaire du Trésor. Depuis que la loi a ordonné la reprise des paiements en espèces (*resumption act* de 1875), les greenbacks sont officiellement remboursables en numéraire : en fait, ils l'étaient déjà longtemps avant cette date. La question du métal au moyen duquel le Trésor fédéral doit les racheter a été parfois mise en doute, notamment aux époques dont nous allons retracer l'histoire; mais, en pratique, ce fut toujours l'or; la loi de mars 1900 a d'ailleurs renouvelé à cet égard

1. Le dollar vaut 5 fr. 20 de notre monnaie : il se divise en 100 cents.

des déclarations assez explicites pour que la discussion semble close définitivement.

Après les greenbacks, les Etats-Unis créèrent une autre monnaie de papier émanant du Gouvernement fédéral, les certificats d'argent (*silver certificates*). L'origine en remonte à la loi de 1878, connue sous le nom de *Bland Bill*. A cette époque, les propriétaires de mines d'argent de l'Ouest, très puissants au Congrès, irrités de voir que l'étalon d'or avait été maintenu et désireux d'assurer un débouché au métal blanc, réussirent à faire voter une résolution, d'après laquelle le Gouvernement était tenu d'acheter, tous les mois, pour 2 millions de dollars de lingots d'argent et de les faire frapper en pièces de 1 dollar. Mais, comme ils prévoyaient que le public refuserait d'employer, pour des paiements de quelque importance, une monnaie aussi encombrante, ils firent autoriser le Secrétaire du Trésor à émettre, en représentation d'un nombre égal de dollars d'argent déposés dans ses caisses, des certificats qui circuleraient plus aisément. Le Congrès se laissa aller d'autant plus volontiers à voter cette loi que les effets de l'amortissement rapide de la Dette publique commençaient à se faire sentir d'une façon intense sur la circulation des banques nationales, qui se contractait de plus en plus. Le besoin de nouveaux instruments de circulation était donc indéniable.

Ces certificats ne devaient à l'origine être considérés que comme un engagement du Trésor, qui s'obligeait à tenir les pièces d'argent à la disposition des porteurs des billets, représentation matérielle en quelque sorte des pièces déposées. Cependant il a fallu que la Confédération déclarât à plusieurs reprises qu'elle était prête à payer ses créanciers indifféremment en or ou en argent, à leur choix, pour éviter une dépréciation des certificats d'argent, qui inspiraient toujours une certaine méfiance, notamment aux banques. Ce qui n'était à l'origine qu'un certificat de dépôt, est devenu, par la force des choses, quelque chose de plus, une monnaie fiduciaire : le souvenir de son origine s'efface peu à peu et

l'usage l'assimile de plus en plus aux greenbacks, payables
expressément en or. Le discrédit qui a paru menacer à un
moment ce papier ne venait point d'une crainte du public de
ne pas être remboursé en numéraire, mais de la pensée que
le numéraire pourrait ne pas être le métal jaune. Cette assimilation graduelle des certificats d'argent au reste de la circulation américaine est un des exemples les plus curieux de
la transformation d'une monnaie d'argent en une monnaie
d'or par l'intermédiaire du papier qui la représente. La différence dans la façon dont le public l'acceptait s'est surtout
manifestée en 1893. Elle n'a ensuite cessé de s'atténuer ;
depuis 1900, elle est insensible : lors de la crise de 1907,
les certificats d'argent étaient aussi demandés et aussi bien
reçus que les autres billets.

L'émission des certificats d'argent dura de 1878 à 1890.
A cette dernière époque, les partisans du métal blanc, trou-
vant les cours encore insuffisants, voulurent pousser plus
loin leur succès et obtinrent le vote d'une loi connue sous le
nom de *Sherman act*, qui faisait plus que doubler les achats
du Trésor. A partir de juillet 1890, celui-ci dut acquérir
chaque mois 4 millions et demi d'onces d'argent[1] ; mais cette
fois on ne prenait même plus la peine de faire monnayer les
lingots, tant on était convaincu d'avance que jamais de
pareilles masses d'argent ne circuleraient aux mains du
public ; on les déposait à Washington et on émettait en
échange des billets (*Treasury notes*), pour une quantité de
dollars égale au chiffre de ceux qui avaient été déboursés
pour l'acquisition de lingots. Ces billets du Trésor étaient
d'une nature quelque peu différente de celle des certificats
d'argent : ils présentaient cette particularité curieuse que la
quantité d'argent qui les garantissait était variable, et d'autant plus forte que les cours d'achat du métal étaient

---

1. L'once d'argent vaut 1 dollar 29 lorsque le rapport des deux métaux
est de 1 à 16. Elle est cotée aujourd'hui à New-York aux environs de
56 cents, soit 2 fr. 90.

plus bas ; le Trésor émettait autant de dollars de certificats qu'il avait déboursé de dollars d'or pour acheter les onces d'argent. Ce nouveau papier satura la circulation américaine, au point que des inquiétudes très vives sur la possibilité de maintenir l'étalon d'or se firent jour. Elles aboutirent à la crise de 1893, dont le résultat fut l'abrogation des lois qui ordonnaient l'achat d'argent et l'émission des billets gagés par ce métal

Cette crise de 1893, qui fut peut-être la plus violente de celles que les États-Unis ont traversées depuis la guerre de Sécession, est née d'une question fiduciaire. Il n'est pas d'argument plus saisissant pour démontrer l'importance de ce problème, et le soin que les hommes d'État doivent rapporter à le résoudre. L'erreur commise par le Sénat de Washington, lorsqu'il lança dans la circulation le papier gagé par l'argent, a causé des ruines profondes, provoqué la faillite de nombreuses banques, sociétés industrielles, compagnies de chemins de fer, et écarté pendant plusieurs années les capitaux européens des marchés américains. Les derniers vestiges du désastre n'ont été effacés que par la loi du 14 mars 1900, qui a tranché définitivement un certain nombre de points restés obscurs, volontairement ou non, dans l'arsenal législatif américain. Nous la résumons ci-après : elle déclare, dans sa première section, que le dollar de 29 8/10 de grains d'or à 9/10 de fin sera l'étalon américain, et que toutes les autres monnaies émises ou frappées par les États-Unis devront être maintenues à cette parité. La section 2 ordonne que le Trésor remboursera en or, non seulement les billets émis pendant la guerre de Sécession, mais aussi les billets de 1890. A cet effet, le Secrétaire de la Trésorerie, qui est le ministre des finances de la Confédération, devra conserver constamment une réserve séparée (*a part in the Treasury*) en or de 150 millions de dollars (environ 775 millions de francs), uniquement destinée au rachat des billets. Si cette réserve venait à être entamée, il devrait la rétablir aussitôt, et emprunter, si cela est nécessaire, en émettant des obligations au taux maximum de 3 pour 100, remboursables au gré des États-Unis dans le délai d'un an, exemptes de tout impôt. La section 3 déclare qu'aucune stipulation du présent acte ne devra être considérée comme affectant la qualité de monnaie libératoire (*legal tender quality*) assignée par la loi au dollar d'argent, ou à toute autre monnaie frappée ou émise par les États-Unis. Il convient de rappeler que les dollars d'argent en circulation sont en nombre limité, et que les lois qui en ordonnaient la frappe ou qui prescrivaient des achats de métal blanc par le Trésor sont et demeurent abrogées. La section 3 n'infirme donc pas la reconnaissance de l'étalon d'or inscrite en tête de la loi. La section 4 organise, à la Trésorerie, une division de l'émission et une division du rachat, chargées de tout ce qui concerne la comptabilité des billets des États-Unis et des certificats d'or, d'argent, de monnaie. La section 5 prescrit au Secrétaire de la Trésorerie d'annuler les billets du Trésor, émis en vertu de la loi Sherman du 14 juillet 1890, au fur et à mesure de la frappe en dollars des lingots d'argent qui servaient de garantie à ces billets. Déjà l'acte du 13 juin 1898 contenait une disposition analogue.

La section 6 autorise le Secrétaire du Trésor à recevoir des dépôts d'or d'au moins 20 dollars et à émettre en échange des certificats d'or, au remboursement desquels l'or déposé demeurera affecté. Lesdits certificats pourront servir à acquitter les droits de douane, les impôts, et généralement toutes sommes dues à l'État ; les banques nationales pourront les comprendre dans leur réserve légale. Le Trésor cessera d'en délivrer, lorsque le fonds de réserve pour rachat des billets des États-Unis tombera au-dessous de 100 millions de dollars ; il pourra le faire également, lorsque le fonds général de la Trésorerie comprendra plus de 60 millions de dollars en billets des États-Unis et certificats d'argent. La section 7 contient des dispositions pour le retrait des grosses coupures de certificats d'argent, et l'émission d'une plus grande quantité de grosses coupures de billets des États-

Unis. Cette mesure tend à rendre sensible à l'opinion publique le fait que l'argent ne doit plus être considéré que comme une monnaie d'appoint, bien qu'il conserve théoriquement son caractère libératoire, jusqu'à concurrence des quantités en circulation. La section 8, toujours dans le même ordre d'idées, autorise le Secrétaire de la Trésorerie à transformer les lingots d'argent, achetés en vertu de la loi Sherman, en monnaies divisionnaires, sous réserve que le total desdites monnaies en circulation dans le pays ne dépassera pas 100 millions de dollars. Au fur et à mesure de cette frappe, il sera détruit une certaine quantité de billets du Trésor d'une valeur égale à celle du métal ainsi monnayé. La section 9 autorise le Secrétaire du Trésor à refondre les monnaies divisionnaires en mauvais état.

La section 10 autorise la création de banques nationales, dans les villes de 3 000 habitants au maximum, avec le modeste capital de 25 000 dollars. La section 11 nous fait passer au chapitre de la Dette publique, mais ses stipulations affectent surtout les Banques, principales détentrices des fonds publics. Elle invite le Secrétaire du Trésor à convertir les rentes 5 pour 100 remboursables en 1904, les rentes 4 pour 100 remboursables en 1907, les rentes 3 pour 100 remboursables en 1908, en rentes 2 pour 100 or, remboursables au bout de trente ans au gré des États-Unis, exemptes à jamais de tout impôt fédéral ou local. Les rentes à convertir sont rachetées sur le pied d'un revenu de 2 1/4 pour 100. La section 12 autorise le contrôleur de la circulation, à délivrer aux banques nationales des billets pour une somme égale à la valeur nominale des rentes fédérales par elles déposées, pourvu que le cours du marché ne soit pas inférieur au pair ; jusqu'ici cette quantité de billets n'était que des neuf dixièmes. La section 13 réduit de 1/2 à 1/4 pour 100 la taxe semestrielle que les banques payent au Trésor sur leur circulation, lorsque celle-ci sera gagée par les nouvelles rentes 2 pour 100.

Telles sont les dispositions essentielles de cette loi mémorable, qui semble avoir clos le débat monétaire aux États-Unis, en dépit de la section 14 d'après laquelle « les prescriptions du présent acte ne s'entendent pas comme excluant la réalisation du bimétallisme international, lorsque les circonstances permettront de l'établir par le concours des principales nations commerçantes du monde, dans un rapport qui assure la permanence des valeurs relatives de l'or et de l'argent ». Cette déclaration, vague et pompeuse, n'infirme en rien les dispositions législatives très nettes et précises qui la précèdent : elle n'a d'autre portée que celle d'une satisfaction platonique donnée à la portion de l'opinion américaine qui, il y a quelques années, n'était pas encore résignée ou ralliée au monométallisme or. Depuis lors, celui-ci a fait de tels progrès dans le monde, que le danger d'une résurrection de l'agitation bimétalliste semble écarté à tout jamais.

Ce qu'il nous faut retenir de cette loi, c'est : 1° *au point de vue monétaire*, la proclamation de l'étalon d'or aux États-Unis ; l'organisation d'un fonds de réserve permanent de 150 millions, appliqué au remboursement des billets fédéraux ; les mesures destinées à en assurer le maintien ; 2° *au point de vue des banques nationales*, l'octroi d'un certain nombre de facilités de nature à accroître leur circulation ; 3° *au point de vue de la Dette publique*, la conversion de divers types de rentes en une rente 2 pour 100, dont le classement immédiat a été assuré par les avantages qui y ont été attachés lorsqu'elle est affectée à la garantie de la circulation des banques.

De ces trois résultats obtenus, le premier a été le plus important pour le pays, chez lequel, dès ce moment, les partisans de l'étalon unique commençaient à devenir de plus en plus nombreux. Un témoignage irrécusable du changement qui s'est fait à cet égard dans l'opinion publique américaine nous est fourni par l'étude des dernières campagnes présidentielles. On sait que ces grands mouvements populaires qui, pendant de longs mois, tous les quatre ans, agitent

les États de la Confédération, de l'Atlantique au Pacifique,
et du golfe du Mexique aux frontières du Canada, sont une
occasion d'exposer les doctrines et les aspirations des deux
grands partis, républicain et démocrate, qui se partagent le
pays. Après l'intervention énergique du président Cleveland,
qui en 1893, sous l'empire de l'émotion profonde provoquée
par les désastres économiques, arracha au Sénat le rappel des
lois argentistes, le retour offensif des champions du bimétallisme fut violent : lors de la campagne de 1896, qui précéda
l'élection du président Mac Kinley, son compétiteur Bryan
et ses partisans donnèrent un assaut furieux au principe de
l'étalon d'or : ils l'accusèrent de tous les maux dont le pays
avait souffert au cours de la crise de 1893, et qui au
contraire étaient dus en grande partie aux craintes d'un
retour à l'étalon d'argent ou au double étalon. En 1900, les
attaques des démocrates étaient encore ardentes; en 1904,
quand Roosevelt fut porté au pouvoir par une élection triom-
phale, il n'eut pour ainsi dire pas à défendre l'étalon d'or;
et, en 1908, M. Bryan lui-même et les démocrates, dont il
était le champion, se sont bornés à faire une sorte d'oraison
funèbre du bimétallisme. Un rapprochement des opinions
émises à quelques années d'intervalle est instructif. Voici
dans quels termes la déclaration de principes du parti démo-
cratique, que les Américains appellent la plateforme, était
conçue en ce qui concerne la question monétaire en 1900 :

« Nous, les démocrates des États-Unis, assemblés en
convention nationale, reconnaissant que la question monétaire prime toutes les autres aujourd'hui, attirons l'attention
sur ce fait que la Constitution désigne l'or et l'argent simultanément comme les métaux monétaires des États-Unis, et
que la première loi de frappe votée par le Congrès fit du
dollar d'argent l'unité, et admit la libre frappe de l'or sur
une base déterminée d'après la valeur du dollar argent.
Nous déclarons que la loi de 1873, démonétisant l'argent
sans que le peuple des États-Unis ait connu ni approuvé
cette mesure, a eu pour résultat la hausse de l'or et une

baisse correspondante du prix des choses produites par les
travailleurs ; une lourde aggravation dans le poids des
impôts et de toutes les dettes publiques et privées ; l'enri-
chissement de la classe des prêteurs d'argent en Amérique
et au dehors ; la prostration de l'industrie et l'appauvrisse-
ment de la nation. Nous continuons à être absolument opposés
au monométallisme, qui a arrêté la prospérité d'un peuple
industrieux, l'a paralysé et l'a condamné à des épreuves
sévères. Le monométallisme or est une politique britannique,
dont l'adoption a asservi les autres nations vis-à-vis de
Londres. Elle n'est pas seulement inaméricaine, elle est
antiaméricaine, et elle ne saurait nous être imposée qu'en
étouffant l'esprit et l'amour de la liberté qui nous a fait
proclamer notre indépendance politique en 1776, et la con-
quérir dans la guerre de la Révolution. Nous demandons la
frappe libre et illimitée de l'or et de l'argent dans le rapport actuel de 1 à 16, sans attendre l'ordre ni le consentement d'aucune autre nation. Nous demandons que le dollar-
argent-étalon ait pleine force libératoire, à l'égal de l'or,
pour toutes dettes publiques et privées, et nous sommes en
faveur d'une législation qui empêche à l'avenir la démonétisation, par voie de contrat particulier, d'aucune sorte de
monnaie ayant cours légal. Nous sommes opposés à la
politique qui consiste à laisser aux porteurs d'obligations
des États-Unis l'option, que la loi réserve au Gouvernement
seul, de faire rembourser ces titres en monnaie d'argent ou
monnaie d'or. »

Telles étaient les déclarations intransigeantes des démocrates à la fin du xixᵉ siècle. Quatre ans plus tard, les idées
du même parti avaient singulièrement changé. Son candidat
regardait l'étalon d'or comme définitivement établi, et la
plateforme adoptée par la Convention, qui n'osait pas renier
un passé trop voisin, évitait purement et simplement de
mentionner la question monétaire. En 1908, il en a été de
même. La longue déclaration de principes des démocrates
ne contenait pas une ligne relative à une question qui a cessé

de diviser les deux grands partis, et qui peut donc être considérée comme réglée à tout jamais en faveur de l'étalon d'or.

Au point de vue de la circulation fiduciaire également, les démocrates ont renoncé à leur programme de 1900, qui réclamait la suppression des billets des banques nationales. « Le Congrès seul, disaient-ils alors, a le pouvoir de frapper et d'émettre de la monnaie : déjà le président Jackson déclarait que ce pouvoir ne saurait être délégué à des corporations ni à des individus. Nous dénonçons donc l'émission par les banques nationales de billets destinés à circuler, comme une violation de la Constitution, et nous demandons que tout papier ayant cours légal dans les transactions publiques ou privées, ou qui sert à acquitter les impôts dus aux États-Unis, soit émis par le Gouvernement et remboursable en espèces. » En 1908, la Convention de Denver, le 10 juillet, se borne à demander que la circulation exceptionnelle, qui en temps de crise devra s'ajouter au chiffre normal, soit directement créée par le Gouvernement, au lieu de l'être par les associations de banques, prévues par la nouvelle loi du mois de mai de la même année. La question du métal par lequel les billets des États-Unis sont remboursables est donc tranchée. Celle de la constitution d'un fonds spécialement destiné à assurer ce remboursement l'a été par la même loi de 1900. Jusque-là aucune règle législative ne présidait à la gestion de cette encaisse, que les présidents s'efforçaient de maintenir à une hauteur raisonnable, et qu'ils alimentaient par des emprunts, lorsque le niveau en était descendu trop bas. En dehors du fonds permanent et intangible de 150 millions, le Trésor américain détient en général des quantités considérables de métal : actuellement, elles s'élèvent à plus d'un milliard de dollars d'or. Mais la plus grande partie de cette encaisse n'est pas à la disposition du secrétaire d'État de la Trésorerie ; pour tout ce qui correspond aux récépissés de dépôt délivrés en représentation de monnaies d'or, il n'est que le simple gardien

des espèces qu'il doit délivrer à première réquisition en
échange du récépissé qui en constate la propriété.

La circulation d'État qui subsiste en face de cette encaisse
comprend les greenbacks, les certificats d'argent et les certificats d'or, et un résidu insignifiant de billets du Trésor
de 1890, que les autorités n'ont pas encore réussi à faire
rentrer. A la date de septembre 1909, les chiffres de ces
émissions étaient les suivants :

		Millions de dollars.
Greenbacks	. . . .	346
Certificats d'argent	. . . .	484
Billets du Trésor de 1890	. . . .	4
Certificats d'or	. . . .	864
TOTAL de la circulation d'État	. . . .	1 698

Les certificats d'or ne sont qu'une facilité donnée au
public et aux banques afin de leur éviter un va-et-vient d'espèces inutile et coûteux. On ne saurait donc les considérer
comme une véritable dette du Trésor. Les deux premières
catégories représentent l'héritage de la guerre civile et de
la campagne argentiste : elles forment une partie essentielle
de la circulation américaine, puisque, même après l'augmentation considérable survenue depuis quelque temps dans la
circulation des billets des banques nationales, elles représentent encore une somme très supérieure à celle-ci. Il est
curieux de constater que c'est le pays qui dispose peut-être
de la plus grande puissance financière au monde qui a la
plus grande circulation d'État. Alors que partout ailleurs les
nations qui ont été obligées, à des époques calamiteuses, de
recourir à cet expédient, s'efforcent de s'en affranchir et y
ont réussi pour la plupart, voici bientôt un demi-siècle que
les greenbacks circulent, et plus de trente ans que les certificats d'argent ont fait leur apparition, sans qu'aucun effort
sérieux ait été tenté pour les retirer. De temps à autre, dans
les congrès annuels des banquiers ou dans les discussions
académiques des universités, surgissent des plans de réforme

générale qui comportent la disparition de ces instruments ;
mais aucune mesure législative n'en résulte. Les Américains
sont trop pressés pour s'attarder, en ces matières, aux discussions théoriques ; ils considèrent d'ailleurs que les défauts
originaires de ces deux sortes de papier d'État ont été corri-
gés par la pratique. En fait, il est certain que l'encaisse or
du Trésor suffit à garantir le remboursement des greenbacks
et même des certificats d'argent : ceux-ci, dans le stock
métallique de la Confédération, jouent à peu près le même
rôle que les écus de cinq francs dans celui de la Banque de
France : ils s'alignent par centaines de millions dans les
colonnes où s'additionnent les ressources en numéraire ; mais
pas un porteur de billets ne vient les réclamer en échange
de son papier ; et c'est d'un profond sommeil que les disques
blancs dorment dans les souterrains où ils sont empilés. La
situation est encore plus bizarre en Amérique que chez nous :
nos billets de banque sont garantis par un trésor bimétallique
qui s'applique indistinctement à la totalité de l'émission,
composée de billets uniformes. Là-bas, il circule deux catégories de papier théoriquement distinctes l'une de l'autre et
qui devraient s'échanger, l'une contre des dollars d'or,
l'autre contre des dollars d'argent, et dans les échanges
quotidiens, le public ne fait plus aucune différence entre
elles.

Au 30 juin 1909, voici quelle était la situation de caisse
du Trésor américain, l'un des grands instituts d'émission
du monde.

	Millions de dollars.
1° Fonds de réserve immobilisé :	
En monnaies et lingots d'or	150
2° Compte de dépôt (*Trust funds*) :	
En monnaies d'or	853
En dollars d'argent.	488
	1 341

Millions
de dollars.

3° Encaisse disponible :

En monnaies d'or   40
En certificats d'or   38
En dollars d'argent   7
En certificats d'argent.   7
En billets des États-Unis.   6
En billets des banques nationales   4
                                                        —————
                                                          102

Les 853 millions de monnaies d'or servaient de gage à un chiffre égal de certificats d'or, et les 488 millions de dollars d'argent à la même quantité de certificats d'argent. En ajoutant au chiffre de l'encaisse disponible les dépôts faits dans les banques par le Trésor, tant aux États-Unis qu'aux îles Philippines, et en retranchant divers engagements en cours, le solde dont le Trésor pouvait disposer au 30 juin 1909 ressortait à 120 millions de dollars. C'est la somme qui constituait à cette date le fonds de roulement de la Confédération.

Les ressources métalliques accumulées par le Gouvernement des États-Unis, le crédit de premier ordre dont il jouit, le fait que sa Dette à intérêts n'était au 30 septembre 1909 que de 913 millions de dollars, soit environ 4 750 millions de francs, sont autant de facteurs qui concourent à assurer aux billets émis par lui un crédit illimité. Mais il faut se garder de conclure de là à la perfection d'un système qui nous paraît au contraire rempli de défauts. Il n'y a aucune raison pour laisser subsister en Amérique une double circulation de billets de banque et des billets d'État : une première réforme devrait consister dans le retrait des greenbacks, en échange desquels le Trésor mettrait en circulation 346 millions de dollars d'or. Les particuliers qui ne voudraient pas conserver ces monnaies les rendraient au Trésor, qui leur délivrerait en échange des certificats. Quant aux certificats d'argent, le problème est plus délicat et d'une solution moins aisée : d'une part, il ne saurait être question de remettre en circulation des pièces dont le public n'a que faire; de l'autre, on ne peut songer à retirer brusquement du marché plus de 2 milliards de francs de signes monétaires, indispensables aux échanges journaliers. Il faudrait que la législation des banques nationales fût modifiée de façon à leur permettre d'augmenter, dans une proportion considérable, l'émission de leurs billets. Elles devraient être autorisées à les gager par de l'or et leur portefeuille, aussi bien que par des titres de rente : il en résulterait tout d'abord que le métal sorti des caisses fédérales irait remplir celles des banques nationales, dont l'émission s'augmenterait d'autant, et remplacerait les greenbacks sans qu'aucune gêne en résultât pour le public.

Que le Trésor continue à émettre, contre dépôt de monnaies d'or, des certificats de dépôt, comme il le fait actuellement, nous n'y voyons pas grand inconvénient. C'est une sorte de service public, qui n'a rien à voir avec les questions de crédit et de monnaie de banque. Il n'en va pas de même pour les certificats d'argent, qui seraient certainement dépréciés, si leurs porteurs n'avaient pas la certitude de pouvoir les échanger contre autre chose que les dollars expressément affectés à leur garantie. Il subsiste là pour l'Amérique une difficulté : elle se résoudra en partie, comme chez d'autres nations, par la transformation graduelle des monnaies d'argent libératoires en pièces divisionnaires, dont la quantité croîtra parallèlement au chiffre de la population. C'est ce qui a été fait pour le thaler allemand et une partie des écus français. Le Trésor devra s'imposer un sacrifice, un jour ou l'autre, pour le retrait de ce qui subsistera de certificats d'argent. Il le fera sans doute quand la législation sur les banques aura été entièrement refondue et que, sur des bases larges et d'après des principes rationnels, les établissements particuliers pourront assurer, selon les besoins des affaires, la circulation du pays.

Il est étrange de rencontrer aux États-Unis, c'est-à-dire

dans le pays par excellence de l'initiative et de la liberté individuelle, l'intervention la plus étendue et la plus persistante du Trésor public dans le domaine des instruments fiduciaires. Il y a là une sorte de paradoxe économique dont il est plus aisé de retracer l'histoire que d'expliquer les causes. Les rapports du Trésor avec les établissements d'émission ne présentent nulle part un caractère semblable, tant à cause de l'imperfection de la législation qui les régit que par suite de la mauvaise organisation du système fiduciaire. Celui-ci se compose d'éléments multiples et partage la fonction d'émission entre l'État et un nombre illimité d'établissements particuliers, tout en obligeant ceux-ci à gager leur papier exclusivement au moyen de fonds d'État, c'est-à-dire en ramenant, par un détour, le billet de banque à être un billet du Trésor.

Les inconvénients de cette organisation sont nombreux et considérables. L'un de ceux qui frappent tout d'abord est la responsabilité écrasante qu'elle fait peser sur le Secrétaire du Trésor fédéral, institué l'arbitre suprême en même temps que le régent effectif du marché monétaire, le distributeur des fonds publics sur tout le territoire, le protecteur des banques, le sauveur du marché aux époques de crise. Ce rôle est excessif, et la législation qui l'impose à un fonctionnaire a créé une situation dangereuse, en mélangeant d'une façon pour ainsi dire inextricable les finances publiques et les finances privées. Que l'on examine, en effet, dans son essence le mécanisme de la circulation américaine, et l'on verra que tout repose sur le crédit de l'État : obligations fédérales gageant les billets des banques nationales et les dépôts à elles confiés par le Trésor ; certificats d'argent émis par le Trésor contre dépôt de dollars frappés avec ce métal ; certificats d'or délivrés en échange de métal jaune ; c'est toujours la signature du Gouvernement. Les garanties que nous appellerons naturelles de la circulation, les espèces et le portefeuille commercial, n'entrent pas en ligne de compte pour gager celle des banques nationales ; elles constituent l'emploi des dépôts, mais non la contre-partie des billets. Ce système remonte à la guerre de Sécession, époque depuis laquelle les États-Unis ont joui d'une paix profonde, et au cours de laquelle leur prospérité n'a fait que croître d'année en année. La force du pays est telle que les inconvénients et les dangers de la monnaie fiduciaire étatiste ne se sont jamais fait sentir dans leur plénitude, comme ce fut ailleurs le cas, par exemple dans la République argentine. Mais, si des épreuves sérieuses étaient infligées à la Confédération, il en résulterait des secousses, dont celle de 1893 a pu donner la mesure. Au lendemain de cette crise, dès l'année 1894, le président Grover Cleveland, un des chefs les plus clairvoyants qui aient été à la tête de la grande République, réclamait le divorce entre le Trésor et la Banque, dont les fonctions, disait-il, devaient être restituées aux établissements particuliers et ne pas encombrer la marche des finances publiques.

II

L'État américain ne se borne pas à être le principal organisateur de la monnaie fiduciaire, à créer la majeure partie des billets qui circulent sur le territoire de la Confédération, à régler l'émission des banques nationales, à intervenir directement et indirectement dans la conduite de leurs affaires; il associe la gestion de ses finances à cette conduite, et exerce encore par là une action capitale sur ces établissements. Le problème des rapports de la Trésorerie et des banques particulières, sur lequel des volumes ont été écrits, est posé depuis longtemps. Le dogme de ce qu'on a appelé la Trésorerie indépendante, c'est-à-dire l'administration opérant ses mouvements de fonds sans le concours d'aucun établisse-

ment privé, a prévalu depuis 1837, date de la disparition de
la seconde Banque des Etats-Unis : mais il a été singulièrement battu en brèche dans les temps modernes, en particulier sous le ministère de Leslie M. Shaw, qui fut Secrétaire
de la Trésorerie du 16 janvier 1902 jusqu'au 4 mars 1907,
et de qui l'un des meilleurs juges en la matière a pu dire
que, plus qu'aucun de ses prédécesseurs, il a ébranlé les
traditions de son département, tant il a institué d'expériences, opéré de changements et créé de précédents nouveaux[1]. Pour comprendre la portée de son action, il est
nécessaire de se rappeler comment se prépare et s'exécute
le budget des Etats-Unis.

SOLDES DES BUDGETS DES ÉTATS-UNIS DE 1867 A 1907

EXERCICES	Millions de dollars.		EXERCICES	Millions de dollars.	
	Excédent.	Déficit.		Excédent.	Déficit.
1867. . . .	116		1888. . . .	119	
1868. . . .	4		1889. . . .	105	
1869. . . .	36		1890. . .	105	
1870. . . .	102		1891. . . .	37	
1871. . . .	91		1892. . . .	9	
1872. . . .	94		1893. . . .	2	
1873. . . .	37		1894. . . .		69
1874. . . .		1	1895. . . .		42
1875. . . .	9		1896. . . .		25
1876. . . .	25		1897. . . .		18
1877. . . .	39		1898. . . .		38
1878. . . .	20		1899. . . .		89
1879. . . .	5		1900. . . .	79	
1880. . . .	68		1901. . . .	77	
1881. . . .	101		1902. . . .	91	
1882. . . .	145		1903. . . .	54	
1883. . . .	132		1904. . . .		41
1884. . . .	104		1905. . . .		23
1885. . . .	63		1906. . . .	25	
1886. . . .	93		1907. . . .	86	
1887. . . .	103				

1. *A.-P. Andrew.* La trésorerie et les banques sous le Secrétariat de
Shaw. M. Andrew est aujourd'hui lui-même sous-secrétaire d'État à la
Trésorerie, dont M. Macveagh est le secrétaire.

L'un des défauts du système financier américain, auxquels
certaines prescriptions récentes ont essayé de parer, est que
la préparation du budget, ou plutôt l'estimation des recettes
et dépenses s'y fait par des comités parlementaires, qui travaillent séparément les uns des autres. L'ajustement des
rentrées et des sorties de fonds, c'est-à-dire l'équilibre,
qui ailleurs forme l'objet principal des préoccupations
d'un ministre des Finances, semble ne pas jouer de rôle
dans les votes successifs desquels naît la loi budgétaire. Il
en résulte des écarts, qui se sont traduits presque toujours
par des excéden⁺s, dont le plus fort a dépassé 700 millions
de francs, rarement par des déficits. Le relevé ci-contre qui
embrasse quarante exercices en fait foi.

L'une des conséquences fâcheuses de ce désordre est que
les fonds s'accumulent à la Trésorerie dans les années prospères, grâce à l'augmentation du rendement des impôts, des
douanes en particulier, qui alimentent dans une forte proportion le budget fédéral, et cela au moment même où l'activité
des affaires réclame un plus ample approvisionnement de
moyens d'échange : ceux-ci sont ainsi retirés de la circulation
quand elle en a le plus besoin. Inversement, ils y abon·
dent aux époques de stagnation, alors que le rendement des
impôts diminue. Aussi longtemps que la Trésorerie était indépendante, le seul moyen de rendre à la circulation les sommes
accumulées dans les coffres de l'État était de lui faire racheter
sur le marché ses titres de rente. La loi de 1864 sur les
banques nationales, dans le but de reverser dans la circulation une partie de l'argent enfermé dans les caisses publiques,
autorisa le Trésor à déposer une partie de ses fonds dans
les banques qui doivent, en retour, lui remettre des titres
fédéraux, destinés à garantir le dépôt. Il en usa largement.
On cite la date du 31 mai 1879 comme celle à laquelle les
dépôts de fonds publics dans les banques ont atteint leur
maximum, à savoir 279 millions de dollars. L'énormité de
cette somme provoqua des observations, des plaintes et
des critiques : on accusa le Secrétaire de la Trésorerie, Sher-

man, d'avoir été partial dans le choix des établissements
parmi lesquels il l'avait répartie. Aussi diminua-t-elle considérablement sous ses successeurs : pendant les dix-huit
années suivantes, la moyenne ne dépassa guère une vingtaine de millions.

Ce ne fut qu'en 1887 que M. Fairchild, alors Secrétaire
de la Trésorerie, dans laquelle plus de 300 millions de
dollars étaient accumulés, prit quelques mesures pour
remettre en circulation une partie de cette somme. Il éleva
d'un demi à un million de dollars le maximum pouvant être
confié à un même établissement ; il calcula au pair, et non plus
seulement à 90 pour 100, les titres de rente fédérale déposés
par les banques au Trésor pour garantir les dépôts faits
par celui-ci entre leurs mains. Cette dernière modification
eut pour résultat de restreindre l'émission des billets des
banques nationales. A cette époque en effet, les obligations
fédérales qu'elles étaient tenues de déposer comme couverture de leurs billets n'étaient calculées qu'à 90 pour 100 du
capital nominal : les banques se procuraient donc, par les
dépôts reçus du Trésor, des ressources supérieures d'un
neuvième à ce que leur donnait la création de leurs propres
billets. A la fin de février 1888, les dépôts du Gouvernement
dans les banques dépassaient 61 millions de dollars. Le
parti républicain protesta contre cet état de choses, et
M. Windom, qui succéda à Fairchild, condamna une politique qui, d'après lui, impliquait des tentations de favori-
tisme : « Le retrait des dépôts, assurait-il, est difficile et de
nature à troubler les affaires ; il donne au Secrétaire de la
Trésorerie un pouvoir très dangereux, celui de contracter ou
d'étendre à son gré la circulation du pays ; enfin il ne paraît
pas juste de fournir aux banques des ressources, tout en
continuant à leur payer l'intérêt des titres qu'elles déposent
en garantie ». Aussi les dépôts furent-ils ramenés aux environs de 20 millions de dollars, et restèrent-ils à ce niveau
jusqu'au commencement de 1897. Sous l'administration de
M. Lyman Gage, l'encaisse du Trésor atteignit, en sep-

tembre 1898, le chiffre de 307 millions ; un mois plus tard,
M. Gage, revenant à la politique de Fairchild, et l'appliquant
dans une mesure encore plus large, avait porté à 100 millions
les dépôts dans les banques ; en décembre 1901, le chiffre
était de 112 millions : la distinction qui avait été faite un
moment entre les diverses rentes fédérales, au point de vue
du cours auquel elles étaient comptées pour la garantie des
dépôts, fut alors abolie. Quand Lyman Gage céda la place à
Leslie M. Shaw, l'encaisse du Trésor avait encore augmenté :
elle arriva, en septembre 1903, au chiffre de 389 millions,
qui n'avait jamais été atteint. Parallèlement, le total des
instruments monétaires dont les États-Unis disposaient ne
cessait de s'élever, comme le montre le tableau suivant, où
se trouvent indiquées, à côté de ce total, les chiffres de l'encaisse du Trésor et de ses dépôts dans les banques :

	ENCAISSE totale.	DÉPÔT dans les banques.	SOLDE dans les caves du Trésor.	TOTAL de la monnaie en circulation.
		Millions de dollars.		
31 août 1896.	243	16	227	1 539
— 1898.	294	65	229	1 792
— 1901.	329	103	226	2 197
— 1902.	359	125	234	2 264

Lorsque, au cours de l'automne 1902, un resserrement
d'argent notable se fit sentir, M. Shaw n'avait pas hésité à
prendre une série de mesures à l'effet d'y remédier. Il avait
anticipé le paiement des coupons de rentes, racheté des obligations non échues, et payé, jusqu'à 37 3/4 pour 100 de
prime, les rentes 4 pour 100 échéant en 1925. Il avait porté
les dépôts dans les banques, en décembre 1902, à 150 millions, c'est-à-dire deux fois et demi le chiffre qui avait valu
de si vives critiques à M. Fairchild quatorze ans auparavant
et élevé à 577 le nombre des banques dépositaires. En
dehors de ces interventions, conformes aux précédents,
M. Shaw innova sur plusieurs points :

1° Le 29 septembre 1902, il se déclara prêt à accepter, en garantie des dépôts de fonds du Trésor, d'autres titres que les rentes fédérales, tels que certaines obligations des États particuliers et des villes, à condition, pour ces dernières, que la dette municipale, exception faite des emprunts destinés au service des eaux et du fonds d'amortissement, ne fût pas supérieure à 7 pour 100 de la valeur du capital imposable dans la cité. Il fut stipulé que les titres de rente fédérale, remplacés par ces autres valeurs, seraient employés par les banques à gager des billets, de façon à fournir des ressources nouvelles à la circulation. En 1904, M. Shaw alla jusqu'à accepter des obligations de chemins de fer en garantie des dépôts ; en 1906, dernière année pendant laquelle il fut au pouvoir, il accepta pour 78 millions de valeurs de cette nature ;

2° A la même date du 29 septembre 1902, M. Shaw déclara que les banques ne seraient plus désormais tenues d'avoir de réserve légale correspondant aux dépôts gouvernementaux. Les banques de New York, qui avaient à ce moment-là 40 millions de dollars de ces dépôts, recouvrèrent ainsi la disponibilité de 10 millions, représentant la réserve de 25 pour 100 ; la même proportion redevint libre dans les banques de province, qui détenaient alors 90 millions de dépôts répartis entre elles par le Trésor ;

3° M. Shaw ne se borna pas à autoriser les banques à percevoir et à conserver par devers elles des sommes qu'elles perçoivent pour le compte du Gouvernement : il leur fit des versements directs au moyen de fonds prélevés sur l'encaisse de la trésorerie ;

4° Il avança aux banques qui importaient de l'or le montant du métal jaune, dès la date à laquelle elles se l'étaient assuré à l'étranger ;

5° Il s'efforça d'adapter les mouvements des dépôts aux besoins des échanges, en prévenant les banques, au moment même où il leur versait des fonds, de l'époque probable du retrait ;

6° Il voulut agir non seulement sur les dépôts, mais sur l'émission des billets : en permettant la couverture des premiers au moyen de titres autres que les obligations fédérales, il poussait au développement de l'émission, puisque les rentes devenues libres servaient aussitôt à gager des billets. Inversement, en réclamant le remplacement de valeurs subsidiaires par des rentes fédérales, il forçait les banques à réduire le volume de leur circulation. Il pensait ainsi contribuer à mettre le chiffre des billets en harmonie avec les besoins du public. Bien plus, il voulait être autorisé par la loi à exiger à certains moments des banques une couverture additionnelle pour leurs dépôts, de façon à avoir en mains des ressources spéciales, qu'il mettrait ensuite à la disposition du marché aux heures difficiles.

Beaucoup de ces mesures ont été critiquées aux États-Unis, où le monde des affaires n'aime pas à voir un fonctionnaire régenter les marchés financiers et se poser en arbitre de leurs destinées. On a accusé M. Shaw d'avoir transgressé non seulement les lois écrites, mais les lois économiques, en assurant les banques que le Trésor serait toujours prêt à venir à leur secours, et en affaiblissant ainsi chez elles le sentiment de leur responsabilité. On veut trouver la preuve de la mauvaise influence qu'a eue sa politique dans le fait que, de 1893 à 1902, les banques n'avaient vu qu'une seule fois, en novembre 1899, leurs réserves tomber au-dessous du minimum légal, tandis que, sous son ministère, elles ont été entamées à sept reprises différentes. D'ailleurs, si le secours apporté par le Gouvernement empêche temporairement la hausse du loyer des capitaux, ce n'est pas toujours un bien : cette hausse est un avertissement pour la spéculation et le commerce en général ; elle peut déterminer l'arrivée de capitaux du dehors. Quoi qu'il en soit, on s'accorde à reconnaître que le système de la Trésorerie indépendante est singulièrement compromis et en voie de disparition ; on a proposé que le chiffre de l'encaisse à conserver par le Trésor fût fixé une fois pour toutes et que tout ce qui le dépasserait fût réparti également entre toutes les Banques nationales. Cette solution ne paraît pas à l'abri de la critique : les besoins du Trésor ne sont pas toujours identiques, et il n'est guère possible de prévoir, par un texte législatif immuable, les circonstances qui modifient ces besoins.

L'intervention directe de l'autorité dans les questions de circulation est le résultat d'une conception antique, d'après laquelle l'État crée la monnaie. Or, dans une organisation saine, ce n'est pas le cas : il revêt les pièces de son estampille, qui garantit le poids et le titre. Son pouvoir ne s'exerce que sur la monnaie divisionnaire et le billon, lorsqu'il impose une valeur de convention à des substances qui, sur le marché libre, n'atteignent pas le prix qui leur est attribué par les lois monétaires. L'erreur fondamentale des systèmes qui confient à l'État le soin de créer la monnaie fiduciaire et d'en régler directement la circulation est de la confondre ainsi avec le billon, que les Anglais appellent si justement *token money*, c'est-à-dire monnaie-signe ou monnaie-jeton. Le papier doit, au contraire, être toujours convertible en espèces, et dès lors être créé suivant des modalités qui assurent cette convertibilité. Or la simple promesse de l'État ne suffit pas : l'histoire nous enseigne que, dans un délai plus ou moins long, quand ce n'est pas au moment même de la création, cette convertibilité cesse, si même elle a jamais existé.

La législation américaine, bien que de date relativement récente, se compose d'une série de lois qui se superposent les unes aux autres sans faire table rase des précédentes : les éléments du régime fiduciaire sont épars dans un grand nombre d'*acts* du Congrès, dont maintes dispositions n'ont été abrogées que par voie indirecte. C'est ainsi que la circulation des banques d'États (*State banks*), sans être abolie expressément, a été frappée d'une taxe de 10 pour 100. Celle des banques nationales, qui constitue aujourd'hui à peu près la moitié de la circulation totale, a été l'objet de remanie-

35

ments nombreux, dont le principal a été celui de mars 1900 :
la même loi a édicté des règles nouvelles pour les billets
émanés directement du Trésor, sans altérer toutefois les
dispositions fondamentales de leur organisation, qui remonte
à la même époque que celle des banques nationales. Les
rappor's entre le Trésor fédéral et ces banques ont, en dernier lieu, préoccupé le législateur qui, dans l'*act* du 30 mai
1908, s'en est spécialement occupé. Nous ne sommes pas au
bout de l'évolution qui, en moins d'un demi-siècle, a déjà
modifié, à tant de reprises, l'ordre de choses existant. La loi
de 1908, qui a créé les associations de banques nationales
et prévu une extension considérable de la circulation en
temps de crise a, dans ses derniers articles, 17, 18 et 19,
ordonné la réunion d'une commission chargée d'étudier une
réorganisation éventuelle de tout le système. La commission
s'est rendue en Europe au cours de l'été et de l'automne
1908, elle a visité les principaux pays, étudié sur place,
avec l'aide des hommes compétents, le fonctionnement des
diverses banques : l'entretien que le sénateur Aldrich et les
autres membres de la Commission nationale monétaire — tel
est son titre exact — ont eu le 26 septembre, avec le Gouverneur de la Banque de France, et qui a été imprimé par
les soins de ce dernier, montre avec quel soin les enquêteurs
se sont renseignés sur les moindres détails. Le rapport qu'ils
publieront contiendra sans doute, à la manière américaine,
une accumulation de faits et de documents et constituera un
document utile à l'étude de la question.

Il est difficile de prévoir si nous assisterons à une réforme
de la monnaie fiduciaire aux Etats-Unis. Il semble que certains
esprits s'y rallient peu à peu au système de la banque unique,
ou tout au moins de quelques grandes banques régionales,
organisées d'après le modèle des institutions européennes.
Mais d'autre part, à mesure que l'on s'éloignera des événements de 1907, le pays oubliera les émotions par lesquelles
il a passé et sera moins disposé à modifier ses habitudes.
D'ailleurs il est incontestable que l'élasticité de la circulation

a singulièrement augmenté : la création d'un demi-milliard de dollars de billets supplémentaires contribuerait singulièrement, en cas de difficultés nouvelles, à prévenir le retour de cette rareté de monnaie qui a caractérisé la crise de 1907. Les banques ne se hâtent pas de s'organiser en associations comme la loi les y autorise, parce que les difficultés relatives à l'expulsion de membres une fois admis et l'obligation d'accepter le concours de tous les établissements de la ville ou de la région qui en font la demande effrayent les banques dont le crédit et la situation sont les meilleurs, et auxquelles la solidarité avec les autres répugne. Il n'en est pas moins probable qu'en cas de nécessité, ces associations apparaîtraient rapidement et en grand nombre sur les divers points du territoire.

Les États-Unis continueront donc vraisemblablement à être, en cette matière comme en beaucoup d'autres, une sorte de champ d'expériences des plus intéressants. L'énergie et la force économique de la nation sont telles que la marche en avant n'en sera point ralentie; mais les vices du système d'émission, à un moment donné, causeront au pays de graves soucis. Ceci nous paraît d'autant plus à craindre que les budgets fédéraux sont en voie de prendre un aspect tout différent de celui de l'époque où les hommes d'État se désolaient des excédants; ils assuraient ne savoir qu'en faire et surtout ils ne voulaient à aucun prix s'en servir pour abaisser ou supprimer les droits de douane. Le déficit menace de s'installer à Washington comme à Paris et à Berlin, avec les mêmes causes, dépenses militaires et navales, auxquelles s'ajoute le coût de la gigantesque entreprise du percement de l'isthme de Panama. Si la majeure partie de la dette fédérale n'était pas immobilisée pour servir de garantie à la circulation des banques nationales, ses cours ne se maintiendraient pas à la hauteur où ils sont, et on ne les verrait peut-être pas s'élever plus haut que ceux des fonds des grandes nations européennes. En tout cas, les dépenses considérables en perspective amèneront sans doute des emprunts :

les banques seront d'autant plus tentées de les souscrire et
de s'en servir pour gager une extension de leur circulation
que le cours sera plus avantageux, c'est-à-dire le revenu plus
élevé. Il y aura là une incitation permanente à la création
d'un excès de papier destiné, non à répondre aux besoins
légitimes du commerce, mais à procurer aux établissements émetteurs un supplément de bénéfice. La qualité du
gage baissera à mesure que la Dette grossira, jusqu'à ce que
des doutes sérieux s'élèvent sur la possibilité de rembourser
à vue, sans difficulté ni retard, des billets garantis uniquement
par des titres de rente. C'est à ce moment qu'éclatera la
faiblesse du système, l'erreur originelle de la conception qui
l'a enfanté, et les États-Unis regretteront de n'avoir pas eu
le courage de prononcer plus tôt le divorce entre les affaires
de banque et celles de l'État.

On peut se demander, en présence de la diversité des
billets qui circulent, si le public fait ou non une différence
entre eux, et s'il préfère telle catégorie à une autre. A l'époque
où des doutes existaient sur ce que serait l'étalon monétaire,
particulièrement en 1893, lorsque l'on put craindre que le
double étalon ou même l'étalon d'argent ne s'implantât aux
États-Unis, les certificats d'argent et les billets du Trésor
de 1890 étaient l'objet d'une défaveur facile à comprendre.
Depuis que la controverse a cessé et que la loi de 1900 a
proclamé l'étalon d'or, les mêmes raisons de défiance n'existent plus. Les billets de 1890 sont retirés de la circulation ;
les certificats d'argent n'existent plus qu'en coupures de
5 dollars et au-dessous. Aussi les banques ne songent-elles
plus à les refuser. Elles ne manifestent quelque mauvaise
volonté qu'à l'égard des billets des autres banques nationales,
dont la circulation a peut-être trop rapidement augmenté
depuis quelques années, et qu'elles se hâtent d'expédier à
Washington pour les y échanger contre de la monnaie « légale », c'est-à-dire contre des billets d'État, que les banques
émettrices à leur tour sont tenues de fournir à la Trésorerie
en échange de leurs propres billets. Il s'établit ainsi un cir-

cuit ininterrompu, dont l'utilité n'apparaît pas, et qui semble
une raison de plus de condamner un système d'émission
aussi étrangement compliqué.

Quels que soient les inconvénients de la circulation d'État,
les Américains ne paraissent cependant pas en voie d'y
renoncer. Nous avons parlé plus haut[1] de la création dont
on s'entretient à Washington d'un bureau officiel d'escompte.
La difficulté de placer les lettres de change est, en effet,
grande aux États-Unis. D'autre part, l'esprit particulariste
y est très opposé à une banque centrale. Dans ces conditions,
le Gouvernement songerait à se faire lui-même escompteur
de papier de commerce : il exigerait trois signatures, dont
l'une serait celle d'une chambre de compensation. Ce serait
la première fois, dans l'histoire, qu'on verrait l'État intervenir d'une manière aussi directe dans un domaine réservé
en général à l'activité des établissements privés.

Avant de quitter les États-Unis d'Amérique, il n'est pas
inutile de rappeler l'histoire d'un papier-monnaie qui, s'il
n'y a pas eu une existence longue, n'en a pas moins été
lancé dans la circulation pour des quantités énormes, et a
laissé des traces douloureuses là où il a été répandu : nous
voulons parler de celui qui fut émis pendant la guerre de
Sécession, par les États du Sud, en même temps que leurs
adversaires créaient les greenbacks. Les quantités émises
ont été encore plus considérables : elles ont atteint 7 à 800
millions de dollars. Mais la chute de ce papier a été plus
rapide, plus profonde et surtout plus irrémédiable que celle
des billets émis par les autorités fédérales du Nord. A mesure
que les chances de succès des Sudistes diminuaient, la dépréciation de leur signature s'aggravait : dès 1863, 20 dollars
de ce papier ne valaient plus qu'un dollar d'or ; il ne tarda pas
à avoir le sort des assignats français de la Première Révolution et à perdre tout son pouvoir d'achat : autre et triste
exemple des dangers qui menacent ces créations.

1. Voir ci-dessus p. 467.

CHAPITRE VI

BILLETS DU TRÉSOR AU CANADA, DANS L'INDE ANGLAISE ET AU SIAM

BILLETS DU TRÉSOR AU CANADA

Le 15 août 1866, une loi votée sur la proposition de A. T. Galt, ministre des finances, autorisa la Province à créer 8 millions de dollars de billets, ayant cours légal et remboursables en espèces à Montréal et à Toronto. Toute banque qui retirerait ses billets avant le 1er janvier 1868, recevrait une indemnité annuelle égale à 5 pour 100 de sa circulation, jusqu'à expiration de son privilège. Seule, la Banque de Montréal accepta la combinaison, et remplaça ses propres billets par ceux de la Province. La loi de 1867, qui créa la Confédération (*Dominion of Canada*), donna au Parlement fédéral le droit exclusif de légiférer en matière de banque, de circulation et de monnaie. Les billets provinciaux furent transformés en billets fédéraux, et des bureaux de remboursement furent ouverts dans les capitales des quatre provinces : Québec, Ontario, Nouvelle-Écosse, Nouveau-Brunswick. Lorsqu'en 1870 les concessions furent renouvelées aux banques pour dix ans, le Gouvernement se réserva le droit d'émettre les petites coupures, et imposa aux instituts d'émission l'obligation de constituer un tiers, et plus tard deux cinquièmes de leur encaisse en billets fédéraux.

Quand le développement rapide du Canada occidental amena une demande considérable d'instruments de circulation, le Gouvernement y pourvut en partie en augmentant l'émission de billets fédéraux. En 1903, le ministre des finances proposa de porter de 20 à 30 millions de dollars le chiffre qui n'a besoin d'être couvert que par une encaisse du quart. Au delà de 30 millions, chaque dollar de billet doit être couvert par un dollar d'or. Au 30 novembre 1909, 71 millions de dollars de billets fédéraux figuraient dans l'encaisse des banques privilégiées (*acting under Charter*), qui adressent leur rapport mensuel au ministre des finances. C'est sous la signature de ce dernier que cette statistique est publiée dans la *Gazette du Canada* à Ottawa. A la même date, 4 millions et demi de dollars étaient inscrits à l'actif, sous la rubrique « dépôt fait au Gouvernement fédéral en garantie de la circulation des billets », 13 millions représentaient des obligations ou effets du Gouvernement fédéral et des gouvernements provinciaux, 22 millions des effets de municipalités canadiennes et de gouvernements britanniques, étrangers, ou coloniaux autres que des effets canadiens. Les bilans n'indiquent aucun prêt consenti au Gouvernement fédéral, et comprennent seulement 2 millions et demi d'avances faites aux gouvernements provinciaux. La moyenne de la circulation des billets fédéraux, en 1909, a été de 80 millions de dollars, dont les sept huitièmes étaient immobilisés entre les mains des banques.

Nous avons développé, au chapitre des banques canadiennes[1], les arguments qui nous semblent condamner cette circulation d'État. Le détour que l'on prend pour faire garantir la circulation des banques par les billets d'État pourrait être immédiatement supprimé en ce qui concerne la partie de ces derniers qui est couverte par de l'or : le métal serait transféré dans les serres des banques et y gagerait directement leurs billets. Quant aux 30 millions de dollars que le Dominion émet à découvert, ce contingent pourrait sans inconvénient être réparti entre les banques, au prorata de leur capital : en échange de cette facilité que le Gouvernement leur octroyerait, il se ferait accorder une fraction déterminée de

1. Voir ci-dessus p. 327.

leurs bénéfices, qui représenterait aisément l'intérêt de la somme qu'il aurait à débourser pour retirer cette partie de sa circulation.

D'ailleurs, il ne faut pas oublier que la circulation d'État n'a été introduite au Canada que subrepticement pour ainsi dire et y a, dès l'origine, rencontré une vive opposition. Le ministre qui en fut l'initiateur, il y aura bientôt un demi-siècle, voulut trouver dans l'émission de billets une ressource permanente pour le Trésor, et crut qu'il arriverait à remplacer totalement le papier des banques par celui du Gouvernement. Mais la Chambre des communes anglaises, à qui le projet de loi dut être soumis, raya la clause qui rendait obligatoire le retrait des billets des banques particulières. De là naquit cette organisation hybride, en vertu de laquelle les deux espèces de billets circulent encore aujourd'hui et qu'une communauté aussi prospère que le Dominion pourrait aisément simplifier.

INDE ANGLAISE

La circulation d'État dans l'Inde anglaise remonte à 1861. Pendant longtemps des maisons d'agences, dites *agency houses*, s'étaient livrées à l'industrie de la banque : elles avançaient souvent des sommes considérables à la Compagnie des Indes orientales. Des sociétés particulières émettaient dès billets : la Banque du Bengale, fondée en 1809, avait vu son privilège renouvelé en 1840. La même année, la Banque de Bombay se créa au capital de 525 000 livres. Deux ans plus tard naissait la Banque de Madras. La Banque de l'Union à Calcutta, fondée en 1829, et la Banque d'Agra émettaient également des billets. La Banque de l'Inde occidentale, fondée à Bombay en 1842, se transforma trois ans plus tard en Banque Orientale. La circulation de ces divers établissements qui, en 1860, était de 2 200 000 livres, dépassa 3 millions au printemps de 1861 : 1 800 000 étaient émises par la Banque du Bengale, 1 million par la Banque de Bombay, et 200 000 par la Banque de Madras. Chaque banque était tenue d'avoir une encaisse égale au quart de ses exigibilités à vue.

La loi de 1861 leur retira le pouvoir d'émission et fit de la circulation fiduciaire un service gouvernemental, calqué sur le département d'émission de la Banque d'Angleterre. Les billets sont émis en quantité égale à l'encaisse métallique, augmentée d'un contingent. Celui-ci, fixé d'abord à 40 millions de rupees, a été élevé successivement à 120 millions, chiffre auquel il est arrêté depuis 1905 : il doit être représenté par des fonds publics. Jusqu'en 1893, les billets étaient remboursables en rupees d'argent, seule monnaie libératoire de l'Inde : la valeur de la rupee était d'en-

viron 2 fr. 50, lorsque le rapport de l'argent à l'or était de
15 1/2; elle était tombée au fur et à mesure de la dépréciation du métal blanc, qui avait provoqué, aux Indes, comme
dans les autres pays où le système monétaire était le même,
une baisse considérable et une instabilité du change, très
nuisibles aux affaires. En 1893, la libre frappe de l'argent fut
suspendue. Cette suspension, décrétée à la suite d'études
minutieuses, avait pour but de donner à la rupee une valeur
stable, ce qui devenait possible du jour où le Gouvernement,
ayant seul la faculté d'en faire monnayer, pouvait proportionner la frappe aux demandes, de façon à empêcher le
change de monter ou de baisser au delà ou en deçà de la
valeur fixe assignée à l'unité monétaire ; la loi établit la
parité de la rupee avec les monnaies d'or sur la base de
15 rupees pour une livre sterling, ce qui donnait à la rupee
une valeur de 16 pence, soit environ 1 fr. 68 de monnaie
française. Parmi les mesures destinées à maintenir la stabilité du cours, l'une des plus importantes a été la constitution, décidée en 1898, d'une encaisse or destinée à faire
partie de la couverture des billets indiens.

D'autre part, l'importance des échanges qui ont lieu entre
l'Inde et la Grande-Bretagne amène un mouvement de fonds
considérable entre les deux pays : le Gouvernement intervient d'une façon régulière sur le marché des changes entre
Londres et les principales villes de la péninsule, au moyen
des traites tirées par le Conseil des Indes, qui siège à
Londres, et qui font en quelque sorte partie intégrante du
système fiduciaire et monétaire que nous étudions. Le Gouvernement indien a tous les ans à remettre à la métropole
une somme, qu'on évalue aujourd'hui à 600 ou 700 millions
de francs, et qui est destinée à payer les intérêts des titres
de la Dette placés en Europe, les pensions civiles et militaires
des anciens fonctionnaires, et les objets importés. Comme le
gouvernement ne dispose que des revenus qu'il perçoit en
Asie, il négocie des lettres de change traites libellées en rupees,
en échange desquelles il obtient les livres sterling dont il a

besoin. A cet effet, le Secrétaire d'Etat pour l'Inde, qui
réside à Londres, met en vente ce qu'on appelle des traites
du Conseil (*Council bills*), fournies sur Calcutta, Bombay,
plus rarement sur Madras, pour des sommes d'au moins
10 000 rupees. Parfois ces traites sont remplacées par des
transferts télégraphiques, dont le minimum est de 100 000
rupees. Les ventes se font à la Banque d'Angleterre le mer-
credi de chaque semaine : après que le montant fixé par le
Gouvernement a été indiqué, il est adjugé à celui ou à
ceux qui offrent le prix le plus élevé en pence par rupee :
les soumissions ne peuvent contenir de fractions inférieures à 1/32 de penny. Les acheteurs sont en général les
banques qui, ayant fait des avances en rupees aux exportateurs indiens, dont elles encaissent les lettres de change
à Londres, reconstituent, par l'achat des *council bills*, leur
encaisse aux Indes.

Le Secrétaire d'Etat exerce par là une action considérable
à la fois sur le change et sur les conditions monétaires de
l'Empire indien. Il cherche à tenir compte, dans la fixation
des montants hebdomadaires qu'il met en vente, à la fois des
besoins des acheteurs et de la situation de l'encaisse du
Trésor aux Indes. Comme c'est de décembre à mai que
rentre la plus grande partie de l'impôt foncier que les indigènes paient après la récolte, les trois cinquièmes des *council
bills* se négocient en général pendant cette période de l'année.
Toutefois le Secrétaire d'Etat n'est pas maître de diminuer
ou d'augmenter le total des traites qu'il fournit sur l'Asie
dans les douze mois, puisqu'il a besoin d'une somme déterminée à Londres ; mais, par une judicieuse répartition de ses
adjudications au cours de l'exercice, il peut amener une stabilité plus grande du change ; c'est ce à quoi il a souvent
réussi : ainsi en 1901-1902, l'écart entre le plus haut et le
plus bas cours de la rupee a été de 0,94 pour 100, alors
que le point d'exportation et le point d'importation de
l'or, c'est-à-dire les cours auxquels il est avantageux d'expédier de l'or de Calcutta à Londres et vice-versa, sont

séparés l'un de l'autre par une distance de 1,56 pour 100 par rapport au point fixe de 16 pence, équivalant lui-même à 1 rupee. Ce résultat est d'autant plus remarquable que l'équilibre des finances indiennes n'est pas toujours facile à établir; une partie des recettes dépend des récoltes, c'est-à-dire de la température, et on a pu dire que les prévisions de ce budget étaient « un pari sur la pluie ».

Le régime monétaire actuel se résume comme il suit : l'unité est la rupee d'argent[1] qui a force libératoire illimitée. Elle est au titre de 916,6 millièmes et contient 10 gr. 692 d'argent fin. La frappe en est réservée au Gouvernement; dans la pratique, il n'exerce ce droit que lorsqu'on lui apporte de l'or, en échange duquel on lui demande des pièces d'argent : encore ne les délivre-t-il qu'à la condition que la proportion d'argent dans le fonds de garantie de la circulation des billets soit telle que la possibilité de rembourser les billets en argent ne puisse être mise en doute. Les pièces d'or anglaises d'une livre et d'une demi-livre sterling ont également force libératoire, à raison de 15 et 7,5 rupees.

La frappe de l'or n'est pas libre non plus. Le Gouvernement, qui se l'est réservée, peut mettre en circulation des pièces de 30, 15, 10 et 5 rupees, dénommées double mohur, mohur, deux tiers de mohur, un tiers de mohur. Les hôtels des monnaies achètent de l'or au titre légal, soit en lingots, soit en pièces, et les paient en rupees d'argent. D'autre part, le Gouvernement, bien qu'il n'ait pas d'obligation légale à cet égard, donne de l'or en échange des rupees d'argent : il le fait aisément au moyen de la réserve constituée à Londres : elle est placée en fonds anglais, et s'augmente à la fois de l'intérêt de ces fonds et des bénéfices réalisés sur la frappe des rupees : au cours actuel de l'argent (24 pence l'once standard), le bénéfice est d'environ 50 pour 100 : avec un poids d'argent qui coûte environ 85 centimes, on frappe

---

1. Ses dénominations courantes aux Indes sont les suivantes : Rx ou 10 rupees : un lakh ou 100 000 rupees, ce qui s'écrit 1,00,000 : 1 crore = 100 lakh = 10 millions de rupees (on écrit 1.00,00,000).

une pièce qui, d'après sa valeur exprimée en or, correspond
à 1 franc 68.

Le chiffre annuel des traites du Conseil ne cesse d'augmenter. De 1904 à 1906, la moyenne en a été de 26 millions
de livres sterling (650 millions de francs), tandis que celle
des cinq années précédentes était de 17 millions. Cette augmentation est due en premier lieu aux exportations accrues
de l'Inde, que, depuis la suspension de la libre frappe, les
acheteurs ne peuvent plus régler par des remises de lingots
d'argent. Ils ont la faculté de remettre de l'or ; mais les fonds
de réserve étant suffisamment pourvus, et la circulation
indienne n'absorbant pas le métal jaune, celui-ci ne tarde
pas à être réexpédié pour payer les achats de métal blanc
dont le Gouvernement a besoin pour son monnayage. C'est
afin d'éviter les frais de ces allées et venues de numéraire,
que le Gouvernement fournit des traites, et vend même des
transferts télégraphiques contre expéditions d'or australien :
les acheteurs détournent cet or vers Londres en l'empêchant
d'aller aux Indes, d'où il n'eût pas manqué d'être réexpédié
en Angleterre.

Depuis la loi du 26 janvier 1893, qui a interdit le monnayage pour le compte des particuliers, les Monnaies indiennes
délivrent des rupees d'argent, et le département de l'émission, des billets contre de l'or, à raison de 1 rupee pour 16 pence.
Les monnaies d'or anglaises sont comptées sur la même base.
En 1900, l'encaisse comprenait déjà 9 millions de livres d'or ;
cette somme avait doublé en 1908 : elle constituait un fonds
spécial de réserve pour l'établissement de l'étalon d'or (*gold
standard reserve*), séparé depuis 1906 de la réserve qui
garantit directement la circulation des billets (*currency
reserve*) et qui, à la même date, contenait plus de 12 millions
de livres sterling d'or.

Grâce à cet ensemble de dispositions, la valeur du bille
indien a, depuis plus de dix ans, conservé une remarquable
fixité ; le change entre Londres et Calcutta, qui se cote
d'après le prix auquel se vendent en Angleterre les traites

fournies par le Conseil des Indes, a oscillé constamment autour de 16 pence, c'est-à-dire de la parité mathématique établie par la loi, et cela en dépit de l'énorme circulation des rupees d'argent que l'on évalue à 2 milliards au moins. Ces rupees sont la monnaie favorite de 300 millions d'Indiens, et c'est par centaines de millions que le Gouvernement a dû en faire frapper depuis que ce droit a été retiré aux particuliers.

L'or, moins demandé par les indigènes, s'accumule beaucoup plus que l'argent dans les deux fonds de réserve. Cette circonstance a amené le Gouvernement à employer en rentes une bonne partie du fonds de l'étalon d'or, qui s'augmente ainsi tous les ans d'une somme importante produite par les intérêts des placements et les bénéfices réalisés sur la frappe des rupees. Le fonds de garantie des billets de crédit (*paper currency reserve*) forme le véritable stock métallique de l'Inde. Depuis 1905-1906, les achats de métal blanc, au lieu d'être effectués seulement au cours des trois ou quatre mois durant lesquels la demande des rupees est la plus active, sont répartis autant que possible, ainsi que le monnayage lui-même, sur toute l'année. Le Gouvernement n'est donc pas seulement chargé de l'émission et du rachat des billets ; comme il a seul le droit de frapper la monnaie d'argent, il doit prévoir les demandes de celle-ci et s'approvisionner en temps utile et opportun. La *paper currency reserve* comprend de l'or, dont une partie est conservée à Londres dans la *Currency Chest* (serre de la circulation) du Secrétaire d'État pour l'Inde.

Le fonds de réserve de l'étalon d'or avait été considérablement entamé en 1908. Mais depuis cette date, grâce à la reprise d'activité des exportations indiennes, il a été ramené au chiffre de 15 millions de livres sterling, et on s'attend à ce qu'il s'élève à une somme bien supérieure. Tel était du moins l'espoir exprimé au cours de l'hiver 1910 par sir Guy Fleetwood Wilson, membre financier du Conseil à Calcutta. Il déclarait alors que la réforme monétaire indienne avait subi une épreuve sévère au cours des deux dernières années et démontré en même temps qu'elle était solidement assise, en résistant aux conséquences d'un mauvais bilan commercial, c'est-à-dire d'un excès d'importation. La crise a prouvé que le Gouvernement était décidé à maintenir l'étalon d'or ; lord Morley, lorsqu'il était Secrétaire de l'Inde dans le cabinet Asquith, n'a cessé d'agir en ce sens. Les partisans du système demandent que, même après que le fonds de réserve aura atteint 20 ou 25 millions de livres sterling, il soit intégralement conservé, sans que le Gouvernement applique, comme il l'a fait à diverses reprises, la moitié des bénéfices de la frappe d'argent à des entreprises de chemins de fer. Ils réclament aussi l'ouverture des hôtels des monnaies à la libre frappe de l'or. Il n'y a pas de raison, d'après eux, pour que les mines d'or indiennes ne soient pas aussi bien traitées que les australiennes et ne puissent pas faire frapper les souverains sur place.

Les billets sont émis par un certain nombre de cercles (*circles of issue*), sur le territoire desquels ils ont force libératoire, et sont remboursables en métal. Leur quantité augmente rapidement, ainsi que le montre le tableau suivant :

	CIRCULATION en millions de rupees.
Moyenne des 5 années terminée le 31 mars 1896 .	282
— — — — 1901 .	265
— — — — 1906 .	361
Année 1905.	392
— 1906.	415
— 1907.	451
— 1908.	473

Les billets sont rachetés c'est-à-dire échangés contre des espèces, au moins trois fois au cours de l'année, ce qui indique une vitesse considérable, surtout par rapport à l'énormité du territoire.

La circulation indienne est purement une circulation d'Etat : celui-ci la régit de deux manières ; en Asie, il délivre des billets à ceux qui lui apportent du métal, ou bien il procède à l'opération inverse en remboursant ses billets, soit par des remises de numéraire, soit par des traites sur le fonds de réserve déposé à Londres. En Angleterre, le Gouvernement vend des traites sur l'Inde à ceux qui ont des remises à y faire. Les billets sont, pour une somme de plus en plus grande, la représentation d'espèces. La seule partie qui n'ait pas sa contre-partie directe en numéraire est celle qui est gagée par les 120 millions de rupees placés en fonds publics. A mesure que le chiffre total de la circulation augmente, ces 120 millions en forment une fraction de plus en plus faible, environ le quart aujourd'hui. C'est un phénomène analogue à celui que nous avons vu se produire en Russie, pour l'émission de la Banque d'État. Comme les lettres de change, c'est-à-dire l'élément commercial, n'entrent pour rien dans la garantie de cette circulation, on conçoit qu'elle puisse, sans trop graves inconvénients, être entre les mains de fonctionnaires. Le défaut de l'organisation est de ne pas être élastique, de ne pas s'adapter aux besoins des échanges, et d'amener des élévations parfois très brusques des taux d'escompte aux Indes.

Le département d'émission est dirigé par un commissaire principal, siégeant à Calcutta, avec des commissaires à Madras et à Bombay, chacun ayant charge d'un district appelé cercle. La loi de 1882 a étendu la circulation fiduciaire indienne à la Birmanie, et elle a établi des agences dans les cercles d'émission. L'action de l'État s'étend donc à tout le domaine de la circulation fiduciaire et métallique des Indes. En cela il va plus loin qu'aucun autre gouvernement, puisqu'ailleurs les particuliers peuvent faire transformer en monnaies des quantités quelconques du métal libératoire : en France, en Angleterre, en Allemagne, en Russie, aux États-Unis, partout en un mot où l'étalon d'or existe, la libre frappe en est le corollaire naturel. Aux Indes, les complications amenées par les étapes successives de la réforme inaugurée en 1839 par la loi Herschell, ont créé un état de choses, sans doute

provisoire, dans lequel le Gouvernement seul peut faire
frapper des rupees d'argent ou même des mohurs d'or.
Cette circulation d'État se justifie en partie par les raisons
suivantes : elle est destinée à alimenter les échanges dans
un pays immense, où un tout petit nombre d'Européens
est pour ainsi dire noyé dans une masse d'Asiatiques ; l'édu-
cation économique de cette population n'est pas encore assez
avancée pour qu'il soit aisé de la familiariser avec les
systèmes de banque modernes, qui ailleurs donnent de bons
résultats. En outre, la réforme monétaire commencée en 1893
n'est pas terminée ; elle se poursuit par une série de mesures
qui la rapprochent peu à peu du but final, mais qui vraisemblablement n'aboutiront pas avant longtemps à mettre
l'Inde au régime complet de l'étalon d'or. Ses habitants
sont encore trop attachés au métal blanc pour l'abandonner
dans leurs transactions quotidiennes : il n'est d'ailleurs pas
nécessaire qu'ils le fassent. L'intervention du Gouvernement
est indispensable pour veiller au maintien de la valeur
de la rupee, qui circule sous la forme de milliards de pièces
d'argent et qui doit cependant pouvoir s'échanger à tout
moment contre de l'or. De là ce mécanisme compliqué des
traites fournies sur l'Inde par le Conseil siégeant à Londres, la constitution d'une double réserve, le monopole de la
frappe au profit exclusif de l'État, qui forment comme les
anneaux d'une chaîne destinée à consolider le système fiduciaire, en lui assurant une base fixe.

La responsabilité du Gouvernement est énorme ; le secrétaire de l'Inde est non seulement le ministre des finances,
mais le contrôleur général de la circulation, le surintendant
des monnaies, le directeur du mouvement des fonds : à côté
du budget dont il doit établir l'équilibre, il faut qu'il surveille le commerce, l'agriculture, les travaux publics, dont les
effets sur le régime fiduciaire indien sont considérables. C'est
là une tâche dont on peut trouver qu'il s'acquitte à merveille,
mais elle lui est imposée par une organisation qui ne saurait
être donnée comme modèle à aucun autre pays.

SIAM

Les billets qui circulaient autrefois au Siam et qui, sans avoir cours légal, étaient acceptés dans les transactions courantes, émanaient de trois banques étrangères qui avaient des succursales à Bangkok : la Hongkong and Shanghai Corporation, la Banque de l'Indo-Chine, la Chartered bank of India, Australia and China. A la demande du Gouvernement, ces établissements s'engagèrent à retirer leur papier, destiné à être remplacé par une circulation d'Etat, organisée sur des bases analogues à celles de l'Inde. Le Gouvernement s'assura à cet effet les services d'un haut fonctionnaire du département financier de Calcutta. Le nouveau régime fut inauguré le 19 septembre 1903 [1], anniversaire de la naissance du Roi, en présence du prince royal Chao Fa Bhaunrangsi. Le 10 août 1904, les billets d'Etat atteignaient déjà le chiffre de 5 720 525 et, le 31 mars 1908, de 14 796 040 ticals : ils ne sont émis que contre espèces. D'après la loi organique du 24 juin 1903, un quart des espèces reçues en échange de billets pouvait être placée en titres désignés par le ministre des finances. Cette proportion a été fixée à 50 pour 100 par une loi du 9 octobre 1906. Au 31 mars 1908, il avait été acheté des fonds de divers Etats pour 5 792 566 ticals, soit 39 pour 100 de la circulation. Ces titres doivent tous les ans former l'objet d'une évaluation : si elle est inférieure au prix d'achat, la Trésorerie doit aussitôt verser la différence au département d'émission. La première révision de ce genre a eu lieu au début de l'année 1908 : elle a fait apparaître un déficit de 707 016 ticals, due pour un tiers environ à la baisse

1. Ce millésime correspond à l'année 121 du calendrier Siamois.

des cours de certains fonds et pour le reste à la hausse du
change, la valeur-or du tical ayant monté. La circulation,
composée de billets de 5, 10, 20, 100 et 1 000 ticals[1], ne
cesse de croître : au 30 juin 1910, il avait été émis des billets
pour 17 704 785 ticals, garantis par une encaisse métallique
de 12 121 600 ticals et, pour le reste, par des titres.

Nous devons attendre ses développements économiques
ultérieurs pour porter un jugement définitif sur cette organisation fiduciaire, assez semblable à celle de l'Inde au point de
vue de la garantie des billets, mais moins compliquée en
ce qui concerne la monnaie et les changes étrangers.

---

1. Le tical est une monnaie d'argent pesant 15gr,292 au titre de 906 millièmes et un quart. Sa teneur correspond à peu près aux trois cinquièmes
de celle de l'écu français de 5 francs.

CHAPITRE XVI

ARGENTINE, BRÉSIL CHILI, COLOMBIE

RÉPUBLIQUE ARGENTINE

Avant d'établir une circulation d'Etat, la République Argentine a pratiqué d'autres systèmes d'émission. La première banque qui apparut dans le pays fut celle de la province de Buenos-Ayres, fondée par des capitaux particuliers en 1822, rachetée par la province en 1826. Elle émit des billets remboursables en argent, mais qui cessèrent bientôt d'être échangeables contre du métal, et qui finirent par perdre jusqu'à 96 pour 100 de leur valeur. La Banque Nationale, créée par la loi du 5 novembre 1872, ne devait émettre de billets que pour le double de son capital et avoir une encaisse égale au quart de sa circulation. Son capital était de 5 millions de piastres, valant alors 5 francs l'une : ses billets avaient cours légal. En 1887 fut organisé le système des banques de province autorisées à émettre des billets, garantis en partie par un dépôt de numéraire, en partie par des titres de rente. Les provinces empruntèrent en Europe pour se procurer les ressources nécessaires à l'achat des titres fédéraux, sur la base desquels elles s'empressèrent de créer du papier-monnaie. Celui-ci ne tarda pas à subir une dépréciation considérable qui dépassa les deux tiers de sa valeur, et les banques provinciales suspendirent leurs paiements les unes après les autres. Le Gouvernement fédéral se substitua aux banques provinciales : il reprit les espèces et titres servant de garantie à leur circulation, dont il assuma la charge, ajoutant ainsi une somme considérable à la masse de son propre papier. En même temps fut créée la Banque de la Nation argentine au capital de 50 millions de piastres.

La loi du 16 octobre 1891 ordonnait que le montant des actions serait avancé à la Banque par la Caisse de conversion, qui était chargée de les mettre ensuite en souscription publique. Le prix pouvait en être acquitté en titres de rente intérieure, comptés à 75 pour 100, lesquels devaient servir ensuite à gager les billets émis par la Banque, jusqu'à concurrence des trois quarts de leur valeur nominale. Les premiers directeurs étaient nommés par le Pouvoir exécutif, mais devaient céder la place à des mandataires élus par les actionnaires, au fur et à mesure de la souscription du capital par les particuliers. Les avances de la Banque au Trésor étaient limitées à un maximum de 2 millions de piastres. Aussi longtemps qu'elle était gérée par des fonctionnaires, il lui était interdit de souscrire à des emprunts publics sans l'autorisation de l'assemblée générale extraordinaire, donnée par les deux tiers des votants au moins. Un dixième de ses bénéfices allait au Trésor. Le législateur prenait des précautions louables pour que le crédit de l'établissement ne fût pas mis, dans une proportion dangereuse, au service des finances publiques. Les actionnaires de l'ancienne Banque Nationale ne firent pas usage du droit de préférence qui leur avait été réservé dans la souscription du capital du nouvel établissement.

Le pays se releva peu à peu, le change s'améliora, grâce au développement de l'agriculture et au fait que, depuis 1893, il ne fut rien ajouté à la circulation des billets, qui s'élevait alors à 296 millions de piastres. Une loi de novembre 1899 créa un fonds destiné à assurer l'échange des billets contre du métal, à raison de 44 centavos or par piastre de papier. ce qui donnait à l'unité monétaire une valeur fixe de 2 fr. 20 en or. Cette loi de conversion (*Conversion de la emision fiduciaria*), dispose que la nation remboursera tous les billets en cours, payables alors en monnaie légale

et les remplacera par une monnaie d'or de la valeur de
44 centavos or pour chaque piastre. Il sera constitué à
la Banque de la Nation une réserve métallique appelée
Fonds de Conversion (*Fundo de Conversion*), destinée
exclusivement à l'achat et à la vente de traites sur l'é-
tranger, de façon à assurer la stabilité du change. A ce
fonds devaient être versés le produit d'un droit additionnel de 5 pour 100 sur les douanes, ajouté aux droits existants, les bénéfices de la Banque de la Nation, le solde
bénéficiaire de la liquidation de l'ancienne Banque Nationale,
le produit de l'aliénation du chemin de fer andin et de ses
prolongements, celui de la vente de cédules nationales pour
une valeur nominale d'environ 7 millions piastres d'or, enfin
une contribution annuelle du Gouvernement national.

Telles étaient les dispositions de la loi. En fait, la sur-
taxe douanière a été abandonnée au bout de quatre ans ; les
bénéfices de la Banque de la Nation ont servi à augmenter
son propre capital ; le produit de la liquidation de l'ancienne Banque a été versé au Gouvernement ; le prix du
chemin transandin a été consacré à une entreprise d'irrigation ; les cédules nationales ont été remises à la Banque de
la Nation, à l'effet d'augmenter son capital. Seuls, les versements directs du Gouvernement ont été régulièrement effectués au fonds de conversion qui, grâce à eux, a atteint la
somme de 30 millions de piastres, à laquelle il avait tout
d'abord été fixé : une loi du 12 février 1909 a autorisé le
Pouvoir exécutif à continuer les versements à la Banque,
même au delà de cette somme ; on prévoyait pour l'année
courante une contribution d'environ 5 millions de piastres or
(à 5 francs).

Le bilan de la Banque de la Nation argentine au 31 décembre 1909 reflète les progrès rapides d'un pays où la production agricole a doublé en six ans. Tous les comptes
sont en augmentation notable sur ceux de l'année précédente,
qui marquait elle-même la nouvelle étape d'un progrès
ininterrompu. Les dépôts ont passé, de 20 millions en 1891,

BANQUE DE LA NATION ARGENTINE

BILAN DU SIÈGE CENTRAL ET DES SUCCURSALES AU 31 DÉCEMBRE 1909

ACTIF	Piastres.	
	Or.	Monnaie légale.
Correspondants à l'étranger	13 570 524,73	»
Avances en compte courant, comptes spéciaux et cautionnements	1 255 769,56	41 578 335,36
Effets à recevoir	»	2 374 216,35
Crédits à recouvrer.	»	286 774,70
Documents escomptés	770 279,77	252 876 752,21
Débiteurs en souffrance.	4 763,64	1 582 785,52
Immeubles.	»	15 116 421,20
Cédules hypothécaires nationales, série A.	1 937 650 »	»
Gouvernement national, négociation de titres, loi 5681	»	»
Fonds publics nationaux, loi 4973. . .	»	1 283 792 »
Meubles et outillage	»	1 321 801,40
Intérêts à échoir	r	7 593,62
Succursales : Opérations en suspens .	»	»
Conversion.	»	24 214 808,49
Encaisse.	34 878 806,34	115 005 870,78
TOTAL.	52 417 794,04	453 749 151,63
PASSIF		
Capital.	»	113 422 656,68
Fonds de réserve.	8 151 376,08	»
Fonds de conversion, loi 3871.	28 500 000 »	»
Conversion.	10 654 515,74	»
Dépôts à vue et à date fixe.	3 602 704,56	296 293 824,55
Dépôts judiciaires	1 487 225,98	38 728 997,36
Banque Nationale, en liquidation, loi n° 5124.	»	»
Intérêts à échoir.	5 097,57	»
Escomptes à échoir.	9 124,52	2 872 700,70
Succursales : Opérations en suspens .	7 749,59	4 425 972,34
TOTAL.	52 417 794,04	455 749 151,63

à plus de 300 millions; le portefeuille, de 5 à 355 millions; les bénéfices, d'un demi à 7 millions. Ceux-ci ont été, conformément à la loi, ajoutés au capital, qui dépasse 114 millions en monnaie nationale, plus une réserve de 8 millions en or. Une loi du 12 octobre 1908 avait antérieurement augmenté ce capital au moyen de l'émission de 17 800 000 piastres or de rente fédérale 5 pour 100. Grâce aux bonnes récoltes, aux recettes croissantes des chemins de fer, à l'institution de crédits fonciers qui ont importé des capitaux dans la République, les changes étrangers se sont maintenus à des taux favorables. Les fonds de conversion s'élèvent à plus de 39 millions de piastres or, sur lesquels 10,6 millions représentent la contre-valeur de 24 millions de billets qui figurent à l'actif de la Banque sous la même rubrique « Conversion ». Les 28,5 millions restant appartiennent au Gouvernement, pour compte du fonds général d'échange des billets antérieurs à la loi 3871 de 1899.

La Banque de la Nation n'était pas un institut d'émission, bien qu'elle jouât un rôle important sur le marché des changes au moyen de sa réserve métallique appelée « fonds de conversion ». C'est la Caisse de conversion proprement dite qui réglait, au moyen de billets d'État, tout ce qui est relatif à la circulation. Cette Caisse, fondée sans aucune espèce de subvention gouvernementale, a commencé modestement ses opérations le 9 décembre 1899 par l'échange de 100 piastres or, contre lesquelles elle délivra 227,27 piastres de papier. Au 31 décembre, elle n'avait encore reçu que 1 463 piastres or et émis 3 324,85 piastres de billets. De février à mai 1900, les échanges montèrent à quelques millions. Les craintes de guerre déterminèrent alors des retraits de métal et suspendirent pour ainsi dire complètement les opérations pendant deux ans. A la fin de 1902, l'encaisse était de 2 843 piastres or. C'est à ce moment qu'elle commença à se développer. Un an plus tard, en 1903, elle s'élevait à 38 millions de piastres. Depuis lors, elle n'a cessé de s'élever : elle atteint aujourd'hui 172 millions de piastres or (à 5 francs), contre lesquels la Caisse a émis, en billets, 392 millions de piastres (à 2 fr. 20). Ces billets circulent à côté des anciens dont la nation a également pris la charge, et portent le total de la circulation à près de 700 millions de piastres. Si considérable que soit ce chiffre, il paraît insuffisant en présence du développement de l'Argentine ; le manque d'instruments d'échange se fait sentir dans beaucoup de provinces. On le conçoit quand on considère que, pour la seule année 1909, la valeur de la production industrielle et agricole, en y comprenant l'augmentation du bétail, est estimée à 6 milliards de francs.

LE PAPIER-MONNAIE ARGENTIN ET SA GARANTIE MÉTALLIQUE

ANNÉES	CIRCULATION générale en piastres-papier.	CIRCULATION réduite en piastres-or.	ESPÈCES or à la Caisse de conversion.
1902. .	296 055 093	130 264 240	2 843
1903. .	380 179 957	167 270 181	38 241 147
1904. .	407 681 073	179 379 672	50 341 638
1905. .	498 158 176	219 189 597	90 152 048
1906. .	526 747 831	231 766 713	102 731 014
1907. .	532 163 414	234 151 902	105 113 871
1908. .	581 272 167	255 758 191	126 721 723
1909. .	685 150 000	301 466 000	172 500 000

Le tableau ci-dessus résume le développement de la circulation argentine depuis 1902. Une première colonne indique la somme des billets de toute nature en circulation, comptés en piastres papier de 2 fr. 20 ; la seconde colonne les transforme en piastres or de 5 francs ; la troisième, relate l'encaisse or de la Caisse de conversion. On remarque la proportion croissante de la couverture métallique de la circulation, qui, de 23 pour 100 en 1903, s'est élevée en 1909 à près de 60 pour 100. A l'heure où nous écrivons, il est probable que le fonds de conversion à la Banque a été complété au chiffre légal de 30 millions, qui devait être constitué, d'après la loi organique, par des prélèvements sur les ressources budgétaires. Quant aux espèces qui sont à la Caisse de conversion, elles proviennent des dépôts volontaires du public. La différence entre la valeur des billets qui circulent et celle de l'or qui les gage constitue une dette de la Nation argentine, dette sans intérêt, dont le capital s'ajoute à celui des emprunts intérieurs et extérieurs contractés à diverses reprises. Ceux-ci, au 31 décembre 1908, formaient un total d'environ 400 millions de piastres or : si on y ajoute les 100 millions formant aujourd'hui l'écart entre la circulation et l'encaisse, on trouve un total d'un demi-milliard, soit, pour une population évaluée à un peu moins de 6 millions d'habitants, à peu près 84 piastres, ou 420 francs, par tête, moins que la moitié de la charge correspondante en France.

Dans son message de mai 1910 aux Cortès, le président Figueroa Alcorta a posé le principe d'une nouvelle réforme fiduciaire et monétaire, que la prospérité générale rend possible et désirable. La balance des exportations des deux dernières années s'est traduite par un excédant de 3 400 millions de francs, qui a permis d'importer plus de 1 100 millions d'or, couvrant plus des deux tiers de la circulation fiduciaire. D'autre part, les trois derniers exercices budgétaires ont laissé un excédant de plus de 100 millions de francs. M. Alcorta développe en ces termes son programme : « La situation de la Banque de la Nation la place dans des conditions exceptionnelles pour diriger et garantir l'émission du papier-monnaie, en portant son action sur le marché monétaire et sur le taux de l'escompte. » La Banque serait donc substituée à la Caisse de conversion, ce qui rapprocherait encore l'Argentine de la condition des pays chez lesquels la circulation est réglée d'une façon saine : il ne resterait, pour achever l'évolution, qu'à faire souscrire le capital de l'établissement par des particuliers, dont les versements serviraient à rembourser l'État.

Le Président donne à l'appui de son projet les arguments suivants, qui sont d'une grande portée : « L'expérience de dix années est venue démontrer que la Caisse de conversion, limitée aux fonctions que lui assigne la loi, et sans liens avec la Banque de la Nation, ne peut exercer aucune influence salutaire sur les nécessités de la circulation, vu que ni ses facultés, ni ses moyens ne lui donnent la possibilité de stimuler le crédit et de favoriser l'activité industrielle et commerciale. Créée dans des moments difficiles, et destinée principalement à assurer la valorisation de notre monnaie de papier, son action se réduit aujourd'hui à émettre et à livrer des billets en échange de l'or qu'elle reçoit, sans pouvoir fixer le montant de la circulation suivant l'activité et les besoins des transactions. Cette fonction mécanique, qui ne répond plus à aucune mesure de prudence ni de prévoyance, n'a d'autre effet économique que d'empêcher la circulation de se régulariser et de s'adapter au développement des affaires, dont les exigences ne peuvent être connues et appréciées dans leurs justes proportions que par les banques, dont c'est précisément la mission et la fonction. L'immense prospérité que la Banque de la Nation a atteinte, l'étendue de ses opérations, le prestige qu'elle a conquis à juste titre, l'influence qu'on lui reconnaît sur notre marché, lui assignent, dès maintenant, la destinée et les fonctions d'une grande institution centrale, appelée à diriger et à garantir la circulation monétaire, à en déterminer le volume suivant les demandes du crédit, et à agir d'une manière efficace et décisive sur le cours des échanges par le taux de l'escompte. »

Le président de la République argentine développe ici avec force et en vue d'une application pratique, les théories que nous n'avons cessé de défendre au cours de notre travail. Son exposé est particulièrement frappant, parce qu'il synthétise en quelque sorte l'expérience d'un pays qui a passé, dans un court espace de temps, du chaos monétaire à une organisation presque irréprochable. Or, non seulement l'Argentine a fait de grands efforts pour donner une base métallique à la circulation de ses billets; non seulement elle a arrêté net, à un moment donné, l'émis-

sion de tout papier, excepté de celui qui était gagé par
une quantité d'espèces égale ; mais elle veut maintenant
retirer ce service à l'État et le transférer à une banque,
parce qu'elle juge que celle-ci est plus apte à diriger la
circulation, à la proportionner aux besoins de la communauté : elle donne une leçon à la fois aux adversaires de la
saine monnaie et aux partisans du papier d'État. On ne
saurait accuser l'Argentine de vouloir accaparer au profit
du Trésor les bénéfices de l'émission, puisque, au contraire,
elle s'apprête à faire cesser l'existence de la Caisse de
conversion en tant qu'établissement public, et à transférer
ce service à une banque particulière. Voilà donc une des
nations les plus prospères du monde, qui rejette les idées
d'exploitations par l'État, au point de supprimer celles qui
existaient chez elle et de les transférer à l'industrie privée.
Nous n'avons pas besoin d'insister sur la portée de cet enseignement. Bien que, d'après ce qui vient d'être publié au
sujet des intentions du nouveau président Saens Pena, l'application des idées de son prédécesseur doive être retardée,
il ne s'écoulera peut-être pas beaucoup de temps avant que
nous ayons à faire sortir l'Argentine de la catégorie des pays
à billet d'État pour l'inscrire au nombre de ceux qui confèrent le monopole de l'émission à une banque particulière.

D'autre part, le régime monétaire va être définitivement
organisé sur la base de l'étalon d'or : en même temps que
la République argentine a pris, au mois de septembre 1910,
la résolution de rétablir officiellement les paiements en
espèces, un projet soumis au Congrès par le Gouvernement
a consacré comme unité monétaire la piastre, au cours qui
lui est assigné par l'échange pratiqué par la Caisse de conversion depuis la loi du 4 novembre 1899, c'est-à-dire à
2 fr. 20 centimes. La Banque Nationale, chargée de l'émission et du retrait des billets, créerait à cet effet un département spécial.

Le projet de réforme monétaire déposé par M. Iriondo,
ministre des finances, ordonne la frappe de monnaies d'or,

de nickel et de cuivre, sur la base de l'étalon de valeur de la piastre-papier actuelle, c'est-à-dire 44 pour 100 de la piastre-or de 5 francs instituée par la loi de 1881. La frappe de l'or sera libre, le nouveau régime devant subsister jusqu'à ce que le fonds de conversion des émissions antérieures à la loi 3 871 de 1899, qui s'élève actuellement à 150 millions de francs, atteigne 300 millions de francs.

Cet ensemble de mesures codifie les systèmes monétaire et fiduciaire de l'Argentine, d'une façon qui sera sans doute définitive, malgré la réserve formulée dans l'article de la loi qui vise le fonds de conversion des émissions antérieures. Cette organisation sera le résultat de près d'un siècle de tentatives et d'efforts, qui ont fait passer le pays par les régimes les plus divers : il a connu les billets émis par l'État, ceux qui émanent d'une banque nationale, des banques provinciales; lorsqu'il aura fait disparaître matériellement le papier, dont la loi de septembre 1910 ordonne l'échange et que l'unité de billet sera réalisée au moyen d'une banque centrale, investie du monopole d'émission, il ne restera plus trace de l'ancien ordre de choses.

Nous mentionnerons pour mémoire les émissions faites autrefois par certaines provinces de la Confédération argentine et dont il subsiste environ 3 millions de piastres. Ces billets, dont quelques-uns portent intérêt, et qu'on désigne parfois du nom de *bonos*, sont actuellement l'objet d'arrangements entre les gouvernements provinciaux et le pouvoir fédéral, qui désire les faire disparaître de la circulation. On peut les considérer dès aujourd'hui comme une quantité négligeable. Nous avons assisté, au cours des dernières années, à la résurrection de plusieurs des banques provinciales qui avaient jadis émis des billets : mais elles revivent comme banques ordinaires et non pas comme instituts d'émission. Celle de Buenos-Ayres, reconstituée en 1906, a aujourd'hui plus de 100 millions de piastres de dépôts. La province de Buenos-Ayres a émis, le 6 août 1910, en

Allemagne, un emprunt 4 1/2 pour 100 au capital nominal
de 50 millions de francs, qui a pour objet principal de lui
fournir le moyen de libérer les 10 millions d'actions qui
formaient sa part dans le capital primitif de 20 millions et
de souscrire 15 millions dans le nouveau capital de 30 millions de piastres. La province possédera ainsi la moitié du
capital total de 50 millions : elle a donné en gage aux porteurs de l'emprunt 1910 la part de bénéfices lui revenant du
chef de ses actions, qui rapportent en ce moment 10 pour 100.
Le gouvernement de Santa Fé a passé en 1910 avec un
groupe de banquiers un traité, en vertu duquel le nouveau
capital de l'établissement est fixé à 30 millions de piastres,
dont 14 seraient émises d'abord. La province souscrit 7 millions et les paie au moyen de l'apport de l'actif de l'ancienne
banque, consistant surtout en immeubles. Elle nomme le président et deux des huit directeurs; elle accorde la franchise
d'impôts, et s'engage à verser ses fonds à l'établissement.
Mais aucune de ces banques n'a de billets en circulation :
l'unité d'émission paraît définitivement instituée dans la
République Argentine, où le souvenir des maux de toute
sorte qui accompagnèrent les créations de papier provincial
ne peut que fortifier le gouvernement fédéral et le Congrès
dans leur résolution de suivre désormais la voie où d'autres
nations ont trouvé la sécurité et la puissance financières.

BRÉSIL

Après avoir passé par des systèmes d'émissions divers et avoir eu simultanément des billets d'Etat et des billets de banque, le Brésil en est arrivé à n'avoir plus qu'une circulation d'Etat. C'est ce qui nous le fait classer dans la dernière partie de notre ouvrage. L'origine des émissions de papier-monnaie remonte à 1808, lors de l'arrivée de la famille royale portugaise, expulsée de Lisbonne par Napoléon Iᵉʳ. Le plus ancien des actes gouvernementaux instituant une circulation fiduciaire, fut la loi du 12 octobre 1808, qui créa la première Banque du Brésil [1], établissement de dépôts, d'escompte et d'émission. Elle avait le droit de créer des billets « avec les précautions nécessaires, afin que jamais ils ne restent impayés à présentation ». La plus petite coupure était de 30 milreis. La circulation ne tarda pas à devenir excessive; en 1820, elle dépassait 8 millions de milreis; le change sur Londres avait baissé de 67 1/2 pence, à 50 pence. Pendant que l'Angleterre était au régime du cours forcé, le milreis brésilien [2] remboursable en or faisait prime. Mais, en 1811, la Banque du Brésil, de plus en plus engagée dans des avances au Gouvernement, suspendit les paiements en espèces. Son capital, de 1 200 000 milreis, fut, en 1824, porté à 3 600 000 milreis; son émission ne cessait de croître et atteignait, en 1839, 19 millions, dont 18 représentaient la dette du Trésor. Ce dernier chiffre est assez éloquent pour se passer de commentaires et expliquer la nécessité où se trouva

---

1. Calogeras : *La politique monétaire du Brésil.*

2. Le milreis brésilien était alors le même que le milreis portugais, équivalent à environ 5 fr. 58 de monnaie française.

l'établissement d'entrer en liquidation. En 1819, sous l'influence d'émissions exagérées, l'unité monétaire, qui était toujours le milreis portugais, était dépréciée de plus du quart. Une loi du 23 septembre 1829 supprima la Banque du Brésil « comme un intermédiaire superflu », puisque la dette qu'elle avait contractée vis-à-vis du public porteur de ses billets n'était pas autre chose que la dette contractée par l'État envers la Banque. Il parut plus simple de la faire reconnaître par le débiteur réel [1].

En 1833, le gouvernement essaya d'en fixer la valeur aux environs de 4 fr. 60, et liquida la banque d'émission, dont les billets furent remboursés par le Trésor. Mais, en 1846, il fallut procéder encore une fois à une amputation de la valeur nominale du milreis, qui fut alors réduite de moitié sur le pair et fixée à 27 pence, soit environ 2 fr. 75 en or. Le milreis conserva pendant près d'un demi-siècle cette valeur, à laquelle nous verrons tout à l'heure que certains hommes d'État voudraient revenir aujourd'hui.

La loi du 11 septembre 1846 ordonnait qu'à compter du 1er janvier 1847, les caisses publiques recevraient les monnaies d'or de 22 quelates, à raison de 4 milreis par octava, et celles d'argent fixé au taux par le Gouvernement. Il devait en être de même entre particuliers. Le Gouvernement était autorisé à retirer de la circulation une somme de papier-monnaie telle que les billets atteignissent la valeur ainsi fixée et s'y maintinssent, et à procéder aux opérations de crédit nécessaires à cet effet. Un décret du 29 novembre 1846 fixait le rapport des monnaies d'or à celles d'argent de 1 à 15 5/8.

Une fois la première banque du Brésil disparue, l'opinion, hantée par le souvenir des maux qu'avait causés l'ingérence du pouvoir central, s'imagina que l'émission de billets devait se faire par des établissements provinciaux. Deux

---

1. Voir Levasseur : le *Brésil* (extrait de la Grande encyclopédie). Déjà en 1889, M. Levasseur écrivait : « La masse du papier-monnaie longtemps déprécié et la petite quantité de numéraire en espèces sont un des côtés faibles de la situation économique du Brésil. »

banques locales, à Céara et à Pernambuco, essayèrent de mettre leur papier en circulation, sans se heurter d'abord à des objections de la part des autorités de la capitale. Le 10 décembre 1838, la Banque Commerciale de Rio de Janeiro fut fondée et commença à émettre des *vales*, c'est-à-dire des promesses de payer à court terme, qui tenaient lieu de billets. La Banque Commerciale de Bahia lança également des *vales*, dont la plus petite coupure ne pouvait être inférieure à 100 milreis, jusqu'à concurrence de la moitié de son capital. Une nouvelle Banque du Brésil, fondée en 1853, reçut le monopole de l'émission et absorba les autres établissements. La loi du 5 juillet 1853 donnait à la Banque une durée de 30 ans ; son capital était de 30 millions de milreis ; ses billets étaient remboursables en monnaie courante (métal ou papier-monnaie d'État) et avaient cours légal ; la coupure minimum était de 20 milreis à Rio de Janeiro, de 10 en province. L'émission, sauf autorisation spéciale du Gouvernement, ne devait pas dépasser le double de l'encaisse. La Banque retirerait chaque année 2 millions de milreis de papier-monnaie du Gouvernement. L'émission de la Banque s'éleva rapidement : en 1857, elle atteignait 46 millions, à côté desquels circulaient les billets du Trésor et, pour une faible somme, ceux des anciennes banques d'émission, transformées en succursales de la nouvelle Banque du Brésil. Elle avait, dans l'intervalle, obtenu du Gouvernement l'autorisation de créer des billets pour le triple de son encaisse, au lieu du double comme précédemment, et de ne pas faire figurer dans le total de sa circulation les 10 000 contos (milliers de milreis) destinés au rachat d'un montant égal de billets émis par le Trésor.

Ces excès aboutirent à la crise de 1857. La Banque avait beau multiplier son papier, le public en réclamait davantage, et la spéculation poussait les prix des valeurs à une hauteur telle que les moyens d'échange devenaient insuffisants. Pour en créer de nouveaux, le 31 août 1857, le Gouvernement approuva les statuts de la Banque commerciale et agricole, qui prévoyaient l'émission des billets. Une simple mesure administrative porta ainsi atteinte au monopole concédé législativement en 1853 et autorisa une circulation gagée par des fonds d'Etat. D'autres banques reçurent la même faculté ; les émissions se multiplièrent. La loi du 22 août 1860 rétablit l'ordre : elle proclama la compétence exclusive du Parlement en la matière, limita le pouvoir d'émission à la Banque du Brésil et à six autres banques, et défendit aux banques d'émettre une somme de billets supérieure à la moyenne de leur circulation pendant le premier semestre de 1860, aussi longtemps qu'elles n'auraient pas repris le paiement de leur papier en or. Le 10 novembre 1860, un arrêté ministériel fixa, pour chaque établissement, le chiffre de la circulation maxima garantie par des titres. Des fusions diminuèrent le nombre des instituts d'émission.

Grâce à cet ensemble de mesures conservatrices, la Banque du Brésil put reprendre les paiements en espèces le 23 octobre 1862. Au 31 décembre 1864, la circulation du pays se composait de 29 millions de billets du Trésor et de 70 millions de billets de banque : ces derniers en représentaient donc les sept dixièmes. Mais les difficultés internationales, qui allaient amener des guerres contre l'Uruguay et le Paraguay, se firent alors sentir et provoquèrent, au cours de l'année 1864, une augmentation de près de 20 pour 100 de la quantité de papier d'État en circulation. Des faillites nombreuses, en septembre, ébranlèrent les marchés brésiliens; le Gouvernement autorisa la Banque du Brésil à élever sa circulation au triple de son encaisse et établit le cours forcé ; le change, qui, en février 1865, était encore à 27 1/2 pence, ne tarda pas à descendre à 22 avant la fin de l'année : l'émission de la Banque du Brésil dépassait alors 82 millions. La loi du 12 septembre 1866, accomplissant une évolution nouvelle, lui enleva le droit d'émission, et ordonna que ses billets seraient graduellement retirés et remplacés par du papier d'État : il n'en fut pas créé moins de 150 millions par les lois de 1867 et 1868, et le décret du

16 avril 1878. En 1888, alors que la circulation des banques était tombée, par l'effet des rachats successifs, à 16 millions, celle du Trésor atteignait 188 millions. Néanmoins le change se maintenait aux environs du pair et le dépassait même parfois, comme ce fut le cas en 1875, où il s'éleva jusqu'à 28 3/8. La loi du 29 mai 1875 avait autorisé le Trésor à émettre, en cas de besoin, une quantité supplémentaire de 25 millions de billets, rapportant intérêt, et amortissables en douze mois au plus tard; elle ne fut d'ailleurs appliquée qu'une seule fois, l'année même où elle avait été votée, et fut ensuite révoquée en 1879. Ses dispositions furent reprises par la loi du 18 juillet 1885, qui ordonnait de nouveau une émission de 25 millions, gagée par le dépôt de fonds publics et destinée à venir en aide aux banques de dépôt de Rio de Janeiro.

La suppression de l'esclavage, votée le 13 mai 1888, augmenta les besoins de moyens d'échange : les esclaves, transformés en travailleurs libres, recevaient maintenant des salaires, dont le paiement régulier exigeait des sommes évaluées à 50 millions par an. Aussi une loi fut-elle votée qui autorisait encore une fois la circulation des banques, pour un chiffre égal à la valeur des titres de rente intérieure (*apolices*) qu'elles déposeraient à la Caisse d'amortissement, et cela jusqu'à concurrence des deux tiers de leur capital versé. Le total de cette circulation était limité à 200 millions de milreis : une moitié du produit de la vente des *apolices* serait employée par l'État à brûler du papier-monnaie. Si les banques remplaçaient le dépôt d'*apolices* par une encaisse métallique, elles pourraient émettre des billets pour le triple de l'encaisse. Mais cette législation ne fut pas appliquée : dès l'année suivante, trois banques furent autorisées à émettre des billets convertibles en or, gagés par du métal et non par des titres. La proclamation de la République, le 15 novembre 1889, fut le signal de modifications profondes sur le terrain économique et en particulier dans le régime de la circulation.

Au cours de cette longue période, qui embrasse presque tout le XIXᵉ siècle, nous avons vu le Brésil, luttant pour le maintien d'une circulation saine, chercher une solution tantôt du côté de la liberté des banques, tantôt du côté de la circulation d'État. Celle-ci, une fois introduite, n'a plus disparu : mais, selon les époques, elle a joué un rôle très inégal. Lorsque le pays avait conscience des dangers qu'elle entraîne et des maux qu'elle cause, il se retournait vers les établissements particuliers, et leur demandait d'assurer ce service en limitant leur action avec plus ou moins de sévérité. Quand, sous l'influence de circonstances critiques, le Gouvernement relâchait quelque peu la rigueur des règlements et laissait les banques créer du papier en quantités excessives, leur circulation tombait plus ou moins en discrédit, et c'est du côté des billets d'État qu'on espérait trouver l'organisation définitive et un régime stable.

Telle était la disposition des esprits au moment de la chute de l'Empire et de la proclamation de la République, le 15 novembre 1889. A cette date s'ouvre une ère nouvelle. Les questions de circulation fiduciaire, qui avaient déjà joué le rôle important que nous venons de voir, vont passer au premier plan, et exercer sur le change des répercussions d'une intensité telle que la vie du Brésil en sera bouleversée jusqu'à la fin du XIXᵉ siècle et au commencement du XXᵉ. Aussitôt après la chute de l'empereur Dom Pedro, la circulation des banques et du Gouvernement, qui avait été plus faible en 1889 que pendant aucune des douze années précédentes, commença tout d'un coup à s'accroître dans des proportions inquiétantes, dont le tableau ci-après indique la progression. De 1889 à 1897, la circulation des banques s'éleva de 11 000 à 340 000 contos de reis; celle du Gouvernement, partie en 1890 de 171 000 contos, était arrivée en 1897 à 439 000 contos. Elle atteignait 778 000 contos en 1898. Pendant la même période, le change sur Londres, qui, en 1890, était au pair, c'est-à-dire à 27 1/2 pence, tombait à 16 5/16 dès 1891, à 12 1/16 en 1892, à 10 1/16 en 1894 et à 7 en 1898. Au point le plus bas de la courbe, l'unité monétaire, le milreis, était à 60 centimes : le milreis fut un moment coté à 5 3/4. Le tableau ci-dessous montre le parallélisme des progrès de la circulation et de la chute de la valeur de l'étalon :

	CIRCULATION TOTALE [1] Millions de milreis.	CHANGE MOYEN DE LONDRES Valeur du milreis exprimée en pence.
1890.	336	22 5/8
1891.	513	16 5/16
1892.	555	12 1/16
1893.	646	11
1894.	703	10 1/16
1898.	789	7

Il résultait de cette baisse énorme du milreis que, si l'on transformait en or, au change de l'époque, les 789 millions de billets de 1898, on arrivait à une valeur très inférieure à celle des 336 millions de 1890, convertis au change d'alors. Une fois de plus, les faits se chargeaient de démontrer l'erreur de ceux qui créent du papier inconvertible : la valeur en est réduite plus vite encore que la quantité n'augmente.

Au début de l'ère républicaine, il existait six banques d'émission, dont la circulation était limitée à 166 millions de milreis. Deux banques avaient été fondées avec le concours de capitaux français : la Banque Nationale, puis la Banque des États-Unis du Brésil. Le décret du 17 janvier 1890 donnait le droit d'émission aux banques fondées avec l'autorisation officielle. Le Brésil était divisé en trois zones : celle du Nord, allant de Bahia jusqu'à Amazonas; celle du Centre, comprenant les États de Rio de Janeiro, Sao Paulo, Minas-Geraes, Espirito Santo, Paraná et Santa Catharina; celle du

1. Les écarts entre les chiffres de ce tableau et ceux de la page 583 proviennent de l'époque différente de l'année à laquelle la statistique a été dressée.

Sud, composée de Rio grande do Sul, Matto Grosso et Goyas. Chaque zone aurait sa banque : celle du Nord, à Bahia; celle du Centre, à Rio; celle du Midi, à Porto Alegre, avec des capitaux respectifs de 150 000, 200 000 et 100 000 contos. L'émission, garantie par des apolices, ne devait avoir cours légal que dans la circonscription de chacun des trois établissements : entre les banques des trois régions s'établissait une chambre de compensation. Le remboursement des billets devenait obligatoire au moment où le milreis aurait atteint le cours de 27 pence, et s'y serait maintenu pendant un an. Les banques devaient à la même époque rembourser les billets du Gouvernement.

Cette facilité donnée aux émissions de billets fut le signal d'une ère de fondations extravagantes, comme il s'en présente, à intervalles plus ou moins longs, dans l'histoire de presque tous les pays modernes : en octobre 1890, le capital nominal des entreprises de toute nature, banques, chemins de fer, sucreries, assurances, manufactures, exploitations agricoles et autres, atteignait près de 2 milliards de milreis. Le change était à 23. Le chiffre des émissions de billets grossissait avec une rapidité effrayante ; dans beaucoup de cas, des billets faux furent mis en circulation. En décembre 1890, à la suite d'un rapport du ministre des finances, Ruy Barbosa, le président Fonseca autorisa la fusion de la Banque Nationale et de la Banque des États-Unis du Brésil en une seule société, qui prit le nom de Banque de la République des États-Unis du Brésil, au capital de 200 millions de milreis. Elle était autorisée à émettre des billets pour le triple de son encaisse or. Le Gouvernement s'interdisait de donner à l'avenir aucune concession analogue, et ordonnait qu'au fur et à mesure que les anciennes banques cesseraient d'user de leur faculté d'émission, cette faculté passerait au nouvel établissement. Celui-ci entreprit, en 1891, le retrait du papier d'État, dont le chiffre était alors de 168 millions de milreis.

ÉMISSION DE BILLETS D'ÉTAT ET DE BANQUE AU BRÉSIL
DE 1821 A 1907

Années financières.	Billets État.	Billets de banque	Total	Années financières.	Billets d'État.	Billets de banque	Total
	Millions de milreis.	Millions de milreis.	Millions de milreis.		Millions de milreis.	Millions de milreis.	Millions de milreis.
1821	»	8	8	1866-67	42	74	116
1822	»	9	9	1867-68	81	42	123
1823	»	9	9	1868-69	127	35	162
1824	»	11	11	1869-70	149	43	192
1825	»	11	11	1870-71	151	40	191
1826	»	13	13	1871-72	150	38	188
1827	»	21	21	1872-73	149	35	184
1828	»	21	21	1873-74	149	33	182
1829-30¹	»	19	19	1874-75	149	32	181
1831-32	»	19	19	1875-76	149	30	179
1833-34	»	19	19	1876-77	149	30	179
1834-35	»	30	30	1877-78	181	27	208
1835-36	34	»	34	1878-79	189	27	216
1836-37	35	»	35	1879-80	189	26	215
1837-38	39	»	39	1880-81	188	24	212
1838-39	39	»	39	1881-82	188	24	212
1839-40	39	»	39	1882-83	188	22	210
1840-41	40	»	40	1883-84	187	21	208
1841-42	43	»	43	1884-85	187	20	207
1842-43	46	»	46	1885-86	194	19	213
1843-44	48	»	48	1886-87	184	17	201
1844-45	50	»	50	1888	188	16	204
1845-46	50	»	50	1889	185	11	196
1846-47	48	»	48	1890	171	128	299
1847-48	47	»	47	1891	168	346	514
1848-49	47	»	47	1892	215	346	561
1849-50	46	»	46	1893	285	346	631
1850-51	46	»	46	1894	307	345	712
1851-52	46	»	46	1895	367	310	677
1852-53	46	»	46	1896	371	340	711
1853-54²	40	15	55	1897	439	340	779
1854-55	46	21	67	1898³	778	»	778
1855-56	45	40	85	1899	733	»	733
1856-57	43	51	94	1900	699	»	699
1857-58	41	50	91	1901	680	»	680
1858-59	40	55	95	1902	675	»	675
1859-60	37	50	87	1903	674	»	674
1860-61	35	46	81	1904	673	»	673
1861-62	33	45	78	1905	669	»	669
1862-63	30	51	81	1906	664	»	664
1863-64	29	70	99	1907	643	100⁵	743
1864-65	28	72	100	1908	641	93	734
1865-66	28	83	111	1909	628	225	853

¹ Ne comprend pas 1 1.2 million de billets provisoires émis à Bahia en vue du retrait de la monnaie de cuivre qui ne circulait que dans cette province.

² De 1854 à 1864 les émissions de banque ont compris des billets à cours forcé et des billets remboursables.

³ Le 31 août 1898.

⁴ Jusqu'au 30 juin 1889.

⁵ Billets de la caisse de conversion.

Le désordre financier amena à ce moment la crise politique de novembre 1891, qui se traduisit par la dissolution du Congrès et l'accession à la présidence de la République de Floriano Peixoto. Le 23 novembre 1891, l'émission des sept banques s'élevait à 346 millions, et celle du Trésor à 167 millions. Les désordres intérieurs de 1893, le soulèvement de l'escadre dans le port de Rio, eurent pour effet d'aggraver encore la situation. Un décret du 23 décembre de cette même année autorisa l'émission de 100 millions de billets du Trésor, qui précipita le change aux environs de 10 pence. Néanmoins c'était aussi l'époque où les exportations de marchandises commençaient à prendre un développement si rapide qu'en trois ans elles avaient doublé et qu'en 1893, elles dépassaient 606 millions ; comme, dans le même exercice, les importations ne furent que de 328 millions, il en résultait un solde créditeur de 274 millions en faveur du Brésil. Ce solde était encore de 259 millions l'année suivante, mais la hausse du change que cette balance commerciale aurait logiquement dû provoquer était enrayée par l'énormité de la circulation du Trésor et des banques, dont le total s'élevait à 711 millions.

La loi du 9 décembre 1896 fit reprendre à l'État la responsabilité de la totalité des billets. Dès 1892, la Banque nationale et celle des États-Unis fusionnèrent, en réduisant à 150 millions le capital du nouvel établissement, qui reçut le nom de Banque de la République du Brésil. Il obtint le monopole de l'émission de billets gagés par une encaisse or égale à la moitié de la circulation, mais fut impuissant à prévenir la dépréciation du papier, qui atteignit son point extrême en 1898. Les embarras financiers du Gouvernement étaient tels qu'il dut à ce moment suspendre le paiement en espèces même du coupon de ses rentes, et entrer en négociations avec ses créanciers, représentés par la maison Rothschild de Londres. Un arrangement intervenu en 1898, à la suite de la mission que Campos Salles, nommé ensuite président de la République, avait remplie en Europe, stipulait le

paiement, pendant trois ans, des coupons d'un certain nombre
d'emprunts au moyen de la remise de titres d'un nouveau
fonds, dit de consolidation, créé par un montant maximum de
10 millions de livres sterling. Les services de rachat et
d'amortissement de ces emprunts étaient suspendus pendant
treize ans. En même temps, le Gouvernement s'engageait
à remettre à des banques de Rio de Janeiro, désignées
à cet effet, du papier-monnaie pour une valeur égale au
montant des ressources que lui procurait l'emprunt : le
milreis, pour cette opération, sera compté à 18 pence. Les
billets ainsi déposés seront détruits ou bien serviront à
acheter des traites sur Londres, avec le produit desquelles
sera créé en Angleterre un fonds, destiné au paiement en or
de l'intérêt des emprunts et des garanties de chemins de fer.
L'emprunt de consolidation sera lui-même remboursé au
moyen d'un fonds d'amortissement cumulatif d'un demi
pour 100 l'an, qui commencera à fonctionner en 1911. Le
Gouvernement s'est réservé le droit de rembourser l'emprunt
au pair à toute époque.

Les différentes stipulations du contrat de 1898 étaient
calculées de façon à atteindre un double but : la restauration
de l'équilibre budgétaire et le relèvement de la valeur de
l'unité monétaire. Les deux questions étaient inséparables,
depuis que le Trésor avait émis des billets et donné cours
forcé à ceux des banques. En dispensant l'État, au cours de
trois années, de faire en Europe des remises pour le paiement de ses coupons, et en étendant à treize années cette
dispense en ce qui concerne l'amortissement, la convention
faisait disparaître un des éléments permanents de détérioration du change; d'autre part, la destruction d'une certaine
quantité de papier tendait à en améliorer le cours, par le
simple jeu de la loi de l'offre et de la demande.

L'effet de ces mesures fut heureux : dès 1899, 52 millions
et en 1900, 34 millions de milreis furent incinérés.
Pour assurer les opérations de retrait du papier-monnaie,
le Congrès vota, le 20 juillet 1899, la création de deux fonds

spéciaux, alimentés d'une façon automatique, sous le nom de fonds de rachat et de fonds de garantie. Au premier étaient attribués les recettes des affermages, stipulés en papier, des chemins de fer fédéraux, les rentrées des créances de toute nature appartenant au Trésor, notamment de celles qu'il avait vis-à-vis des banques, les excédants budgétaires. Le second, dit fonds de garantie, était alimenté par un prélèvement de 5 pour 100 en or sur les droits de douane et la partie de l'affermage, stipulée en or, des chemins de fer fédéraux. Ce fonds, constitué en or, est déposé à Londres, où il s'est peu à peu élevé à plusieurs millions de livres sterling, au moyen desquelles le Trésor, à de certaines époques, sert les demandes de traites sur l'étranger qui se produisent à Rio de Janeiro, à Saint-Paul et sur les autres places brésiliennes. Cette réserve métallique, tout à fait indépendante du fonds de rachat du papier-monnaie, est un puissant instrument de régularisation du change : elle diminue aux époques où les besoins de l'importation brésilienne l'emportent sur les offres de papier faites par les exportateurs de café et autres; elle grandit aux époques où le phénomène inverse se produit.

La Banque de la République du Brésil avait eu maintes fois recours à l'aide du Trésor, à qui elle ne devait pas moins de 185 millions de milreis : la loi du 20 juillet 1899 jeta les bases du remboursement, qui fut réglé par le décret du 26 février 1900 : la Banque se libérait par le paiement de 50 millions. Mais, quelques mois plus tard, elle était obligée de suspendre ses paiements et de se mettre entre les mains du Gouvernement; sa chute entraîna celle de plusieurs autres établissements. La loi du 30 décembre 1905 la réorganisa en lui rendant l'ancien nom de Banque du Brésil. Le nouvel établissement reprenait l'actif de son prédécesseur. Le capital fut fixé à 70 millions : 22 1/2 furent attribués aux anciens actionnaires de la Banque de la République, 22 1/2 au Gouvernement, et 25 restèrent dans le portefeuille de la Banque. Elle reçut le dépôt des fonds du Trésor, et fut autorisée à émettre des chèques payables en or, qui pouvaient servir à acquitter les droits de douane. Le 6 décembre 1906, fut créée une Caisse de conversion, chargée de fixer le change au cours de 15 pence le milreis : à cet effet, elle était autorisée à recevoir des monnaies d'or ayant cours légal et à donner en échange des billets au porteur pour une valeur égale à celle des monnaies d'or reçues. L'or versé à la Caisse contre les billets émis, doit y être conservé en dépôt sans pouvoir, en aucune occasion ni sous aucun prétexte, être employé à autre chose qu'au remboursement des billets au change fixé, et ce sous la responsabilité personnelle des administrateurs de la Caisse et la garantie du Trésor national. Les billets remboursés seront brûlés. Les monnaies qui peuvent constituer le fonds d'émission sont les livres sterling, francs, marcs, lire, dollars. Les fonds de rachat et de garantie du papier-monnaie, créés par la loi du 20 juillet 1899, sont transférés à la Caisse de conversion ; le solde du fonds de rachat continuera à être appliqué conformément aux stipulations édictées lors de sa création. Le fonds de garantie servira au rachat du papier-monnaie, qui sera échangé contre des billets de la Caisse. Au 31 décembre 1907, c'est-à-dire au bout de treize mois d'existence, la Caisse avait mis en circulation 100 millions de milreis de billets. Il avait été importé au Brésil, au cours de la même année, de l'or pour une valeur de plus de 700 millions de francs. Depuis lors, le change est d'une fermeté remarquable : en novembre 1910, il est coté à 18.

La loi de conversion de 1906 ordonnait que, une fois la limite de 320 millions atteinte, l'émission de billets payables en or cesserait et qu'on pourrait alors fixer un change plus élevé. Le Brésil, comme d'autres États du continent sud-américain, s'est récemment beaucoup avancé dans la voie de l'amélioration définitive de son change, mais il se heurte en ce moment à des difficultés d'une nature opposée à celles qu'il rencontrait il y a une dizaine d'années. C'était alors une dépréciation indéfinie qui paraissait à redouter et contre laquelle on cherchait à se défendre. Aujourd'hui il semble difficile de maintenir le change au taux de 15 pence, qui était prévu lors de la fondation de la Caisse de conversion et qui se trouvait à égale distance du pair métallique et des bas cours pratiqués lors de l'effondrement de 1898.

Parallèlement à l'action de la caisse, celle de la Banque du Brésil s'était exercée dans le même sens. Nous rappellerons à ce sujet des passages caractéristiques de ses rapports au cours des années récentes. Dans celui qui enregistrait les résultats de l'exercice 1906, le président Joao Ribeiro de Oliveira e Souza déclarait que la création de la Caisse de conversion avait régularisé les cours du change. « Grâce à elle, ajoutait-il, nous jouissons, en plein régime de papier non remboursable, de tous les avantages d'une circulation métallique. La promptitude avec laquelle les milieux financiers ont accepté le nouveau mécanisme prouve la confiance qu'il inspire, et la nécessité, reconnue par tous, de tenter quelque chose pour améliorer l'instrument défectueux de notre circulation. » L'année suivante, à l'assemblée du 31 mars 1908, le président revenait sur la même idée, et constatait que la Caisse de conversion avait fait disparaître les spéculations désordonnées sur le change qui, pendant une quinzaine d'années, n'avaient cessé d'agiter la place de Rio. L'action de la Caisse a été secondée par la Banque du Brésil qui, grâce à son portefeuille de changes (*carteira cambial*) est intervenue constamment sur le marché pour y vendre ou y acheter des devises étrangères, de façon à contribuer, elle aussi, à la stabilité des cours. Le bénéfice net de 668 000 milreis que ces opérations lui ont laissé en 1907 n'est rien, dit avec raison le rapport, à côté du service rendu à l'intérêt général. La Banque annonce son intention d'étendre ce genre d'opérations : désormais, elle ne se bornera pas à négocier des traites sur Paris, Londres, Hambourg; elle le fera pour d'autres places, et créera une section spéciale pour les négociations d'effets sur Portugal, Italie, Espagne et Turquie. A l'assemblée de 1909, les administrateurs qualifiaient l'organisation nouvelle d'empirique, mais reconnaissaient en même temps qu'elle préparait fort bien la voie à une reprise des paiements en espèces. Pour arriver à celle-ci, le pays ne doit reculer devant aucun sacrifice. Enfin, le 19 mars 1910, le rapport du commissaire du Gouvernement (*Conselho fiscal*), déclarait que le portefeuille des changes, habilement et sévèrement dirigé, continue à rendre au pays les plus grands services en maintenant la fixité des changes.

La Banque du Brésil, dont nous reproduisons ci-contre le bilan au 30 avril 1910, a décidé en 1910, d'émettre le solde de ses actions restant encore à la souche, de façon à porter son capital au chiffre de 70 000 contos, prévu par les statuts ; elle désire étendre ses affaires et créer des succursales et agences dans tous les Etats de l'Union. Le Gouvernement souscrira la part qui lui revient, c'est-à-dire la moitié de l'augmentation, soit 62 500 actions de 200 milreis chacune. Le président de la République a adressé le 4 août, au Congrès national, un message demandant l'ouverture du crédit nécessaire à cette souscription. Mais jusqu'ici la nouvelle Banque du Brésil nouvelle n'a pas émis de billets : ceux qui, dans le tableau de la circulation que nous avons établi plus haut, sont désignés en 1907, 1908 et 1909 du nom de billets de banque émanent de la Caisse de conversion.

La loi de 1906 stipulait que celle-ci cesserait d'émettre des billets convertibles à 15 pence quand le total de leur circulation atteindrait 320 millions de milreis et que le dépôt d'or équivalent au dit change serait de 20 millions de livres sterling, soit 4 800 millions de pence, ce qui correspond précisément à 320 millions de milreis au change de 15. Il était prévu qu'un décret du Congrès national pourrait alors élever le taux du change. Depuis le 14 mai 1910, cette limite est atteinte. D'autre part, la loi du 20 juin 1899 avait créé un fonds de rachat et de garantie du papier-monnaie des anciennes émissions, qui fut transféré à la Caisse de conversion lors de la création de celle-ci. Désormais les anciens billets inconvertibles n'avaient donc plus aucune garantie métallique. Il est vrai que leur quantité diminue

BILAN DE LA BANQUE DU BRÉSIL

AU 30 AVRIL 1910

ACTIF	Milreis.
Actions à émettre.	25 000 000,000
Polices en garantie du fonds de réserve.	1 672 263,052
Comptes courants garantis	12 836 071,761
Traites escomptées.	39 007 794,727
Traites à recevoir.	4 713 553,886
Valeurs cautionnées	45 648 331,161
Valeurs déposées.	43 699 004,365
Agents au Brésil et en Europe	281 825 032,908
Titres de la Banque : £ 1 180 000 à 27 d. 10 490 200,000	
Autres titres. 1 226 796,019	11 716 996,019
Titres en liquidation	1 959 716,423
Edifice et mobilier de la Banque	1 430 000,000
Comptes divers.	13 618 209,935
Caisse	39 102 922,149
TOTAL.	512 229 896,386

PASSIF	
Capital.	70 000 000,000
Fonds de réserve.	1 672 579,909
Comptes courants sans intérêts.	62 687 061,307
— — avec intérêts.	40 907 286,394
— — de l'étranger.	260 898,483
— — à terme	10 517 759,470
Agents au Brésil et en Europe.	179 013 222,677
Contre-acceptations.	32 132 501,610
Dépôts judiciaires.	1 715 378,337
Dépôt de titres et valeurs.	89 317 335,526
Trésor fédéral, son compte courant	8 181 387,597
— son compte de lettres de change £ 1 000 000 à 27 d.	8 888 888,880
Dividendes de la Banque.	363 421,000
Profits et pertes	2 600 384,251
Bons.	84 047,500
Comptes divers	3 797 743,445
TOTAL.	512 229 896,386

par les rachats, et qu'ils sont remplacés dans la circulation par les billets de la Caisse de conversion, dont le nombre augmente parallèlement. C'est ce qui ressort du tableau suivant, qui indique les chiffres de la circulation brésilienne aux 31 décembre 1907, 1908 et 1909 :

Au 31 décembre.	BILLETS convertibles.	BILLETS Inconvertibles Millions de milreis.	TOTAL.
1907.	100	643	743
1908.	93	631	724
1909.	225	628	853

Dans un projet soumis en 1910 au Congrès brésilien par le ministre des finances, Leopoldo de Balhoes, celui-ci a proposé de fixer à 16 pence au lieu de 15 le taux de conversion des nouveaux billets à émettre par la Caisse de conversion, de laisser à l'avenir au Pouvoir exécutif le soin de fixer le taux du change selon les conditions économiques du pays, et enfin de reconstituer le fonds de garantie du papier-monnaie, en rendant à ce fonds sa fonction primitive fixée par la loi du 20 juin 1899. Entre autres arguments à l'appui du relèvement du taux du milreis, le ministre indique que, depuis la fixation de l'étalon à 27 pence en 1846 jusqu'à la fin de 1906, date de la création de la Caisse de conversion, la moyenne du change a été de 21 1/4 pence, encore bien supérieure au chiffre qu'il propose, et que la situation économique du pays justifie un déplacement du cours. On peut lui répondre que l'étude de la balance commerciale du Brésil ne semble pas mener à la même conclusion, car l'excédent moyen de l'exportation de marchandises sur l'importation, au cours des sept dernières années, n'est que d'environ 343 millions de francs, alors que les charges extérieures payables en or s'élèvent en 1909 à 415 millions, savoir :

	Millions.
Service des dettes en or.	203
Dépenses extérieures	97
Bénéfices des compagnies étrangères.	80
Dépenses des Brésiliens à l'étranger.	35
TOTAL.	415

D'ailleurs le législateur n'a pas voulu prohiber à jamais l'extension de la circulation, une fois le chiffre de 320 millions atteint par l'émission des billets de la Caisse. L'article 3 de la loi de 1906 réserve simplement au Congrès la faculté d'élever à ce moment le taux du change, en appelant au remboursement les billets antérieurement émis, et en recommençant à en émettre d'autres, remboursables à un cours plus rapproché du pair de 27 pence. Il est en conséquence permis de soutenir que, s'il apparaissait plus conforme à l'intérêt général de maintenir le change à 15 pence, une loi nouvelle pourrait simplement autoriser la Caisse à continuer l'émission de billets sur cette base.

Le désir de restituer à la monnaie la valeur fixée en 1846 fait honneur à la conscience des hommes d'État brésiliens. On doit toutefois leur faire remarquer que des pays également soucieux de tenir leurs engagements, comme la Russie et l'Autriche, ont, lors de la reprise des paiements en espèces, adopté un rouble et un florin d'une valeur inférieure à celle qu'ils avaient à l'époque où le cours forcé avait été établi : il est vrai que, dans ces deux cas, la question du bimétallisme obscurcissait le problème, puisqu'à l'origine le rouble et le florin étaient représentés par des pièces d'argent aussi bien que par des pièces d'or et que, à prendre les choses au pied de la lettre, les États débiteurs auraient pu rembourser leurs billets en métal blanc. Au Brésil, au contraire, le milreis, anciennement déjà, était une monnaie d'or. Il convient toutefois d'étudier de près les conséquences économiques d'un brusque relèvement du change : peut-être les inconvénients égaleraient-ils et dépasseraient-ils même les avantages. Le plus sage en ce cas serait d'imiter l'exemple d'autres nations, et de consolider le milreis aux environs des cours actuels. Le moment psychologique où cette fixation aurait pu se faire au cours de 15 pence est peut-être passé, puisqu'un concours de circonstances, pendant l'été de 1910, a porté le change bien au delà de cette limite.

Les partisans des trois opinions, maintien du change de 15, fixation immédiate d'un change plus élevé qui resterait définitivement acquis, retour graduel au pair de 27, sont en présence et se combattent à coups d'articles et de discours. Dans un travail publié en mai 1910 par le *Journal du Commerce* de Rio de Janeiro, M. Moniz Freire a critiqué l'idée de revenir au taux de 27 pence. La prospérité du pays, dit-il, n'a rien à voir avec la hausse du milreis. Le change varie selon la formule $C = \dfrac{D}{N}$, dans laquelle C représente le change en fonction des disponibilités extérieures D, divisées par la masse du papier à cours forcé circulant à l'intérieur N : plus celle-ci augmente, plus le change baisse ; plus les disponibilités extérieures s'accroissent, plus le change monte. Il reste stable quand la proportion entre D et N reste constante. Le commerce extérieur ne dépend pas de la cote du change, mais de la production agricole et minière. Revenir au change de 1846, ce serait agir comme le ferait la France si elle décrétait tout d'un coup que dorénavant la pièce de 20 francs contiendra autant d'or que la livre sterling. L'élévation de la valeur en or du milreis n'augmenterait en rien les disponibilités du Brésil à l'étranger. Son effet serait de permettre d'importer à meilleur compte un certain nombre d'objets et procurerait ainsi un avantage à quelques milliers de Brésiliens établis dans les villes, consommateurs de ces objets ; mais les millions d'habitants qui vivent de la vente de leurs produits ou de leur salaire souffriraient au contraire de la baisse des prix qui résulterait de l'élévation de la valeur du milreis. M. Moniz Freire conclut qu'il y a lieu de supprimer la limite assignée au dépôt d'or à la Caisse de conversion. Si, en effet, elle était autorisée à accepter indéfiniment l'or à raison de 15 pence, c'est-à-dire à délivrer un billet de 1 milreis en échange de 15 pence d'or, ce cours resterait stable. Résulterait-il de cette disposition un excès de circulation ? Nous ne le pensons pas ; nulle part on n'a encore vu des billets délivrés, unité pour unité, contre de

l'or, déprécier l'étalon monétaire. Au contraire, cette émission continue aurait pour effet de faciliter l'assimilation des
anciens billets inconvertibles aux billets de la Caisse de conversion. Plus la somme des anciens billets par rapport à la
masse de la circulation sera faible, et plus il sera facile de
supprimer la barrière qui les sépare, des nouveaux, puisque
l'encaisse grandissante représentera une proportion de plus
en plus forte du papier émis. Mais, pour arriver à ce résultat, une prompte solution eût été nécessaire : on a laissé
passer l'heure, et le Brésil est actuellement dans l'incertitude entre le change fixe légal de 15 pence, le change de
16 pence proposé par le ministre, le change coté de
18 pence, et le change nominal de 27 pence, « vaine chi-
mère », s'écrie un publiciste, « à la conquête de laquelle des
idéologues financiers prétendent sacrifier les forces et les
ressources de l'économie nationale. »

En présence de la situation que nous venons de décrire, il
est difficile de maintenir le change de 15 pence. Il eût fallu
se décider à l'époque où la cote du change était égale au taux
des opérations de la Caisse de conversion. A ce moment, les
porteurs de billets inconvertibles n'eussent pas fait d'objec-
tion à la fixation d'une valeur or égale à la valeur vénale
de leur papier. Aujourd'hui où ils peuven! l'échanger contre
des traites sur Londres qui représentent 20 pour 100 de plus,
ils se considéreraient comme spoliés par une mesure de ce
genre. Si les billets de la Caisse de conversion n'existaient pas,
le conseil à donner au Gouvernement serait d'attendre les
événements et de voir comment le change va se comporter
d'ici à quelques mois ou même davantage. Le propre d'une
opération correcte de reprise des paiements en espèces est,
en effet, de se faire sur la base d'un change demeuré stable
pendant une longue période, et non pas d'après une cote
résultant d'un brusque déplacement de cours, comme celui
auquel nous venons d'assister à Rio de Janeiro. Il est possible que cette hausse ne soit pas de longue durée : au cours
des quatre premiers mois de 1910, l'excédent des exportations

sur les importations n'a plus guère été que de 150 millions
de francs au lieu de 200 dans la période correspondante de
1909, et l'on prévoit un ralentissement ultérieur des exportations au commencement de 1911.

La reprise des paiements à l'ancien pair du milreis, c'est-
à-dire à 27 pence, compte aussi des partisans. Dans l'ouvrage que nous avons déjà eu occasion de citer, M. Calogeras
présente des arguments en faveur de cette solution. Les
principaux engagements du pays, dit-il, la dette intérieure,
le papier-monnaie inconvertible ont été émis à l'origine
quand le change était au pair ; les salaires ne baisseront pas
plus vite, en cas de hausse de la valeur du milreis, qu'ils
n'ont monté lorsque le milreis s'est déprécié ; la capacité
d'achat des consommateurs croîtra en raison de la hausse de
l'instrument monétaire qu'ils auront entre les mains ; une
économie sera réalisée sur le paiement des arrérages et de
l'amortissement de la Dette extérieure. Sans entrer dans la
discussion des divers points soulevés, nous sommes portés
à croire que les salariés qui, au Brésil comme ailleurs forment
la majorité, ont certainement souffert de la baisse du milreis,
mais que l'ajustement des conditions de la vie à l'étalon
nouveau s'est faite peu à peu depuis l'établissement du cours
forcé. Il est certain que le Trésor aurait à payer au dehors,
pour le service de ses emprunts extérieurs, une somme d'autant plus faible que le cours de la monnaie brésilienne
serait plus élevé. Mais ce point est le seul qui nous paraisse
acquis. Le déplacement brusque du change entraînerait des
inconvénients de diverse nature qui compenseraient les avantages pouvant en résulter. Les États exportateurs, comme
celui de Saint-Paul, grand producteur de cafés, celui de
l'Amazone, qui fournit à l'Europe et aux États-Unis des
quantités croissantes de caoutchouc, sont très opposés à toute
mesure qui donnerait d'une façon permanente au milreis une
valeur en or supérieure à 15 pence, et insistent sur les inconvénients et les dangers qui résulteraient de l'altération de ce
taux. Il faudrait tout d'abord créer de nouveaux billets,

exprimés en milreis, valant non plus 15 pence, mais 16 pence
en or, ou tel autre cours qui serait adopté. Mais alors la
question se pose de savoir qui supporterait la charge de cette
modification : l'État, qui devrait rembourser ses billets en
donnant aux porteurs plus d'or qu'il n'en a reçu d'eux, lorsqu'il leur a livré son papier en échange du métal déposé par
eux, ou bien les porteurs, qui seraient les victimes de la
hausse du change, si on les forçait à recevoir, contre leurs
billets actuels, un nombre moindre de milreis, sous prétexte
que la quantité d'or qu'on leur donne reste la même ? Le problème n'est pas aisé à résoudre. En droit strict, la Caisse de
conversion ne doit aux porteurs de ses billets que la somme
d'or qu'ils lui ont déposée, c'est-à-dire 15 pence par milreis.
Mais les porteurs de bonne foi qui ont accepté le papier de
la Caisse comme équivalent à celui des anciennes émissions,
et qui l'ont conservé sans se préoccuper de la hausse du
change, vont-ils être tout d'un coup dépouillés d'une partie
de leur avoir, parce qu'ils auront négligé de se défaire d'une
monnaie dépréciée à leur insu ? Ce serait le cas d'appliquer
l'adage : « *summum jus, summa injuria* », et il semble que
le devoir du Gouvernement est d'unifier les deux circulations
qui coexistent et dont l'immense majorité des habitants ignore
la différence.

Le tableau suivant résume l'histoire extraordinairement
accidentée de la circulation fiduciaire au Brésil :

1808-1829. — Unité d'émission. Première Banque du Brésil.

1829-1836. — Billets émis par le Trésor, qui rembourse
ceux de la Banque.

1836-1853. — Émission simultanée par le Trésor et 10 banques, au nombre desquelles figure une seconde Banque
du Brésil.

1853-1857. — Monopole conféré à une troisième Banque du
Brésil et à ses succursales.

1857-1866. — Pluralité : concessions illégales accordées à
6 banques.

1866-1889. — Émission du Trésor, dont les billets remplacent ceux des banques.

1889-1892. — Pluralité d'émission : une série de concessions sont accordées à des banques, dont les unes gagent leurs billets par du métal, les autres par des fonds publics, d'autres par un mélange des deux espèces de garanties.

1892-1896. — Émission concentrée de nouveau aux mains d'un seul établissement, la Banque de la République du Brésil.

1896-1910. — Reprise de l'émission par le Trésor seul.

En 102 ans, il y a eu 29 ans de monopole en faveur d'une banque particulière, 29 ans de pluralité des banques, et 44 ans d'émission par le Trésor seul : c'est ce dernier régime qui est en vigueur aujourd'hui. Il faut remarquer que, depuis 1829, les billets du Trésor n'ont jamais cessé de circuler, ou bien seuls ou bien parallèlement à ceux des banques, selon que le régime était celui du monopole ou de la multiplicité des établissements. La différence des périodes est caractérisée par le fait que lorsque les banques sont autorisées à émettre des billets, le chiffre des billets d'État diminue.

Le récit des péripéties multiples et variées qu'a traversées la circulation brésilienne est fécond en enseignements. Il n'est pas de pays peut-être où plus de lois aient paru sur la matière, et où l'histoire nous fasse assister à des évolutions plus nombreuses, qui ramenaient la nation, par des oscillations en sens inverse, au régime condamné quelques années plus tôt. Les fautes commises n'ont pas été, en général, les mêmes que celles dont se sont rendu coupables les gouvernements européens qui ont mis les instituts d'émission au service du Trésor public. L'exagération de la circulation des banques a été provoquée par des crises de spéculation plus souvent que par des besoins budgétaires. Mais ceci ne veut

pas dire que le Gouvernement n'ait pas eu sa part de responsabilité dans ce désordre : il a eu le tort, tantôt de ne
pas édicter une législation qui assurât le fonctionnement
normal des établissements de banque, tantôt de ne pas veiller
assez sévèrement à la stricte application des règles établies ;
d'un autre côté, il a procédé directement à des émissions
continues de papier-monnaie. Ces émissions exerçaient sur
le marché un effet analogue à celui qu'auraient eu des billets
à cours forcé émanant des banques. Cela est si vrai que
l'État a été amené à se reconnaître débiteur des billets créés
par les banques et à les assimiler aux siens : il n'aurait pas
eu à le faire s'il se fût abstenu de mettre sa propre signature
sur le marché. Aujourd'hui il a seul assumé toute la charge
de la circulation fiduciaire, et il est aux prises avec le problème de la hausse du change qui, ainsi que nous l'avons
expliqué, n'est pas moins difficile à résoudre que ne l'a été
celui de la baisse, bien qu'il provienne d'un développement
remarquable du pays et d'une amélioration incontestable de
sa situation économique. Toute cette prodigieuse complication d'une circulation double, dont une partie est constituée
par des billets non remboursables et l'autre par des billets
qui sont remboursables en or à un change fixe et qui sont
néanmoins cotés plus bas que les billets à cours forcé, eût
été évitée si l'émission avait été réglée par des établissements organisés sur le modèle européen, n'émettant qu'une
seule sorte de papier, remboursable à vue et en espèces.
Une fois de plus, nous avons le droit de conclure que l'intervention de l'État sur ce domaine, pour indispensable qu'elle
ait paru à de certaines heures, n'a pas eu de bons résultats.
Elle a eu pour excuse au Brésil l'immensité du territoire,
et le peu de densité de la population qui, surtout avant le
développement des moyens de transports, rendaient les
communications difficiles et empêchaient le crédit de se
répandre dans les parties éloignées du pays ; à mesure que
ces deux défauts se corrigent, il semble moins difficile d'appliquer à la plus vaste des républiques sud-américaines les

règles que la science a consacrées, et il est permis d'espérer qu'elle saura régler sa circulation fiduciaire sur des bases telles que le retour des orages du passé devienne de plus en plus improbable [1].

1. Au Brésil, comme chez d'autres républiques sud-américaines, les États-Unis du Nord cherchent à exercer leur influence. Déjà, à la première conférence internationale panaméricaine tenue à Washington en 1889, il avait été question de créer une banque commune ; la troisième conférence qui se réunit en 1906 à Rio-de-Janeiro, adopta une résolution invitant les gouvernements à faire étudier la question monétaire et fiduciaire par le bureau international des républiques américaines de Washington. Celui-ci devait distribuer un compte rendu de son travail à tous les gouvernements six mois au moins avant la réunion suivante. Il n'a pas encore été donné suite à ce projet.

CHILI

Jusqu'en 1839, la liberté d'émission existait au Chili. A cette époque, une loi défendit à aucune banque d'émission de s'établir sans l'autorisation de la municipalité ou de la province. La loi du 23 juillet 1860, votée sous l'inspiration de l'économiste français Courcelle-Seneuil, qui a joué un grand rôle et laissé un souvenir durable dans le pays, réforma tout le système, en n'autorisant les banques qu'à émettre une somme de billets égale à une fois et demie leur capital. Les billets devaient être remboursables en espèces et constituer un titre exécutoire contre les émetteurs en cas de non-paiement. L'émission était placée sous le contrôle de l'État ; les billets devaient être signés et scellés par le surintendant de la Monnaie. Les paiements en espèces furent une première fois suspendus de 1865 au 31 août 1876, puis de nouveau par la loi du 25 juillet 1878, qui limita la circulation à un total de 15 millions de piastres, réparties entre 11 banques. Pendant la guerre contre le Pérou, le Gouvernement émit lui-même du papier-monnaie, dont le chiffre, au 5 janvier 1881, atteignait 40 millions de piastres. Ce fut le commencement du régime qui subsiste encore aujourd'hui. En 1891, au moment de la révolution qui renversa le président Balmaceda, les capitaux des banques, en face de leur circulation de 15 millions, s'élevaient à 20 millions, et leurs réserves à 6 millions. Après la chute de Balmaceda, leur circulation atteignit 20 millions. La Junte établie à Iquique durant la guerre civile proclama la liberté d'émission, dont les compagnies de chemins de fer, les municipalités et jusqu'à des commerçants de détail firent usage.

En 1892, le Gouvernement essaya de revenir aux paiements

en espèces, en abaissant la valeur métallique de la piastre, qui équivalait jadis à 5 francs, et en la fixant à environ 2 fr. 50 (24 pence de monnaie anglaise). Mais même à ce taux réduit, le change ne put être maintenu ; en 1895, on l'abaissa encore à 1 fr. 85 (18 pence), en décrétant l'étalon d'or, et en limitant à 24 millions de piastres de la nouvelle monnaie le total de l'émission des banques jusqu'au 31 décembre 1897. Les billets devaient être directement garantis par un dépôt, fait par les banques au Trésor, d'or, de billets d'États, d'obligations municipales, de bons du Trésor, de lettres de gage foncières. A partir du 31 décembre 1897, le papier-monnaie devait être remboursé en pièces d'or et disparaître. L'écu de 5 piastres en or pesait 2 gr. 99551 à 11 douzièmes de fin, ce qui donnait à la piastre un poids de 0 gr. 5991, et une valeur d'environ 1 fr. 90 de monnaie française ; l'argent n'aurait force libératoire que jusqu'à concurrence de 50 piastres. Mais la loi du 31 juillet 1898 dut reconnaître que la reprise des paiements en or avait échoué : elle déclara que le Trésor reprenait pour son compte la circulation des banques, à qui toute émission était désormais interdite, aussi longtemps que durerait le cours forcé des billets fiscaux. L'article 4 décidait qu'il serait prélevé annuellement, sur les recettes des douanes, 10 millions de piastres or, destinées à former un fonds de conversion. L'État s'engageait à reprendre les paiements en or à raison de 18 pence par piastre, à partir du 1er janvier 1902; cette date fut reportée au 1er janvier 1905 par la loi du 31 décembre 1901, qui décidait en même temps que le fonds de conversion en or continuerait à rester déposé à l'hôtel des Monnaies, et à être exclusivement affecté au remboursement des billets fiscaux : il devait s'accroître annuellement de 5 millions de piastres en or (de 18 pence) à prélever sur les droits d'exportation du salpêtre et de l'iode et à remettre à Londres en traites.

Les craintes de guerre avec l'Argentine vinrent encore une fois bouleverser la situation monétaire, qui semble être plus difficile à consolider au Chili que dans les autres républiques sud-américaines : la réforme, comme un rocher de Sisyphe, s'écroule chaque fois qu'elle paraît à la veille d'arriver au but. Le 31 juillet 1898, le cours forcé fut de nouveau institué, la circulation limitée à 50 millions remboursables en métal au bout de trois ans, sur le pied de 18 pence (environ 1 fr. 85 par piastre. Cette promesse n'empêcha pas la prime de l'or de s'élever à 45 pour 100 et les émissions de papier de se succéder, à mesure qu'on prorogeait la date de la reprise des paiements en espèces, fixée en dernier lieu à l'année 1915. Dès 1905, 30 millions, en 1906, 40 millions, en 1907, 30 millions de piastres avaient été ajoutées à la circulation d'Etat. Le change empirait à mesure que ce chiffre grossissait : 17 pence en 1906, 15 en 1905, 14 en 1906, année du tremblement de terre; en décembre 1907, sous l'influence de la crise qui sévit alors sur les principaux marchés du monde, il s'écroula à 7 pence. Depuis il s'est relevé à 11 pence 1/2 (août 1910). Le Gouvernement s'efforce d'accumuler une réserve d'or qui lui permette d'échanger à bureau ouvert ses billets contre du métal.

La loi du 29 décembre 1904, qui avait reculé la date des paiements en or au 1er janvier 1910, prescrivait que si pendant six mois le change s'était maintenu à 17 5/8, la reprise des paiements se ferait dans le semestre suivant. Le fonds de garantie des billets fiscaux devait comprendre : *a*. 22 907 503 piastres or effectivement déposées à l'hôtel des Monnaies; *b*. 14 937 040 piastres or existant dans les caisses de l'Etat ; *c*. le produit de la vente de terrains nitratiers et autres; *d*. des remises mensuelles, de 500 000 piastres or, chacune, faites par la direction du Trésor à l'hôtel des Monnaies, à prélever par lui sur les recettes douanières, jusqu'à ce que le total du fonds atteigne 80 millions de piastres. Ces divers éléments du fonds de conversion seront déposés, jusqu'au 1er janvier 1909, en Europe et aux Etats-Unis, chez des banques de premier ordre, qui devront bonifier au Gouvernement chilien un intérêt d'au moins 3 pour 100, lequel s'ajoutera au capital. Au moment de la reprise des paiements en espèces, l'or sera rapatrié au Chili pour y être monnayé.

La loi du 27 août 1907 a créé la Caisse de conversion, en même temps que la Caisse hypothécaire du crédit nitratier (*salitrero*). Elle déclare dans son article 2 que le bureau d'émission (*oficina de emision*) délivrera des billets d'Etat (*billetes fiscales de curso legal*) dans la proportion d'une piastre contre 18 pence anglais d'or déposés conformément à la loi du 11 février 1895 ou mis à Londres à la disposition du Gouvernement chilien. Ces dépôts ne rapportent pas intérêt : ils peuvent être retirés moyennant préavis de trente jours, et sont exclusivement destinés au remboursement des billets. La Caisse d'émission publie sa situation tous les quinze jours dans le Journal officiel et dans un journal de Santiago. Les déposants reçoivent un certificat nominatif endossable, au moyen duquel ils peuvent retirer l'or déposé à Santiago ou à Londres, contre restitution de la quantité correspondante de billets fiscaux.

Le titre III de la loi crée une Caisse de crédit nitratier, qui est autorisée à émettre des obligations à long terme, hypothéquées sur les gisements de nitrate. L'Etat remettra à cette Caisse 5 millions de piastres en lettres de gage de la Caisse de crédit hypothécaire, destinées à former un fonds de réserve : les intérêts de ces lettres de gage, et ceux de prêts faits par la Caisse nitratière s'accumuleront jusqu'à ce que la réserve atteigne 10 millions. La Caisse est administrée par un directeur et un agent (*fiscal*) nommés par le président de la République, par 6 conseillers nommés, 2 par le Président, 2 par le Sénat, 2 par la Chambre des députés.

Le titre IV ordonne de cesser la remise en Europe des fonds destinés à la conversion du papier-monnaie, aussi longtemps que le change sera inférieur à 17 pence. Le titre V autorise l'émission par le président de la République de 30 millions de piastres de billets à cours légal. Cette émission sera employée à acquérir des bons de la Caisse de crédit hypothécaire, à un prix qui ne pourra dépasser le pair, à raison de 6 millions de piastres le premier mois et 3 millions les mois suivants. Le titre VI autorise le président de la République à émettre, au taux d'intérêt maximum de 5 pour 100, avec amortissement annuel cumulatif de 1 pour 100, un emprunt extérieur devant produire 4 1/2 millions de livres sterling. Le produit de cet emprunt est exclusivement destiné à garantir le papier-monnaie émis par l'État. Le titre VII dispose que le fonds de garantie et de conversion de l'émission fiscale sera constitué : *a*) par les fonds déjà déposés pour cet objet dans les banques étrangères ; *b*) par ceux du nouvel emprunt ; *c*) par les lettres de gage que le fisc doit acheter conformément à la présente loi.

La circulation chilienne consiste aujourd'hui en 150 millions de piastres de papier-monnaie, créé successivement par les lois du 31 juillet 1898, 29 décembre 1904, 23 mai 1906 et 27 août 1907, et dont la valeur, au cours du change actuel (1 fr. 15 par piastre environ) est d'à peu près 172 millions de francs. Les banques particulières n'ont pas le droit d'émission, accordé exclusivement à la Caisse de conversion. La reprise des paiements en numéraire a été reportée à 1915. Le Gouvernement a compliqué la tâche, déjà si délicate, de la reprise des paiements en espèces, en immobilisant jusqu'en 1914 chez trois banques allemandes la majeure partie de l'or réuni en vue de cette reprise et qui s'élève à 80 millions de piastres de 18 pence, c'est-à-dire 148 millions de francs. C'est le 1ᵉʳ janvier 1915 que l'échange du papier contre l'or doit être inauguré par la Caisse de conversion ; si les ressources métalliques du Trésor n'avaient pas été déposées à terme fixe dans des établissements de crédit étrangers, il aurait peut-être pu avancer la date fixée pour la suppression du cours forcé. Nous pensons d'ailleurs que, le cas échéant, le gouvernement obtiendrait des banques, moyennant certaines concessions, la disponibilité immédiate de ceux de ses fonds qu'il lui semblerait nécessaire de rapatrier pour la reprise des paiements en espèces.

Le Chili nous offre le spectacle d'un pays où l'ancien billet de banque, émis par des établissements particuliers, a été remplacé par une circulation d'État, à cours forcé ; le chiffre en augmente à mesure que le change baisse, phénomène qui se reproduit régulièrement en pareil cas. On a souvent cherché les motifs qui expliquent la difficulté qu'éprouve le Chili à assainir sa monnaie et à lui donner une base fixe ; on le comprend d'autant moins que les finances du pays ne semblent pas être mal gérées et que la cote de son crédit à l'étranger n'est pas défavorable : ses fonds 4 1/2 ne sont pas éloignés du pair. L'industrie principale du pays est celle de l'extraction du nitrate de soude, qui s'exporte chaque année en quantités considérables et qui assure au Chili un avoir permanent en Europe, c'est-à-dire de l'or, grâce auquel il semble que le cours forcé devrait pouvoir être supprimé. Mais la plupart des actions des sociétés nitratières sont possédées par des Anglais, qui touchent leurs dividendes en Europe. La marine chilienne ne pouvant à elle seule assurer l'exportation du nitrate de soude, c'est à des étrangers qu'également il faut payer le fret pour le transport du précieux engrais. Seuls, les salaires payés aux ouvriers restent dans le pays. C'est là une des raisons qui retardent la constitution au Chili d'un stock métallique suffisant pour assurer le paiement des billets en numéraire.

On peut espérer que la jonction avec l'Argentine au moyen du chemin de fer transandin, qui vient de s'achever et qui met Santiago à 36 heures de Buenos Ayres, va permettre aux Chiliens de développer leurs ressources naturelles qui, particulièrement dans le Sud, sont importantes : il existe de ce côté des forêts et des pâturages qui sont de nature à encourager la colonisation et le peuplement de vastes territoires. Leurs produits augmenteront un jour le chiffre des exportations et aideront à l'établissement d'un change favorable qui permettra la reprise des paiements en espèces.

Il convient de remarquer que le change chilien est devenu d'autant plus mauvais que la circulation d'État augmentait. En juin 1898 il était encore à 17 pence, tandis qu'en jan-

vier 1899, à la suite de la création de 50 millions de billets
fiscaux, il tomba à 12 pence. En 1904, il était remonté à 17 ;
en 1906, une nouvelle émission de papier gouvernemental
amena la baisse à 14 ; et en 1907 la création de 30 millions
de billets d'État coïncida avec la chute du change à son
point le plus bas. Depuis ce moment, les importations de
marchandises se sont ralenties ; de 293 millions de piastres
or en 1907, elles étaient tombées à 267 millions en 1908.
Les exportations au contraire ont augmenté, dans la même
période, de 34 millions : aussi les fluctuations du change
ont-elles été moins violentes depuis cette époque. La question qui se posera un de ces jours sera de savoir si le cours
naturel des choses ramènera le change à 18 pence, d'ici au
1ᵉʳ janvier 1915, date fixée en dernier lieu pour la reprise
des paiements en espèces à ce taux. Il est possible que
l'expérience démontre d'ici là que le taux est trop élevé et
qu'il vaudrait mieux en fixer un qui se rapprochât de la
cote actuelle, 12 pence par exemple. M. Guillermo Suberca-
seaux a proposé de voter dès maintenant une loi qui le con-
sacrerait ; de ce fait, les 80 millions de piastres or (à 18 pence),
qui forment aujourd'hui le fonds de garantie de la circulation, obtiendraient une valeur nominale de 120 millions
de piastres (à 12 pence). L'unité monétaire chilienne serait
à peu près équivalente à 1 fr. 25 de monnaie française et
presque mathématiquement égale au mark allemand. Un
avenir prochain nous apprendra si la réforme se réalise sur
cette base. Une fois qu'elle aura été accomplie, un second
pas devra être fait. L'étalon d'or étant en vigueur, il con-
viendra de rendre aux banques la faculté d'émission ou de la
concéder à un établissement unique. La République Argentine a tracé au Chili la voie dans laquelle il trouvera la
solution définitive des difficultés au milieu desquelles il a
vécu depuis la fin du xixᵉ siècle, et dont les trois étapes
sont : la reprise des paiements en espèces, le retrait des
billets d'État et l'organisation d'une circulation de banque
remboursable à vue et en or.

COLOMBIE

Il existe en Colombie plusieurs banques d'émission, mais leur action est pour ainsi dire annihilée par les émissions excessives du Gouvernement. Celui-ci fait pourtant quelques efforts afin de ramener un état de choses moins anormal. Un décret du 6 mars 1905 a établi une Banque centrale, au capital de 8 millions de piastres : elle est autorisée à émettre des billets pour une somme double de son capital, à condition d'avoir une encaisse métallique égale à 30 pour 100 de la circulation. Une loi du 12 juin 1907 a prescrit l'établissement de l'étalon d'or en prenant pour unité monétaire le cinquième de la livre sterling. Une banque dite de Bolivar a été établie en 1907 à Carthagène, avec un capital de 50 000 piastres et le droit d'émettre 1 million de billets. Mais aussi longtemps que le papier-monnaie du Gouvernement n'aura pas été retiré, il représente une masse tellement considérable par rapport à celui des banques que la Colombie peut être rangée parmi les pays à circulation d'État. Les émissions officielles ont atteint les chiffres suivants :

	Millions de piastres.
Au 1ᵉʳ juin 1898, il y avait en circulation.	30
Dans le second semestre 1898, il a été émis.	4
En 1899.	14
1900.	63
1901.	128
1902.	257
1903.	161
1904 (jusqu'au 1ᵉʳ juin).	129
Total.	816
Si on déduit de cette somme les retraits opérés au cours de la même période, savoir	39
On trouve qu'il restait au 1ᵉʳ juin 1904.	777

dont 30 millions entre les mains de la Junte d'émission et le reste entre celles du public. La valeur effective du papier émis au change de 10 000 pour 100 était d'environ 8 millions de piastres, soit 40 millions de francs.

La Colombie est peut-être le pays où, dans les temps modernes, les variations du change ont été les plus violentes et les plus étendues : on y a vu, en un jour, 100 piastres or, c'est-à-dire 500 francs, se vendre successivement pour 10 000, puis pour 19 000 piastres papier. Les effets de l'émission du papier-monnaie par l'État s'y sont manifestés avec une intensité qui rappelle la chute des assignats pendant la Révolution française et qui se résume d'un mot : le billet a fini par représenter la centième partie de sa valeur nominale.

Nous avons choisi la Colombie parmi les États secondaires de l'Amérique pour exposer à son maximum d'intensité l'effet désastreux du papier-monnaie. Cette démonstration devient encore plus saisissante si, à côté d'elle, on considère une république voisine, le Venezuela, qui sous plusieurs rapports peut lui être comparée : mais là, les billets d'État ont été retirés en 1896 ; depuis lors, la circulation y est assurée par les soins des banques particulières : aussi le change étranger est-il au pair et la prime sur l'or nulle. Le rapprochement de ces deux résultats est, à lui seul, une leçon.

CONCLUSION

La conclusion qui se dégage de notre étude est en quelque sorte écrite à chaque ligne de ses divers chapitres. Elle se résume dans la phrase du président des États-Unis, Grover Cleveland, qui, dans un message mémorable, proclamait la nécessité du divorce entre le Trésor public et la banque. Ce n'est pas le rôle de l'État que de distribuer le crédit. Qu'il contrôle les établissements chargés de ce soin, qu'il leur concède le privilège ou le monopole de l'émission des billets, qu'il pose les règles auxquelles cette émission sera soumise, qu'il se fasse attribuer une part aussi grande que possible dans les bénéfices, rien de mieux. En agissant ainsi, il sert à la fois les intérêts du public et ceux du Trésor. Mais qu'il se garde bien de devenir lui-même émetteur de papier, de monnayer sa signature, de recourir en un mot à cet emprunt forcé qu'est presque toujours un billet d'État. La tendance moderne à charger le gouvernement d'un nombre croissant de services n'est que trop accentuée, et nous voyons éclater à chaque pas les inconvénients et les dangers d'un système qui arrête la libre initiative des particuliers, qui augmente démesurément les frais d'exploitation, et qui appauvrit la nation. Ces conséquences sont aussi certaines dans le domaine de la banque que dans celui des autres industries : l'histoire nous en fournit d'éclatants témoignages.

Au seuil même des temps modernes, sous la première République française, nous avons vu le billet d'État tomber au rang d'un signe sans valeur et disparaître, après avoir ruiné un grand nombre de familles et jeté le discrédit le plus complet sur le Gouvernement, qui en avait créé des dizaines de milliards. Dans d'autres pays, comme la Russie,

39

s'il n'a jamais été émis en quantités assez fortes pour arriver
à une dépréciation totale, il n'en avait pas moins perdu, à
un moment donné, les trois quarts de sa valeur, et il était la
cause permanente d'une instabilité du change qui apportait,
dans les relations économiques de l'Empire avec le dehors,
un trouble incessant. Il a fallu, une première fois, amputer
des cinq septièmes la valeur de l'assignat russe pour donner
une base métallique certaine au rouble-crédit, qui fut en
quelque sorte le résidu de la circulation antérieure ; lui-
même, à son tour, fut plus tard l'objet d'une dépréciation
considérable. S'il subsiste aujourd'hui avec une valeur fixe,
et si le change sur l'étranger est devenu stable, c'est que la
sagesse des gouvernants a maintenu l'émission dans des
limites tellement sévères que la couverture métallique est
surabondante, et qu'aucun doute ne saurait s'élever sur la
parfaite et constante convertibilité du billet en espèces.
Dans ces conditions, celui-ci devient une sorte de certificat
de dépôt d'or, qui n'implique pour ainsi dire, de la part de
celui qui l'accepte, aucun crédit fait à la signature de l'émetteur.

Un reçu d'espèces métalliques, voilà tout ce qu'une administration publique peut délivrer sans inconvénient : car ici
l'idée commerciale n'entre plus en jeu ; le détenteur du certificat a besoin seulement de savoir que le dépositaire est sûr
et que la monnaie effective reste toujours à la disposition du
porteur du papier qui la représente. On peut estimer que le
billet de banque, dans les sociétés modernes, tend à se rapprocher de ce caractère et que dès lors la question de savoir
s'il émanera d'un établissement privé ou des caisses du Trésor perd de sa gravité ; mais ceci n'est vrai qu'en ce qui concerne l'émission des certificats de dépôt. Dès qu'il s'agit de
billets émis en représentation d'un actif autre que le numéraire, toutes les objections à l'intervention directe du Gouvernement subsistent. Et comme, dans la plupart des cas, il n'est
point fait de distinction entre les deux sortes de billets,
il en résulte que la solution recommandable est celle qui

confie la totalité de l'émission à des établissements privés.
Aux États-Unis, nous avons vu quatre catégories de papier
circuler simultanément et parallèlement : la Confédération
crée les certificats de dépôt, maintient dans la circulation ses
anciens billets à cours forcé aujourd'hui remboursables en
or, ses certificats d'argent équivalents aux précédents, puisque,
en réalité, ils sont aussi payables en métal jaune, et enfin
autorise les banques nationales à émettre des billets. Dans
quelle mesure ces derniers diffèrent-ils des autres, c'est ce
que l'étude de la circulation américaine nous a permis de
mettre en lumière : pratiquement les *greenbacks* ne sont, eux
aussi, que des certificats de métal, puisque la quantité en est
invariable, que le Trésor est légalement obligé de tenir
en réserve un important stock d'or, égal au moins aux trois
septièmes de ces billets, et que son encaisse égale et souvent
dépasse le chiffre de cette circulation.

Lorsque l'État réglemente les conditions d'émission des
billets par les banques, il cherche en général à imposer des
mesures telles que la convertibilité du papier en espèces soit
assurée ; il tend, par conséquent, à exiger la constitution d'un
stock métallique, fixé en raison du chiffre de la circulation.
La proportion prescrite varie. Elle est au {maximum en
Angleterre, où, à l'exception d'une créance sur l'État et d'un
chiffre déterminé de fonds publics qui ne sont autre chose,
eux aussi, qu'une créance de même nature, chaque livre sterling de billet doit être représentée par un souverain déposé
dans les caves du département d'émission de la Banque. Elle
est à son minimum aux États-Unis, où les banques nationales
n'ont pas besoin d'un seul dollar métallique pour gager leur
circulation, exclusivement garantie par des rentes fédérales,
ou encore à la Banque de France, dont les statuts sont muets
à cet égard, et dont théoriquement l'encaisse pourrait être
nulle, alors qu'en fait, après celle de la Banque de Russie,
elle est la plus forte du monde. Entre ces deux extrêmes, se
trouve la gamme des proportions variables : le tiers en Allemagne, en Belgique ; les deux cinquièmes en Autriche-Hon-

grie et en Italie; la moitié en Russie, pour la circulation
qui ne dépasse pas 600 millions de roubles, la totalité pour
ce qui est au-dessus de ce chiffre.

La partie de la circulation qui n'est pas la représentation
directe du métal doit reposer sur des engagements commerciaux à court terme, d'une valeur indiscutable, qui comprennent le portefeuille proprement dit et les avances sur titres
de premier ordre. Encore ces dernières donnent-elles lieu
à des critiques assez fondées et sont-elles dans certains pays,
en Allemagne par exemple, exclues des éléments légaux de
la couverture des billets. L'intervention de la loi est admis-
sible lorsqu'elle édicte les prescriptions de cet ordre; elle est
fâcheuse lorsqu'elle force les instituts d'émission à créer des
billets qui n'ont d'autre garantie qu'une créance sur le Trésor. Que celle-ci consiste en rentes consolidées, en dette
flottante à échéance indéterminée, en bons ou obligations à
quelques mois ou années de date, en une avance statutaire
remboursable seulement à l'expiration du privilège de l'établissement émetteur, le principe est toujours également
mauvais : il consiste à mettre le crédit de la Banque au service des besoins budgétaires, et à vicier sa circulation, en
mélangeant, aux billets gagés par le numéraire et le portefeuille, des billets qui ne reposent que sur une dette du
Trésor. La meilleure preuve que cette circulation est défec-
tueuse, c'est que, dès qu'elle prend des dimensions anormales, le cours forcé apparaît. L'autorité redoute en
effet, que le public, se rendant compte de la détérioration
subie par le billet, refuse de l'accepter et lui préfère le
métal, qui ne tarde pas alors à être coté à prime : c'est
pourquoi elle intervient afin d'obliger les particuliers à recevoir les assignats inconvertibles.

Nous n'avons pas besoin de rappeler ici les innombrables
exemples de ce phénomène, qui s'est produit invariablement
chaque fois que l'État a abusé de son pouvoir pour disposer
à son profit du crédit de la banque d'émission. Il a, du reste,
souvent trouvé beaucoup de complaisance chez l'établisse-

ment à qui il s'adressait, et n'a pas eu grandes difficultés à obtenir de lui les millions qu'il lui demandait : car il lui payait un intérêt toujours rémunérateur, quelque bas qu'il pût être : les billets, n'étant plus remboursables en espèces, n'exigeaient plus en effet, de la part de la banque qui les créait, la réunion de ressources métalliques qui en eussent formé la couverture. Tout, ou presque tout, était donc bénéfice dans l'opération. C'est ainsi que la Banque d'Espagne a, pendant de longues années, été la complice des ministres des finances, qui lui apportaient des pagarès à l'escompte, et qu'elle résistait plutôt aux offres de remboursement qu'aux demandes de nouveaux crédits. Ses billets n'étaient pas payables en or : personne ne se souciait de les échanger contre du métal blanc déprécié : c'était une véritable circulation à cours forcé. La conséquence de cette situation réciproque du Trésor et de la Banque d'Espagne fut la dépréciation du change, et une prime sur l'or. A mesure que le Trésor remboursait la Banque, la prime baissait et le change tendait à se rétablir au pair. Il en a été de même en Russie et en Autriche-Hongrie, à la fin du xixᵉ siècle, après que ces deux empires, par une série de mesures aussi habiles que sages, eurent restreint l'émission des billets à découvert, fortifié leur encaisse or et finalement repris, l'un en droit et en fait, l'autre en fait, les paiements en espèces. A un moment donné, les gouvernements finissent par reconnaître le mal qu'ils ont causé et s'efforcent de rétablir les choses dans l'ordre naturel, en restituant aux banques d'émission les sommes qu'ils leur ont empruntées aux époques de crise. Cette action suffit à démontrer la vérité des principes que nous n'avons cessé de défendre, et que le présent ouvrage a eu pour but de mettre en lumière, en exposant la nature des relations entre les États et les instituts d'émission.

Mais nous ne devons pas nous borner à considérer, sous ce seul aspect, les rapports des Trésors publics avec les banques. Celles-ci ont vu grandir, particulièrement depuis le milieu du xixe siècle, leurs dépôts dans une telle proportion, que le rôle du billet dans l'économie des échanges tend à diminuer à mesure que se développent les comptes et les virements de banque. Le nombre augmente chaque jour des gens qui règlent leurs dettes et leurs créances au moyen d'une simple écriture passée par les établissements chez qui leurs fonds sont déposés. Ce système constitue un progrès énorme sur le billet, comparable à l'avantage que celui-ci offrait par rapport aux espèces d'or et d'argent. Les Trésors publics, en dépit de la routine officielle, ne pouvaient rester étrangers à ce puissant mouvement, qui transforme peu à peu le commerce moderne et qui élimine de plus en plus les anciens instruments de paiement. Les ministères des finances ont tous un compte ouvert auprès de l'établissement d'émission, par l'intermédiaire duquel ils font passer une part plus ou moins considérable de leurs recettes et de leurs dépenses. La Banque d'Angleterre va jusqu'à tenir, seule, le compte de la Dette publique, dont le service se fait exclusivement par son intermédiaire ; c'est chez elle que sont concentrés les fonds de l'Échiquier, c'est-à-dire du Trésor public, et le premier article du compte de gestion des finances annuel, présenté à la Chambre des communes, n'est autre chose que le solde créditeur de l'État à la Banque d'Angleterre et à la Banque d'Irlande au 1er avril, point de départ de l'année financière. La dernière écriture du même document indique la somme qui reste disponible le 31 mars suivant, et la différence entre les deux permet de constater s'il y a eu excédent d'entrées ou de sorties au cours de l'exercice. La Banque Nationale de Belgique assure, statutairement, les services de Trésorerie du Royaume, et va jusqu'à faire fructifier, au moyen de l'escompte, les fonds libres du budget. Ailleurs, en France par exemple, la Banque intervient moins activement dans les opérations comptables de l'administration ; cependant le Trésor, qui est, vis-à-vis de la Banque de France, débiteur permanent des 180 millions que, depuis la loi de renouvellement de 1897, elle lui avance sans intérêt, a aussi un compte créditeur dans les livres de l'établissement. C'est un compte de dépôt, dont le solde est tantôt inférieur, tantôt supérieur au montant du prêt fixe.

Il est un pays où cette intervention du Trésor dans le domaine des banques de dépôt a pris une importance beaucoup plus grande qu'ailleurs : l'administration fédérale de Washington, tout en ayant adopté depuis près d'un siècle le système de la trésorerie indépendante, a pris l'habitude de confier une partie de ses fonds disponibles à un certain nombre de banques nationales, dont nous avons expliqué l'organisation et le fonctionnement. Nous avons également indiqué les conditions dans lesquelles se font ces dépôts et l'influence qu'ils peuvent avoir sur la situation du marché monétaire. Ce n'est plus ici le Trésor qui demande assistance aux établissements d'émission : c'est, au contraire, lui qui leur vient en aide, en augmentant leurs disponibilités, et en fournissant, par leur canal, à la communauté, des ressources. Dans certaines circonstances mémorables, comme par exemple lors de la crise de 1907, ce concours lui a été singulièrement utile. Cette action du Trésor, d'une nature opposée à celle qu'il exerce lorsqu'il emprunte aux banques, ne saurait être blâmée au point de vue du crédit public, mais elle appelle des critiques d'un autre ordre. En effet, s'il est bon qu'un Etat, comme un particulier ou une société privée, ait une encaisse destinée à subvenir à ses besoins courants, il n'est pas utile qu'il accumule des centaines de millions, qui ne peuvent provenir que d'excédents budgétaires. Si cette pléthore se manifeste d'une façon permanente, elle indique qu'il y a lieu de diminuer les impôts, attendu que ceux-ci ne sauraient avoir d'autre objet que de pourvoir aux dépenses publiques. Il est vrai qu'aux Etats-Unis, le Trésor doit conserver une encaisse spéciale, qui lui permette de faire face au remboursement de ses billets : mais c'est là un argument de plus en faveur de la suppression de cette circulation : à tous les inconvénients que nous avons signalés, elle joint celui de forcer l'Etat à immobiliser des espèces, qui devraient

être à la disposition des banques. Les dépôts du Trésor
fédéral américain ont atteint à un moment donné près de
deux milliards de francs. C'est, aux mains du Secrétaire du
Trésor à Washington, une puissance formidable. Il cherche
évidemment à en user pour le bien général ; mais nous ne
croyons pas qu'à tous ses autres devoirs d'administrateur et
de percepteur des revenus publics, il y ait lieu d'ajouter celui
d'arbitre du marché monétaire, dont la responsabilité doit
être ailleurs.

Dans nos pays d'Europe, où, chez les plus grandes puissances, telles que la France, l'Angleterre, l'Allemagne, le
déficit est chronique et les ressources du Trésor négatives,
le problème de l'intervention du Gouvernement sur le marché
monétaire ne se présente pas sous le même aspect qu'aux
États-Unis. Du reste, même de l'autre côté de l'Atlantique,
la progression des dépenses publiques, notamment pour la
marine et pour l'achèvement du canal de Panama, est si
rapide, que les excédents, jadis fréquents, deviendront sans
doute plus rares. C'est donc bien du côté de l'émission des
billets et des tentations que peuvent éprouver les ministres
des finances en s'imaginant trouver là un appui naturel,
qu'un danger subsiste. Aux époques de paix, il est moins
apparent ; les États dont les finances sont bien ordonnées,
s'efforcent ou devraient s'efforcer de rembourser alors tout
ce qu'ils doivent aux instituts d'émission, afin de réserver
cette ressource pour les temps troublés, surtout pour le cas
de guerre. C'est une vérité que les hommes politiques ne
sauraient trop méditer et un principe auquel ils devraient
être invariablement fidèles. Qu'ils se souviennent des paroles
que prononçait à ce sujet l'homme qui jouit de la plus haute
autorité en cette matière, le Gouverneur de la Banque de
France : le 27 janvier 1910, s'adressant à l'assemblée générale
des actionnaires, il leur disait : « Durant les trois premiers
trimestres de l'année, l'abondance des capitaux avait régné sur
les principaux marchés du monde. Cependant on put constater quelque gêne. Elle semblait provenir d'une immobili-

sation produite par un excès de dette flottante des États, si l'on en juge par le poids trop lourd que cette dette flottante imposait au portefeuille de certains instituts d'émission. Ce qui fait une fois de plus ressortir avec évidence cette vérité essentielle, que l'élasticité de la situation monétaire d'un pays est étroitement subordonnée à l'équilibre vrai de son budget et au fonctionnement impeccable de son système d'émission fiduciaire. »

On ne saurait mieux dire, et l'honorable M. Georges Pallain nous fait toucher du doigt l'un des points sensibles du mécanisme financier des États modernes. Le premier indice de la situation d'un Trésor est le solde de son compte à la banque qui centralise ses mouvements de fonds ; selon qu'il sera endetté vis-à-vis d'elle, ou au contraire libre de tout engagement et créancier d'une somme importante, on pourra conclure à une gêne fâcheuse ou à une situation favorable. Si cette gêne se manifeste en temps de paix, alors que le calme politique devrait amener des excédents budgétaires et permettre au ministre des finances, non seulement de rembourser sa dette flottante, mais de travailler à l'amortissement de sa dette consolidée, il est certain que la gestion est mauvaise ; car c'est une imprudence manifeste que de recourir, en temps normal, à des expédients qui ne sont admissibles qu'aux heures de crise, et de crise grave. Bien coupables sont les gouvernements et les assemblées qui ferment les yeux et les oreilles à une vérité aussi évidente. La règle de conduite des nations ne devrait pas différer de celle des particuliers. Mais, tout en répétant que de bonnes finances sont la condition première de la puissance politique, on n'écoute pas toujours les avis de ceux qui, par leur science et leur expérience, sont le mieux qualifiés pour indiquer la voie à suivre. L'examen des divers pays que nous avons passés en revue a permis au lecteur de juger des différences qui les séparent à cet égard et de la sagesse ou de la légèreté qui président à l'administration des finances nationales.

Partout des rapports intimes se sont établis entre les banques d'émission et les Trésors publics. Nulle part, l'Etat ne se désintéresse de cette partie essentielle de l'activité économique, qui se manifeste par la création du billet et les opérations qu'il sert à accomplir. La nature exacte du billet de banque est difficile à définir d'une façon précise : c'est à la fois une monnaie et un instrument de crédit. Sous le même nom, on désigne des objets aussi dissemblables que le billet de la Banque d'Angleterre, remboursable en or à chaque minute, et le billet d'Etat de la Colombie, qui perd les 99 centièmes de sa valeur nominale par rapport au métal, qui n'a aucune chance d'être jamais remboursé au pair de sa valeur, et dont la cote varie chaque jour dans des proportions invraisemblables. La diversité des systèmes nous montre à la fois l'importance du sujet et l'incertitude de la doctrine. A vrai dire, la conception du billet de banque s'est singulièrement modifiée au cours du XIXᵉ siècle et n'est certainement plus aujourd'hui ce qu'elle fut à l'origine. Les idées anglaises de sévérité et de restriction de l'émission, ont fait de grands progrès. Il n'est plus guère de gouvernement, chez les nations civilisées, qui, même sous l'empire des nécessités les plus pressantes, se jette de gaîté de cœur dans le régime du cours forcé et de la création de papier à jet continu. La connaissance des lois inflexibles, qui condamnent le billet, non remboursable en espèces, à une baisse certaine, s'est répandue ; les maux qui naissent du papier-monnaie sont apparus avec une telle régularité, que les peuples modernes, instruits par des expériences répétées, cherchent ailleurs que dans la multiplication de ce signe les ressources dont ils ont besoin.

La preuve la plus frappante de la modification profonde qui s'est faite à cet égard dans les idées des ministres des finances et des hommes d'Etat, nous a été fournie par la guerre russo-japonaise de 1904-5. Les deux pays ont été soudainement entraînés à des dépenses formidables, dont le total a dépassé 5 milliards de francs pour la Russie et 3 pour le Japon. La tentation d'y subvenir, au moins en partie, par l'augmentation de la circulation de Banques était grande. Lors de la campagne de Crimée en 1851-5, lors de la guerre turque en 1877-8, la planche à assignats avait été largement mise à contribution, et c'est par centaines de millions de roubles que les billets de crédit russes avaient été gravés et répandus dans le pays : le change s'en était étrangement ressenti. Mais, en 1904, la situation de la Banque de Russie était incomparablement plus forte qu'aux deux époques que nous venons de rappeler ; elle avait un stock d'or de plus d'un milliard de roubles, et sa circulation ne dépassait guère la moitié de cette somme. Tout en restant fidèle à ses statuts, qui ne lui permettent de créer des billets que pour une valeur dépassant de 300 millions son approvisionnement métallique, elle pouvait, dès le début des hostilités, mettre à la disposition du ministre des finances plusieurs centaines de millions de papier. Très sagement, M. Kokovtzoff n'a pas eu recours à ce moyen, simple en apparence, de se procurer des ressources ; il a emprunté à l'étranger en émettant des billets du Trésor, à l'intérieur en offrant des rentes consolidées et des bons à court terme. Pendant de longs mois, la quantité des billets de la Banque n'a pas augmenté. Grâce à cette politique, le change russe n'a pas souffert de dépréciation qui mérite d'être mentionnée ; aux plus mauvais jours, lors de la destruction de la flotte, et des défaites en Mandchourie, la confiance dans le maintien de l'étalon d'or n'a été ébranlée ni dans le pays ni au dehors ; et ce n'est qu'en 1906, une fois la paix conclue, que l'émission de la Banque s'est rapprochée de sa borne légale, aux environs de laquelle elle s'est tenue quelque temps et au-dessous de laquelle elle est notablement redescendue aujourd'hui. Le Japon a suivi une politique analogue. La circulation de sa Banque, tout en s'élevant au double à peu près de ce qu'elle était avant la guerre, n'a pas cessé d'être contenue dans la limite statutaire, et ses avances à l'État ne sont entrées que pour une faible part dans les ressources extraordinaires dont il avait besoin et qu'il s'est procurées par l'émission d'emprunts intérieurs et extérieurs.

C'est ainsi que les deux puissants empires, au cours d'une lutte qui a duré une année et demie, ont chacun donné l'exemple d'une modération remarquable dans leurs rapports avec la Banque d'émission nationale. Le mérite du gouvernement russe a été d'autant plus grand qu'il a en face de lui, non pas un établissement privé avec lequel il aurait eu à discuter pour obtenir de lui des avances, mais une Banque d'État, qui n'est qu'un département du ministère des finances. Non seulement il a respecté les règles qu'il avait antérieurement édictées pour la fixation du maximum de l'émission, mais il s'est longtemps tenu bien en deçà des bornes posées par lui-même. Il semble qu'à mesure que l'outillage économique du monde moderne se perfectionne, les vérités financières se font mieux jour, et les erreurs, si fréquentes jadis, des hommes d'État qui asservissaient les établissements émetteurs aux besoins budgétaires, deviennent plus rares.

Beaucoup de nations se sont ralliées au système d'une banque constituée à l'aide de capitaux particuliers, dotée d'un monopole ou d'un privilège par la loi, abandonnant à l'État de qui elle tient sa concession, une partie de ses bénéfices, mais employant son capital et les ressources qu'elle obtient, tant par l'émission de billets que par les dépôts du public, à l'escompte des effets de commerce et, dans une moindre mesure, à des avances sur titres. On peut observer l'évolution qui s'est accomplie dans la conception du rôle d'un établissement de ce genre en étudiant l'histoire de la Banque d'Angleterre : fondée à l'origine dans le seul but de venir en aide au Trésor, elle prêta au gouvernement anglais son premier capital et toutes les augmentations qui le portèrent par la suite, au chiffre actuel de 14 millions de livres sterling. Ayant ainsi immobilisé les sommes qui lui avaient été versées par ses actionnaires, elle ne pouvait mettre à la disposition de la communauté commerciale que

les fonds que lui procuraient ses billets et ses dépôts.
Aujourd'hui, la Dette de l'Echiquier figure encore au bilan
du département de l'émission pour 11 millions de livres
(275 millions de francs) ; mais ce n'est là en quelque sorte
que l'héritage d'un passé lointain, le prix que la Banque a
payé pour l'octroi de sa concession, sur lequel elle touche
des intérêts et qui lui serait intégralement remboursé si
l'accord tacite en vertu duquel son privilège lui est annuellement renouvelé, venait à être rompu. Depuis un siècle, elle
n'a plus fait à l'État d'avance à long terme ; elle lui escompte
des bons à courte échéance, dont le montant est fixé par acte
du Parlement, mais, en dehors de cela, elle consacre toutes
ses ressources à l'achat des lettres de change ou aux prêts
commerciaux.

Si, en face de l'une des plus vieilles banques européennes,
nous considérons l'une des plus jeunes, la Banque de l'Empire allemand, nous voyons triompher dans son organisation
les principes modernes de séparation du crédit public et du
crédit de l'établissement d'émission. La concession lui est
octroyée sans qu'aucune obligation d'avancer de l'argent au
Trésor lui soit imposée ; pas une parcelle de son capital n'a
été prêtée à l'Empire ; aucune avance n'a été exigée d'elle
statutairement : les prêts sur fonds publics consentis à sa
clientèle ne peuvent même pas servir à gager ses billets,
qui doivent être garantis, pour un tiers au moins, par l'encaisse métallique, et, pour le surplus, par un portefeuille
d'effets de commerce. La Banque ne vient à l'aide du Trésor
que lorsqu'elle lui escompte des bons à court terme. Mais,
si elle évite ainsi de mettre sa signature en circulation pour
fournir des ressources au budget, elle l'alimente régulièrement par l'abandon des trois quarts de ses bénéfices, après
que les actionnaires ont touché 3 1/2 pour 100 du capital
nominal de leurs titres, et par le paiement d'un impôt de
5 pour 100 sur la somme dont sa circulation dépasse le
chiffre de l'encaisse augmenté du contingent. Nous avons
toutefois constaté que, depuis que les budgets de l'Empire

enflent avec rapidité et que les dépenses militaires en particulier suivent une progression rapide, la Banque escompte beaucoup plus souvent que jadis des bons du Trésor, et pour des chiffres de plus en plus considérables. Dans d'autres pays, comme l'Espagne, où la Banque s'est trouvée à un moment paralysée par l'excès de ses engagements vis-à-vis du Trésor, l'effort des cabinets se porte vers la liquidation de cette situation. Les ministres, soucieux de rétablir le change avec l'étranger au pair, et de ramener l'établissement d'émission dans sa véritable voie, hâtent le remboursement des sommes qui lui sont encore dues directement par l'État, et mettent la Banque en demeure de réaliser les titres de rente qu'elle détient en quantités beaucoup trop fortes. Partout on reconnaît qu'une circulation de billets ne reposant que sur le crédit de l'État affaiblit celui-ci ; partout, on cherche à réduire ou à supprimer cette émission en temps normal, quitte à l'avoir en réserve pour les cas de crise intérieure ou de guerre étrangère.

Néanmoins le chiffre absolu de la circulation des billets de banque augmente dans la plupart des pays ; mais il faut se garder de croire que les milliards représentent en totalité ce qu'on appelle des instruments de crédit. La majeure partie d'entre eux ne sont que des certificats de dépôt des espèces, qui reposent dans les caves des Trésors publics ou des banques d'émission, responsables du remboursement des billets. Ce numéraire doit être déduit de la circulation, si l'on veut connaître la partie de celle-ci qui repose sur le crédit, c'est-à-dire qui a pour garantie des créances de diverse nature, effets de commerce, fonds publics ou avances à l'État. Lorsque ces deux derniers éléments gagent les émissions, ils transforment une circulation de banque en une véritable circulation d'État. La proportion du numéraire par rapport aux billets tend à s'accroître sans cesse, sous l'influence de deux facteurs principaux : l'énorme production aurifère, qui dépasse aujourd'hui 2 300 millions de francs par an, et le développement des systèmes de paie-

ments par voie de compensation, comptes et virements de
banque, chèques postaux et autres, grâce auxquels il entre
une proportion d'espèces métalliques de plus en plus faible
dans le règlement matériel des transactions humaines. Mais
il faut se garder d'oublier que ces espèces, en restant immobilisées dans les caves des banques d'émission, rendent un
service fondamental, celui d'assurer la valeur des billets
qui circulent. Ceux qui s'imaginent que le numéraire accumulé ainsi est un capital stérile se trompent complètement,
et perdent de vue la fonction propre du métal précieux,
que rien jusqu'ici n'a remplacé dans l'économie des nations.

Les banques d'émission tiennent encore une place prépondérante et ont un rôle décisif à jouer aux jours de crise,
parce qu'elles peuvent, dans une certaine mesure, créer
de la monnaie et venir en aide aux banques ordinaires,
à l'heure où le public ne se contente plus de la signature
de ces dernières. Sous l'empire de paniques plus ou moins
justifiées, ceux qui ont des milliards à leur crédit dans les
banques de dépôt, sont parfois amenés à opérer de brusques
retraits, motivés moins par des besoins réels que par la
crainte de l'insolvabilité du dépositaire. C'est ce qui s'est
passé en 1907 à New-York, où l'absence d'une grande
banque centrale d'émission a rendu la situation plus grave et
la crise plus aiguë. Le rôle de sauveur a été joué en partie
par le Trésor fédéral, doté de ressources métalliques considérables, auxquelles s'ajoutait le crédit de l'Etat le plus
riche du monde. Mais les événements d'alors ont démontré
la supériorité des organisations purement commerciales sur
les institutions administratives, et le Secrétaire d'Etat du
Trésor, Cortelyou, malgré la bonne volonté et le courage
avec lesquels il est intervenu, n'a pu faire, pour la communauté financière américaine, ce qu'en pareille occurence une
Banque de France ou une Banque d'Angleterre auraient
accompli en Europe.

Cette leçon toute récente nous paraît donner une force singulière à la conclusion qui se dégage de notre étude : sur ce

domaine, comme sur tant d'autres, nous préférons l'œuvre
des institutions privées à l'action de l'État. Lorsqu'on a vu
comment se comporta, aux époques les plus troublées de
notre histoire, la Banque de France, et de quel secours elle
a été pour le pays, quand, d'un autre côté, on se remémore
les difficultés séculaires, au milieu desquelles se sont débat-
tus de grands empires, comme la Russie et l'Autriche, aussi
longtemps qu'ils n'étaient pas débarrassés du papier-monnaie, quand on constate, encore aujourd'hui, les dangers que
fait courir à une communauté aussi puissante que celle des
États-Unis l'existence de billets d'État, on n'hésite pas à
reconnaître de quel côté se trouve la solution rationnelle du
problème de la circulation fiduciaire, et on réserve toutes ses
préférences pour le système, dont la France a donné au
monde le type le plus achevé. Mais ce système n'est parfait
qu'à la condition que l'État se garde de vouloir, d'une façon
régulière, détourner à son profit les ressources de l'établissement auquel il a confié l'émission des billets, et qu'il laisse
intacts tous les éléments de son crédit : aux jours d'épreuve,
il pourra recourir à la Banque et lui demander de renouveler
en sa faveur les efforts qu'elle n'a jamais manqué de faire,
et de faire avec succès, lorsque la nécessité les commandait.
En dehors de ces circonstances exceptionnelles, il devra
s'interdire toute espèce d'emprunts, directs ou indirects,
avoués ou occultes, à l'institut d'émission ; il s'imposera la
règle absolue de vivre sur ses ressources propres et d'équilibrer ses budgets sans l'aide de la Banque. Même aux heures
critiques, il ménagera cette ressource, se gardera de l'épuiser
du premier coup, et la considérera comme la réserve suprême
à laquelle il convient de ne recourir qu'à la dernière extré-
mité : c'est la garde qui n'entre en ligne qu'à l'instant décisif, lorsqu'il s'agit de mettre toutes les forces en œuvre pour
triompher du péril et assurer la victoire.

Cette vérité nous semble se dégager à chaque page de
l'histoire des banques d'émission : nous voudrions l'inscrire
à la dernière ligne du volume que nous leur avons consacré,

avec l'espoir que nos lecteurs partageront notre conviction et agiront dans le même sens que nous, chaque fois qu'ils auront occasion de prononcer un jugement ou d'émettre un vote sur ces matières. La banque d'État est une formule chère aux socialistes : ils ne seraient pas logiques s'ils cessaient de proclamer que la collectivité d'une nation, plus ou moins représentée par ce qu'on appelle le Gouvernement, a toutes les capacités, toute la science, tout l'art nécessaires à la conduite de n'importe quelle entreprise. Malheureusement pour eux, leur théorie est à chaque pas démentie par l'étude du passé et l'observation du présent. Notre travail sera amplement récompensé, si nous avons réussi, par un exposé impartial des faits, à convaincre le lecteur des dangers de l'intervention de l'État et à définir ce que doivent être les rapports entre les instituts d'émission et les Trésors publics. Les premiers rendent d'autant plus de services aux seconds, que leur existence est plus indépendante et leur administration plus nettement séparée de celle des finances de l'État. Moins l'autorité publique s'occupe de la gestion des banques et mieux le crédit et la richesse de la nation sont sauvegardés. « Un pays se relève vite, a dit M. Paul Leroy-Beaulieu, des fautes commises par les banques privées ; les excès d'émission de celles-ci, s'il s'en produit, ne peuvent altérer sensiblement et longtemps le cours du change. Au contraire, les fautes commises par des banques d'État ou ayant un lien étroit avec l'État, et à l'instigation, sous la pression, pour les besoins du Gouvernement, ont une portée infiniment plus grande et plus prolongée. Elles jettent le pays dans un désarroi complet pour des séries d'années. » Nous nous associons pleinement à ce jugement et nous invoquons les nombreux exemples donnés au cours de notre ouvrage pour en affirmer l'exactitude.

TABLE DES MATIÈRES

LIVRE III

PAYS QUI ACCORDENT LE DROIT D'ÉMISSION A UN NOMBRE ILLIMITÉ DE BANQUES, TENUES D'OBSERVER LES PRESCRIPTIONS D'UNE LÉGISLATION UNIFORME

DEUXIÈME PARTIE

BILLETS D'ÉTAT

LIVRE IV

PAYS QUI ONT UNE BANQUE D'ÉTAT

LIVRE V

PAYS DONT LES TRÉSORS PUBLICS ÉMETTENT DIRECTEMENT DES BILLETS

ÉVREUX, IMPRIMERIE CH. HÉRISSEY, PAUL HÉRISSEY SUCC.

www.ingramcontent.com/pod-product-compliance
Lightning Source LLC
Chambersburg PA
CBHW061940220326
41599CB00014BA/1710